Modernisierung und Folgelasten

Springer-Verlag Berlin Heidelberg GmbH

Hermann Lübbe

Modernisierung und Folgelasten

Trends kultureller
und politischer Evolution

 Springer

Prof. Dr. Hermann Lübbe
Universität Zürich
Beustweg 3
CH-8032 Zürich

ISBN 978-3-642-63871-8

Die Deutsche Bibliothek – CIP-Einheitsaufnahme
Lübbe, Hermann:
Modernisierung und Folgelasten: Trends kultureller und politischer Evolution /
Hermann Lübbe. – Berlin; Heidelberg; New York; Barcelona; Budapest; Hongkong;
London; Mailand; Paris; Santa Clara; Singapur; Tokio: Springer, 1997
ISBN 978-3-642-63871-8   ISBN 978-3-642-59152-5 (eBook)
DOI 10.1007/978-3-642-59152-5

© Springer-Verlag Berlin Heidelberg 1997
Ursprünglich erschienen bei Springer-Verlag Berlin Heidelberg New York 1997
Softcover reprint of the hardcover 1st edition 1997
Die Wiedergabe von Gebrauchsnamen, Handelsnamen, Warenbezeichnungen usw. in
diesem Werk berechtigt auch ohne besondere Kennzeichnung nicht zu der Annahme,
daß solche Namen im Sinne der Warenzeichen- und Markenschutzgesetzgebung als
frei zu betrachten wären und daher von jedermann benutzt werden dürften.

Umschlaggestaltung: Künkel + Lopka, Heidelberg
Satz: Datenkonvertierung durch U. Kunkel Textservice, Reichartshausen
SPIN: 10573178   45/3142 543210   Gedruckt auf säurefreiem Papier

Vorwort

Das vorliegende Buch analysiert anhaltende Trends sozialer, kultureller und politischer Entwicklung. Das fügt sich, gesamthaft, zum Versuch einer Philosophie zivilisatorischer Evolution. Was der Leser in den sechs Hauptkapiteln dieses Buches zu erwarten hat, sei vorweg in einigen knappen Absätzen angedeutet.

I. Modernitätsabhängig expandieren, regional und sozial, unsere wechselseitigen Abhängigkeiten. Technisch realisiert sind diese Abhängigkeiten in Netzen, über die sich der Austausch von Personen, Gütern und Informationen intensiviert. Diese Netze verdichten sich gegenwärtig rasch, und die Kommunikationsnetze, die inzwischen von den Verkehrsnetzen abgelöst sind, haben sich zu annähernd geschlossenen Netzen entwickelt, in denen jeder Teilnehmer direkt, also umweglos mit jedem anderen in potentieller Verbindung steht.

In geschlossenen Netzen gibt es kein Zentrum mehr. Das ist, mathematisch betrachtet, trivial. Nicht trivial sind die kulturellen und politischen Folgen netzverdichtungsabhängiger Dezentralisierung. Die Gleichverteilung von Partizipations- und Zugangschancen nimmt über große Räume hinweg zu und die traditionsreiche Vorzugsstellung der Metropolen, die für unsere Kultur historisch fundamentale Bedeutung hat, nimmt in wichtigen Hinsichten ab. Technische, ökonomische und organisatorische Angleichungsvorgänge setzen sich über herkunftsgeprägte kulturelle und politische Grenzen hinweg durch.

Nichtsdestoweniger sind die Befürchtungen traditioneller Zivilisationskritik gegenstandslos, Kultur, als Lebendigkeit von Besonderheiten und Differenzen, gerate modernitätsabhängig unter Nivellierungsdruck. Komplementär zur Menge dessen, was wir in der Tat heute in Räumen von kontinentaler, ja globaler Weite alle miteinander teilen, wächst überall das Interesse der Selbstbehauptung jener Herkunftsprägungen, durch die wir uns von fernen oder auch nahen anderen gerade unterscheiden. Exemplarisch heißt das: Mit der globalen Ausbreitung eines rudimentären Englisch als neuer lingua franca werden die Chancen fürs Überleben kleiner Regionalsprachen nicht schlechter, vielmehr besser, und so in allem.

II. Politisch spiegelt sich diese Komplementarität von Prozessen der Vereinheitlichung einerseits und der Differenzierung andererseits eindrucksvoll in der europäischen Einigung. In dieser Einigung setzen sich die faktischen Autarkieverluste, die unsere traditionellen Staaten über die Expansion und Intensivierung unserer zivilisatorischen Abhängigkeiten voneinander erlitten haben, produktiv in

politische Institutionen mit kontinentalen Zuständigkeiten um. Genau komplementär dazu laufen Vorgänge staatlicher Pluralisierung ab, regionalistische Engagements begünstigen Föderalisierungsvorgänge und marginal organisieren sich
Separatisten. Dabei wäre es falsch, hier nur Heimattümler und Folkloristen am
Werk zu sehen, die nostalgisch auf erlittene Modernitätsschocks reagieren. Vielmehr gilt auch hier: Mit der zivilisatorischen Komplexität nehmen die Chancen
zentralistischer Steuerung gesellschaftlicher Entwicklungen ab, und der politische
Wille zur Selbstbestimmung in kleinen Räumen, der sich in den substaatlichen
Gebietskörperschaften überall intensiviert, ist somit rational. In letzter Instanz
reagiert dieser Wille produktiv auf Erfordernisse der Informationsgewinnung
und Informationsverarbeitung vor Ort, denen in der modernen, hochverdichteten
Zivilisation ferne Zentralverwaltungen immer weniger gewachsen sind. Das weltgeschichtliche Lehrstück für diese Zusammenhänge ist der Untergang des real
existent gewesenen Sozialismus. Allein schon an seinem vormodernen Organisa-
tionsprinzip des „demokratischen Zentralismus" mußte dieser Sozialismus scheitern.

III. Die Dynamik, mit der sich die moderne Zivilisation überall durchsetzt, ist
nicht rätselhaft. Sie beruht auf der bezwingenden Evidenz der mit ihr verbundenen Lebensvorzüge, und dem widerspricht nicht, daß der Grenznutzen unserer
zivilisatorischen Fortschritte in etlichen Lebensbereichen inzwischen abnimmt.
   Zu den Folgelasten moderner Zivilisationsdynamik gehören nicht zuletzt Probleme aus zunehmender Organisationsbedürftigkeit der Zeit. Zeit wird mit wachsenden Veränderungsraten, auf die wir uns praktisch einstellen müssen, knapper,
der Entscheidungsdruck erhöht sich, die Chancen zuverlässiger Prognostik nehmen ab und die Wahrscheinlichkeit ungestörter Abläufe von Planrealisationen
wird geringer. Auf der anderen Seite geraten die Individuen, die sich durch temporal abgeschöpfte Produktivitätszuwächse und durch sonstige Freiheitsgewinne
begünstigt finden, unter den Druck der Herausforderung, die Freiheiten disponibel gewordener Lebensspielräume in Sinn, in Lebenssinn verwandeln zu sollen.
Regeln selbstbestimmter Lebensführung („Moral") werden modernitätsabhängig
anspruchsvoller, und was die Zivilisationskritik als Moralverfall beklagt, ist heute
in Wahrheit überwiegend ein Phänomen aus Folgen moralischer Überforderung.
   So oder so: Kraft ungleich verteilter Fähigkeiten, den moralischen Herausforderungen moderner Lebensverbringung gewachsen zu sein oder es nicht zu sein,
nimmt gerade in der modernen, ordnungspolitisch von egalitären Rechtsverhält-
nissen abhängigen Zivilisation die Ungleichheit der Lebens- und Partizipationsniveaus zu, die die Individuen selbstbestimmungsabhängig zu erreichen vermögen. Statt der zivilisationskritisch befürchteten Heraufkunft der früher einmal so
genannten Massengesellschaft haben wir in Wahrheit deren Auflösung zu erwarten – in produktiven wie in destruktiven Entwicklungen.

IV. Zu den Verfallsvisionen traditioneller Kulturkritik gehört nicht zuletzt die
Erwartung, zivilisatorische Modernisierung löse Vorgänge der Säkularisierung
aus, über die die Religion, bei uns also das Christentum, als uns kulturell maß-

geblich prägende Lebensmacht zu verschwinden drohe. Komplementär dazu ist jene defiziente Aufgeklärtheit aber auch noch rezent, die solches Verschwinden der Religion für einen Emanzipationsgewinn halten möchte. In beiden Fällen wird verkannt, daß es in jeder Zivilisation Lebenserfordernisse gibt, deren Nötigkeit sich gänzlich zivilisationsepochenindifferent zur Geltung bringt, nämlich in Abhängigkeiten von Lebenslagen anthropologischer und ontologischer Art, denen sich auch über Modernisierungsvorgänge nicht entkommen läßt, und diese Erfahrung setzt sich in religiöse Kultur um.

Wenn das so ist, so müßte freilich, allen Säkularisierungsvorgängen zum Trotz, religiöse Kultur, anstatt sterbend, sich auch in modernen Gesellschaften – wie verwandelt auch immer – lebendig zeigen. In wohlbestimmten Hinsichten gilt eben das nicht zuletzt für die USA, und hier ließen sich auch, deutlicher als in Europa, die Voraussetzungen säkularisierungsresistenter Modernität erkennen. Man kann sich freilich für diese Verbindbarkeit von Modernität und religiöser Kultur, ja für die Abhängigkeit uneingeschränkter Modernitätsfähigkeit von Voraussetzungen religiöser Kultur auch blind machen, indem man, wie in einigen theologischen Fraktionen zumal des deutschen Protestantismus, eine modernitätskritische Kulturreligionsscheu kultiviert.

V. Wieso ist die Neigung zu wahrnehmungsdeformierender Kulturkritik, die in nachvollziehbarer Weise generell zur modernen Zivilisation gehört, in Deutschland noch ausgeprägter als anderswo? Das läßt sich historisch erklären – von der deutschen Intellektuellen-Lust an revolutionären Untergängen und Katastrophen, die mit der Wirklichkeitsferne der favorisierten politischen Ideale zunimmt, bis hin zu den fortdauernden Verunsicherungsfolgen selbstverschuldeter Katastrophen und Untergänge, wie sie tatsächlich hinter uns liegen. Aktuell sind die moralisierenden Neigungen deutscher Denker und Prediger geblieben, das heißt insbesondere die Neigung, die jeweils anderen zunächst einmal zur Revolutionierung ihrer individuellen moralischen Binnenverfassung aufzurufen, während doch in der Mehrzahl der relevanten Fälle eben dieses entbehrlich wäre, wenn man die Bürger rechts- und ordnungspolitisch in Lagen versetzte, die sie interessiert machten zu tun, was objektiv zweckmäßig oder erforderlich ist. Auch in der immer noch nicht überwundenen Ökonomieferne von Teilen der deutschen Intelligenz, die durchaus im Widerspruch zu den klassischen Traditionen der praktischen Philosophie steht, bekundet sich dieser Moralismus.

VI. Der wirksamste Faktor moderner Zivilisationsdynamik ist die Produktion nutzbaren Wissens, und selbst noch zur Erkennung und Handhabung schädigender Folgelasten zivilisatorischer Wissensnutzung sind wir heute auf zusätzliches Wissen angewiesen. Für die Mehrung und Verbesserung unseres Wissens wird man stets auf Genies hoffen, bleibt aber im übrigen auf günstige institutionelle Voraussetzungen der Wissenserzeugung angewiesen. Wilhelm von Humboldts Universität gilt, historisch zu Recht, als ein besonders gelungener Fall der Förderung der Wissenschaften in Forschung und Lehre durch institutionelle Reformen. Dieser Fall hat seine große Wirkungsgeschichte, und das Buch schließt mit

einem Versuch zu zeigen, wie sich diese Geschichte heute produktiv fortschreiben
ließe.

Soweit die vorwegnehmende Kennzeichnung einiger wichtiger Inhalte des vorliegenden Buches. Natürlich läßt sich sagen, daß der damit präsentierte Beitrag zu
einer Philosophie zivilisatorischer Evolution sich an einem Gegenstand versucht,
dessen deskriptive und theoretische Bewältigung die Grenzen individuell mobili-
sierbarer Kompetenzen hoffnungslos sprengt. Es ist ja wahr: Mit der Komplexität
und mit der Dynamik unserer Zivilisation wird es immer schwieriger, Übersicht
zu behalten – worauf auch immer unsere individuellen fachlichen Kompetenzen
und Erfahrungen sich erstrecken mögen. Wir finden uns auf Bündelungen von
Expertenkenntnissen angewiesen, und die verbreiteten Sammelpublikationen von
Abhandlungen diverser Autoren entsprechen dem. Solche Sammelpublikationen
gruppieren sich regelmäßig um Sachthemen, die als praktische Herausforderung
Einheit haben, aber nicht mehr als Zuständigkeitsfeld einer einzigen wissenschaftlichen Disziplin. Deswegen gibt es heute in der Wissenschaftspraxis jene
zahllosen Kongresse, auf denen man, interdisziplinär, alle Facetten eines Problems zu durchleuchten sucht, und politiknah geschieht das heute, zum Beispiel,
analog in den Enquete-Kommissionen unserer gesetzgebenden Körperschaften.
In den besagten Sammelpublikationen schlägt sich die Arbeit solcher Kongresse
und Kommissionen dann nieder.

Verleger schätzen diese Publikationen nicht, und das breitere Publikum schätzt
sie zumeist auch nicht. Wieso ist das so, wenn anders wir doch tatsächlich immer
häufiger auf das gebündelte Wissen vieler angewiesen sind, um Überblick zu
gewinnen? Die Antwort liegt auf der Hand: Der Überblick, den wir uns so zu
verschaffen suchen, repräsentiert ja, wenn er uns einigermaßen gelingt, seinerseits
eine umfassende Orientierungsleistung, und es ist nicht recht einzusehen, wieso uns
eine solche Leistung, nämlich als repräsentativer Versuch eines individuellen
Autors, nicht von vornherein, statt eines Bündels von Äußerungen diverser
Experten, hätte offeriert werden können.

Die wachsende Nötigkeit interdisziplinärer Kooperation ist tatsächlich unbestreitbar. Aber die Einheit unserer erkennenden und handelnden Subjektivität
löst sich ja darüber nicht auf, und stets muß sich sagen lassen, welchen Orientie-
rungsgewinn wir denn nun, nämlich individuell, aus den Mitteilungen interdisziplinär kooperierender Experten haben ziehen können. Wenn in Relation zum jeweils kollektiv verfügbaren Wissen unsere individuellen Kompetenzen schrumpfen, so schwindet doch darüber die Aufgabe keineswegs, aus eben diesem Bestand
individuell verantwortbare orientierungspraktische Konsequenzen von allgemei-
nem Interesse zu ziehen.

Mit der Menge anrufbarer Experten nimmt also unsere Angewiesenheit auf
Formen des Wissens zu, die uns gerade als Nicht-Experten uns zurechtfinden lassen. Die Aufgabe, solches Wissen zu organisieren, wird dabei zugleich anspruchsvoller. Sie gewinnt selber Züge eines Problems für Experten, für Experten nämlich
in der speziellen Rolle von Generalisten.

Die Nachfrage nach Orientierungsleistungen solcher Generalisten nimmt in einer wissenschaftlichen Zivilisation, die von Expertenwissen durchherrscht und geprägt ist, also nicht ab, vielmehr zu. Das macht verständlich, wieso heute in der Wissenschaft, zum Beispiel, nicht zuletzt Fachkongresse hochspezialisierter Art, statt von Insidern, von Gastrednern eingeleitet oder beschlossen werden, die, statt Fachwissen, Kenntnisse der kulturellen oder politischen Kontexte repräsentieren, in denen Fachwissen genutzt wird und auf die es sich auswirkt. Für Verbandskonferenzen gilt Analoges, und sogar Unternehmen wissen sich heute, im Binnenverhältnis wie in der Außenwirkung, auf explizite Verknüpfungen ihres speziellen Tuns mit seinen moralischen und politischen Randbedingungen angewiesen, zu denen jedermann sich in gemeiner Meinung verhält, die wir aber über die Auskünfte von Historikern oder Juristen, auch von Philosophen, nämlich in ihrer Generalistenrolle, zu einer gefestigteren Meinung machen möchten.

Im erläuterten Sinn macht das vorliegende Buch den Versuch, dominante Trends in der Entwicklung unserer Zivilisation zu skizzieren. Das ist gewiß ein Thema von enzyklopädischer Größenordnung, und entsprechende Enzyklopädien, für deren Zustandekommen jeweils ganze Fachkommunitäten kooperiert haben, gibt es natürlich. Aber welches Bild unserer zivilisatorischen Evolution gewinnt denn, wer individuell das Wissen zu nutzen sucht, das in jenen Enzyklopädien und in der überreichen sonstigen Spezialliteratur heute kollektiv zugänglich ist? Das hängt von der Philosophie ab, von der die Nutzer dieses Wissens sich leiten lassen – also von den Vorverständnissen, die wir, zumeist in Übereinstimmung mit den Vorverständnissen anderer, jeweils mitbringen, näherhin von der Wahl theoretischer Annahmen und Konzepte, die uns selektionskompetent und fähig machen, den Ordnungsgrad abrufbaren Wissens zu erhöhen, und überdies hängt es von Leistungen unserer Urteilskraft ab, über die wir, was wir zu wissen glauben, praktisch gewichten. Das Urteil über die Aufschlußkraft der in den Beiträgen dieses Buches leitend gewesenen Philosophie steht dem Leser zu.

Der größere Teil der hier vorgelegten Studien, die ausnahmslos aus den neunziger Jahren stammen, ist bereits einmal veröffentlicht worden, aber verstreut – nach verbreiteter akademischer Üblichkeit in Festschriften zum Beispiel oder auch in den Akten von Fachkongressen, die ihre Nötigkeit, aber doch regelmäßig nur eine geringe Verbreitung haben. Die Studien sind in der Absicht, sie auf den neuesten Stand zu bringen und eng miteinander zu verbinden, überarbeitet worden. In einigen wenigen Fällen habe ich auch Texte zur Sache beigefügt, die zuerst in Zeitungen und Zeitschriften veröffentlicht worden sind – nämlich Interviews. In solchen Interviews wird man, und zwar durch gute Journalisten, gezwungen, sich ebenso knapp wie deutlich zu äußern. Das kommt der Prägnanz der Thesen, die man vertreten möchte, zugute. Um diese Thesen zu prüfen, bleibt man freilich auf die ausführlicheren Begründungen angewiesen, die in den Haupttexten zu finden sind.

Zürich, September 1997   Hermann Lübbe

Inhaltsverzeichnis

I. Trends zivilisatorischer Evolution

1. Netzverdichtung

Zur Philosophie
industriegesellschaftlicher Entwicklungen

Mit dem Zusammenbruch des real existent gewesenen Sozialismus ist zugleich die öffentliche Geltung eines wohlbestimmten Typus der Geschichtsphilosophie erloschen. Der Dialektische und Historische Materialismus ist heute in der internationalen Philosophen-Kommunität bei Weltkongressen und analogen Gelegenheiten einzig noch als historisierungsbedürftiges Relikt gegenwärtig. Rekonstruktionsversuche haben sich erledigt. Kennerschaft der Quellen und ihrer Wirkungsgeschichte betätigt sich forschungspraktisch vorwiegend editorisch[1]. Das ist das Ende einer Geschichtsphilosophie, der es mehr als bislang jeder anderen Philosophie gelang, politisch-praktisch zu werden – die nicht bloß ein „anatomisches Messer" für analytische Zwecke, vielmehr eine „Waffe" sein und entsprechend ihre Gegner „nicht widerlegen, sondern vernichten"[2] wollte.

Ihre politisch-praktische Funktion erfüllte die fragliche Geschichtsphilosophie legitimatorisch. Sie beanspruchte, Einsicht in den epochalen Verlauf der Geschichte erlangt zu haben, und sie stattete ihre Subjekte zugleich mit der Zusatzeinsicht aus, wieso sie, kraft ihrer Position im epochalen Geschichtsverlauf, die bislang Ersten und Einzigen seien, die der Einsicht in eben diesen Geschichtsverlauf überhaupt fähig sind. Das erlaubte, ja erzwang die Selbstzuschreibung der Rolle, die intellektuelle Avantgarde einer Bewegung zu sein, in der sich die Zukunftsmenschheit bereits gegenwärtig in Vorhutgestalt politisch formiert[3].

Die Konsequenzen dieser geschichtsphilosophischen Orientierung der Politik an einem als grundsätzlich begriffen unterstellten Geschichtslauf waren erheblich. Es erübrigt sich, das hier zu schildern – bis hin zum totalitären Terror, der sich selbst als Praxis moralisch gebotener Geschichtssinnvollstreckung verstand.

Karl Popper hat die vermeintliche Einsicht in die Gesetzmäßigkeit historischer Abläufe „historizistisch" genannt, und er hat sein Buch „Das Elend des Historizismus" den Opfern des Irrglaubens an die Existenz von Geschichtsgesetzen ge-

---

[1] Die MEGA wird, nach revidierten Editionsprinzipien, angemessenerweise fortgeführt (cf. dazu Jürgen Rojahn: Und sie bewegt sich doch! Die Fortsetzung der Arbeit an der MEGA unter dem Schirm der IMES. In: MEGA-Studien. Hrsg. von der Internationalen Marx-Engels-Stiftung. Berlin 1994/1, S. 5–31, sowie: Die neuen Editionsrichtlinien der Marx-Engels-Gesamtausgabe (MEGA) mit einer Vorbemerkung von Jacques GRANDJONC. In: a.a.O. S. 32–59).

[2] Karl MARX: Zur Kritik der Hegelschen Rechtsphilosophie. Einleitung. In: Karl MARX, Friedrich ENGELS: Werke. Band 1. Berlin 1977, S. 378–391, S. 380.

[3] Zu dieser ideologisch-politischen Selbstprivilegierungsfigur cf. das Kapitel „Politischer Avantgardismus oder Fortschritt und Terror" in meinem Buch „Im Zug der Zeit. Verkürzter Aufenthalt in der Gegenwart", Berlin etc. [2]1994, S. 137–154.

widmet[4]. In zurückgenommener, näherhin wissenschaftstheoretischer Weise ausgedrückt besagt dieser Irrtum, daß jene Ereignis- und Zustandsabfolgen, die wir „Geschichten" nennen, als Abfolgen in offenen und damit gegenüber kontingenten Einwirkungen und Effekten nicht abschließbaren Systemen, grundsätzlich nicht theoriefähig und somit auch nicht prognostizierbar sind[5]. Anders gesagt: Die Zukunft der zivilisatorischen Evolution ist offen, und eine Politik, die sich statt dessen an einer Geschichtsphilosophie orientierte, die die Zukunft als eine durch gesetzmäßige Epochenabfolgen besetzte Zukunft behandelte, mußte daher zwangsläufig auch die Gesellschaft von einer offenen in eine geschlossene Gesellschaft verwandeln.

Zu den Faktoren, die die Theorieunfähigkeit und damit Nicht-Prognostizierbarkeit zivilisatorischer Evolutionen bedingen, hat Popper in erster Linie den Faktor des prinzipiell nicht prognostizierbaren künftigen Wissens gezählt. Die Wirksamkeit dieses Faktors nimmt ersichtlich mit der Dynamik der forschungspraktischen Wissensproduktion[6] zu und mit der technischen Umsetzung und wirtschaftlichen Nutzung verfügbaren Wissens desgleichen. Das beschränkt die Möglichkeiten, theoretisch Gegenwart und Zukunft zu verknüpfen, im wesentlichen auf Analysen gegenwärtig beobachtbarer Trends, das heißt auf die Analyse von Vorgängen, die eine Richtung haben, aber kein angebbares Ziel, die sich somit auch nicht nach Analogie von Handlungen verständlich machen lassen, also als Realisationen von Plänen institutionalisierter kollektiver Subjekte, die aber nichtsdestoweniger, als Wirkung handelnd interferierender individueller und institutioneller Subjekte, einer sozialen Kausalität folgen – das freilich unter Randbedingungen von begrenzter Konstanz, deren temporale Reichweite sich gar nicht oder nur schwer abschätzen läßt[7].

Trends dieser Charakteristik sind heute zumeist Gegenstand fachwissenschaftlicher Analysen – von der Demographie über die Klimatologie oder von der Entwicklungsökonomie bis zur Säkularisierungssoziologie. Selbstverständlich hat sich, in einer Wendung zu größerer Empirie-Nähe, auch die Philosophie geschichtsphilosophischer Tradition, nämlich als Kulturphilosophie oder Sozialphilosophie, der Beschreibung und Analyse zivilisatorischer Trends angenommen

---

[4] Karl R. POPPER: Das Elend des Historizismus. Tübingen ²1969, S. XI.

[5] Zum evolutionsanalogen Charakter kulturgeschichtlicher Abläufe cf. die Kapitel „Die Rede von der Gesetzmäßigkeit des geschichtlichen Prozesses" sowie „Lehrgeschichten und Evolutionen" in meinem Buch „Geschichtsbegriff und Geschichtsinteresse. Analytik und Pragmatik der Historie", Basel, Stuttgart 1977, S.127–144 sowie S.241–268.

[6] Eine besonders wirkungsreiche Vermessung der Dynamik der forschungspraktischen Wissensproduktion hat schon vor mehr als einem Vierteljahrhundert Solla Price vorgelegt. Derek J. SOLLA PRICE: Little Science, Big Science. Von der Studierstube bis zur Großforschung (1963). Frankfurt a. M. 1974.

[7] Diese Struktur komplexer sozialer Prozesse spiegelt sich in den Schwierigkeiten, die es bereitet, innerhalb solcher Prozesse Handlungswirkungen Handlungssubjekten zuzurechnen. Cf. dazu Weyma LÜBBE (Hrsg.): Kausalität und Zurechnung. Über Verantwortung in komplexen kulturellen Prozessen. Berlin, New York 1994.

– von Simmels Theorie der sozialen Differenzierung[8] über die zivilisationskritische Theorie progressiven „Massenbetrugs"[9] in der älteren Frankfurter Schule bis hin zu den ephemeren, teils zukunftsgewissen, teils besorgniserfüllten Trendbeschreibungen philosophienah arbeitender Sozialwissenschaftler, die die globale Ausbreitung des liberalen Gesellschaftsmodells für unaufhaltsam halten oder auch, komplementär dazu, die Verschärfung der Konflikte zwischen den großen, in letzter Instanz religiös geprägten Weltkulturen[10].

Man erkennt rasch, daß Trends der exemplarisch genannten Art sich unterscheiden, aber nicht gegeneinander isolieren lassen. Die Vermutung, daß unter den zivilisatorischen Trends, die zu unterscheiden sich aufdrängt, der eine faktoriell wirksamer als der andere sei, ist theoretisch jeweils schwerlich zwingend zu machen. Man ist auf forschungspraktische Urteilskraft angewiesen, die sich auf die Beobachtung interdisziplinärer Konvergenzen stützt und die ihre Belege in der Beschreibung von Vorgängen findet, die sich als Auswirkungen eines Trends von vermuteter zentraler Bedeutung plausibel machen lassen.

In dieser Meinung möchte ich hier einen Beitrag zur Analyse des Trends „Netzverdichtung" leisten. Ich verzichte auf eine nähere wissenschaftstheoretische Charakteristik der Operation „Trendanalyse" und komme sogleich zur Sache.

Netze, Verkehrsnetze wie Informationsnetze, gehören zu den technischen Realisationsbedingungen unserer expandierenden Beziehungsverhältnisse und wechselseitigen Abhängigkeiten von räumlich und sozial entfernten Anderen, die bis hin zu Globalisierungsvorgängen für die zivilisatorische Evolution charakteristisch sind. Das ist trivial. Nicht trivial sind die empirischen Aspekte der Netzbildungsgeschichte. Die Historiographie dieser Netzbildungsgeschichten ist ein rasch sich entwickelnder Bereich geschichtswissenschaftlicher Forschung. Ohne Kenntnisse von Ergebnissen dieser Forschung könnte auch der historische Laie, der Philosoph zumal, einen Sinn für die zivilisationsevolutionäre Bedeutung der Bildung von Netzen gar nicht gewinnen. Es heißt, einer Versuchung nicht nachzugeben, sich hier auf besonders interessante Details der Netzbildungsgeschichte einschließlich ihrer siedlungsgeographischen und wirtschaftlichen[11], militärischen und kulturellen Aspekte nicht zu beziehen und auf die Anschaulichkeiten zu verzichten, die unsere Straßenbaumuseen[12] oder auch die rasch expandieren-

---

[8] Georg SIMMEL: Über sociale Differenzierung. Sociologische und psychologische Untersuchungen. Leipzig 1890.

[9] So nach dem berühmten Essay „Kulturindustrie. Aufklärung als Massenbetrug" von Max HORKHEIMER, Theodor W. ADORNO: Dialektik der Aufklärung. Philosophische Fragmente. Frankfurt a. M. 1988, S. 128–176.

[10] So in den einschlägigen Thesen von Francis FUKUYAMA einerseits und Samuel P. HUNTINGTON andererseits, deren außerordentliche Publizität weiter reicht als das Licht, das sie auf unsere politische und kulturelle Gegenwart werfen.

[11] Zum Beispiel, für das Mittelalter, auf die eindrucksvolle Darstellung bei Edith ENNEN: Die Bildung der mittelalterlichen Stadt. In: Edith ENNEN: Die europäische Stadt des Mittelalters. 4., verbesserte Auflage. Göttingen 1987, S. 78–110.

[12] Zum Beispiel Straßenmuseum Rheinland-Pfalz in Germersheim am Rhein. Redaktion, Bearbeitung und Gestaltung: Herbert FREUND. Bellheim o.J. (etwa 1991).

den informationstechnischen Abteilungen unserer Technikmuseen zu bieten haben.

Als dominanten Trend läßt die Netzbildungsgeschichte Netzverdichtung erkennen. Netze verdichten sich mit dem Wachstum des Anteils potentiell anschlußfähiger Elemente, die an ein netzgebundenes System bereits angeschlossen sind. Als „Netzschließung" ließe sich dann der Vorgang der Integration aller anschlußfähigen Systemelemente ins jeweils systembindende Netz charakterisieren. Netzverdichtungen bis hin zur Netzschließung laufen dabei zumeist mit sehr großer Dynamik ab. Die Wucht dieser Vorgänge gehorcht einer elementaren Pragmatik. Der Nachteil, einem Netz noch nicht angeschlossen zu sein, wächst zumeist rascher als die Netzdichte, und die Netzverdichtung nimmt alsdann einen exponentiellen Verlauf.

Auffälliger noch als bei der Verkehrsnetzbildung sind die Vorgänge der Netzverdichtung und der Netzschließung bei der Bildung von Informationsnetzen[13]. Davon wird später noch, in aller Kürze, exemplarisch die Rede sein. An dieser Stelle soll, vorwegnehmend, auf einen Vorgang innerhalb der Netzbildungsgeschichte aufmerksam gemacht werden, an den wir uns längst gewöhnt haben. Historisch umspannt er inzwischen drei Generationen. Er ist mit umwälzenden sozialen, kulturellen und politischen Wirkungen verbunden. Man darf den Vergleich riskieren, daß die zivilisationsevolutionäre Bedeutung des gemeinten Vorgangs in ihren Dimensionen nicht geringer als einst die Bedeutung des Übergangs zur drucktechnischen Herstellung von Büchern sein wird. Ich meine den Vorgang der technischen Ablösung der Informationsnetze von den Verkehrsnetzen. Noch zur Goethe-Zeit und weit über die Mitte des 19. Jahrhunderts hinaus war die Übermittlung jeder Nachricht, jedes Textes an Verkehrswege gebunden. Ausnahmen von dieser Regel, die es gab, blieben marginal. Seit der Installation von Telefonnetzen hingegen gibt es, und zwar tendenziell massenhaft, verkehrsfreien Informationstransfer, und nach der technischen Natur dieses Transfers werden in modernen Informationsnetzen zwei Möglichkeiten realisiert, die im verkehrsnetzgebundenen Informationstransfer nicht gegeben waren, nämlich die entfernungsindifferente temporale Simultaneität in der Präsenz oder Zugänglichkeit von Informationen einerseits und die Herstellung umwegloser, direkter Verbindungen zwischen beliebigen Netzteilnehmern andererseits. Es ist spontan nicht erkennbar, wie sich diese Eigenschaften von Informationsnetzen, die sich von Verkehrsnetzen abgelöst haben, auswirken. Davon wird die Rede sein. An dieser Stelle sollte lediglich begrifflich der zivilisationsevolutionäre Vorgang der Bildung verkehrsnetzunabhängiger Netze herausgestellt werden.

Nach diesen Vorbemerkungen soll nun inhaltlich der Vorgang der Netzverdichtung durch knappe Skizzen einiger mit ihm verbundener Folgewirkungen

---

[13] Cf. dazu exemplarisch für das Telefonnetz: Renate MAYNTZ: Soziale Diskontinuitäten: Erscheinungsformen und Ursachen. In: Klaus HIERHOLZER, Heinz-Günter WITTMANN (Hrsg.): Phasensprünge und Stetigkeit in der natürlichen und kulturellen Welt. Stuttgart 1988, S. 15–37, S. 25ff.

anschaulich und in seiner zivilisationsevolutionären Bedeutung abschätzbar gemacht werden.

I.

Erstens nimmt mit der wachsenden Dichte expandierender Netze die moderne Zivilisation über große Räume hinweg und schließlich global Züge einer Einheitszivilisation an. Die populäre Zivilisationskritik hat gewisse triviale Konsumgüter, Cola-Getränke oder einige Produkte der Fast-Food-Industrie zum Beispiel, zu Metonymen dieses Vorgangs erhoben. Die Pop-Art hat das ikonographisch bekräftigt und damit reflexiv zum Gegenstand intellektueller Aufmerksamkeit gemacht, was uns aus unübersehbarer Werbung ohnehin schon bekannt war. Interessanter als die kulturkritische Kommentierung dieser penetranten Omnipräsenz trivialer Zivilisationsgüter wäre freilich das Studium der wirtschaftlichen Verflechtungen, die sich hinter ihnen verbergen, und damit die Kenntnisnahme der Erfolgsbedingungen der modernen Konsumökumene. Die Vorzugsseite der Sache darf man keineswegs einseitig bei den Anbietern vermuten. Ohne Evidenz der Lebensvorzüge moderner Konsumgüter bliebe ihr Erfolg unverständlich, und es ist nicht ein Mißverständnis, vielmehr Einsicht in einen wesentlichen Aspekt unserer Alltagsfreiheit, daß in Moskau die Eröffnung der ersten Filiale einer amerikanischen Fast-Food-Kette zum Symbol des Triumphs über die Planwirtschaftsirrationalität erhoben wurde.

Es empfiehlt sich insoweit Zurückhaltung im intellektuellen Naserümpfen über den sich global ausbreitenden Zivilisationsfirnis. Produktiver ist es, sich die herkunftskulturindifferenten Auswirkungen des Erfolgs moderner Zivilisationsprodukte zu vergegenwärtigen. Die Menge der Menschen wächst, die als Verkäufer und Nutzer, als Produzenten und Serviceleister über die Grenzen herkunftsverschiedener Kulturen hinweg analoge Kompetenzen entwickeln. Einige Englischkenntnisse machen Geschäftsverkehr und Tourismus weltweit kommunikativ möglich. In Abhängigkeit von Faktoren, die man als anthropologisch universell einschätzen darf, verändern sich auch die Verhaltensweisen in Reaktion auf einen höheren Lebensstandard, für den es von der medizinischen Versorgung bis zur Trinkwasserqualität und von der durchschnittlichen Lebenserwartung bis zur Säuglingssterblichkeit allgemein anerkannte Meßgrößen gibt. Sogar das generative Verhalten, so scheint es, verändert sich überall korrelativ zu weltweit beobachtbaren Modernisierungsprozessen. Auf moderne Waffensysteme verzichten auch Länder nicht, die in fundamentalistische Bewegtheit geraten sind und in dieser Bewegtheit sich gegen die „Dekadenz" jener Zivilisation kehren, die solche Waffensysteme entwickelt, produziert und verfügbar gemacht hat.

Zu den kognitiven Voraussetzungen moderner Zivilisationsgüter gehört heute selbst in simplen Fällen forschungspraktisch erzeugtes Wissen, und nach Logik und Methodik, nach Sprache und Kommunikationsgewohnheit bilden heute die Fachkommunitäten der Wissenschaftler ohnehin herkunftskulturindifferente Internationalen, und überall expandieren die Einrichtungen für den bildungsmäßigen Erwerb der Kompetenzen, die den Zugang zu diesen Internationalen verschaffen.

Zugleich breiten sich Normensysteme aus, mit denen sich ein universeller Geltungsanspruch verbindet, und ihnen entsprechen moderne juridische und politische Institutionen von kontinentaler und globaler Zuständigkeit. Dabei wäre der Universalismus moderner, herkunftskulturindifferent geltender Normensysteme mißverstanden, wenn man darin die Kraft zwingender Argumente philosophischer Letztbegründungsbemühungen wirksam sähe. Der Universalismus moderner Normensysteme folgt der Expansion unserer netzverdichtungsabhängig sich intensivierenden Interaktionen. Bei den technischen Normen, deren strikte Geltung weitgespannte Verkehrs- und Kommunikationsnetze erst betriebsfähig und betriebssicher machen, liegt dieser Zusammenhang auf der Hand. Aber auch international vereinbarte Regeln für die Nutzung begrenzter Meeresressourcen zum Beispiel haben sich kraft ihrer technischen Evidenz durchgesetzt – das freilich in Gremien, in denen Subjekte scharf konkurrierender Interessen zu erkennen hatten, daß die Sicherung ihrer Interessen langfristig nur begrenzt möglich sein werde, nämlich im normativen Rahmen verbindlich gemachter Kompromisse.

Und die Menschenrechte? Der Anspruch ihrer universellen Geltung wird heute bekanntlich von Ländern, die noch vor kurzem zur früher so genannten Dritten Welt gezählt wurden, in wohlbestimmter Hinsicht als Ausdruck eines rezenten westlichen Kulturimperialismus zurückgewiesen. Nichtsdestoweniger bringt sich auch in der Menschenrechtsfrage eine Pragmatik zur Geltung, die aus Zwängen wechselseitiger Abhängigkeit in real gewordener Koexistenz resultiert. In den Ursprungsländern von Migrationsströmen, in denen traditionellerweise die Existenz von Minderheiten gar kein Thema war, wird nun aus eigenem Interesse die Anerkennung von Minderheitenrechten schließlich unabweisbar. Wer am Welthandel partizipieren möchte, muß Rechte wirtschaftlicher Betätigungsfreiheit respektieren. Wer zu seinem eigenen Vorteil Fremde in wachsender Zahl ins Land läßt, gerät unter den Druck unabweisbarer Liberalisierungen traditionalen Familienrechts, und sogar die Bindung bürgerlicher an religiöse Zugehörigkeitsverhältnisse muß sich dabei schließlich lockern. Daß auf der Ebene des Europarats ein höchst differenzierter Katalog von Menschenrechten, nämlich bei den Unterzeichnerstaaten der EMRK, völkerrechtliche Verbindlichkeit hat, will einen nach dem Ende des nationalsozialistischen und internationalsozialistischen Totalitarismus nicht wundern[14]. Aber daß es sogar auf der Ebene der KSZE gelang, über die politischen Grenzen hinweg, die einst die Gegner des Kalten Krieges trennten,

---

[14] Konvention zum Schutz der Menschenrechte und Grundfreiheiten (EMRK) vom 4. November 1950. – Cf. dazu Knut IPSEN: Völkerrecht, in Zusammenarbeit mit Volker EPPING, Horst FISCHER, Christian GLORIA, Wolff HEINTSCHEL VON HEINEGG, 3., völlig neu bearbeitete Auflage des von Eberhard MENZEL begründeten Werkes. München 1990, S. 658ff.: „§ 45. Individualschutz in multilateralen Verträgen mit regionalem Geltungsbereich".

mit erheblicher politischer Folgewirkung Menschenrechte zu deklarieren[15], war keineswegs den Selbstverständlichkeiten einer völkerverbindenden homogenen Rechtskultur, vielmehr gewissen Interessenskonvergenzen in Abhängigkeit von realen Kooperationszwängen zuzuschreiben, und für die Menschenrechtskonventionen der UNO gilt Analoges[16]. In allen diesen Fällen haben sich Rechtsregeln zur Geltung gebracht, deren wechselseitige Anerkennung interaktionspragmatisch unvermeidlich ist, wie lästig auch immer diese Anerkennung einem intern sein mag. Die Ausbreitung der wissenschaftlich-technischen Zivilisation ist normativ nicht neutral. Sie produziert Konflikte, die sich ohne Fortentwicklung des Völkerrechts und der Menschenrechte nicht dauerhaft lösen ließen.

II.

Zweitens provozieren netzverdichtungsabhängige zivilisatorische Angleichungsvorgänge Bewegungen reflexiver Verstärkung kultureller Herkunftsprägungen. Der so charakterisierte Vorgang wirkt sich inzwischen bis in den politischen Lebenszusammenhang hinein aus. Das gilt nicht nur für die politischen Renaissancen außereuropäischer und außerchristlicher Weltkulturen, für die der Islamismus das gegenwärtig eindrücklichste und politisch potentiell folgenreichste Beispiel ist[17]. Auch in den wissenschaftlich, technisch und ökonomisch hochentwickelten Weltreligionen bilden sich Bewegungen heraus, die genau komplementär zu den zivilisatorischen Angleichungsvorgängen herkunftsgeprägtes Anderssein kultivieren. Im gemeineuropäischen Phänomen des sogenannten Regionalismus[18] setzt sich das in Politik um, und selbst in den traditionell zentralstaatlich organisierten Ländern Europas bringen sich gegenüber der einen und unteilbaren Nation kulturelle und politische Sonderansprüche kleiner Nationen zur

---

15 Sogar hinsichtlich der potentiell konfliktträchtigen Schutz- und Selbstbestimmungsrechte der Angehörigen von Minderheiten, nämlich bei Gelegenheit der 1990er KSZE-Konferenz in Kopenhagen: Dokument des Kopenhagener Treffens der Konferenz über die menschliche Dimension der KSZE. Copenhagen 1990, S. 18ff.

16 Wolfgang HEIDELMEYER (Hrsg.): Die Menschenrechte. Erklärungen, Verfassungsartikel, Internationale Abkommen. Mit einer Einführung von Wolfgang HEIDELMEYER. 3., erneuerte und erweiterte Auflage Paderborn, München, Wien, Zürich 1982, S. 43ff.: „Die Menschenrechtskonventionen der Vereinten Nationen".

17 Für einen historisch-politischen Überblick cf. Bassam TIBI: Krieg der Zivilisationen. Politik und Religion zwischen Vernunft und Fundamentalismus. Hamburg 1995. – Zum politischen Herausforderungscharakter repolitisierter Religion, speziell aus französischer Perspektive, Joseph ROVAN: Religionsartige politische Bewegungen am Ende des 20. Jahrhunderts. In: Hermann LÜBBE (Hrsg.): Heilserwartung und Terror. Politische Religionen des 20. Jahrhunderts. Mit Beiträgen von Wladyslaw BARTOSZEWSKI, Helmuth KIESEL, Hermann LÜBBE, Hans MAIER, Michael ROHRWASSER, Joseph ROVAN. Düsseldorf 1995, S.113-128.

18 Cf. dazu meinen Aufsatz „Die große und die kleine Welt. Regionalismus als europäische Bewegung", in: Hermann LÜBBE: Die Aufdringlichkeit der Geschichte. Herausforderungen der Moderne vom Historismus bis zum Nationalsozialismus. Graz, Wien, Köln 1989, S30-45.

Geltung – im Extremfall sogar mit dem Willen, sich als neue Staatsnation zu konstituieren, sei es föderalistisch, sei es separatistisch[19].

Wie fügt sich das zu den unabweisbaren und somit unübersehbaren Kooperations-
tionszwängen in großräumig expandierenden und zugleich sich verdichtenden
zivilisatorischen Beziehungsnetzen? Der gute Sinn dieser Frage hat Kritiker veranlaßt, den selbstbestimmungsaktiven Regionalismus, der sich ja modernitätsabhängig auch jenseits des Ozeans im frankophonen Teil Kanadas zur Geltung
bringt, wegen seiner Rückwendung zu allerlei Folklore, angesichts der rasch
wachsenden Menge der Heimatmuseen und des partiell sogar erfolgreichen
Eifers der Reliktsprachenrevitalisierung zu einem Phänomen kultureller Selbstbornierung zu erklären. Man diagnostiziert „Provinzialismus" und intellektuelle
Defizite fälliger Weltbürgerlichkeit und international kommunikationsfähiger Zivilität.

Indessen: Diese Interpretation ist unangemessen. Sie beruht auf einem gravierenden Mißverständnis der fraglichen Phänomene, und sie verkennt deren Modernität. Regionalismen und verwandte Phänomene reflexiver Verstärkung kontingenter kollektiver Herkunftsprägungen haben ihren spezifischen Ort nicht in
weltabgeschiedenen Winkeln, vielmehr auf der Frontlinie des Zivilisationsprozesses. Als Ladiner oder Katalane formiert man sich gerade in der Konsequenz zivilisatorischer Angleichungsvorgänge, nämlich im Strom europaweit, ja weltweit hin-
und herflutender Touristen- und Warenmengen. Verdichtung der Beziehungsnetze, die einen in der modernen Zivilisation über expandierende Räume hinweg real miteinander verbinden, intensivieren die Erfahrung des Andersseins des jeweils Anderen und komplementär dazu die Erfahrung eigener Besonderheiten im
Reflex ihrer Wahrnehmung durch diese Anderen.

Die Konfrontation mit dem jeweiligen Anderssein Anderer, mit denen einen
nichts als diese Konfrontation verbindet, bleibt reflexiv relativ folgenlos. Die Geschichte der Kolonialisierung lehrt es. Erst der Selbstand, den der jeweils Andere
in den Beziehungs- und Abhängigkeitsgeflechten der modernen Zivilisation gewinnt, macht Herkunftsunterschiede beachtlich, verlangt ihre Anerkennung und
macht sie zum Inhalt von Rechtsbeziehungen. Eben über diesen Vorgang wird
dann zugleich evident, daß die moderne Zivilisation, die in der Tat uns inzwischen real miteinander verbindet und in den skizzierten Hinsichten uns einander
angleicht, nicht eine autarke Zivilisation ist, also nicht eine Zivilisation, aus der
wir unabhängig von allem anderen, was uns sonst noch, und zwar im Unterschied
zum jeweils anderen, prägt, zu leben vermöchten.

Man mag sich diese Struktur der wachsenden Auffälligkeit von Unterschieden
komplementär zur zivilisationsabhängig zunehmenden Nähe der jeweils anderen
an einem signifikanten Ereignis der jüngeren Religionsgeschichte anschaulich
machen. Johannes Paul II. lud bekanntlich die Repräsentanten der Weltreligionen

---

[19] Unter bereits rechtlich konstituierter, selbstbestimmungsaktiver Föderalität sind Separa-
tionsvorgänge sogar verfahrensförmig abwickelungsfähig – wie im Falle der Separation des
Jura von Bern (cf. dazu den historisch-politischen Bericht bei Marcel SCHWANDER: Jura.
Konfliktstoff für Jahrzehnte. Zürich, Köln 1977).

nach Assisi – ein Vorgang, der noch unter Pius XII. schwerlich denkbar gewesen wäre. Nicht eine Ökumene der christlichen Konfessionen allein, sondern eine Ökumene der Weltreligionen schien im Symbolgehalt dieses Treffens realisiert zu sein. Ersichtlich verband sich damit niemandes Absicht, den Versuch zu machen, aus der Fülle der präsenten, im Verhältnis zueinander höchst unterschiedlichen Konfessionen und Religionen durch latitudinarische[20] Heraushebung dessen, was allen Religionen und Konfessionen gemeinsam sein mag, das Bild einer Welteinheitsreligion zu gewinnen, die dann in ihrem Universalismus dem Universalismus der Zivilisationsökumene entspräche. Nicht einmal zu ein und demselben Gott hätten ja die versammelten Religionsrepräsentanten beten können; denn es befanden sich, zum Beispiel, auch Buddhisten darunter. Sprechende gemeinsame Gebärden, die zu den anthropologischen Universalien zu gehören scheinen, gab es freilich. Um so bezwingender brachte sich zur Evidenz, daß sich aus dem, was allen Frommen in der sich herstellenden Einheit der Weltzivilisation gemeinsam sein mag, eine einheitszivilisationsadäquate Einheitsreligion nicht destillieren ließe. So kann man verstehen, daß im Kontext der modernen Zivilisation mit ihren mannigfachen Angleichungsvorgängen, in den USA zum Beispiel, die Zahl der religiösen Denominationen zunimmt und nicht etwa abnimmt[21].

Diesseits der Religionen und Konfessionen gilt für sogenannte Weltbilder Analoges. Noch um die Jahrhundertwende waren für die Wissenschaftskulturgeschichte Vereine charakteristisch, die sich der Aufgabe verschrieben hatten, über Weltbilder aufzuklären und ein zivilisationsadäquat vereinheitlichtes, wissenschaftlichen Ansprüchen genügendes Weltbild an die Stelle vermeintlich veralteter religiöser oder sonstwie herkunftsmäßig geprägter „Weltanschauungen“ zu setzen. Inzwischen ist von diesen wissenschaftlichen Aufklärungsvereinen bis auf marginale Relikte nichts mehr übriggeblieben[22]. Wieso ist das so? Zeigt die rückläufige Kulturbedeutsamkeit wissenschaftlicher Weltbilder wissenschaftskulturellen Defätismus an oder Aufklärungsresistenzen kraft residualer Herkunftsbindung in Kombination mit Zukunftsscheu? Die Sache verhält sich genau umgekehrt: Nicht Weigerungen, den Boden der modernen Zivilisation zu betreten, schränken die Kulturbedeutsamkeit wissenschaftlicher Weltbilder ein, vielmehr der inzwischen erreichte Grad der Verwissenschaftlichung unserer Zivilisation. Just diese unverändert fortschreitende Verwissenschaftlichung bedeutet nämlich, unter anderem, daß die forschungspraktisch gewonnenen Einsichten der Wissenschaften in das, was der Fall ist, sich tendenziell immer weiter über die Grenzen unserer Lebenswelten hinaus erstrecken. Je mehr die Wissenschaften in die Di-

---

[20] Benannt nach dem Cambridger Latitudinarismus als einem Versuch der Befriedung von Bekenntniskonflikten durch Erklärung des Unstrittigen zum Wesentlichen. Cf. dazu Norman SYKES: Church and State in the XVIIIth Century. New York 1975, S. 257f.

[21] Was zugleich bedeutet, daß in wohlbestimmter Hinsicht auch die Säkularisierungsthese, die für die Beschreibung religionskultureller Entwicklungen in Europa noch immer unentbehrlich zu sein scheint, auf die USA weniger gut passen will. Cf. dazu Peter L. BERGER, Thomas LUCKMANN: Modernität, Pluralismus und Sinnkrise. Gütersloh 1995, S. 41ff.

[22] Cf. dazu das Kapitel „Kultureller Geltungsschwund der Wissenschaft“ in meinem Buch „Religion nach der Aufklärung“, Graz, Wien, Köln ²1990, S. 19–38.

mensionen des sehr Kleinen, des sehr Großen und des sehr Komplizierten vorstoßen, um so anspruchsvoller werden die Voraussetzungen, die beim Publikum erfüllt sein müßten, um die weltbildverändernde, ja weltbildrevolutionierende Bedeutung moderner forschungspraktischer Erkenntnisfortschritte ermessen zu können. Überdies wird die Erfahrung zur gemeinen Erfahrung, daß die Kulturbedeutsamkeit des wissenschaftlichen Erkenntnisfortschrittes allein schon seiner Dynamik wegen ständig abnehmen muß. Was sollte denn die Lebensbedeutsamkeit neuer Auskünfte über das, was der Fall ist, sein, wenn diese Auskünfte, sogar in den theoretisch besonders gewichtigen Fällen, in verkürzenden Zeitabständen sich mehrfach in der kurzen Frist des eigenen Lebens ändern? Der Wissenschaftsberuf wird darüber allmählich zu einem Beruf wie jeder andere, und die Erkenntnispraxis verliert im Kontext der modernen Zivilisation fortschreitend ihre traditionsreiche Sondergeltung als diejenige theoretische Praxis, in der der Mensch, nach Aristotelischer Maßgabe, sich mehr als in jeder anderen Praxis spezifisch menschlich betätigt. Wenn nicht mehr angebbar ist, welchen Unterschied es eigentlich, jenseits allfälliger technischer Nutzbarkeiten, für unsere Lebensorientierung ausmacht, ob wir in kosmologischen oder molekularbiologischen Fragen weltbildmäßig noch auf dem Forschungsstand von gestern verharren oder bereits auf dem heutigen angelangt sind, verliert die theoretische Neugier, die Curiositas[23], rasch die kulturelle Sondergeltung, die sie im Prozeß der europäischen Aufklärung einst gewonnen hatte. Sie gewinnt sogar Züge eines Lasters zurück – nicht freilich aus dem alten christlichen Argwohn, wir könnten, neugierverführt, die Wahrheit des Heils verfehlen, vielmehr aus dem Blickpunkt von Relevanzkontrolleuren, die ihre Forschungsinvestitionen schließlich durch einen nutzbaren Erkenntnisgewinn statt durch bloße Liebhaberinteressen gerechtfertigt sehen möchten.

Das ist der wissenschaftskulturgeschichtliche Hintergrund, der im Kontext der modernen Zivilisation moderne Forschungspraxis mit beliebigen esoterischen Neigungen, die in den Forscherkommunitäten des 19. Jahrhunderts undenkbar gewesen wären, verbindbar macht, nämlich in der Einheit einer Person. Spezialisten der Informationstechnologie kommen heute privat als Neo-Buddhisten vor, und die inzwischen erwiesene, nahezu beliebige Transferierbarkeit wissenschaftlicher und technischer Rationalität in die heterogenen Kulturmilieus nichtchristlicher, nicht-westlicher fremder Welten ist davon die kollektive Entsprechung.

Man hat sogar mit Konkurrenzen der die moderne Zivilisation tragenden Herkunftskulturen im Anspruch zu rechnen, uns in unserer Zivilisationskompetenz steigern zu können und zugleich gegen psychosoziale Folgeschäden der modernen Zivilisation resistent zu machen. Koreaner zum Beispiel verweisen mit Selbstgefühl auf ihre familienmoralabhängige Kraft zur wirtschaftlichen Selbstbehauptung und Entfaltung in Quartieren amerikanischer Großstädte, die durch Kleinhandel, Kleingewerbe und alltagsnahe Dienstleistungen geprägt sind. In der

---

[23] Hans BLUMENBERG: Die Legitimität der Neuzeit. Frankfurt am Main 1966, S. 201–432: „Der Prozeß der theoretischen Neugier".

Aggression amerikanischer Schwarzer, die in die fraglichen Stadtviertel einfielen, spiegelt sich dieser Erfolg, nämlich in seiner bedrückenden provokatorischen Wirkung auf räumlich nah benachbarte Andere. Es gibt freilich auch die Vermutung, die verblüffende Indifferenz des Zivilisationsprozesses gegenüber Herkunftskulturen, über die dieser Prozeß hinwegläuft, sei eine lediglich ephemere Indifferenz. Langfristig gesehen verwandle der Zivilisationsprozeß eine jede Herkunftskultur bis in ihre Wurzeln hinein, und die kalifornischen Koreaner unterschieden sich von den kalifornischen Schwarzen im wesentlichen nur durch den Unterschied, den es macht, ein Vierteljahrhundert oder bereits ein Vierteljahrtausend in der Neuen Welt gelebt zu haben. Das sei dahingestellt. So oder so: Für eine in ihrer chronologischen Extension noch nicht abschätzbare Gegenwart scheint zu gelten, daß der Zivilisationsprozeß genau komplementär zu seinen weitreichenden Angleichungswirkungen Herkunftsunterschiede, die sich zur modernen Zivilisation kontingent verhalten, auffälliger macht und Bewegungen ihrer reflexiven Bekräftigung auslöst.

III.

Drittens bewirkt Netzverdichtung Dezentralisierung – kulturell und politisch. Die technische Ablösung der Informationsnetze von den Verkehrsnetzen beschleunigt diesen Vorgang. Daß netzverdichtungsabhängig in der modernen Zivilisation Dezentralisierungsvorgänge ablaufen, kann spontan nicht jedermann überzeugen und die intellektuellen Nostalgiker metropolitanen Lebens, die das Aburteil „provinziell" schätzen, am wenigsten. Der Überraschungseffekt der Aussage, daß Netzverdichtung die relative Bedeutung der Zentren mindere, beruht auf unseren elementaren historischen Erfahrungen mit der pragmatischen Rationalität der Bildung von Zentren, die wir an der Geschichte unserer großen Metropolen ablesen können[24]. „Alle Wege führen nach Rom", so lernten wir in der Schule, und der metonymische Sinn dieser Redeweise bezog sich natürlich auf die Einzigartigkeit der Stellung, die Rom in der Geschichte des antiken Weltreichs gewann und dessen Zentralplatz es bis zur Teilung dieses Reiches war. Besuche in Provinzmuseen diesseits und jenseits des Limes machen, im Vergleich, Schülern die Differenz anschaulich, die es bedeutete, römischen Einflüssen zu unterliegen oder das nicht zu tun. Nach Rom zurück führten, nämlich historisch, die neuzeitlichen politischen Selbstlegitimationen revolutionärer Bewegungen bis hin zum „Spartakus" durch ihre Inanspruchnahme römischer Traditionen, und noch im Kulturkampf gegen den „Ultramontanismus" spiegelte sich die Macht der Verbundenheiten mit Rom, nämlich in der Absicht, sie zu lockern oder gar aufzulösen.

Aber über seinen metonymischen Sinn hinaus hat der Topos „Alle Wege führen nach Rom" auch seinen direkten Sinn. Schon für die antike Straßenbauge-

---

[24] Zu den mannigfachen Aspekten des Themas „Hauptstadt" cf. Hans-Michael KÖRNER, Katharina WEIGAND: Hauptstadt. Historische Perspektiven eines deutschen Themas. München 1995.

schichte gilt das, und noch im 19. Jahrhundert analog für den italienischen Eisen-
bahnbau. „Alle Wege führen nach Rom" – das heißt in diesem Falle, daß, wer mit
dem Zug von Fiumicino, für einmal, statt nach Rom nach Castelgandolfo reisen
will, den Umweg über Rom nehmen muß, und ist das Reiseziel Civitavecchia, so
ist der unvermeidliche Weg über Rom sogar ein beträchtlicher Umweg. Die elementare Rationalität des Zentrums besteht, netztechnisch gesehen, alsdann in der
Minimalisierung der Zahl fälliger Verbindungen, über die man von einem Ort zu
jedem beliebigen anderen Ort gelangen kann, durch Auszeichnung eines Ortes,
der auf dem Weg zu beliebigen anderen Örtern unvermeidlicherweise umwegs-
halber passiert werden muß. Der Kreuzungspunkt aller Umwege ist das Zentrum,
und seine Herausbildung als Zentrum in jedem Betracht hat den Charakter eines
sich selbst verstärkenden Prozesses.

Die Pragmatik der skizzierten Beziehungsverhältnisse von Plätzen in Netzen,
die in ihrer geringen Dichte Zentralorte auszeichnen, ist von elementarer Wucht –
ökonomisch und militärisch, administrativ und kulturell. Deutlicher als in jedem
anderen Netz spiegelt sich diese Wucht in den Eisenbahnnetzen – München im
Zentrum der Radialen zwischen Salzburg und Augsburg, zwischen Lindau und
Ingolstadt, Wien zwischen Budapest und Linz, Pressburg und Graz oder Agram.

Wäre denn diese so sinnfällige Vorzugslage der Zentren, nachdem sie sich
einmal, aus welchen kontingenten, aber mit Selbstverstärkungstendenz fortwir-
kenden Anfängen gebildet haben, jemals einzuholen? Man bleibt in der Beantwortung dieser Frage realistisch, wenn man zunächst konstatiert: In überschaubaren nahen Zeiträumen und überdies in sehr relevanten Lebensbeziehungen
wird sich die historisch entstandene Vorzugslage der Zentren erhalten. Nichtsdestoweniger ist inzwischen erkennbar, daß es mächtig wirkende gegenläufige
Trends gibt. Sie resultieren aus dem Druck von zivilisatorischen Modernisie-
rungsvorgängen, und Netzverdichtungsvorgänge sind deren reale Bedingung.
Netzverdichtung bedeutet insoweit: Die Dichte der Beziehungen, die uns in der
modernen Zivilisation zentralitätsfrei miteinander verbinden, nimmt sprunghaft
zu. Aus naheliegenden technischen wie ökonomischen Gründen spiegelt sich in
den Eisenbahnnetzen noch am deutlichsten die zentrenverstärkende Pragmatik
des Zwangs, die Zahl der Strecken tunlichst gering zu halten und somit dem
Netznutzer Umwege, nämlich über die ohnehin am häufigsten aufgesuchten Zentren zuzumuten. Aber schon der Straßenbau folgt dieser Pragmatik mit ungleich
geringerer Evidenz. Inzwischen gibt es die Plätze – und seien es entlegene Dörfer
– nicht mehr, die nicht an ein LKW-geeignetes Straßenverkehrssystem angeschlossen wären. Die Menge der Möglichkeiten, umwegfrei von Ort zu Ort gelangen zu können, nimmt zu, und sogar das Highway-System, das banalerweise stets
auch die Zentren miteinander verbindet, ist inzwischen derart dicht geworden,
daß zahllose Kreuzungs- und Verteilungspunkte siedlungsfern entstanden sind,
ohne daß von der Verkehrsgunst solcher Plätze noch eine zentrenbildende Wirkung ausginge.

In den modernen Kommunikationsnetzen, die sich von den Verkehrsnetzen
vollständig abgelöst haben, sind, wie jeder Telefoneigner weiß, alle Teilnehmer

potentiell direkt mit allen anderen Teilnehmern verbunden. Ein System dieser Charakteristik ist ein System ohne soziales Zentrum.

Es wäre ein Mangel an sozialer Phantasie, wenn wir verkennten, welche umwälzenden sozialen und kulturellen Veränderungen von den zentralitätsfreien Beziehungsnetzen ausgehen, die uns in der modernen Zivilisation informationell und materiell miteinander verbinden. Kommunikationsverdichtung und flächendeckende Mobilität machen Zugriff zu Informationen und Gütern tendenziell zentrumslos universell. Man kann auch sagen: Die Homogenität der Verteilung von Kulturgütern nimmt in einem solchen System ständig zu, und zugleich verkürzt sich der Zeitabstand zwischen der Erstpräsenz von Kulturgütern in den Zentren einerseits und der nachfolgenden Präsenz dieser Güter an beliebigen Plätzen anderswo bis hin zur vollständigen kulturellen Irrelevanz. Die Unterschiede von Stadt und Land werden geringer[25]. Die Dichte der Verteilung von qualifizierten Bildungsstätten über die Fläche nimmt netzverdichtungsabhängig zu. Die Abiturientenquote ist Stadt-Land-indifferent ausgeglichen. Das Niveau von Universitätsbibliotheken im Teutoburger Wald oder auf dem Bodan-Rück hält jeden studientechnisch und forschungspraktisch sinnvollen internationalen Vergleich aus, und nutzungstechnisch sind sie ohnehin ihrer Modernität wegen begünstigt. Museen moderner Kunst findet man in Naturschutzgebieten oder am Ort ihrer Entstehung in äußerster Zentrenferne. Das Verteilungssystem des Buchhandels verschafft jedem Kunden den gewünschten Titel wo auch immer binnen zwei Tagen. Auch die modernen Industrien verteilen sich über die Fläche, und Regionen, die noch vor einem halben Jahrhundert als arme Regionen galten, sind durch dorf- oder kleinstadtnahe Ansiedlung kleiner Betriebe oder Zulieferbetriebe der Hochtechnologie zu Regionen beeindruckender Wertschöpfungsintensität geworden[26].

Die über die elektronischen Medien verbreiteten Informationen sind ohnehin zentrumslos omnipräsent. Meinungen und Meinungen über Meinungen zu haben – das setzt den Aufenthalt an speziellen Örtern immer weniger voraus. Die Öffentliche Meinung ist metropolitan nicht gebunden. Die sogenannten Meinungsmacher sind zumeist, statt ihre Macher, nichts als ihre Resonanzböden. Die Repräsentanten des politischen Systems haben gewiß ihren zentralen Amtssitz. Aber die entscheidende politische Wirkung ihrer Erklärungen und Reden ist nicht die Wirkung auf das Publikum in Sälen oder auf Plätzen, die dann ein gewisses Medienecho auslöste. Das Medienecho und näherhin die Bekräftigung oder Transformation herrschender öffentlicher Meinung ist vielmehr diese Wirkung.

Den skizzierten zentrumsauflösenden Wirkungen fortschreitender Netzverdichtung[27] entspricht übrigens siedlungsgeschichtlich die städtebaulich wuchern-

---

[25] Cf. hierzu, ausführlicher, meinen Aufsatz „Die Metropolen und das Ende der Provinz", in diesem Buch S. 51-58.

[26] Cf. dazu meinen Aufsatz „Die Metropolen und das Ende der Provinz. Über Stadtmusealisierung", in dem Anm. 24 zitierten Band S. 15-27.

[27] Cf. dazu meinen Aufsatz „Mobilität und Kommunikation", in: Kommunikation ohne Verkehr? Neue Informationstechniken machen mobil. Fraunhofer Forum 1995, S. 12-25, bes. S. 17ff. - Zu den aus der Interdependenz von Verkehrsnetzen und Informationsnetzen sich

de Ausdehnung alter Zentren und das Zusammenwachsen der sich erweiternden Zentren zu Agglomerationen[28]. Wie das im Weltmaßstab aussieht, läßt sich auch für den Laien anschaulich machen, nämlich durch die bekannten Photos der Erde aus Mondfahrerdistanz, und zwar in der Nachtansicht unseres Planeten. Die bewohnten Teile der Erde werden dabei als helle Flecken sichtbar. Alsdann sieht man: Nur noch wenige leuchtende Zentren gibt es, die großräumig von dunklen Flächen mit sehr schwacher Strahlung umgeben sind – Moskau zum Beispiel oder auch Buenos Aires. Auf Japan hingegen, im Osten wie im Westen der USA, in Europa von Mittelengland über London den Rhein hinauf und über die Alpen nach Oberitalien, desgleichen den Main hinauf und die Donau abwärts – überall sieht man, statt Lichtzentren, Lichtbänder, in deren diffuser Strahlung die alten Zentren unauffällig werden.

Gewiß: Die großen Sammlungen klassischer Kunst, die großen Konzert- und Opernhäuser, deren Darbietungen auch durch die sehr qualifizierten Angebote metropolenferner Festspielsommer nicht kompensiert werden können, die historischen Quellensammlungen zentraler Archive und Bibliotheken – das alles und vieles mehr verbleibt den Vorzugsplätzen unserer Metropolitangeschichte. Aber ersichtlich hat dieses Verbleiben den Charakter eines Historisierungsprozesses.

Mehr als dreißig Prozent der Touristen, so sagt die Statistik, seien Städtetouristen. Was suchen Sie? Sie suchen die alte Stadt mit ihrem unvergleichlichen metropolitanen historischen Glanz[29]. Man sieht und man weiß, daß die Hauptstädte sagen wir barocker Prägung oder auch die Metropolen der großen Ringstraßen und Boulevards des 19. Jahrhunders von Wien bis Paris in Zukunft ein städtebauliches Pendant nicht mehr finden werden. Das Problem, mit dem es moderner Städtebau zu tun hat, ist insoweit das Problem schwindender Repräsentativität von Zentralen in einem Zivilisationsprozeß zentralitätsauflösender Verdichtung der uns zusammenbindenden und damit zugleich freisetzenden technischen, ökonomischen und kommunikativen Beziehungsgeflechte. Die Zentralen sind nicht mehr organisierbar, die auch nur annäherungsweise dem modernen Austauschbedarf an Gütern und Informationen, kulturell wie politisch, gewachsen wäre. Aus diesem Grund, so darf man vermuten, kann es weder eine europäische noch gar eine Welthauptstadt jemals geben. Nichts demonstriert uns das ein-

---

ergebenden Forschungsproblemen cf. FORSCHUNGSVERBUND LEBENSRAUM STADT (Hrsg.): Mobilität und Kommunikation in den Agglomerationen von Heute und Morgen. Ein Überblick. Berlin 1994.

[28] Denen wiederum ganz neue Typen gebietskörperschaftlicher Kommunitäten entsprechen – in Deutschland die sogenannten Höheren Kommunalverbände (cf. dazu: BUNDESARBEITSGEMEINSCHAFT DER HÖHEREN KOMMUNALVERBÄNDE (Hrsg.): Die Höheren Kommunalverbände in der Bundesrepublik Deutschland. Struktur und Aufgaben. Stuttgart 1990. – Neue Formen sich herausbildender gebietskörperschaftlicher Kooperationen untersuchen, für die Schweiz, exemplarisch Ulrich KLÖTI, Theo HALDEMANN, Walter SCHENKEL: Die Stadt im Bundesstaat – Alleingang oder Zusammenarbeit? Umweltschutz und öffentlicher Verkehr in den Agglomerationen Lausanne und Zürich. Chur, Zürich 1993.

[29] Christian ENGELI, Wolfgang HOFMANN, Horst MATZERATH (Hrsg.): Informationen zur modernen Stadtgeschichte. Themenschwerpunkt: Städte und historisches Bewußtsein. Berlin 1993 (1).

dringlicher als die Absurdität der Konstruktion von Welthauptstädten, die es ja im Totalitarismus dieses Jahrhunderts noch vor wenigen Jahrzehnten gegeben hat – mit der 39 km langen Nord-Süd-Achse und der 50 km langen Ost-West-Achse im Falle des zur Welthauptstadt Germania erhobenen künftigen Berlins oder auch mit der über 100 m hohen Statue Lenins auf dem gesamthaft 415 m in die Höhe sich erstreckenden Sowjetpalast an der Stelle der von Stalin gesprengten Christ-Erlöser-Kirche zu Moskau[30].

Es ist kein Zufall, daß die moderne Architektur aufgehört hat, eine sprechende Architektur zu sein. Sie repräsentiert weniger, wie Posener das ausgedrückt hat, Gebrauchsfunktionen als Konstruktionsfunktionen[31]. Mit aktuellen architektonischen Mitteln läßt sich die Frage kaum noch beantworten, wie ein Rathaus es eigentlich machen sollte, daß es aussieht wie ein Rathaus, und auch bei einem Präsidentensitz ist die Antwort auf die analoge Frage schwer zu finden. Die effektive Präsenz des Präsidenten ist nämlich eine ortsungebundene Medienpräsenz. Die aber läßt sich in Bauten gar nicht abbilden. Das Treppen- oder Säulenambiente seines Amtssitzes verhält sich dazu, als dekorativer Hintergrund, gänzlich kontingent. Es ist vollendet historisch geworden.

Aber das ist es eben: Das unsichtbar Gewordene sichtbar zu halten – das ist die Funktion, für deren Erfüllung sich im übrigen funktionslos gewordene historische Relikte optimal eignen. Deswegen ist es nicht nur Vergangenheit, die der Hauptstadttourist aufsucht. Er sucht zugleich und findet in den Relikten einer historischen Hauptstadtarchitektur die symbolische Repräsentanz eines Gemeinwesens, dessen aktueller Funktionalismus sich mittels lokaler Entitäten kaum noch ausdrücken ließe.

Wenn das richtig ist, so ließe sich die Anwendung auf unser deutsches Hauptstadtproblem in zwei Sätzen machen. Erstens ist, zur symbolischen Repräsentation verbliebener Hauptstadtfunktionen mit dem Mittel historischer Relikte der Hauptstadtbaukunst, Berlin selbstverständlich ungleich geeigneter als Bonn, wo das Hauptgebäude der alten Residenz, das Schloß, längst von der Universität besetzt ist und das Rathaus architektonisch gewichtiger sich darstellt als der Amtssitz des Staatspräsidenten. Zweitens verlangt die Erfüllung der Funktion der Hauptstadtrepräsentanz mit den symbolischen, ästhetisierten Mitteln historischer Architektur wo immer möglich die Wiederherstellung der Architektur – und sei es als Replikat, von der Reichstagskuppel bis zum Schloß. Es ist nicht erkennbar, wieso, was für Warschau selbstverständlich war und was jeden Besucher dieser Stadt heute erfreut, in Berlin gar nicht gelten sollte. Man muß nur begreifen, wieso es gilt. Dann kann man es endlich auch bei uns gelten lassen.

---

[30] Bruno FLIERL: Faschistische und stalinistische Stadtplanung und Architektur. Zu den Planungskonzepten in Berlin und Moskau. Hochschule für Architektur und Bauwesen Weimar, Jahrgang 38 (1992). Reihe A: Heft 1/2A, S.3–9.

[31] Julius POSENER: Die moderne Architektur – eine lange Geschichte. In: Heinrich KLOTZ (Hrsg.): Visionen der Moderne. Das Prinzip Konstruktion. München 1986, S. 27–32, S. 28.

IV.

Viertens erhöht sich in Zivilisationen verdichteter Netze der Zwang zur Selbstorganisation kleiner Kommunitäten. Es handelt sich hier um die im engeren Sinne politische Seite des bereits skizzierten Dezentralisierungsvorgangs. Auch der in anderem Zusammenhang schon erwähnte Regionalismus gehört in seinen politischen Realisationsformen hierher. Dabei wäre es falsch, zumindest einseitig zu finden, die regionalistischen Bewegungen seien eben nichts als ein Kompensationsphänomen – nützlich zum emotionalen Ausgleich der belastenden Seiten zivilisatorischer Modernisierungsvorgänge, im übrigen aber politisch irrelevant, nämlich für die Zwecke der politischen Selbstorganisation moderner Gesellschaften mit ihren herkömmliche Staatsgrenzen überschreitenden realen ökonomischen, technisch-wissenschaftlichen, ökologischen und sicherheitspraktischen Abhängigkeiten. Die Sache verhält sich grundsätzlich anders, und man erkennt diese Seite der Sache, wenn man sich vergegenwärtigt, daß ineins mit der wachsenden regionalen und sozialen Reichweite unserer wechselseitigen Abhängigkeiten die Komplexität unserer modernen Lebensvoraussetzungen anwächst, und zwar dramatisch. Wachsende Komplexität, gewiß, mehrt auf der einen Seite auch den Bedarf an zentralen Steuerungskapazitäten, und die neuen internationalen Institutionen sind funktional auf diesen wachsenden zentralen Steuerungsbedarf bezogen. Genau komplementär dazu wächst aber zugleich jener Anteil zivilisatorischer Lebensvoraussetzungen, der zentraler Regulierungen gar nicht mehr fähig ist. Der entscheidende Sachgrund dieser relativ abnehmenden Steuerungspotenz politischer Zentralen ist informationeller Art. In modernen, komplexen Zivilisationen sind Zentralen – nationale wie internationale – sowohl erhebungspraktisch wie verarbeitungspraktisch der dramatisch anwachsenden Menge der Informationen, die zur Selbsterhaltung und Fortentwicklung der Systeme erhoben und verarbeitet sein wollen, immer weniger gewachsen. Der klassische Zentralstaat wird als eine historisch überlebte, nicht zukunftsfähige politische Organisationsform erkennbar, und es läßt sich sagen, daß der real existent gewesene Sozialismus nicht zuletzt an seinem modernitätswidrigen planungspolitischen „demokratischen" Zentralismus gescheitert ist.

Nicht zufällig ist es der Straßenbau, an dem sich auch der Laie diesen Zusammenhang anschaulich machen kann. Jeder PKW-Reisende, der heute durch die einmal napoleonisch beherrscht gewesenen Regionen Europas fährt, kennt die Landstraßen, die heute noch den damals auf dem Reißbrett gezogenen Trassen folgen – über mehr als ein Dutzend Kilometer schnurstracks von Kirchturm zu Kirchturm führend und hier und da noch mit den inzwischen denkmalspflegerisch konservierten Alleen ausgestattet, die einst marschierenden Militärkolonnen Schatten zu spenden hatten. Dergleichen war damals möglich: Das flache Land bot sich als ein Raum dar, in welchem die infrastrukturbeschädigenden Eingriffe straßenbautechnischer Art gering waren. Handelte es sich um Bauernland, so konnten die Einsprüche der allenfalls Geschädigten ohnehin als unbeachtlich gelten. Aufklärend ließ sich, zu Recht, sagen, die administrativ von oben verfügte Straßenbaumaßnahme komme gesamthaft der Wohlfahrt des Landes zugute. Sonderinteressen der Angehörigen privilegierter Schichten blieben ausnahmsweise berücksichtigungsfähig, und in gelegentlich vorkommenden kontingenten Abweichungen von der geometrischen Rationalität napoleonischer Trassenführung spiegelt sich das. – Es bedarf nur geringer technischer und politischer Phantasie, um zu sehen, daß solche Rationalität, die in der Tat zentral optimal exekutierbar war, bei der höchst komplex gewordenen Flächennutzung in hochentwickelten Industriegesellschaften nicht mehr möglich ist. Ferngasleitungen durchziehen das Gelände, Wasserversorgungsnetze binden Siedlungen zusammen, auf den Versorgungs- und Entsorgungsbedarf höchst unterschiedlicher Industrien ist Rücksicht zu nehmen. Baugebiete, die sich in der Entwicklung befinden, haben Anschluß- oder Lärmschutzinteressen. Ökonomisch höchst relevante Nutzungserwartungen von Grundeigentümern sind betroffen. Naturschutzgebiete sind zu verschonen, und Kommunen oder Ortsteile konkurrieren im Geltendmachen ihrer nachteiligen oder auch vorteilhaften Betroffenheiten.

Organisationstechnisch bedeutet das: Mit der Komplexität und Großräumigkeit moderner zivilisatorischer Lebensverhältnisse wächst zugleich der Bedarf an sektoraler, aber eben auch regionaler und lokaler Selbstorganisation beliebiger Kommunitäten einschließlich gebietskörperschaftlicher Kommunitäten. Eben das setzt sich in Selbstbestimmungs- und Selbstverwaltungsansprüche um. Das ist spezifisch modern, und überall in Europa setzt sich das verfassungsrechtspolitisch in föderale Strukturen um.

Der revitalisierte Wille zu politischer Selbstbestimmung bringt sich aber im modernen Europa nicht nur in den Regionen, in den Ländern und Kantonen zur Geltung. Er bestimmt längst auch die Kommunalpolitik. Der Beteiligungswille der Bürger bringt sich vor Ort zur Geltung, und die Entwicklung des Gemeindeverfassungsrechts ist überall in Europa vom Zweck der Stärkung der Selbstverwaltungsrechte der Bürger geprägt.

Dazu paßt, kommunal wie regional, die sich verfassungsrechtspolitisch ausbreitende Neigung zum Plebiszit[32]. Für das Personalplebiszit, das heißt für Formen der Direktwahl von Amtsträgern, gilt das zumal. Aber auch das Sachplebiszit breitet sich aus. Das widerspricht nur scheinbar unserer wachsenden Angewiesenheit auf das Expertenurteil in der administrativen und politischen Handhabung sehr komplexer Systeme. Genau in den Fällen nämlich, wo sich das Expertenurteil der Kalkulierbarkeit aus der Perspektive Common-sense-gefestigter gemeinsamer Interessen entzieht, reagiert der Stimmbürger mit Rückruf von Entscheidungskompetenzen, die an gewählte Repräsentanten delegiert waren, und eben das setzt sich in den Willen zum Plebiszit um[33].

---

[32] Über Formen, Nutzen und Nachteil der direkten Demokratie im internationalen Vergleich cf. Silvano MÖCKLI: Direkte Demokratie. Ein Vergleich der Einrichtungen und Verfahren in der Schweiz und Kalifornien, unter Berücksichtigung von Frankreich, Italien, Dänemark, Irland, Österreich, Liechtenstein und Australien. Bern, Stuttgart, Wien 1994.

[33] Den bei Abstimmungen auffällig wachsenden Anteil von Nein-Ausgängen erklären Erich GRUNER, Hans Peter HERTIG: Der Stimmbürger und die „neue" Politil. Wie reagiert die Politik auf die Beschleunigung der Zeitgeschichte? Bern, Stuttgart 1983.

Der Zentralstaat – das war eine erfolgreiche Organisationsform von Gesellschaften, die noch primär agrarisch geprägt waren, und auch die Herausforderungen der Frühindustrialisierung waren noch zentralistisch zu bewältigen. Die
moderne, durch hochverdichtete Netze zusammengebundene Industriegesellschaft hingegen läßt sich demgegenüber zentralistisch nicht mehr organisieren.
Entsprechend wächst mit der Netzverdichtung und mit dem ihr entsprechenden
Grad der Komplexität moderner Lebensverhältnisse unsere Angewiesenheit auf
Formen lebendiger politischer Selbstorganisation nicht zuletzt in kleinen Einheiten und Kommunitäten.

V.

Schließlich sei, fünftens, als eine weitere kulturelle und zugleich politisch bedeutsame Wirkung industriegesellschaftlicher Netzverdichtung noch der Zerfall der
sogenannten Massengesellschaft angedeutet. Man erinnert sich: Das Theorem
von der unaufhaltsamen Heraufkunft der Massengesellschaft hatte insbesondere
zwischen den beiden Weltkriegen Konjunktur. Ortega y Gassets berühmtes Buch
„Der Aufstand der Massen", zuerst 1929 erschienen, wurde in alle großen europäischen Sprachen übersetzt und gewann rasch Bestsellerruhm. Auch Karl Jas-
pers diagnostizierte Phänomene sozialer und kultureller Vermassung – vor allem
im berühmten Göschen-Bändchen Nr. 1000, das die „geistige Situation" zum
Thema hatte – im Jahre 1930. Die Heraufkunft der totalitären Mächte mit ihren
kulturell wie politisch zentral steuernden Einheitsparteien, so schien es, bestä-
tigte die Vermassungsdiagnose[34]. Aber auch noch nach dem Ende der Diktatur
der Nationalsozialistischen Deutschen Arbeiterpartei behielt das Vermassungs-
theorem Aktualität, und Massenzustimmung bei Intellektuellen fand es insbesondere in seiner Anwendung, statt auf den rezenten marxistisch-leninistischen
Totalitarismus, auf vermeintliche Entwicklungen der Konsumgesellschaft des
„kapitalistischen" Westens. Insbesondere wurde vermutet, daß mit den hochverdichteten, massenintegrierenden elektronischen Medien und mit dem Konsum
der Produkte der den Massenmedien zuliefernden „Unterhaltungsindustrie"
Wirkungen unaufhaltsamer Nivellierung verbunden seien. Unüberboten eindrucksvoll, nämlich kulturkritisch niederdrückend, wurde diese Diagnose im einschlägigen Kapitel der berühmten „Dialektik der Aufklärung"[35] ausgebreitet.
Wenn man sich heute erneut mit dieser Diagnose beschäftigt, so wundert man
sich: Statt Vermassung, Nivellierung und Konformismus prägt Pluralisierung und
Individualisierung das soziale, kulturelle und politische Bild massenmedial inte-
grierter Gesellschaften. Wieso haben die Massengesellschaftstheoretiker unrecht
behalten? Sie haben nicht mit den Differenzierungsfolgen der egalitären Freiset-

---

[34] Wie sogar die Geschichtswissenschaft bis über den Zweiten Weltkrieg hinaus sich von der
    Vermassungsthese leiten ließ, berichtet Winfried SCHULZE: Deutsche Geschichtswissenschaft
    nach 1945. München 1989, S.77ff.: „Vermassung' als Signatur des 20. Jahrhunderts".
[35] Max HORKHEIMER, Theodor W. ADORNO, a.a.O. (cf. Anm. 9).

zung selbstgenutzter Betätigungschancen gerechnet, die in netzverdichteten Zivilisationen mit ihrer abnehmenden Zentralität gemeinhin zugänglich werden.

Beim Sport begreift die elementaren Zusammenhang von Chancenegalität und nutzungsabhängiger Differenzierung jeder: Wenn massenhaft Tennis oder Schach gespielt wird, so pflegt das nicht auf das Niveau dieser Sportarten zu drücken. Das Gegenteil ist der Fall. Je breiter die Basis, um so höher heben sich die Spitzenkönnerschaften heraus. Realisierte Chancengleichheit treibt Leistungseliten hervor. Auch der im 19. Jahrhundert und bis in unser eigenes Jahrhundert hinein immer wieder einmal thematisierte Widerspruch von Gleichheit und Freiheit erweist sich in kommunikativ und austauschpraktisch zusammengebundenen Gesellschaften als ein irreführender Mythos. In modernen Gesellschaften entfalten sich freiheitsabhängig Leistungskulturen von Chancengleichheitsnutzern, und ohne dichte Beziehungsnetze wäre reale Chancengleichheit nicht gegeben[36].

Vor allem das Exempel der Massenmedienwirkung lehrt es. Auch die Massenmedien bewirken keineswegs eine homogene Massenkultur - womöglich auf niedrigem, herabgedrücktem Niveau. Freiheitsabhängige, massenhaft differenzierte Formen der Nutzung der Medien treiben ganz im Gegenteil die Kompetenzniveaus fortschreitend weiter auseinander - nach unten freilich wie nach oben.

Zugleich nehmen die Chancen mißbräuchlicher politischer Steuerung massenmedial verbreiteter Information in modernen Gesellschaften ab. Bei Orwell vollendete sich totalitäre Herrschaft in der vollständigen informationellen Kontrolle der Vergangenheit durch permanente Revision der Propaganda von jeweils gestern. Eben das ist in einer medial voll integrierten Gesellschaft unmöglich, und zwar prinzipiell unmöglich. Aus der Perspektive des totalitären Informationskontrollapparats gesehen heißt das: Mit der Menge der insgesamt verbreiteten Informationen nimmt zwangsläufig die „informationelle Verschmutzung" des totalitären Systems zu. Die Erinnerungskontrolle zerfällt: Die Bürger wissen es besser[37].

Tatsächlich wäre die Dynamik im Auflösungsprozeß des real existent gewesenen Sozialismus ohne die Wirkung der Massenmedien nicht verständlich zu machen. Primitive Technik hat Diktaturen begünstigt; hochentwickelte Technik trägt wirksam zu ihrer Zersetzung bei.

Die kulturell differenzierende und individualisierende Wirkung der Massenmedien beruht freilich weniger auf den Unterschieden zwischen anspruchsvollen und weniger anspruchsvollen Medienprogrammen. Ungleich wichtiger als die Moral der Mediengehalte ist die Mediennutzungsmoral der Konsumenten. Selbst-

---

36 Cf. dazu meinen Aufsatz „Elites in an Egalitarian Society", in: Rudolf HENN, Lothar SPÄTH, Hermann LÜBBE, Gerhard KRÜGER: Employment and the Transfer of Technology. Berlin, Heidelberg, New York, Tokyo 1986, S.21-37.

37 Zum Thema „Informationelle Verschmutzung" cf. meinen Beitrag „Neue Informations-Infrastrukturen und deren kulturelle Bedeutung für die Informations-Gesellschaft", in: 80 Jahre Fachverband Informationstechnik im VDMA und ZVEI. Auf dem Weg zur Informationsgesellschaft. Schriftenreihe des Fachverbandes Informationstechnik im VDMA und ZVEI. Frankfurt am Main 1994, S.33-40.

bestimmung – das ist die moralisch qualifizierte, lebensdienliche Form der Freiheitsnutzung. Nur in sehr engen Grenzen lassen sich die Kompetenzen dieser
Freiheitsnutzung gleichverteilt machen, und eben deswegen nimmt mit der Expansion unserer Freiheitsspielräume die Homogenität freiheitsbedingter Kultur
ab: die sogenannte Massengesellschaft löst sich auf.

2. Zeit-Erfahrungen

Sieben Begriffe zur Beschreibung moderner Zivilisationsdynamik

Die evolutionäre Dynamik der wissenschaftlich-technischen Zivilisation ist ungebrochen. Kulturelle, soziale und politische Implikationen dieser Zivilisationsdynamik haben mich in vergangenen Jahren in mehreren Arbeiten beschäftigt. Probleme der Zeit-Erfahrung und des Umgangs mit Zeit[1] einschließlich der Tendenzen der Selbsthistorisierung unserer Zivilisation[2] standen dabei im Mittelpunkt. Aus den Ergebnissen dieser Arbeit soll hier eine Quintessenz mitgeteilt werden, und zwar in der Form der Präsentation von sieben Begriffen, die sich für die Beschreibung aufdringlich gewordener zivilisationsspezifischer Zeit-Erfahrungen als nützlich erwiesen haben[3].

Neue Begriffe oder Neuprägungen tradierter Begriffe gehören im gelingenden Fall zu den wirkungsreichsten Beiträgen der Philosophie zu den kulturell jeweils maßgeblichen Orientierungen[4]. Viele „Grundbegriffe" disziplinär längst verselbständigter Wissenschaften müßten ohne den Anteil der Philosophie an ihrer Geschichte unverständlich bleiben[5]. Andere Begriffe sind, als „humanistische Leitbegriffe"[6] zum Beispiel, überhaupt keiner wissenschaftlichen Spezialdisziplin exklusiv zuordnungsfähig. Sie sind vielmehr Medien gemeiner und gebildeter kul-

---

[1] Hermann LÜBBE: Im Zug der Zeit. Verkürzter Aufenthalt in der Gegenwart. Berlin, Heidelberg, New York etc. [2]1994.

[2] Hermann LÜBBE: Geschichtsbegriff und Geschichtsinteresse. Analytik und Pragmatik der Historie. Basel, Stuttgart 1977.

[3] Exemplarisch habe ich die Aufdringlichkeit moderner Geschichtserfahrung unter anderem in meinen Aufsätzen „Der Fortschritt und das Museum", „Die große und die kleine Welt. Regionalismus als europäische Bewegung", „Historisierung und Ästhetisierung. Über Unverbindlichkeiten im Fortschritt", „Wilhelm von Humboldt und die Berliner Museumsgründung 1830" geschildert. Wiederabdruck in: Hermann LÜBBE: Die Aufdringlichkeit der Geschichte. Herausforderungen der Moderne vom Historismus bis zum Nationalsozialismus. Graz, Wien, Köln 1989.

[4] Zu den Gründen des Erfolgs der Orientierungsmetapher in der Philosophie wie auch in der philosophienahen kulturellen und politischen Öffentlichkeit cf. meinen Aufsatz „Orientierung'. Zur Karriere eines Themas". In: Der Mensch als Orientierungswaise? Ein interdisziplinärer Erkundungsgang. Beiträge von Hermann LÜBBE, Oskar KÖHLER, Wolf LEPENIES, Thomas NIPPERDEY, Gerhard SCHMIDTCHEN, Gerd ROELLECKE. Freiburg/München 1982, S. 7–29.

[5] Das spiegelt sich in vielen wichtigen Artikeln des grundlegenden lexikographischen Werkes Otto BRUNNER, Werner CONZE, Reinhart KOSELLECK (Hrsg.): Geschichtliche Grundbegriffe. Historisches Lexikon zur politisch-sozialen Sprache in Deutschland. Stuttgart 1972ff. – von „Aufklärung" (a.a.O. Band 1, S. 243ff.) bis „Recht, Gerechtigkeit", (a.a.O. Band 5, S. 231ff.).

[6] Nach Hans-Georg GADAMER: Wahrheit und Methode. Grundzüge einer philosophischen Hermeneutik. 3., erweiterte Auflage Tübingen 1972, S. 7.

tureller, auch politischer Selbstverständigung[7], und wo man sie, statt sie operativ
zu verwenden, eigens thematisiert, handelt es sich eben um Philosophie in der
weiten Bedeutung dieses Wortes. Ob fachwissenschaftlich oder gemeinkulturell –
die Arbeit an den maßgeblichen Konzepten unserer Erkenntnis- und Verständi-
gungspraxis macht den philosophischen Teil dieser Praxis aus. Im interdisziplinären Charakter philosophischer Begriffshistoriographie[8] spiegelt sich das. Die
Philosophie ist diejenige Disziplin, in der der Anteil der Begriffe, die zugleich
Fachbegriffe anderer Disziplinen sind, größer als in jeder anderen Disziplin ist.
Das mag es rechtfertigen, hier aus der Arbeit der Philosophie, statt historische
oder sonstige Deskriptionen einerseits und theoretische Hypothesen andererseits, einige Begriffe vorzustellen, die sich bei der Beschreibung der Zeitverfas-
sung der modernen Zivilisation und bei der Analyse vermuteter theoretischer
Zusammenhänge als zweckmäßig erwiesen haben.

Von Hegel stammt die wirkungsreiche Metapher, daß die Tätigkeit der Philosophie nicht zuletzt „Arbeit des Begriffs" sei[9]. Komplexe Zusammenhänge sind
mit dieser Metapher ins Bild gebracht. Sie hält fest, daß Begriffe nicht wahr oder
falsch, vielmehr, als Schemata für kognitive Unterscheidungs- und Zuordnungshandlungen[10], zweckmäßig oder weniger zweckmäßig sind, daß Begriffe, einmal
definiert, keine zeitlos normative Geltung haben, daß sie vielmehr ineins mit der
endogen oder exogen erzwungenen Fortbildung unserer Theorien sich ändern, ja
daß die Pragmatik unserer konzeptuellen Unterscheidungs- und Zuordnungshandlungen überdies von Interessen, die nicht Erkenntnisinteressen sind, beeinflußt zu werden vermag[11]. – Es soll also Gelegenheit gegeben sein, an dieser philosophischen „Arbeit des Begriffs" teilzunehmen, und zwar am Exempel von sieben Begriffen, mit denen sich der Anspruch verbindet, daß sich mit ihrer Hilfe
Temporalstrukturen der modernen Zivilisation sowie Formen ihrer kulturellen
Verarbeitung sammeln und aufschließen lassen.

Die sieben Begriffe seien zuerst benannt und dann erläutert. Die Namen der
fraglichen Begriffe lauten: „Präzeption"; „Gegenwartsschrumpfung"; „Zukunfts-

---

[7] So ersichtlich die bei Hans-Georg Gadamer eigens thematisierten Begriffe „Bildung", „sensus
    communis", „Urteilskraft" und „Geschmack". – Hans Georg GADAMER, a.a.O. S. 7–38.
[8] Cf. dazu das unter Verantwortung der Akademie der Wissenschaften und der Literatur zu
    Mainz erscheinende, inzwischen in neun Bänden vorliegende Werk Joachim RITTER† und
    Karlfried GRÜNDER (Hrsg.): Historisches Wörterbuch der Philosophie. Schwabe & Co. AG
    Verlag Basel, und dazu die Dokumentation der Geschichte dieses großen lexikographischen
    Werkes von Walter TINNER: HWP, in: Officina. Mitteilungen des Hauses Schwabe & Co. AG,
    Basel 1994.
[9] Georg Wilhelm Friedrich HEGEL: Phänomenologie des Geistes. Herausgegeben von Wolfgang
    BONSIEPEN und Reinhard HEEDE†. Gesammelte Werke Band 9. Hamburg 1980, S. 48.
[10] So nach der erhellenden Inanspruchnahme des Begriffs des Handlungsschemas für die Cha-
    rakteristik von Begriffen als Schemata für sprachliche Unterscheidungs- und Zuordnungs-
    handlungen bei Wilhelm KAMLAH und Paul LORENZEN: Logische Propädeutik oder Vorschule
    des vernünftigen Redens. Mannheim 1967, S. 53ff. sowie S. 70ff.
[11] cf. dazu Gottfried GABRIEL: Definitionen und Interessen. Über die praktischen Grundlagen
    der Definitionslehre. Stuttgart-Bad Cannstatt 1972, ferner meinen Aufsatz „Sein und Heißen.
    Bedeutungsgeschichte als politisches Sprachhandlungsfeld", in: Hermann LÜBBE: Fortschritt
    als Orientierungsproblem. Aufklärung in der Gegenwart. Freiburg i.Br. 1975, S. 134–153.

expansion"; „Reliktmengenwachstum"; „evolutionäre Illaminarität"; „Netzverdichtung"; „empirische Apokalyptik". – Die insoweit vorgeschlagenen Begriffsnamen sind neu oder ungewohnt. Generell hat man sich in der Wissenschaft vor
innovatorischen Begriffsbenennungen zu hüten. Gerade weil in den Wissenschaften terminologische Neuerungen unvermeidlich sind, hat man sich im übrigen am Grundsatz maximaler Konventionalität in Wortgebräuchen zu orientieren. Einzig neue Begriffe rechtfertigen auch neue Begriffsnamen[12], und diese
Rechtfertigung wird für die aufgezählten sieben Begriffsnamen in Anspruch genommen. Es verbleibt dann noch die Frage, ob die neuen Begriffsnamen in ihrer
Funktion, neue Begriffe sprachlich zu symbolisieren und dabei zugleich Mißverständnissen kraft irreführender semantischer Vertrautheiten vorzubeugen, auch
zweckmäßig gewählt seien. Diese Frage erübrigt sich, wo es sich nahelegt, neue
Begriffe mit Kunstnamen zu benennen, die man semantisch maximal assozia-
tionssteril konstruiert hat. Aber dieses Verfahren ist in der Philosophie wie in anderen Wissenschaften nur in wohlbestimmten Sonderfällen möglich. Die übergroße Mehrzahl neuer philosophischer Begriffe sind unbeschadet ihres neologi-
schen Charakters begriffsgeschichtlich präformierte Begriffe, und diese Her-
kunftsabhängigkeit konzeptueller Neubildungen sollte sich auch in der primären
semantischen Anmutung der neuen Begriffsnamen oder ihrer Bestandteile spiegeln. „Gegenwartsschrumpfung" zum Beispiel ist genau in dem erläuterten Sinne
gerade nicht ein assoziationssteriles Wort, vielmehr ein aus zwei vertrauten deutschen Nomen gebildeter Neologismus in unvertrauter Kombination der beiden
vertrauten Nomen. Die Erläuterung des „Gegenwartsschrumpfung" benannten
neuen Begriffs hätte dann nicht allein die Zweckmäßigkeit dieses Begriffs, vielmehr zugleich auch die semantische Zweckmäßigkeit des vorgeschlagenen Be-
griffsnamens darzutun. Die Meinung ist, daß in genau diesem Sinn die nun folgende Erläuterung der neuen Begriffe zugleich auch ihre zunächst vielleicht befremdlich wirkende Benennung plausibel macht.

Präzeption

Der Begriff der Präzeption betrifft ein Tätigkeitsfeld, das in der wissenschaftlichen und näherhin philosophischen Thematisierung von Problemen zivilisatorischer Evolution sehr selten erwähnt wird. Nichtsdestoweniger sind auf diesem
Feld Einblicke in Vorgänge von erheblicher Signifikanz für die Temporalstruktur
unserer Zivilisation zu gewinnen. Überdies handelt es sich um ein Arbeitsfeld,
ohne dessen Wohlbestelltheit viele Mitglieder wissenschaftlicher Akademien,
nämlich die Mehrzahl der Historiker und auch anderer historisch forschender

---

[12] „Begriffsname" ist dabei ein Äquivalent von „Wort" in seinem explizit geregelten Gebrauch
zur sprachlichen Symbolisierung eines Begriffs. Cf. dazu Peter HARTMANN: Das Wort als ein
Name. Struktur, Konstruktion und Leistung der benennenden Bestimmung. Köln und Opladen 1958.

Geisteswissenschaftler ihre Arbeit gar nicht tun könnten. Gemeint ist das Archivwesen.

Zur Geschichte des Archivwesens ist hier nichts mitzuteilen, wohl aber sollte festgehalten sein, daß die Funktion unserer öffentlichen Archive sich inzwischen nahezu vollständig in der Sicherung und im Verfügbarmachen der Quellen historischer Forschung erfüllt. Das bedeutet: Die archivarisch gesammelten und verwahrten Akten, Nachlässe und sonstigen Dokumente haben fortdauernde Gegenwart einzig als Quellen historischer Vergangenheitsvergegenwärtigung. In jeder anderen praktischen Hinsicht sind sie praktisch funktionslos geworden – Schriftgutrelikte aus Verwaltungsvorgängen, Prozessen und Tätigkeiten sonstiger Staatsorgane, auf die in anderer als historischer Absicht nicht mehr rekurriert wird. Dann und wann, gewiß, kommt eben das doch noch vor. So wurde zum Beispiel beim Streit um die Seegrenze zwischen Lübeck und Mecklenburg in der Lübecker Bucht, der vor einigen Jahrzehnten zu einem langwierigen Prozeß führte, tatsächlich noch „auf Material zurückgegriffen", „das bis in das 13. Jahrhundert" zurückreichte[13]. Aber dergleichen wird in der Archivliteratur nicht in der Absicht mitgeteilt, der Öffentlichkeit die praktische Relevanz der Archive zu demonstrieren. Es wird vielmehr kuriositätshalber mitgeteilt und damit zur Bekräftigung der Rolle der Archive als unentbehrlicher Hilfsinstitutionen moderner historischer Forschung. Die archivgeschichtliche Verwandlung der „Arsenale des Rechts" in „Arsenale der Geschichte"[14] ist vollständig.

Der gesetzliche und sonstige normative Rahmen, innerhalb dessen das moderne Archivwesen seine Aufgabe geordneter Sammlung und Sicherung des Schriftgutniederschlags der Tätigkeit öffentlicher Institutionen im Interesse zukünftiger historischer Forschung erfüllt, hat vormalige Willkür und sonstige Kontingenz des Umgangs mit Altakten beendet. Aktionen der Vernichtung lästig gewordener Schriftgutmassen, wie sie, zum Beispiel, die Ostfriesen sich noch im frühen 19. Jahrhundert gestattet haben[15] und vor denen damals anderswo längst höher entwickelter historistischer Sinn hätte zurückschrecken lassen sollen, sind nun nicht mehr möglich. Vom freilich stets unerreichbar gewesenen Ideal vollständiger Sicherung der informationellen Kondensate vergangenen öffentlichen Handelns als Quellen seiner zukünftigen historiographischen Vergegenwärtigung ist man heute freilich entfernter denn je. Das ergibt sich als unvermeidliche Folge der Mengenverhältnisse moderner Aktenproduktion, in der sich zugleich der Vorgang der Bürokratisierung spiegelt.

---

[13] Carl HAASE: Studien zum Kassationsproblem. In: Der Archivar. Jahrgang 28 (1975), Heft 4, Sp. 405–418, Sp. 408.

[14] So Gerhard GRANIER: Benutzungsgrenzjahre in öffentlichen Archiven. In: Der Archivar. Jahrgang 29 (1976), Heft 2, Sp. 195–202, Sp. 196.

[15] So nach einem mündlich erstatteten Bericht, für den ich Herrn Archivdirektor a.D. Dr. Walter Deeters in Aurich (Ostfriesland) zu danken habe.

Bürokratiekritik ist ein traditionsreicher Bestandteil der Zivilisationskritik[16], und man muß nicht leugnen wollen, daß es zur Bürokratiekritik mannigfache Anlässe gibt. Interessanter sind freilich die Gründe für die Unausweichlichkeit der Tatsache, daß mit der Komplexität moderner Lebensverhältnisse – öffentlich wie privat – der Organisationsanteil unserer Tätigkeiten rascher als der übrige Anteil unserer Aktivitäten wächst. Die Beantwortung der Frage, wieso das so sei, ist hier nicht das Thema. Es genügt, sich zu vergegenwärtigen, daß in einem jeden System die Menge der Beziehungen zwischen den Elementen des Systems in einem quadratischen Verhältnis zur Menge dieser Elemente wächst. Anschaulich gesprochen heißt das: Rascher als die Zahl der Abteilungen einer Verwaltung wächst die Zahl der kommunikativen Akte zwischen ihnen und damit auch die Papierflut einschließlich der Flut elektronisierter Datenmengen. Der Altdatenanfall wächst mit der Dichte der Netze, die moderne Gesellschaften über expandierende regionale und soziale Räume hinweg miteinander verbinden. Bei den Erläuterungen zum Begriff der Netzverdichtung[17] wird davon noch des Näheren die Rede sein.

Archivare berichten uns, in welche Aktenquantitäten sich das aus den skizzierten Gründen unaufhaltsame Bürokratiewachstum umsetzt. So lesen wir, daß „die Schriftgutproduktion der US-Verwaltung für die Jahre 1862 bis 1914 auf insgesamt 500 000 laufende Meter Akten taxiert wurde, während allein im Jahre 1962 mehr als 1000 km Schriftgut neu entstanden"[18]. Oder: „Der Umfang des Belegschriftguts zur Jahresrechnung einer größeren Mittelstadt" habe im Jahre 1800 noch etwa 15 cm betragen, sei hingegen acht Jahrzehnte später bereits auf das Zehnfache gewachsen, seither aber noch einmal um das Achtzigfache[19]. –

Mit Zahlen dieser exemplarischen Art ließe sich endlos fortfahren. Das erübrigt sich hier. Es ist evident: Vollständigkeit in der Konservierung und Tradierung derartiger Altdatenmengen ist weder technisch noch ökonomisch möglich. Sie wäre auch nicht einmal sinnvoll, weil aus Gründen, die hier nicht erläutert sein sollen, mit der Menge der Akten zugleich ihre Redundanz wächst und weil überdies der Anteil der Akten rasch zunimmt, die für jeden denkbaren künftigen historiographischen Zweck, statt als individuelles Datum, einzig statistisch von Interesse wären. So oder so nehmen mit zunehmender Komplexität unserer administrativen, juridischen und politischen Interaktionen die Chancen ab, den sie dokumentierenden Informationsniederschlag vollständig der Zukunft als Quelle ihrer Vergangenheitskenntnis zu überliefern. Photographische oder elektronische Aktenminiaturisierung bieten leider auch nur begrenzte Kompensationsmöglichkeiten – aus Kostengründen, vor allem aber aus Gründen der gegenüber papierner Dokumentation geringeren Alterungsresistenz photographischer Datenfixierung, und auch die elektronisch gespeicherten Daten verwandeln sich unter der

---

[16] Cf. exemplarisch Henry JACOBY: Die Bürokratisierung der Welt. Ein Beitrag zur Problemgeschichte. Neuwied und Berlin 1969.

[17] s. S. 43 ff.

[18] Eckhart G. FRANZ: Einführung in die Archivkunde. Darmstadt ²1977, S. 73.

[19] ibid.

Wirkung kosmischer Strahlung schließlich in Rauschen. Hinzukommen Probleme, die aus den Fortschritten der Informationsspeichertechnik und der Ablesetechnik resultieren. Bei Akten reicht, für den Kundigen, als technische Lesehilfe zumeist die Brille. Bei technisch anspruchsvoller gespeicherten Daten kommt es hingegen vor, daß nach etlichen Jahren die Gerätschaften für inzwischen veraltete Ablesetechniken nicht mehr zur Verfügung stehen und nötigenfalls neu als Rekonstrukte der Technik von gestern hergestellt werden müssen. Das klingt kurios, ist aber ein reales modernes Archivnutzungsproblem, über das aus den USA berichtet worden ist[20].

Wie auch immer: Allein die Mengenprobleme, mit denen moderne Archivierungspraxis zu kämpfen hat, erzwingen mit Verschärfungstendenzen Selektion der Informationsrelikte abgeschlossener öffentlicher Aktionen und Interaktionen, die, statt in die Archive, in die Reißwölfe zu tun sind. Der Fachterminus für genau diesen Selektionsvorgang lautet bekanntlich „Kassation"[21]. Für den Laien bleibt die Radikalität überraschend, mit der inzwischen, unter dem Druck des Mengenproblems, kassiert wird. Der Anteil des als unumgänglich verwahrungsbedürftig eingeschätzten Schriftguts an der Menge der in die Zuständigkeit der Archivare gefallenen Materialien insgesamt, die sogenannte „Archivierungsquote", liegt nach Schätzungen deutscher Experten bei „maximal 10%"[22]. Andere Praktiker haben ihre Einschätzung bereits auf etwa 5% abgesenkt[23], und entgegen dem traditionsreichen Heterosterotyp, das uns der britischen Kultur konservierungsgeneigt machende Eigenschaften zusprechen läßt, halten englische Archivare bereits eine Absenkung der Archivierungsquote auf 2% für unvermeidlich[24].

Die entscheidende Frage ist nun, nach welchen Gesichtspunkten aus der stürmisch wachsenden Menge veralteten Schriftguts ausgewählt werde, was von der Kassation ausgenommen und somit verwahrt werden soll. Die naheliegende Auskunft „Das Wichtigste" wäre naiv. Sie wäre nicht die Antwort, sondern die Benennung des Problems. Vergegenwärtigt man sich, noch einmal, die zentrale Funktion der Archive, gegenwärtig die Quellen zukünftiger historischer Forschung zu fassen und zu sichern, dann erkennt man, worum es sich handelt. Es handelt sich um nichts Geringeres als um die gegenwärtige Vorausschätzung der Interessen Späterer an derjenigen Vergangenheit, die unsere Gegenwart zukünftig geworden sein wird. Der hier vorgeschlagene Begriff der Präzeption ist nichts anderes als ein Begriff für die Praxis dieser Vorausschätzung.

Es wäre freilich übertrieben zu sagen, daß die präzeptive Vorwegnahme der historischen Interessen Zukünftiger im Vorgang der Kassation den Maßstab traditionsbewährter Unterscheidung von Wichtigem und Unwichtigem gar nicht zur

---

[20] Brigitte MILES: Datenbanken in den Geisteswissenschaften. In: Neue Zürcher Zeitung. Technologie und Gesellschaft. Nr. 250 (Mittwoch, 28. Oktober 1987), S. 66.

[21] Carl HAASE: Studien zum Kassationsproblem. In: Der Archivar. Jahrgang 28 (1975), Heft 4, Sp. 405–418.

[22] Carl HAASE: Studien zum Kassationsproblem. In: Der Archivar. Jahrgang 29 (1976), Heft 1, Sp. 65–76, Sp. 65.

[23] So gemäß Auskunft von Herrn Archivdirektor a.D. Dr. Walter Deeters, Aurich (Ostfriesland).

[24] Eckhart G. FRANZ: Einführung in die Archivkunde. Darmstadt ²1979, S. 73.

Verfügung hätte. Es gibt auch in der Kulturgeschichte anthropologische Konstanten. In der Politik gibt es sie erst recht, und mit wachsender Zivilisationsdynamik
gewinnen alterungsresistente Bestände an Auffälligkeit. Davon wird noch die Rede sein müssen[25]. Nichtsdestoweniger nehmen die Schwierigkeiten zu, die wir haben, bereits gegenwärtig, präzeptiv, die historistischen Vergangenheitsvergegen-
wärtigungsinteressen Zukünftiger vorausschätzen zu sollen. Man erkennt das,
wenn man sich, unser aktuelles historistisches Vergangenheitsverhältnis betreffend, dessen Historizität vergegenwärtigt. Ersichtlich ändert sich ja die geschichtswissenschaftlich disziplinierte Gegenwart der Vergangenheit nicht allein
mit den Ergebnissen geschichtswissenschaftlicher Forschung im methodischen
Sinn. Sie ändert sich zugleich mit der Bezogenheit dieser Forschung auf die kulturellen, ja politischen Interessen, die uns im Wandel der Geschichte auf ein und
dieselbe Vergangenheit bezogen sein lassen. Exemplarisch heißt das: Die manifesten Unterschiede zwischen der Gegenwart Luthers in der katholischen Kirchen-
historiographie zu Beginn unseres Jahrhunderts einerseits und der veränderten
Gegenwart des Reformators in der katholischen Reformationshistoriographie in
späteren Jahrzehnten säkularisierungsbedingt gewachsener interkonfessioneller
Irenik wären ersichtlich als Fortschritte historischer Forschung unzureichend beschrieben[26]. Es handelt sich vielmehr, jedenfalls überwiegend, um Unterschiede
von Rezptionsinteressen, die in Abhängigkeit von historischen Lagen sich wan-
deln. Der Begriff der Rezeption als ein Begriff historisch sich ändernder Vergan-
genheitsaneignungsinteressen hat sich in Erkenntnis dieser Zusammenhänge
längst zu einem Leitbegriff einer hochspezialisierten eigenständigen geschichtswissenschaftlichen Forschung entwickelt. Der Begriff der Präzeption ist nichts
anderes als ein Komplementärbegriff zum Begriff der Rezeption[27], nämlich in der
Vorwegnahme zukünftiger Interessen der Vergangenheitsvergegenwärtigung, auf
die sich, zu einem gewichtigen Anteil, das jeweils aktuelle archivarische Handeln
bezieht. Die Kontingenz, die unsere Rezeptionsgeschichten durchherrscht, muß
sich unvermeidlicherweise auch in der Praxis präzeptiver Geschichtsquellen-
überlieferung auswirken.

Gegenwartsschrumpfung

Der Begriff der Gegenwartsschrumpfung konzeptualisiert den Vorgang fortschreitender Verkürzung der Extension des Zeitraums, für den wir in einer dynamischen Zivilisation mit einigermaßen konstanten Lebensbedingungen rechnen können. Um die Nützlichkeit des Begriffs der Gegenwartsschrumpfung zu er-

---

[25] s. S. 41ff.
[26] cf. dazu Heinrich LUTZ: Zum Wandel der katholischen Lutherinterpretation. In: Reinhart
KOSELLECK, Wolfgang J. MOMMSEN, Jörn RÜSEN (Hrsg.): Objektivität und Parteilichkeit in der
Geschichtswissenschaft. München 1977, S. 173–198.
[27] Zum Begriff der Rezeption cf. exemplarisch, bezogen auf die Literaturwissenschaften, Rainer
WARNING (Hrsg.): Rezeptionsästhetik. Theorie und Praxis. München 1975.

kennen, muß man sich die Dynamik der modernen Zivilisation zunächst exemplarisch vor Augen rücken. Dafür eignet sich, unter Wissenschaftlern, der bekannte Bestand abnehmender Halbwertszeit wissenschaftlicher Literatur. Es handelt sich bei diesem Begriff der Halbwertszeit um eine der Physik entnommene metaphorische Kennzeichnung der Veraltensrate wissenschaftlicher Literatur in Abhängigkeit von der forschungspraktischen Innovationsdynamik. Halbwertszeit – das ist die Zeit, die vergeht, bis, sagen wir, die Hälfte des kognitiven Gehalts des Lehrbuchs einer beliebigen wissenschaftlichen Disziplin, in welchem der Forschungsstand dieser Disziplin für Lehr- und Studienzwecke zusammengefaßt ist, als überholt gelten muß.

Jeder Versuch, in einem Lehrbuch oder auch in einem wissenschaftlichen Aufsatz etwas älteren Datums bereits überholte Annahmen über die Wirklichkeit einerseits und Theoreme oder Deskriptionen von fortdauernder Geltung andererseits säuberlich voneinander zu trennen, würde einen freilich alsbald in einen Abgrund epistemologischer Reflexionen versinken lassen. Praktikabel ist demgegenüber das bei unseren Bibliothekaren übliche Verfahren zur Feststellung der Halbwertszeit, nämlich die Messung der Benutzung wissenschaftlicher Literatur in Abhängigkeit von ihrem Erscheinungsdatum[28]. Verfährt man so, so ergibt sich eindeutig, daß die Nachfragehäufigkeit „mit steigendem Alter der Veröffentlichung absinkt[29]. Das ist gewiß trivial und hätte sich auch ohne explizite bibliothekarische Bemühungen zur Demonstration absinkender Halbwertszeit unserer Bibliotheksbestände vermuten lassen. Weniger trivial wäre freilich die Unterscheidung der wissenschaftlichen Disziplinen nach den Ergebnissen der einschlägigen Vermessung ihrer Entwicklungsdynamik, und die praktische, näherhin wissenschaftsorganisatorische und wissenschaftspolitische Bedeutung der Sache geht einem auf, wenn man darüber informiert wird, „that perhaps three-quarters of the current serials in the Science Museum Library are so little used that one loan copy of these serials somewhere in the United Kingdom should be sufficient to meet the needs of all uses in the United Kingdom"[30]. In kultureller Hinsicht bedeutet das: Nie zuvor war in einer zivilisatorischen Gegenwart der bereits veraltete Anteil der Informationen, die wir in unseren Bibliotheken und sonstigen Informationsspeichern zugänglich halten, größer als heute. Umgekehrt formuliert heißt das: In jeder früheren zivilisatorischen Gegenwart war der Aktualitätsgrad des gespeicherten Informationsguts ungleich größer als heute. Fortschrittsabhängig wächst der Umfang präsenter Vergangenheit, und in die Tendenzen der Selbsthistorisierung unserer Zivilisation, in die inzwischen die Wissenschaften voll einbezogen sind, setzt sich das um. Anschaulich gesprochen heißt das: Wenn in unseren Bibliotheken veraltete physikalische oder molekularbiologische Zeitschriftenbestände, die vor zehn Jahren oder auch erst vor drei

---

[28] R. W. BURTON, R. W. KEBLER: The „Half-Life" of Some Scientific and Technical Literatures. In: American Documentation. Vol. XI (1960), p. 18–22.

[29] Adelheid KASBOHM: Kriterien für die Aussonderung wenig benutzter Literatur. In: Zentralblatt für Bibliothekswesen. Jahrgang 86 (1972), S. 263–278, S. 269.

[30] D. J. URQUHART: Use of Scientif Periodicals. In: Proceedings of International Conference on Scientific Information. Washington D.C. 1959, S. 287–300, S. 293.

Jahren angeschafft worden waren, nachgefragt werden, so ist die Wahrscheinlichkeit groß, daß es sich bei den Nachfragern, statt um Physiker oder um Molekularbiologen, um Wissenschaftshistoriker handelt.

Die organisatorischen Konsequenzen insoweit erläuterter Gegenwartsschrumpfung kraft absinkender Halbwertszeit wissenschaftlicher Literatur sind vorerst kaum absehbar. Man ahnt sie, wenn man den temporalen Aspekt der Sache mit dem Mengenproblem kombiniert. Die absinkende Halbwertszeit bedeutet schon als solche Anstieg der Titelmenge. Diese steigert sich überdies als Funktion der Anzahl der im Wissenschaftssystem tätigen Forscher, von der schon vor mehr als drei Jahrzehnten behauptet wurde, daß „80–90% aller Wissenschaftler, die je gelegt haben, heute leben"[31]. In zusammenfassender Betrachtung der Ergebnisse detaillierter Vermessung der Wissenschaftsentwicklung erlaubt das dann die pauschale Behauptung: „Wissenschaft wächst wie ein Kapital mit Zinseszins, sie multipliziert sich in gleichen Zeitintervallen mit dem gleichen Faktor"[32]. Als bibliothekarische Konsequenz ergab sich schon zu Anfang der siebziger Jahre ein geschätzter Zeitraum von zwanzig Jahren für den Anstieg der Titelmenge ums jeweils Doppelte[33]. Die Erschöpfung der Verwahrkapazitäten einschließlich ihrer finanziellen Voraussetzungen ist absehbar. Der bekannte Vorschlag auch des Deutschen Wissenschaftsrats zur Einrichtung von Speicherbibliotheken, die an einigen wenigen Orten errichtet die Standardbibliotheken von wenig benutzten, das heißt von veralteten Beständen zu entlasten hätten, bezieht sich darauf[34]. Die kulturkritische Klage, solche Entmischung von aktueller und veralteter Information werde in der Wissenschaftlerkommunität den Gedächtnisverlust fördern, geht an den wissenschaftskulturellen Folgen des skizzierten Prozesses vorbei. Hohe Innovationsdynamik verkürzt eo ipso die chronologische Extension der Vergangenheit, die man als aktuell verbliebene Vergangenheit gegenwärtig zu halten vermöchte, und sofern es sich gegenläufig zu dieser Dynamik im Fremdwerden der eigenen Herkunft darum handelt, Gegenwart und Vergangenheit gegenwärtig verknüpft zu halten, findet man sich auf explizite Bemühungen der Wissenschaftshistoriographie angewiesen. Eben aus diesem Grund blüht diese wissenschaftsgeschichtlich relativ junge Disziplin.

Die exemplarische Vergegenwärtigung von Vorgängen der Gegenwartsschrumpfung ließe sich in endloser Reihe fortsetzen. So wird aus der Geschichte des Werkzeugmaschinenbaus berichtet, daß im Zeitalter der Frühindustrialisierung in der ersten Hälfte des 19. Jahrhunderts die Maschinenausrüstung von

---

[31] Derek J. SOLLA PRICE: Little Science, Big Science. Von der Studierstube bis zur Großforschung. (1963). Frankfurt a. M. 1974, S. 13.

[32] a.a.O. S. 16.

[33] Cf. Adelheid KASBOHM: Kriterien für die Aussonderung wenig benutzter Literatur. In: Zentralblatt für Bibliothekswesen. Jahrgang 86 (1972), S. 263–278, S. 263.

[34] Cf. hierzu Hermann HAVEKOST: Überlegungen zur Kosten-Nutzen-Rechnung in den Empfehlungen des Wissenschaftsrates zum Magazinbedarf Wissenschaftlicher Bibliotheken. In: Zeitschrift für Bibliothekswesen und Bibliographie. Jahrgang 35 (1988), S. 1–29. Ferner: Hans-Jörg HAUSER: Ausweichmagazin oder Speicherbibliothek. Zur Auslagerung von Literaturbeständen aus wissenschaftlichen Bibliotheken. In: Zeitschrift für Bibliothekswesen und Bibliographie. Jahrgang 30 (1983), S. 371–389.

Spinnereibetrieben bei guter Wartung über Jahrzehnte hin wirtschaftlich genutzt werden konnten, bis die Maschinen schließlich gebrauchsabhängig verschlissen waren und durch neue ersetzt werden mußten. Aber schon um die Mitte des Jahrhunderts hatte sich die Machinenbautechnik so sehr dynamisiert, daß Maschinenparks längst vor Erreichen der Schrottreife ausgetauscht werden mußten, nämlich im Interesse wirtschaftlicher Abschöpfung der Produktivitätsvorteile, die aus den technischen Fortschritten resultierten[35]. – Es sei noch angemerkt, daß zu den Zeitwahrnehmungsfolgen dieses Vorgangs sich eine neue Bedeutung des alten Wortes „alt" ergibt. Alte Werkzeuge – das waren früher einmal Werkzeuge, die, verschlissen, durch neue Werkzeuge derselben alten Art ersetzt werden mußten. Alte Werkzeuge sind heute, gegenwartsschrumpfungsabhängig, zumeist Werkzeuge, die, weil fortgeschrittenere Werkzeuge analoger Art bereits erfunden und auf dem Markt sind, plötzlich als veraltete Werkzeuge auffällig werden und, zumeist aus ökonomischen Zwängen, durch die verfügbaren neueren ersetzt werden müssen.

Solche Vorgänge der Gegenwartsschrumpfung legen den Common-sense-Kommentar nahe: „Das kann ja nicht immer so weitergehen!", und dieser Kommentar trifft den Nagel auf den Kopf. Nur in der Mathematik verlaufen Exponentialkurven bis ins Unendliche, während in der endlichen Wirklichkeit beschleunigt ablaufende Prozesse auf Grenzen stoßen. Tatsächlich sind in vielen Bereichen unserer Zivilisation Erfahrungen der Grenzen beschleunigter Entwicklungen längst aufdringlich geworden. Auch für die Wissenschaftspraxis gilt das. Ersichtlich stößt die weitere Steigerung der Innovationsrate in Forschung und Entwicklung auf Sinngrenzen, nämlich dann, wenn die Extension der Zeiträume, innerhalb derer relevante Neuerungen auftreten, deutlich unter das Maß der Zeit absinkt, die man für die Distribution neuer Erkenntnisse in der Kommunität der Wissenschaftler benötigt. Gewiß: Die Tempi des technischen Teils der Distribution werden gerade gegenwärtig beträchtlich gesteigert, nämlich durch Fortschritte in der Ersetzung der Printmedien durch elektronisch vermittelte Publikation von Forschungsergebnissen. Aber die Informationsrezeptionskapazitäten und überdies die Selektionskompetenzen der an die modernen Netze angeschlossenen Individuen bleiben begrenzt, und bei Innovationsraten, die solche Grenzen unbeachtet ließen, wäre schließlich innerhalb der wissenschaftlichen Kommunitäten das, was wir den Stand der Forschung zu nennen pflegen, gar nicht mehr einvernehmlich identifizierbar.

Auch Grenzen kultureller Gewöhnung ans Neue gibt es. An sie sind, zum Beispiel, jene japanischen Automobilproduzenten gestoßen, die den Modellwechsel ihrer Produkte über jenen Punkt hinaus beschleunigt hatten, jenseits dessen auf dem Markt für den Kunden älteres und neueres Design ununterscheidbar wer-

---

[35] Cf. dazu exemplarisch Peter DUDZIK: Innovation und Investition. Technische Entwicklung und Unternehmerentscheide in der schweizerischen Baumwollspinnerei 1800–1916. Zürich 1987.

den[36]. In der ökonomischen Theorie lassen sich Erfahrungen dieser Art zu den Einsichten der Institutionenökonomie generalisieren, nach denen die Gewinne aus Neuerungen durch disproportional steigende Kosten des Aufwands von betrieblichen und sonstigen Reorganisationen begrenzt sind, die wir in der Absicht solcher Gewinne betreiben müssten[37]. - Das bedeutet: Die beschleunigte zivilisatorische Evolution läßt tatsächlich die Gegenwart schrumpfen; aber diese Schrumpfung erreicht aus prinzipiellen Gründen nicht jenen Punkt, der nichts als ausdehnungsloser Übergang der Vergangenheit in die Zukunft wäre. Jede gelebte Gegenwart kennt ihre Mindestdauer - von den Vorgängen der Wahrnehmung[38] bis hin zur Dauer von Legislaturperioden oder administrativen Verfahrensfristen[39].

Zukunftsexpansion

Genau komplementär zur schrumpfenden Gegenwart rückt in einer dynamischen Zivilisation die Zukunft, für die wir in wesentlichen Hinsichten mit anderen Lebensverhältnissen zu rechnen haben, chronologisch der Gegenwart näher. Das ist der triviale Aspekt des Konzepts der Zukunftsexpansion. Nicht trivial ist hingegen, daß die chronologisch näher an die Gegenwart heranrückende Zukunft zugleich undurchschaubarer wird. Technisch gesprochen: In unserer wissenschaftlich-technischen Zivilisation nimmt die Prognostierbarkeit zukünftiger Lebensverhältnisse ab. Mit der Menge der unsere Lebenssituation verändernden wissenschaftlichen, technischen und sonstigen Innovationen pro Zeiteinheit wachsen die Schwierigkeiten ihrer kausalanalytischen Verarbeitung zu Theorien über entsprechend komplex gewordene soziale Verläufe, und die Versuche zur Vorhersage dieser Verläufe werden riskanter. Was wir künftig wissen werden, ist, nach einer ebenso schlichten wie überraschenden Einsicht Karl Poppers[40] ohnehin nicht prognostizierbar, und zwar prinzipiell nicht. Eben deswegen nimmt mit der Ver-

---

[36] Zu diesem Vorgang cf. Klaus BACKHAUS, Kai GRUNER: Epidemie des Zeitwettbewerbs. In: Klaus BACKHAUS, Holger BONUS (Hrsg.): Die Beschleunigungsfalle oder der Triumph der Schildkröte. Stuttgart 1994, S. 19–46, S. 40f.

[37] Holger BONUS: Die Langsamkeit von Spielregeln. In: Klaus BACKHAUS, Holger BONUS (Hrsg.): Die Beschleunigungsfalle oder der Triumph der Schildkröte. Stuttgart 1994, S. 1–18. - Ferner: Douglas C. NORTH: Institutionen, institutioneller Wandel und Wirtschaftsleistung. Aus dem Amerikanischen übersetzt von MonikaSTREISSLER. Tübingen 1992.

[38] Cf. dazu exemplarisch Ernst PÖPPEL: Erlebte Zeit und die Zeit überhaupt: ein Versuch der Ingration. In: Die Zeit. Schriften der Karl-Friedrich-von-Siemens-Stiftung; Band 6. München, Wien 1983, S. 369–382.

[39] Cf. dazu Christoph ZÖPEL: Wie weit kann und muß der Staat in die Zukunft sehen? In: Joachim Jens HESSE, Hans-Günter ROLFF, Christoph ZÖPEL (Hrsg.): Zukunftswissen und Bildungsperspektiven. Baden-Baden 1988, S. 13–33. - Ferner: Gerald SCHNEIDER: How far do governments look ahead? A comparative analysis of the factors contributing to the variance in the time horizons of 40 states. Frankfurt a. M. 1989.

[40] Karl R. POPPER: Das Elend des Historizismus. Zweite, unveränderte Auflage. Tübingen 1969, S. XI.

wissenschaftlichung unserer Zivilisation, das heißt mit der wachsenden faktoriellen Bedeutung forschungspraktisch erzeugten Wissens bei der Veränderung unserer Lebensverhältnisse, deren Prognostizierbarkeit ab. Für die Vergangenheit bedeutet das: Jede frühere Gegenwart wußte über die ihr bevorstehende Zukunft ungleich Verläßlicheres auszusagen, als wir es heute können – weil nämlich in informationsärmeren Epochen die Wahrscheinlichkeit ungleich größer war, daß die Zukunft der Gegenwart in wesentlichen Hinsichten gleichen werde. Eben diese Wahrscheinlichkeit nimmt mit zunehmender Zivilisationsdynamik ab. Die unbekannte Zukunft rückt der Gegenwart näher, und die Nähe des Unbekannten ängstigt. Zukunftsgewißheitsschwund gehört daher zu den Mißbefindlichkeitsunkosten, die wir für die historisch singulären Wohlfahrtserträgnisse der modernen Zivilisation zu zahlen haben[41].

Aber mit dem Begriff der Zukunftsexpansion wird nicht nur die Verringerung der chronologischen Distanz beschrieben, die uns vom zukünftigen Neuen trennt. Der Begriff der Zukunftsexpansion beschreibt überdies die Expansion der Zukunftszeiträume, die wir in der modernen Zivilisation bereits bei unseren gegenwärtigen Planungen und Entscheidungen zu berücksichtigen haben. Es ist das eine Konsequenz der Verlängerung der Handlungsketten, die uns in der modernen Zivilisation regional und temporal miteinander verbinden. Modernisierungsprozesse sind, unter anderem, Prozesse großräumig wachsender wechselseitiger Abhängigkeiten, und das läßt im temporalen Aspekt der Sache die chronologischen Dimensionen der Zukunft wachsen, auf die wir uns bereits gegenwärtig explizit zu beziehen haben. Im extremen Exempel heißt das: Wer Kernenergiewerke betreibt, hat auch für die Endlagerung abgebrannter Kernenergieträger zu sorgen, und nach der physikalischen Natur der Sache ist aus Gründen der Sicherheitsgewährleistung die Funktionsfähigkeit der Endlagerstätten über Zeiträume von Jahrtausenden hin zu garantieren. Wir wissen indessen, daß bereits ein halbes Jahrtausend genügt, um Texte dieses Alters für die Ungeübten unter den Sprachgenossen der jeweils jüngsten Epoche der einschlägigen Sprachgeschichte nahezu unverständlich zu machen, und man darf annehmen, daß die technisch wie sozial bedingte Verdichtung der kommunikativen Interaktion, die sich in modernen Gesellschaften beobachten läßt, die Dynamik noch steigert, mit der Sprachen sich ändern. Für die sehr umfangreichen und detaillierten Vorschriften zur Bedienung der besagten Endlagerstätten bedeutet das: Sie bedürfen, freilich im Rhythmus relativ langer Fristen, fortschreitender Anpassung an den jeweils erreichten Sprachstand, und gerade die Länge der Fristen, um die es sich hierbei handelt, erschwert die nötige institutionelle Organisation zur Gewährleistung des fraglichen Anpassungsprozesses. – Gewiß: Das Exempel klingt ausgedacht, und das ist es auch, aber doch, unter dem Druck eines höchst realen Pro-

---

[41] Cf. dazu das Kapitel „Gründe veränderter Einstellung zu unseren wissenschaftlich-technischen Lebensvoraussetzungen III: Die abnehmende Reichweite unserer Zukunftsvoraussicht". In: Hermann LÜBBE: Der Lebenssinn der Industriegesellschaft. Über die moralische Verfassung der wissenschaftlich-technischen Zivilisation. Berlin, Heidelberg, New York etc. [2]1994, S. 68–71.

blems, von einer aus Ingenieuren und Linguisten zusammengesetzten Experten-
kommission, über deren Arbeit Berichte vorliegen[42].

Die Zukunftsexpansion, also die Ausweitung derjenigen Zukunftszeiträume,
auf die wir unser gegenwärtiges Handeln und Entscheiden beziehen, betrifft nun
freilich nicht allein Sonderfälle der Großtechnik und der großräumig agierenden
politischen oder wirtschaftlichen Großorganisationen. Sie prägt längst auch jedermanns Alltag. An der Entwicklung des Kalenderwesens läßt sich das ablesen.
Kalender, Agenden, komplementär zu den Uhren als Geräten der Zeitmessung
Gerätschaften der Zeitplanung, Taschenkalender näherhin boten sich noch vor
guten zehn Jahren überwiegend als Jahreskalender dar. Inzwischen sind kalenda-
rische Planungszeiträume von anderthalb Jahren selbstverständlich, und auch
Zweijahreskalender sind schon verfügbar. Über Kalender im Kalender werden bereits Zukunftsschauräume eröffnet, die weit in das nächste Jahrtausend reichen,
als Jahresendgeschenk von Dienstleistungsunternehmen mit dem Firmennamen
„Prognos" zum Beispiel – „for your personal long-range planning up to the year
2010", „all the luck and best wishes!". Auch elektronische Kalender sind inzwischen auf dem Markt. „Jeder beliebige Monat im 20. und 21. Jahrhundert und ihre
tägliche persönliche Terminplanung finden darin Platz"[43]. Das wirkt belustigend.
Interessanter sind die Sachzwänge, die sich hinter dieser alltagspraktisch kalen-
darischen Zukunfts-Expansion verbergen. Es handelt sich um die Zeitplanungs-
konsequenzen unserer großräumig gewordenen zivilisatorischen Abhängigkeiten
voneinander. Diese Abhängigkeiten sind in Netzen technisch realisiert, die sich
zugleich verdichten. Mit der Dichte der uns, individuell wie institutionell, verbindenden Netze wächst zugleich die Menge der kooperativen oder kommunikativen
Beziehungen, die wir eingehen oder eingehen könnten, und mit der Fülle und mit
der Großräumigkeit dieser Beziehungen wird Zeit als explizit organisationsbe-
dürftiges Medium der Handlungskoordination aufdringlich. Zeitumgangstugen-
den, Pünktlichkeit zum Beispiel, gewinnen aus diesem Grund über Modernisierungsvorgänge an Nötigkeit. Sie sind, als sogenannte Sekundärtugenden, keineswegs Relikte repressiver Vormodernität[44]. Sie sind vielmehr die Voraussetzungen
selbstbestimmter Nutzung der reichen Kommunikations- und Kooperationsmög-
lichkeiten, die uns die moderne Zivilisation eröffnet hat. Anschaulich gesprochen
heißt das: Seit es eine Eisenbahn gibt, entscheiden Minuten darüber, ob man ans

---

[42] Roland POSNER: Mitteilungen an die ferne Zukunft. Hintergrund, Anlaß, Problemstellung
und Resultate einer Umfrage. In: Zeitschrift für Semiotik. Band 6, Heft 3 (1984), S. 195–228.

[43] Cf. dazu Marlise SCHORI: Die neue Bibel des Managers. Die SuperAgenden: Prestigeobjekte
für die einen, unentbehrliches Planungssystem für die anderen. In: Züri Woche, 7. Dezember
1989, S. 17.

[44] Zur wachsenden Bedeutung der Sekundärtugenden einschließlich der Sekundärtugend der
Pünktlichkeit cf. meinen Aufsatz „Wie sekundär sind die Sekundärtugenden? Alltagsmoral in
der modernen Kultur". In: Schulleitung in NRW. Zeitschrift der Schulleitervereinigung NW
e.V. Beilage zu Pädagogische Führung. Zeitschrift für Schulleitung und Schulberatung.
6. Jahrgang, Heft 2 (Mai 1995), S. 19–25.

Ziel gelangt oder zurückgelassen bleibt[45], und erst in diesem Zusammenhang wird auch die Einheitszeit etabliert, auf die alle Uhren eingestellt sind und deren Reichweite sich mit der Reichweite der Räume deckt, über die hin sich unsere technisch realisierten Netze erstrecken[46].

Reliktmengenwachstum

„Relikte" nennen wir funktionslos gewordene Elemente aus naturalen, insbesondere biotischen, oder auch kulturellen, technischen und sozialen Systemen, in deren evolutionärem Wandel die Funktionen untergegangen oder spezifiziert sind, auf die, was inzwischen zum Relikt geworden ist, früher einmal leistungstüchtig bezogen war. Sind solche Relikte aktuell in Systemen rezent geblieben, in denen sie früher einmal eine Funktion zu erfüllen hatten, so gilt für sie, daß sie sich, indem sie funktional unverständlich geworden sind, einzig noch historisch erklären lassen[47]. Die entsprechende historische Erklärung hat dann stets die Form einer erzählten Geschichte, die uns die kontingente Abfolge der Ereignisse und Vorgänge vergegenwärtigt, unter deren Wirkung die Funktionsverluste der darüber zu Relikten gewordenen früheren Systemelemente eingetreten sind[48]. Dabei ist die Struktur solcher Geschichten, durch deren Erforschung wir historische Erklärungen bieten möchten, gegenüber dem Unterschied von Natur einerseits und Kultur andererseits grundsätzlich indifferent. Naturgeschichten sind Geschichten wie Kulturgeschichten[49].

Mit der Dynamik der zivilisatorischen Evolution wächst die Reliktmenge an. Schon bei den Erläuterungen zum Konzept der Gegenwartsschrumpfung sind wir auf diesen Bestand aufmerksam geworden: Je mehr die Halbwertszeit wissenschaftlicher Literatur absinkt, um so größer wird der Anteil der wissenschaftlichen Literatur, der einzig noch als Objekt wissenschaftshistorischer Interessen, künftig vielleicht in spezialisierten „Speicherbibliotheken", gegenwärtig gehalten wird. Ein anderer erwähnter Fall waren jene Werkzeugmaschinenrelikte, die, im technischen Sinne noch durchaus funktionsfähig, wegen der Produktivitätsvorteile technisch entwickelterer Maschinen der evolutionären Selektion zum Opfer

---

[45] Cf. dazu Helmut BÖHME: Soziale Auswirkungen des technischen Fortschritts in historischer Perspektive. In: Hermann LÜBBE (Hrsg.): Fortschritt der Technik – gesellschaftliche und ökonomische Auswirkungen. Heidelberg 1987, S. 1–27, S. 13ff.

[46] Phillip S. BAGWELL: The Transport Revolution from 1770. London 1974.

[47] Zur Rolle der historischen Erklärung in der Biologie cf. Günther OSCHE: Das ‚Wesen' der biologischen Evolution. In: mannheimer forum 73/74. Mannheim 1974, S. 9–50, S. 32.

[48] Zur Analyse der Erklärung vom Typus der historischen Erklärung cf. das Kapitel „Was heißt ‚Das kann man nur historisch erklären'?" in: Hermann LÜBBE: Geschichtsbegriff und Geschichtsinteresse. Analytik und Pragmatik der Historie. Basel, Stuttgart 1977, S. 35–47.

[49] So die analytische Quintessenz meiner Abhandlung „Die Einheit von Naturgeschichte und Kulturgeschichte. Bemerkungen zum Geschichtsbegriff", Akademie der Wissenschaften und der Literatur zu Mainz. Abhandlungen der Geistes- und Sozialwissenschaftlichen Klasse. Jahrgang 1981. Nr. 10. Wiesbaden 1981.

fielen. Generell gilt also: Mit der Dynamik der zivilisatorischen Evolution wächst die Reliktmenge an.

Wie gehen wir mit dieser wachsenden Reliktmenge um? Die kulturell signifikanteste Form des Umgangs mit Zivilisationsrelikten ist nicht das Recycling der Relikte, vielmehr ihre Musealisierung. Der inzwischen erreichte Grad der Musealität unserer Gegenwartskultur ist historisch beispiellos. Es erübrigt sich, das hier mit Daten aus der Museumsstatistik zu belegen – von der Zahl der Museen über die wachsende Vielfalt der Museumssparten bis hin zum Massenbewegungscharakter des Museumsbesuchs[50]. Wichtig bleibt festzuhalten, daß der überwiegende Anteil moderner Museen gerade nicht, wie die großen Sammlungen klassischer Kunst, Schauhäuser geltungskonstanter kultureller Hervorbringungen sind, vielmehr Stätten der Sammlung, der Konservierung und Ausstellung von Relikten der zivilisatorischen Evolution. Bis zur Evidenz machen das insbesondere unsere Technikmuseen deutlich. Nicht einer der Flugzeugtypen, die man dort aufgehängt findet, ist irgendwo noch im Gebrauch. Keine der musealisierten Einrichtungen früherer Forschungslabors wäre im aktuellen Wissenschaftsbetrieb nutzbar geblieben. Dabei nimmt das Alter der zum Relikt gewordenen Hinterlassenschaften des Fortschritts von gestern mit der zunehmenden Dynamik des Fortschritts ab. In den der Datenverarbeitungstechnik gewidmeten Abteilungen unserer Museen wird das anschaulich. Nicht nur im öffentlichen Raum sind heute diese Museen präsent. Die Selbsthistorisierungstendenzen prägen inzwischen uneingeschränkt auch unser privates Lebensambiente. Zivilisationsrelikte in der Form der Hervorbringungen abgestorbener Produktionszweige füllen unsere Firmenmuseen. Altbäuerliche technische Architektur, Wind- oder Wassermühlen, Zugbrücken und Schöpfwerke werden als Marken historischer Kulturlandschaften konserviert oder gar, soweit sie bereits verschwunden waren, als Replikate neu erstellt.

Es erübrigt sich, mit Schilderungen dieser Art fortzufahren – von der Dauerkonjunktur auf unseren Oldtimer-Märkten bis hin zu den bibliophilen Leidenschaften, deren Intensität mit dem Alter ihrer Objekte zunimmt. Die entscheidende Frage lautet natürlich, wieso wir die dramatisch sich mehrende Menge der Zivilisationsrelikte, anstatt sie, analog zur naturalen Evolution, restlos ihrem Untergang in Vorgängen der Wiederverwertung zu überantworten, zu Anteilen wie nie zuvor als Relikte konserviert gegenwärtighalten. Die Einsicht, dass genau komplementär zur Dynamik der zivilisatorischen Evolution die Menge des veralteten Zivilisationsguts wachsen muß, ist schließlich trivial. Nicht trivial ist die Einsicht, wieso wir, je rascher wir uns von unseren Vergangenheiten entfernen, zugleich unsere Anstrengungen intensivieren, diese Vergangenheiten in ihren Relikten gegenwärtig zu halten. Die Antwort auf die Frage nach den Gründen des kulturellen Vorgangs, der sich exemplarisch in den skizzierten Musealisierungstrends niederschlägt, würde, vollständig gegeben, zugleich eine Antwort auf die umfassende Frage sein, wieso just in der modernen Zivilisation sich das historische Bewußt-

---

[50] Cf. dazu die Sachhinweise und Literaturhinweise in meiner Abhandlung „Der Fortschritt und das Museum", in: Hermann LÜBBE: Die Aufdringlichkeit der Geschichte. Herausforderungen der Moderne vom Historismus bis zum Nationalsozialismus. Graz, Wien, Köln 1989, S. 13–29.

sein entfaltet und mit ihm die Leistungen unserer historischen Kultur von den
Geschichtswissenschaften bis hin zum Denkmalschutz.

Die Denkmalschutzpraxis ist besonders geeignet, die Antwort auf die Frage
nach dem Sinn unserer Reliktkonservierungspraxis exemplarisch und damit in
Kurzform zu geben[51]. Nie zuvor haben sich unsere Städte und Dörfer, unsere Ar-
beits- und Wohnquartiere architektonisch rascher geändert als heute. Das läßt
sich auch messen, und Benedikt Huber nimmt an, daß, „wenn mehr als zwei bis
drei Prozent der Altbauten" jährlich „abgerissen und durch Neubauten ersetzt
werden", verunsichernd wirkende Diskontinuitätserfahrungen unvermeidlich
sind[52]. Änderungstempobedingter Vertrautheitsschwund – das ist die plausible
Befindlichkeitsnebenfolge der inzwischen erreichten Dynamik in der Evolution
unseres architektonischen Lebensambientes. Rückkehr an herkunftsvertraute
Plätze nach vielen Jahren macht im Kontrast des Anblicks, den sie aktuell bieten,
zu unserem Erinnerungsbild dieser Plätze die Tiefe der historischen Distanz zwischen Gegenwart und Vergangenheit spontan evident, auch wenn es sich in chro-
nologischer Hinsicht, nämlich in Relation zur eigenen Lebensfrist, um relativ geringe Distanzen handelt. Ersichtlich beziehen sich die nach Umfang und histori-
stisch qualifizierter Professionalität beispiellosen Anstrengungen unserer Denkmalschützer auf genau diese Kontrasterfahrung. Ihre Leistungen sind Leistungen
der Kompensation des besagten änderungstempobedingten Vertrautheitsschwundes. Durch Reliktkonservierung sichern sie Möglichkeiten, Kontinuitätserfahrungen zu machen. Sie sichern Wiedererkennbarkeit. Sie halten in Reliktgestalt gegenwärtig, was die Gegenwart mit der Vergangenheit in kollektiver und individueller Erinnerung zusammenbindet.

Von Grenzen unserer individuellen und institutionellen Kapazitäten zur Verarbeitung von Innovation war bereits die Rede[53]. Die Denkmalschutzpraxis ist geeignet zu zeigen, daß auch unsere Chancen, über Leistungen des historischen Bewußtseins fremdgewordene Vergangenheiten aneignungsfähig zu halten, nicht
unbegrenzt sind. Man verspürt solche Grenzen in aktuellen Tendenzen des
Denkmalschutzes, sich selbstreferentiell zum Gegenstand seiner eigenen Praxis
zu machen. Das klingt kompliziert, ist aber eine genaue Beschreibung des Vorgangs, daß Hervorbringungen des Denkmalschutzes von gestern heute bereits
selber als Denkmäler gelten und in denkmalpflegerischer Absicht erhalten werden. Der Denkmalschutz hat eben seine eigene Geschichte, und diese ist inzwischen ihrerseits historisiert[54]. Der Streit, ob man ruinierte oder unvollendet
überkommene Bauwerke früherer Epochen restaurieren, nämlich wiederherstel-

---

[51] Cf. dazu das Kapitel „Denkmalschutz oder die Paradoxien des Versuchs, Altes neu alt zu ma-
      chen", in meinem Buch „Im Zug der Zeit. Verkürzter Aufenthalt in der Gegenwart". Berlin,
      Heidelberg, New York etc. ²1994, S. 55–74.
[52] Benedikt HUBER: Irrationale Faktoren in der Stadtplanung. In: Neue Zürcher Zeitung. Nr. 368
      (11. August 1974), S. 29.
[53] Cf. S. 32 f.
[54] Cf. dazu Norbert HUSE (Hrsg.): Denkmalpflege. Deutsche Texte aus drei Jahrhunderten.
      München 1984.

len oder in Respekt vor ihrem „Ruinenwert"[55] als Ruine konservieren solle, erhob
sich schon vor fast einem Jahrhundert. Heute konservieren wir Restauriertes, und
wir konservieren Restaurationsruinen desgleichen. „Das kann doch nicht immer
so weitergehen" fällt dazu wiederum dem Laien ein, und in der Tat –: Inzwischen
sieht jedermann, daß das Gesamtresultat unserer expandierenden denkmalpfle-
gerischen Bemühungen schlechterdings nicht mehr nach dem Muster gelungener
Versuche beschrieben werden kann, komplementär zur Moderne Altes der Zeit-
genossenschaft dieser Moderne alt zu erhalten. Man muß vielmehr sagen: Der
Anblick, den unsere denkmalpflegerisch herausgeputzten Städte und Dörfer bieten, ist ein Anblick, wie er sich keiner Generation je zuvor bot. Was wir hier zu
sehen bekommen, ist schlechterdings neu. Wir haben es nicht einfach mit den
Objekten des Denkmalschutzes zu tun, vielmehr mit aktuellen Hervorbringungen
seiner historisierenden architektonischen Praxis und näherhin mit einer höchst
disparaten Fülle von Kompromissen in der Bemühung, die aktuelle Gebrauchs-
funktion eines älteren Bauwerks mit seiner vom historischen Bewußtsein definierten Denkmalsfunktion kompatibel zu machen.

Die prinzipielle Schwierigkeit denkmalpflegerischer Kompensation architek-
tonischer Änderungsdynamik besteht darin, daß das im Denkmalschutz der Zukunft überlieferte Denkmal der Vergangenheit stets von der Praxis seiner Restau-
rierung oder auch Konservierung überlagert wird, daß also, genauer, nicht das
Denkmal der Vergangenheit, vielmehr das Phänomen der Interferenz dieses
Denkmals mit den gegenwärtigen Hervorbringungen zu seinem Schutze der Zukunft überliefert wird. Es ist diese Einsicht, die bereits zu Beginn dieses Jahrhunderts die „Kopernikanische Wende" im Denkmalschutz – nicht restaurieren, sondern konservieren – erzwungen hat. Sie ist bis heute aktuell geblieben. Ist denn
der Bau der Dom- und Münstertürme zu Köln, Ulm oder Bern der Abschluß von
Bauvorhaben gewesen, die sich ein wenig lang, nämlich über einige Jahrhunderte
hinzogen? Ersichtlich ist das nicht der Fall. Es handelte sich vielmehr um Vorgänge, in welchen sich die damalige Gegenwart zu den ihr überkommenen unvollendeten Bauwerken der Vergangenheit historisierend verhielt, sie als Denkmäler, ja
als Nationaldenkmäler[56] wahrnahm und sie als solche dann fertigstellte. Nicht
dem Aufforderungscharakter eines unvollendeten Bauwerks wurde entsprochen,
vielmehr einer vermeintlichen Forderung des Respekts vor einem Denkmal, das
eben damit eine Gestalt gewann, die vorzugsweise die Gegenwart repräsentiert.

Das ist ein heikler Vorgang. Georg Dehio hat ihn, mit anderen Theoretikern
seiner Zeit, für einen in seinem Resultat unerträglichen Vorgang gehalten und
daraus die Konsequenz gezogen: „Abweisung jedes Gedankens an Wiederherstellung heute nicht mehr vorhandener Teile" eines historischen Bauwerks, viel-

---

[55] Nach Alois RIEGL: Neue Strömungen in der Denkmalpflege. In: Georg DEHIO, Alois RIEGL:
Konservieren, nicht restaurieren. Streitschriften zur Denkmalpflege um 1900. Mit einem
Kommentar von Marion WOHLLEBEN und einem Nachwort von Georg MÖRSCH. Braun-
schweig/Wiesbaden 1988, S. 104–119, S. 114.
[56] Cf. dazu Thomas NIPPERDEY: Nationalidee und Nationaldenkmal in Deutschland im 19. Jahrhundert. In: Thomas NIPPERDEY: Gesellschaft, Kultur, Theorie. Gesammelte Aufsätze zur
neueren Geschichte. Göttingen 1976, S. 133–173.

mehr „allein Erhaltung des Bestehenden" – und sei es die Erhaltung des Relikts in seiner ruinenhaften Gestalt. Die „Denkmalerneuerung" sei in Wahrheit nicht Denkmalerhaltung, vielmehr resteverwertende Neubaupraxis historisch geschulter, historisierender Architekten. Das Resultat sei „eine Barbarei trübseligster Art: Gelehrsamkeitsbarbarei"[57].

„Gelehrsamkeitsbarbarei" – das fügt sich zu Nietzsches Diagnose, „daß wir Alle an einem verzehrenden historischen Fieber leiden"[58]. Dennoch beruht, in letzter Instanz, die historisch singuläre Aufdringlichkeit der Vergangenheit in unserer zivilisatorischen Gegenwart nicht, wie Nietzsche annahm, auf einem dekadenten Vergangenheitsinteresse, in welchem das Subjekt sich den Herausforderungen der Zukunft verweigerte. Vielmehr ist, genau umgekehrt, die aufdringliche Gegenwart der Vergangenheit eine objektive Konsequenz der historisch beispiellosen Dynamik zivilisatorischer Evolution und damit der Kraft dieser Zivilisation, Neues hervorzubringen und eben damit Altes zum Relikt zu machen. Überdies ist in einer solchen Lage die fortschrittsbedingte Vergangenheitszugewandtheit unserer Zivilisation alles andere als ein Fluchtphänomen. Es handelt sich vielmehr darum, die evolutionsbedingt fortschreitende Fremdheit unserer jeweiligen Vergangenheiten durch Leistungen aus historischer Kultur in verstandenes Andersgewesensein zu verwandeln. Einzig so sind wir im Kontext der modernen Zivilisation in der Lage, Herkunft und Zukunft gegenwärtig verknüpft zu halten und in dieser Verknüpfung Identität zu gewinnen und fortzubilden[59].

Evolutionäre Illaminarität

Der Strom ist eine traditionsreiche Metapher für die Beschreibung des Laufs der Geschichte. Dazu passen auch die „Quellen", aus denen sich die Ströme der Überlieferung speisen und die unsere Archivare durch ihre eingangs skizzierte Tätigkeit[60] präzeptiv zugänglich halten. Auch die zahllosen „Einflüsse" bewegen sich in diesem Bildfeld, von denen die Historiker sprechen, wenn Veränderungen erklärt werden sollen, insbesondere solche, deren detaillierte Beschreibung angesichts der Komplexität der im Geschichtslauf vorwärtsdrängenden Massen unsere kausalanalytischen Fähigkeiten überfordern müßte.

---

[57] Georg DEHIO: Was wird aus dem Heidelberger Schloß werden? (1901). In: Norbert HUSE (Hrsg.): Denkmalpflege. Deutsche Texte aus drei Jahrhunderten. München 1984, S. 108–115, S. 109, 111.

[58] Friedrich NIETZSCHE: Unzeitgemäße Betrachtungen. Zweites Stück. Vom Nutzen und Nachteil der Historie für das Leben. In: Friedrich NIETZSCHE: Sämtliche Werke. Kritische Studienausgabe in 15 Bänden. Hrsg. von G. COLLI und M. MONTINARI. Band 1. München 1980, S. 243–334, S. 246.

[59] Zum Thema „Identität" als einer geschichtsabhängigen Größe cf. Odo MARQUARD, Karlheinz STIERLE (Hrsg.): Identität. Poetik und Hermeneutik. Arbeitsergebnisse einer Forschungsgruppe VIII. München 1979.

[60] Cf. S. 25 ff.

Daß Ströme nicht laminar fließen, das heißt nicht in allen ihren horizontalen oder auch vertikalen Schichten gleichgerichtet mit gleicher Geschwindigkeit, ist den Wasserbauern, Schiffern, Fischern und sonstigen Nutzern von Strömen natürlich immer bekannt gewesen. Auch der aufmerksame Laie sieht es beim Blick von Brücken herab – die gegen den Querschnitt des Stromes höchst unterschiedlichen Geschwindigkeiten der Wassermassen in Abhängigkeit von Tiefen und Untiefen des Bettes, die Richtungsdifferenzierung der Strömung in den großen Wenden und Schleifen und die Trägheit des Wassers nahe den Ufern bis hin zu den Wirbeln zwischen Hindernissen, in denen, was sich in ihnen verfängt, sich überhaupt nicht mehr vorwärtsbewegt, vielmehr auf der Stelle kreist. Die Geschichtstheorie ist diesem Laienwissen gegenüber immer wieder einmal zurückgefallen. Karl Marx zum Beispiel hat, mit gewaltiger ideologiepolitischer Wirkung, die Vorstellung prominent gemacht, „mit der Veränderung der ökonomischen Grundlage" des gesellschaftlichen Lebens wälze sich auch „der ganze ungeheure Überbau" um. Daß dieser Prozeß gelegentlich „langsamer", gelegentlich, nämlich in revolutionären Epochen, auch „rascher" ablaufe, versteht sich dabei[61]. Aber ob in langsamer oder in rascher Bewegtheit – der Unterbau reißt jeweils den ganzen Überbau in analoger Geschwindigkeit mit, das heißt die Geschichte fließt insgesamt laminar.

Inzwischen ist unser Bild der Geschichte von der Erfahrung evolutionärer Illaminarität geprägt. Dabei ergibt sich die Aufdringlichkeit dieser Erfahrung aus Folgen wachsender Evolutionsdynamik. Die Schicksale der avantgardistischen Bewegungen in der Kunst machen das exemplarisch sichtbar. „Warum hinter uns schauen?", so fragte Marinetti in seinem ersten futuristischen Manifest aus dem Jahre 1909[62]. „Die neue Schönheit", fand er, sei eine „Schönheit der Geschwindigkeit". Die Kunst habe, „die Vergangenheit verleugnend, endlich den aktuellen Bedürfnissen" zu entsprechen, „die uns bewegen". In der kunstpolitischen Konsequenz ergab das den Aufruf, Italien endlich „von den zahllosen Museen, die es bedecken wie zahllose Friedhöfe", zu befreien. Vorn ist alles gelegen, was unser Engagement verdient, und die Vergangenheit ist der Zeitraum, in welchem sich das Abgestorbene anhäuft. „Ein Rennwagen" sei „schöner als die Nike von Samothrake"[63] – das ist das berühmt-berüchtigte Wort, zu dessen unausgesprochenen Voraussetzungen die Unterstellung gehört, die avantgardistische Neuerung verwandle laminar alles, was nicht an ihr teilnimmt, in Veraltetes. Was sich statt dessen in Wahrheit ereignet, läßt uns der zitierte Rennwagen im Vergleich zur Nike erkennen. Es handelt sich doch um einen Rennwagen aus dem Jahre 1909! Der Grad seines Veraltetseins in weniger als einem Jahrhundert ist extrem, während die Nike von Samothrake, die aus dem späten zweiten nachchristlichen

---

[61] Zu dieser Theorie, die zugleich für die Geschichte des Ideologiebegriffs zentral ist, cf. Karl MARX: Kritik der politischen Ökonomie (1859). Neuausgabe Ost-Berlin 1947, S. 12ff.

[62] Das Manifest ist abgedruckt bei Walter HESS: Dokumente zum Verständnis der modernen Malerei. Reinbek b. Hamburg 1986, S. 71–72.

[63] ibid.

Jahrhundert stammt, in den seit Marinettis futuristischem Manifest vergangenen
Jahren zusätzlich kaum noch gealtert ist.

Generalisiert bedeutet das: Mit wachsender Dynamik kultureller, auch künstlerischer Prozesse heben sich kulturelle Bestände relativ größerer Alterungsresistenz um so höher heraus. Man kann das auch folgendermaßen ausdrücken: Je
rascher sich kraft avantgardistischer Bewegtheit das künstlerische Ambiente
wandelt, um so nachhaltiger bringt sich zugleich Klassik zur Geltung. Der alte
Begriff des Klassischen[64] gewinnt in diesem Vorgang seine spezifisch moderne,
nämlich temporale Qualität, eben die der relativ größeren Alterungsresistenz.
Dabei ist, selbstverständlich, diese Resistenz nicht Resultat einer kanonischen
Geltungsverfügung, vielmehr ein wirkungsgeschichtlich erweislich unausge-
schöpftes Potential an Möglichkeiten der Neuaneignung im Wechsel der Zeiten[65].
Der so bestimmte Begriff des Klassischen ist also ein moderner Begriff für diejenigen kulturellen Bestände, deren Schätzung unter Innovationsdruck ihrer fortdauernden Gegenwartsfähigkeit wegen zunimmt. Je moderner wir leben und damit uns gern auch von den Einfällen der Neuerer überraschen lassen, um so unaufhaltsamer steigt diese Schätzung. Am Inhalt eines jeden durchschnittlichen
aktuellen Konzertprogramms läßt sich das ablesen. Der Anteil der bereits veralteten, das heißt so aktuell nicht mehr kompositionsfähigen, nichtsdestoweniger
reproduktiv und rezeptiv unvergangenen Musik überwiegt im Regelfall bei weitem. Mit einer Geringschätzung des Neuen hat das nicht das Geringste zu tun,
wohl aber mit Grenzen von Gewöhnungskapazitäten, wachsender Angewiesenheiten auf residuale Vertrautheiten im raschen und auch gewünschten Wandel
der Dinge und mit dem steigenden Aufwand, den wir in einer dynamischen Zivilisation treiben müssen, Herkunft und Zukunft verknüpft zu halten. Die Vergegenwärtigung von Vergangenheitsbeständen, von denen man annehmen darf, daß
sie auch in absehbarer Zukunft in wohlbestimmter Hinsicht nicht veraltet sein
werden, macht das möglich.

Jede dynamische Zivilisation ist deswegen zugleich eine konservative Zivilisation, und der am laminar gedachten Fortschritt orientierte Avantgardismus hat
sich als unlebbar erwiesen. Dem entspricht das Verhalten moderner Künstler.
„Zwischen Frühlings- und Herbstsalon", fand schon vor Jahrzehnten Hans Tietze,
öffnen sich „unüberbrückbare Klüfte". Die Werke der modernen Künstler veralteten, ehe ihre Farbe trockne. Das aber heißt: Sie gelangen „ohne Zwischenstadi-
um ins Museum"[66] und eben das, nicht der Museumssturm, macht den Er-
folgstraum des modernen Avantgardisten aus. Das ist der Zusammenhang, innerhalb dessen die Kennzeichnung „klassische Moderne", die noch im ersten Drittel
unseres Jahrhunderts schwer verständlich gewesen wäre, plausibel wird und die

---

[64] Cf. dazu den Sammelband von Rudolf BOCKHOLT (Hrsg.): Über das Klassische. Frankfurt am
Main 1987.

[65] Cf. dazu das Kapitel „Der Text der Vergangenheit im Dialog mit der Gegenwart (Klassik -
wieder modern?)". In: Hans Robert JAUß: Ästhetische Erfahrung und literarische Hermeneutik. Frankfurt a. Main 1982, S. 787–812.

[66] Hans TIETZE: Lebendige Kunstwissenschaft. Zur Krise der Kunst und der Kunstgeschichte.
Wien 1925, S. 60.

„Inkunabeln" der favorisierten Kunsttradition nicht weiter als die eigene Kindheit zurückliegen.

Die Illaminarität der zivilisatorischen Evolution ist selbstverständlich weit über die Kunst hinaus in vielen Aspekten modernen Lebens unübersehbar geworden. Die Güterfülle und sonstige Wohlfahrt, die wir einer wirtschaftlichen Entwicklung zu verdanken haben, deren unerwartete Schnelligkeit sie im Rückblick als „Wirtschaftswunder" erscheinen ließ, hat zugleich in gemeiner Alltagsverbringung den Wert der Kardinaltugend der Mäßigkeit ansteigen lassen. Die Fälligkeiten der internationalen Kooperation, ja der institutionellen Zusammenschlüsse und Unionsbildungen von kontinentaler Großräumigkeit setzen sich in Verfaßtheiten um, die sich in den Kategorien des neuzeitlichen Zentral- und Einheitsstaats mit seiner unteilbaren Souveränität[67] nicht gut beschreiben lassen, besser hingegen mit Rückgriff auf Elemente jener hochföderal verfaßten Gebilde, die, wie das Alte Reich, aus der Perspektive der insoweit inzwischen veralteten staatlichen Modernisierung von gestern einstmals als Eigenschaften eines staatsrechtlichen „Monstrums"[68], ja als nicht mehr begreiflich[69] erschienen. Fortschritten, die jedermann begrüßt und alle politisch relevanten Gruppen ihrer unleugbaren Lebensvorzüge wegen einst eingefordert hatten, wird inzwischen die zu früheren Fortschrittszeiten gänzlich unbekannte Technik des „Rückbaus" entgegengesetzt[70], nachdem naturale, auch zivilisatorische Lebensvoraussetzungen vom gestrigen Fortschritt tangiert worden sind, deren fortschrittsindifferente Nötigkeit wir inzwischen begriffen haben. – So ließe sich mit der Aufzählung manifest gewordener Illaminaritäten im aktuellen Geschichtsprozeß lange fortfahren – bis hin zu der relativen evolutionären Konstanz, die uns kraft unserer Zugehöriget zur Spezies „homo sapiens" naturgeschichtlich prägt, nämlich im Kontrast zu den relativ flüchtigen, ephemeren Varietäten unserer jeweiligen kulturgeschichtlichen Prägung.

Netzverdichtung

Netzverdichtung[71] – das ist zunächst ein Begriff für räumliche Aspekte moderner Zivilisationsdynamik. In Netzen sind die regional und sozial expandierenden

---

[67] Zur Herausbildung des Begriffs der Souveränität, deren Unteilbarkeit eine wesentliche Eigenschaft dieses Begriffs wird, cf. Helmut QUARITSCH: Souveränität. Entstehung und Entwicklung des Begriffs in Frankreich und Deutschland vom 13. Jh. bis 1806. Berlin 1986.

[68] Cf. dazu Karl-Otmar v. ARETIN: Das Alte Reich 1648–1806. Stuttgart 1993, S. 346–358: „Das Reich als Staat im Spiegel der Reichspublizistik".

[69] So Hegel in seinem berühmten Diktum „Was nicht mehr begriffen werden kann, ist nicht mehr" als Auskunft über das Alte Reich noch vor seinem Untergang. – Georg Wilhelm Friedrich HEGEL: Die Verfassung Deutschlands (1802). In: Georg Wilhelm Friedrich HEGEL: Politische Schriften. Nachwort von Jürgen HABERMAS. Frankfurt am Main 1966, S. 23–139, S. 23.

[70] Cf. dazu das Kapitel „Exkurs über Rückbau" in meinem Buch „Im Zug der Zeit. Verkürzter Aufenthalt in der Gegenwart", Berlin, Heidelberg, New York ²1994, S. 88–90.

[71] Zum Thema „Netzverdichtung" cf. umfassend meinen Aufsatz „Netzverdichtung. Zur Philosophie industriegesellschaftlicher Entwicklungen", in diesem Buch S. 3 ff.

wechselseitigen Abhängigkeiten technisch realisiert, an die wir, zu unserem wechselseitigen Vorteil, unsere vormaligen größeren Autarkien verloren haben. Zum temporalen Aspekt der Sache gehört, daß die Netzverdichtungsvorgänge beschleunigt ablaufen. Davon kann sich auch der historische Laie durch einen Besuch im Straßenmuseum überzeugen – zum Beispiel im Straßenmuseum Rheinland-Pfalz zu Germersheim am Rhein[72]. Und die Älteren unter den gegenwärtig Lebenden können sich noch, sofern sie vom Lande stammen, aus ihrer Kinderzeit an die statistisch belegte Vielzahl der Gemeinden erinnern, die noch am Ende des Zweiten Weltkriegs lediglich über unbefestigte Wege erreichbar waren. Erst komplementär zum später so genannten Wirtschaftswunder wurden sie in rascher Folge ans LKW-fähige Straßennetz angeschlossen, und das inzwischen nahezu ausnahmslos.

Das Interesse, das diese Netzverdichtungsvorgänge antrieb, liegt auf der Hand: Rascher als die Menge der Netzteilnehmer wachsen die Nachteile, die es für potentielle Netzteilnehmer mit sich bringt, noch nicht ans Netz angeschlossen zu sein.

Drastischer noch als in der Entwicklung der Verkehrsnetze spiegelt sich diese soziale und näherhin ökonomische Pragmatik im exponentiellen Verlauf der Verdichtung der Kommunikationsnetze. Alsbald nach Beginn der Installation des Telephonnetzes gab es im Reichsgebiet lediglich einen Anschluß auf einhundert Einwohner. Bis 1930 hatte sich, immerhin, die Menge der Anschlüsse in Relation zur Einwohnerzahl verfünffacht. Bei diesem Anteil blieb es, diktatur- und kriegsbedingt, bis 1950 und verzwölffachte sich dann in lediglich dreißig Jahren[73]. Inzwischen nähert sich, bei den Informationsnetzen, der Vorgang der Verdichtung der Netze der Netzschließung: Alle, Individuen wie Institutionen, sind in geschlossenen Netzen direkt, umweglos, mit allen verbunden. Einzig über den technischen Vorgang der Ablösung der Informationsnetze von den Verkehrsnetzen war diese bis an die Schließung der Netze heranreichende Netzverdichtung erreichbar. Noch zur Goethe-Zeit und weit darüber hinaus bis tief ins 19. Jahrhundert hinein war, von marginalen technischen Sonderfällen abgesehen, vom literarischen Briefwechsel über kaufmännische Bestellungs- und Verrechnungsvorgänge bis hin zum militärischen Befehl jeder raumüberwindende kommunikative Akt an Boten, an die Kutsche und dann an die Eisenbahn gebunden. Demgegenüber ist in den elektronisierten Kommunikationsnetzen, die sich von den Verkehrsnetzen abgelöst haben, die Kommunikation vom Faktor Zeit in der Raumüberwindung unabhängig geworden.

Aus der Perspektive eines historiographischen Bearbeiters von Archivmaterialien mag der Wegfall des Zeitfaktors in der kommunikativen Raumüberwindung als einigermaßen bedeutungslos erscheinen. Aus der Perspektive eines Herme-

---

[72] Straßen-Museum Rheinland-Pfalz in Germersheim am Rhein. Redaktion, Bearbeitung und Gestaltung: Herbert FREUND. Bellheim o.J. (etwa 1991).
[73] Renate MAYNTZ: Soziale Diskontinuitäten: Erscheinungsformen und Ursachen. In: Klaus HIERHOLZER, Heinz-Günter WITTMANN (Hrsg.): Phasensprünge und Stetigkeit in der natürlichen und kulturellen Welt. Stuttgart 1988, S. 15–37, S. 25ff.

neuten unter den klassischen Philologen, der an seinem heimischen Arbeitsplatz die gesamte griechische Literatur inzwischen auf Disketten verfügbar hält, sieht das in angemessener Einschätzung ersparter Bibliotheksgänge schon ganz anders aus, und für die heute zumal in den Wirtschaftswissenschaften thematisierten Globalisierungsvorgänge gilt ohnehin, daß sie die von Raumüberwindungszeit unabhängig gewordene, an politische Grenzen nicht mehr rückgebundene Information über Geldmärkte und sonstige Märkte zur Voraussetzung hat. Man darf die Vermutung riskieren, daß der Vorgang der technischen Ablösung der Kommunikationsnetze von den Verkehrsnetzen kulturevolutionäre Auswirkungen haben wird, die in ihren Dimensionen den Wirkungen des Übergangs zur drucktechnischen Herstellung von Büchern nicht nachstehen. Wir befinden uns insoweit erst am Anfang einer Entwicklung, die falsch einschätzt, wer sie, wie die traditionelle Kulturkritik, vorwiegend nach der Banalität der kulturellen Gehalte beurteilt, die den Großteil des Programmangebots unserer Massenmedien füllen. Interessanter ist es demgegenüber, sich mit kulturellen und politischen Folgewirkungen fortschreitender Netzverdichtung bekanntzumachen, die alles andere als banal sind und überdies kulturkritische Reflexionen gar nicht nahelegen.

Als wichtigste kulturelle und politische Folgewirkung fortschreitender Netzverdichtung könnten sich ihre Dezentralisierungseffekte erweisen. Die relative Bedeutung der großen, historisch geprägten Metropolen[74] nimmt ab.

Das ergibt sich aus den kulturell großräumig homogenisierenden Wirkungen netzverdichtungsabhängig positionsindifferenter Zugänglichkeit von Gütern und Informationen. Die über Jahrtausende hin unsere Kultur prägende Differenz von Stadt und Land löst sich auf, und vorzugsweise als Örter der großen Sammlungen der Informationsrelikte und sonstigen Kostbarkeiten aus vormodernen Zivilisationsepochen verbleibt den Metropolen ihr Vorrang. Die Avantgardekunst hingegen schätzt es längst, sich an den Stätten ihrer Entstehung zu musealisieren. Reproduktionstechniken präsentieren uns in der bildenden Kunst die Bestände der Klassik zu Haus besser ausgeleuchtet als im Original, das überdies ständig von Museumsbesuchermassen bedrängt ist. Das Konsumgüterniveau ist ohnehin ausgeglichen, das heißt Personen, die wir auf der Straße oder im Flugzeug als Ländler zu identifizieren vermöchten, dürfen als zivilisatorische Evolutionsrelikte gelten.

Im temporalen Aspekt der Sache erklären die insoweit skizzierten netzverdichtungsabhängigen kulturellen Homogenisierungsvorgänge die auffälligen Tendenzen der Musealisierung unserer alten Metropolen, und der moderne Stadttourismus sucht vor allem die historisierte Stadt. Die Architektur in den Zentren der alten Städte ist bekanntlich längst, wie oben geschildert[75], überwiegend denkmalgeschützte Architektur. Und das ist es eben: Die Einzigartigkeit der Metropolen, die der moderne Städtetourist aufsucht, ist nicht mehr die Einzigar-

---

[74] Cf. dazu Theodor SCHIEDER, Gerhard BRUNN (Hrsg.): Hauptstädte in europäischen Nationalstaaten. München, Wien 1983, sowie Hans-Michael KÖRNER, Katharina WEIGAND (Hrsg.): Hauptstadt. Historische Perspektiven eines deutschen Themas. München 1995.
[75] Cf. S. 38 ff.

tigkeit in der Zugänglichkeit aktueller Zivilisationsgüter. Es ist vielmehr die Einzigartigkeit eines städtebaulichen Reliktensembles, für das es in der modernen Zivilisation ein Äquivalent nicht mehr geben wird.

Hauptstädte lassen sich, als neue, heute nicht mehr bauen. Das ist nicht ein Problem versagender städtebaulicher Phantasie. Es ist ein Problem der zentralitätsauflösenden, großräumigen Verdichtung zivilisatorischer Beziehungsgeflechte. Ein Hauptstadt Europas wäre architektonisch schlechterdings nicht mehr konzipierbar, weil sie sinnlos wäre. Zu dieser Lage paßt es, daß die Kommission der Europäischen Union den Sitz in Brüssel hat, das Parlament aber in Straßburg und der Gerichtshof in Luxemburg, während der Rat zwischen Birmingham oder Hannover, Maastricht oder Korfu pendelt.

Die nationalen Regierungen, gewiß, werden in der Hauptstadt angelobt und dort auch gibt der Staatchef seinen Neujahrsempfang fürs diplomatische Corps. Das ist rituell korrekt, und selbst noch in der Medienberichterstattung über diese Ereignisse verlangt das Publikum die symbolische Präsenz eines hauptstädtischen Ambientes. Aber wo findet man das in der sich dezentralisierenden modernen Welt? Am ehesten noch in architektonischen Relikten, die gerade deswegen, weil sie aktuelle Funktionen nicht mehr erfüllen, sich für Zwecke der symbolischen Repräsentanz des Gemeinwesens hervorragend eignen – die Schlösser und hohen Treppen, die Kuppeln und Säulengänge unserer Herkunftsstädte[76].

Die öffentliche Meinung hingegen, von deren Bewegung der Stimmenfluß in den Wahlgängen und damit die herrschenden Mehrheitsverhältnisse abhängig sind, hat keinen Sitz im Raum und die Praxis der Politik im Bemühen, öffentliche Meinung zu stabilisieren oder zu wenden, ebensowenig. Die öffentliche Meinung ist eine ortsungebunden wirksame Größe, und geschlossene Netze gewährleisten technisch diese Omnipräsenz.

Wahr ist, daß der Vorgang der Netzverdichtung rasch Züge einer Einheitszivilisation über herkunftsgeschichtlich höchst disparat geprägte Räume legt. Aber just das verschafft der Diskrepanz zwischen dem, was wir in der modernen Zivilisation großräumig alle miteinander teilen, und denjenigen Lebensweisen und Orientierungen, in denen wir uns kraft unterschiedlicher Herkunft gerade voneinander unterscheiden, wie nie zuvor Auffälligkeit, und entsprechend ist die in kulturkritischer Absicht so genannte Einheitszivilisation in Wahrheit eine Zivilisation des reflexiv intensivierten Willens zur Konservierung unserer Herkunftsbesonderheiten. Während wir uns über den Globus hin geschäftlich oder akademisch in einem zumeist freilich recht rudimentären Englisch zu verständigen pflegen, revitalisieren sich zugleich unsere residualen kleinen Sprachen und Dialekte. Politisch heißt das: Zur Europäisierung gehört der Regionalismus, und während für das Recht zum Krieg bereits die Legitimität eines Beschlusses des Weltsicherheitsrates unentbehrlich zu sein scheint, vervielfältigt sich kraft völkerrechtlich gewährleisteten Selbstbestimmungsrechts zugleich die Zahl souveräner Völker-

---

[76] Cf. dazu meinen Aufsatz „Die Metropolen und das Ende der Provinz. Über Stadtmusealisierung", in: Hans-Michael KÖRNER, Katharina WEIGAND (Hrsg.): Hauptstadt. Historische Perspektiven eines deutschen Themas. München 1995, S. 15–27.

rechtssubjekte. Und so in allem: Einheit macht Vielheit virulent, und die großräumigen Abhängigkeiten von evolutionär gleichzeitigen Zivilisationselementen
evoziert den Willen zur Selbstbehauptung ungleichzeitiger Herkunftsprägungen[77].

Empirische Apokalyptik

Empirische Apokalyptik, zu guter Letzt, sei hier als ein Begriff für gegenwärtig
vorherrschende Formen der Vorbereitung auf Endzeitkatastrophen vorgeschla-
gen. Ein solcher Begriff wäre in der Reihe anderer Begriffe, die zur Beschreibung
moderner Zeit-Erfahrungen nützlich sein mögen, überflüssig, wenn die Erwartung schlimmer Endzeit und die Zurüstung für sie eine für unsere Zivilisation
nicht repräsentative Sache marginalisierter Frömmigkeits- oder Intellektuellen-
Kulturen wäre. Indessen: Diese Annahme verkennte die Mächtigkeit der Tradition, die den zeitlich ungewissen Bevorstand des Endes aller Dinge hienieden zur
kulturellen Selbstverständlichkeit hat werden lassen. Unsere Zivilisation ist nicht
zuletzt auf Bücher begründet, auf das Buch der Bücher mit seiner kanonisierten
Geltung zumal, und das letzte der Bücher in diesem Buch handelt bekanntlich in
zwanzig von gesamthaft zweiundzwanzig Kapiteln vom Untergang der Stätten
und Gegebenheiten, in denen unsere Zivilisation sich bis heute eingerichtet hält.
Da wir alle die Bibel kennen, erübrigen sich ausführliche Zitate. Einige wenige
Erinnerungen mögen genügen. Als der fünfte Engel seine Posaune bläst, öffnet
sich die Erde, Rauch steigt auf wie aus einem großen Ofen, Sonne und Luft werden verfinstert und das Elend ihrer letzten Tage läßt die Menschen vorauseilend
„den Tod suchen"[78]. So ungefähr sagt es, empirienäher, die internationale Exper-
tenkommission zur Abschätzung der Folgen eines Atomkrieges auch. Die sechste
Schale des Zorns dann enthält die große Desertifikation durch Austrocknung der
Flüsse[79], mit denen sich gegenwärtig, empirienäher, auch die Klimaspezialisten
der UNO und etlicher sonstiger internationaler Entwicklungskommissionen in
der Sahelzone zu befassen haben, und die siebte Schale des Zorns[80] bringt die Be-
ben, die die große Stadt, die menschliche Zivilisation in Stücke auseinanderbre-
chen läßt – ungefähr so, wie es, empirienäher, von Tektonik-Spezialisten für die
Siedlungsgebiete in der Nähe der St. Andreas-Spalte befürchtet wird.

Läßt man den bereits angedeuteten empirischen Aspekt der Sache vorerst beiseite, so hat man sich zunächst zu vergegenwärtigen, daß die Erwartung von End-
zeitschrecken, sogar als Naherwartung, auch in der gemeinen Selbstverständigung unserer Zivilisation sich reaktualisiert hat. Für die Trivialkultur gilt das ohnehin – vom düsteren Inhalt der Menetekel-Sprüche unserer Sprayer-Kultur, die

---

[77] Cf. dazu den Sammelband Dirk GERDES (Hrsg.): Aufstand der Provinz. Regionalismus in
 Westeuropa. Frankfurt, New York 1980.
[78] Offb. 9, 1–6.
[79] Offb. 16, 12.
[80] Offb. 16, 17–19.

auf zahllosen Betonwänden aufscheinen („No future")[81], bis hin zu den Schrek-
kensfilmen der amerikanischen Unterhaltungsindustrie. Die Herstellung dieser
Filme, die zumeist in Nachtprogrammen gezeigt werden, ist sehr aufwendig. Die
entsprechenden Investionen würden nicht getätigt, wenn eine Rendite nicht zu
erwarten wäre, und das Interesse eines Massenpublikums bringt sie.

Aber auch in der Hochkultur lassen sich analoge Beobachtungen machen. Die
traditionsreiche Literaturgattung der Utopie zum Beispiel, bot uns, seit ihren Anfängen bis tief in den Beginn unseres eigenen Jahrhunderts hinein vorwiegend
den Anblick amöner Zuständlichkeiten der menschlichen Dinge, an denen man
sich, im Kontrast zur weniger schönen Gegenwart, für die Zukunftssuche orientieren möge. Inzwischen treten die literarisierten Zukunftsvisionen nahezu exklusiv als Schreckensutopien auf, und die berühmteste unter ihnen, George Orwells
Roman „1984"[82] belehrt uns zugleich über die zwischen den ideologisierten
Heilsversprechen einerseits und den Schrecken des Totalitarismus andererseits
wirksamen Kausalitäten: „Unser neues glückliches Leben" bis in die heiter einge-
frorenen Gesichtszüge hinein öffentlich zu bekennen ist jedermanns Pflicht[83], und
eben das muß sich in vollendetes politisches Unglück umsetzen. Das ist zugleich
eine Warnung vor der naheliegenden Vermutung, daß die apokalyptische Erwartung zukünftiger Schrecken eo ipso destabilisierend wirke und panikbereit mache und somit möglicherweise, nach den Wirkungsgesetzen einer selffulfilling
prophecy, den Eintritt dessen, was man befürchtet, wahrscheinlicher mache. Gewiß: Es gibt das Pepuza-Syndrom, das heißt die schon im Montanismus[84] zur Kir-
chenkrise gewordene Bereitschaft sektiererischer Radikaler, in Erwartung des
unmittelbar bevorstehenden Endes vorwegnehmend bereits diese Welt zu verlassen und sich an einem Ort – eben Pepuza – zu versammeln, an welchem man
über die Erwartung des Endes hinaus nichts mehr vollbringt und verrichtet, weder sät noch erntet und keine Familie mehr gründet. Aber eben: Die alte Kirche
hat genau diese weltvernichtende Praxis der Reduktion aller Lebenszwecke auf
die Erwartung des Weltendes verketzert und somit komplementär zum Tun dessen aufgerufen, was in Gewißheit des temporal stets ungewissen Endes inzwischen zu tun bleibt. Das bedeutet in Motivationslagen transformiert: Schreckens-
visionen und Apokalypsen wirken allenfalls randgruppenhaft destruktiv. Ge-
samtkulturell sind sie Medien der Stabilisierung und Moderierung zivilisatorischer, näherhin auch politischer Zustände.

Unsere Geneigtheit, Apokalypsen für destabilisierend zu halten, ist übrigens
recht jungen Datums. Sie entstammt dem 19. Jahrhundert. Damals kam jener
Rückblick auf das Jahr 1000 in Mode, in dessen Erwartung panikbereite Endzeit-
gestimmtheit ein kulturelles Massenphänomen gewesen sein soll. In Wahrheit

---

[81] Zu dieser gegenwartsspezifischen Spruchkultur cf. Sponti-Sprüche. Gesammelt von Willi
  HAU. Frankfurt am Main ⁶1982.
[82] George ORWELL: 1984. Roman. Ungekürzte Ausgabe Frankfurt/M., Berlin, Wien 1976.
[83] a.a.O. S. 56, 59.
[84] Cf. dazu P. de LABRIOLLE: Les sources de l'histoire du Montanisme. Fribourg 1913.

handelt es sich hierbei, wie Pierre Riché gezeigt hat[85], um einen auf dürftigen Grundlagen konstruierten pseudo-historischen publizistischen Mythos mit der gezielten antiklerikalen Abzweckung, die Kirche und ihre Traditionen als kulturell destruktiv zu diffamieren.

Wie auch immer: Apokalyptische Erwartungen sind ein prägender Bestandteil unserer kulturgeschichtlichen Überlieferung bis heute, und inzwischen ist die Apokalypse empirisch geworden. Der so gekennzeichnete Vorgang, der wichtig genug ist, ihn konzeptionell auszuzeichnen, ist heute in einer wissenschaftlichen Spezialliteratur gegenwärtig, die zum ersten Mal vor knapp einem Vierteljahrhundert einen Paukenschlageffekt erzielte, und zwar mit der Veröffentlichung der Ergebnisse empirisch vermessener zivilisatorischer Trends, für die gilt, daß sie in Katastrophen enden müßten, wenn nichts einträte oder geschähe, was geeignet wäre, die fraglichen Trends einzubremsen oder in andere Richtung zu lenken – vom Ressourcenverbrauch bis hin zu den Emissionen aus Produktion und Konsum und beides in Verbindung mit dem planetarisch sich auswirkenden generativen Erfolg unserer Spezies.

Gewiß: Der berühmte Bericht für den Club of Rome[86] ist alsbald vieler Unzulänglichkeiten wegen kritisiert worden, vorzugsweise seiner undifferenziert-globalisierenden Perspektiven wegen. Inzwischen liegen mehrere Dutzend Zivilisationsentwicklungsmodelle vor, und der Bericht für den Präsidenten der USA „global 2000" dürfte der verbreitetste sein[87]. Die Arbeitsergebnisse der in der Konstruktion solcher Modelle kooperierenden Sozialwissenschaften und Naturwissenschaften machen wahrscheinlich, daß sich in Abhängigkeit von naturalen wie von kulturellen Faktoren die zu befürchtenden Zivilisationskrisen regional sehr unterschiedlich auswirken werden, und sogar für den zivilisationsabhängigen Klimawandel gilt das.

Den Befindlichkeitswandel, der von der modernen, nämlich empirisch gewordenen Apokalyptik ausgeht, darf man als beträchtlich einschätzen. Ein Komplementärphänomen zu dieser Apokalyptik ist übrigens jene wissenschaftliche Literatur, die wahrscheinlich macht, daß, wenn es der Menschheit niemals eingefallen wäre, ihr ur- und frühgeschichtliches Sammler-, Jäger- und Hirtendasein zugunsten der überaus fernwirkungsträchtigen neolithischen Revolution aufzugeben, ihr wohl ein längeres Dasein auf der Erde hätte beschieden sein können als sie es jetzt noch vor sich haben mag[88]. Dergleichen Literatur enthält natürlich auch ein ironisches Element, das aber doch gegenüber der Solidität der Begründung der

---

85 Pierre RICHÉ: Der Mythos von den Schrecken des Jahres 1000. In: Henry CAVANNA: Die „Schrecken" des Jahres 2000. Stuttgart 1977, S. 10–19.

86 Donella H. MEADOWS, Denis L. MEADOWS, Jørgen RANDERS, Wilhelm W. BEHRENS III: The Limits to Growth. New York 1972.

87 global 2000. Der Bericht an den Präsidenten. Herausgabe der deutschen Übersetzung Reinhard KAISER. 27. Auflage 1981.

88 Hubert MARKL: Die Dynamik des Lebens: Entfaltung und Begrenzung biologischer Populationen. In: Hubert MARKL (Hrsg.): Natur und Geschichte. München, Wien 1983, S. 71–100, bes. S. 91ff.

darin enthaltenen Annahmen über das, was der Fall war und was der Fall ist, sich grundsätzlich indifferent verhält.

Selbstverständlich ist die Vermessung empirisch beobachtbarer Trends mit Prognosen nicht zu verwechseln. Mit der Menge der Faktoren, die in komplexen Systemen interagieren, wird der prognostische Gehalt von Aussagen über Trends in der Entwicklung solcher Systeme geringer, und aus einem oben bereits erwähnten Grund[89] ist die Prognostizierbarkeit der Entwicklung einer wissenschaftlichen, das heisst forschungspraktisch erzeugtes Wissen technisch nutzenden Zivilisation sogar prinzipiell begrenzt. Vor allem aber gilt: Mit dem Grad der empirischen Solidität moderner Zivilisationsapokalyptik wächst zugleich die Wahrscheinlichkeit, daß die vermessenen zukunftsunfähigen Trends kraft der außerordentlichen Publizität, die sie heute genießen, den Charakter einer selfdestroying prophecy annehmen. Es wäre ja, schlicht gesagt, höchst unwahrscheinlich, wenn wir, angesichts von Entwicklungen, von denen wir wissen, daß sie so nicht weiterlaufen dürfen, nichts täten, um in selbsterhaltungsdienlicher Weise auf sie einzuwirken. Entsprechend ist man überall gegensteuernd tätig, und für die Literatur, die uns darüber berichtet und komplementär zur Krisenträchtigkeit unserer Zivilisation ihre Zukunftschancen vermißt, ist der Titel „Wir werden überleben" prototypisch[90]. Auch insoweit bleiben freilich Prognosen in einer dynamischen Zivilisation eine unsichere Sache, und wenn die Ressourcen, über die wir müßten verfügen können, um unserer Sache sicher zu sein, schließlich doch nicht ausreichen sollten, so dürfte das mit einiger Wahrscheinlichkeit seinen Grund vor allem im Mangel an einer Ressource haben, die in einer dynamischen Zivilisation besonders rasch knapper wird: Zeit.

---

[89] Cf. S. 4.
[90] Bruno FRITSCH: Wir werden überleben. Orientierungen und Hoffnungen in schwieriger Zeit. München, Wien 1981.

3. Die Metropolen und das Ende der Provinz

Dreierlei möchte ich im folgenden tun. Erstens präsentiere ich eine kleine Phänomenologie kultureller Tatbestände, die erkennen lassen, daß sich in wichtigen Hinsichten der Unterschied metropolitanen und provinziellen Lebens fortschreitend einebnet. Zweitens mache ich dann den Versuch, mit einigen zusätzlichen theoretischen Argumenten die These zu plausibilisieren, daß mit der Modernität der modernen Zivilisation ihre Zentralität abnehmen muß. Drittens soll dann mit einigen knappen Hinweisen gezeigt werden, wie sich das im Funktionswandel zentraler großer Städte längst auswirkt.

Und damit zum ersten Punkt, der kleinen Phänomenologie kultureller Tatbestände, die erkennen lassen, daß der Unterschied metropolitanen und provinziellen Lebens in wohlbestimmter Hinsicht fortschreitend geringer wird.

Die sogenannte Massengesellschaft ist bekanntlich, wie oben bereits angedeutet[1], in Wahrheit eine Gesellschaft fortschreitend zunehmender kultureller, auch sozialer Differenzierungen[2]. Entsprechend sind unsere Unterscheidungsmöglichkeiten beim Kaffeehausblick auf die Passantenströme der Boulevards reicher als je zuvor. Auffällig sind überall die Touristen, auf die noch zurückzukommen sein wird, überdies die Angehörigen marginaler Gruppen von den Rockern über die Skins bis hin zu den Trägern alternativer Gewandung, die Zugehörigkeit zu weltanschaulich oder neureligiös geprägten Kommunitäten signalisiert. Indessen: Sogenannte Landleute können wir im Regelfall nicht mehr identifizieren – es sei denn bei Stadtfesten mit eingeplantem Auftritt von Oberländergruppen, die ihren sozialen Ort allerdings nicht „auf dem Lande" haben, sondern in allerlei Vereinen, die in ihrer modernen sozialen Realität sich zum Stadt-Land-Unterschied grundsätzlich indifferent verhalten, aber just diesen Unterschied nostalgisch-folkloristisch thematisieren.

---

[1] Cf. S. 20 ff.

[2] Die kulturellen und sozialen Differenzierungsfolgen industriegesellschaftlicher Evolution sind, konträr zum Massengesellschaftstheorem, von den Klassikern der Soziologie schon gegen Ende des 19. Jahrhunderts analysiert worden – vorzugsweise am Phänomen „Großstadt". Cf. dazu Georg SIMMEL: Über Sociale Differenzierung. Sociologische und psychologische Untersuchungen. Leipzig 1890. Ferner: Herbert SPENCER: Die Principien der Sociologie. Autorisierte deutsche Ausgabe. Nach der zweiten englischen Auflage übersetzt von Dr. B. VETTER. Stuttgart 1889, dort zum Beispiel S. 722.

In der Landwirtschaft ist heute nicht einmal mehr jeder Zwanzigste beschäftigt. Zur Kinderzeit der Älteren unter uns war es noch wenigstens jeder Fünfte[3]. Und die Landwirtschaft ihrerseits hat heute ein berufliches Kompetenzprofil, das in technischer, organisatorischer und ökonomischer Hinsicht eben modern, das heißt in den Kategorien der Stadt-Land-Differenz nicht mehr beschreibbar ist[4].

Die Großstadtnostalgiker unter unseren Intellektuellen[5] werden erwidern, es komme doch nicht auf technische und ökonomische Homogenitäten an. Provinz und Metropole unterschieden sich im Grad der Verdichtung gegebener oder eben nicht gegebener anspruchsvoller Kulturpartizipationschancen. – Ich neige nicht zu Übertreibungen und behaupte daher nicht, solche Unterschiede bestünden nicht mehr. Die These lautet bescheidener: Sie unterliegen Ausgleichstendenzen[6].

Exemplarisch heißt das: Gymnasien sind heute nahezu überall in der Entfernung von Nahverkehrsstrecken gegeben. Entsprechend entwickelt sich die Abiturientenquote Stadt-Land-indifferent, überdies konfessions- und geschlechtsneutral.

Sogar Universitäten sind heute für Jugendliche überwiegend, sofern sie, wie das zumeist der Fall zu sein pflegt, motorisiert sind, über Pendlerentfernungen erreichbar. Das spiegelt sich im Faktum, daß bei der Mehrzahl unserer Universitäten der weitaus überwiegende Anteil der Studenten aus der Region stammt. Eben damit provinzialisiere sich doch das akademische Leben – so hat man erwidert, und es ist wahr: In Metropolen wie München oder Berlin ist der Anteil der zugereisten Studenten ungleich größer als in Regensburg, Bielefeld oder Konstanz[7].

Aber im kleineren Freiburg ist der Anteil der zugereisten Studenten auch sehr groß, und was insoweit den Unterschied in der Attraktivität gewisser Universitätsplätze für Auswärtige ausmacht, ist weniger der Unterschied von Provinz und Metropole als der Unterschied vermuteter geringerer oder größerer Freizeitwerte.

---

[3] Cf. dazu die Tabellen- und Literaturanhänge zu Hermann PRIEBE: Die subventionierte Unvernunft. Landwirtschaft und Naturhaushalt. Berlin 1985, S. 306ff.

[4] „Die Übernahme städtischer Verhaltensweisen (zum Beispiel typisch distanzierte Umgangsformen) ist nicht an die dauernde Anwesenheit in der Stadt gebunden", so die Zusammenfassung bei Ulfert HERLYN: Stadt- und Regionalsoziologie. In: Hermann KORTE, Bernhard SCHÄFERS (Hrsg.): Einführung in die spezielle Soziologie. Opladen 1993, S. 245–263, S. 256.

[5] Diese Nostalgie, die sich komplementär zur Großstadtkritik verhält, ist ein Relikt deutscher Defizienz- und Verspätungserfahrung vor allem im Paris-Berlin-Vergleich. – Generell zum Thema Großstadtliteratur cf. Karl RIHA: Menschen in Massen. Ein spezifisches Großstadtsujet und seine Herausforderungen an die Literatur. In: Tilo SCHABERT (Hrsg.): Die Welt der Stadt. München, Zürich 1990, S. 107–113. – Ferner: Klaus R. SCHERPE: Vom Moloch zur Schalttafel. Transformationen der Großstadterzählung in der deutschen Literatur der Moderne. In: Die Stadt als Kultur und Lebensraum. Heidelberg 1991, S. 83–98.

[6] Die entsprechende Leitfrage, unter der man dann diese Ausgleichstendenzen vermessen und analysieren könnte, lautet: „Gibt es sie noch – die Stadt?" – so der Titel des Aufsatzes von Peter HALL, in: Tilo SCHABERT (Hrsg.): Die Welt der Stadt. München, Zürich 1990, S. 17–41.

[7] Zur Regionalisierung der Universitätslandschaft cf. Dietrich STORBECK: Räumliche Verflechtungen einer neuen Universität. In: Andreas DRESS, Eberhard FIRNHABER, Hartmut von HENTIG, Dietrich STORBECK: Die humane Universität. Bielefeld 1969–1992. Festschrift für Karl Peter GROTEMEYER. Bielefeld 1992, S. 212–225.

Was den Zugang zu anspruchsvolleren Quellen des Studiums und des wissenschaftlichen Wissens anbetrifft, so besteht hingegen in Deutschland ein relevanter Provinz-Hauptstadt-Unterschied nicht mehr. Das bedeutet: Die Bibliotheksverhältnisse in Konstanz oder in Bielefeld sind, überdies bei großer organisationstechnisch bedingter Benutzerfreundlichkeit, glänzend. Es verbleiben natürlich gewichtige und überdies uneinholbare Unterschiede in der Zugänglichkeit von Quellen historischen Wissens in hauptstädtischen Archiven. Das heißt: Den Metropolen verbleibt ihr Rang als Örter verdichteter Präsenz von Relikten der Kulturrevolution. Darauf ist unter dem Stichwort „Musealisierung" noch zurückzukommen.

Kehren wir noch einmal zum erwähnten Freizeitwert zurück, und jetzt nicht in seinen sportlichen und zerstreuungsdienlichen, sondern in seinen sammelnden und somit anspruchsvolleren kulturellen Inhalten. Es wäre töricht, hier die gegebenen Unterschiede in der Angebotsdichte herunterspielen zu wollen. Indessen gilt auch insoweit, daß die lebensverbringungspraktische Relevanz dieser Unterschiede sich rückläufig entwickelt.

Exemplarisch heißt das: Um unsere individuelle Aufnahmekapazität für musikalische Aufführungen ersten Anspruchsranges auszuschöpfen, sind wir auf Metropolenbesuch kaum noch angewiesen. Wir nutzen die Festspielzeit in der Provinz, fahren zur Schubertiade nach Hohenems, verbringen einen kleinen Osterurlaub in Salzburg, machen Badeferien in Ossiach, und wer auch nur eine repräsentative Auswahl der so gegebenen provinziellen Teilnahmemöglichkeiten nutzen wollte, hätte sich schon zum musikalischen Vielfraß entwickelt.

Wer statt dessen oder zusätzlich die Avantgarde schätzt, muß sich ohnehin in die Provinz begeben – zum Beispiel nach Donaueschingen oder ins etwas größere Darmstadt.

Für die Literatur gilt Analoges. Das jeweils Allerneueste bekommen wir alljährlich im landständisch geprägten Klagenfurt zu hören, und als analogen Hauptort aktueller Avantgarde in der Schweiz ließe sich Olten benennen. Die mittlere Steiermark wird man, aus Berliner Perspektive zum Beispiel, auch nicht gerade für eine metropolitan geprägte Gegend halten. Und dennoch ist heute Graz – öffentlich sichtbar jeweils im sogenannten Steirischen Herbst – einer der markantesten Plätze präsenter Avantgarde im deutschen Kulturraum.

Aber für die bildende Kunst, wird man erwidern, bleibt doch der Vorsprung der Metropolen uneinholbar. Für die historischen Bestände, für die alten Sammlungen, gilt das unzweifelhaft. Aber für die jüngeren Sammlungen gilt es eben nicht mehr. Um die bedeutendste ständige Ausstellung von Werken van Goghs zu besuchen, muß man bekanntlich zum Kröller-Müller-Museum in ein niederländisches Naturschutzgebiet fahren. Anderes finden wir konzentriert am Ort seiner Entstehung – in Worpswede zum Beispiel. Die urdeutsche Kunst des Expressionismus ist in repräsentativer Konzentration heute in Emden zu bewundern – im

Kunsthaus der Henri-Nannen-Stiftung[8]. Eine der international wichtigsten Aus-
stellungen moderner Kunst findet im Abstand weniger Jahre regelmäßig in Kassel
statt. Kassel – das ist nun gewiß eine Metropole, aber fürs heutige Bewußtsein
eben doch die von Nordhessen, und zahllose Documenta-Besucher wissen nicht
einmal, welch große Kunst aus historischer Zeit sie in Kassel außerdem noch zu
sehen bekämen, wenn sie das wünschten.

Regionalkunstausstellungen bietet heute immer wieder einmal in ihrer Schal-
terhalle jede etwas anspruchsvollere Kreissparkasse. Aber da haben wir doch die
Provinz, die reine Provinz, wird der Großstadt-Feuilletonist sagen. Aber bei diesem Urteil ist Vorsicht geboten. Die Sache verhält sich komplizierter. Zunächst
gilt: Was in Düsseldorf, ja in New York aktuell ist – eben das weiß man heute,
dank des Feuilletons, in interessierten Kreisen auch in den Bezirkshauptstädten
mit ihren Kassen – von Einsiedeln bis Aurich. Entsprechend wird somit auch in
der Provinz künstlerisch produziert. Was man im Regelfall nicht erreicht, ist New
Yorker Publizität. Aber was heißt das? Zu den Gesetzmäßigkeiten einer medial
integrierten Gesellschaft gehört, daß die Korrelation zwischen Rang und Publizität immer zufälliger wird. Das ergibt sich aus der im Zeitalter der kulturellen
Massenangebote hoffnungslosen Überforderung unserer Rezeptions- und Selek-
tionskapazitäten. Entsprechend müssen wir auswählen, und schon erreichte Publizität ist das mit Abstand wirksamste Auswahlkriterium. Publizität heckt somit
zusätzliche Publizität, und die Zufälligkeit des Publizitätskriteriums nimmt damit
zwangsläufig zu. Eben weil das so ist, nimmt zugleich die Wahrscheinlichkeit zu,
daß sich auch in unserer jeweiligen Regionalkunst Werke bedeutenden Ranges
finden. Das heißt: Die normative kulturelle Bedeutung zentraler Plätze geht unbeschadet publizitätsabhängiger Preisgefälle zurück. Hochkultur breitet sich, regional differenziert, dezentral aus.

Mit analogen Schilderungen fortschreitender Zentralitätsverluste in der Präsenz der Kultur ließe sich lange fortfahren. Ich erwähne noch rasch die Medien
mit ihrer in diesem Zusammenhang wichtigsten Wirkung der zentralitätsunab-
hängigen Omnipräsenz der Kunst in anspruchsprägenden perfekten Replikaten.
Adorno nahm an, die technisch perfekte Musikwiedergabe werde uns die Lust an
ungleich weniger perfekten eigenen Bemühungen nehmen. Die Hausmusik werde
absterben. Das Gegenteil ist eingetreten. Nie zuvor gab es so viele Kammermu-
sikkreise bis in die vermeintlich entlegenste Provinz hinein wie heute – in genauer Korrelation zur Omnipräsenz der bedeutendsten Werke europäischer Musik-
literatur in CD-Plattengestalt.

Die Hauptwerke der europäischen Tafelbildmalerei finden wir für den Bedarf
nicht-fachlicher Kunstfreunde in unseren Kunstbänden ungleich besser und dauerhafter zugänglich dargeboten als im Museum, und was man darüber hinaus
einzig dem Original selber abgewinnen kann, schrumpft zur Expertensache. Das

---

[8] Die Lektüre eines beliebigen regionalen Informationsblattes zum Thema „Kunst" macht rasch
    evident: Die inzwischen erreichte Dichte in der metropolenfernen Verteilung von Galerien
    und ständigen Sammlungen moderner Kunst über die Fläche ist historisch beispiellos. Cf. ex-
    emplarisch: Punkt. Kunst im Nordwesten, Nr. 30, Bremen, März 1995.

Original verliert darüber selbstverständlich seine Attraktivität nicht. Es gibt wenige Sätze, die ineins so prominent und so falsch sind wie Walter Benjamins Diktum, im Zeitalter seiner technischen Reproduzierbarkeit verliere das Original seine Aura[9]. Das genaue Gegenteil ist bekanntlich der Fall. Nicht der nie gesehene Mönch am Meer, sondern der millionenfach reproduzierte Mönch am Meer ist in seiner Originalgestalt das Objekt der Massenwallfahrten des Publikums. Dabei kommt der Mönch am Meer dem Publikum entgegen. Er reist, ausstellungshalber, so daß sich die Strecken verkürzen, die man als Besucher reisen muß, um ihn sehen zu können.

Ich fasse zusammen und sage: Der Unterschied in der Dichte gegebener kultureller Partizipationschancen, der einst die Provinz von den Metropolen trennte, ist nicht verschwunden, aber in seiner lebenspraktischen Bedeutung zurückgegangen. Wo immer man sich aufhält: Die Fülle des Gebotenen übersteigt überall unsere Rezeptionskapazitäten hoffnungslos. Die Tugend des Eklektizismus ist uns wie nie zuvor abverlangt[10], und die Prägungen durch gelungenen Eklektizismus verteilen sich inhaltlich höchst differenziert, aber anspruchshomogen im kulturellen Raum.

Und damit komme ich, knapper, zum zweiten Thema – zum Versuch also, mit einigen zusätzlichen theoretischen Argumenten plausibel zu machen, wieso mit der Modernität der modernen Zivilisation ihre Zentralität, näherhin die relative Bedeutung dieser Zentralität abnehmen muß.

Modernität – das heißt in diesem Zusammenhang: Die Dichte der Beziehungsnetze, die uns in der modernen Zivilisation zentralitätsfrei miteinander verbinden, nimmt ständig zu. Am sinnfälligsten lassen uns das die inzwischen installierten technischen Kommunikationsnetze erfahren[11]. In diesen Netzen sind wir in der Tat alle direkt mit allen anderen verbunden. Die Konsequenz dessen ist ebenso überraschend wie evident: Die Zentralität des Systems verschwindet darüber. Wenn wir mit Kollegen in den USA telefonieren, so gibt es zwar eine Zentrale. Aber diese hängt als geostationärer Satellit über dem Ozean. Ersichtlich handelt es sich dabei nicht mehr um einen ausgezeichneten sozialen Ort. Indes-

---

[9] „... die Zertrümmerung der Aura ist die Signatur einer Wahrnehmung, deren Sinn für das Gleichartige in der Welt so gewachsen ist, daß sie es mittels der Reproduktion auch dem Einmaligen abgewinnt" – so Walter BENJAMIN: Das Kunstwerk im Zeitalter seiner technischen Reproduzierbarkeit. Drei Studien zur Kunstsoziologie. Frankfurt a.M. 1963, S. 7–63, S. 19. – Zur Kritik des berühmten Theorems von Walter BENJAMIN cf. meinen Aufsatz „Wilhelm von Humboldt und die Berliner Museumsgründung 1830", in: Hermann LÜBBE: Die Aufdringlichkeit der Geschichte. Herausforderungen der Moderne vom Historismus bis zum Nationalsozialismus. Graz, Wien, Köln 1989, S. 187–206, S. 201ff.

[10] Damit wird zugleich eine im Aufkärungszeitalter geschätzte Kompetenz, die erst im Deutschen Idealismus in Verruf gebracht wurde, rehabilitiert. Cf. dazu das Kapitel „Avantgarde-Komplemente: Eklektik und Klassik" in meinem Buch „Im Zug der Zeit. Verkürzter Aufenthalt in der Gegenwart", Berlin, Heidelberg, New York etc. [2]1994, S. 107–117.

[11] Zum exponentiellen Verlauf der Verdichtung der Netze für verkehrsnetzunabhängige Kommunikation, gemessen an der Entwicklung der Zahl der Anschlußstellen, cf. Renate MAYNTZ: Soziale Diskontinuitäten. In: Klaus HIERHOLZER, Heinz-Günter WITTMANN: Phasensprünge und Stetigkeit in der natürlichen und kulturellen Welt. Stuttgart 1988, S. 15–37, S. 22ff.: „Kettenreaktion als einfache diskontinuierliche Prozesse".

sen wäre es nichts als ein Mangel an sozialer Phantasie, wenn wir verkennten, welche umwälzenden sozialen und kulturellen Veränderungen von den zentralitätsfreien Beziehungsnetzen ausgehen, die uns in der modernen Zivilisation miteinander informationell und materiell verbinden. Kommunikationsverdichtung und flächendeckende Mobilität machen Zugriff zu Informationen und Gütern tendenziell zentrumslos universell. Man kann auch sagen: Die Homogenität der Verteilung von Kulturgütern nimmt in einem solchen System ständig zu, und intellektuelle Provinzschelte ist unter diesen Bedingungen Ausdruck eines Verhaftetseins an Vergangenheiten, in denen solche Schelte noch einen Sinn hatte.

Natürlich sind die Flughäfen von Frankfurt, München oder Düsseldorf – um in Deutschland zu bleiben – Zentralflughäfen. Aber die Zahl der sozialen Interaktionen nimmt zu, wo die Bedeutung dieser Zentralität auf ihre technischen Bedingungen zusammenschrumpft und wo von den Formen ihrer Nutzung kulturelle Wirkungen, die die Zentrale als Zentrale beträfen, nicht ausgehen. Exemplarisch heißt das: Im Flughafenhotel sind mit bedeutenden technischen, ökonomischen und organisatorischen Vorzügen Konferenzen am effektivsten zu organisieren, aber man befindet sich in diesen Hotels eben nicht mehr in München, vielmehr im Erdinger Moos, reist nach dort und von dort auch mit dem Spätflugzeug wieder zurück – nach Hof oder nach Paderborn.

Auch die Sozialität kleiner Gruppen ändert sich unter solchen Bedingungen. Die alte Großfamilie – soweit es sie gab – existierte ortsgebunden. Moderne soziale Mobilität hat sie aufgelöst. Über zusätzliche Modernitätsschübe wird sie inzwischen wiederhergestellt. Das bedeutet exemplarisch: Man hängt ins Telefonnetz großräumig umfassende Sozialbeziehungen ein, und alle fünf Jahre versammelt man sich beim Familientreffen an Örtern, die nach Gesichtspunkten entweder ihres Freizeitwerts oder auch ihrer familienhistoriographischen Bedeutung ausgewählt werden.

Es bleibt noch daran zu erinnern, daß das keineswegs fiktive, vielmehr als kompakte soziale und politische Realität wohlerforschte Gebilde der Öffentlichen Meinung überhaupt kein Zentrum hat, und es wäre ein besonders grober Irrtum, hauptstädtische Redaktionsbüros für dieses Zentrum zu halten[12].

Ich gebe der Versuchung nicht nach, über weitere exemplarische Vergegenwärtigungen zu schildern, wie in der Tat kommunikative Verdichtung und Mobilität die relative Bedeutung der Zentrale mindern.

Ich komme zum dritten Punkt, nämlich zur knappen Vergegenwärtigung, wie sich in der Konsequenz der skizzierten Tendenzen auch traditionelle Hauptstadteigenschaften verändern. Dafür verweise ich zunächst auf die Gebietskörperschafts- und Verwaltungsreform, die in den siebziger Jahren über unser Land gegangen ist.

---

[12] Die „Öffentliche Meinung" macht sich, medienwirkungsabhängig, zentrumslos im Eisenbahnabteil ebenso wie im Redaktionsbüro und auf der Kirchenkanzel nicht anders als in Parlamentsdebatten bemerkbar. Cf. dazu Elisabeth NOELLE-NEUMANN: Öffentlichkeit als Bedrohung. Beiträge zur empirischen Kommunikationsforschung. Herausgegeben von Jürgen WILKE. Freiburg/München 1977, bes. S. 169ff.: „Die Schweigespirale. Über die Entstehung der öffentlichen Meinung".

Zunächst möchte man die Gebietskörperschaftsreform für einen Vorgang weiterer Stärkung jeweiliger Oberzentren und damit der Zentralitätsbildung halten. Sieht man genauer hin, so erkennt man auch hier gegenläufige Tendenzen, die erst unter Bedingungen dezentralisierend wirkender Verdichtung von modernen Kommunikations- und Verkehrsnetzen sinnvoll werden. Ich meine damit das Faktum, daß in etlichen Bundesländern über Großkreisbildungen die Verwaltungen zugleich räumlich geteilt wurden: Der Oberkreisdirektor sitzt natürlich am neuen Hauptort, das Straßenbauamt verbleibt aber am aufgehobenen Kreissitz, Ordnungs- und Sozialämter hingegen werden gesplittet und haben hier wie dort ihre Anlaufstellen zur Bedienung des Publikums.

Ist das nicht verwaltungsorganisatorischer Nonsens? Dazu möchte ich mich nicht äußern. Ich beziehe mich lediglich auf die Bedingungen der Möglichkeit solcher Vorgänge. Und zu diesen Bedingungen gehört eben: Verdichtung und Mobilisierung der Kommunikation und auch des materiellen Verkehrs. Die Dezentralisierungschancen, die sich aus dieser Netzverdichtung ergeben, machen das möglich.

Politisch sprechender noch wird dergleichen, wenn man zur Kenntnis nimmt, daß in zahllosen Flächenkommunen inzwischen sogar die Räte wandern. Zumeist konferieren sie allerdings am Zentralort, alsdann jedoch begeben sie sich an den entlegensten Ort des Kreises und tagen im Gasthaussaal. Der Volkswille nimmt im Zeitalter der Massenkommunikationsmittel ubiquitäre Züge an, und also verlangt auch die Repräsentation dieses Willens symbolische Demonstration seiner Ubiquität.

Derselbe Vorgang ließe sich auch mit Exempeln aus der Reorganisation der Regierungsbezirke belegen. Dasselbe gilt für die dezentralisierend wirkende Bildung gänzlich neuer Selbstverwaltungskörperschaften vom Typus der höheren Kommunalverbände – in Bayern und anderswo[13]. Der pragmatische Druck, der hinter der Bildung solcher höheren Kommunalverbände steht, ist nicht der Druck der Bildung von Zentralen, vielmehr der Bildung eines gänzlich anderen Siedlungstyps, nämlich von Agglomerationen. Aus der Siedlungsgeschichte wissen wir ja: Industrialisierungsvorgänge sind nicht eo ipso zentrenbildender Natur. Sie bilden Agglomerationen, und Essen als „Ruhrmetropole" zu kennzeichnen wäre ersichtlich ein Kategorienfehler.

Für die modernen Industrien ist ihre Zentralitätsindifferenz noch deutlicher. Was im Württembergischen oder auch in der Schweiz den industrieabhängigen Reichtum ausmacht, sind die zahllosen, übers ganze Land verstreuten mittelgroßen Produktionsstätten – kompetenzangereichert und wertschöpfungsintensiv, aber bei großer Streuung dieses Reichtums und ihrer Werte über die Fläche.

Im Ausgang von diesen Vorgängen erkennt man, wieso auch im Falle Berlins die Neuerhebung dieses Platzes zur Hauptstadt die alte Zentralität der Reichs-

---

[13] Höhere Kommunalverbände – eine Organisation der Zukunft? Bundesarbeitsgemeinschaft der Höheren Kommunalverbände in der Bundesrepublik Deutschland. Forum in Kassel am 26. und 27. November 1992.

hauptstadt nicht unterschiedslos wiederherstellen wird[14]. Wir werden, nach Analogie des Spagatprofessors, eine Spagat-Bundesregierung bekommen, das heißt die Bundesregierung wird künftig mit dem Standbein von Ministerien in Bonn wie in Berlin präsent sein. Die Hauptstadtentscheidung des Bundestages war an Zentralitätskriterien schlechterdings nicht orientiert. Sie war nicht zuletzt, ja vor allem eine Bekundung des Respekts vor der politischen Sonderrolle Berlins während der Zeit der deutschen Teilung und während der Zeit des Kalten Krieges, und sie folgte im übrigen der alten Machiavellschen Regel, daß man seine Hauptstadt ins neue gewonnene Gebiet verlegen solle.

---

[14] Cf. Uwe SCHULTZ (Hrsg.): Die Hauptstädte der Deutschen. Von der Kaiserpfalz in Aachen zum Regierungssitz in Berlin. München 1993, S. 181ff.

4. Mobilität – vorerst unaufhaltsam

In der steigenden Verkehrsleistung wird die Zivilisationsdynamik heute für nahezu jedermann alltagspraktisch erfahrbar. Die erinnernde Vergegenwärtigung weniger Jahre genügt, um Verkehrsentwicklungen zu erkennen, deren Nutzen man stets gern in Anspruch genommen hat und deren Nachteile man überwiegend immer noch hinnimmt. „Immer schneller" – diese Expression hat für Eisenbahnkunden unleugbaren Realitätsgehalt, für Nutzer des Regionalflugverkehrs mit seiner wachsenden Dichte ohnehin, und selbst auf die Alltagserfahrung unverdrossener Pkw-Nutzer, das heißt der übergroßen Mehrheit aller Verkehrsteilnehmer, paßt sie. Die Staus sind eine Realität, gewiß, und nichtsdestoweniger ist man, dank der inzwischen erreichten Dichte unseres Autobahnnetzes, über größere Distanzen nie rascher als heute mit dem Auto ans Ziel gelangt.

Mit der Geschwindigkeit unserer Fortbewegung wachsen aber zugleich, wohlbestimmbar, Folgelasten – Kosten, die wir für die Lebensvorzüge zu zahlen haben, die wir als Partizipanten des Verkehrs und generell als Zivilisationsnutznießer suchen. Eine dieser Folgelasten ist auch in diesem Zusammenhang von besonderer Wichtigkeit. Mit der Dynamik der zivilisatorischen Evolution nimmt die Vorhersehbarkeit dieser Evolution ab.

Das hat planungspraktische Konsequenzen, und nicht zuletzt für die Verkehrsplanung gilt das. Rational handeln läßt sich bekanntlich nur, wenn die Wirklichkeitsverhältnisse einigermaßen verläßlich beschrieben und verstanden werden können, in die wir durch unser Handeln verändernd oder auch konservierend eingreifen wollen. Mit dieser Sicherung der Realitätsannahmeprämissen rationalen Handelns hat es seine Schwierigkeiten, wenn die Lebensverhältnisse komplizierter werden und wenn sie überdies in handlungspraktisch relevanten kurzen Zeiträumen sich ändern. Just das ist in unserer Gegenwartszivilisation der Fall. Kompensatorisch müssen wir versuchen, unser ja stets zukunftsbezogenes Handeln durch Verlaufsprognosen der sich ändernden Wirklichkeitsbedingungen künftigen Handelns zu sichern. Das nennen wir Planung, und Planung in diesem Sinn wird, wie man erkennt, mit wachsender Dynamik in der Änderung unserer Lebensverhältnisse ineins nötiger und schwieriger. Die Wahrscheinlichkeit von Fehlplanungen nimmt entsprechend zu. Jeder, der in der Wirtschaft, in der öffentlichen Verwaltung und in der Politik planungspraktische Erfahrungen hat sammeln können, könnte darüber exemplarisch berichten. Das reicht von den Fehlplanungen unter dem Leitbegriff der autogerechten Stadt bis hin zu signifikanten Kleinigkeiten reuegeleiteten Rückbaus einst zugeschütteter Kleinkanalsysteme, die in der Tat für den Gütertransport gänzlich irrevelant geblieben sind, jedoch inzwischen massenhaft von Bootstouristen frequentiert werden.

Zur Ernüchterung verkehrspolitischer Planungseuphorie mag es nützlich sein, sich die elementar wirkenden Ursachen, denen die Verkehrsentwicklung ihre bislang als unaufhaltsam erwiesene Wucht verdankt, neu zu vergegenwärtigen. Das möchte ich mit sieben Thesen tun. Ich werde im folgenden diese Thesen zunächst benennen und alsdann erläutern. Worum handelt es sich?

1. *Seßhaftigkeit, die uns heute als ideales Gegenteil lästig gewordener Mobilität erscheint, hat in Wahrheit zivilisationsevolutionär Mobilität erzwungen.*

2. *Die Zahl potentieller Verkehrsverbindungen wächst bekanntlich in einem quadratischen Verhältnis zur Zahl der gegebenen Quell- und Zielpunkte des Verkehrs – das ist trivial –, und die Geschichte des Verkehrs – und das ist nicht trivial – ist über weite Zeitstrecken hin eine Geschichte exponentiell verlaufender Realisierung potentieller Verkehrsverbindungen.*

3. *Die Verbesserung gegebener Verkehrsmöglichkeiten steigert über ihre Folgewirkungen den Verkehrsbedarf regelmäßig zusätzlich.*

4. *Die Zeitfreisetzungsfolgen genutzten Verkehrs steigern zugleich die nutzenfreie Verkehrsteilnahme.*

5. *Die Möglichkeiten der Substitution des Personen- und Güterverkehrs durch Kommunikation, durch immobile Transportmittel sowie durch räumliche Verdichtung der Quell- und Zielpunkte des Verkehrs sind zumeist längst realisiert – der Verkehr hat sich ineins mit seiner Entwicklung stets zugleich mitrationalisiert.*

6. *Da der Verkehrsbedarf aus trivialen Gründen noch zunehmen wird, werden sich die ökologischen, sozialen und sonstigen Schädlichkeitsnebenfolgen des Verkehrs im wesentlichen nur über Substitutionen zwischen den Verkehrsträgern, durch technische Innovationen und durch ökonomische oder ordnungspolitische Steuerungen der Verkehrsmittelnutzung regulieren lassen.*

7. *Als wichtigste Grenze der Verkehrsentwicklung erscheint am nahen Zukunftshorizont die wohlfahrtsabhängig sinkende Akzeptanz der Nebenfolgen des Verkehrs.*

Das sind die Thesen. Sie bedürfen der Erläuterung, die jetzt folgen soll.

Zu 1.:
Seßhaftigkeit, die uns heute als ideales Gegenteil lästig gewordener Mobilität erscheint, hat in Wahrheit zivilisationsevolutionär Mobilität erzwungen. – Das Aufklärungszeitalter war auf der Suche nach empirisch ausweisbaren Gegebenheiten originärer gesellschaftlicher Gleichheit und Friedlichkeit unter den Menschen. Jean-Jacques Rousseau und viele europäische Intellektuelle mit ihm fanden diesen sozusagen paradiesischen, also inzwischen verlorenen Zustand im idealisierten Dasein der „Wilden", im Dasein also der Menschen vorm Übergang zur Seßhaftigkeit in der später so genannten neolithischen Revolution. Verkehrstheoretisch gesehen ist das verlorene Paradies ein Zustand, in welchem der Mensch, noch nicht seßhaft, sammelnd und jagend seiner Nahrung folgte oder auch, vieh-

treibend, den wechselnden naturalen Lebensvoraussetzungen seiner Herden. Es bildeten sich Pfade, aber einen Wegebau gab es nicht. Wegebau wurde erst mit ortsfester Nahrungsproduktion im Übergang zum Ackerbau nötig –: Mit der Immobilisierung der Stätten der Produktion, der Bevorratung und des Wohnens mußten dauerhafte, das heißt unterhaltungsbedürftige Wege zur Arbeit und von der Arbeit, für den Transport der Produktionsbedingungen und der Produkte entstehen. Die Produktivitätssteigerung durch Ortsbindung der Nahrungsmittelproduktion setzte Potentiale der Arbeitsteilung frei, Stadt und Land konnten sich trennen und der Anteil der Produkte wuchs, die des Tausches und damit des Transports zu den Stätten des Tausches, das heißt zu den Märkten bedurften. Das alles ist Schulbuchwissen, und es steht nichts entgegen, nach dieser Erinnerung an es die Feststellung trivial zu finden, daß der Verkehr eine Konsequenz der produktivitätssteigernden Ortsgebundenheit unseres Produzierens ist. Aber es handelt sich hier um eine jener Trivialitäten, die man dann und wann in Abwehr sich ausbreitender Illusionen ausdrücklich machen muß – in diesem Falle der Illusion, der Wohlfahrtsnutzen unserer zivilisatorischen Evolution hätte sich auch in Orientierung am mönchischen Ideal der stabilitas loci erlangen lassen. Der Sachzusammenhang liegt genau umgekehrt: Die kultur- und näherhin siedlungsgeschichtliche Ausbreitung fester Plätze erzwingt zugleich die Anlage von Verbindungswegen zwischen ihnen für den Transport von Personen, Gütern und Informationen.

Zu 2.:

Die Zahl potentieller Verkehrsverbindungen wächst bekanntlich in einem quadratischen Verhältnis zur Zahl der gegebenen Quell- und Zielpunkte des Verkehrs – das ist trivial –, und die Geschichte des Verkehrs – und das ist nicht trivial – ist über weite Zeitstrecken hin eine Geschichte exponentiell verlaufender Realisierung potentieller Verkehrsverbindungen. – Die Einsicht in die quadratische Natur der Beziehungen zwischen den Elementen eines Systems und den zwischen ihnen herstellbaren Verbindungen wird uns bereits im Mathematikunterricht der Mittelklassen unserer weiterführenden Schulen vermittelt, und seit damals kennen wir auch die „Formel", mit deren Hilfe sich die fragliche Beziehung für allfällige praktische Zwecke rechnerisch handhaben läßt. Aber auch wer nicht gerne rechnet und statt dessen sich lieber Anschauung verschaffen möchte, kann sich die fragliche Beziehung anschaulich machen –: Es ist unübersehbar, daß rascher als die Menge der festen Plätze die Menge der Verbindungen zwischen ihnen wächst. Selbstverständlich sind in der sozialen Realität nicht immer schon alle potentiellen Verbindungen zwischen vorhandenen festen Plätzen realisiert. Aber kommunikations- und verkehrsgeschichtlich wird das Netz solcher Verbindungen kontinuierlich dichter, und es gibt heute didaktisch hervorragend aufbereitete Materialien für den Geschichtsunterricht, die uns das anschaulich machen: transparente Blätter, die in ihrer Abfolge historische Epochen repräsentieren und in ihrer Durchsicht die zeitabhängig zunehmende Netzverdichtung sehen lassen. Für die Weckung elementaren historischen Sinns ist dabei auch gesorgt: Mit einiger Überraschung nimmt man zur Kenntnis, wie viele moderne Verkehrswege den

Linien von Verkehrswegen folgen, die schon in napoleonischer Zeit, ja im Spät-
mittelalter, sogar in der römischen Spätantike angelegt worden sind. Darin spiegelt sich topographische Rationalität, aber auch die Macht, die zufällige Anfänge
stets über die Zukunft behaupten. Zur Rationalität in der Realisierung der potentiellen Verkehrsverbindungen zwischen festen Plätzen gehört es natürlich, die
Menge der Plätze zu maximieren, die über minimalisierte unvermeidliche Umwege sich an einen einzigen Weg anbinden lassen. Was früher über solche Optimie-
rung im Verhältnis von Umweg und Zahl der miteinander verbundenen potentiellen Quell- und Zielpunkten des Verkehrs einfachhin vorteilhaft zu sein schien,
ist uns inzwischen als lästiger Durchgangsverkehr auffällig geworden. Dem entsprechen dann als auffälligste Verkehrsneubauten, zumindest im Straßenverkehr,
die zahllosen Umgehungsstraßen, gegen die es noch in den fünfziger Jahren Bür-
gerproteste befürchteter Geschäftseinbußen wegen gab. – Wieso beschleunigt sich
der Vorgang der Netzverdichtung, das heißt der Vorgang der Realisierung potentieller Verbindungen zwischen festen Plätzen? Die Antwort auf diese Frage ist, wie
gesagt, nicht trivial. Sie lautet: Mit der Zunahme des Anteils von Teilnehmern an
Kommunikations- und Verkehrswegen wächst zugleich die relative Benachteili-
gung der noch im Abseits Verbliebenen, und der Vorgang der Restintegration in
die alle mit allen verbindenden Netze beschleunigt sich.

Zu 3.:
Die Verbesserung gegebener Verkehrsmöglichkeiten steigert über ihre Folgewir-
kungen den Verkehrsbedarf regelmäßig zusätzlich. – Den Älteren unter uns ist
noch aus ihrer Kinderzeit die Berufsbezeichnung „Reisender" vertraut – Versi-
cherungsagenten, Handelsvertreter etc. Es ist evident: Mit den technisch und in-
frastrukturell sich verkürzenden Reisezeiten nimmt die Zahl der berufspraktisch
realisierbaren Reisen zu. Analoges gilt für die Netznutzungsfolgen der wachsenden Komplexität unserer Projekte, Planungen und ihre validierungsbedürftige
Realisierung. Die fällige Kommunikation verdichtet sich, und es ist ein Irrtum zu
meinen, daß der komplexitätsabhängig sich verdichtende Kommunikationsbedarf
sich jemals vollständig technisch-fernkommunikativ bedienen ließe. Es ist wahr:
Die Menge der Fernkommunikationsakte wächst in der modernen Zivilisation
tatsächlich sprunghaft; „Fax" ist dafür das momentan signifikanteste Stichwort.
Aber mit der Dichte der fernkommunikativ realisierten Beziehungen wächst aus
Zwängen fälliger Komplixitätsreduktion zugleich der Bedarf an Gelegenheiten zur
Immediatkommunikation, und einzig über Reisen ist er bedienbar. Wer als älterer
Manager noch seine Agenden, das heißt seine Kalender aus der Zeit vor einem
Vierteljahrhundert verwahrt hat, wird feststellen: Die Zahl der Arbeitstage pro
Jahr, die man reisend und tagend zu verbringen hat, ist seither sprunghaft gestiegen und entsprechend auch das Verkehrsaufkommen. Für den Tourismus gilt
selbstverständlich Analoges: Wer binnen drei Stunden garantiert sonnige Inseln
erreichen kann, findet sich durch alte Mühseligkeiten des Reisens, die weggefallen
sind, nicht mehr gehemmt, statt einmal dreimal im Jahr die Urlaubskoffer zu pak-
ken. Wohnwagen, einmal angeschafft, wollen bewegt sein. Dem Zweithaus eignet
der Aufforderungscharakter, es dann und wann aufzusuchen. Verbände steigern

ihre Effizienz durch Dachverbände, aber das erzwingt Vorstandssitzungen, Jahreskonferenzen überdies mit Manifestationscharakter, das heißt mit Massenbesuch. Die modernen Verkehrssysteme machen es möglich, und diese Möglichkeiten produzieren ständig neue Formen ihrer Nutzung. In seinen quantitativen Dimensionen summiert sich das zu den bekannten Prognosen über die für den Rest des Jahrtausends zu erwartende Verkehrszunahme. Was den Lkw-Verkehr anbelangt, so sind 1,5 Prozent Steigerung jährlich angekündigt. In Deutschland kommen deutsche Sonderbedingungen hinzu –: Allein in den neuen Bundesländern wird sich, so sagen Experten voraus, bis zum Jahre 2000 die Zahl der Pkws auf acht Millionen verdoppeln. Aber auch im Westen sind vermutbare Sättigungsgrenzen keineswegs schon erreicht. Die Frauenemanzipation – beruflich, ökonomisch und sozial – wird sich in progressive Frauenmotorisierung umsetzen. Überdies wachsen Einkommensschichten, die mit der Pkw-Haltung bislang wirtschaftliche Schwierigkeiten hatten, auch bei bescheidenem Wirtschaftswachstum rasch in Einkommensverhältnisse hinein, die, zumal unter Nutzung neuer und günstiger Finanzierungsformen, Pkw-Nutzung möglich macht. Generell scheint zu gelten: Mit der Höhe der Wohlfahrt steigt der Anteil der Lebenshaltungskosten, die man für Mobilität aufzuwenden in der Lage ist, und unverändert gehören Mobilitätsgewinne zu den attraktivsten Lebensvorzügen, die über die Evolution der modernen Zivilisation erreichbar werden. Aber nicht nur die angedeuteten Motivlagen Privater werden in der uns überschaubaren Zukunft auch im Bereich des Pkw-Verkehrs für Zunahme des Verkehrs sorgen. Großräumig beobachtbare betriebliche Vorgänge wirken, was den Pkw-Verkehr anbelangt, analog. Beobachtbar sind Wirkungen des Zwangs, Produktionskosten durch Verringerung der Fertigungstiefe zu senken. Das erhöht zwangsläufig den Transportbedarf von Produkten jeweiliger Zulieferindustrien. Überdies gibt es, zum Beispiel im Bereich der Pkw-Produktion, Werkzeugmaschinen, deren Investitionskosten es betrieblich rational machen, die fraglichen Werkzeugmaschinen nicht in jedem Fertigungsbetrieb aufzustellen, vielmehr die entsprechenden Fertigungsteile an entfernte Betriebsstätten zu transportieren. Kurz: Der Verkehrsbedarf wächst weiterhin, der Verkehrspolitik verbleiben die Aufgaben der Regulierung, und die Chancen der Verkehrsreduktion sind marginal.

Zu 4.:

Die Zeitfreisetzungsfolgen genutzten Verkehrs steigern zugleich die nutzenfreie Verkehrsteilnahme. – Produktivitätssteigerung, die unvermeidlich mit Steigerung des Verkehrs verbunden ist, wird bekanntlich bei wachsender Wohlfahrt zu wachsenden Anteilen, statt in höheren Löhnen, in Zeit abgeschöpft. Die Deutschen haben in dieser Hinsicht fast alle anderen vergleichbaren Nationen überrundet. Der Anteil der Arbeitszeit an der Lebenszeit, den wir noch mit Berufsarbeit verbringen, ist inzwischen auf nahezu acht Prozent abgesunken. Die Tendenz in der Rückläufigkeit tarifvertragsmäßig festgeschriebener Wochenarbeitszeiten, die über Jahrzehnte hin anhielt, ist bekannt. Die Ausbildungszeiten expandieren immer noch, und nie war der Lebenszeitanteil geringer, den wir berufstätig verbringen. Das bedeutet: Ein Zwang, sich selbst zu sinnvollem Tun zu bestimmen, ist

wirksam, und das ist zugleich der objektive Grund, der heute die neue Lebensorientierung der sogenannten Selbstverwirklichung im Kontext des Wertewandels
hat wichtig werden lassen. Es gehört nicht hierher zu schildern, wie heute, selbstverwirklichungsambitioniert, mit den disponibel gewordenen Lebenszeitanteilen
umgegangen wird. Es ist, überwiegend, ein produktiver Umgang. Indessen: Neben
schönen Formen der Verwandlung von Freiheit, deren Maß disponible Zeit ist, in
Lebenssinn beobachten wir auch weniger produktive Formen der Zeitnutzung.
Unsere Medienkonsumgewohnheiten sind seit Jahrzehnten Objekt einschlägiger
Kulturkritik, und auch die Umsetzung von Freiheit, das heißt von dispositiv gewordener Lebenszeit in Mobilität ist längst zum Standardthema aktueller Kulturkritik avanciert. Interessanter ist es zu fragen, was die Umsetzung von disponibler
Zeit in nicht ökonomisch motivierte Mobilität bis auf den heutigen Tag unaufhaltsam gemacht hat. Man darf vermuten, daß unsere Mobilitätslust zu den anthropologischen Konstanten unserer Daseinsverfassung gehört. Möglicherweise
handelt es sich um ein Antriebsrelikt aus Vorzeiten archaischer Nicht-
Seßhaftigkeit. Wie auch immer: Gerätschaften zur Verschaffung von Bewegungslust sind auch in vorindustriellen Hochkulturen global verbreitet, das Karussell
zum Beispiel, der Kinderwagen als Kinderspielzeug, und auch die Mythen des
Fliegens gehören in diesen Kontext. Ohne Rekurs auf die archaischen Motivationen, die uns in Bewegung versetzen, ist auch der nutzenfreie Anteil am modernen
Verkehr nicht voll erklärbar. Der Tourismus, gewiß, dient im seriösen und tatsächlich vorkommenden Fall der Erholung, der gesundheitlichen Rehabilitation,
der Bildung. Wieso man aber die Gelegenheiten der Erholung, statt wie in längst
vergangenen Jahrzehnten der Sommerfrische an heimatlichen Stränden, in anderen Erdteilen sucht – das muß ersichtlich durch Antriebe motiviert sein, die nicht
ihrerseits jener Moderne entstammen, deren technische Mittel dabei in Anspruch
genommen werden. Mehr auf der Oberfläche moderner Lebensverbringung liegen hingegen die zahllosen verkehrsaufwendigen Klassentreffen. Hier handelt es
sich um Formen der Selbsthistorisierung, die für unsere Kultur generell charakteristisch ist, aber eben bis ins Private hinein uns Anlässe für Jubiläumsfeiern, Stiftungsfeste und Gedenktage suchen läßt. Die Großfamilie existiert angeblich nicht
mehr. Aber das heißt nur, daß drei Generationen nur selten noch unter einem
Dach wohnen. Im übrigen haben sich über die modernen Kommunikationsmöglichkeiten Großfamilien neu konstituiert, und zwar weit über die dabei früher
einmal berücksichtigten engen Verwandtschaftsgrade hinaus. Familientreffen
werden arrangiert, und daß bei Begräbnissen kein Angehöriger und kein Freund
mehr dem Sarge folgt, ist ein Randgruppenphänomen. Genau komplementär verhält sich dazu die wachsende Zahl jener Großbegräbnisveranstaltungen, die in
Verbindung mit moderner Kommunikationsverdichtung erst der moderne Verkehr möglich macht. In den Museen, deren Zahl in modernen Industrieländern
ständig zunimmt, stellen sich jährlich Besuchermengen ein, deren Größenordnung ungefähr der Einwohnerschaft dieser Länder gleichkommt. Millionen Menschen, zum Beispiel, steigen alljährlich zum Hermannsdenkmal hinauf. Im Sonntagsausflugsverkehr spiegelt sich das. Während die Stadtzentren autoleer sind,
verdichtet sich der Verkehr in den Regionen, die Attraktionen aufzuweisen haben,

gerade am Wochenende. Noch einmal: Die Kulturkritik hat sich dessen längst angenommen. Das reicht tief in die Geschichte der Neuzeit zurück. Die Puritaner, zum Beispiel, haben in Großbritannien die Eisenbahn nicht zuletzt wegen ihrer Kraft zur Verführung, sie überflüssigerweise zu benutzen, getadelt. Sie sahen in ihr ein Instrument der Zeitverschwendung. Ihnen wäre noch im nachhinein entgegenzuhalten, daß nichts so sehr wie die Eisenbahn Zeitnutzungsdisziplin gefördert hat. Erst die Eisenbahn hat ja bekanntlich über große Räume hinweg die Einführung einer Einheitszeit erzwungen. Seit es die Eisenbahn gibt, hat man Minuten zu zählen gelernt. Geräte der Zeitmessung und der Zeitplanung, also Uhr und Kalender, sind heute allgegenwärtige typische Requisiten derer, die moderne Kommunikations- und Verkehrsnetze in Anspruch nehmen, und sei es nutzenfrei.

Zu 5.:
Die Möglichkeiten der Substitution des Personen- und Güterverkehrs durch Kommunikation, durch immobile Transportmittel sowie durch räumliche Verdichtung der Quell- und Zielpunkte des Verkehrs sind zumeist längst realisiert – der Verkehr hat sich ineins mit seiner Entwicklung stets zugleich mitrationalisiert. – Von Menschen mit entwickelter technischer Phantasie wird heute immer wieder gern einmal die Idee beschworen, Verkehr, nämlich Personenverkehr, durch neue Formen der Nutzung der Fernkommunikationsnetze zu ersetzen. Telefonkonferenzen waren dafür schon vor Jahrzehnten ein Stichwort, und inzwischen läßt sich das sogar über Bildschirmpräsenz der jeweils entfernten Kommunikationspartner vervollständigen. Jedem Fernsehkonsumenten ist das inzwischen aus der Technik des beliebigen Hinzuschaltens entfernter Informanten und Gesprächsteilnehmern vertraut. In der Tat: Wenn sich die technisch vermittelte Fernkommunikation nicht parallel zum Verkehr entwickelt hätte, wäre kein Verkehrssystem in der Lage, den heutigen Bedarf an Gesprächskommunikation, wenn dieser immer noch Reisen zur zwingenden Voraussetzung hätte, zu bedienen. Die Zahl der kommunikativen Akte wächst in Modernisierungsprozessen ungleich rascher als die Menge ausgetauschter Güter. Aber das ist es eben –: Die Fernkommunikationssysteme haben sich komplementär zu den Verkehrssystemen entwickelt. Die Idee, Verkehr durch Kommunikation zu ersetzen, ist also längst realisiert, und zwar in einem Umfang, daß die Chancen, durch zusätzliche Ersetzung des Verkehrs durch Kommunikation, die noch bestehen mögen, viel zu gering sind, um eine Verkehrsreduktionsrevolution aussichtsreich zu machen. Im übrigen gilt, was schon gesagt wurde: Die expandierende Fernkommunikation erzeugt durch ihre technischen Eigenschaften, die sie psychologisch und gruppendynamisch unbefriedigend bleiben lassen, ihrerseits einen Zusatzbedarf an immediater Kommunikation, und mit der Menge der Konferenzschaltungssitzungen nimmt daher zugleich auch die Menge der Reisebedarf erzeugenden Sitzungen traditionellen Musters zu. – Auch die Idee, Güterfernverkehr durch Leistungen immobiler Transportmittel zu ersetzen, ist eine alte Idee, und diese Idee ist bekanntlich ineins mit der allgemeinen Verkehrsentwicklung längst realisiert worden. Exemplarisch heißt das: Der Energieträgertransport erfolgt, sofern es sich um Öl und Gas handelt, als Massentransport auf dem Lande seit langem über Rohrfernleitungen. Die

meisten denkbaren Substitutionen mobiler Transportmittel durch immobile
Transportmittel sind insofern längst realisiert. Man mag finden, um eine sehr relevante Substitutionsmöglichkeit handele es sich hier bei den statistisch erwiesenen Transportanteilen ohnehin nicht. In der Tat erreicht der Anteil der über immobile Transportmittel bewegten Güter, nämlich bei Öl und Gas, nur einige wenige Prozent, und dieser Anteil ist überdies tendenziell rückläufig – nicht zuletzt in
den Konsequenzen des absinkenden Energieeinsatzes in Relation zur erzeugten
Gütermenge. Fügt man dem allerdings die Verkehrssubstitution hinzu, die in
wohlbestimmter Hinsicht in den Fernleitungssystemen für Elektroenergie realisiert ist, so erscheint der Anteil der über immobile Transportmittel verteilten
Güter schon als sehr beträchtlich. Erst recht gilt das, wenn man nun auch noch
das ständig sich ausweitende Netz unserer Fernversorgung mit Wasser hinzuzählt
und überdies die gewaltigen Mengen des Abwassers, die heute zum Teil über beträchtliche Entfernungen über Kanalsysteme zu den Aufbereitungsanlagen trans-
portiert werden. Kein Nahverkehrssystem wäre in der Lage, die Menge der Ab-
wasserwagen aufzunehmen, die eingesetzt werden müßten, wenn hier nicht sehr
effiziente Verkehrssubstitution längst stattgefunden hätte. – Analoges gilt auch
für unsere Anstrengungen zur Verkehrsreduktion durch räumliche Verdichtung
der Ziel- und Quellpunkte des Personenverkehrs. Die Agglomerationsbildung
schreitet fort. Raumordnungs- und Flächennutzungspläne erzwingen das. Ver-
kehrsverdichtungen sind die Folge, aber eben auch eine Reduktion der Personen-
kilometer. – In der Zusammenfassung bedeutet das: Die Rationalisierung des
Verkehrs in der Absicht, ihn zu reduzieren, vollzieht sich seit langem ineins mit
der Verkehrsentwicklung und die Wahrscheinlichkeit ist gering, daß irgendwo
noch bedeutende Möglichkeiten unentdeckt wären, die Zwecke des Verkehrs
volläquivalent auch durch Nicht-Verkehr zu erreichen.

Zu 6.:

*Da der Verkehrsbedarf aus trivialen Gründen noch zunehmen wird, werden sich
die ökologischen, sozialen und sonstigen Schädlichkeitsnebenfolgen des Verkehrs
im wesentlichen nur über Substitutionen zwischen den Verkehrsträgern, durch
technische Innovationen und durch ökonomische oder ordnungspolitische Steuerungen der Verkehrsmittelnutzung regulieren lassen.* – Im Rahmen des gesamthaft
zunehmenden Verkehrs sind in der Tat ökologisch günstige Substitutionen zwischen Verkehrsträgern beobachtbar. Auf mittleren Entfernungen vermögen die
Hochgeschwindigkeitszüge frühere Vorzüge der Flugzeugbenutzung wettzuma-
chen. Allerdings ist auch in diesem Fall die Erwartung, die außerordentlichen
Vorteile der Hochgeschwindkeitszüge könnten in absehbarer Zeit den Regional-
flugverkehr gänzlich verdrängen, illusionär. Es sind nicht zuletzt Vielreisende, die
die fraglichen Verkehrssysteme benutzen. Wer viel reist, schätzt es gerade deswegen, nicht im Hotel, sondern zu Hause schlafen zu können, und entsprechend
nutzt er in Tageseckzeiten das Früh- oder Spätflugzeug in Fällen, in denen die
Zugbenutzung zwänge, nicht im eigenen Haus zu nächtigen. – Sehr populär ist
der Gedanke, daß das modernisierte Eisenbahnverkehrssystem schließlich den
Pkw-Individualverkehr substituieren könne. Die Werbung der Bundesbahn wie

auch anderer europäischer Eisenbahnverkehrsträger stellt darauf ab, und es ist wahr: Zumal im Fernverkehr sind die Vorzüge der Fahrt mit dem Zuge gegenüber der Fahrt im eigenen Pkw von solcher Evidenz, daß der Tatbestand der schlechten Gewohnheit erfüllt zu sein scheint, wenn man dennoch den Pkw benutzt. Das reicht, sofern man allein reist, vom Kostenaspekt der Sache bis hin zum Umgang mit Reisezeit, die man auf der Autobahn, wenn anders man nicht gefahren wird, chauffierend verbringt, im Zug hingegen arbeitsam oder erholsam. Indessen: Die Personenkilometerzahlen, die im Pkw-Verkehr erreicht werden, bewegen sich bekanntlich in Dimensionen, die die im Eisenbahnverkehr erreichten Personenkilometerzahlen um mehr als das Zehnfache überbieten. Ein Generalsubstitutionskonzept gibt es hier nicht. Selbst der Effekt von Park-and-Drive-Systemen ist bislang bekanntlich sehr gering geblieben. Wo sie effizient sind, ziehen sie sogar zusätzlich Pkw-Anreiseverkehr an, von Leuten nämlich, die auf diese Weise eine Chance eingeräumt finden, zunächst die Bequemlichkeit der Nutzung des eigenen Pkw von der Haustür weg in Anspruch zu nehmen und lediglich für die letzten Kilometer bis zur Innenstadt durch Benutzung der S- oder U-Bahn der Parkplatzsuche enthoben zu sein. – Einem nachhaltigen kulturellen Wandel scheint freilich unser Verhältnis zum Pkw zu unterliegen. Der Prestigewert aufwendiger Fahrzeuge schrumpft ständig, ja schlägt bereits ins Negative um. Das wird, voraussichtlich sogar in relativ kurzen Zeiträumen, die Absatzchancen für Kompaktfahrzeuge verbessern, und wenn es darüber hinaus gelänge, den elektrischen Antrieb solcher Kompaktfahrzeuge gebrauchspraktisch zuträglich zu machen, würde sich hier ein ganz neuer Markt für familieneigene Zweit- oder Drittwagen öffnen. Freilich: Eine Verkehrsentlastung im Nahverkehrsbereich ergäbe das keineswegs. Eher ist mit dem Gegenteil zu rechnen; aber die ökologische Bilanz des Individualverkehrs im Nahbereich wäre verbessert. – Entlastung der Innenstädte durch den Einkaufsverkehr ist wohl nicht zu erwarten; er hat nämlich ohnehin schon stattgefunden. Diese Entlastung hat sich durch die nahezu abgeschlossene Einrichtung jener Großeinkaufszentren in den Siedlungsrändern ergeben, wo unsere Familien sich für eine Woche, ja für längere Fristen ihren Grundbedarf zu verschaffen pflegen. Die Binnenstädte hingegen mit ihren Fußgängerzonen sind Gelegenheiten dessen geworden, was heute „Erlebniseinkauf" heißt. Die Güter des gehobenen Bedarfs sind zumeist teurer, aber auch kompakter, und entsprechend ist die Nutzung des Pkw als Gütertransportmittel oft entbehrlich. Das bedeutet: Wo es noch Trams gibt, wie in Zürich zum Beispiel, werden sie uneingeschränkt angenommen, und wo man sich ihrer vor einem Vierteljahrhundert entledigt hat, könnte „Rückbau" erfolgreich werden. – Spekulativ ist die Erwägung, den individuellen Einkaufsverkehr, sofern er der Versorgung mit Grundbedarfsgütern gilt, durch Lieferrundfahrten der Anbieter zu ersetzen. Getränkehandelsfirmen, auch Backwarenproduzenten verfahren bereits so, und es ließe sich über technische Wege elektronisierter Bestellung und elektronisch optimierter Rundfahrtenplanung denken, solche Ersetzung des individuellen Beschaffungsverkehrs durch Lieferantenverkehr vollständiger zu machen. Aber das sind Phantasien – nicht mehr. Und was sie an Entlastung im Erfolgsfall brächten, wäre durchzurechnen.

Zu 7.:

Als wichtigste Grenze der Verkehrsentwicklung erscheint am nahen Zukunftshorizont die wohlfahrtsabhängig sinkende Akzeptanz der Nebenfolgen des Verkehrs. – „Eure Sorgen möchten wir haben" – so äußerte sich bei Gelegenheit einer früheren UNO-Umweltschutzkonferenz der Repräsentant eines schwarzafrikanischen Staates, nachdem er zahllose und gutbegründete Klagen von Repräsentanten hochentwickelter Länder über drohende ökologische Katastrophen hatte anhören müssen. Man erkennt: Mit der Wohlfahrt steigt zugleich die Empfindlichkeit gegenüber ihren Folgekosten. Grundsätzlich waltet hier, so möchte man mit gelindem Optimismus konstatieren, eine prästabilierte Harmonie –: Mit den ökologischen und sonstigen Gefährdungen, die aus dem technischen und industriellen Fortschritt resultieren, wächst zugleich unsere Bereitschaft, umzudenken und gegenzusteuern. Schon der Massenerfolg der Fußgängerzonen, die man vor zwanzig Jahren einzurichten begann, beruht auf diesem Zusammenhang: Der alte Marktplatz war fürs eigene Fahrzeug unerreichbar geworden; aber die Genugtuung durch die Erfahrung, sich wieder in der Rolle des Fußgängers als Herr der innerstädtischen Szene zu wissen, überwog die Lästigkeiten eingeschränkter Verkehrsfreiheit bei weitem. Inzwischen ist die Empfindlichkeit gegenüber den Folgekosten des Individualverkehrs auf Grade gestiegen, die es sogar politisch durchsetzbar gemacht hat, den Pkw-Verkehr in Wohnbereichen durch Schikane zurückzudrängen. Sogenannte „Zonen" stutzen die Geschwindigkeit des Verkehrsflusses auf Radfahrergeschwindigkeiten zurück. Nasen und Schwellen nehmen unseren Wohnstraßen überhaupt die Anmutungsqualität eines Verkehrswegs. – Mit der Schilderung solcher Entwicklungen ließe sich lange fortfahren. Es ergäbe das ein Bild kulturellen Wandels, der die politische Akzeptanz noch vor Jahren undurchsetzbarer verkehrspolitischer Entscheidungen erhöhen dürfte, soweit sie, unbeschadet ihrer Lästigkeiten für den individuellen Verkehrsteilnehmer, durch evidente Erfordernisse des Gemeinwohls legitimiert sind. Daß sich, zum Beispiel in Reaktion auf Erwägungen zur Einführung genereller Geschwindigkeitsbegrenzungen, inzwischen sogar Autoparteien („Freie Fahrt für freie Bürger") bilden, widerlegt die These von sich produktiv verändernden verkehrspolitischen Akzeptanzbereitschaften nicht, sondern bestätigt sie –: Eine Minderheit, die sich in Bedrängnis gebracht findet, organisiert sich in Reaktion auf einen Mehrheitstrend. Sogar Kosten, für die der Bürger als Steuerzahler einzutreten hat, werden akzeptabel – die Dutzend Milliarden Tunnelbaukosten zum Beispiel, die aufzubringen die Schweizer Bürger sich bereit erklärt haben, um in ihrem eigenen Land den Lkw-Massentransport durch ein äquivalent leistungsfähiges Hukkepacksystem zu ersetzen. – In der Zusammenfassung heißt das: Die Potentiale rationaler Verkehrspolitik wachsen mit der wohlfahrtsabhängig steigenden Akzeptanz von Beschränkungen, die mit der Verheißung verknüpft sind, uns von einigen Folgelasten der Verkehrsfreiheit zu entlasten, die inzwischen als unerträglich erfahren werden.

II. Autarkieverluste. Politik nach dem Ende des real existent gewesenen Sozialismus

5. Große und kleine Räume

Die europäische Einigung
in der zivilisatorischen Evolution

Churchill, Sieger des Zweiten Weltkriegs, hielt sich im Frühherbst 1946 zu einem Gasturlaub in der Schweiz auf und erklärte in seiner Zürcher Rede vom 19. September 1946[1], der erste und wichtigste Schritt zur Wiederherstellung Europas sei gutes Einvernehmen zwischen Frankreich und Deutschland. „Churchills Genie ist von besonderer Art, mehr kann ich nicht sagen" – so äußerte sich dazu der französische Ministerpräsident George Bidault[2]. Das ist verständlich, wenn man sich das Verhältnis Frankreichs zu Deutschland weniger als anderthalb Jahre nach dem Triumph der Anti-Hitler-Koalition über den deutschen Versuch, die Vorherrschaft in Europa zu gewinnen, vergegenwärtigt. Aber Churchill sollte recht behalten. Nur siebzehn Jahre später unterzeichneten De Gaulle und Adenauer den deutsch-französischen Freundschaftsvertrag[3]. Zu Recht gilt diese Partnerschaft als die wichtigste Voraussetzung erfolgreicher europäischer Einigung.

Das also hat der Pragmatiker Winston Churchill 1946 prognostiziert, und es ist den historischen Tatsachen angemessen, daß man, 1996, der Erinnerung an Churchills Rede in Zürich eine offizielle Veranstaltung gewidmet hat.

Mit seiner Ankündigung, die Gründung einer Art Vereinigter Staaten von Europa sei fällig[4], hat Churchill freilich unrecht behalten. Die Vereinigten Staaten von Europa, an die Churchill damals dachte, haben mit jener Gemeinschaft europäischer Länder, die 1991 in Maastricht die Gründung einer Europäischen Union verabredeten und die sich inzwischen sogar erweitert hat[5], wenig gemein. Churchill dachte an Vereinigte Staaten von Europa, denen Großbritannien seinerseits selbstverständlich nicht beitreten würde. Churchill vermeinte, gegenüber dem vereinten Europa werde Großbritannien, als Vormacht des Common Wealth, neben den USA und gewiß auch der Sowjetunion, weiterhin eine eigenständige

---

[1] Der Text der Ansprache Churchills an die akademische Jugend der Welt vom 19. September 1946 in Zürich ist abgedruckt in: Max SAUTER: Churchills Schweizer Besuch 1946 und die Zürcher Rede. Ein dokumentarischer Bericht.Herisau 1976, S. 77–79.

[2] So nach dem Bericht „Erste Reaktionen", a.a.O. S. 56–59, S. 56.

[3] Die Unterzeichnung des deutsch-französischen Freundschaftsvertrages (Elysée-Vertrag) in Paris erfolgte am 22. Januar 1963.

[4] „... we must re-create the European Family in regional structure called, it may be, the United States of Europe" – so Churchill in seiner in Anm. 8 zitierten Rede, a.a.O. S. 79.

[5] Mit dem jüngsten Beitritt traditionell einer Neutralitätspolitik verpflichteter Länder, nämlich Finnlands, Österreichs und Schwedens, hat naturgemäß die Fähigkeit der Europäischen Union zu einer bundesstaatsanalogen, nämlich strikt gemeinschaftlichen Außen- und Sicherheitspolitik abgenommen.

Machtposition einnehmen und für eine Balance der weltpolitisch handlungsfähigen Großgebilde sorgen können.

Wir kennen inzwischen die Geschichte, die von der so gedachten Idee Vereinigter Staaten von Europa nichts übriggelassen hat. Bereits 1961 gab es Verhandlungen über einen Beitritt Großbritanniens zur EG. Damals scheiterte dieser Beitritt – freilich nicht an britischer Zurückhaltung, vielmehr am Veto Frankreichs, das seinerseits seinen Grund in der Unbereitschaft der Großen Nation hatte, ihre damals nicht unbegründete Aussicht auf eine Sonderstellung unter den kontinentaleuropäischen Nationen durch Beitritt eines europapolitischen Partners von gleichem Gewicht zu gefährden.

Seit 1972 gehört nun auch Großbritannien zur EG. Es hat den Vertrag zur Errichtung einer Europäischen Union mitunterzeichnet, und solange es dabei bleibt, wird diese Union allein schon deswegen sich nicht als Bundesstaat organisieren.

Aber nicht die Präsenz Großbritanniens in der Europäischen Union allein wird die Transformation der Europäischen Gemeinschaften zu Vereinigten Staaten von Europa verhindern. Es gibt etliche Gründe, die geeignet sind, uns erkennen zu lassen, daß eine neue Großstaatsbildung dominanten Trends politischer Entwicklungen in Europa zuwiderliefe. Zwei dieser Gründe seien hier ausdrücklich genannt. Der erste dieser Gründe hat den Charakter einer argumentativ zugegebenermaßen weichen historisch-politischen Erfahrung im Rückblick auf die Geschichte unseres nahezu abgelaufenen Jahrhunderts. Ersichtlich sind wir in diesem Jahrhundert, eindrücklicher und dauerhafter als mit der Entstehung großer Imperien, mit deren Verfall konfrontiert. Mit dem Ersten Weltkrieg verfiel das Osmanische Reich und die österreichisch-ungarische Doppelmonarchie. Der deutsche „Griff nach der Weltmacht"[6] – so faßt ein deutscher Historiker deutsche Weltkriegsziele zusammen – scheiterte. Mit dem Ausgang des Zweiten Weltkriegs endete dann der verspätete deutsche Versuch einer imperialen Großraumbildung nach den totalitären Maßgaben der Nationalsozialistischen Deutschen Arbeiterpartei, und ineins damit erledigte sich auch der imperiale Ausgriff des faschistischen Italien auf Nord- und Nordostafrika sowie über die Adria hinweg auf den Balkan. Es triumphierten die alten Demokratien des Westens sowie die Sowjetunion. Diese erhob sich freilich zunächst durch ihren Sieg zur Weltmacht im strategisch-militärischen Sinn mit unverkennbar imperialen Zügen. Inzwischen ist nun auch dieser Großstaat und mit ihr der von ihr zusammengehaltene Ostblock zusammengebrochen – teils kraft der ökonomischen Irrationalität des real existent gewesenen Sozialismus, teils kraft der Unglaubwürdigkeitswirkungen einer Ideologie, die das Selbstbestimmungsrecht der Völker der geschichtsphilosophischen Doktrin historischer Irreversibilität der machtpolitischen Ausbreitungserfolge des bolschewistischen Systems unterwarf.

Überdies erwies sich der Ausgang des Zweiten Weltkriegs als der Anfang vom Ende der großen Kolonialimperien. Frankreich hat aus Gründen, die nicht zuletzt mit seiner politischen Sonderstellung unter den westalliierten Siegermächten des Zweiten Weltkriegs zusammenhängen, sich zunächst schwerer als Großbritannien

---

[6] Fritz FISCHER: Griff nach der Weltmacht. Düsseldorf 1961.

getan, seine Machtpositionen jenseits der Meere zu räumen. Nur noch einige wenige Relikte aus der europäischen Kolonialgeschichte sind existent geblieben.

Gewiß: Das krude und uns allen bekannte Faktum, daß sich die Geschichte unseres Jahrhunderts im Rückblick, statt als eine Geschichte imperialer Großraum-
bildungen, als eine Geschichte des Scheiterns der Versuche ihrer Selbstbehauptung oder Neuerrichtung darstellt, läßt sich nicht zum Gesetz erheben. Aber der
Trend ist unverkennbar: Pluralisierung der Staatenwelt mit der eindrucksvollen
Schlußbilanz, daß in der Weltregion zwischen St. Petersburg und dem vorderen
Orient sich die Zahl souveräner Völkerrechtssubjekte von 1914 bis zum Beginn
unseres eigenen Jahrzehnts versiebenfacht hat. Es gibt Gründe anzunehmen, daß
dieser Prozeß gegenwärtig noch nicht einmal abgeschlossen ist. Es ist unplausibel, daß man dieser mächtigen Tendenz staatlicher Pluralisierung gegenüber die
Europäische Einigung als eine Gegenbewegung zu interpretieren hätte. Es ist rea-
litätsnäher anzunehmen, daß die Europäische Union den Versuch einer institutionellen Antwort auf die Herausforderungen modernitätsabhängiger Koopera-
tionszwänge darstellt, denen in der modernen Zivilisation und in Europa zumal
große wie kleine Staaten unterliegen – freilich so, daß im Gelingen institutionell
vergemeinschafteter Kooperationen der Staatenpluralismus uneingeschränkt erhalten bleibt, ja noch zunimmt.

Ein zweiter Grund, der erkennen läßt, daß die Europäische Union nach aller
Wahrscheinlichkeit nicht ein Gebilde nach Analogie der Vereinigten Staaten von
Amerika und damit auch nicht ein Großstaat sein wird, ist von härterer politischer Konsistenz. Wenn selbst der Kalte Krieg, als er am kältesten war, nicht Herausforderung genug war, aus den damaligen sechs Urmitgliedern der Europäischen Gemeinschaft eine sicherheits- und militärpolitisch souveräne Verteidigungsgemeinschaft zu machen – diese scheiterte bekanntlich 1954 am Veto der
französischen Nationalversammlung zur Zeit der Regierung Mendès-France[7] –,
dann ist in der gegenwärtigen Weltlage, die gewiß nicht krisenfrei, aber doch frei
von der Dauerkonfrontation zweier Machtblöcke an einem Eisernen Vorhang geworden ist, erst recht die Herausforderung nicht benennbar, die die europäischen
Länder einschließlich Großbritanniens veranlassen könnten, ihr Schicksal einer
verteidigungspolitisch souverän und in genau diesem traditionellen Sinne staats-
analog gemachten Europäischen Union anzuvertrauen.

Die skizzierte Pluralisierung der Staatenwelt, die für unser Jahrhundert, statt
Großstaatsbildung, charakteristisch zu sein scheint, hat sich in Ostmitteleuropa
sowie in Osteuropa, unter der Legitimation irresistibel wirkender Selbstbestim-
mungsansprüche vollzogen. Das Selbstbestimmungsrecht der Nationen gehört
bekanntlich zu den völkerrechtsgeschichtlich jungen Rechten[8], und es ist kein
Zufall, daß zu den Vordenkern dieses Rechts in herausragender Weise Theoretiker

---

[7] Am 30. August 1954. – Die Unterzeichnung des damit erledigten Vertrages zur Gründung der
    EVG durch die Regierungen Belgiens, der Bundesrepublik Deutschland, Frankreichs, Luxem-
    burgs, der Niederlande und Italiens hatte bereits im Mai 1952 stattgefunden.
[8] Daniel THÜRER: Das Selbstbestimmungsrecht der Völker. Ein Überblick. In: Archiv des Völ-
    kerrechts. Herausgegeben von H.-J. SCHLOCHAUER, J. v. MÜNCH, O. KIMMINICH, W. RUDOLF.
    22. Band (1984), S. 113–137.

in der österreichisch-ungarischen Doppelmonarchie gehörten[9]. Ersichtlich ist das Selbstbestimmungsrecht der Völker ein Recht mit großem Konfliktpotential. Die Ereignisse in der Kaukasusregion einerseits und auf dem Balkan andererseits demonstrieren es uns. So versteht man, daß das Selbstbestimmungsrecht in der Politik der Mitgliedsländer der Europäischen Union, zum Beispiel im Rahmen ihrer Mitgliedschaft in der OSZE[10] eher mit einer gewissen Zurückhaltung zur Geltung gebracht wird. Nichtsdestoweniger wäre das Beschweigen der Selbstbestimmungsrechte wenig geeignet, zur Entschärfung potentieller Volksgruppenkonflikte beizutragen. Wer die Entschärfung dieser Konflikte durch Bagatellisierung des Selbstbestimmungsrechts der Völker für aussichtsreich hält, neigt entsprechend dazu, den Volksbegriff für einen Atavismus zu halten. In der Tat würde jeder Versuch, aus der historisch kontingenten Vielfalt faktisch vorliegender politischer Volkszugehörigkeitserfahrungen einen normativ brauchbaren und zugleich inhaltlich sei es kulturell, sei es ethnisch gefüllten Volksbegriff zu destillieren, in Willkür enden. Erst recht läßt sich freilich die Existenz oder Nichtexistenz von Völkern als völkerrechtlichen Selbstbestimmungssubjekten in der gegenwärtigen Welt nicht mehr machtpolitisch bei Gipfeltreffen, in Friedenskonferenzen oder durch Diplomatenrunden am Grünen Tisch dekretieren. Das Selbstbestimmungsrecht der Völker bedarf heute der Positivierung durch völkerrechtlich anerkannte Verfahren, in denen die Selbstkonstitution eines Volkes als Staatsvolk sich vollzieht – auf der Basis welcher faktischen Zusammengehörigkeitserfahrungen auch immer[11].

Einforderung von Selbstbestimmungsrechten, die auf staatliche Separation drängen, sind in den Mitgliedsländern der Europäischen Union Sache von marginalen Gruppen, die freilich in Extremfällen sich radikalisieren und zu terroristischen Mitteln greifen. Aber auch moderat wirkende Kräfte gibt es, die gegenwärtig in Europa, statt Großstaatsbildung, gebietskörperschaftliche Pluralisierung und schließlich Föderalisierung begünstigen. So läßt sich gegenwärtig vor allem die gemeineuropäisch beobachtbare Bewegung des sogenannten Regionalismus[12] charakterisieren. Kritiker haben im Regionalismus Formen modernitätsverwei-

---

[9] Cf. exemplarisch Dr. Karl RENNER: Das Selbstbestimmungsrecht der Nationen, in besonderer Anwendung auf Österreich. Zugleich zweite, vollständig umgearbeitete Auflage von des Verfassers Buch „Der Kampf der österreichischen Nationen um den Staat". Leipzig und Wien 1918.

[10] Das Dokument des Kopenhagener Treffens über die menschliche Dimension der KSZE, Copenhagen 1990, belegt eindrucksvoll die Zurückhaltung der Teilnehmerstaaten dieser Konferenz in der Bereitschaft, über Minderheitenrechte als Individualrechte hinaus auch Selbstbestimmungsrechte als Rechte organisierter Minderheitengruppen anzuerkennen.

[11] Wie sich, nämlich unter den hochföderalen verfassungsrechtlichen Bedingungen der Schweiz, die Selbstkonstitution eines Staatsvolks im Vorgang einer Staatskonstitution vollzieht, mag man exemplarisch am Fall der Separation des Jura von Bern studieren. Cf. dazu den politisch-historischen Bericht von Marcel SCHWANDER: Jura - Konfliktstoff für Jahrzehnte. Zürich, Köln 1977.

[12] Cf. dazu meinen Aufsatz „Die große und die kleine Welt. Regionalismus als europäische Bewegung", in: Hermann LÜBBE: Die Aufdringlichkeit der Geschichte. Herausforderungen der Moderne vom Historismus bis zum Nationalsozialismus. Graz, Wien, Köln 1989, S. 30–45.

gernder Vergangenheitszugewandtheit erkennen wollen. Man vermutet Rückständigkeit und Zukunftsscheu – speziell gegenüber der Zukunft europäischer Einigung. In Wahrheit ist diese Vermutung unbegründet. Es ist gerade die Aufgeschlossenheit gegenüber demjenigen, was uns alle in der modernen Zivilisation großräumig miteinander verbindet, die komplementär dazu Interessen kultureller und politischer Selbstbehauptung herkunftsgeprägter Besonderheiten weckt sowie den Willen, für diese Besonderheiten Selbstbestimmungsrechte in Anspruch zu nehmen. Man vergegenwärtige sich diesen Zusammenhang exemplarisch am Phänomen des Sprachengebrauchs. In der Wissenschaft wie in der Wirtschaft und selbstverständlich auch in der Politik vollzieht sich die sich globalisierende Kommunikation zumeist im Medium eines gemeinen Englisch, und sogar in der Europapolitik bedienen sich Kontinentaleuropäer, wenn sie auf Dolmetscher verzichten möchten, der Sprache des europäischen Inselvolkes. Genau komplementär zu diesem Prozeß der Herausbildung einer neuen lingua franca revitalisieren sich überall jene Regionalsprachen, die man schon für Relikte der Vormodernität gehalten hatte. Vom niederländischen Friesland über Südtirol bis zum Nordrand der Karawanken nimmt die Häufigkeit zweisprachiger Ortstafeln zu. Schweizer Banknoten werden nicht mehr, wie noch vor einem Vierteljahrhundert, dreisprachig, vielmehr viersprachig beschriftet. In Barcelona hat man den spanischen Kronprinzen in offizieller Rede bereits katalanische Sätze sprechen hören. Okzitanen und Kelten, Ladiner und Basken treten aus ihrer Marginalität heraus und demonstrieren so, daß im Horizont einer zivilisatorischen Evolution von kontinentaler, ja globaler Reichweite die alten Polaritäten von metropolitan geprägter hoch- und nationalsprachlich privilegierter Kultur einerseits und volkssprachlich marginalisierter Provinz andererseits sich aufzulösen beginnen. Statt dessen bringen sich, komplementär zur herkunftsindifferent erwerbbaren zivilisatorischen Kompetenz, Ansprüche auf Geltungsgleichheit beliebiger kultureller Herkunftsprägungen zur Geltung. Soweit diese Prozesse politisch bis in ihre rechtlichen Konsequenzen hinein erfolgreich verlaufen, bewirken sie schließlich, daß Bevölkerungsgruppen, die früher einmal als „Minderheiten" gekennzeichnet wurden, statt sich aufzulösen, sich der Subsumtion unter die Kategorie „Minderheit" überhaupt entziehen.

Dabei wäre es falsch, zumindest einseitig zu finden, die regionalistischen Bewegungen seien eben nichts als ein Kompensationsphänomen – nützlich für den emotionalen Ausgleich der belastenden Seiten zivilisatorischer Modernisierungsvorgänge, im übrigen aber politisch irrelevant, nämlich für die Zwecke der politischen Selbstorganisation moderner Gesellschaften, die ihre Kleinstaatlichkeit zu überwinden und in großstaatliche Organisationsformen sich einzufügen hätten, die der Großräumigkeit moderner zivilisatorischer wechselseitiger Abhängigkeiten gewachsen sind. Das wäre ein schwerwiegendes Mißverständnis. In Wahrheit ist es der Komplexitätsgrad moderner Gesellschaften, der die Selbstorganisation kleiner Einheiten verlangt, weil anders die rasch wachsende Menge der Informationen, die bei anstehenden Entscheidungen zu berücksichtigen sind, rational nicht mehr verarbeitet werden könnte.

Die Impulse, denen die daraus resultierenden Selbstbestimmungs- und Selbst-verwaltungsansprüche kleiner Kommunitäten sich verdanken, sind insoweit nicht Impulse der Modernitätsflucht hinein in die Pseudoidyllik kleiner Räume. Es handelt sich vielmehr um Impulse aus der Erfahrung organisationstechnischer Notwendigkeiten[13], das heißt aus der Erfahrung, daß die eigenen Angelegenhei-ten sich zentral nur in einigen wenigen, freilich sehr wichtigen Bereichen hand-haben lassen, im übrigen aber und zum weitaus größeren Anteil selbstbestimmt erledigt sein wollen[14].

Die Konsequenzen dessen lassen sich in den aktuellen verfassungsrechtspoliti-schen Entwicklungen der europäischen Länder erkennen. Sogar Frankreich hat bekanntlich inzwischen über seine mehr als neunzig revolutionär geschaffenen Departements ein Netz von Regionen gelegt, die nicht Verwaltungseinheiten, vielmehr Selbstverwaltungseinheiten darstellen. Ihre Kompetenzen sind schwach. Nichtsdestoweniger handelt es sich um eine kleine Revolution, wie man erkennt, wenn man sich vergegenwärtigt, daß dergleichen noch unter De Gaulle nicht möglich gewesen war. Für Spanien und für Italien gilt Analoges, und es ist kein Zufall, daß ineins mit der Integration in die Europäische Union auch die traditio-nellen Föderalstaaten, also vor allem Deutschland und Österreich, verfassungs-rechtspolitisch inzwischen einem Prozeß der Stärkung von Länderkompetenzen ausgesetzt sind.

Die skizzierte modernitätsabhängige Tendenz zur Regionalisierung und Föde-ralisierung induziert zugleich gänzlich neue Formen internationaler Beziehung. Dafür steht exemplarisch die in Europa inzwischen weithin etablierte Praxis der Kooperation regionaler Gebietskörperschaften, von Ländern, ja von Kommunen, über Staatsgrenzen hinweg. Dabei handelt es sich stets um die Handhabung von Sachproblemen, die nach ihrer Natur staatsgrenzenüberschreitenden Charakter haben. Die Auswirkungen des Tourismus, die Konsequenzen staatsgrenzenüber-schreitender Arbeitsmärkte, ökologische Probleme, die sich ja bekanntlich auch durch Zollschranken nicht aufhalten lassen – das sind Probleme dieser Art, auf die sich die internationale Kooperation substaatlicher Gebietskörperschaften be-zieht. Das alles hat rechtlich selbstverständlich stets den Segen der formal zu-ständigen Staatsregierungen – bislang jedenfalls. Die Praxis indessen vollzieht sich vor Ort und wird in ihren Ergebnissen zumeist in den Zentralen wider-spruchslos notiert und sanktioniert, und im Kontext der neuerlich anstehenden Generalrevision der Schweizer Bundesverfassung wird bekanntlich von einigen Kantonen die Gewährleistung außenpolitischer Kompetenzen verlangt[15]. Noch

---

[13] Cf. dazu Renate MAYNTZ: Gesellschaftliche Modernisierung und die veränderte Rolle des Staates. In: Max-Planck-Gesellschaft. Jahrbuch 1995, S. 57–70.

[14] Cf. dazu Peter HABLÜTZEL, Toni HALDEMANN, Kuno SCHEDLER, Karl SCHWAAR (Hrsg.): Um-bruch in Politik und Verwaltung. Ansichten und Erfahrungen zum New Public Management in der Schweiz. Bern, Stuttgart, Wien 1995.

[15] Für die im Entwurf zu einer nachgeführten Verfassung, der inzwischen in die Vernehmlas-sung gegangen ist, vorgesehenen besonderen Mitwirkungsmöglichkeiten der Kantone im „Bereich der Außenpolitik" fühlt sich Leonhard Neidhart „an die Zeiten der Tagsatzung erin-nert". Man sollte allerdings die Frage offenlassen, ob solche Erinnerung sich im Widerspruch

einmal: Es handelt sich hier um internationale Kooperationen substaatlicher Körperschaften. Hier wird unbeschadet der Kompetenzen zentralstaatlich monopolisierter Außenpolitik ein System internationaler Beziehungen hergestellt. Das alles ließe sich im Ensemble von Kategorien traditioneller Zentralstaatszuständigkeiten nur mit Mühe verorten.

Was folgt daraus für die Politik der europäischen Einigung und welche „Verfassung" wäre entsprechend einer zukunftsfähigen Europäischen Union angemessen[16]? Bei europäischen Feiertagsreden wird unter den Gründen fälliger Einigung gern die kulturelle, näherhin auch die religiöse Herkunftseinheit Europas beschworen. Die Karlspreisverleihungen in Aachen, zum Beispiel, bieten naheliegenderweise mannigfachen Anlaß zu sagen, die europäische Einigung sei die politisch-institutionelle Konsequenz der kulturellen Herkunftseinheit unseres Kontinents. Das berühmte Photo, das uns Charles de Gaulle und Konrad Adenauer, die Unterzeichner des Elysée-Vertrags, betend in der Kathedrale zu Reims zeigt, symbolisiert eindrücklich die hier gemeinte Verbindung von europäischer Herkunft und Zukunft. Es gehört heute bis in Schulbücher hinein zur Ikonographie der europäischen Einigung.

Die Herkunftseinheit Europas ist nun in der Tat eine manifeste Realität. In höherer wie in gemeiner Bildung hat sie Präsenz, und die ausdrückliche Erinnerung an sie vergegenwärtigt Vertrautheiten, die zur kulturellen Hintergrundserfüllung unserer Lebensverbringung in Europa gehören und die eben deswegen eher selten in den Blickpunkt unserer speziellen Aufmerksamkeiten geraten. Das hat sich, um beim religionskulturellen Aspekt der Sache zu bleiben, der Papst bei seinen Visitationen in europäischen Ländern gelegentlich zunutze gemacht, indem er die um ihn versammelte Menge aufforderte, sich doch einmal in der Phantasie hinwegzudenken, was sich im umgebenden Ensemble schöner Plätze und Örter gemeinsamer christlicher Herkunft und Prägung verdanke. Es ist evident: Man blickte alsdann in gähnende Leere – der gotische Dom wäre verschwunden, der Rathaus-Giebel mit seinem Kreuz im städtischen Wappen dazu, das nahe Gymnasium Paulinum wäre, wenn als Bauwerk nicht abgeräumt, so doch durch Umwidmung aus seiner christlichen Bindung entlassen, im Stadttheater würde Goethes Faust, weil hier ja der Teufel mitspielt, vom Spielplan abgesetzt sein und auf der Festwiese fände der Galli-Markt nicht mehr statt. Der halbe Stadtfriedhof läge seiner beiseite geräumten Kreuze wegen kahl, und von den Beständen Schöner Literatur in der Landesbibliothek verbliebe fast nichts, wenn alles entfernt werden

---

zu den europapolitischen Tendenzen unserer Tage befände oder eher in Übereinstimmung damit. – Leonhard NEIDHART: Verfassungsrevision – eine gelungene Reform. Auf der Suche nach Zustimmungsmobilisatoren. In: Neue Zürcher Zeitung, Nr. 24 (Dienstag, 30. Januar 1996), S. 27.

[16] Als einen der mannigfachen Vorschläge zur Stärkung der Kompetenz des Europäischen Parlaments cf. Werner WEIDENFELD (Hrsg.): Europa '96. Reformprogramm für die Europäische Union. Strategien und Optionen für Europa. Erarbeitet von der Europäischen Strukturkommission: Ernst BENDA, Klaus von BEYME, Joachim BITTERLICH, Karl Dietrich BRACHER, Ulrich EVERLING, Meinhard HILF, Josef JANNING, Peter Graf KIELMANNSEGG, Heinz LAUFER, Hermann LÜBBE, Werner MAIHOFER, Gert NICOLAYSEN, Fritz W. SCHARPF, Jérôme VIGNON, Werner WEIDENFELD (Vorsitzender). Gütersloh 1994, bes. S. 32ff.

müßte, was sich auf Topoi christlicher Weisheit beriefe – vom Teufel, der nur „wenig Zeit hat", bis zum Geist, der „weht, wo er will". Selbst die Europa-Flagge wäre nur noch ein blaues Tuch, weil wir mit ihrem biblischen Ursprung auch noch ihre goldenen Sterne hinwegzudenken hätten. Die religiöse Herkunftseinheit Europas ist somit, als Bestandteil unseres Bildungswissens, trivial. In jeder Stadtsilhouette spiegelt sie sich. Der Vielheit der europäischen Nationen liegt sie voraus, und in den aktuellen Prozeß der politischen Einigung Europas geht sie als Voraussetzung ein.

Grund und Motiv für die Errichtung einer Europäischen Union ist die kulturelle Herkunftseinheit Europas hingegen nicht. Sie könnte es schon allein deswegen nicht sein, weil jene Kultur, die in der Tat europäisch verwurzelt ist, nach Geltung und Wirkung weit über die Grenzen des Teilkontinents hinausreicht, aus dem jetzt eine Europäische Union werden soll. Die europäische Herkunftskultur gehört uneingeschränkt auch den Amerikanern, und längst ist Europa von den amerikanischen Hervorbringungen seiner eigenen Ursprünge abhängig geworden. Sogar für die Philosophie gilt das und für die übrigen Wissenschaften einschließlich vieler Kulturwissenschaften gilt es ohnehin. Das Christentum, so glaubt man zu sehen, manifestiert sich im nordamerikanischen Alltag inzwischen lebendiger als in den hochsäkularisierten Ländern Europas[17], und die Erhaltung oder Wiedergewinnung ihrer politischen Freiheit verdanken diese Länder in unserem Jahrhundert vor allem der Schutzmacht der USA.

Das alles bedeutet: Die Kultur europäischer Herkunft reicht nach Geltung, Wirkung und Rückwirkung weit über die Grenzen der existenten oder angestrebten Europäischen Union hinaus. Die politische Einigung Europas läßt sich als Fälligkeit aus der kulturellen Herkunftseinheit dieses Kontinents nicht plausibel machen. Die europäische Kultur ist eine Kultur des Reichtums an Gehalten, die sich, sogar über Amerika hinaus weltweit, als universalisierbar erwiesen haben. Bis in die Lebenszusammenhänge moderner Wissenschaft, Technik und Wirtschaft hinein findet Europas sich heute durch Folgen der Anstöße herausgefordert, die es anderen gegeben hat. Nicht seine Herkunftseinheit, vielmehr die Ungewißheit seiner Zukunft unter dem Druck seiner global gewordenen Abhängigkeiten legen den Versuch nahe, die europäischen Staaten, unter denen sich eine Weltmacht nicht mehr befindet, in eine politisch handlungsfähige Union zu integrieren.

Noch einmal also: Die kulturelle und religiöse Herkunftseinheit Europas gehört zu den Voraussetzungen der europäischen Einigung; Veranlassung dieser Einigung ist sie nicht. Die Beweggründe für die institutionelle Vergemeinschaftung europäischer Politik sind pragmatischer Natur, und man sollte hinzufügen: zum Glück sind sie es. Die Zustimmung zur europäischen Einigung setzt voraus, daß die Europäer in dieser Einigung ihr Interesse erkennen.

---

[17] Cf. dazu Michael ZÖLLER: Entchristlichung oder Entkirchlichung? Das ganze Amerika: soziale Formen moderner Religion. In: Friedhelm HILTERHAUS, Michael ZÖLLER (Hrsg.): Kirche als Heilsgemeinschaft – Staat als Rechtsgemeinschaft. Welche Bindungen akzeptiert das moderne Bewußtsein. Köln 1993, S. 185–195.

Aus der Fülle der Zwecke, die der Politik der europäischen Einigung ihre Zustimmung und damit ihre Kraft verschaffen, wird regelmäßig an erster Stelle die
Errichtung einer europäischen Friedensordnung genannt. Das ist, in Erinnerung
an die europäische Kriegsgeschichte, naheliegend. Der Friede allerdings, dessen
wir uns in Europa seit der Niederringung des nationalsozialistischen Totalitarismus und damit seit dem Ende des Zweiten Weltkriegs bis zum Ausbruch der
Konflikte im ehemaligen Jugoslawien erfreuen konnten, ist nun freilich weniger
das Resultat als die Voraussetzung der Vergemeinschaftung europäischer Politik
im Rahmen der EU. Anders gesagt: Nicht die Europäische Gemeinschaft für Kohle
und Stahl, nicht die Europäische Atomgemeinschaft[18] und auch nicht die institu-
tionalisierte Europäische Politische Zusammenarbeit[19] hat den europäischen
Nachkriegsfrieden gestiftet. Vielmehr verdanken sich umgekehrt diese Verge-
meinschaftungen und Kooperationen der mit dem Ende des Zweiten Weltkriegs
und seinen politischen Folgen zur Evidenz gelangten Unfähigkeit der großen europäischen Nationen, miteinander oder gegeneinander noch Übermächtigungs-
kriege oder auch Kriege zur Herstellung von Gleichgewichtslagen zu führen. Die
europäische Friedensordnung, die mit den Europäischen Gemeinschaften auf den
Weg gebracht worden ist, verdankt sich dem unwidersprechlich gewordenen Ende
der Großmachtrolle der Europäischen Hauptmächte. Sie verdankt sich der Herausforderung des Kalten Krieges, der ohne den Rückhalt der Atlantischen Allianz[20] und damit ohne den Beistand der USA nicht hätte ausgehalten werden können, sowie den Zwängen weltwirtschaftlicher Abhängigkeiten, in denen Erfolge
und Mißerfolge ungleich weniger von Potentialen militärischer oder sonstiger
politischer Macht als von der Fähigkeit abhängen, den Imperativen technischer,
ökonomischer und organisatorischer Rationalität zu gehorchen.

Die skizzierte Kausalität, wonach der europäische Nachkriegsfriede weniger
die Folge als die Voraussetzung der Europäischen Gemeinschaften ist, erklärt
übrigens die Irritation, die der deutsche Bundeskanzler mit seiner Erhebung der
europäischen Einigung einschließlich der Währungsunion zum Instrument der
Kriegsvermeidung ausgelöst hat[21]. Nur wenn man dem Frieden ohnehin traut,
vertraut man doch auch einer gemeinschaftlichen Geldpolitik, und wo es Kräfte
gibt, die zum Friedensbruch sich entschließen möchten, wären sie daran auch
durch Hüter einer gemeinsamen Währung nicht zu hindern. Eben das bedeutet:
Vorteil und Nachteil einer Währungsunion sollten exklusiv mit Rekurs auf die

---

[18] Der Vertrag zur Gründung der EGKS (Pariser Vertrag) wurde am 18. April 1951 unterzeichnet, die Europäische Atomgemeinschaft wurde ineins mit dem Vertrag zur Gründung der
EWG (Römische Verträge) am 25. März 1957 unterzeichnet.

[19] Ein wichtiger Schritt zur Stärkung der Europäischen Politischen Zusammenarbeit (EPZ) war
der diesbezügliche Vorschlag des deutschen und italienischen Außenministers vom Januar
1981, der im Oktober desselben Jahres die Billigung des Europäischen Rates fand.

[20] Nicht zufällig wurde die Bundesrepublik Deutschland alsbald nach dem Scheitern der EVG
(30.8.1954) in die NATO aufgenommen (1955).

[21] Zu Beginn dieses Jahres in einer Rede an der Universität Leuven, die vor allem in Großbritannien auf heftigen Widerspruch stieß. Cf. dazu den Bericht „Kohls Europakurs in der An-
fechtung", in: Neue Zürcher Zeitung. Internationale Ausgabe Nr. 40 (Samstag/Sonntag,
17./18. Februar 1996), S. 5.

Pragmatik ökonomischer Rationalität erörtert werden[22]. Wer sie statt dessen auf Fälligkeiten der Friedenssicherung bezieht, mindert ineins das Vertrauen in die Stabilität des Friedens, den wir doch bereits haben, wie in die Stabilität des gemeinsamen Geldes, das als vermeintliches Medium der Friedenssicherung funktional überlastet wäre.

Zweitens verband sich mit der partiellen Vergemeinschaftung europäischer Politik von Anfang an der Zweck der Einbindung Deutschlands in diese Politik. Das gilt schon für die bald nach der staatlichen Rekonstruktion Deutschlands errichtete Europäische Gemeinschaft für Kohle und Stahl, und noch für den Maastrichter Vertrag mit seiner Bekundung des Willens zu „einer immer engeren Union der Völker Europas"[23] gilt es nicht minder. Dem Maastrichter Vertrag ging die Wiedervereinigung Deutschlands voraus sowie die Einsicht in die Unaufhaltsamkeit des Verfalls der politischen Gegebenheiten, die über mehr als vier Jahrzehnte hinweg die Teilung Deutschlands verbürgt hatten und die man in etlichen Ländern der Europäischen Gemeinschaft gern erhalten gesehen hätte.

Es ist, zumal in Deutschland, nicht populär, das zu sagen. Es fördert aber den europapolitischen Realismus, sich zu dieser Antriebskraft europäischer Einigung unbefangen zu verhalten, und den Deutschen sollte das noch am leichtesten fallen. Die Integration Deutschlands in die Europäischen Gemeinschaften hat, nächst den Herausforderungen des Kalten Krieges, wie nichts anderes die Wiederherstellung Deutschlands als handlungsfähiges politisches Gemeinwesen begünstigt. Gemessen an der Lage, in der Deutschland sich nach dem Ende der Diktatur der Nationalsozialistischen Deutschen Arbeiterpartei befand, ist die europäische Einigung Deutschland mehr als jedem anderen Lande zugute gekommen[24].

Man verfälscht die politischen Motivationen nicht, wenn man festhält, daß selbst noch die im Maastrichter Vertrag für das Ende des Jahrtausends beschlossene Währungsunion ineins mit ihren erhofften wirtschaftlichen Vorzügen auch die sich herausbildende Sonderstellung der D-Mark als europäischer Ankerwährung beseitigen soll. Auch das sollte sich unbefangen sagen lassen. Wahr ist, daß das Unbehagen gegenüber einer währungspolitisch sich herausbildenden Sonderstellung der D-Mark nicht primär ökonomische Gründe hat. Aber der dazu komplementäre Wille, der die D-Mark ihres Prestiges wegen nicht aufgeben möchte, wäre auch kein der ökonomischen Rationalität unterworfener Wille, und die ökonomische Rationalität sollte die einzige sein, von der man sein Urteil über die

---

[22] Die Erörterung zur Findung eines primär an ökonomischer Rationalität orientierten Urteils über Nutzung und Nachteil der Währungsunion ist erfreulicherweise inzwischen auch in Deutschland lebhaft und intensiv geworden. Cf. dazu exemplarisch Rolf CAESAR, Hans-Eckhart SCHARRER (Hrsg.): Maastricht: Königsweg oder Irrweg zur Wirtschafts- und Währungsunion? Bonn 1994.

[23] So im deutschen Wortlaut der Artikel A des Vertrages zur Gründung der Europäischen Union vom 7. Februar 1992. In: Werner WEIDENFELD (Hrsg.): Maastricht in der Analyse. Materialien zur Europäischen Union. Gütersloh 1994, S. 349–474, S. 351.

[24] Cf. dazu das Kapitel „Deutschland – von der europäischen Einigung begünstigt" in meinem Buch „Abschied vom Superstaat. Vereinigte Staaten von Europa wird es nicht geben". Berlin 1994, S. 7–14.

europäische Währungsunion abhängig macht. Ein Markt ohne Grenzen, die Hindernisse für freien Austausch von Gütern, Kapitalien, Personen und Dienstleistungen wären, würde gewiß durch eine einheitliche Währung begünstigt sein. Das leuchtet auch dem ökonomisch weniger erfahrenen Bürger ein, und das Bankgewerbe sowie die exportorientierten Unternehmen sind aus naheliegenden Gründen ohnehin für die Währungsunion. Unerprobt ist, ob im Rahmen eines Marktes von kontinentaler Weite, aber höchst unterschiedlichen regionalen wirtschaftlichen Entwicklungsständen und nationalen wirtschaftspolitischen Traditionen die vertraglich gewährleistete Autonomie der künftigen europäischen Notenbank für die Sicherung einer stabilen Währung ausreichen wird, solange von effektiver Koordination der Finanz- und Sozialpolitik der Mitgliedsländer der Europäischen Währungsunion nicht die Rede sein kann. Die derzeit verantwortlichen Politiker pflegen, zumindest in offiziellen Verlautbarungen[25] uneingeschränkt für die im Maastrichter Vertrag beschlossene Währungsunion einzutreten[26]. Andererseits wird als notwendige Ergänzung des Maastrichter Vertrags ein „Stabilitätspakt" empfohlen, ja verlangt[27], der die Verpflichtung auf eine Finanzpolitik beinhalten soll, die die Währungsstabilität nicht gefährdet. Wäre das nötig, wenn die Autonomie der Notenbank für die Sicherung der Währungsstabilität ausreichend sein könnte? Und wenn man in der Beantwortung dieser Frage eher skeptisch sein würde – wäre dann, als Ergänzung des Maastrichter Vertrages, ein zusätzlicher Stabilitätspakt aussichtsreich? Ein solcher Pakt würde, immerhin, in ganz und gar ungewohnter Weise in die wirtschaftspolitische Souveränität der Mitgliedsländer der Währungsunion eingreifen, und es wäre illusionär anzunehmen, daß es dafür bereits eine gemeineuropäische Zustimmungsbereitschaft gäbe. Die vertraglich festgehaltenen Vorbehalte der EU-Mitglieder Großbritannien und Dänemark sind bekannt.

Die Konvergenzkriterien, die im Maastrichter Vertrag festgeschrieben sind, haben freilich unbeschadet einer gewissen Willkürlichkeit, die Anmutungsqualität der Strenge, und für ihre Aufweichung, für die der Maastrichter Vertrag sogar Handhaben böte, plädiert offiziell niemand. Andererseits wird es immer unwahr-

---

[25] So, herausragend, der französische Parlamentspräsident Philippe Séguin, der sich im Januar 1996 in Aachen uneingeschränkt für die vertragsgemäße Verwirklichung der Europäischen Währungsunion ausgesprochen, zuvor in Frankreich aber schon mit drastischen Worten wider den Idiotismus der Idee dieser Währungsunion polemisiert hatte. Cf. dazu den Bericht „Séguin fordert das Ende des ‚Euro-Pessimismus'" in: Frankfurter Allgemeine Zeitung. Nr. 23 (Samstag, 27. Januar 1996), S. 6.

[26] So wiederholt öffentlichkeitswirksam der deutsche Altbundeskanzler Helmut SCHMIDT: Die Lehre aus der Vergangenheit. Deutschland im Konzert der Welt. In: Deutschland im Umbruch. Die politische Klasse und die Wirklichkeit. Drittes Gesellschaftspolitisches Forum der Banken. Schönhausener Gespräche. Herausgeber: Bundesverband Deutscher Banken. Köln 1996, S. 18–33.

[27] Der deutsche Finanzminister Theo Waigel ist mit dem Vorschlag eines solchen Stabilitätspakts beim EU-Gipfel in Madrid Ende 1995, bei der auch der Gemeinschaftswährungsname „Euro" beschlossen wurde, hervorgetreten. Cf. dazu den Bericht von Friedrich HEINEMANN: Die Lücke von Maastricht. In: Rheinischer Merkur. Nummer 51 (22. Dezember 1995), S. 12.

scheinlicher, daß die als Voraussetzung für den Beitritt zur Währungsunion beschlossenen Konvergenzkriterien im Rahmen des gleichfalls vertraglich festgeschriebenen Zeitplans von einer ausreichenden Zahl von Mitgliedsländern der Europäischen Union erfüllt werden könnten, und nichtsdestoweniger will auch am Zeitplan niemand rütteln. Auch dafür gibt es gute Gründe, nämlich zu verhindern, daß man in den Anstrengungen zur Erfüllung der Konvergenzkriterien läßlicher wird. So oder so bleibt es verblüffend, wie man hat finden können, im Rahmen eines eilig gemachten Vertrages über die höchst komplexen Bedingungen disponieren zu können, von denen das Gelingen einer Währungsunion abhängig ist. Gewiß: Eine einheitliche Währung macht Einheit wie nur wenig anderes alltäglich erfahrbar. Geld ist tatsächlich ein auch politisch bedeutsames Einheitssymbol. Aber im Unterschied zu anderen Symbolen, die wie Fahnen und Hymnen eben nichts als Symbole sind, ist Geld zugleich ein eminent praktisches Medium, und würde es sich als ein schwächliches Medium erweisen, so wäre damit dann zugleich auch die europäische Einheit symbolisch beschädigt. Kurz: Die Währungsunion ist riskant. Aussicht auf sehr große Gewinne rechtfertigen gewiß auch Risiken. Aber wie groß sind denn die Vorzüge der Währungsunion angesichts der aktuellen währungspolitischen Verhältnisse in Europa? Der Schweizer Industrieverein hat gefunden, eine kleine Währungsunion einiger weniger Hartwährungsländer wäre, weil nur schwach vorteilhaft, unnötig, eine große Währungsunion derzeit hingegen schädlich[28].

Drittens ist die Ausrufung einer Europäischen Union von der pragmatischen Absicht mitbestimmt, Europa nach dem irreversiblen Verlust der Weltmachtstellung seiner einstmals groß gewesenen Nationen erneut und nun eben gemeinschaftlich international handlungsfähig zu machen. Naheliegenderweise ist es Frankreich, welches am konsequentesten diese Absicht zur Geltung bringt. Noch die jüngsten Atombombenversuche sind davon mitbestimmt und die Ankündigung einer geradezu revolutionären Veränderung der traditionsreichen französischen Militärverfassung desgleichen. Die europapolitischen Aspekte dieser Bemühungen um Gewinnung und Behauptung verteidigungs- und sicherheitspolitischer Souveränität hat Frankreich in Reaktion auf laut gewordene Kritik ausdrücklich hervorgehoben, und das ist ernst zu nehmen. Zu förmlichen Souveränitätsverzichten im Interesse einer vergemeinschafteten europäischen Verteidigungs- und Sicherheitspolitik ist Frankreich freilich zugleich nicht bereit, so daß insoweit die Auflösung des Problems, wie ungeteilte nationale Souveränität sich mit den Potentialen eines partiell geeinten Europas verbinden ließe, wohl in einer französisch dominierten Europäisierung der Verteidigungspolitik läge. Die Alternative repräsentiert Großbritannien, in dessen verteidigungspolitischer Orientierung im Verhältnis zu den USA Prestigegesichtspunkte eine geringere Rolle spie-

---

[28] Zur „Ansicht des Schweizerischen Handels- und Industrievereins (Vorort)" zum Thema Europäische Währungsunion cf. Bericht bb.: Skepsis des Vororts gegenüber der EWU. Trotz weiterem Aufwertungsdruck kein Grund zur Hektik. In: Neue Zürcher Zeitung. Nr. 5 (Montag, 8. Januar 1996), S. 7: „Während der ökonomische Nutzen einer kleinen EWU eher gering sein dürfte, lasse umgekehrt ein großer Teilnehmerkreis das Risiko einer stabilitätspolitischen Aufweichung größer werden".

len, so daß Großbritannien verteidigungspolitisch wie bisher die Atlantische Allianz favorisiert und an einer Verselbständigung der Westeuropäischen Union zu einem EU-abhängigen ostatlantischen Pfeiler der Allianz nicht interessiert ist. Immerhin: Als „Union" hat sich die Europäische Gemeinschaft zum Subjekt gemeinsamer Außen- und Sicherheitspolitik erklärt[29], und man dächte in kurzen Fristen, wenn man das nach dem Ende des Kalten Krieges nicht mehr für aktuell hielte.

Viertens hat die Europäische Gemeinschaft sich als Markt von kontinentaler Weite etabliert. Die Wohlfahrtsgewinne, die das den Europäern eingebracht hat, sind beträchtlich, und wer das gering schätzte, hätte die europäische Armutsgeschichte[30], die auch heute noch keineswegs vollständig Vergangenheit ist, schon vergessen und die weltpolitische Katastrophe des Versuchs, diese Armut kommunistisch zu überwinden, desgleichen. Richtig bleibt, daß ein europäischer Markt in wesentlichen Hinsichten sich auch als Freihandelszone hätte organisieren lassen. Aber die institutionelle Vergemeinschaftung europäischer Wirtschaftspolitik beschleunigt doch die Vorgänge wünschenswerter Rechtsangleichung, und Transferleistungen bedeutenden Umfangs, deren Effizienz freilich nicht durchweg garantiert ist, setzen gleichfalls politisch entscheidungskompetente Gemeinschaftsinstitutionen voraus. Wie auch immer: In den Regeln des vergemeinschafteten europäischen Marktes wird für jeden, der an ihm teilnimmt, die Realität gewordene politische Einheit Europas am aufdringlichsten spürbar.

Mit der Aufzählung und Erörterung der pragmatischen Zwecke, die die Politik der europäischen Einigung heute bestimmen, ließe sich lange fortfahren - von der Gewährleistung innerer Sicherheit über die Handhabung der Migrationsprobleme bis hin zum Umgang mit ökologischen Krisen, die Nationalstaatsgrenzen nicht respektieren. Das erübrigt sich hier. Es soll aber noch einmal bekräftigt sein, daß eine europäische politische Identität sich einzig über eine Politik bilden wird, die in Orientierung an den genannten pragmatischen Zwecken erfolgreich ist. Die bloße Vergegenwärtigung der kulturellen und religiösen Herkunftseinheit Europas hingegen bliebe als solche ohne auch in politischer Hinsicht Einheit stiftende Kraft.

Die Europäische Union, in der sich die pragmatischen Zwecke der europäischen Einigung politisch bündeln, ist bislang nichts anderes als eine vertraglich festgeschriebene gemeinschaftliche Willensbekundung. Aber im Unterschied zu den Europäischen Gemeinschaften hat die Europäische Union bislang nicht den

---

[29] Zu den divergierenden Konzepten, die damit verdeckt sind, cf. Werner LINK: Ordnungsentwürfe für Europa. In: Karl KAISER, Hans-Peter SCHWARZ (Hrsg.), unter Mitarbeit von Martin BRÜNING und Georg SCHILD: Die neue Weltpolitik. Bonn 1995, S. 471-485, S. 479ff.: „Ordnungsentwürfe für den europäischen Kernraum". - Zu den sich mit der europäischen Einigung verbindenden französischen Interessen, die markant auf Souveränitätskonservierung bezogen sind, cf. den eindrucksvollen Text, der die französischen Leitlinien für die intergouvernementale Konferenz zur Revision des Maastrichter Vertrages dokumentiert: Europe: le texte confidentiel qui fixe les grandes orientations françaises. In: LE FIGARO. N° 16 021 (Mardi, 20 février 1996), S. 6.

[30] Cf. dazu Wolfram FISCHER: Armut in der Geschichte. Göttingen 1982.

Status einer Institution, mit der man, wie Kissinger angeblich vergeblich versuchte, telephonieren könnte oder auch diplomatische Beziehungen aufnehmen. „Europäische Union" – das ist der schöne Name der künftigen, nämlich nach dem vertraglich bekräftigten Willen ihrer Mitgliedsländer fortentwickelten Europäischen Gemeinschaft. Was fehlt dieser Gemeinschaft derzeit vor allem? Gesetzgebungskompetenzen sind es nicht. Europäisches Recht überlagert das Recht der europäischen Nationen längst in einem Umfang, die die Bürger regelmäßig in Erstaunen versetzt, wenn sie davon zum ersten Mal explizit Kenntnis nehmen. Um so unübersehbarer wird ihnen dann zugleich die unzureichende Legitimität der Gesetzgebungskompetenz der Gemeinschaft[31]. Es ist die vorstellungsprägende Macht der Staatsanalogie, die auf die Frage, wie sich durch institutionelle Reformen die Legitimitätsdefizite des expansiven Gemeinschaftshandelns beheben ließen, immer wieder die Antwort nahelegt, man habe die Zuständigkeiten des Europäischen Parlaments zu erweitern. Tatsächlich hat auch der Maastrichter Vertrag eine solche Erweiterung der Parlamentszuständigkeiten festgeschrieben. Nichtsdestoweniger wird auch im aktuellen Prozeß der Revision des Maastrichter Vertrags das Straßburger Parlament nicht zu einem Vollparlament werden und aus eben diesem Grund die Europäische Gemeinschaft auch nicht zu einer staatsanalogen, nämlich demokratisch uneingeschränkt legitimierten Körperschaft. Auf der europäischen Ebene tritt, und zwar für vorerst unabsehbare Zeit, die demokratische Legitimität als Quelle legaler Geltung der dort beschlossenen Normen gegenüber der föderalen Legitimität zurück[32].

Was heißt das? Die demokratische Legitimität – das ist bekanntlich die Legitimität durch Mehrheit wahl- und abstimmungsberechtigter Personen. One man, one vote – das ist, metonymisch gesprochen, das Grundprinzip der demokratischen Legitimität. Es ist evident, daß die Europäische Union für ihre Gesetzgebungsakte die so bestimmte demokratische Legitimität nicht in Anspruch nehmen kann. Das Straßburger Parlament, gewiß, ist an der europäischen Gesetzgebung beteiligt, aber eben, im Gegensatz zur Funktion von Parlamenten in uneingeschränkt demokratisch legitimierten parlamentarischen Demokratien, nicht mit voller Gesetzgebungskompetenz. Wieso nicht? Hat dieses „Demokratiedefizit" nicht Skandalcharakter? Wieso behebt man dieses Defizit nicht? Die Antwort liegt auf der Hand: Ein voll kompetentes europäisches Parlament – das wäre das Parlament eines europäischen Bundesstaates, und dieser hat derzeit einzig in Deutschland noch einige unverdrossene Anhänger. Der französische Staatspräsident hingegen hat vor Eintritt in die Verhandlungen zur Revision des Maastrichter Vertrages ausdrücklich erklärt, Frankreich wünsche eine Erweiterung der Kompetenzen des Europäischen Parlaments nicht, rege hingegen die Einrichtung

---

[31]   Zum Legitimationsproblem der EU cf. Winfried KLUTH: Die demokratische Legitimation der Europäischen Union. Eine Analyse vom Demokratiedefizit der Europäischen Union aus gemeineuropäischer Verfassungsperspektive. Berlin 1995.

[32]   Zum Verhältnis von demokratischer und föderaler Legitimität cf. exemplarisch Peter Graf KIELMANNSEGG: Läßt sich die Europäische Union demokratisch verfassen? In: Werner WEIDENFELD (Hrsg.): Reform der Europäischen Union. Materialien zur Revision des Maastrichter Vertrages 1996. Strategien für Europa. Gütersloh 1995, S. 229–242.

eines „Hohen Parlamentarischen Rates" auf der Ebene der Europäischen Gemeinschaft an, nämlich als ein Repräsentativorgan aus Mitgliedern der nationalen europäischen Parlamente[33]. Das ist konsequent, nämlich dann, wenn man eine staatsanaloge Verfassung der Europäischen Gemeinschaft gerade vermeiden möchte. Die Legitimität ihrer Gesetzgebungskompetenz kann unter dieser Voraussetzung einzig eine föderale Legitimität sein. Föderale Legitimität – das ist die Legitimität aus demokratischer Willensbildung nicht von Individuen, sondern von autonomen Gebietskörperschaften. Wir kennen diese Legitimität in Europa aus unseren föderal verfaßten Nationalstaaten. Obwohl der Kanton Zürich nach seiner Bevölkerung die Zahl der Bürger der beiden Appenzell dreidutzendfach überbietet, ist sein Stimmengewicht im Ständerat mit demjenigen beider Appenzell gleich. Auf die europäische Ebene übertragen heißt das: Obwohl das Großherzogtum Luxemburg nach seiner Einwohnerzahl lediglich etwa ein Zweihundertstel der Einwohner der Bundesrepublik Deutschland umfaßt, hat es im Europäischen Rat eine äquivalente Stimme, und im entscheidungskompetenten Ministerrat das Abstimmungsgewicht eines Fünftels des Gewichts der BRD.

Die entscheidende Legitimität der Gesetzgebungskompetenz der Europäischen Gemeinschaft ist in genau dem erläuterten Sinn also nicht eine demokratische, vielmehr eine föderale. Dem widerspricht nur scheinbar das Faktum, das auf Verlangen Großbritanniens im Maastrichter Vertrag der Begriff des Föderalismus strikt vermieden worden ist. Es bedürfte einer historischen Erklärung, wieso in britischen Ohren, anders als in den föderal organisierten Staaten Europas, der Föderalismus unter seinem englischen Namen als „federalism" Assoziationen fälliger Abwehr auslöst[34]. Es kommt auf diese historische Erklärung hier nicht an. Es genügt, mit den Briten in der Absicht übereinzustimmen, daß die Europäische Union sich nicht zu einem Gebilde entwickeln soll, das die staatliche Souveränität ihrer Mitgliedsländer an sich zieht und zur Souveränität eines Bundesstaates entwickelt. Das ist es, was die Briten durch den von ihnen erzwungenen Verzicht auf den Föderalismus-Begriff in den Maastrichter Verträgen indirekt, aber überdeutlich sichergestellt haben wollten, und eben das macht zugleich evident, wieso die

---

[33] Avant la conférence intergouvernementale de Turin. Europe: le texte confidentiel qui fixe les grandes orientations françaises. In: LE FIGARO. N° 16 021 (Mardi, 20 février 1996), p. 6: „Une participation des Parlements nationaux pourrait être organisée. En particulier, le haut conseil parlementaire pourrait être associé à la préparation des textes qui intéressent les droits civils ou pénal ...".

[34] Der Begriff des Föderalismus läßt es offen, ob man bei föderal organisierten Gemeinwesen den Einheitsaspekt oder den Vielheitsaspekt hervorkehren möchte. In den Traditionen der europäischen Föderalstaaten pflegt man mit dem Begriffsnamen „Föderalismus", im Kontrast zu den europäischen zentralistisch organisierten Einheitsstaaten nach dem Musterfall Frankreichs, vor allem die Vorstellung einer Pluralität der föderal miteinander verbundenen Gemeinwesen zu verbinden. Kraft der Wirkungen historischer Erinnerung an die Gründungsgeschichte der Vereinigten Staaten von Amerika denkt man in Großbritannien hingegen, wenn man „federalism" hört, vor allem daran, daß Bundesstaaten eben Staaten sind. Mit seiner Weigerung, die Aufnahme des Föderalismusbegriffs in den Text des Maastrichter Vertrages zu akzeptieren, wollte somit Großbritannien die Staatsqualität der Europäischen Union dementiert wissen.

Europäische Union keine Einrichtung sein wird, die nach Analogie der Vereinigten Staaten von Amerika als Großstaat verstanden werden könnte. Insoweit gibt
es auch keine Divergenz der europapolitischen Vorstellungen zwischen Großbritannien einerseits und Frankreich andererseits. Frankreich möchte gewiß, mit
anderen Akzenten als Großbritannien, die Potentiale der Europäischen Union für
eine von den Potentialen der USA unabhängigen Außen- und Sicherheitspolitik
nutzen. Aber zur Unterwerfung unter die föderale Majorität eines europäischen
Entscheidungsgremiums gleichberechtigter Mitgliedsländer wäre es in dieser
Materie auch nicht bereit. Evidenterweise hat somit die Europäische Union in absehbarer Zeit keine Aussicht, etwas zu werden, was sich mit dem Assoziationsgehalt der Kennzeichnung „Vereinigte Staaten von Europa" zur Deckung bringen
ließe, und es ist ein schätzenswerter Fortschritt in der Verständigung über Sinn
und Gehalt der Europäischen Union, daß Churchills Zürcher Ermunterung zur
Errichtung einer Art Vereinigter Staaten von Europa in angemessener Weise
rühmend gedacht, aber von niemandem mehr wörtlich genommen wird.

6. Ermunterung zu europäischem Pragmatismus

Ein Gespräch mit Adelbert Reif, DIE WELT

Herr Professor Lübbe, der Einigungsprozeß Europas schreitet voran, unter welchen Schwierigkeiten und Rückschlägen auch immer. Und am Ende dieses Jahrtausends sollen die Verträge von Maastricht in die Praxis umgesetzt sein. Dennoch stellt sich die Frage: Haben wir überhaupt einen Begriff davon, was Europa in der Zukunft bedeuten soll?

Die politische und näherhin die verfassungsrechtliche Gestalt des künftigen Europa tritt in der Tat erst allmählich aus den Nebeln der Zukunft hervor. Auch das komplizierte Vertragswerk der Maastrichter Verträge verschafft uns kein deutliches Bild. Selbst die Juristen haben bei der Lektüre dieser Verträge Schwierigkeiten. Dem Bürger sind sie nahezu unverständlich. Immerhin ist klar: Die Europäische Union wird kein Einheitsstaat sein. Sie wird überhaupt nicht ein Staat traditionellen Musters sein. Wer das künftige Europa sich vorstellen will, braucht politische und näherhin verfassungspolitische Phantasie.

Ihr jüngstes Buch „Abschied vom Superstaat" trägt den Untertitel „Vereinigte Staaten von Europa wird es nicht geben". Halten Sie die alte Idee der Bildung eines vereinigten Staatenbundes nach dem Vorbild der USA für absolut unrealistisch?

Die Idee, Europa politisch zu einigen, reicht tief bis ins 19. Jahrhundert zurück. Die dabei leitende Idee war stets, Europa endlich friedlicher zu machen. Das Muster der USA drängte sich auf. Prominent hat Winston Churchill in seiner Zürcher Rede vom September 1946 zur Gründung einer „Art vereinigter Staaten von Europa" aufgerufen. Churchill meinte damit freilich ein politisches Gebilde, dem Großbritannien selber nicht angehören sollte. Nachdem nun, seit 1972 auch Großbritannien der EG zugehört, wird es allein schon aus diesem Grund „Vereinigte Staaten von Europa" nicht geben. Der britische Premierminister hat das 1992 ausdrücklich festgestellt, und inzwischen reden auch die besonneneren deutschen Politiker nicht mehr davon.

Von der möglichen Bildung eines Bundesstaates Europa kann also keine Rede sein ...

Nein. In einem Bundesstaat traditionellen, also zum Beispiel deutschen oder österreichischen Musters, sind die Gliedstaaten nicht selbständige Völkerrechtssubjekte. Die Bundesrepublik Deutschland ist Mitglied der UNO; Bayern oder

Bremen sind es nicht. Ist es denkbar, daß Frankreich oder Großbritannien ihre
völkerrechtliche Souveränität zugunsten der Europäischen Union aufgäben und
sich künftig zu dieser verhielten wie Sachsen oder Hessen zu Deutschland? Das
ergäbe dann einen echten europäischen Bundesstaat. Er ist undenkbar.

*Wie immer sich die europäische Idee in der Zukunft auch realpolitisch entwickeln
mag: Könnte sie sich am Ende nicht als eine weitere Großutopie erweisen, wie es
deren schon eine ganze Anzahl in unserem Jahrhundert gab, und ebenfalls in die
Enttäuschung führen?*

In der Politik sollte man nicht utopisch denken. Das ist allzu riskant, ja gefährlich.
Die Geschichte der totalitären Ideologien unseres Jahrhunderts, die ausnahmslos
utopisch orientiert waren, beweist es. Die Utopie ist ihrem Ursprung nach eine
Literaturgattung, und dabei sollte es bleiben. Nicht zufällig tritt diese Literaturgattung heute nicht mehr als Heilsutopie, sondern exklusiv als Schreckensutopie
auf. Politisch bedeutet das: Nicht um die Einrichtung der besten aller denkbaren
Welten handelt es sich, sondern um die vorsorgliche Sicherung der Zukunftsfähigkeit Europas. Ernst Bloch hielt das leninistische Moskau für das neue politische Jerusalem. Gott bewahre uns europapolitisch vor neuen Utopisten-Torheiten
dieser Sorte!
    Die europäische Einigung ist nicht eine „Vision". Sie wird vielmehr durch Not-
wendigkeiten pragmatischen Charakters erzwungen. Worum geht es? Es geht um
die Festigung der Friedensordnung, zu der West-Europa nach den Schrecken des
Zweiten Weltkriegs sowie unter den Herausforderungen des Kalten Krieges gefunden hat. Es geht um die Einbeziehung der Länder des real existent gewesenen
Sozialismus in diese Ordnung. Es geht um die Sicherung der Wohlfahrt, die stets
sehr viel mehr umfaßt als lediglich Wohlstand. Es geht um die Gewährleistung
von Menschenrechten und Bürgerfreiheiten. Es geht um die Sicherung der naturalen Voraussetzungen unseres Überlebens. Es geht darum, Europa in einer in
Bewegung geratenen Welt politisch handlungsfähig zu machen. Keiner unserer
europäischen Mittel- und Kleinstaaten verfügt heute noch für sich allein über die
Bedingungen seiner Zukunftsfähigkeit. Die europäische Einigung dient der Kompensation der faktischen Souveränitätsverluste, die die traditionellen europäischen Staaten erlitten haben.

*Von einer Euphorie für Europa ist in der breiten europäischen Öffentlichkeit aller-
dings kaum mehr etwas zu spüren ...*

Die Europa-Euphorie, wie sie früher einmal speziell in Deutschland verbreitet
war, läßt in der Tat nach. Ich halte das für einen Normalisierungsvorgang. Europapolitisch vollzieht sich gegenwärtig ein ähnlicher Prozeß wie in Deutschland
nach der Wiedervereinigung: Auf niedergebrochenen Mauern schwenkt man
Fahnen; aber dann kommt der Alltag mit seinen Mühen und Lasten. Kurz: Enthusiasmus läßt sich politisch nicht dauerhaft und alltäglich machen.

Die schwachen Mehrheiten bei den Volksabstimmungen über die Maastrichter Verträge – so in Frankreich und Dänemark – sind freilich ein Warnsignal. Die Arbeit der EG leidet an Schwächen ihrer Undurchsichtigkeit. Sie ist im Regelfall nur den Experten verständlich. Sie ist bürgerfern und weist Legitimationsdefizite auf. Das muß sich ändern. Geschieht das, so wird sich die europäische Einigung den Europäern durch die Evidenz ihrer politischen Vorteile empfehlen.

Stehen dem aber nicht die seit geraumer Zeit zu beobachtenden separatistischen Tendenzen in Europa entgegen?

Komplementär zur europäischen Einigung gibt es in der Tat auch Tendenzen kräftiger politischer Revitalisierung der kleinen Einheiten – der Länder, der Kommunen, der Regionen. Es handelt sich dabei keineswegs um eine Regression, das heißt um eine Modernitätsverweigerung. Die Sache verhält sich genau umgekehrt. Indem die Modernität und Internationalität unserer Lebensverhältnisse zunimmt, indem wir wirtschaftlich und politisch, technisch und wissenschaftlich wie nie zuvor mit jeweils Anderen kooperieren und damit wechselseitig voneinander immer abhängiger werden, kräftigt sich zugleich das Bewußtsein unserer jeweils besonderen Herkunftsprägung. Im Rahmen politischer Großinstitutionen intensiviert sich bei den kleinen Einheiten der Wille zur Selbstbestimmung und Selbstverwaltung. Zur europäischen Einigung gehört der Regionalismus. Europa föderalisiert sich.

Sogar das traditionell zentralistisch verfaßte Frankreich hat über die revolutionär geschaffenen Verwaltungseinheiten seiner über neunzig Departements ein Netz von zweiundzwanzig Regionen gelegt, die politische Selbstverwaltungskörperschaften sind und sich partiell mit den alten historischen Provinzen decken.

Aus Spanien oder Italien ließe sich Ähnliches berichten. In Deutschland sind verfassungsrechtlich die europapolitischen Kompetenzen der Länder gestärkt worden. Über unseren Freistaat Bayern hinaus gibt es nun die Freistaaten Thüringen und Sachsen. Ist das deutsche Kleinstaaterei? Es ist bis in organisationstechnische Notwendigkeiten hinein ganz modern. Unsere Zivilisation ist viel zu kompliziert, als daß sie zentralistischer und zugleich umfassender politischer Steuerung überhaupt noch fähig wäre. Politische Selbstorganisation vor Ort – das ist das Thema. Entsprechend gewinnt überall in Europa auch die Idee der kommunalen Selbstverwaltung an Gewicht. Europa wird Schweiz-ähnlicher. Die Maastrichter Verträge nehmen das alles mit dem inzwischen konstituierten „Ausschuß der Regionen" auf, und dessen Zuständigkeiten werden mit Sicherheit noch ausgeweitet werden. Europa als Einheitsstaat – das kommt nicht zustande.

Wie beurteilen Sie dann die in den Ländern Ost- und Ostmitteleuropas immer mehr anschwellenden nationalistischen Strömungen, deren Ursache nicht zuletzt in der Problematik vieler gegenwärtiger Grenzregelungen liegt? Das Ziel der extrem nationalistisch ausgerichteten Bewegungen besteht sehr häufig darin, eine Revision der bestehenden Grenzfestschreibungen herbeizuführen ...

Auch das Völkerrecht schreibt ja bestehende Grenzen keineswegs ein für allemal fest. Es läßt, selbstverständlich, ihre Änderung zu, wenn anders das einvernehmlich und friedlich geschieht.

In Ostmitteleuropa und in Osteuropa hat sich nach dem Zusammenbruch des Kommunismus die Zahl der Staaten und damit die Zahl der sie trennenden Grenzen vervielfacht. Das eigentlich Überraschende ist, daß das – bis auf die Kaukasus-Region einerseits und das ehemalige Jugoslawien andererseits – friedlich geschah. Nie zuvor hat es in der Geschichte Europas derart weitreichende Veränderungen der Landkarte ohne kriegerische Verwicklungen gegeben. Was heißt da „extrem nationalistisch"? Ist es „extrem", daß die Letten, die Slowaken, die Slowenen in einem selbständigen Gemeinwesen sich selbst regieren möchten? Sie nehmen die Selbstbestimmungsrechte in Anspruch, die das Völkerrecht doch allen Nationen zubilligt und die die kommunistischen Diktaturen ihnen vorenthalten hatten. Die neuen nationalen Orientierungen wirken hier insofern nicht regressiv, vielmehr befreiend. Sie wirken als Kraft der politischen Emanzipation.

Sind Sie, was den Erfolg dieses Prozesses anbelangt, nicht doch etwas zu optimistisch?

Gewiß: Konfliktträchtig sind die neuen nationalen Bewegungen auch. Der serbische National-Sozialismus ist aggressiv geworden. Die muslimischen Bosnier und die Kroaten sind die Opfer, und die Kroaten ihrerseits beteiligen sich am Versuch der Aufteilung der bosnischen Beute. Ethnische Säuberungen sind in Teilen Europas wieder aktuell. Wir Deutschen wissen, was das heißt – als Täter wie als Opfer. Welche Konsequenzen hat man zu ziehen? Die Antwort lautet: Nationale Selbstbestimmung bleibt einzig in Verbindung mit gewährleisteten Volksgruppen- und Minderheitenrechten friedenskompatibel, und diese Rechte bedürfen der Stärkung. Der KSZE-Prozeß, zum Beispiel, hat dazu beigetragen.

Es ist wahr: Den Völker- und Menschenrechtsverletzungen auf dem Balkan hat das geeinte Europa bislang nichts Wirksames entgegenzusetzen gehabt. Ein Einwand gegen den guten Sinn der europäischen Einigung ist das nicht. Das Gegenteil ist richtig: Der Einigungsprozeß muß fortgesetzt werden, damit Europa endlich handlungsfähig wird. Dann wird hoffentlich auch in Deutschland keine Partei mehr das Bundesverfassungsgericht anrufen, wenn einmal deutsche Soldaten mit ihren französischen oder amerikanischen Kameraden in AWACS-Flugzeugen, die zur Flugüberwachung über Krisenregionen kreisen, mitfliegen.

Kommt Deutschland vor diesem Hintergrund eine politische und moralische Sonderrolle in Europa und damit in der Europäischen Union zu? Sind die Deutschen geradezu verpflichtet, ein besonders hohes Maß an Verantwortung zu übernehmen?

Die Deutschen sind gut beraten, sich in Europa und zumal innerhalb der Europäischen Union keine Sonderrolle zuzuschreiben. Die Meidung riskanter Sonderwege – das gehörte von Anfang an zu den Zwecken, die sich auch im eigenen nationalen Interesse für Deutschland mit der europäischen Einigung verbanden.

Auf der anderen Seite hat jedes europäische Land seine Besonderheiten. Zu den Besonderheiten Deutschlands gehören seine Mittellage, die im europäischen Vergleich bedeutsame Größe seiner Bevölkerung und seine wirtschaftliche Kraft, schließlich auch die bei den Nachbarn der Deutschen unvergessenen Folgen der Diktatur der Nationalsozialistischen Deutschen Arbeiterpartei.

Was folgt daraus? Die Mittellage bedeutet, besonders viele direkte Nachbarn zu haben. Die europäische Einigung ordnet solche Nachbarschaftsverhältnisse auf Dauer. Eben deswegen ist Deutschland auch speziell interessiert, daß sich die Europäische Union in absehbarer Zeit um unsere ostmitteleuropäischen Nachbarn erweitert. – Deutschland ist ein großes Land, und der Versuch, sich ständig kleiner geben zu wollen als man tatsächlich ist, hätte neurotisierende Folgen. Deutschland sollte sich auch in dieser Hinsicht zur Normalität herausgefordert finden – ein großes Land in der Mitte Europas, eingebunden in die Union der europäischen Länder, und es irrt sich, wer in nostalgischer Rückbindung an vergangene nationalstaatliche Autarkie diese Einbindung für eine Fessel hielte. – Was die Lasten der deutschen Geschichte anbetrifft, so gehört es zu diesen Lasten, daß neue Rechtsradikalismen, die sich bei uns in Scene setzen, im Ausland stärker als Neofaschismen anderer Länder beachtet werden. Was folgt daraus für uns selbst? Erstens haben wir unsere freie Verfassungs- und Rechtsordnung mit den jeweils gebotenen Mitteln entschieden gegen Gesetzesbrüche politischer Extremisten zu schützen. Zweitens haben wir endlich die bei uns leider üblich gewordene Verharmlosung von Nationalsozialismus und Faschismus zu unterlassen, die man betreibt, indem man jeden beliebigen mißliebigen politischen Gegner, den man rechts von sich vermutet, zum Anlaß nimmt, sogleich warnend an Nationalsozialismus und Faschismus zu erinnern. Die Opfer des Nationalsozialismus verbinden mit diesem anderes als die Erinnerung an Lehrer, die ihre Schüler zu den Sekundärtugenden der Pünktlichkeit und der Ordnung ermahnen, oder auch anderes als die Erinnerung an Politiker, die den Patriotismus, mit Respekt vor dem Patriotismus der Polen oder Franzosen, nicht gern auf Verfassungspatriotismus reduziert sehen möchten.

Wollen Sie damit sagen, daß der Rechtsradikalismus in der Bundesrepublik vom Ausland in seiner politischen Bedeutung überschätzt wird?

Zweifellos handelt es sich bei den rechtsradikalen Aktivitäten, die wir seit einiger Zeit beobachten, um gravierende Vorgänge mit gravierenden Auswirkungen auch auf unser Ansehen im Ausland. Es liegt deshalb auch in unserem außenpolitischen Interesse, daß dieser politische Spuk endlich aufhört. Zugleich haben wir aber auch dem Ausland gegenüber darauf hinzuweisen, daß der gewaltbereite Rechtsradikalismus kein systemgefährdender politischer Faktor ist. Wir werden damit fertig werden wie mit dem freilich ganz anders motivierten linken Terrorismus der siebziger und achtziger Jahre.

Überhaupt haben wir es bei dem neuen Rechtsradikalismus mit einem Phänomen zu tun, das weniger politisch als sozialpsychologisch motiviert ist. Es zeigt sich in vielen hochentwickelten Ländern der Welt, daß Jugendliche, die aus dem System der schulischen und beruflichen Bildung und vor allem auch familiärer Einbindung und Erziehung herausfallen, sich äußerst schwertun, eine sie tragende personale Identität zu entwickeln. Im Ungenügen an der eigenen instabilen Existenz kommt es dann zu Versuchen spontaner „Selbstheilung" durch Eintauchen in Gruppen von sektenhafter Binnendichte. Im Außenverhältnis befriedigt man sich durch Aufmerksamkeitserregung mittels maximalem Tabubruch. Sich als Nazi öffentlich zu bekennen – das ist ein solcher maximaler Tabubruch.

Artikuliert sich in dieser „Jugendlichenunrast" nicht möglicherweise auch der Zweifel an der Zukunftsfähigkeit der westlichen Gesellschaft?

Zunächst hat das westliche System allen Grund, von einigem Selbstgefühl erfüllt zu sein. Es hat den Kalten Krieg gewonnen und gegenüber allen totalitären Systemen seine Überlegenheit bewiesen. Aber die Freiheiten, die das westliche System seinen Bürgern verschafft, haben ihrerseits den Charakter einer Herausforderung.

Niemals zuvor haben die Menschen freier gelebt als in unserer westlichen Zivilisation. Damit meine ich nicht nur die bürgerlichen und politischen Freiheiten, sondern darüber hinaus die Freiheit als Chance selbstbestimmter Lebensführung. Wie das geht, wissen wir aus unseren religiösen, bürgerlichen und moralischen Traditionen –: Selbstbestimmung als Übernahme fähigkeitsfordernder Aufgaben in den kleinen und großen Kommunitäten, denen wir angehören.

Die Fähigkeiten zu selbstbestimmtem sinnvollen Tun sind freilich ihrerseits von Voraussetzungen abhängig, die für das Individuum zumeist gar nicht disponibel sind – gelungene frühkindliche Erziehung in intakten Familien zum Beispiel. In Abhängigkeit von der Ungleichverteilung solcher Voraussetzungen driften die Kompetenz- und Partizipationsniveaus, die die Individuen zu erlangen vermögen, immer weiter auseinander. Eine sogenannte Massengesellschaft wird die Gesellschaft der Zukunft gerade nicht sein. Das bedeutet leider auch: Die Zahl der Menschen wächst, die den Herausforderungen des Lebens in modernen Gesellschaften nicht gewachsen sind. Sie bedürfen unserer Hilfe.

Halten Sie es für möglich, daß der europäische Einigungsprozeß durch so ernste, ja zum Teil dramatische Problemlagen wie zunehmende Massenarbeitslosigkeit, politische Gewalttaten, Fremdenhaß etc. Schaden erleiden könnte?

Die Massenarbeitslosigkeit nimmt zur Zeit bei uns zum Glück nicht mehr zu. Sie stagniert – aber leider auf sehr hohem Niveau. Ihre Rückführung auf ein niedrigeres Niveau setzt, überall in Europa, Flexibilisierung der Arbeitsverhältnisse voraus – mehr Teilzeitarbeit zum Beispiel, größere Bereitschaft zu temporaler und räumlicher Mobilität, Bereitschaft zu qualifizierendem Lernen und Nachlernen.

Der Fremdenhaß erzeugt sich in erster Linie in sozial deklassierten Schichten. Die entscheidenden Gegenmittel sind soziale Stabilität sowie gesetzgeberische und administrative Regulierung der Zuwanderung nach Maßgaben verfügbarer Integrationskapazitäten. Gelingt das, so schwindet der Fremdenhaß. Man vergegenwärtige sich: In der ruhigen Schweiz liegt der Anteil der Fremden doppelt so hoch wie bei uns und in Luxemburg ist sogar fast jeder Dritte ein Ausländer.

Ich möchte die Probleme nicht kleinreden. Aber ein Hindernis für die europäische Einigung sind diese Probleme nicht. Unsere Angewiesenheit auf eine Nationalstaatsgrenzen überschreitende Lösung treibt vielmehr die europäische Einigung zusätzlich voran. Aber ich konzediere: Das Ausmaß etlicher Krisen, die auf unser politisches System drücken, wächst.

Führt das auf die Dauer nicht zu einer Überforderung der Politik?

Es gibt das Syndrom fortschreitender Überlastung der Politik. Moderne Industriegesellschaften sind erwiesenermaßen in der Lage, hohe Grade zivilisatorischer Lebenskomplexität und Änderungsdynamik zu verarbeiten. Aber in Teilbereichen unseres politischen Lebens scheinen wir in Grenzbereiche gegebener institutioneller und mentaler Verarbeitungskapazitäten moderner Zivilisationsdynamik eingetreten zu sein. Der Staat, die Parteien zeigen sich nicht immer, aber immer öfter überfordert. Beim Bürger nimmt die Bereitschaft zur Akzeptanz politischer Entscheidungen ab. Die tatsächlich gegebenen Handlungsmöglichkeiten entsprechen sehr oft nicht mehr den konstituierten oder den angesonnenen Verantwortlichkeiten.

Könnte sich das heutige Parteiensystem oder Parteiengefüge eines Tages als überholt erweisen und durch ganz andere demokratische Strukturen der öffentlichen Willensbildung ersetzt werden?

Diese Frage dramatisiert die Lage allzusehr. Aber gravierende Änderungen im politischen System lassen sich in der Tat erkennen: Exemplarisch verweise ich auf die sich ausbreitenden Erscheinungen dessen, was man seit etwa fünfzehn Jahren „Betroffenheitsdemokratie" zu nennen pflegt. In der sogenannten Betroffenheitsdemokratie reagieren spontan sich bildende Bürgergruppen auf befürchtete oder auch reale Auswirkungen politischen Handelns, die bei der Bürgerschaft insgesamt noch durchaus mehrheitlich akzeptiert werden, aber eben nicht mehr „vor Ort".

Es ist mir nicht zweifelhaft, daß genau dieser Effekt inzwischen auch den politischen Prozeß der europäischen Einigung belastet.

7. Selbstbestimmung und staatliche Souveränität im politischen Wandel

In der Verfassungsrechtsgeschichte moderner Demokratien expandieren die Lebensbereiche, die dem politischen Prozeß entzogen werden. Erklärte Menschenrechte sind politisch indisponibel gemachte Rechte, auf die weder der Gesetzgeber noch die Verwaltung Zugriff hat – von der älteren Religionsfreiheit bis zur jüngeren Freiheit der Koalition oder der Freiheit der Meinung und ihrer öffentlichen Äußerung. Das ist gewiß trivial, und jeder aufmerksame Gemeinschaftskundeschüler weiß es herzusagen. Aber das Triviale ist bekanntlich zugleich das Fundamentale, und überdies bedarf es nur einer kleinen Wendung in der Charakteristik der Grundrechte, um zu erkennen, daß ihre Inanspruchnahme unverändert politisch konfliktträchtig ist. Daß menschenrechtlich geschützte Freiheiten dem politischen Prozeß entzogen seien – das bedeutet ja, daß diese Freiheiten auch in demokratisch verfaßten Gesellschaften nicht mehr zur Disposition demokratischer Mehrheitsentscheidungen stehen. Grundrechte markieren Grenzen des Demokratieprinzips. Sie legen fest, was demokratischer Mehrheitsentscheidung entzogen bleiben soll. Man erinnert sich demgegenüber an die Forderung der „Demokratisierung aller Lebensbereiche". Diese Forderung hört sich unwidersprechlich an. Aber sie wäre es nur dann, wenn sie sich vorab strikt an die Grenzen des sich ausweitenden Bereichs politisch indisponibler Lebensvollzüge bände. Täte sie das nicht, so machte sie die Grenzen zwischen liberaler und totalitärer Demokratie fließend, und die mannigfachen politischen Randgruppen sind bekannt, denen es gerade um diese Verflüssigung zu tun ist.

Die Berufung auf Menschenrechte, die Einforderung ihrer Positivierung und der Kampf um ihre verfassungsrechtspolitische und richterliche Fortentwicklung hat über ihre traditionelle innenpolitische Relevanz hinaus in der zweiten Hälfte unseres Jahrhunderts internationale Dimensionen gewonnen. Ihre förmliche Anerkennung ist, wie im Falle des Europarats, Bedingung des Beitritts zu internationalen Organisationen. Die Schlußakte der Konferenz über Sicherheit und Zusammenarbeit in Europa vom August 1975 hat Ansprüche aus Menschen- und Bürgerrechten deklaratorisch anerkannt, und das hat für die internationale Politik Folgen gehabt. Die politische Potenz der KSZE als Institution blieb schwach. Aber die Berufung auf die Freiheiten und Rechte, die in Helsinki und in den Nachfolgekonferenzen der KSZE mit den Unterschriften aller KSZE-Mitglieder bekräftigt worden waren, erwies sich als ein wirksamer Faktor der Delegitimierung des politischen Systems in den Ländern des real existent gewesenen Sozialismus.

Gewiß wäre es politikferne intellektuelle Romantik zu meinen, daß in der internationalen Politik das Menschenrechtsthema alsbald zum Vorrangthema avancieren könnte. Bündnissysteme, internationale Vertragspartnerschaften und Kooperativen aus gemeinsamen Interessen oder traditioneller Freundschaft haben nicht den Charakter humanitärer Organisationen. Menschenrechtsverletzungen werden international gerügt, wenn das mit sonstigen politischen Interessen konveniert, und sie werden auch beschwiegen, wenn die Fragilität wichtiger internationaler Beziehungen das verlangt.

Moralisten halten das für Zynismus. Sie haben unrecht. Zynismus im Verhältnis zu Menschenrechtsansprüchen und ihrer Verletzung würde bedeuten, daß man der Geltung dieser Ansprüche öffentlich widerspricht. Das aber könnte sich in der Öffentlichkeit der internationalen Politik niemand leisten, und das bedeutet: Noch im Beschweigen menschenrechtlich prekärer Lagen im Kontext von Interessenslagen, die das nahelegen, bringen sich Zwänge der Anerkennung der Menschenrechte zur Geltung.

Das wirkt sich heute bis in die globalen Aspekte internationaler Politik aus. China und etliche Länder der Dritten Welt, insbesondere aber die von religiöser Renaissance geprägten muslimischen Länder des Nahen Ostens sowie Nordafrikas nehmen in der internationalen Menschenrechtspolitik gewiß eine Sonderstellung in Anspruch. Aber auch sie tun das nicht zynisch. Sie widersprechen den Deklarationen, die sie in ihrer Rolle als UNO-Mitglieder unterschrieben haben, keineswegs. Sie beanspruchen vielmehr, gegenüber dem individualistischen Verständnis der Menschenrechte in den Ländern des Westens eine andere Tradition humaner Kultur zu repräsentieren, die sich in das Recht familiärer und übergreifender Gemeinschaften umsetzt, die das Individuum vor den Dekadenzfolgen kultureller Beliebigkeit schützen und so auf längere Sicht modernitätsfähiger halten. In Singapur wird die Kritik westlicher Menschenrechtsmissionare an strafrechtlichen und sonstigen Formen der Drogenbekämpfung schroff zurückgewiesen, und Ostasiaten, Koreaner zum Beispiel, verweisen mit Genugtuung auf die familienmoralabhängigen Geschäftserfolge ihrer Landsleute in den USA.

Es kommt auf die historische und kultursoziologische Validierung dieser neuen Konfrontationen nicht an. Wichtig bleibt zu erkennen, daß die faktorielle Kraft des Menschenrechtsthemas groß genug ist, Kulturgrenzen von globaler Bedeutung neu zu markieren und mit politisch effektivem Selbstbewußtsein zu besetzen.

Konkreter und folgenreicher, zumal in Europa, wirkt sich die neue Virulenz des Rechts der Selbstbestimmung aus. In seiner völkerrechtlichen Positivierung durch die UNO hat dieses Recht, vor allem in den späten fünfziger sowie in den sechziger Jahren, den Prozeß der Dekolonialisierung legitimatorisch irresistibel gemacht – um welche realen historischen und kulturellen Identitäten es sich auch immer in der Zusammensetzung jener neuen Staatsvölker gehandelt haben mag, in deren Namen Selbstbestimmungsrechte erhoben wurden. In überraschender Weise haben sich nun aber auch in Europa nach dem weltgeschichtlichen Ereignis des Zusammenbruchs des Sowjet-Imperiums die neuen Grenzen, die Ostmitteleuropa und Osteuropa durchziehen, über erfolgreich in Anspruch genommene

Selbstbestimmungsrechte gebildet. Das hat, zumal im europäischen Westen, Vorbehalte gegen die neue politische Virulenz des Selbstbestimmungsrechts geweckt. Man befürchtet, die politische Emanzipation des Selbstbestimmungswillens wirke auf Minderheitenkonflikte verschärfend. Daß das so sein kann, läßt sich nicht leugnen, und wir sind Zeitzeugen dessen.

Das volle Verständnis aktueller Minderheitenprobleme erfordert freilich Regional- und Lokalkenntnis eines Umfangs, für deren Ausbreitung jeweils ganze Bücher erforderlich wären – von der Lage der Polen in Litauen bis zur Minderheitenrolle, die nach dem Willen der Pariser Vorortverträge am Ende des Ersten Weltkriegs die Ungarn in Rumänien oder auch in der damaligen Tschechoslowakei versetzt worden sind, und aktuell von der Bedrängnis der Kosovo-Albaner durch den aggressiven serbischen Nationalismus bis zur Lage der Wolgadeutschen in Rußland nach ihrer Zerstreuung durch Stalin.

Man sollte freilich auch hier den Blick nicht exklusiv auf manifeste Unerträglichkeiten fixieren. Auch produktive Formen des Zusammenlebens Verschiedener entwickeln sich oder stellen sich wieder her. Aber wiederhergestellt hat sich eben auch die Praxis, Minderheitenprobleme, statt durch Errichtung von Rechten, gewaltsam zu lösen. Verführerisch wirkt insbesondere das Modell der erfolgreichen ethnischen Säuberung, deren Massenopfer, als Reaktion auf den gescheiterten deutschen Ost-Imperialismus, insbesondere die Ostdeutschen geworden sind. Vertreibung schafft leere Räume, die sich national homogen neu besetzen und integrieren lassen. Daß sich auch so Frieden schaffen läßt, ist unbestreitbar. Der Ausgang des Zweiten Weltkriegs beweist es, und man darf annehmen, daß den vertriebenen Bosniern zugemutet sein wird, durch Wünsche der Rückkehr den Frieden in ihren alten, nun serbisch verwalteten Dörfern hinfort nicht mehr zu stören, und so in anderen, analogen Fällen auch.

Daß diese auch außerhalb Europas mit Erfolg praktizierte Politik gewaltsamer nationaler Homogenisierung von Räumen langfristig gesehen zukunftsunfähig ist, scheint aber kaum zweifelhaft. Das Konfliktpontential, das in der Idee steckt, nationale Selbstbestimmung durch Herstellung national homogener Räume uneingeschränkt zu machen, ist unerträglich groß, und es vergrößert sich noch kraft der kulturell enthomogenisierenden Wirkungen der modernen zivilisatorischen Evolution. Die Migrationsströme werden noch wachsen, und zugleich nimmt, gleichfalls modernitätsabhängig, die Bereitschaft zur vollständigen Assimilation ans jeweils neue nationale und kulturelle Milieu ab. Auf Schmelztiegeleffekte kann man nicht mehr vertrauen, und die Meinung des französischen Soziologen Edgar Morin, jedem, der in Frankreich sich niederläßt, sei „francisation" zuzumuten, wirkt naiv-traditionalistisch, und für die Begründung, die Edgar Morin seiner Meinung beigab, gilt das erst recht. Morin fand nämlich, im Unterschied zum angeblich blutsorientierten deutschen Volksbegriff sei der französische Begriff der Nation der Begriff einer politischen Einheit durch Anerkennung universeller Prinzipien, und diese Einheit sich anzupassen – das sei jedem zuzumuten. Der Einwand liegt auf der Hand: Da ja ersichtlich auch die französische Kultur weit mehr umfaßt als die Einheit aller in Kenntnis und Anerkenntnis der Bürgerrechte und Bürgerpflichten, müßte eben Zwangs-Francisation auf Dauer nichts anderes als den Untergang alter oder auch neuer nicht-französischer Kulturen auf dem Territorium Frankreichs bedeuten.

Die Frage ist, woher überhaupt der Selbstbestimmungswille seine die aktuelle internationale Politik mitbestimmende Kraft bezieht. Handelt es sich nicht um einen Atavismus? Steht nicht, wie im Falle der Europäischen Union, aber zukünftig vielleicht auch im Falle der KSZE, die politische Organisation von Großräumen auf der Tagesordnung? Steht zu den Fälligkeiten der Errichtung und Effektuierung international handlungsfähiger politischer Institutionen die selbstbestimmungslegitimierte Verselbständigung zahlreicher neuer Staaten nun auch in Europa nicht im Widerspruch? Staatliche Pluralisierung, so scheint es, steht auf der Tagesordnung und gerade nicht die Errichtung von Institutionen mit staatsanalogen Funktionen in großen Räumen.

Um den – scheinbaren – Widerspruch zwischen selbstbestimmungsabhängiger staatlicher Pluralisierung einerseits und institutionalisierter internationaler Kooperation andererseits aufzulösen, bedarf es zunächst eines historisch gerechten Urteils über den politischen Sinn der neuen Nationalismen in Ostmittel- und Ost-Europa. Daß diese neuen Nationalismen, noch einmal, auch Aggressionspotentiale enthalten, ist leider erwiesen. Nichtsdestoweniger hat man anzuerkennen, daß die Selbstkonstitution von Völkern zu Staatsvölkern im Baltikum wie im Kaukasus und von der Ukraine bis in den nördlichen und mittleren Teil des ehemaligen Jugoslawien einen politischen Emanzipationsvorgang darstellt. Für die Völker, die, wie die baltischen Völker, vor ihrer imperialen Übermächtigung bereits einmal souveräne Staatsvölker waren, gilt das ohnehin. Aber es gilt auch für jene anderen Völker, die, wie die Slowenen oder Slowaken, zuvor niemals oder nur ephemer Staatsvölker gewesen sind. Es gibt das Recht nicht, in dessen Namen man ihnen die Inanspruchnahme des Rechts der Selbstbestimmung verwehren könnte.

Wahr ist – und darin manifestiert sich das Konfliktpotential des Selbstbestimmungsrechts –, daß erfolgreich in Anspruch genommene Selbstbestimmungsrechte zugleich Ansprüche auf Anerkennung der Rechte von Minderheiten provozieren, die in der Einheit einer neuen Staatsnation gegenüber der Mehrheitskultur herkunftsabhängig, nach Sprache und Konfession, nach ethnischer Prägung oder wie immer sonst eine Sonderkultur repräsentieren. Es wäre erwiesenermaßen illusionär, diese modernitätsabhängig sich verschärfenden Rechtsansprüche von Minderheiten durch Beschweigen oder durch verfassungsrechtspolitische Marginalisierung lösen zu wollen. Die Lösung liegt langfristig, unbeschadet aktueller Schwierigkeiten, die das stets bereitet, in der Ausweitung des Inhalts festgeschriebener Rechte von Minderheiten. Soweit das geschieht, wird dann zugleich der Begriffsname „Minderheit" obsolet –: nicht um die Austarierung von Rechten der Mehrheit einerseits und der Minderheiten andererseits handelt es sich, vielmehr um die generelle bürgerrechtliche Sicherung des Anspruchs, im verfassungsmäßigen Ganzen eines Staatsvolks unter anderen ein anderer bleiben zu können.

Es ist zum Glück längst erwiesen: Völkerrechtliche Selbstbestimmung einerseits und verfassungsrechtlich garantierte Volksgruppenautonomie andererseits sind kompatibel. Die institutionelle Kombinierbarkeit beider Rechte läßt sich erproben, und wo die einschlägigen Erfahrungen eine Staatsnation zu prägen beginnen, löst sich im Endeffekt das Problem der Sonderexistenz von Minderheiten oder Volksgruppen überhaupt auf. In der Schweiz käme ja auch niemand auf den Gedanken, den relativ kleinen Anteil der italienischen Sprachgruppe oder den noch kleineren Anteil der Rätoromanen Graubündens „Minderheiten" zu nennen.

Daß die neuen nationalen Orientierungen und national orientierten Staatsbildungen in Ostmittel- und Osteuropa gegenüber dem vormaligen Sowjet-Imperialismus einen politischen Emanzipationsvorgang repräsentieren – das wird man also anzuerkennen haben. Davon bleibt aber der Zweifel unberührt, ob nicht die manifesten Renationalisierungsvorgänge sich im Widerspruch zu den Fälligkeiten befinden, die aus dem aktuellen gesellschaftlichen Wandel, insbesondere aus den Vorgängen ökonomischer, sozialer und kultureller Modernisierung resultieren. In der Tat: Mit der Modernität der modernen Gesellschaft wächst über immer größere Räume hinweg die Menge der zivilisatorischen Lebensvoraussetzungen, die uns allen gemeinsam sind. Das gilt für die Wissenschaft und für die Technik sowie für die auf sie bezogenen beruflichen Konsequenzen, für Medieninformation und Medienunterhaltung, für Moden und sogar für die kulinarischen Angebote international erfolgreicher Fast-food-Ketten. Kulturelle Homogenisierung findet tatsächlich statt. Niemals zuvor war die Menge der Reisenden, die – und sei es nur als Touristen – Einblick in die Kultur anderer Regionen gewannen, größer als heute. Daß diesen Angleichungsvorgängen wachsende Abhängigkeiten über expandierende regionale und soziale Räume hinweg entsprechen, ist zum Bestandteil unserer Gemeinerfahrung geworden, und der internationalen Kooperation in Institutionen, die die evident gewordenen internationalen wechselseitigen Abhängigkeiten ordnen und handhaben, wird überwiegend Zustimmung erteilt.

Wie paßt dazu die neue Virulenz des Selbstbestimmungswillens kleiner Kommunitäten, die wir, nämlich im neuen internationalen Phänomen des sogenannten Regionalismus, nun eben auch in West-Europa beobachten können? Auch die Regionalisten pflegen ja bekanntlich Selbstbestimmungsrechte einzufordern und in Anspruch zu nehmen. Wie fügt sich das zu den unübersehbaren internationalen Kooperationszwängen und damit der Fälligkeit, internationale Institutionen zur Handhabung dieser wechselseitigen Abhängigkeiten zu errichten? Einerseits gilt: Wachsende Komplexität mehrt auf der einen Seite tatsächlich den Bedarf an zentralen Steuerungskapazitäten, und die neuen internationalen Institutionen sind funktional auf diesen wachsenden zentralen Steuerungsbedarf bezogen. Genau komplementär dazu wächst aber, andererseits, zugleich jener Anteil zivilisatorischer Lebensvoraussetzungen, der zentraler Regulierungen gar nicht mehr fähig ist. Der entscheidende Sachgrund dieser relativ abnehmenden Steuerungspotenz politischer Zentralen ist informationsverarbeitungspraktischer Art.

Das erzwingt freiere Selbstorganisation kleinerer Einheiten. Der traditionelle Nationalstaat erleidet, zumal als Zentralstaat, faktische Kompetenzverluste, und das läßt auch seine Souveränität nicht unberührt.

Der Begriff, der deutlicher als jeder andere traditionellen staatlichen Zentralismus ausdrückt, ist ja der Begriff der einen und unteilbaren Souveränität. Modernitätsabhängig gibt nun der Staat zwangsläufig Souveränitätsrechte über Föderalisierungsprozesse und über Prozesse der Ausweitung von Selbstverwaltungsrechten an untere Einheiten ab. Daß kraft der Auswirkung von Globalisierungsvorgängen der Staat insbesondere zur Zentralsteuerung komplexer ökonomischer Prozesse nicht mehr in der Lage ist – das gehört ohnehin zu den maßgebenden Erfahrungen, die nicht wenige herkömmlich orientierte Politiker immer wieder einmal frustriert. In der Konsequenz faktisch erlittener Autarkieverluste geben entsprechend die europäischen Staaten, komplementär zu den Prozessen der Zuständigkeitsstärkung der kleineren gebietskörperschaftlichen substaatlichen Einheiten, ebenso Souveränitätsrechte an die neu geschaffenen internationalen Institutionen ab – sei es förmlich, sei es faktisch. Auf die Europäische Union bezogen heißt das: Beim Zusammenschluß der europäischen Länder zu dieser Union handelt es sich nach der pragmatischen Substanz dieses Zusammenschlusses um einen Vorgang institutioneller Kompensation faktisch erlittener Souveränitätsverluste, die die im völkerrechtlichen Sinn natürlich souverän verbleibenden europäischen Staaten kraft der politischen Wirkungen zivilisatorischer Evolution inzwischen erlitten haben.

Exemplarisch heißt das: Die europäischen Staaten sind längst unvermögend geworden, die Funktion ihrer verteidigunspolitischen Souveränität uneingeschränkt wahrzunehmen. Ihre Sicherheit verdanken sie faktisch Bündnissystemen, und schon gibt es Militäreinheiten unter einem interstaatlichen Gemeinschaftswillen, der, wenn er Konsistenz und Dauer gewänne, eine integrierte Souveränität repräsentierte, aber eben eine nur partiell integrierte Souveränität. Das französisch-deutsche Corps ließe sich so beschreiben – eine teure und nur begrenzt effiziente Formation, deren politische Hauptbedeutung eine symbolische ist, nämlich die bemerkenswerte öffentliche Anerkennung der Unvermeidlichkeit, die faktisch gewordene wechselseitige Abhängigkeit ehemals uneingeschränkt Souveräner in ihre institutionellen Konsequenzen zu bringen.

Die Gewährleistung inneren Friedens als weitere Hauptfunktion ungeteilter staatlicher Souveränität verbleibt freilich überwiegend bei den Mitgliedsstaaten der Europäischen Union. Aber auch insoweit sind einige faktische Souveränitätsverluste eingetreten, die heute zwischenstaatlicher Kompensation bedürfen – die Regulierung der Migrationsströme zum Beispiel oder die Bekämpfung der international organisierten Kriminalität.

Vor allem aber lassen sich die Rahmenbedingungen moderner Märkte nicht mehr im Rahmen nationalstaatlicher Souveränität schaffen und garantieren. In der modernen Zivilisation hängt die innerstaatliche Wohlfahrt in ständig wachsendem Umfang von Voraussetzungen ab, die nicht zur Disposition ungeteilt souveräner Dezisionskompetenz herkömmlicher Staaten stehen. Märkte wollen international organisiert sein, und den Bedingungen ihrer Funktionsfähigkeit hat sich der Wille der Marktteilnehmer zu fügen.

Mit der Aufzählung faktischer Souveränitätsverluste dieser Art ließe sich lange fortfahren – von der Staatsgrenzen überschreitenden Natur ökologischer Probleme bis hin zu den medialen und kulturellen Folgen der informationstechnischen Integration großer Räume. Diese und weitere Herausforderungen, die aus der Evolution der modernen Zivilisation resultieren, ließen sich, im Prinzip, gewiß auch durch ein Netz bilateraler und multilateraler Absprachen und Verträge beantworten, und partiell geschieht das. Ein europaweit funktionsfähiger freier Markt wäre gewiß auch als Freihandelszone organisierbar. Interpol gibt es längst, und auch die Wissenschaften kooperieren seit langem europäisch und darüber hinaus global international. Die europäische Integration ist aber ein Vorgang der Körperschaftsbildung. Die Triebkraft dieses Vorgangs ist die Erfahrung der Zweckmäßigkeit, die es zu haben scheint, die Kooperation der staatlich verfaßten Nationen Europas über Netze multilateraler Verträge hinaus auf die Grundlage von gebietskörperschaftsanalogen Institutionen von europaweiten Zuständigkeiten zu stellen. Es ist eben diese Erfahrung der Zweckmäßigkeit, die das hat, die in letzter Instanz die Legitimität des europäischen Zusammenschlusses stiftet.

In der Zusammenfassung bedeutet das: Die moderne Zivilisation erzwingt Formen der politischen Selbstorganisation, die sich, im Kontrast zum traditionellen Souveränitätsbegriff, durch den Begriff der Souveränitätsteilung charakterisieren lassen. Die Konsequenzen dieses Vorgangs sind vorerst unabsehbar. Mehrfache Loyalitäten, so scheint es, bilden sich heraus – im Kontrast zu allem, was an Gehalten und Vorstellungen traditionellerweise mit dem Loyalitätsbegriff sich verbindet. Das politische Lebensgefühl eines wachsenden Teils der Bürger entspricht dem bereits. Wie wären sonst Militäreinsätze, zu deren Voraussetzung ihre Legitimierung durch internationale Institutionen gehört, denkbar – insbesondere dann, wenn diese Militäreinsätze nicht immediat auf nationale Interessen sich zurückführen lassen? Es sind Relikte tiefer Vergangenheitsprägung, wenn in Teilen unseres Parteienspektrums solche Einsätze als illegitim gelten.

Abschließend sei von einer schwerwiegenden Belastungsfolge zivilisatorischer Modernisierung die Rede. Die Belastung besteht darin, daß in komplexen und dynamischen Gesellschaften die Herausbildung und Identifizierung rationaler Interessen schwieriger werden und ineins damit auch die Chancen rationaler Interessensorganisation abnehmen. Der letztinstanzliche Grund dafür liegt in modernitätsspezifischen Funktionsverlusten dessen, was man mit einem aus der frühdemokratischen politischen Theorie entlehnten Begriff „Common sense" nennen sollte. Funktionskräftiger Common sense stiftet in demokratisch verfaßten Gemeinwesen Vertrauen in die Potenz der Politik zur Findung des Richtigen, Zukunftsfähigen und gemeinhin Zumutbaren in Entscheidungsverfahren, die die Legitimität des kraft verbindlicher Entscheidung zu gemeiner Geltung Erhobenen nicht auf den irresistiblen Anspruch höherer Einsicht, also auf Wahrheit stützen, vielmehr auf Mehrheit. Mehrheit als Legitimitätsgrund dessen, was für alle gilt –: Sie setzt Vertrauen in die Zumutbarkeit der Mehrheitsentscheidungen für die jeweils unterlegenen Minderheiten voraus, und in langfristig bewährten Erfahrungen der Rückbindung aller Beteiligten an gemeinsinnsfähige Orientierungen und Regeln ist dieses Vertrauen begründet.

Wiederum ist es die Komplexität moderner zivilisatorischer Lebensvoraussetzung, die sich auf die skizzierten Zusammenhänge verändernd auswirkt. Je komplexer unsere zivilisatorischen Lebensvoraussetzungen werden und je rascher sie sich zugleich ändern, um so mehr entziehen sie sich unserer individuellen und kollektiv bekräftigten Erfahrung.

Die Konsequenz solcher Erfahrungsverluste sind Vertrauensdefizite. Diese politischen Vertrauensdefizite setzen sich ihrerseits in eine sich verfassungsrechtspolitisch ausbreitende Sympathie fürs Plebiszit um. An der Vorbildwirkung, die einschlägige personalplebiszitäre Bestimmungen in süddeutschen Gemeindeverfassungen auf die Gemeindeverfassungspolitik in norddeutschen Bundesländern entfalten, läßt sich das exemplarisch erkennen. Aber auch das Sachplebiszit gewinnt Raum – zum Beispiel im Prozeß der Verfassungsgesetzgebung in den neuen deutschen Bundesländern. Analoge Tendenzen lassen sich international beobachten.

Die potentiellen Auswirkungen solches Vorgangs sind sehr gravierend – bis in die internationale Politik hinein. An den Schwierigkeiten, denen die europäische Einigung ausgesetzt ist, ließe sich das demonstrieren – von den Folgen der schwachen Mehrheiten für die Maastrichter Verträge in etlichen Ländern, in denen über diese Verträge abgestimmt wurde, bis hin zur Dauerklage über das sogenannte Demokratiedefizit der Europäischen Union, mit der regelmäßig auf mannigfache Erfahrungen mit den Unzulänglichkeiten ihrer Politik reagiert wird.

Man kann auch sagen: In komplexen Gesellschaften wird es fortschreitend schwieriger, lokale, regionale und gruppenspezifische Sonderinteressen auf Gemeininteressen evidenten Charakters zurückzubeziehen. Der komplementär dazu sich intensivierende Wille, vor Ort Stellung nehmen und entscheiden zu wollen, beweist keineswegs einen Verfall des Gemeinsinns. Es handelt sich vielmehr um politische Effekte modernitätsabhängig sich ausbreitender Erfahrungsverluste. Die Erschwernisse in der administrativen und politischen Handhabung komplexer Systeme einschließlich ihrer internationalen Dimensionen sind als Kosten zu betrachten, die wir für die Lebensvorzüge der modernen Zivilisation aufzuwenden haben. Sie scheinen in einigen Sektoren unserer Zivilisation rascher als deren Lebensvorzüge zu wachsen.

8. Nach 1989. Wider die falschen Sorgen
Ein Gespräch mit Georg Kohler, Neue Zürcher Zeitung

Herr Professor Lübbe, wir suchen alle nach geeigneten Stichworten zur Bestimmung der Lage, die mit dem Zerfall des Sowjetsystems am Ende des Kalten Krieges entstanden ist. Ein Stichwort könnte lauten: neue Verantwortlichkeiten - geradezu ungeheuerlich angewachsene Verantwortlichkeitsräume - für die Menschen im Osten wie im Westen.

Im totalitären System - und man sollte den real existent gewesenen Sozialismus ein totalitäres System nennen - existieren die Individuen in einem außerordentlichen Maße verantwortungsentlastet. Das gehört zugleich zu den geheimen psychosozialen Verführungsmechanismen, die dieses System jedenfalls zeitweise attraktiv machten, und die auch nach seinem Zusammenbruch viele Menschen mit Gefühlen der politischen Nostalgie auf es zurückblicken lassen.

Jetzt müssen Individuen wie Institutionen in einem bisher nicht gekannten Maße selbstbestimmt ihr Leben und ihre Angelegenheiten führen. Das will erst gelernt sein. Ich möchte das anschaulich machen am Beispiel des Besuchs eines hohen russischen Militärs kürzlich in Deutschland. Dieser ging durch die Stadt Nürnberg, von deutschen Kollegen und Betreuern begleitet, und stellte dann beim Anblick der vollen Läden und beim Anblick selbst älterer Menschen im Rentneralter, die in der Lage waren, dort einzukaufen, die Frage: „Wie machen Sie das eigentlich, eine so große Stadt so wirksam zu versorgen?" Die Antwort, die ihm gegeben werden mußte, lautete: „Die Stadt wird nicht versorgt; sie versorgt sich selbst." Diese schlichte und gewiß noch erläuterungsbedürftige Antwort verursachte einen Blickwechsel. Die Antwort auf die Frage, was man tun müsse, um Ähnliches in Swerdlowsk - noch hieß es so - zu bewirken, hat man damit natürlich noch nicht. Aber die Illusion ist zerstoben, derart komplexe Aufgaben ließen sich über Zentralisierung von Verantwortung bei allzuständigen Planungsinstanzen lösen.

Das Stichwort vom gewachsenen Verantwortungsraum zielt auch auf die Stimmung im Westen. Wir sind mit Vorgängen konfrontiert, die wir früher kaum zu beeinflussen vermochten. Nun müssen wir uns plötzlich - überspitzt gesagt - um die Sanierung des ehemaligen Ostblockes kümmern. Und um die ungeheuren Schwierigkeiten, die mit diesem Projekt verbunden sind. Oder neigen wir im Westen dazu, uns zuviel und falsche Sorgen zu machen?

Es gibt eine Fülle von Anzeichen sich ausbreitender Besorgnisse und Mißbefindlichkeiten in den Nachfolgestaaten der ehemals sozialistischen Länder. Dennoch: Nach meinen Beobachtungen, die auch durch die Empirie der Demoskopen bestätigt werden, ist die Stimmung der Bevölkerung in diesen Ländern besser, als wir hier anzunehmen geneigt sind. Wieso neigt man hier dazu, die Mißlichkeiten drüben zu übertreiben? Hart formuliert lautet die Antwort: Dahinter steckt nicht zuletzt die Neigung von Intellektuellen, die den Zusammenbruch des Sozialismus nicht verwunden haben und entsprechend die schlimmen Übergangsfolgen dieses Zusammenbruchs übertrieben darstellen.

Die neue Massenarbeitslosigkeit ist die mit Abstand drückendste Last, die die Menschen nach dem Ende der sozialistischen Wirtschaft zu tragen haben. Nicht in Böhmen, zum Beispiel, wohl aber in Ostdeutschland gibt es diese Arbeitslosigkeit, und wir kennen die Gründe, wieso das so ist. Nichtsdestoweniger hat sich insbesondere in den neuen deutschen Bundesländern die Lebenslage der überwältigenden Mehrheit der Menschen nachhaltig gebessert. Fingiert man, es fände eine Abstimmung darüber statt, ob man zu den alten Verhältnissen zurückkehren möchte, so wäre das Ergebnis ein überwältigendes Nein.

Ist aber die Schreckensidee eines großen Behemoth des Ostens, der Gedanke eines Flächenbrandes von Bürgerkriegen, das Szenario einer in Anarchie versinkenden Welt, nicht weit östlich von Wien beginnend, so gänzlich abwegig?

Wenn man von den Befindlichkeitsfragen sich abkehrt und sich den realen politischen Gefährdungen, die aus dem Zusammenbruch des Sozialismus resultieren, zuwendet, dann ist es natürlich der neue Nationalismus, der einem Sorgen macht. Dieser Nationalismus hat sich als kriegsfähig erwiesen – im ehemaligen Jugoslawien wie in der Kaukasusregion. Dennoch möchte ich sagen, daß unsere Erfahrungen mit der Auflösung der Sowjetunion im Kern darin bestehen, daß dieser weltgeschichtliche Prozeß der Neubildung von Dutzenden von Staaten im Zeitraum einiger weniger Jahre auf überraschende Weise gewaltlos abgelaufen ist.

Wann hätte es denn je das schon gegeben, daß so viele Völker – um es jetzt emphatisch zu sagen – ihre Freiheit gewonnen hätten, ohne daß blutige Konflikte, Kriege und Bürgerkriege vorausgegangen wären? Das ist ein sehr überraschender Vorgang, wenn man ihn aus der Perspektive des 19. Jahrhunderts ansieht. Wir dürfen erleichtert sein, daß die großen politischen Befreiungsvorgänge, deren Zeitzeugen wir sind, überwiegend gewaltfrei abliefen. Die Bosnier kann das natürlich nicht trösten.

Was ist nicht ist, kann ja noch werden ...

Allerdings sind auch Gefährdungen für eine friedliche Entwicklung unübersehbar. In Moskau war ich Zeuge einer machtvollen Demonstration unter der Kreml-Mauer, die Zaristen und Stalinisten vereinigte. Ikonen und Leninbilder wurden gleichzeitig umhergetragen. Bolschewisten und Ultranationalisten, so schien es, verbündeten sich. Wenn solche Gruppierungen machtfähig und mehrheitsfähig würden, so wäre das gewiß besorgniserregend. Nach allem, was man aus den verfügbaren Berichten und Beobachtungen ableiten kann, sind sie bislang nicht mehrheitsfähig.

Würden Sie einen Unterschied zwischen den eben erwähnten Gruppierungen machen und dem, was man ganz allgemein nationalistische Kräfte nennen könnte?

Ich glaube, man wäre schlecht beraten, wenn man als geschichtliche Fälligkeit sowohl in Ost- und Mittelosteuropa wie auch in Westeuropa generell die Überwindung der nationalen Traditionen postulierte. Daß es sich darum nicht handeln kann, erkennt man sogleich, wenn man sich erinnert, daß doch auch, zum Beispiel, die Résistance ohne nationale Orientierungen nicht denkbar gewesen wäre. Man möge sich auch historisch vergegenwärtigen, daß im europäischen Frühliberalismus im zweiten Viertel des 19. Jahrhunderts nationale und demokratische Bewegungen zusammengingen. Im Revolutionsjahr 1848 waren nationale Kräfte zugleich politisch-emanzipatorisch wirksam. Analog gilt heute für Osteuropa: Ohne lebenskräftige politische und kulturelle Nationalität ist die Emanzipation der Völker aus dem ihnen zugemutet gewesenen bolschewistischen Internationalsozialismus nicht denkbar.

In den neuen nationalen Bewegungen nehmen Völker, die darüber bislang nicht verfügen konnten, ihr Selbstbestimmungsrecht wahr. Der Anspruch auf dieses Recht läßt sich nicht mehr aus der Welt schaffen. Die Wahrnehmung dieses Rechts bedarf freilich der Entwicklung völkerrechtlich positivierter Verfahren.

Der emanzipatorische Sinn des Nationalen ist das eine. Aber was machen wir, wenn aus dem emanzipatorischen Anspruch ein militärisch forcierter Expansionswille entstehen sollte?

Zur Verkennung des fortdauernden guten politischen Sinns nationaler Orientierungen zunächst noch ein Nachtrag. Historisch erklärbar wird dieser gute Sinn gegenwärtig am ehesten in Deuschland verkannt. Hier gibt es ja die neue Intellektuellenspezialität des Verfassungspatriotismus, und damit wird man gelegentlich den Nachbarn lästig. Auch am postnational gewordenen deutschen Wesen wird die Welt nicht genesen.

Doch jetzt zum militärstrategischen Aspekt der neuen Lage in Europa. Was die potentiell eher zunehmenden Spannungen zwischen den Nachfolgeländern der Sowjetunion so bedrohlich macht, ist der schlichte Umstand, daß dort unverändert gewaltige Waffenpotentiale vorhanden sind. Rußland, die Ukraine und Kasachstan sind Atom-Mächte. Das ist ein sicherheitspolitisches Ordnungsproblem ersten Ranges. Aber solange die innenpolitische Stabilität der fraglichen Länder sich erhalten läßt, bleibt die Lage hoffnungsvoll. Immerhin hat sich die Abschreckungsdoktrin über Jahrzehnte hin bis 1989 als triftig erwiesen. Die Pragmatik dieser Doktrin ist derart bezwingend, daß sie wohl auch zwischen den atomar bewaffneten GUS-Ländern kriegsverhindernd wirksam bleiben wird.

Gleichwohl muß natürlich der Westen auf eine Entwicklung der Dinge zum Schlimmeren vorbereitet bleiben, und die Frage stellt sich, welche Sicherheitsstrukturen das gewährleisten sollen. Die Antwort scheint mir zu lauten: Dafür eignet sich für vorerst unabsehbare Zeit einzig die Nordatlantische Allianz. Die westeuropäische Staatengemeinschaft allein kann das vorerst nicht leisten. Ihre Handhabung der Balkankrise beweist es.

So betrachtet könnte man sich dann aber auch die Frage einer „Osterweiterung" der NATO stellen. Ist es sinnvoll, öffentlich darüber nachzudenken, ob die NATO sich bis an die Grenzen der ehemaligen Sowjetunion ausdehnen sollte?

Es liegt in der politischen Natur der Sache, daß etliche mittelosteuropäische Länder, nachdem sie dem Ostblock glücklich entronnen sind, sich auch sicherheitspolitisch dem Westen anschließen möchten. Je weniger das verteidigungspolitisch nötig ist, um so leichter wird sich das machen lassen. Sollten aber aus derzeit nicht erkennbaren Gründen die Beziehungen zwischen Rußland und dem Westen erneut spannungsreich werden, müßte gerade die verteidigungspolitische West-Integration ehemaliger Ostblock-Länder die Spannung erhöhen.

Um so wichtiger bliebe es, den OSZE-Prozeß lebendig zu halten oder zu revitalisieren. Ein sicherheitspolitisch handlungsfähiges Instrument ist das freilich nicht. Aber die Legitimität der Ansprüche auf Selbstbestimmung und Sicherheit ist nicht zuletzt und in unerwarteter Weise durch die OSZE bekräftigt worden, und das könnte auch künftig eine politisch effektive Funktion der OSZE bleiben.

Beim Begriff „Legitimierung", „Legitimität" möchte ich einhaken. Die Tatsache, daß die Notwendigkeit institutionell gewährter Legitimität nicht nur im innen-, sondern zunehmend auch im außenpolitischen Handeln einen wichtigen Faktor darstellt, hat ja etwas Beruhigendes.

Gewiß. Nichts macht uns das deutlicher als das Faktum, daß selbst die derzeit einzig verbliebene, weltweit handlungsfähige Supermacht, die USA, sich die Legitimität für ihre Intervention in der Golf-Region nicht uneingeschränkt aus eigener Souveränität zu verschaffen vermochte. Sie bedurfte dafür vielmehr die Legitimation durch den einschlägigen Beschluß des Sicherheitsrats der Vereinten Nationen. Das zeigt an, daß sich in den Grundstrukturen der Weltpolitik etwas verändert hat. Die Inhalte staatlicher Souveränität werden beschränkt. Fragen internationaler Anerkennungsfähigkeit dessen, was man tut oder läßt, eben Fragen der Legitimität, gewinnen an Gewicht.

Heißt das, daß wir in die Phase der „Weltinnenpolitik" eingetreten sind?

Der Begriff der Weltinnenpolitik stammt aus der Zeit des Kalten Krieges. Er ist, wie ich meine, zur Beschreibung weltpolitischer Strukturen, wie sie sich jetzt herausbilden, wenig geeignet. „Weltinnenpolitik" – das ist ein Konzept, welches die Aufgaben globaler Friedenssicherung nach dem Muster der Herausbildung des neuzeitlichen Staates denkt, der den inneren Frieden, den Landfrieden, durch sein Gewaltmonopol sichert. Indessen: Die Herausbildung institutionalisierter politischer Großräume von der NATO bis zur EG oder zur künftigen Europäischen Union und von der KSZE bis zur UNO läßt sich schlechterdings nicht nach Analogie der frühneuzeitlichen Herausbildung souveräner Staaten verstehen. Es ist vielmehr so, daß alle Mitgliedsländer dieser Großrauminstitutionen wesentliche Elemente ihrer traditionellen Souveränität einschließlich ihrer militärpolitischen Souveränität behalten. Nur für jene Konflikte, die man mit den traditionellen Mitteln eines souveränen Staates nicht mehr beherrschen kann, wird die friedenssichernde Garantiestellung der neuen Großrauminstitutionen gesucht. Was sich so herausbildet, ist daher ein System mehrfach abgestufter Souveränität einschließlich mehrfach abgestufter verteidigungspolitischer Souveränität. Einen Weltstaat, den wir nach Analogie traditioneller Staaten zu verstehen hätten, wird es nicht geben, und entsprechend auch nicht eine uneingeschränkt souveräne Weltinnenpolitik.

Das läßt sich, Europa betreffend, natürlich auch auf die nach den Maastrichter Verträgen zu errichtende Europäische Union anwenden. Gewiß sollen bei dieser Union sicherheitspolitische Kompetenzen liegen. Nichtsdestoweniger wird die Europäische Union, wenn anders sie zustande kommen sollte, kein Gebilde sein, das man sich nach Analogie der Vereinigten Staaten von Amerika zu denken hätte.

Damit sind wir in unserem Gespräch vom europäischen Osten in den Westen zurückgekehrt. Und zugleich stellt sich die Frage, ob die neue Lage im Osten nicht auch die Prozesse der westeuropäischen Integration empfindlich tangiert.

Ja. Man darf nicht vergessen, daß die Maastrichter Verträge im Dezember 1991, also kurze Zeit nach Auflösung des Ostblocks beschlossen worden sind. Die Bekundung der Absicht der Regierungschefs der EG-Mitgliedsländer, eine Europäische Union zu bilden, stellt nicht zuletzt eine Reaktion auf die Herausforderung der Auflösung des Ostblocks dar. Auch die deutsche Wiedervereinigung hatte doch herausfordernden Charakter. Die Maastrichter Verträge sind auch von der Absicht bestimmt, das nach Bevölkerung und Wirtschaftskraft größte westliche europäische Land europapolitisch einzubinden. Das klingt etwas hart, entspricht aber den Realitäten, und sich diesen Realitäten anzupassen entspricht auch dem deutschen Interesse. Man darf ja nicht vergessen: Ohne die Westbindung Deutschlands hätte es für die deutsche Wiedervereinigung schwerlich die Zustimmung der Nachbarländer, die ja nicht gern gegeben wurde, geben können.

Hat man mit dieser Forcierung aber nicht das gerade Gegenteil bewirkt: die Blockierung des sozusagen von selbst ablaufenden Integrationsvorganges durch die Evokation und Reaktivierung alter nationalstaatlicher Gefühle und Denkweisen?

Ich bin nicht der Meinung, daß die Absicht, die Europäischen Gemeinschaften zu einer Politischen Union fortzuentwickeln, schon jetzt als gescheitert betrachtet werden kann. Das Projekt ist unzweifelhaft gefährdet. Die Euroskepsis, die sich beobachten läßt, ist freilich nicht zuletzt durch den Inhalt der Maastrichter Verträge selbst genährt worden. Das ließe sich mit den durchaus bekannten Motiven der vielen Bürger belegen, die sowohl in Frankreich wie in Dänemark „nein" zu Maastricht gesagt haben.

Unbeschadet der mannigfachen Vorbehalte gegen die Maastrichter Verträge, deren Revision ja im übrigen ohnehin vorgesehen ist, wird es aber doch zu einer Europäischen Union kommen. Ich gehe sogar noch einen Schritt weiter und sage, daß es dazu selbst dann kommen würde, wenn Großbritannien schließlich doch zögerte mitzumachen. Es gibt eine elementare Konvergenz der Interessen im Kernbereich der älteren EG. Das Ausmaß des Unglücks schreckt jeden, das es bedeuten würde, wenn die Integration Frankreichs und Deutschlands in die Europäische Gemeinschaft nicht auf Dauer erfolgreich wäre. Die Benelux-Staaten optieren entsprechend, und mit Rekurs auf zusätzliche andere Gründe Italien, Spanien, Portugal und Griechenland nicht anders. Das Interesse an der europäischen Einigung ist im nationalen Interesse der Mitgliedsländer der Gemeinschaft selber verwurzelt, und eben das macht die europäische Einigung aussichtsreich.

Es käme also – nicht nur für uns Schweizer – darauf an, dieses eigenartige Gebilde „Europäische Union" begrifflich genau zu charakterisieren.

Genau kann man bislang diese Charakteristik nur negativ geben. Die EU wird weder ein Bundesstaat noch ein Staatenbund sein. Es wird sich um eine politische Großrauminstitution sui generis handeln – ausgestattet mit partiellen Souveränitäten zur Erfüllung von Funktionen, für deren Erfüllung im Kontext der modernen Zivilisation die Einzelstaaten faktisch ihre Souveränität längst verloren haben. Das reicht von der Wirtschaft über den Umweltschutz bis zur Verteidigungspolitik.

... also eine Konkurrenz zur NATO?

Nein, die NATO wird in absehbarer Zeit durch die EU oder auch durch die WEU nicht ersetzt werden können, wenn auch vielleicht einige französische und einige wenige deutsche Politiker an dergleichen gedacht haben mögen. Am ehesten hat man zu erwarten, daß sich die Westeuropäische Union zu einem etwas fester als bislang gefügten Pfeiler der Atlantischen Allianz entwickeln wird.

Wenn man das so beschreibt, ist klar, daß zur Tragfähigkeit dieses europäischen Pfeilers auch Frankreich beitragen müßte. Es ist deswegen begrüßenswert, daß es zur Gründung eines deutsch-französischen Corps gekommen ist – immerhin einer 50 000-Mann-Formation. Spötter haben darin nichts als einen Akt symbolischer Politik erkennen wollen. Aber zu den Konstitutionsbedingungen jenes Corps gehört doch, daß es im Konfliktfall der NATO zu unterstellen wäre, und das bedeutet: Frankreich vollzieht mit der Teilnahme an diesem Corps eine versteckte und eben deswegen besonders auffällige Form der Wiederannäherung an die NATO.

Noch einmal zurück zur Kategorienfrage. Die EU ist kein Staat, aber sie stellt eine Struktur mit zentralisierter und erheblicher Souveränitätskompetenz dar. Wie läßt sich diese Souveränitätsmacht und deren Gebrauch gegenüber den Bürgern der von „Brüssel" aus regierten Demokratien überhaupt legitimieren?

Sie fokussieren Ihre Frage auf das zweifellos bestehende „Demokratiedefizit" der EG. Wer dieses Defizit ins Auge faßt, hat als Standardantwort die Empfehlung parat: Stärkt die Rechte des Straßburger Parlaments. Die Maastrichter Verträge sehen immerhin eine solche Kompetenzstärkung des Europäischen Parlaments vor. Dennoch wird es nach aller Voraussicht nicht zu einer parlamentarischen Vollkompetenz des Straßburger Parlaments kommen. Sollte man es denn für möglich halten, daß das Parlament von Westminster bereit wäre, seine Großbritannien betreffenden europapolitischen Zuständigkeiten ganz und gar nach Straßburg zu transferieren? Das scheint mir undenkbar.

Aber das ist natürlich nur ein historisches Argument. Funktional gilt, daß Parlamente als vollkompetente gesetzgebende Körperschaften wie nichts anderes politisch zentralisierend wirken. Ich glaube nicht, daß man das will. Überdies setzt ein uneingeschränkt funktionsfähiges Parlament Gegebenheiten voraus, die es auf europäischer Ebene noch gar nicht gibt – eine europäische Öffentlichkeit nämlich, die medial präsent und beeinflußbar wäre, ein europäisches Parteienwesen überdies, ein europäisches Volk schließlich, das sich als Souverän der künftigen Europäischen Union verstünde und sich als solcher zur Geltung brächte.

Davon ist man in Europa weit entfernt, und das Demokratiedefizit der europäischen Institutionen wird sich daher wirksamer als über das Straßburger Parlament auf der Ebene der Brüsseler Institutionen der EG beheben lassen. Wir haben zu erwarten, daß sich künftig der europapolitische Wille der nationalen Parlamente in Brüssel stärker zur Geltung bringen wird. Der Regionalausschuß wird für die Ausweitung seiner Zuständigkeiten und Rechte streiten. Das bedeutet: Das „Demokratiedefizit" der EG wird vermutlich eher über eine verfassungsrechtliche Stärkung ihrer Föderalität als über eine Stärkung ihrer Zentralität abgebaut werden. Aber hier ist alles offen, und die verfassungsrechtspolitische Phantasie der Politiker und der Juristen ist herausgefordert.

Ich versuche, das, was Sie zur gegenwärtigen ost- wie zur westeuropäischen Entwicklung gesagt haben, zusammenzufassen. In beiden Perspektiven läßt sich ein großer Trend feststellen. Der Trend zur Suprastaatlichkeit, oder wie Sie sagen, zu „Großrauminstitutionen mit abgestufter Souveränität". Das gilt unter sicherheits- wie unter marktpolitischen Aspekten. Am Beispiel der westeuropäischen Integration zeigt sich also etwas, was sich, unbeschadet gegenwärtiger krisenhafter Erscheinungen, auch im Osten durchsetzen wird. Deswegen, weil es einerseits im vernünftigen Selbstinteresse auch dieser Staaten liegt, andererseits mit deren jeweiligen nationalen Identitätsansprüchen nicht prinzipiell kollidieren muß. Würden Sie dem zustimmen?

Die Idee der europäischen Einigung hat nicht den Charakter einer Vision. Sie ist vielmehr in ihren zukunftsträchtigen Gehalten eine pragmatische Antwort auf Erfahrungen faktischer Souveränitätsverluste, die unsere traditionellen Staaten in der Konsequenz zivilisatorischer Evolution erlitten haben. Faktischer Souveränitätsverlust – das bedeutet: Die traditionellen Staaten verfügen nicht mehr über die Autarkie, die sie instand setzen würde zu leisten, was zu leisten uns die Herausforderungen der modernen Zivilisation abverlangen. Von der Sicherheitspolitik über die Umweltpolitik, von den Herausforderungen der international organisierten Kriminalität bis zu den Problemen der Migrationsströme, die sich auf uns zu bewegen, reichen die Sachprobleme, für deren Bewältigung wir heute auf internationale Kooperation und darüber hinaus auf staatsübergreifende politische Institutionen angewiesen sind.

Noch einmal möchte ich bekräftigen, daß die so sich herausbildenden politischen Großrauminstitutionen nicht nach Analogie traditioneller Staaten gedacht werden können. Wir sehen nämlich, daß in eins mit unserer regional wie sozial ausgreifenden wechselseitigen Abhängigkeit voneinander die Behauptung, ja die neue Gewinnung politischer Eigenständigkeit und Selbstbestimmung in kleinen Räumen an Intensität gewinnt. Es ist ja nicht einmal so, daß heute noch wirtschaftsabhängige Wohlfahrt traditionell staatlich verfaßte Großräume nötig machte. Man könnte sagen: Es ist kein Zufall, daß just die kleinen Länder Europas das höchste Pro-Kopf-Einkommen erwirtschaften – von Dänemark über Luxemburg bis zur Schweiz und Liechtenstein. Gewiß: Die großräumigen Märkte, die dafür nötig sind, bedürfen der Einrichtung und politischen Sicherung. Aber indem wir bereit sind, dafür mit anderen zu kooperieren, ja gewisse Souveränitätsrechte aufzugeben, um so entschiedener behauptet sich zugleich unser Wille zur politischen Selbstbehauptung in unseren Herkunftsprägungen und Eigenständigkeiten. Eben deswegen gehören Europäisierung und Regionalisierung zusammen. Verfassungsrechtspolitisch ausgedrückt heißt das: Der Föderalismus expandiert. Sogar Frankreich hat ja inzwischen seine freilich noch mit recht schwachen Kompetenzen ausgestatteten Regionen, die sich als Selbstverwaltungskörperschaften über die Departements unterhalb der Staatsebene legen. Analog hat sich auch Spanien föderalisiert, und Italien hat seine teilautonomen Regionen vom frankophonen Aostatal über Südtirol bis nach Julisch-Venetien.

Sogar Tendenzen der Stärkung der Gemeindeautonomie lassen sich vielfach in Europa beobachten. In der Zusammenfassung könnte man das auch so ausdrükken: Das zusammenwachsende Europa wird Schweiz-ähnlicher.

Herr Professor Lübbe, wir danken Ihnen für dieses Gespräch.

9. Beschäftigungspolitik in geschlossenen und offenen Gesellschaften
Der real existent gewesene Sozialismus im Vergleich

Dreierlei ist beabsichtigt. Ich möchte zunächst, am Beispiel der DDR und ihres Untergangs, die beschäftigungspolitischen Verhältnisse im real existent gewesenen Sozialismus einerseits und nach dem Ende dieses Sozialismus andererseits miteinander vergleichen, und zwar aus marxistischer Perspektive. Sodann möchte ich dieselben Gegebenheiten in ihrem dramatischen Wandel aus der Perspektive marktwirtschaftlicher Ordnung darstellen. Abschließend seien dann noch einige wohlbekannte sowie einige zusätzlich wichtige Bedingungen für das Gelingen beschäftigungspolitischer Normalisierung formuliert.

Zunächst habe ich also die beschäftigungspolitische Lage der Dinge vor und nach dem Untergang des sozialistischen Systems der DDR geschildert, nämlich aus der Sicht der Dinge, wie sie den politischen und ideologischen Repräsentanten dieses Systems sich darstellen müßte. Sieben Charakteristen mögen dafür genügen.

Erstens herrschte, solange der Sozialismus real existierte, praktisch Vollbeschäftigung. Das war selbst in jenen Jahren noch der Fall, als in Westdeutschland die Zahl der Arbeitslosen bereits die Zweimillionengrenze überschritten hatte.

Zweitens unterschieden sich das sozialistische und das kapitalistische System in den beiden Teilen Deutschlands signifikant in den jeweiligen Erwerbsquoten der Frauen. Unzweifelhaft ist doch diese Erwerbsquote ein besonders sprechender Indikator für den erreichten Stand der Frauenemanzipation. Im sozialistischen System der DDR existierte insoweit, nämlich an dem genannten Indikator abgelesen, praktisch kein Frauenemanzipationsdefizit mehr. Die Erwerbsquote der Frauen im beschäftigungsfähigen Alter betrug neunzig Prozent – gegenüber lediglich fünfundfünfzig Prozent in der kapitalistischen BRD. Nach westlicher Argumentation hätte dieser Unterschied familienpolitisch zur Konsequenz haben müssen, daß in der DDR die Geburtenrate drastisch unter das Maß absank, das für die Bestandserhaltung der Bevölkerung nötig ist, während die BRD mit ihrem hohen Anteil beschäftigungsloser und daher, wie man sich vorstellt, stärker familienzugewandten Frauen ein Land der hohen Geburtenrate hätte sein müssen. Just davon konnte indessen, wie man weiß, gar nicht die Rede sein. Die DDR stellte somit unter Beweis, daß die in einer sehr hohen Erwerbsquote der Frauen sich spiegelnde Frauenemanzipation keineswegs zu dem von den Ideologen kapitalistischer Ordnungspolitik befürchteten Einbruch der Geburtenrate führen muß. Es drängt sich auf, nach den sozialpolitischen Rahmenbedingungen zu fragen, die diese bemerkenswerte Korrelation von hoher Beschäftigungsquote der Frauen einerseits und ausreichender Geburtenrate andererseits in der DDR möglich gemacht haben.

Drittens. Ein Lehrstellenmangel, der Anfang der achtziger Jahre in vielen Ländern die Zukunftsperspektive zahlloser Schulabsolventen verdüsterte, war im Vergleich der beiden deutschen Staaten exklusiv ein BRD-Problem. In der DDR hingegen war auch damals nach Schulabschluß jedem jungen Menschen eine Gelegenheit beruflicher Ausbildung gesichert. Es bleibt einzuräumen, daß auch in der BRD ein Lehrstellenmangel nicht ständig besteht. Das aber hat seinen Grund in Konjunkturverläufen, die auch günstigere Jahre dann und wann bringen, und überdies in der Rückläufigkeit der Jahrgangsstärken, das heißt in der Geburtenschwäche, die ihrerseits kapitalistische Zukunftsangst ausdrückt. Für diese Zukunftsangst gibt es ja auch darüber hinaus noch unübersehbare Anzeichen – vom Aussteigertum bis zur Wissenschafts- und Technikfeindschaft der Manifestanten vor den Bauzäunen der Großindustrieanlagen im Westen.

Viertens gab es in der DDR speziell das Problem der Akademikerarbeitslosigkeit nicht, das in der BRD, zum Beispiel, Junglehrer bedrängte und noch bedrängt. Wer in der DDR erst einmal, nach Auswahl durch die einschlägigen Selektionskommission der gesellschaftlichen Massenorganisationen, zum Studium zugelassen war, hatte auch die Gewähr für eine ausbildungsadäquate Anstellung nach Abschluß des Studiums. Es war eben in der DDR gelungen, planungstechnisch Ausbildungssystem und Beschäftigungssystem bruchlos miteinander zu verkoppeln. Im Kapitalismus hingegen laboriert man bis heute an diesem Problem und konstatiert resigniert seine Unlösbarkeit.

Fünftens hatte gerade der real existent gewesene Sozialismus begriffen und wissenschaftspolitisch realisiert, daß wissenschaftliche Innovationen, die aus der Praxis von Forschung und Entwicklung resultieren, wichtigste Voraussetzung des industriellen Fortschritts sind. Entsprechend hat man in der Forschungs- und Entwicklungspolitik der DDR nach Organisation und Finanzierung das Wissenschaftssystem entschlossen an den Zwecken der industriellen und sonstigen gesellschaftspraktischen Nutzung der Ergebnisse von Forschung und Entwicklung orientiert. Der im Westen verbreitete Hobbyismus von gelehrten Esoterikern in Orchideenfächern und sonstigen kuriositätsmotivierten „Grundlagenforschern" wurde zurückgedrängt, die Hochschulen stärker auf ihre Ausbildungsaufgaben konzentriert und bedeutende Forschungspotentiale in der Berliner Akademie der Wissenschaften zusammengefaßt, in der schließlich sechsundzwanzig Prozent der in der Forschung und Entwicklung insgesamt Beschäftigten tätig waren. Erst das erlaubte es, auch die Wissenschaften politisch und technisch an die Planungsvorgaben zu binden, die nicht auf Erwerbsinteressen, vielmehr aufs Gemeinwohl orientiert waren. Demselben Zweck der Rückbindung der Forschung an die Bedürfnisse des werktätigen Volkes, die über Steigerung der Produktion und der Produktivität zu erfüllen waren, diente exemplarisch auch die letzte bedeutende Forschungsverordnung von 1985, die den Akademien wie den Hochschulen vorschrieb, sich fünfzig Prozent ihrer Forschungs- und Entwicklungsmittel über Kooperationsverträge mit den volkseigenen Einrichtungen der Wirtschaft zu beschaffen. Wenn man auch zugeben muß, daß diese Norm in den restlichen Jahren der Existenz der DDR nicht erfüllt wurde, so drückte sich doch gerade auch in dieser Norm der planungspraktische Wille aus, die schöpferischen Fähigkeiten der Wissenschaftler wissentlich und willentlich in prästabilierte Harmonie mit den sich entfaltenden Bedürfnissen des Volkes zu bringen.

Sechstens erlaubte die siegreiche sozialistische Revolution, die den im Kapitalismus herrschenden Klassenkampf beendete, eine ganz neue Form der Selbstorganisation der emanzipierten Arbeitnehmer, nämlich in den Gewerkschaften, die nun nicht mehr, wie im Kapitalismus, als Kampforganisation gegen Ausbeutung zu fungieren hatten, vielmehr befreit zum Transmissionsriemen werden konnten, der friktionslos den Parteiwillen, als den avantgardistisch organisierten Volkswillen, in die Betriebe hinein wirksam machte. Ineins mit der Partei repräsentierte daher gerade die Gewerkschaft die im sozialistischen System hergestellte Identität individueller und kollektiver Interessen.

Siebtens entfiel im real existent gewesenen Sozialismus mit der Irrationalität des Marktes auch jede ausbeutende Preistreiberei. Die Mieten zum Beispiel hielten sich auch bei steigendem Lohnniveau auf einer Höhe von durchschnittlich unter zehn Prozent der Einkommen der werktätigen Massen. Ähnliche überaus günstige Preise galten und hielten sich auch im Bereich anderer Güter der Befriedigung der Elementarbedürfnisse, insbesondere im Bereich der Grundnahrungsmittel. Auch für die Nahverkehrskosten galt das, desgleichen für die Kosten der Energieversorgung im häuslichen und sonstigen privaten Bereich. Schließlich war den Werktätigen, über Vermittlung der einschlägigen Organisation ihrer Gewerkschaft, auch ein erholsamer Urlaub zu preislichen Konditionen gesichert, von denen die Arbeitnehmer im kapitalistischen System nicht einmal träumen konnten.

Das Kontrastbild der Verhältnisse, wie sie sich auf dem Territorium der DDR, nach ihrem Zusammenbruch und somit nach der Expansion kapitalistischer Verhältnisse herausgebildet haben, ist rasch skizziert.

Erstens betrug schon Dreivierteljahr nach der staatsrechtlichen Vereinigung der beiden deutschen Staaten, also zur Mitte des Jahres 1991, die Zahl der Arbeitslosen zuzüglich der Zahl der auf Kurzarbeit gesetzten Beschäftigten weit über zweieinhalb Millionen. Dabei befanden sich unter den erwähnten Kurzarbeitern zahlreiche sogenannte 0-Stunden-Kurzarbeiter. Von dieser Sorte von Kurzarbeitern hatte zumindest der arbeitsrechtliche Laie nie zuvor etwas gehört. Ersichtlich handelt es sich bei dieser verblüffenden Kennzeichnung um eine verbale Verschleierung faktischer Arbeitslosigkeit. So oder so: Gegen zwei Millionen betrug um die Mitte des Jahres 1991 die Zahl sogenannter vollzeitäquivalenter Beschäftigungsloser. Auch dieser Begriffsname der Vollzeitäquivalenz dürfte in die Geschichte der Sprachpolitik eingehen, die seit der Machtübernahme des Kapitalismus die tatsächliche Entwicklung der Verhältnisse im Bereich des real existent gewesenen Sozialismus begleitet.

Zweitens waren und sind die Frauen von der sich ausbreitenden Arbeitslosigkeit ungleich stärker als die Männer betroffen. Der beschäftigungspolitische Emanzipationserfolg des sozialistischen Systems zerrinnt.

Drittens sind von der sich ausbreitenden Arbeitslosigkeit disproportional auch jene Jugendlichen betroffen, die erst auf den Arbeitsmarkt drängen oder zuvor noch einen Ausbildungsplatz suchen.

Viertens ist die mit der Zulassung zum Studium im real existent gewesenen Sozialismus einst verbunden gewesene de facto-Anwartschaft auf einen Arbeitsplatz weggefallen. Das Gespenst der Akademikerarbeitslosigkeit droht nun auch in den neuen Bundesländern demotivierend zu wirken. Das wirkt sich erkennbar insbesondere auf die durchschnittliche Studiendauer aus. Wem außerhalb der Hochschulen ein Arbeitsplatz nicht mehr sicher ist, zieht nun innerhalb der Hochschulen seine Warteschleifen.

Fünftens. Die singuläre, das heißt im kapitalistischen System als überragend wichtiger Forschungsträger unbekannt gewesene Einrichtung der Akademie der Wissenschaften wird aufgelöst. Ein Drittel der bislang in Forschung und in Entwicklung Beschäftigten wird „abgewickelt". Auch dieses Wort „Abwicklung" gehört in den inzwischen langen Katalog von Worten der politischen Verschleierungssprache, die in der Vergeblichkeit des Versuchs, verbal die harte Realität zu verstecken, deren Härte nur um so aufdringlicher macht.

Sechstens ereignen sich diese und andere Zusammenbrüche sozialistischer Beschäftigungspolitik, obwohl dreihundertundfünfzigtausend Arbeitskräfte aus den neuen Bundesländern in Richtung Westen bereits abgewandert sind und somit auf dem Arbeitsmarkt dort die Nachfrage nach Arbeitsplätzen verringern. Analoges gilt für die über dreihunderttausend Beschäftigten, die in den neuen Bundesländern zwar wohnhaft geblieben sind, ihre Beschäftigung aber inzwischen im Westen gefunden haben, also zu Pendlern geworden sind. Auch sie tragen somit zur Erlastung des Arbeitsmarktes in den neuen Bundesländern bei. Um so drückender ist das Gewicht der im Gebiet der ehemaligen DDR inzwischen erreichten Arbeitslosenquote.

Siebtens sind die Mieten und die Preise für die Güter der Grundversorgung der Bevölkerung in Bewegung geraten. Für die Löhne gilt das, wie man zugeben muß, auch. Aber der Anteil der Bevölkerung wächst, für die der Anstieg der Lebenshaltungskosten, nämlich bei besonders wichtigen Lebensgütern wie Wohnung oder Urlaub, rascher als der Anstieg der Einkommen verläuft.

Der Vergleich, so scheint es, spricht für sich selbst. Es ist dieser Vergleich, den man sich auch als Befürworter liberaler und sozialer marktwirtschaftlicher Ordnung immer wieder vor Augen rücken sollte; denn dieser Vergleich ist orientierungspraktisch und politisch wirksam. In erster Linie sind es Alt-Marxisten, die ihr angeschlagenes Selbstbewußtsein über diesen Vergleich aufrichten. Auch für die intellektuellen Paläoneomarxisten, die nicht zuletzt in den elfenbeinernen Türmen westlicher Hochschulen rezent sind, ist der hier vorgetragene Vergleich argumentativ wichtig geblieben. Gewiß sind die einschlägigen akademischen Intellektuellen unverdrossen marxistischer Prägung längst marginalisiert. Aber in Teilen der Lehrerschaft und damit auch in nicht wenigen Schulen kann von solcher Marginalität der einschlägigen Orientierungen noch immer nicht die Rede sein. Schließlich gibt es auch etliche Politiker, die auf den skizzierten Vergleich gern zu Zwecken der Bestätigung ihrer Prognose vom Kladderadatsch rekurrieren, der unvermeidlich sei, wenn man den Versuch mache, das kapitalistische System in die sozialistische Welt hinein auszudehnen, nachdem das politisch möglich geworden ist.

Noch einmal also: Es hat seine argumentative Wichtigkeit, sich mit dem skizzierten Kontrastbild der Verhältnisse vor und nach dem Ende des Sozialismus bekannt zu machen. Ebenso wichtig ist dann freilich auch, die unleugbaren und partiell bedrückenden Zustände in den ehemals sozialistischen Ländern aus der Perspektive des Ordnungsrahmens einer offenen Gesellschaft und näherhin einer liberalen und sozialen Marktwirtschaft zu erklären. Diese Erklärung ist notwendiger Teil einer Neubegründung von Zuversicht.

Die schwerwiegenden Folgen des Zusammenbruchs der sozialistischen Ordnung lassen sich also nicht wegerklären. Aber sie lassen sich erklären. Das läßt dann ihre Unvermeidlichkeit im Übergang erkennen und damit zugleich die Bedingungen des Wandels der Dinge zum Besseren. Die erklärenden Faktoren für die skizzierten dramatischen Übergangsphänomene sind nicht einmal schwer zu erkennen. Indessen ist die Publizität dieser Faktoren immer noch ungenügend.

Erstens ist die Massenfreisetzung von Arbeitskräften, zumal im Gebiet der ehemaligen DDR, eine Folge des Zusammenbruchs von Märkten, auf denen die Produkte der DDR-Wirtschaft früher ihren Absatz fanden. Das gilt, außenhandelswirtschaftlich, vor allem für den ehemals im Comecon-Rahmen geregelten Absatzmarkt in den osteuropäischen Ländern. Die Dramatik im Verlust dieser Märkte für DDR-Produkte war bekanntlich eine unvermeidliche Folge der Herstellung der Währungsunion zwischen den beiden deutschen Staaten noch vor ihrer staatsrechtlichen Vereinigung. Selbstverständlich läßt sich fragen, ob im Blick auf die skizzierten Folgen der Währungsunion diese Union nicht besser verzögert worden wäre. Die Konsequenz einer solchen Verzögerung wäre indessen eine Massenmigration von Ostdeutschland nach Westdeutschland gewesen, und zwar weit über die Dimensionen der Migration hinaus, die sich, wie erwähnt, auch unter den Bedingungen der hergestellten Währungsunion vollzogen hat. Die Politik hatte eine Entscheidung zwischen zwei Übeln zu treffen, und das Übel der beschäftigungspolitischen Talfahrt, die in der Konsequenz der Währungsunion tatsächlich unvermeidlich war, will schon aus gegenwärtiger Perspektive als das geringere Übel erscheinen. Wer die Beschleunigung im Wandel der Dinge zum Besseren wollte, mußte auch die Währungsunion wollen.

Zweitens kann die Arbeitslosigkeit in den neuen deutschen Bundesländern partiell als Freisetzung verdeckter Arbeitslosigkeit interpretiert werden. Über Jahrzehnte hin war gewiß auch, zum Beispiel, die westdeutsche Bundesbahn, historisch erklärbar, nicht gerade ein Musterbetrieb rationaler Beschäftigungspolitik. Indessen war bei der ostdeutschen Reichsbahn das Verhältnis von Beschäftigtenzahlen zu Personen- und Gütertransportleistung noch weitaus ungünstiger. Analoges gilt auch für andere Beschäftigungsbereiche, in kleineren Dimensionen zum Beispiel auch für den Forschungsbereich. Generell war das sozialistische Wirtschaftssystem, unbeschadet seiner Selbstverpflichtung auf Fortschritt, ein System der Konservierung von Arbeitsplätzen vergleichsweise sehr niedriger Produktivität. Jedem, der dann und wann die Sowjetunion zu besuchen hatte, ist das unvergeßlich im Anblick der Frauen, die mit Reisigbesen Straßen und Höfe kehrten, oder auch in Konfrontation mit den Etagenaufpasserinnen im Eingang zu den Hotel-Korridoren, die, vom Aufpassen abgesehen, beschäftigungslos an ihren Tischchen zu sitzen schienen. – Gewiß wird der Altsozialist den Terminus „verdeckte Arbeitslosigkeit" für einen semantischen Trick erklären, der den Unterschied verschleiern soll, den es doch macht, ob man, als angeblich verdeckter Arbeitsloser, auf Lohnlisten steht, oder ob derselbe Mann „stempeln geht". Diese Argumentation klingt bestechend. Wer sich von ihr allerdings bestechen läßt, macht sich beschäftigungspolitisch zum Konservativen, der mit seinen beschäftigungspolitischen Maßnahmen die Produktivitätsentwicklung hemmt, also Berufstätige zwingt, weit unter dem Niveau längst erreichbarer Könnerschafts- und Produktivitätsniveaus tätig zu bleiben, damit auch auf unnötig niedrigen Lohnniveaus zu verharren und überdies zu riskieren, bei jeder Öffnung des Systems vom definitiven Zusammenbruch der Märkte bedroht zu werden, auf denen sich die Produkte der eigenen Arbeit noch absetzen ließen – insbesondere dann, wenn man, wie in Ostdeutschland geschehen, die Löhne zugleich drastisch erhöht.

Drittens. Die hohe Beschäftigungsquote der Frauen in der DDR hatte, wie erwähnt, an dem geschlechtsspezifisch disproportional großen Anteil der Frauen in Berufen mit niedrigem Qualifikationsniveau gar nichts geändert. Von den beschäftigungspolitischen Folgen des Zusammenbruchs der Märkte für international nicht konkurrenzfähige DDR-Produkte wurden entsprechend Frauen, insbesondere soweit sie im industriellen Beschäftigungssektor tätig waren, disproportional häufig ereilt. Am Beispiel von Teilen der Textilindustrie ließe sich das näherhin zeigen.

Viertens. Die planwirtschaftlich vermeintlich gelungene Verkopplung von Ausbildungs- und Beschäftigungssystem war in Wahrheit eine ganz unabhängig von dieser Verkoppelung geltende Beschäftigungsgarantie für Hochschulabsolventen ohne besondere Rücksicht auf zwingende Qualifikationserfordernisse der offerierten Positionen. Auch die groteske Überbeschäftigung von Wissenschaftlern in Forschungs- und Entwicklungseinrichtungen hat diesen Hintergrund.

Fünftens erwies sich auch die enge Verkoppelung von Forschung und Produktion als ein Medium der Vernachlässigung der Grundlagenforschung. In genauer Analogie zur Überschätzung der Planbarkeit ökonomischer Prozesse hat man auch die Planbarkeit von Forschungsprozessen überschätzt. Der forschungspolitische Zentralismus, der dieser Überschätzung genau entspricht, hat dann mit seinen organisationssoziologisch unvermeidlichen Folgeschäden die reale Forschungspraxis zusätzlich belastet. Das gilt selbstverständlich auch für die personalpolitischen Konsequenzen des forschungspolitischen Zentralismus in einem sich durch eine kanonische Ideologie legitimierenden System. Diese Bemerkungen würden falsch verstanden sein, wenn man in ihnen anwendungsorientierte Forschung einerseits und Grundlagenforschung andererseits in eine reine Alternative gebracht fände. Die Zusammenhänge liegen anders. Nichts ist auf Dauer nützlicher als die nicht unmittelbar am bereits gegenwärtig ausweisbaren Nutzen orientierte und insofern freie Forschung. Man kann das auch so ausdrücken: In der Forschungspolitik der DDR war die praktische Relevanz freier forschungspraktischer Betätigung der Curiositas unterschätzt worden.

Sechstens. Die niedrigen Mieten, niedrigen Preise für Verkehrsleistungen, für Energie und sonstige Güter des elementaren Bedarfs wurden in Wahrheit mit einem Verfall dieser Güter oder mit einem Verfall ihrer Infrastrukturbedingungen bezahlt. Auf ihrem unnötig niedrigen Konsumniveau hat die DDR-Bevölkerung überdies auf Kosten zukünftiger Generationen gelebt. Der Milliardenaufwand – es handelt sich für die Dauer der nächsten zehn bis fünfzehn Jahre um einen Aufwand von Hunderten von Milliarden –, der nötig ist, den Wohnhausbestand zu rekonstruieren, zu modernisieren und zu erweitern, ist ja ein Aufwand, der sehr viel niedriger hätte gehalten werden können, wenn er in früheren Jahrzehnten kontinuierlich geleistet worden wäre. Es läßt sich unter Verfallsbedingungen eben leicht billig wohnen. Analog repräsentiert auch der Zustand der Straßen, des Eisenbahnnetzes, des Fernsprechsystems im Bereich des real existent gewesenen Sozialismus Folgen der Überbürdung von Unterhaltskosten auf zukünftige Generationen.

Siebtens hat die sozialistische Planwirtschaft auch die naturalen Lebensvoraussetzungen der Gesellschaft in einer Weise ausgebeutet, deren Folgen sogar für den Laien, der in die ehemals sozialistischen Länder reist, heute noch unübersehbar sind. Dabei hätte doch das ideologisch besetzte Bewußtsein annehmen wollen, daß gerade dort, wo das Prinzip der identifizierten individuellen und kollektiven Interessen gilt, daß also dort, wo in Permanenz die Orientierung am Gemeinwohl verbindlich ist, die gemeinschaftlichen naturalen Lebensvoraussetzungen mit besonderem Fleiß und besonderer Treue gehütet und behütet worden wären. Statt dessen waren in der DDR nur 57 Prozent der Hausentwässerungen an Anlagen kollektiver Abwasseraufbereitung angeschlossen – gegenüber 86 Prozent in der alten BRD. Im Industriebereich lagen die Dinge partiell und gerade in sehr relevanten Fällen noch schlimmer. Das größte Chemiekombinat der DDR in Bitterfeld mit achtzehntausend Arbeitsplätzen verfügte nur über eine mechanische Reinigungsstufe. Die Salzkonzentration der Elbe lag fünfzehnmal so hoch wie die des Rheins, obwohl doch die elsässische Kaliindustrie auch nicht gerade zimperlich mit dem Rheinwasser umzugehen pflegt. Ich muß es mir hier ersparen, mit Rekurs auf die mannigfachen Faktoren, auf die es hier ankommt, zu erklären, wieso gerade, statt im profitorientierten Kapitalismus, im gemeinwohlorientierten Sozialismus zwingenden ökologischen Erfordernissen in krasser Weise nicht entsprochen worden ist. Es sei hier lediglich zusammenfassend gesagt, daß gerade die sozialistische Behinderung der Ökonomisierung unserer naturalen Lebensbedingungen deren Raubbau begünstigt hat. Die Kausalitäten liegen insofern gerade umgekehrt, wie auch im Westen vielfach schwärmerisch unterstellt wird –: Nicht ihre Ökonomisierung gefährdet unsere naturalen Lebensbedingungen, vielmehr die Verweigerung dieser Ökonomisierung. Das Problem ist, Knappheit spürbar zu machen, bevor es zu spät ist, und die Ökonomisierung von Lebensvoraussetzungen ist ein besonders wirksames Mittel, deren Knappheit aufdringlich zu machen und so uns zum sorgfältigen Umgang mit dem Knappen zu bewegen. –

Diese Andeutung einer Erklärung der ökonomischen Zustände im Sozialismus sowie im Übergang vom Sozialismus zu einer marktwirtschaftlichen Ordnung läßt sich natürlich als kapitalistische Ideologie diffamieren. So geschieht es in Kreisen geschädigter, nämlich ehemals privilegierter sozialistischer Alt-Genossen bis heute, und in marginalen westlichen Intellektuellen-Zirkeln desgleichen. Politisch ist das unbeachtlich. Die Triftigkeit der fraglichen Erklärung der Zustände, zu denen die sozialistische Ökonomie führte, wurde nämlich von den Bürgern in den neuen deutschen Bundesländern alltagspraktisch erfahren – zum Beispiel im Anblick ihres Trabbi, der nach technischer Leistungsfähigkeit und Umweltverträglichkeit in den jetzt überall gegebenen Möglichkeiten des Vergleichs den desolaten Leistungsstand der sozialistischen Wirtschaft eindrucksvoll demonstrierte. Bedarf es hier langer wirtschaftstheoretischer Darlegungen, um verständlich zu machen, wieso ein solches Produkt auf internationalen Märkten nicht verkäuflich ist? Es hatte für die Beschäftigten in der thüringischen Automobilindustrie seine Evidenz, daß die eigene Arbeit erst dann wieder eine Arbeit der Herstellung moderner und verkaufsfähiger Produkte sein könne, wenn zuvor Milliardeninvestitionen für leistungsfähigere Produktionssysteme getätigt sind, die westliche Unternehmen inzwischen vertraglich zugesagt haben. Generell gilt: Der Zustand der Dinge, der, statt der liberalen und sozialen Marktwirtschaft, dem Sozialismus anzulasten bleibt, war von sinnlicher Penetranz – von der verfallenden Bausubstanz des eigenen Wohnhauses bis hin zum stechenden Schwefeldioxyd in den Zentren der Massenverbrennung von Braunkohle schlechter Qualität ohne wirksame Abgasfilter. In der politischen Konsequenz bedeutet das: Die Aussichten sind gering, daß mit dem eingangs skizzierten Kontrastbild der Zustände vor und nach dem Untergang der DDR Bauernfängerei betrieben werden könnte.

Nichtsdestoweniger muß man damit rechnen, daß vierzig Jahre sozialistischer Gewohnheit den Sinn für die wirtschaftspolitischen Bedingungen des Aufschwungs schwach entwickelt sein lassen. Man hat erst zu lernen, daß Geldtransferleistungen allein, so nötig sie sind, den Aufschwung nicht bringen können. Diese Geldtransferleistungen sind, noch einmal, eine nötige, aber keine hinreichende Bedingung für den fälligen Wandel der Dinge. Einige wenige dieser Bedingungen, die in ihrem Ensemble dann vielleicht hinreichen werden, seien im folgenden abschließend aufgeführt.

Erstens hat man sich von der Verlogenheit der vermeintlich im Sozialismus realisiert gewesenen Identität individueller und kollektiver Interessen zu verabschieden. Für diesen Abschied wird insbesondere schon die wiederhergestellte Koalitionsfreiheit sorgen, über die sich freie Gewerkschaften und freie Arbeitgeber- und Unternehmensverbände bilden, deren öffentliche Tätigkeit und Argumentation sichtbar macht, daß das, was das Gemeinwohl sei und was es erfordert, sich sehr wohl – und sei es über schmerzhafte Erfahrungen – finden läßt, indem man konkurrierende Interessen sich in Verhandlungen aneinander abarbeiten und so zum Ausgleich bringen läßt.

Zweitens müssen sich die moralischen Bedingungen wirtschaftlichen Handelns ändern. Zu diesen moralischen Bedingungen gehört nicht zuletzt die Rehabilitierung des Erwerbsinteresses. Daß es sich bei diesem Interesse um ein moralisch anerkennungsfähiges Interesse handele, fällt Altsozialisten, auch vielen Intellektuellen zu denken schwer. Gewinnorientierung zum Beispiel gilt den Altsozialisten unverändert als Widerpart der Gemeinwohlorientierung. Zumal in lebenserfahrungsverdünnten akademischen Räumen scheint unverändert schwer begreiflich zu sein, daß Gewinn der einzig verfügbare Indikator produktionstechnischer und organisationstechnischer Rationalität ist, überdies und vor allem Indikator für die Nachfrageadäquatheit und Konkurrenzfähigkeit des Produkts und damit zugleich die Bedingung für die Zukunftsfähigkeit des Unternehmens und für die Sicherheit der Arbeitsplätze der in ihm Beschäftigten. Wo diese Zusammenhänge erfahren und verstanden werden, geht zugleich jenem alten Mythos die Lebensluft aus, der wissen will, daß Klassenkampf die Realität aller vorsozialistischen Gesellschaftsformationen gewesen sei. Damit lösen sich dann auch die nostalgisch getönten Erinnerungen an die Skurrilitäten des sozialistischen Wettbewerbs auf – an diesen Eifer in der Konkurrenz kollektiver Selbstlosigkeiten, die sich selbst beim Überreichen der Wanderfahnen oder in den Porträtgalerien der Helden der Arbeit am Werkstor feierten.

Drittens und nicht zuletzt gehört zu den Bedingungen des wirtschaftlichen und moralischen Wiederaufbaus auch dieses, daß die Folgelasten des Zusammenbruchs des real existent gewesenen Sozialismus in der aktuellen politischen Auseinandersetzung nicht instrumentalisiert werden. Es ist ja, zum Beispiel, gewiß ein Beweis der besseren Einsicht, wenn man, bevor es zur Währungsunion und zur Wiedervereinigung kam, die wirtschaftlichen Konsequenzen, statt sie zu bagatellisieren, als sehr gravierend beurteilte. Aber eignen sich die wirtschaftlichen und insbesondere auch die beschäftigungspolitischen Folgen der Transformation des sozialistischen Systems ins System der liberalen und sozialen Marktwirtschaft als politisches Argument gegen diejenigen, die diese Transformation politisch zu vollziehen und zu verantworten haben? Was will man denn? Wäre denn die Konservierung des sozialistischen Systems eine auch im nachhinein noch rechtfertigungsfähige Alternative gewesen? Ersichtlich ist das nicht der Fall, und das gilt auch dann, wenn die Kosten des Übergangs vom Sozialismus zur sozialen und liberalen Marktwirtschaft falsch eingeschätzt oder aus wahltaktischen Gründen geschönt wurden.

10. Standort Deutschland – oder die Trägheitsfolgen vergangener Wohlfahrt

25 Thesen

1. Standortprobleme, so schien es, sind Spezialprobleme von Investoren. Inzwischen hat sich auch der deutschen Öffentlichkeit mitgeteilt, daß die industriegesellschaftliche Zukunft des Landes in Frage steht. Die Herausforderungen dieser Zukunft werden niemanden unberührt lassen – weder Investoren noch zukünftige Rentner und auch diejenigen nicht, die sich in der Scheinsicherheit des öffentlichen Dienstes von Standortproblemen derzeit noch unberührt fühlen mögen.

2. In letzter Instanz hängt die Zukunft der Industriegesellschaft nicht von ökonomischen, sondern von moralischen Faktoren ab. Zwei dieser Faktoren sind dabei mit Abstand die wichtigsten: zu wissen, was auf dem Spiel steht, sowie Zuversicht.

3. Auf dem Spiel steht unsere Wohlfahrt und mit der Wohlfahrt ein wesentlicher Teil privater und öffentlicher Freiheit. Wohlfahrt – das ist mehr als Lebensstandard. Wohlfahrt umfaßt Freiheit von wirtschaftlicher Not, soziale Sicherheit und Selbstbestimmung – individuell wie gemeinschaftlich.

4. Auch die ökologische Sicherheit steht auf dem Spiel. Die ökologischen Folgen unserer Art zu leben sind beträchtlich – partiell bedrohlich. Gegensteuerungen sind fällig, ja überfällig. Eben dafür benötigen wir Mittel, die uns einzig die moderne Industriegesellschaft selber zur Verfügung stellen kann – wissenschaftlich und technisch, ökonomisch und organisatorisch. Die Alternative, die Probleme der Industriegesellschaft auf dem Wege des Ausstiegs aus dieser Gesellschaft loszuwerden, existiert nur als schlechte literarische Utopie. Vereinzelte Aussteiger gibt es, sogar solche, die es ernst meinen. Aber die Marginalität ihrer Existenz ist die zwingende Voraussetzung ihrer Existenz. Wo alle aussteigen wollten, könnte es niemand mehr.

5. Auch die Erhaltung und Mehrung unserer Freiheit zu individueller und gemeinschaftlicher Selbstbestimmung bleibt industriegesellschaftsabhängig. Frei sein heißt nicht zuletzt wählen können, und erst mit der Entlastung von den Bedrückungen der Armut und der Not gewinnen wir diese Freiheit.

6. Sogar die politische Freiheit – Selbstbestimmung als Recht – wird durch die industriegesellschaftliche Evolution begünstigt. Primitive Technik, gewiß, hat

dem Totalitarismus genützt. Moderne Wissenschaft und moderne Technik hingegen verlangen freien Verkehr von Informationen, von Personen und Gütern. Sie lösen Grenzen auf und zersetzen ideologische Rechthaberschaften. Moderne Informationstechnologie macht politische Propaganda nicht perfekt, vielmehr unwirksam. Der Zusammenbruch des real existent gewesenen Sozialismus ist dafür ein Lehrstück. Orwell hat Unrecht behalten.

7. Ohne Zuversicht läßt sich keine Krise bestehen und die aktuelle Krise in der industriegesellschaftlichen Entwicklung unseres Landes erst recht nicht. Erst Zuversicht macht handlungsfähig, während der Mangel an Mut mutlos machende Verhältnisse schafft. Ins Wirtschaftliche übersetzt heißt das: Allzu risikoscheue Investoren tragen eben durch ihre Risikoscheu zur Verschärfung der allgemeinen Investitionsrisiken bei.

8. Für Zuversicht und Selbstvertrauen spricht aber nicht nur die Unmöglichkeit, ohne sie auszukommen. Die Vorzüge freier politischer und wirtschaftlicher Lebensordnungen bringen sich auch in der aktuellen industriegesellschaftlichen Wandlungskrise mit bezwingender Evidenz zur Geltung. Sozialismus-Nostalgie gibt es, bei Intellektuellen zumal, setzt aber regelmäßig die beruhigende Gewißheit voraus, daß die Wiederkehr des real existent gewesenen Sozialismus in Europa inzwischen chancenlos ist. Die frei gewordenen Nationen drängen in die Europäische Union und ihre Wirtschaftsgemeinschaft. Das neue Allgemeine Zoll- und Handelsabkommen verbessert gegen hinhaltende Widerstände die Freiheit der Märkte weltweit. Länder, die noch vor wenigen Jahren der sogenannten Dritten Welt zugerechnet wurden, haben sich zu Konkurrenten auf dem Weltmarkt erhoben. – Über geschichtsphilosophische Einsichten in eine vermeintliche Gesetzmäßigkeit dieser Entwicklungen verfügt niemand. Aber es ist unübersehbar: Die Mehrheitserwartungen begünstigen gegenwärtig die Chancen politischer und ökonomischer Modernisierung, und darauf läßt sich Zuversicht gründen.

9. Gefahren der Selbsttäuschung gibt es aber auch, und sie bedrohen vor allem diejenigen, denen es über viele Jahre hinweg relativ gut ging. Sie bedrohen uns. Es ist richtig: Immer noch dürfen sich, im europäischen Vergleich, die Deutschen „Exportweltmeister" nennen. Die Leistungen des deutschen Sozialstaats sind beispiellos. Selbst in der immer noch anhaltenden wirtschaftlichen Rezession blieb es möglich, historisch singuläre wirtschaftliche Transferleistungen zugunsten der neuen Bundesländer zu erbringen, Altlasten des Sozialismus abzutragen und auch schon subventionsunbedürftige wirtschaftliche Entwicklungen freizusetzen. Aber die Voraussetzungen solcher Leistungen sind für die Zukunft nicht gesichert. Gerade der erfreuliche Wandel der Dinge – vom Untergang des kommunistischen Ordnungssystems bis zur europäischen und globalen Entfaltung der Kräfte freier Märkte – verändert in tiefgreifender Weise die Bedingungen unserer Wohlfahrt. Wir finden uns herausgefordert, diese Veränderungen zu erkennen und zu verstehen, um uns auf sie einstellen zu können. Der weltweite wirtschaftli-

che und gesellschaftliche Wandel wird erzwingen, daß wir auch unsere eigenen wirtschaftlichen und sozialen Lebensverhältnisse ändern.

10. An das Auf und Ab guter und weniger guter Jahre sind die Bürger in freien Gesellschaften gewöhnt, und auch die Erfahrung, daß man nach Phasen wirtschaftlicher Erholung sich auf einem gesamthaft höheren Wohlfahrtsniveau wiederfinde, prägt sie seit Jahrzehnten. Für die Sicherheit der Arbeitsplätze gilt das inzwischen nicht mehr. Unbeschadet der historisch beispiellos hohen Zahl der Arbeitsplätze in unserem Lande sinkt die Zahl der Arbeitslosen mit dem Konjunkturanstieg kaum noch ab. Sie stabilisiert sich bestenfalls. Auch für kommende Aufschwünge ist kaum anderes zu erwarten. Arbeit im gewohnten Tarif- und Rechtsrahmen wird fortschreitend knapper.

11. Ein Teil dieser Arbeit wird, weil sie bei uns unbezahlbar geworden ist, inzwischen im Ausland getan – in benachbarten Ländern des ehemaligen Ostblocks zum Beispiel. Die Klage, ja Anklage, hier fände ein unverantwortlicher, unsolidarischer „Export" von Arbeitsplätzen statt, verdrängt die Wahrheit, und zwar mindestens dreifach. Erstens gehen nicht „unsere" Arbeitsplätze nach Böhmen oder nach Ungarn. Es handelt sich vielmehr um Plätze, die Arbeit im Ausland zu den dort herrschenden Bedingungen anbieten. Niemand würde zu diesen Bedingungen bei uns Arbeit annehmen. Zweitens ist die Verlagerung von Produktionsstätten ins „billige" Ausland für eine rasch wachsende Zahl unserer Unternehmen zur Bedingung ihrer wirtschaftlichen Selbsterhaltung geworden. Hier verbleibende Arbeitsplätze werden eben dadurch gesichert. Drittens helfen Auslandsinvestitionen unseren ärmeren Nachbarn, sich aus der Katastrophe des Sozialismus herauszuarbeiten. Der Grundsatz der Solidarität macht das zustimmungspflichtig. Unseren Interessen entspricht das, langfristig gesehen, auch: Mit der wirtschaftlichen Stärke unserer Nachbarn verstärkt sich vorteilhafter wirtschaftlicher Austausch mit ihnen. – In der Zusammenfassung heißt das: Die Arbeit ist mobil geworden, und es existiert weder Chance noch Interesse, Arbeitsmärkte abzuschotten und uns dem Anpassungsdruck dramatisch verlaufender weltwirtschaftlicher Entwicklungen zu entziehen.

12. Die Einsicht, daß die Arbeit in Deutschland standortgefährdend teuer geworden sei, hat inzwischen Gemeinplatzcharakter gewonnen. Das ist erfreulich; es macht die deutsche wirtschaftspolitische Diskussion wirklichkeitsnäher. Sogar in der Lohnpolitik wird der Einsicht, daß Zurückhaltung unvermeidlich sei, nur noch von konservativen Arbeitnehmervertretern widersprochen. Nichtsdestoweniger bliebe es eine Illusion anzunehmen, die Lohnpolitik sei das entscheidende Remedium zur Revitalisierung des Wirtschaftsstandorts Deutschland. Entscheidend bleibt die Erhaltung, ja Wiedergewinnung der Weltmarktfähigkeit Deutschlands als des Anbieters von Produkten der Hochtechnologie.

13. „Exportmeister" war und ist Deutschland auf dem europäischen Markt. Aber der Glanz seiner wirtschaftlichen Erfolge in den Konjunkturjahren des vergange-

nen Jahrzehnts hat in der deutschen Öffentlichkeit den Blick dafür getrübt, daß
wir in denselben Jahren gegenüber den USA einerseits und gegenüber Japan andererseits als Spitzentechnologieland zurückgefallen sind – in einigen Bereichen
beträchtlich. Vor den wirtschaftlichen Folgen dessen, was wir insoweit versäumt
haben, kann uns der europäische Markt und seine Organisation, die Europäische
Union, nicht schützen. Jeder Versuch einer europäischen Abschottung gegen den
Druck einer sich globalisierenden wirtschaftlichen Konkurrenz müßte unsere
mannigfachen Rückstände größer und unaufholbarer machen – von der Gen-
technologie über die Informationstechnologie und den Bau informationstechno-
logisch intelligent gemachter Werkzeugmaschinen bis hin zu den Technik organi-
sierenden Dienstleistungen der Einrichtung komplexer Produktionsanlagen oder
Verkehrs-, Versorgungs- und Entsorgungssysteme.

14. Einige halten inzwischen die Leistungen moderner Hochtechnologie für Spezialitäten besonders „begabter", ferner Nationen und bewundern sie. Von diesen
Leistungen hängt aber längst auch bei uns selbst mehr als von allen anderen Resultaten unserer Arbeit unser Exporterfolg ab, und ohne diesen Exporterfolg bräche unsere Wohlfahrt zusammen. Wir sind weniger als jemals zuvor autark – national und europäisch, und in der sich entfaltenden Weltwirtschaft werden nicht
vorrangig regionale Spezialitäten ausgetauscht – deutsche Autos gegen taiwani-
sche Ananas –, sondern Konkurrenzen zwischen funktionsanalogen Produkten
und Dienstleistungen ausgetragen. Das bedeutet: Die Leistungen anderer zwingen
uns im Interesse unserer wirtschaftlichen und sozialen Selbstbehauptung analoge
Leistungen ab.

15. Leistungsfähigkeit ist kein Himmelsgeschenk. Sie hängt von Bedingungen ab,
die sich partiell schaffen, verbessern oder auch ruinieren lassen. Im Rückblick auf
die Vergangenheit haben die Deutschen wenig Anlaß, von ihrer wirtschaftlichen
und technischen, organisatorischen und ökonomischen Leistungsfähigkeit ge-
ringzudenken. Im Vorblick auf die Zukunft müssen wir erkennen, daß wir den
Herausforderungen dieser Zukunft derzeit nicht gewachsen sind. Jahre historisch
beispielloser Wohlfahrt liegen hinter uns. Aber Wohlfahrt pflegt den Sinn für die
Bedingungen ihrer Erhaltung zu schwächen. Unser Gesellschaftssystem ist in
vielen Bereichen anpassungsträge und innovationsscheu geworden.

16. Mutwillig haben wir insbesondere Teilen unseres Bildungssystems Schäden
zugefügt, und zwar in bester Absicht. Wir haben uns zum Beispiel einfallen lassen, die Leistungsanforderungen beim Abitur abzusenken. Es geschah das im Interesse vermeintlicher Verbesserung der Gleichheit der Bildungschancen. In
Wirklichkeit benachteiligt das die ohnehin Schwächeren zusätzlich, nämlich gegenüber den Stärkeren, die sich mit der Erprobung ihrer Könnerschaften stets
leichter tun, und beiden, den Schwächeren wie den Stärkeren werden so Gelegenheiten optimaler Förderung vorenthalten. In der beschämend hohen Studienabbrecherquote stellen sich dann die selektionsscheu vermiedenen Unterscheidungen wildwüchsig wieder her. Unser höheres Bildungssystem vermeidet die Aner-

kennung von Leistungseliten. Indessen: Leistungseliten sind nicht ein Relikt vormoderner Stände- oder Klassengesellschaften. Sie sind vielmehr spezifisch modern und eine anerkennungsbedürftige Konsequenz förmlich und faktisch gewährleisteter Chancenegalität.

17. Wer in Deutschland sein Studium nicht abbricht, studiert im Regelfall zu lang. Das rasche Wachstum wissenschaftlichen Wissens rechtfertigt das nicht. Das Gegenteil ist der Fall: Je schneller unser nutzbares Wissen sich ändert und mehrt, um so mehr Zeit brauchen wir, umzulernen und nachzulernen, und eben das verlangt kurze, grundlagenorientierte Primärstudiengänge. Überdies gilt: Je forschungsabhängiger unsere Produkte werden, um so früher sollten unsere Hochschulabsolventen produktionsnah tätig werden. Der Weg von der Theorie zur Praxis ist in Deutschland zu lang, und das schädigt nicht nur die Praxis. Es bekommt auch der Theorie nicht und fördert ihre Praxisferne.

18. Noch immer gibt es in Deutschland Residuen altakademischen Lebens, in denen die Erwartung, daß die Wissenschaft sich nützlich zu machen habe, als Zumutung gilt. Humboldtianisch ist das keineswegs, wohl aber weltfremd. Nur so läßt sich beispielsweise erklären, daß im verspäteten deutschen akademischen Neo-Marxismus vor einem Vierteljahrhundert mit Auswirkungen bis heute die Berührung mit wirtschaftlichen und näherhin unternehmerischen Interessen als intellektuelle Ursünde galt. Deutsche gemeine Bildung ist, den Traditionen europäischer klassischer Ethik kraß widersprechend, sehr ökonomiefern. Den Studenten wird über subventionierte Preise fürs Mensaessen die Erfahrung vorenthalten, was bei unserem Lohnniveau die Herstellung eines derart schlichten Wirtschaftsguts kostet, und lohnsteuerpflichtige Bürger, die ihre Steuern nicht selber abzuführen haben und somit an Nettolöhnen orientiert sind, können kein staatsleistungsbezogenes Kostenbewußtsein entwickeln. Das macht sie für Wahlgeschenke empfänglich – mangels lebenserfahrungspraktischer Evidenz, daß sie diese Geschenke selber zu bezahlen haben. Unser Leistungsstaat, von dessen Effizienz wir in modernen Gesellschaften in der Tat alle abhängig sind, hat bei uns immer noch versorgungsväterliche, obrigkeitlich geprägte Züge. Selbstbestimmung als wirtschaftliche und soziale Selbstversorgung wird nicht gestärkt, vielmehr abgebaut. Selbstversorger zu sein gilt als Privileg, das zu leichten moralischen Zweifeln berechtigt. Am Standort Deutschland wird die Herausbildung des Willens zur Selbständigkeit mentalitätsmäßig gehemmt.

19. Die Verdächtigung des Gewinns, als des Lohns für die Bereitschaft zu wirtschaftlichen Initiativen und des damit verbundenen Risikos, reicht in Deutschland bis ins Steuerrecht hinein. Sparbücher, Eigenheime und Lebensversicherungsverträge werden als moralisch unzweifelhafte Anlageformen steuerlich bislang sehr geschont, direkte Beteiligungen an risikoreichen produktiven Investitionen hingegen vergleichsweise unverhältnismäßig belastet – als entstammten sie weniger respektabler Motivation. Die standortschädigende steuerliche Ungleichbehandlung von Anlageformen enthält sogar verfassungsrechtlich unzuläs-

sige Elemente – die in Deutschland traditionell gewesenen „Einheitswerte" für Immobilien zum Beispiel.

20. Die steuerliche Mißbegünstigung unternehmerischen Handelns ist bei uns bis hin zum Dauerthema der Gewerbesteuer ein altvertrautes Politikum. Daß hier Entlastungen, die es ja gegeben hat, nur sehr schwer durchsetzbar sind, beruht auf dem mit Fleiß aufrechterhaltenen Anschein, als beträfe die steuerliche Gunst oder Ungunst für Investitionen die überwiegende Mehrheit der Bürger gar nicht. Die Lage, in der wir uns inzwischen befinden, wird aber die deutsche Resistenz gegen die Wirkungen ökonomischer Aufklärung allmählich zersetzen, und wichtige Medien beteiligen sich inzwischen dankenswerterweise an dieser Zersetzungsarbeit. Die deutsche steuerpolitische Diskussion gewinnt mit politischen Mobilisierungswirkungen an Intensität.

21. Die Absenkung des Steueranteils am Bruttosozialprodukt ist langfristig unvermeidlich, aber in einer Situation unausweichlicher Transferleistungspflichten dem ehemals sozialistischen Teil Deutschlands gegenüber nicht aktuell. Aktuell hingegen ist es, eine Diskussion darüber in Gang zu bringen, wie sich ohne derzeit inakzeptable Steuermindereinnahmen innovationsträchtiges wirtschaftliches Handeln steuerlich entlasten und somit fördern läßt. Patentrezepte gibt es hier nicht. Aber man muß auch der politisch verbreiteten Neigung widerstehen, einen jeden eingreifenden Vorschlag unter einem Wust detaillierter Bedenklichkeiten zu ersticken. Immerhin zeichnen sich, gerade auch im internationalen Vergleich, steuerpolitische Tendenzen ab, die sich auf Grundsätze bringen lassen. Der wichtigste dieser Grundsätze lautet: Hochentwickelte, dynamische, zur Erhaltung erreichter Massenwohlfahrt auf innovatorisch-investives Handeln angewiesene Gesellschaften müssen zu relativen Gunsten dieses Handelns das konsumptive Handeln steuerlich stärker in Anspruch nehmen. Das gilt als unsozial. Aber mit diesem Einspruch konserviert man ein sozialpolitisches Meinungsrelikt aus längst vergangenen Jahren herrschender Massenarmut. Inzwischen haben wir also Massenwohlfahrt; aber die Kosten der Sicherung ihrer Voraussetzungen wachsen derzeit rascher als die Wohlfahrt selbst, und wer diese Wohlfahrt als Konsument in Anspruch nimmt, sollte stärker als bisher sich als Kostenmitträger seines Konsums erfahren dürfen.

22. Von Massenwohlfahrt zu sprechen – das steht im Zeitalter neuer Massenarbeitslosigkeit im Geruch des Zynismus. Indessen: Es wäre ein Akt grober sozialpolitischer Täuschung, wenn angesichts der wachsenden Zahl unserer Arbeitslosen die ungleich größere Zahl der begünstigten Arbeitsbesitzer die relative Gunst ihrer Lage beflissen beschwiege. Die Fälligkeit ist nicht, das Faktum der Massenwohlfahrt angesichts gravierender neuer sozialer Probleme zu leugnen, sondern die Herkunft dieser Probleme zu verstehen, damit wir sozialpolitisch wieder zukunftsfähig werden. Die Antworten des 19. Jahrhunderts greifen nicht mehr. Die Diagnose „Ausbeutung" erklärt nichts, und Dauerarbeitslose sind keine zeitweiligen Konjunkturabschwächungsopfer, für die einst die Arbeitslosenversicherung

konzipiert war. Wie auch immer: Ein Patentrezept existiert auch in diesem Falle nicht. Wohl aber wissen wir, daß das Problem sich noch verschärfen wird, wenn sich die sozialpolitischen Randbedingungen der Arbeitsmärkte in modernen Gesellschaften nicht ändern. Unsere wirtschaftliche und soziale Zukunft hängt an beruflichen Leistungen, die nach Ausbildungsvoraussetzungen, Kapital und organisatorischer Infrastruktur wie nie zuvor voraussetzungsreich sind. Es scheint unvermeidlich, daß der Anteil der Arbeitnehmer zunimmt, die den entsprechenden Kompetenzanforderungen nicht gewachsen sind. Müssen sie deswegen arbeitslos werden und bleiben? Die Arbeit geht unserer Gesellschaft keineswegs aus. Die Menge der ungetanen Arbeit wächst ständig – von der Pflegearbeit über die Hausarbeit bis zu den Tätigkeiten der Betreuung und vorprofessionellen Erziehung. Die Schattenwirtschaft hat sich dieser Bereiche längst angenommen. Aber ein angemessener arbeits- und abgabenrechtlicher Rahmen fehlt ihnen bislang. Zu den geltenden rahmenrechtlichen Bedingungen sind die fraglichen Tätigkeiten zumeist nicht bezahlbar. Arbeit über Arbeit, aber ohne Arbeitgeber – das ist das Problem. Was man sich zur Lösung dieses Problems auch einfallen läßt – es verlangt uns stets eine kleine ordnungspolitische Revolution ab, zum Beispiel die der Einführung eines Negativsteuersystems zur Kompensation schwacher Entgelte aus Tätigkeiten, für die es zu Hochlöhnen Arbeitgeber niemals mehr geben wird. – Aber das sei hier nicht als Vorschlag präsentiert, vielmehr als Vergegenwärtigung umwälzender Innovationen, die sehr bald fällig sein werden, denen sich aber der deutsche ordnungspolitische Konservativismus beharrlich verweigert.

23. Die weltwirtschaftliche Entwicklung hat Arbeit und Kapital wie nie zuvor mobilisiert. Wer beide im Lande halten oder ins Land holen will, muß ihre Nutzungsmöglichkeiten auch hier reicher und freier machen. Sonst blieben auch staatliche Konjunkturprogramme im Sande stecken, und es würde nichts nützen, den inzwischen um mehr als zwanzig Prozent hinter den japanischen Aufwendungen zurückgefallenen deutschen Anteil der Ausgaben für Forschung und Entwicklung am Bruttosozialprodukt bedarfsadäquat anzuheben.

24. Ist die Ökonomisierung des Denkens, die sich in Standortüberlegungen zu verraten scheint, nicht eine Kulturgefahr? Zur Beantwortung dieser Frage wende man sich an die Direktoren unserer hochsubventionierten Stadt- und Staatstheater.

25. Steht die Ökonomisierung des Denkens, ohne die sich bei Erörterungen der Zukunft der Industriegesellschaft bis hin zur künftigen Ordnungs- und Sozialpolitik produktive Antworten gar nicht finden lassen, nicht im Widerspruch zu den Fälligkeiten aus unleugbaren ökologischen Krisen? Das genaue Gegenteil ist der Fall. Wir müssen endlich lernen, auch unser Verhältnis zur Natur ökonomisch einzurichten. Unseren Moralisten klingt diese Forderung zynisch im Ohr, denn sie halten ökologische und ökonomische Forderungen für sich widersprechende Forderungen. Wie es damit in Wahrheit steht, erkennt man, wenn man sich ver-

gegenwärtig, was eigentlich „Raubbau" bedeutet. Es ist ja nicht zu bestreiten: Wir treiben noch immer in der Tat Raubbau an unseren natürlichen Lebensgrundlagen. Aber was heißt denn das? Es heißt, daß wir verschwenderisch mit Lebensvoraussetzungen umgehen, die in Wahrheit überaus knapp sind. Was aber knapp ist, zwingt uns zum haushälterischen Umgang. „Haushälterisch" – das ist aber nichts anderes als die wörtliche Übersetzung des Fremdwortes „ökonomisch". Die ökologische Krise ist eine Verschwendungskrise. Eben das bedeutet: Nicht zu viel Ökonomie, sondern zu wenig Ökonomie, nämlich haushälterischer Umgang, prägt leider noch immer unser kulturelles Naturverhältnis.

III. Die Freiheit, die Moral und der Terror

11. Moral und Moderne

Über die Moralisierung des Lebens
in der wissenschaftlich-technischen Zivilisation

Zum weitgespannten Thema „Moral und Moderne" möchte ich hier fünf Thesen beitragen. Ich werde die Thesen zuerst formulieren und dann erläutern. Worum handelt es sich also?

1. *Je freier wir leben, um so nötiger wird die Moral.*
2. *Das Aufklärungsprogramm der Reduktion von Religion auf Moral hat sich als undurchführbar erwiesen.*
3. *Wichtiger als die Moralisten sind in der modernen Zivilisation die Juristen.*
4. *Normenfindungsprobleme sind in der modernen Zivilisation im Regelfall nicht moralischer, vielmehr technisch-instrumenteller Natur.*
5. *Der Totalitarismus, als die bislang größte Herausforderung der modernen Zivilisation, legitimierte sich als politischer Moralismus.*

Das sind die Thesen, die jetzt erläutert werden sollen.

Erstens: Je freier wir leben, um so nötiger wird die Moral. – Man erkennt den mit dieser These behaupteten Zusammenhang, wenn man dabei das Wort „Freiheit" ganz ohne Emphase gebraucht, nämlich als Wort zur Kennzeichnung jener Dispositionsspielräume, die sich in verfügbarer Zeit ausdrücken lassen. An diesem Maße gemessen hat in der Tat niemals zuvor, wohlfahrtsabhängig, eine Zivilisationsgenossenschaft freier als die unsrige gelebt. Ein einziger Zahlenvergleich aus der Sozialstatistik kann uns das anschaulich machen. Der Anteil der Lebenszeit, den wir im sozialstatistischen Durchschnitt gegenwärtig noch der Berufsarbeit widmen, ist in Westeuropa inzwischen auf etwa acht Prozent abgesunken. Im Zeitalter der Frühindustrialisierung lag er noch doppelt so hoch.

Historisch beispiellos weit dehnen sich also die Lebenszeitanteile, in denen nichts geschähe, wenn es nicht selbstbestimmt geschähe. Moral – das ist aber ja nichts anderes als das Insgesamt der Regeln lebensdienlicher Selbstbestimmung. Aus Freiheit Sinn, Lebensinn zu machen – darum handelt es sich, und nie zuvor war die Lösung dieses Problems mehr als heute unserer individuellen lebensdienlichen Selbstbestimmung, unserer Moralität also, anheimgegeben.

Konservative Kulturkritik neigt dazu, Moralverfall zu beklagen, und tatsächlich fehlt es zu keiner Zeit an Beständen, die zu dieser Klage Anlaß geben. Um so wichtiger bleibt es, die Realität gelingender Alltagsmoral zu erkennen und anzuerkennen, die aus wohlfahrtsabhängiger Freiheit Lebenskultur gemacht hat. Exemplarisch heißt das: Die Leistungen des Sozialstaats, über deren wachsende Kosten wir seufzen, wären längst definitiv unbezahlbar geworden, wenn nicht die Mehrheit der Bürger sich wohlbekannten moralischen Regeln gesundheitsdienlicher Lebensführung mit Erfolg unterwürfe. Am harten Maß durchschnittlicher Lebenserwartung gemessen war das gemeine Gesundheitsniveau nie höher als heute. Der Anteil medizinischer Wissenschaft und ärztlicher Kunst an dieser Erfreulichkeit ist gewiß groß. Ungleich größer aber noch ist der Beitrag, den heute die Menschen in moralischer Selbstbestimmung zur Erhaltung und Förderung ihrer Gesundheit leisten.

Für andere, wichtige Bereiche moderner Alltagskultur gilt Analoges. Es kann gar keine Rede davon sein, daß die Wohlfahrtsgesellschaft über den sogenannten Wertewandel moralisch nur Selbstbezogenheiten hervorgebracht hätte. In freiwilliger, selbstbestimmter Nachbarschaftshilfe werden heute millionenfach älteren Hausmitbewohnern Einkaufshilfen und sonstige Dienste zuteil, die den Umzug ins Altersheim noch für ein paar Jahre hinauszuzögern gestatten. Selbsthilfegruppen gibt es heute in jeder Kleinstadt dutzendfach, und jedes Pendlerkollektiv, das die Zahl einschlägiger PKW-Fahrten ums Vierfache reduziert, fördert in moralisch zustimmungspflichtiger Weise ökonomischen wie ökologischen Vorteil.

Um es zu wiederholen: Das alles geschieht nicht in privatistischer Selbstbezogenheit. Ganz neue Formen öffentlicher moralischer Kontrolle haben sich, wirksam, herausgebildet. Die armen Raucher verspüren den Druck, unter den sie insoweit geraten sind, etwas weniger scharf die Trägen desgleichen, und nie war die Empfindlichkeit des öffentlichen moralischen Urteils über unseren Umgang mit den Behinderten größer als heute.

Die Selbstbestimmungsabhängigkeit moderner Alltagskultur, ihre moralische Qualität also, hat freilich auch eine Schattenseite. Sie ergibt sich aus der Verteilung der Faktoren, von denen, im gelingenden wie im mißlingenden Falle, unsere moralische Selbstbestimmungsfähigkeit abhängt. Diese Faktoren haben eine sehr mißliche Eigenschaft. Sie sind sozial ungleich verteilt, und unsere Möglichkeiten, sie gleichverteilt zu machen, sind begrenzt – in wohlbestimmter Hinsicht sogar prinzipiell begrenzt. Das bedeutet: Die moralischen Kompetenzen der Individuen und damit die Niveaus ihrer sozialen, politischen und kulturellen Betätigungen und Partizipationen driften immer weiter auseinander. Und das wiederum bedeutet: Nicht die vor Jahrzehnten einmal so genante Massengesellschaft wird uns künftig zu schaffen machen, vielmehr das Problem, wie wir auf die selbstbestimmungsabhängig zunehmende Ungleichheit erreichter Partizipations- und Betätigungsniveaus zu reagieren haben werden.

Sogar noch die Massenmedien, ohne die die moderne Zivilisation nicht funktionsfähig wäre, wirken, statt vermassend, in Abhängigkeit von moralischen Faktoren kulturell differenzierend. In der Tat gibt es, sogar im studentischen Milieu, junge Leute, die sich einreden, ihre Bürgerkompetenz und ihre Kritikfähigkeit verlange reichlichen und alltäglichen Konsum von Nachrichten einschließlich der Kommentare zu diesen Nachrichten. So sind sie also wöchentlich für einen Halbtag mit Magazinlektüre beschäftigt und für einen weiteren Halbtag beherrschen Wochenblätter das Leseprogramm. Werden für diese Art der Informationsrezeption exzessiv auch noch die elektronischen Medien genutzt, so ist in der Tat progressiver intellektueller Passivismus die betrübliche Folge. Einzig in wohlorganisierten Lern- und Handlungszusammenhängen läßt sich Informationsrezeption produktiv machen, und das Gelingen der entsprechenden Selektionen ist in modernen Lebenswelten selbstbestimmungsabhängig, also moralisch bedingt. Mediennutzungsmoral also ist uns wie nie zuvor abverlangt, und diese Mediennutzungsmoral hat für die Kompetenz- und Kulturniveaus, die die Individuen zu erreichen vermögen, eine ungleich größere Bedeutung als die gute oder auch weniger gute moralische Qualität der Medieninhalte.

Das bedeutet: Über Wirkungen gelebter Mediennutzungsmoral unterliegen gerade massenmedial integrierte Gesellschaften nicht Vermassungstendenzen, sondern lösen ganz im Gegenteil kulturelle Differenzierungen aus. Für die Medienpädagogik ist das ersichtlich eine Herausforderung ersten Ranges. Was sie leistet, verdient Respekt. Ungleich größer bleiben, in gelingenden wie im mißlingenden Fall, die prägenden Wirkungen familiärer Lebensgewohnheiten.

Moral als Set von Normen alltagspraktischer Lebensführung umfaßt keineswegs lediglich Regeln sekundärer moralischer Bedeutsamkeit. Allein schon das erwähnte Exempel der Abhängigkeit unserer Gesundheit von moralisch gelingender Lebensführung läßt das erkennen. Evidenterweise ist in einer Zivilisation, in der die Mehrheit der Zivilisationsgenossen sich nicht mehr durch die Herausforderungen der Not und des Mangels bedrängt finden, sondern ganz im Gegenteil durch die Notwendigkeit eines sich selbst beschränkenden Umgangs mit der Überfülle konsumierbarer Güter, die Tugend der Mäßigkeit von elementarer Bedeutung, und eben diese Tugend zählt bekanntlich in der Tradition der Ethik zu den vier wichtigsten Tugenden, nämlich zu den so genannten Kardinaltugenden.

Indessen bleibt es richtig, daß just im modernen Lebenszusammenhang auch die so genannten Sekundärtugenden in ihrer funktionalen Unentbehrlichkeit immer aufdringlicher werden. Das sei am Exempel einer prominent gewordenen deutschen Anti-Sekundärtugendpredigt erläutert. Pünktlichkeit, so hörte man, wirke repressiv. Der Eindruck wurde erweckt, als handle es sich bei der Sekundärtugend der Pünktlichkeit sozusagen um eine reaktionäre, vormoderne lebenspraktische Orientierung, aus der wir uns zu emanzipieren hätten, um auf den moralischen Boden der modernen Gesellschaft zu gelangen.

In Wirklichkeit handelt es sich bei der Pünktlichkeit um eine ganz moderne Sekundärtugend, deren Nötigkeit ineins mit der Modernität der modernen Zivilisation wächst. Umgekehrt formuliert heißt das: In der vorindustriellen Gesellschaft gab es für die Pünktlichkeit kaum einen alltagspraktischen Ort. Ihr vormoderner Ort waren Riten bei Hofe und im Gottesdienst, und auch der Ablauf des Kirchenjahres war von Zeitordnungen abhängig, die pünktlich errechnet und eingehalten sein wollten. Im Handwerkerleben jedoch oder in der Landwirtschaft gar, in der vorindustriell weit über siebzig Prozent aller Menschen tätig waren, benötigte man im Regelfall keine Uhr. Die Orientierung an Sonnenständen genügte. Der Tagesablauf war traditional geregelt, und die kleinen Kommunitäten vermochten die temporale Koordination der Tätigkeiten ihrer Mitglieder in direkter Kommunikation zu leisten.

Was war es denn, was modernitätsabhängig die Sekundärtugend der Pünktlichkeit zu einer unentbehrlichen Tugend gemacht hat? Die Verhaltenskonsequenzen des Eisenbahnbaus lassen uns das exemplarisch erkennen. Man bedarf
keines ausgeprägten technischen Wissens, um sich vorstellen zu können, daß
beim Betrieb der Eisenbahnen über größere Entfernungen hinweg, die etwas
weiter gespannt sind als die zwischen Glasgow und Edinburgh oder Nürnberg
und Fürth, Zeit-Koordination der Zug-Bewegungen unerläßlich ist. Und selbstverständlich sind auch die Nutzer des Systems gehalten, auf die Minute pünktlich
zu sein – bei Strafe irreversiblen Zuspätgekommenseins und aller seiner unangenehmen Folgen.

Übrigens ist es das Eisenbahnsystem, das dann auch die Einführung einer Einheitszeit erzwungen hat. Daher läuft der globale Einheitszeit-Nullmeridian durch
die Hauptstadt Englands als des klassischen Lands der Frühindustrialisierung. –
Man erkennt: Pünktlichkeit, das heißt die Sekundärtugend, die es uns erlaubt, unsere Handlungen mit den Handlungen entfernter Anderer zu koordinieren, ist
spezifisch modern.

Das sei zu einem generellen Satz zur Charakteristik von Modernisierungsvor-
gängen verallgemeinert. Modernisierung – das ist, unter anderem und nicht zuletzt, ein Vorgang ständig sich ausweitender räumlicher und regionaler, auch sozialer wechselseitiger Abhängigkeiten. Entsprechend expandieren über Modernisierungsvorgänge die informationellen, kommunikativen und verkehrsabhängi-
gen Interaktionen. Netzverdichtung – Verdichtung von Verkehrsnetzen wie von
Informationsnetzen – läßt die Menge unserer Möglichkeiten, mit anderen in Beziehung zu treten, dramatisch anwachsen, und es sind Sekundärtugenden, auf die
wir angewiesen sind, um diese Chancen nutzen zu können – von der schon besagten Pünktlichkeit über die Zuverläßigkeit in der Einhaltung einmal getroffener
Verabredungen bis hin zur Einläßlichkeit auf Lebensumstände des jeweils Anderen, zu dem man eine Verbindung herstellen will.

Man erkennt: Die gutgemeinte deutsche politische Anti-Sekundärtugendpredigt müßte, wenn sie beachtet würde, junge Menschen modernitätsunfähig
machen.

*Zweitens: Das Aufklärungsprogramm der Reduktion von Religion auf Moral hat
sich als undurchführbar erwiesen.* – Nach dem Willen der Verfassung ist in der
Bundesrepublik Deutschland der Religionsunterricht in öffentlichen Schulen
„ordentliches Lehrfach". Dabei soll dieser Religionsunterricht „in Übereinstimmung mit den Grundsätzen der Religionsgemeinschaften" erteilt werden. Zugleich gilt aber auch, daß die „Freiheit des Glaubens, des Gewissens und die Freiheit des religiösen und weltanschaulichen Bekenntnisses" „unverletzlich" seien.

Wie verträgt sich das? Im Konfliktfall ist es den Eltern, den Erziehungsberech-
tigten unbenommen, in Wahrnehmung ihres Rechts der Religionsfreiheit ihre
Kinder vom öffentlichen Religionsunterricht abzumelden. Die Kinder selbst können das tun, sobald sie das 14. Lebensjahr vollendet und damit die sogenannte
Religionsmündigkeit erlangt haben.

Nutzen und Nachteil dieser deutschen Rechtskonstruktionen interessieren hier nicht, und ihre politischen und rechtsgeschichtlichen Voraussetzungen erst recht nicht. Interessant ist aber der Alternativunterricht, an welchem die Schüler, die den Religionsunterricht nicht besuchen möchten, teilzunehmen haben. Dieser Alternativunterricht, der anstelle des abgewählten Religionsunterrichts angeboten wird, heißt nämlich im Regelfalle „Ethik".

Das bedeutet: Ethik gilt insoweit als Religionsäquivalent. Das hat seine große gemeineuropäische Tradition, die bis tief in das Aufklärungszeitalter zurückreicht. Nichtsdestoweniger handelt es sich um eine Tradition von schwacher Sachevidenz und damit um eine erklärungsbedürftige Tradition. Es ist schlechterdings nicht erkennbar, wie es für einen Religionsunterricht, der, zum Beispiel, Schüler mit dem ersten christlichen Glaubensartikel, also mit der Schöpfungslehre, bekanntmachen soll, in irgendeiner ethikunterrichtlichen Vermittlung von „Werten und Normen" ein Äquivalent geben könnte, und der Sinn des Fronleichnamsfests läßt sich auch nicht in moralische Regeln umsetzen.

Wahr ist freilich, daß uns die Kirchen, und zwar insbesondere dann, wenn wir dem Kirchenleben fernstehen, immer wieder einmal als Hüterinnen der Moral auffällig werden. Das ist insbesondere dann der Fall, wenn die Kirchen moralische Regeln öffentlich in Erinnerung und zur Geltung bringen, die nicht mehr als Regeln gemeinhin herrschender Moral gelten können. Für viele Regeln der Sexualmoral gilt das und für moralische Regeln rigorosen Lebensschutzes für Ungeborene gleichfalls. In anderen Fällen, so scheint es, decken sich kirchlich vertretene und gemeinhin, also auch außerkirchlich geltende Moral einigermaßen bruchlos. Für die neue Moral des selbsterhaltungsdienlichen Umgangs mit den ökologischen Voraussetzungen unseres Lebens zum Beispiel gilt das.

Gleichwohl: Ein Pfingstgottesdienst dient, obwohl er in einigen Kirchen im Walde gefeiert wird, nicht der Vergegenwärtigung und der Bekräftigung von Regeln der Öko-Moral, und der religiöse Sinn des Beerdigungsritus ist nicht die Erhebung des Lebenslaufs des Verstorbenen zum moralischen Lehrstück, und zwar auch dann nicht, wenn wir einen guten Menschen zu Grabe getragen haben.

Kurz: Alltagsanschauung religiösen Lebens genügt, um zu sehen, daß Religion als gelebte Moral höchst unzulänglich beschrieben wäre. Dennoch glaubt man, wie eingangs zitiert, in Deutschland, Religionsunterricht und Ethik und damit Religion einerseits und Moral andererseits als Äquivalente behandeln zu können. Das ist, bei einiger Vertrautheit mit den Erscheinungsformen religiöser Kultur, derart befremdlich, daß man nach einer Erklärung verlangt. Die Erklärung, so scheint mir, lautet: Die Unterstellung, Moral lasse sich als ein Äquivalent der Religion auffassen, ist ein Aufklärungsrelikt. Es handelt sich freilich um ein Relikt von erheblicher traditionaler Mächtigkeit, und das gemeineuropäisch. Ein berühmtes Wort des alten Kant zeigt das. Kant fand nämlich, Religion sei die „Erkenntnis aller unserer Pflichten als göttlicher Gebote".

In die politisch-soziale Realität des Aufklärungszeitalters übersetzt heißt das: Religion ist Moral fürs gemeine Volk, und Heinrich Heine erläuterte das mit den sozialen Verhältnissen im Hause Kant: Professor Kant ist Moralist, sein Diener Lampe hingegen fromm. Funktional betrachtet verhalten sich hier Moralität und

Frömmigkeit austauschbar zueinander, und die Kantische Religionsphilosophie ist insoweit die Theorie dieser Austauschbarkeit von Religion und Moral.

Kants zitiertes Diktum ist, für seine Zeit, sehr repräsentativ – kulturell wie politisch. Die Instrumentalisierung der positiven Religionen und ihrer Institutionen, der Kirchen, als nützliche Veranstaltungen zum Zweck der Sicherung und Beförderung der Volksmoral war im aufgeklärten Spätabsolutismus weitverbreitete politische Praxis. In Preußen zum Beispiel sprach Wilhelm von Humboldt, als verwaltungspraktisch einschlägig zuständiger Chefbeamter, noch 1809 wie selbstverständlich von der Aufgabe des Religionsunterrichts, „durch Religiosität" „Begriffe über ... Pflichten" „in Gefühl" übergehend zu machen und so zu befestigen.

Religion festigt Bürgermoral; Glaube macht tugendfähig. Das ist im Aufklärungszeitalter also gemeineuropäisch verbreitete Meinung gewesen, und einzig diese Meinung erklärt auch, zum Beispiel, die Dogmatik der „Zivilreligion", mit der Jean-Jacques Rousseau seinen großen Contrat Social beschloß. Zu den Hauptlehrstücken dieser Zivilreligion gehören die Existenz Gottes, die Ewigkeit des Lebens über den irdischen Tod hinaus und der Bevorstand des Jüngsten Gerichts. Die bürgermoralpolitische Pragmatik dieses zivilreligiösen Minimalglaubens ist evident: Wer nicht an Gott glaubt, nicht in der Gewißheit des ewigen Lebens und in der Furcht des Jüngsten Gerichts lebt, gilt eben als unfähig, „die Gesetze und die Gerechtigkeit aufrichtig zu lieben und im Notfall sein Leben seiner Pflicht zu opfern". Zivilreligion – das ist somit im Aufklärungszeitalter Religion in ihrer funktionalen Beschränkung auf die unabdingbaren religiösen Voraussetzungen moralischer Bürgerkompetenz. Die Unverzichtbarkeit dieser moralischen Kompetenz läßt uns dann zugleich den Gottlosen als Feind der Gesellschaft erkennen, dessen Verbannung unvermeidlich und rechtens ist – so noch Rousseau, der große Aufklärungsphilosoph.

Ich unterstelle, daß diese für das Aufklärunszeitalter charakteristische Philosophie der Religion als eines kulturellen Mediums volkspädagogischer Moralisierung uns inzwischen sehr ferngerückt ist. Sie verkürzt die Realität des religiösen Lebens in seiner phänomenalen Fülle mit einer Radikalität, daß man nach einer Erklärung für diesen religionskulturrevolutionären Radikalismus verlangt. Die Erklärung scheint mir – noch für die zweite Hälfte des 18. Jahrhunderts – zu lauten: Die Reduktion der Religion auf die Funktion, uns zur Moralität anzuleiten, entfernt aus der Religion genau diejenigen Elemente, die sich religions- und näherhin kirchen- und konfesssionsgeschichtlich bis hin zur Gefährdung des bürgerlichen Friedens als streitträchtig erwiesen haben. Um welche Elemente handelt es sich? Verkürzt wird die Religion um alle Gehalte, die nicht den Status moralischer Gebote haben, sondern den Status von umkämpften dogmatischen Lehrsätzen. Der friedenszerstörenden Kraft religiöser Bekenntnisdifferenzen sollte mit der Reduktion der Religion auf die Funktion eines Mediums der Moralisierung der Boden entzogen werden.

Das alles liegt inzwischen weit hinter uns. Aber in der aktuellen schulischen Unterrichtspraxis, wie Religion und Ethik merkwürdigerweise als austauschbar behandelt, hat sich davon noch ein historischer Rest erhalten.

Aber was ist Religion, soweit, dem Aufklärungsprogramm zum Trotz, sie in Moral sich nicht transformieren läßt? Auch das sollte noch in aller Kürze vergegenwärtigt werden, und zwar in der Form der Zurückweisung eines Zentralarguments moderner religionskritischer Religionstheorie. Das hier gemeinte Zentralargument begegnet uns prominent bei Sigmund Freud. In seiner Spätschrift „Die Zukunft einer Illusion" beschreibt Freud uns die Frommen als Leute, die sich dem Druck der Realität durch Flucht in Illusionen entziehen. Der Fromme hoffe, so Freud, auf einen „Großgrundbesitz im Mond", während demgegenüber der rüstige Realist zur Verbesserung seiner Lebensbedingungen hier und heute Hand anlegt. In frommer Verrichtung tun wir stets etwas statt dessen – beten statt arbeiten, hoffen statt planen, segnen statt helfen, fördern oder sichern. So oder so ähnlich steht es also da, und es bleibt verblüffend, daß man diese Beschreibung der Religion jemals hat ernst nehmen können. Sind denn Christen Leute, die, zum Beispiel, Bittgebete für ein funktionales Äquivalent ärztlicher Hilfe hielten? Wäre der Erntedank ein Ritus in der Lebensverbringung von Bauern, die kümmerliche Feldfrüchte, die bei Kunstdüngereinsatz üppiger hätten geraten können, eingefahren haben? Benutzt der Christ seinen Personenkraftwagen mit Gottvertrauen, wo vernünftige Leute sich auf technische Sicherheitskontrollen verlassen? Nehmen Christen an, daß inständige Friedensgebete Verteidigungsanstrengungen gegenstandslos machen?

Solche Fragen müßten sich stellen lassen, wenn die Religionskritik der zitierten prominenten Denker realitätshaltig wäre. Die gestellten Fragen zu beantworten erübrigt sich, und man erkennt, daß der Realitätsverlust insoweit nicht bei den Frommen, vielmehr bei denjenigen liegt, die Frömmigkeit für ein Pseudokompensat von gesellschaftsevolutionären Emanzipationsdefiziten halten oder für neurotisch fixierte Verweigerung der Akzeptanz dessen, was ist.

Analog hatte zuvor schon Karl Marx gefunden, Religion sei ein kulturelles Pseudokompensat schwach entwickelter Realitätsbeherrschung. Entsprechend werde der Zivilisationsprozeß die Wurzeln der Religion schließlich verdorren lassen. Der Zivilisationsprozeß läßt sich nun in der Tat mit Marx als ein Prozeß fortschreitender Verwandlung von Lebensvoraussetzungen in die Produkte unserer eigenen Arbeit auffassen. Die sozial und technisch vermittelte Reichweite unserer Handlungen nimmt zu, der Kreis unserer Verantwortlichkeiten wächst zugleich und im glücklichen Fall mehren sich Wohlfahrt und Freiheit tatsächlich. Hieße das, daß wir uns damit der Selbstmacht annäherten und unser Dasein fortschreitend in ein Produkt unseres Willens zu seiner Hervorbringung verwandelten? Es bliebe ontologischer Nonsens, das so zu sehen. Unser Dasein läßt sich als Resultat einer schöpfungskompetenten Zustimmung zu diesem Dasein, die wir am Ende eines herrschaftsfreien Diskurses erteilt hätten, nicht plausibel machen. Wie weit auch immer unsere Könnerschaften reichen: An der Indisponibilität des Ganzen ihrer Voraussetzungen und Folgen ändert das gar nichts, und die Aufdringlichkeit dieser Indisponibilität wächst sogar noch mit der Erfahrung, daß wir modernitätsabhängig in wachsendem Maße Betroffene der nicht kalkulierbar gewesenen Rückwirkungen unseres eigenen Handelns werden. So oder so: Unverfügbarkeit ist unentrinnbar, und im religiösen Aspekt unseres Lebens, in welchem es sich letztinstanzlich weder um Moral noch um Recht, weder um Wissenschaft noch um Technik, weder um Politik noch um Kunst handelt, verhalten wir uns zu diesem Bestand.

Drittens: Wichtiger als die Moralisten sind die Juristen. – Empirisch gehaltvolles theoretisches Wissen läßt sich nicht nur, vergangenheitsbezogen, für Erklärungen oder, zukunftsbezogen, für Prognosen, also kognitiv nutzen. Es läßt sich zumeist auch, praktisch, in Handlungsmöglichkeiten umsetzen und technisch nutzen. Diese Nutzungsmöglichkeiten sind in weiten Bereichen der Forschungspraxis sogar zum entscheidenden Rechtfertigungsgrund der bedeutenden materiellen Aufwendungen geworden, die die Forschung heute erfordert. Immerhin werden in der Schweiz zum Beispiel weit über siebzig Prozent der für Forschung und Entwicklung insgesamt ausgegebenen Mittel industrieintern verbraucht. „Tantum possumus, quantum scimus" – so hatte bereits Francis Bacon den Zusammenhang von wissenschaftlichem Wissen und neuen Handlungsmöglichkeiten gekennzeichnet.

Handlungsmöglichkeiten aber bedürfen stets der Normierung. Handlungen sind entweder gebotene, verbotene oder erlaubte Handlungen, und in bezug auf vertraute, kulturell überlieferte Handlungsmöglichkeiten sind wir im Regelfall über ihren moralischen Status nicht im Zweifel. In den wichtigeren Fällen, das heißt insbesondere dort, wo es die Rechte anderer berührt, ist aber unser Handeln im Regelfall stets schon juridisch normiert, und wir vermöchten unser Leben im Alltag gar nicht zu führen, wenn wir normalerweise nicht, in kulturell herrschend gewordener Orientierung an elementaren Regeln geltenden Rechts, einigermaßen sicher wüßten, was erlaubt, nicht erlaubt oder verboten ist.

Neue Handlungsmöglichkeiten hingegen, wie sie uns über den wissenschaftlichen Fortschritt zuwachsen, sind, eben weil sie neu sind, noch nicht normiert, und Anomie-Erfahrungen sind die Folge. Jedermann stehen heute allein schon in seiner Eigenschaft als Medienkonsumenten Exempel fortschrittsabhängiger Anomie zur Verfügung. Etliche dieser Exempel sind, zumal in zivilisationskritischer Absicht, sehr populär geworden. Für die uns über den medizinischen Fortschritt zugewachsenen Möglichkeiten der In-vitro-Fertilisation gilt das. Es wäre purer Aberglaube zu meinen, daß man als moralisch urteilsfähiger Bürger spontan zu sagen vermöchte, wie man mit den mannigfachen Möglichkeiten, die einschlägigen medizinisch-wissenschaftlichen Fortschritte zu nutzen, umzugehen habe. Daß es erlaubt, ja nach Regeln medizinischer Standes sogar geboten sei, die Möglichkeiten der In-vitro-Fertilisation zur Therapie einer sonst nicht behebbaren Unfruchtbarkeit zu nutzen, findet leicht überwiegende, wenn auch keineswegs einhellige Zustimmung. Man müßte in die Details gehen, um plausibel zu machen, wieso auch in diesem inzwischen tausendfach praktizierten therapeutischen Standardfall die moralische Zustimmung keineswegs einhellig ausfällt. Umgekehrt werden die sogenannten Leihmutterschaften ebenso überwiegend moralisch verworfen, sind aber nichtsdestoweniger, zumal in den USA, des öfteren vertraglich geregelt vorgekommen, so daß von Einhelligkeit im moralischen Urteil auch in diesem Fall nicht die Rede sein kann. Hört man gar, daß eine Mut-

ter das Kind ihrer Tochter ausgetragen, also ihr eigenes Enkelkind zur Welt gebracht habe, so reagieren wir mit einer Mischung aus Belustigung und Empörung, aber eben doch auf einen medial zur Sensation gemachten, angeblich realen
Fall.

Es kommt auf die Details hier nicht an. Die Erinnerung an einschlägige öffentliche Debatten genügt, um zu erkennen, daß generell wissenschaftspraktisch eröffnete neue Möglichkeiten des Handelns ethische Reflexionen zur Normierung
dieses Handelns erzwingen, und mit der Dynamik des wissenschaftlichen Fortschritts wächst die Intensität dieses Zwanges. Ihm kann durchaus entsprochen
werden. Für den exemplarisch genannten Fall der In-vitro-Fertilisation hat das
zum Beispiel die Schweizerische Akademie der Medizinischen Wissenschaften
unternommen. Das Resultat ihrer einschlägigen Arbeit war ein ebenso knapper
wie für die ärztliche therapeutische Alltagspraxis als Maßgabe ausreichender
Normierungsvorschlag, der auch von ärztlichen Standesorganisationen in Nachbarländern übernommen wurde.

Ersichtlich betreffen die Fälligkeiten der Normierung neuer Handlungsmöglichkeiten in solchen und anderen Fällen nicht nur die Moral, das heißt das Insgesamt der Handlungsregeln, an denen sich das Individuum in seiner persönlichen
Selbstbestimmung orientiert. Die Phantasie des juristischen Laien reicht aus, um
zu erkennen, daß von den fälligen neuen Normierungen vor allem das geltende
Recht berührt ist – im exemplarisch herangezogenen Fall nicht nur das ärztliche
Standesrecht, vielmehr darüber hinaus auch das Familienrecht, das Unterhalts-
recht und das Obligationenrecht.

Moralische Regeln von allgemeiner pragmatischer Bedeutung setzen sich also
stets in Rechtsregeln um. Schon aus diesem Grund sind in den mannigfachen
Normenfindungskommissionen, deren Arbeit in Zuordnung zu den Regierungen
oder auch zu den Parlamenten den förmlichen Gesetzgebungsverfahren voraus-
geht, die Kompetenzen der Juristen in erster Linie gefragt. Nur sie verfügen ja
über professionelle Kenntnisse der Systeme des geltenden Rechts, die von den
fälligen Normierungen neuer Handlungsmöglichkeiten berührt sind und in die
diese Neunormierungen, und sei es über partielle Änderungen bereits geltenden
Rechts, sich einzufügen haben.

Gelegentlich werden Fragen, die zunächst einmal nichts als eine moralische
Herausforderung darzustellen scheinen, sogar zu Fragen internationaler Politik
und damit tendenziell zu Fragen des Völkerrechts. So empfahl Mitte der siebziger
Jahre ein juristisch-medizinischer Sachverständigenausschuß, eingesetzt vom
Ministerausschuß des Europarats, zur Erleichterung des Betriebs sogenannter
Samenbanken in den Familienrechtssystemen der Mitgliedsländer des Europarats
das Recht der Individuen auf Kenntnis ihrer genetischen Abstammung zu tilgen.
Die Mitgliedsländer des Europarats fanden sich aufgefordert, zu diesem Vor-
schlag Stellung zu nehmen. Zu den mannigfachen Aspekten der Sache, die bei der
Erörterung dieses Vorschlags zu berücksichtigen gewesen wären, gehört zum Bei-
spiel die Frage, wie man die Kenntnis der eigenen genetischen Abstammung als
Bestandteil der eigenen Identität kulturell einzuschätzen habe. Wer möchte riskieren, auf diese Frage spontan eine Antwort zu geben? Man braucht einige kul-

turgeschichtliche Vertrautheit mit den Traditionen des europäischen Familienrechts, auch des Erbrechts, um abschätzen zu lernen, wie in den uns prägenden Überlieferungen biologisch-genetische Identität und sozial-kulturelle Identität miteinander verkoppelt sind. Transzendentale Argumente, wie Philosophen sie zu handhaben wissen, helfen hier unmittelbar gar nicht weiter, historisch unabgesättigte Kenntnis positiven Rechts auch nicht. Kurz: Der Fall ist sehr komplex. Wie diese oder jene Regelung, zu der man sich in Beantwortung der Initiative des Europarats vielleicht hätte entschließen mögen, sich auswirken würde, ist schwerlich abzuschätzen. Als Konsequenz ergibt sich in solchen Fällen zumeist, die Finger von der Sache zu lassen, und dazu haben sich in der Mehrzahl der Fälle die Regierungen der Mitgliedsländer des Europarats verstanden, das heißt sie haben auf die Initiative des Europarats offiziell gar nicht reagiert. Aber zurück blieb eine nachhaltige Erfahrung der Anomiepotentiale des wissenschaftlichen Fortschritts bei allen, die mit der Sache befaßt waren, und der Sinn für die rechtspolitische, überdies internationale Seite der moralischen Herausforderungen modernen Lebens hat sich geschärft.

Modern zu leben bedeutet, daß wir über expandierende regionale und soziale Räume hinweg zu Betroffenen der Handlungswirkungen sozial entfernter Anderer werden. Anders formuliert: Die zivilisatorische, näherhin auch ökonomische Autarkie der Indiduen und der kleinen sozialen Gruppen nimmt ab. Die Reichweite unserer wechselseitigen Abhängigkeiten nimmt zu. Man erkennt rasch, daß Sozialsysteme großräumiger wechselseitiger Abhängigkeiten sich nicht kraft moralischer Selbstbestimmung der interagierenden Individuen steuern ließen. Je moderner wir leben, um so mehr werden wir, statt von Moral, die sich einzig in relativ kleinen Gruppen sozial kontrollieren und sanktionieren läßt, von Institutionen und ihren Rechtsregeln abhängig.

Dabei lassen sich diese Rechtsregeln, denen wir uns in unserem Handeln unterworfen finden, in zunehmendem Maße nicht mehr als gesetzlich verbindlich gemachte Moral interpretieren. Ihr Sinn, so scheint es, ist vielmehr der der Konstituierung gesetzlicher Rahmenbedingungen, unter denen Erfordernisse des Handelns und Unterlassens, die als bloß moralische Erfordernisse das Individuum überfordern müßten, zum Interesse der Individuen werden. Wir kennen das, exemplarisch, aus der Umweltschutzpolitik. Ungleich wirksamer als der moralisierende Appell ist stets jene Änderung der institutionellen, nämlich rechtlichen Rahmenbedingungen unseres individuellen Handelns, durch die, was im Interesse des Gemeinwohls objektiv notwendig ist, zugleich zum individuellen Interesse der handelnden Subjekte wird. An die Adresse der Analytiker unter den philosophischen Ethik-Experten gesprochen heißt das: Es kommt in der modernen Rechtspolitik insoweit darauf an, die Bürger aus dem sogenannten Gefangenendilemma zu befreien, das heißt sie vor einer Lage zu bewahren, in der das eigene Handeln, das sich an moralischen Grundsätzen orientieren möchte, sowie die Verzichte und Opfer, die damit verbunden wären, von konkurrierenden Individuen, die sich weniger moralisch verhalten, zu ihrem eigenen Vorteil ausgenutzt und ausgebeutet werden könnten. Die ordnungspolitischen Mittel, die uns daran hindern sollen, der Versuchung nachzugeben, die bessere Moral der jeweils anderen zum eigenen Vorteil auszubeuten, sind sicherlich, dieses ihres Rückbezugs auf Moral wegen, keineswegs moralisch irrelevant. Aber ihr Inhalt ist nicht der Inhalt individuell gelebter Moral. Ihr Sinn ist es vielmehr, unsere individuelle Moral vor jener Überlastung zu bewahren, unter der sie zusammenbrechen müßte, wenn wir in modernen, komplexen Gesellschaften das Gemeinwohl direkt und unmittelbar zum Ziel unserer Handlungen zu machen hätten.

Viertens: Normenfindungsprobleme sind in der modernen Zivilisation zumeist nicht moralischer, sondern technisch-instrumenteller Natur. – Der Begriff der instrumentellen Vernunft hat, kraft der Wirkungen des bekannten einschlägigen Buches von Max Horkheimer, in der deutschsprachigen Philosophie keine gute Presse. Denn was ist, nach Horkheimer, das Charakteristikum der instrumentellen Vernunft? Diese defiziente Vernunft, so will es Horkheimer, beschränke sich auf die Gewährleistung technischer Rationalität, das heißt sie kontrolliert die „Angemessenheit von Verfahrensweisen an Ziele", während sie „der Frage wenig Bedeutung" beilegt, ob auch „die Ziele als solche vernünftig" sind.

In dieser Charakteristik der sogenannten instrumentellen Vernunft wird das Normengenerierungspotential, das dem wissenschaftlichen und technischen Wissen schon als solchem eignet, verkannt, und es läßt sich zeigen, daß wir just auf dieses Potential zur Bedienung des Normenbedarfs in der modernen Zivilisation in rasch wachsendem Ausmaß angewiesen sind. Es ist eine höchst unzweckmäßige Beschreibung unserer Lage zu sagen, die wissenschaftlich-technische Intelligenz repräsentiere als solche moralische Inkompentenz, der philosophisch erst noch aufgeholfen werden müßte. Vielmehr repräsentiert diese Intelligenz Kompetenz für die Emendation der Zweckrationalität unseres Handelns in Gemeinsamkeitshorizonten moralischer Selbstverständlichkeiten, deren Vergegenwärtigung dann in der Tat zu den traditionellen Aufgaben der Philosophen gehört.

Wie in der modernen Zivilisation in der Absicht der Normenfindung moralischer Common sense und wissenschaftliches, näherhin sogar naturwissenschaftliches Fachwissen zusammenwirken – dafür sei auch an dieser Stelle ein Fall zitiert, der den Vorzug hat, nicht fiktiv, vielmehr real zu sein und zugleich sehr einfach, das heißt didaktisch zweckmäßig. Die Bewohner und Gäste des Bodenseeufers kennen, als international geschätzten Edelfisch, das Felchen. Dessen Bestände gingen in den siebziger Jahren dramatisch zurück. Wieso? Die öffentliche Meinung äußerte sich spontan überzeugt, die Felchenbestände seien von der Verschmutzung des Bodenseewassers bedroht. Das war, in der Pauschalität dieser Vermutung, nicht einmal falsch, wenngleich die Kausalitäten bei näherem Hinsehen, wie es nur den Fachleuten möglich ist, sich mit erheblichen politischen Handlungsfolgen ganz anders darstellten als vermutet. Wären nämlich die Felchen schlicht dem modernen Industrie- und Landwirtschaftsdreck zum Opfer gefallen, so hätten nichts als produktions- und abwässertechnische Radikalmaßnahmen zur Minderung der Dreckimmissionen die Felchen retten können. Ganz unbeschadet aber des berechtigten Wunsches, ja der höheren Notwendigkeit, die Qualität des Bodenseewassers soweit wie irgend möglich den vorindustriellen Verhältnissen anzugleichen, blieb im fraglichen Fall zum Glück eine einfachere

Maßgabe übrig, die geeignet war, die Felchenpopulation zu regenerieren. Die, noch einmal, einzig von Fachleuten eruierbare Kausalität beim Rückgang der Felchenpopulation war nämlich diese, daß die Felchen nicht am Schmutz krepierten, vielmehr wegen der schmutzbedingten Eutrophierung des Bodenseewassers derart viel Nahrung fanden, daß sie weit über ihre altbekannte Größe hinaus wuchsen, nunmehr schon als jungfräuliche Fische in den Maschen der Netze hängenblieben und somit zum Laichen keine Gelegenheit mehr fanden. Die fällige fischereitechnische Maßnahme, die aus der Einsicht in diese Kausalität folgen mußte, ergab sich sachkonsequent: Die Netzmaschengröße war zu erweitern, und die entsprechenden Verordnungen ergingen alsbald von den zuständigen Oberbehörden der Bodenseeanliegerstaaten.

Das Zuordnungsverhältnis von Moral, Technik und Politik ist in diesem, wie gesagt, nicht-fiktiven Fall unschwer erkennbar. Unzweifelhafte Gehalte der Gemeinmoral, in der zugleich unsere gemeinsamen Interessen fixiert sind, konstituieren in müheloser moralischer Reflexion die allseits anerkannte Verpflichtung, in Orientierung am Eigenrecht der Natur, in Respekt vor der Schöpfung und im Interesse unserer selbst und unserer Kinder und Kindeskinder alles zu tun, was geeignet ist, die Bodenseefelchen zu retten und für die naturale und kulturelle Nachwelt zu erhalten. Aber wie man könne, was die Gemeinmoral unumstritten zur Geltung bringt, daß man es tun müsse – das war im vorliegenden Fall keineswegs eine Sache gemeiner Erfahrung und praktischen Common senses, vielmehr der einzig fachmännisch zu gewinnenden Einsicht in sehr komplexe, den Common sense überraschende Kausalitäten, aus denen sich in diesem Fall die Technologie der fälligen Maßnahme wie geschildert ergab.

Meine These ist, daß mit dem Grad der Modernität unserer Zivilisation, näherhin mit dem Grad der Verwissenschaftlichung unserer zivilisatorischen Lebensbedingungen, generell die Normengenerierungspotenz jenes wissenschaftlichen Wissens zunimmt, von welchem wir, kraft seiner technischen Umsetzung und ökonomischen Nutzung, inzwischen real abhängig geworden sind. In einer rasch zunehmenden Zahl von Fällen ist es sogar so, daß wir ohne deskriptive und kausalanalytische Nutzung wissenschaftlichen Wissens jene zivilisatorischen Probleme, die uns inzwischen bedrängen und zur moralischen Herausforderung werden, nicht einmal zu entdecken und zu identifizieren vermöchten. Sogar für die allermeisten der medial aus gutem Grund traktierten ökologischen Probleme gilt ja: Sie sind uns noch gar nicht auf den Leib gerückt; einzig über die Publizierung der Forschungsergebnisse von Fachleuten ist uns die Tatsache krisenhafter zivilisatorischer Entwicklungen bekannt und aufdringlich geworden. Exemplarisch gesprochen: Durch das Ozonloch zieht es nicht. Ohne fachwissenschaftliche Information wüßten wir von seiner Existenz noch immer nicht das geringste. Und wenn auch, zumal in den südlichen Ländern der Südhalbkugel, die Melanomerkrankung einer rasch wachsenden Zahl von Menschen Leiden und Tod bereitet, so sind es doch wiederum die Ergebnisse fachwissenschaftlicher Forschung, die uns einzig auf die Spur der hier wirksamen Kausalitäten zu setzen vermochten. Für die normativen Konsequenzen, die wir aus den Herausforderungen dieser und analoger zivilisationstypischer Probleme zu ziehen haben, bedeutet das: Einzig die Fachwissenschaften sind in der Lage, kausalanalytisch valide Wirkungen von gegensteuernden Handlungen vorzugeben, die, als Handlungsregeln zu verbindlichen Normen erhoben, die Wende der Dinge zum Besseren insoweit einleiten könnten.

Aber das „Bessere" – verbliebe denn nicht seine Bestimmung gerade exklusiv Sache der Ethik? Dem ist nicht zu widersprechen. Aber es bleibt noch hinzuzufügen, daß die Sache der Ethik insoweit eine Sache vollendeter Trivialität ist. Niemand bestreitet ja, daß wir gehalten sind, uns im Rahmen unserer Handlungsmöglichkeiten in Erfüllung einer Verpflichtung gegenüber uns selbst uns gesund zu erhalten, und daß es uns zugleich geboten sei, alles zu unterlassen, was andere in ihrer Gesundheit schädigen könnte. Die Kennzeichnung solcher Verpflichtungen als moralisch trivial hat dabei nicht den geringsten abschätzigen Nebensinn. Das Triviale ist ja zugleich das Fundamentale. Aber modern, nämlich in einer komplexen Zivilisation zu leben bedeutet, daß wir uns auf solche moralischen Fundamentalitäten handelnd immer weniger unmittelbar zu beziehen vermögen. „Neminem laede!" – das ist, als moralisches Fundamentalprinzip, heute so richtig wie eh und je. Der zitierte Grundsatz ist alt und nichtsdestoweniger nicht veraltet, das heißt er ist klassisch. Aber was er, zu konkreten Handlungsanweisungen spezifiziert, bedeutet – das ließ sich und läßt sich im Rahmen gemeinsinnsbestimmter Interaktionen von Individuen in kleinen Gruppen relativ einfach sagen. Unter den Bedingungen inkrementalistisch sich aufsummierenden Schadensfolgen der Handlungen von Millionen, die in einer komplexen Zivilisation interagieren, läßt es sich nicht einfach sagen, vielmehr einzig mit Rekurs auf allenfalls forschungspraktisch verfügbar zu machendes Fachwissen, das Einsicht in naturale sowie soziale Wirkungszusammenhänge in Regeln für steuerndes oder gegensteuerndes Handeln zu transformieren erlaubt.

Fünftens: Der Totalitarismus, als die bislang größte Herausforderung der modernen Zivilisation, legitimierte sich als politischer Moralismus. – Sollte es auch noch im nächsten Jahrtausend, das ja inzwischen nahe bevorsteht, eine Kultur historischer Vergangenheitsvergegenwärtigung geben, so wird darin unser eigenes Jahrhundert, mindestens unter anderem, als das Jahrhundert historisch singulärer politischer Massentötungen präsent sein. Die Deutschen werden sich des fast gelungenen Versuchs in den Endjahren der Diktatur der Nationalsozialistischen Deutschen Arbeiterpartei zu erinnern haben, Europa „judenfrei" zu machen, nämlich durch „Vernichtung der jüdischen Rasse", die Hitler vor aller Welt, nämlich in einer Reichstagsrede, noch zu Friedenszeiten für den Fall des Kriegsausbruchs angekündigt hatte. Es ist erwiesen: Der Dynamik der modernen Zivilisation entspricht auch eine dynamisierte politische Tötungspraxis. Niemals zuvor hat es Exekutionen und Liquidationen in solcher Zeitverdichtung gegeben. Allein schon die verfügbaren technischen Ressourcen hätte dazu in früheren Geschichtsepochen gar nicht ausgereicht. – Die Menge der Toten, die zuvor schon Stalin dem großen Zweck der Errichtung des Sozialismus in einem Land zum Opfer zu bringen für nötig gehalten hatte, überbietet die quantitativen Dimensionen des nationalsozialistischen Terrors noch beträchtlich.

Wir sind noch weit entfernt davon, voll zu verstehen, was den totalitären Massenterror unseres Jahrhunderts möglich gemacht hat. Einige Philosophen haben gefunden, im Massenterror bekunde sich ein defizitärer Entwicklungsstand der Moral. Der Terror wurzle in vormodernem moralischen Konventionalismus. Diese Auskunft ist verblüffend. Es waren doch gerade die konventionellen, nämlich traditionalen Regeln des moralischen Common sense, über die sich die Auftraggeber und Exekutoren der Rassenvernichtungsaktionen wissentlich hinweggesetzt haben, und für die Vollstrecker der Klassenvernichtungsaktionen gilt dasselbe. Nichts beweist das eindrücklicher als der Rechtfertigungsaufwand, den sie trieben, um die Unvermeidlichkeit ihres Bruchs der Normen traditionaler Moral für die vermeintlich weltgeschichtlich fällige Durchsetzung ihrer höheren, durchaus postkonventionellen Zwecke darzutun. Die Regeln traditionaler Moral und herkömmlichen Rechts reichten doch in jeder nur denkbaren Hinsicht aus, um die Vollstrecker des totalitären Terrors über die moralische und rechtliche Natur ihres Tuns in Kenntnis zu setzen. Wieso sie sich dennoch zu diesem Tun legitimiert wußten – das ist, noch einmal, die eigentlich beantwortungsbedürftige Frage.

Beim Versuch der Beantwortung dieser Frage wird man, statt auf Law-and-Order-Mentalitäten, stets auf Verachtung konventioneller, nämlich traditionaler Moral stoßen. Die Großterroristen unseres Jahrhunderts haben sich über die Regeln traditionaler Moral und traditionalen Rechts als philosophisch inspirierte Geschichtssinnvollstrecker hinweggesetzt. Mit Hilfe einer in politische Ideologie transformierten Geschichtsphilosophie haben sie sich aus der Bindung an jene Regeln emanzipiert. Die Geschichtsphilosophie sagt ihren Gläubigen kraft vermeintlicher Einsicht in den Epochenablauf der historischen Evolution, wieso sie kraft ihrer Position im Geschichtsverlauf die bislang Ersten und Einzigen seien, die der Einsicht in eben diesen Geschichtsverlauf überhaupt fähig sind. Daraus ergibt sich die Selbstzuschreibung der Rolle, als Partei bereits gegenwärtig die Zukunftsmenschheit in Vorhutgestalt zu repräsentieren und das Recht, ja die Pflicht zu haben, die entsprechenden Fälligkeiten politisch verbindlich zu machen. Das politische Programm, das daraus sich herleiten läßt, ist sozusagen jenes Emanzipationsprogramm, das Erzieher an ihren Zöglingen vollstrecken. Die Erzieher wissen ja bereits, was der Zögling noch gar nicht wissen kann, und just diese Asymmetrie der Beziehungsverhältnisse, die in der Generationenabfolge das Verhältnis von Alten und Jungen bestimmt, wird, sozusagen in einem Konzept der politischen Erziehung des Menschengeschlechts, auf die singuläre Entwicklung der Gattung übertragen.

Die Konsequenzen der skizzierten geschichtsmetaphysisch-ideologischen Orientierung der Politik an einem als grundsätzlich begriffen unterstellten Geschichtslauf sind erheblich. Denn nun erst wird die Politik im spezifisch modernen Sinne terrorfähig, nämlich durch die politischen Diskriminierungsfolgen der geschichtsmetaphysisch hergestellten Deckungsgleichheit von Alt und Neu einerseits und Schlecht und Gut andererseits. Zur Ironie der Sache gehört, daß eine so geschichtsmetaphysisch orientierte Politik, wo immer sie zur herrschenden Politik geworden ist, zwangsläufig in Ultrakonservativismus und Dogmatismus umschlägt. Nichts ist ja konservierungsbedürftiger als jene Doktrin, die einem bestätigt, daß man sich in weltgeschichtlich privilegierter Position befinde.

Exemplarisch spiegeln sich die skizzierten geschichtsmetaphysischen Voraussetzungen totalitärer Demokratie in einem markanten Satz, der in der Ausgabe vom 18. August 1919 des Tscheka-Organs „Rotes Schwert" zu lesen war. Der Satz lautet: „Uns ist alles erlaubt". Die Frage ist: Unter welchen Orientierungsvoraussetzungen weiß man sich zu einem solchen Satz legitimiert? Die Antwort ist derselben Nummer des Organs der Organisation zur Zerschmetterung der Konterrevolution zu entnehmen. Sie lautet: „Unsere Humanität ist absolut". „Wir erheben zum erstenmal in der Welt das Schwert ... im Namen der allgemeinen Freiheit und der Befreiung von aller Sklaverei". – Die Selbstermächtigungsformel „Uns ist alles erlaubt" ist also nach Ausweis ihrer sie legitimierenden geschichtsmetaphysischen Gründe keine zynische, vielmehr eine moralische Formel, und die Gewalt, die von ihr freigesetzt wird, folgt nicht aus moralischer Dekomposition. Sie folgt vielmehr aus einem Akt geschichtsphilosophisch präformierter, ideologischer Geschichtssinnergreifung.

Karl Popper hat die vermeintliche Einsicht in die Gesetzmäßigkeit historischer Abläufe „historizistisch" genannt, und er hat sein Buch „Das Elend des Historizismus" den Opfern des Irrglaubens an die Existenz von Geschichtsgesetzen gewidmet. In Wahrheit folgt der Lauf der Geschichte keiner uns bekannten Gesetzmäßigkeit. Entsprechend ist die Zukunft der zivilisatorischen Evolution offen, und eine Politik, die sich statt dessen an einer Ideologie orientiert, die die Zukunft als eine durch gesetzmäßige Epochenabfolgen besetzte Zukunft behandelt, verwandelt daher zwangsläufig auch die Gesellschaft von einer offenen in eine geschlossene Gesellschaft.

Karl Popper übrigens hatte, selbstverständlich, in seine Kritik des Historizismus über die Geschichtsideologie des marxistisch-leninistischen Internationalsozialismus auch die naturalisierte Geschichtsphilosophie der nationalsozialistischen Rassenideologie einbezogen. Es ist banal zu sagen, daß diese Rassenideologie nach ihrem intellektuellen Standard mit der Klassenideologie des Marxismus-Leninismus keinerlei Vergleich aushält. Nichtsdestoweniger erfüllt auch der Versuch, sich den Geschichtslauf, statt als einen Ablauf von Klassenkämpfen, als einen Ablauf von Rassenkämpfen zurechtzulegen, die von Popper analysierte historizistische Denkfigur präzis. Man muß nämlich der Vorzugsrasse, über die uns die fragliche Rassenideologie belehrt, selber angehören, um der Einsicht in die prätendierte Wahrheit dieser Rassenideologie überhaupt fähig zu sein. Die naturalisierte Geschichtsphilosophie definiert somit auch hier diejenige Position im Ablauf der Geschichte, in der konkret sich zu befinden die reale Bedingung der Möglichkeit der Einsicht in den Lauf der Geschichte ist – auch hier mit der praktisch-politischen Wirkung, sich selber als privilegiertes Geschichtssubjekt zu erkennen und somit zu ergreifen und alle Widersprechenden kraft ihres Widerspruchs als jene Feinde zu erkennen und anzunehmen, die es nicht zu widerlegen, vielmehr zu vernichten gilt, wie bereits Karl Marx es formulierte und forderte.

Man kann die tödliche Wirkung, die die Moralisierung aller politischen Lebensverhältnisse im Totalitarismus entfaltete, auch mit Eigenschaften jenes prätendierten Geschichtswissens erklären, dessen normengenerierende Kraft sich in die Maßgaben totalitärer Massenexekutionen umsetzte. Es handelte sich nämlich um ein Wissen, das sich aus der Bindung an die methodisch restriktiven Regeln für die Begründung prinzipiell widerlegbarer theoretischer Annahmen über die Wirklichkeit emanzipiert hatte. Anders gesagt: Es handelte sich um ein der Realitätskontrolle nicht mehr unterworfenes Wissen jenseits der Kompetenzgrenzen der als „positivistisch" verschrieenen instrumentellen Vernunft.

12. AIDS und Selbstbestimmung
Über einige moralische Regeln des Umgangs mit AIDS-Tatsachen

Prozesse rechtlicher, sozialer und kultureller Modernisierung sind zugleich Prozesse wachsender Bedeutung der Moral. Mit der Expansion der Freiheitsspielräume, die in modernen Gesellschaften den Bürgern, den Individuen aufgetan sind, werden diesen Individuen wie nie zuvor Kompetenzen selbstbestimmter, autonomer Lebensführung abverlangt. Damit gewinnen zugleich die Regeln autonomer Lebensführung („Moral") an Gewicht und Geltung. Anders ausgedrückt: Emanzipationsprozesse erweitern bis in Politik und Kultur hinein den Wirkungsbereich gelebter Moral und den Geltungsbereich ihrer Regeln.

Dieser elementare Zusammenhang läßt sich nicht zuletzt medizinkulturgeschichtlich plausibel machen. Nach Auskunft unserer Medizinhistoriker waren noch in den ersten einhundert Jahren der Geschichte der Industriegesellschaft, also bis tief ins 19. Jahrhundert hinein, die großen Infektionskrankheiten die mit Abstand wichtigsten Krankheiten zum Tode. Der überaus erfolgreiche Kampf medizinischer Wissenschaft und medizinischer Kunst hat, in Verbindung mit Verbesserungen der Hygiene, die durchschnittliche Lebenserwartung der Bevölkerung in den Industriegesellschaften in zweihundert Jahren um mehr als das Doppelte anwachsen lassen. Vor allem auf diesem elementaren Faktum beruht, wohlbegründet, das spezifisch moderne hohe Ansehen der Medizin und der Ärzteschaft. Die Erfolge der Medizin – und nicht etwa ihre Mißerfolge – sind es also, die uns heute, überwiegend, an Krankheiten eines ganz anderen Typus leiden und schließlich sterben lassen. Diese Krankheiten sind inzwischen jedem Medienkonsumenten unter dem populären Namen der Zivilisationskrankheiten geläufig.

Dem Medienkonsumenten ist zumeist auch geläufig, daß die so genannten Zivilisationskrankheiten gesundheitskulturell ganz andere Eigenschaften als die alten Infektionskrankheiten haben. Der Unterschied, den es macht, von diesen sozusagen modernen Massenkrankheiten betroffen oder verschont zu sein, hängt gewiß nicht allein, aber doch unter anderem wie nie zuvor von dem Unterschied ab, den es macht, wohlbekannten gesundheitsdienlichen Lebensregeln zu folgen oder, auf der anderen Seite, ihnen nicht zu folgen. Sich das tägliche Glas zuviel zu gestatten oder das nicht zu tun, in der klassischen Tugend der Mäßigkeit erprobt zu sein oder nicht, sich selbstbestimmt die Lebensfreuden der Bewegung zu verschaffen oder, träge, dieses nicht zu tun –: das macht hier den Unterschied. Das bedeutet: In der modernen Gesellschaft ist auch die Gesundheitskultur eine von gelingender oder mißlingender Selbstbestimmung, also von moralischen Faktoren abhängige Kultur.

Der Heidelberger Medizinhistoriker Schipperges hat diesen elementaren medizinkulturgeschichtlichen Wandel der Dinge in die Kurzform eines mythischen Gleichnisses gekleidet: Von den beiden Töchtern des Asklepios, Panakea und Hygieia, gewinnt Hygieia, die für die Vorbeugung zuständig ist, lebenspraktisch ständig an Bedeutung – nicht, weil Panakea, die die Therapie repräsentiert, nichts mehr vermöchte, vielmehr genau umgekehrt deswegen, weil, nachdem Panakea so überaus erfolgreich war und immer noch ist, uns jetzt um so mehr bedrängt, was Hygieia ungleich leichter vorbeugend abwenden als Panakea im nachhinein heilen könnte.

Um es zusammenfassend zu wiederholen: Auch und gerade gesundheitskulturell nimmt in modernen Gesellschaften die Bedeutung moralischer Faktoren zu. Je moderner, das heißt emanzipierter und selbstbestimmter wir leben, um so wichtiger wird die Moral.

Um Mißverständnissen vorzubeugen: Die mannigfachen sozialen und kulturellen, insbesondere auch familiären Voraussetzungen, von denen unsere moralische Selbstbestimmungsfähigkeit abhängt, sind nicht gleich verteilt, und sie lassen sich auch durch staatliche Maßnahmen nur sehr begrenzt gleichverteilt machen. Insofern ist richtig, daß moralisches Versagen, überhaupt moralische Inkompetenz seine Ursache in Umständen haben kann, deren Ungunst dem Individuum nicht ihrerseits als moralisches Versagen angelastet werden kann. Das ist jedem Erzieher vertraut, und auch im Strafrecht, zumal im Jugendstrafrecht, findet das seine Berücksichtigung. Nichtsdestoweniger läßt sich daraus nicht schließen, daß moralisches Versagen immer und eo ipso den Verhältnissen anzulasten sei, unter denen das versagende Individuum lebt. Wenn man Emanzipationsprozesse befördern und damit die Freiheit der Bürger mehren will, muß man den Zuständigkeitsbereich moralischer Selbstbestimmung und damit auch der moralischen Verantwortlichkeiten so weit wie möglich ziehen. Je moderner wir leben, um so mehr, noch einmal, sind wir auf Moral angewiesen, und nur, wer der Moral auch etwas zutraut und somit im Versagensfall nicht immer sogleich irgendwelche objektiven Umstände alleinverantwortlich macht, bleibt auch als Beförderer von Emanzipationsprozessen glaubwürdig.

Es zeichnet den Zwischenbericht der Enquete-Kommission des Deutschen Bundestages zum Thema „Gefahren von AIDS und wirksame Wege zu ihrer Eindämmung" aus, von der Einsicht bestimmt und geleitet zu sein, daß die Bedeutung der Regeln selbstbestimmter Lebensführung („Moral") in spezifisch modernen sozialen und kulturellen Lebenszusammenhängen nicht etwa abnimmt, vielmehr ganz im Gegenteil zunimmt. Er ist überdies in wohltuender Weise von der Einsicht geleitet, daß lebensdienliche moralische Regeln verläßliche Kenntnis der Realität voraussetzen, auf die wir uns in unserem moralisch zu verantwortenden Handeln beziehen, daß Moral also Aufklärung verlangt, soweit erforderliche Kenntnis der Realität noch nicht verbreitet oder nur in verzerrter Gestalt vorhanden ist. Auch die Geltung der Regeln selbstbestimmter Lebensführung einerseits und Aufklärung andererseits befinden sich ja nicht in einem Spannungsverhältnis zueinander. Das Gegenteil ist der Fall. Erst aufgeklärte Moral, die ihre Regeln auf der Höhe des erreichten Niveaus unseres Wissens bildet, ist lebensführungstaugliche und insofern nützliche Moral. Um das an einem inzwischen trivial gewordenen, aber medizinkulturgeschichtlich fundamentalen Fall zu erläutern: Man mußte erst vermutet haben und schließlich wissen, daß nicht-sterile Umstände bislang üblicher Geburtshilfepraxis die Ursache des sich in Kliniken ausbreitenden Kindbettfiebers waren, bevor man die Vermeidung dieser Umstände zur ärztlichen Pflicht erheben konnte.

Das zitierte bekannte Exempel ist hier auch noch aus einem anderen Grund in Erinnerung gebracht worden. Es läßt erkennen, daß Fortschritte in der Bildung moralisch verbindlicher Regeln bis in die Moral unserer Berufspraxis hinein den Charakter der Anwendung alter und unverändert geltender Grundsätze auf eine Wirklichkeit haben, die sich entweder ihrerseits verändert hat oder in bezug auf die ein verändertes Wissen neuerdings zur Verfügung steht.

Auch für AIDS gilt das. Die Grundsätze der Moral, die auf die derzeit bekannten AIDS-Tatsachen in der Absicht einer diesen Tatsachen angemessenen Lebensführungsmoral anzuwenden sind, brauchen nicht erst erfunden zu werden. Es handelt sich um sehr alte, näherhin klassische, das heißt unbeschadet ihres Alters nicht veraltete Grundsätze. Es handelt sich um Grundsätze, die in ihren Erkenntnisvoraussetzungen einfach, in ihrer praktischen Bedeutung aber schwerwiegend sind. Es sind überdies wohlbekannte Grundsätze, und als Bestandteile unserer kulturellen Überlieferung sind sie Inhalte des moralischen Common sense. Es ist daher niemandem etwas Neues gesagt, wenn zwei dieser Grundsätze hier noch einmal ausdrücklich genannt werden, erstens nämlich der Grundsatz, daß jedermann moralisch verpflichtet sei, sich in der Ausübung seiner Selbstbestimmung an die Regeln zu binden, die sie mit der analog gebundenen Selbstbestimmungsfreiheit aller anderen vereinbar macht („Universalisierbarkeitsgrundsatz"), und zweitens der Grundsatz, daß jedermann moralisch verpflichtet sei, zu seinem Teil Hilfsbedürftigen jene Hilfen zukommen zu lassen, auf die er, als auf Hilfen anderer, im Falle eigener Hilfsbedürftigkeit seinerseits angewiesen wäre („Solidaritätsgrundsatz"). Es erübrigt sich hier, die Herkunft und die auch unsere Gegenwartskultur bestimmende traditionale Mächtigkeit dieser Grundsätze durch historische Exkurse in Erinnerung zu rufen. Man mag sich an die Goldene Regel erinnern, an ihre alttestamentlich-negative Fassung einerseits und ihre neutestamentlich-positive Fassung andererseits. In beiderlei Fassung repräsentiert die Goldene Regel die Art und Weise, wie die beiden explizit formulierten Grundsätze im moralischen Gemeinsinn unverändert präsent und anerkannt sind.

In der Anwendung der fraglichen Grundsätze auf die AIDS-Tatsachen, so weit sie inzwischen bekannt sind, ergibt sich eine Fülle von Regeln, an die sich die Freiheit der Selbstbestimmung moralisch zu binden hat. Ich möchte einige wenige dieser Regeln plausibel machen. Ich beschränke mich dabei auf Regeln, die sich auf die längst manifest gewordene Tatsache beziehen, daß auch der heterosexuelle Verkehr als potentielle Infektionsquelle gelten muß. Überdies werde ich, in Anwendung der genannten Grundsätze auf bekannte AIDS-Tatsachen, vorzugsweise solche moralischen Regeln plausibel zu machen versuchen, die sich auf Tatbestände beziehen, die sich entweder gar nicht oder nur schwer oder nur mit geringer Wirksamkeit über die Moral hinaus auch strafrechtlich fassen ließen. Ich

unterstelle dabei, daß das Strafrecht generell ein nur begrenzt leistungsfähiges Instrument der AIDS-Eindämmung darstellt, ja daß darüber hinaus auch administrative Maßnahmen mit Zwangscharakter lediglich subsidiär hilfreich sein können. Um es abgekürzt und mit Nachdruck zu sagen: Die Vorstellung ist absurd,
daß wir uns vor der AIDS-Gefahr wirksam und durchgreifend durch Maßnahmen
schützen könnten, für die der Staat zuständig ist. Der Hilferuf AIDS-Bedrohter
kann nicht in erster Linie ein Ruf nach dem Staate sein. Er muß, vor allem, ein
Aufruf zur Selbsthilfe werden.

AIDS-Infektion durch heterosexuellen Verkehr war, wie bekannt, zunächst von
relativ geringer Häufigkeit. Um so beunruhigender ist der Anstieg gerade dieser
Häufigkeit – „gemäß US-Daten von 1 Prozent der AIDS-Fälle im Jahre 1982 auf
2,9 Prozent der AIDS-Fälle im Jahre 1988", wie also damals bereits mitgeteilt wurde. Es ist kognitiv banal, daß mit dem radikalen Verzicht auf Promiskuität AIDS
sich auf Wegen heterosexuellen Verkehrs nicht mehr ausbreiten könnte. Auf der
Ebene geltender Alltagsmoral formuliert heißt das: Die Tugend der Treue, als
wechselseitig geübte Tugend im partnerschaftlichen Geschlechtsverhältnis,
schützt Gesunde insoweit zuverlässig vor AIDS-Infektion durch heterosexuellen
Verkehr.

Nun ist es wahr, daß das moralische Treuegebot nicht auf der Effizienz der
Treue als AIDS-Prophylaktikum beruht. Um welche Gründe es sich dabei handelt,
bedarf hier keiner Erörterung. Sie gehören zu den jedermann bekannten Selbstverständlichkeiten unserer moralischen Überlieferung, und sie gehören auch zu
den Voraussetzungen unseres Familienrechts. Daß dem moralischen Treuegebot
in zahllosen Fällen, über deren quantitative Dimensionen man sich in der einschlägigen sozialwissenschaftlichen Literatur informieren mag, nicht nachgelebt
wurde und wird, schränkt seine wohlbegründete Geltung nicht im mindesten ein.
Mit der Geltung moralischer Normen steht es insoweit nicht anders als mit der
Geltung strafrechtlicher Normen, die ja auch nicht durch das Faktum verbreiteter
rechtswidriger Handlungen oder Unterlassungen in Frage gestellt wird, auf die
sich diese Normen als Verbotsnormen beziehen. Insoweit verhält sich die Sache
genau umgekehrt: Gerade die massenhafte Verbreitung von Verhaltensweisen, die
Menschen in ihren originären Freiheiten und Rechten verletzen und sich damit
auch auf ihre sozialen Interaktionen destruktiv auswirken, begründet ja die Nötigkeit der auf diese Handlungen sich beziehenden Verbotsnormen.

Das trifft, analog, auch für die Geltung moralischer Normen zu. Daß dem moralischen Treue-Gebot massenhaft mit destruktiven Wirkungen auf eheliche und
sonstige Partnerschaftsverhältnisse zuwidergelebt wird, schwächt nicht die Geltung der Treuregel, sondern macht ihre Nötigkeit aus.

Noch einmal also: Das moralische Treue-Gebot hat seinen Vernunftgrund gewiß nicht darin, daß es, sofern ihm nachgelebt wird, zugleich als Ansteckungs-
verhütungsmittel wirksam ist. Nachweislich gibt es, zumal in Deutschland, Moralisten, nicht zuletzt Theologen, welche finden, der Respekt vor den eigentlichen
Gründen des moralischen Treue-Gebots verbiete es, auf dieses Gebot zu verweisen, wenn man vor der Promiskuität als AIDS-Infektionsquelle warnen möchte.
Indessen: Es ist nicht erkennbar, wieso es die Geltung eines wohlbegründeten

moralischen Gebots beschädigen könnte, wenn man auf einen Nebennutzen verweist, der unter gegebenen Umständen mit seiner Beachtung verbunden ist. Man kann die Traditionen benennen, die es einem nicht zuletzt in Deutschland erschweren zu sagen, daß Moral eine überaus nützliche Sache ist. Die Tugend der Treue ist bekanntlich ein Medium der Lebensglücksmehrung der Partner, die sie üben, und es ist nicht erkennbar, wieso einem das einschlägige Glück vergällt werden könnte, wenn man darüber aufgeklärt wird, daß es überdies noch mit Vorzügen der Hygiene verbunden ist.

Gerade wer für die pragmatischen Lebensvorzüge der Moral offen ist, wird freilich nicht so lebensfremd sein zu vermeinen, daß die Erinnerung an diese Vorzüge genüge, sie jedermann suchen und finden zu lassen. Entsprechend schließt jede Moral eine Hilfsmoral für den Fall des Versagens der Primärmoral ein. Daß Promiskuität eine Infektionsquelle sei, weiß man nicht erst, seit es AIDS gibt. Entsprechend gibt es auch seit langem die hilfsmoralische Verpflichtung, bei Treuebrüchen, also in Fällen gelebter Promiskuität, sich selbst und seinen Partner sei es durch Beschaffung geeigneten Wissens, sei es durch sonstige Mittel vor Ansteckung zu schützen. Kondome gehören zu den bekanntesten einschlägigen, freilich nicht hundertprozentig sicheren Mitteln. Sie werden entsprechend auch aus diesem Grund neuerdings wieder viel benutzt und die Werbung stellt darauf ab.

Man erkennt leicht, daß zwischen der moralischen Verpflichtung zur Treue und der hilfsmoralischen Kondomanlegepflicht für den Fall der Verletzung der erstgenannten Pflicht gar kein Widerspruch besteht. Ihre pragmatische Passung ist vielmehr vollkommen und dem Ernst der AIDS-Tatsachen, so weit sie die Promiskuität als Infektionsquelle betreffen, angemessen. Es ist der Pragmatismus in diesem Zuordnungsverhältnis von moralischen und hilfsmoralischen Regeln, der es erlaubt, das auch in Aktionen gesundheitspolitischer Aufklärung umzusetzen. Ein musterhaftes Beispiel dessen wären jene überall in der Schweiz verbreiteten, monochrom blau grundierten Großplakate, die nichts als eine aus zwei Imperativen bestehende Mahnung enthalten. An erster Stelle wird, wie es dem erläuterten Zuordnungsverhältnis von Moral und Hilfsmoral entspricht, die Treue in ihrer Nebenrolle als AIDS-Prophylaxe in Erinnerung gebracht, also in Schwyzerdütsch „Bliib treu!" Da man unbeschadet der Geltung der so in ihrem Nebennutzen in Erinnerung gebrachten moralischen Regel weiß, wie es in der Welt zugeht, folgt dann in einem zweiten Satz die Mahnung „StOp AIDS!", wobei das O in „Stop" zur Verdeutlichung des hilfsmoralischen Sinns dieser Mahnung als aufgerollter Kondom unübesehbar ins Bild gebracht wird.

Es wäre eine eigene Studie wert, wieso in Deutschland nachweislich eine Scheu verbreitet ist, erläuterungsunbedürftige Regeln gemeinsinnserprobter Moral gerade auch im Zusammenhang der AIDS-Eindämmung öffentlich in Erinnerung zu bringen. Um es anzudeuten: Spätemanzipierte neigen zu beflissenheitsbedingten Emanzipationsmißverständnissen. Aus gutem Grund sind etliche zentrale Lebensverhältnisse aus dem Sanktionenschutz des Strafrechts entlassen worden; auch für die eheliche Treue, deren Bruch ja einmal strafrechtsgeschichtlich unter bestimmten Randbedingungen sogar strafbar war, gilt das. Heißt das, daß damit

Verhaltensweisen, die so neuerdings exklusiv der moralischen Selbstbestimmung anheimgegeben und in genau diesem Sinne emanzipiert sind, damit den Charakter empfehlenswerter Verhaltensweisen erlangt haben? Wäre, wer unbeschadet des rein moralischen Charakters der Treuepflicht treu bleibt, eben damit als emanzipationsbehindertes Individuum erwiesen? Oder werden, umgekehrt, Emanzipationsprozesse behindert, wenn man an moralische Pflichten erinnert, die nach ihrer rechtlichen Emanzipation eben nichts als moralische Pflichten sind? Es gibt in der AIDS-Debatte in Deutschland eine Moral-Scheu, hinter der man das skizzierte Mißverständnis vermuten darf. In Wahrheit haben Emanzipationsprozesse den genau entgegengesetzten Charakter: Je weiter sich emanzipationsabhängig die Lebensbereiche ausdehnen, die einzig unserer Selbstbestimmung überantwortet sind, um so nötiger wird die Moral, an deren Regeln wir uns bei Strafe unserer und unserer Partner Lebensglücksminderung zu binden haben.

Ersichtlich ist es diese Selbstverständlichkeit, die sich in dem zitierten Plakat der Schweizer Anti-AIDS-Aufklärungskampagne zum Ausdruck bringt, und auch auf die Umstände, unter denen ein solches Plakat, wie bei uns, schwerlich denkbar wäre, läßt sich daraus schließen.

Eine ganz andere Frage ist, wie man die faktorielle Bedeutung der auf dem zitierten Schweizer Plakat aufscheinenden moralischen Treuepflicht einerseits und der hilfsmoralischen Schutzpflicht andererseits für die Eindämmung der promiskuitätsbedingten AIDS-Infektion einzuschätzen hat. Diese Frage ist keine moralische Frage, vielmehr eine empirische Frage. Unser einschlägiges Wissen ist rudimentär. Eben deswegen wäre es leichtfertig, die faktische Rolle gelebter gemeiner Moral für die Eindämmung der AIDS-Ausbreitung als gering einzuschätzen. Es ist bekannt genug, daß der Geschäftszweig der Prostitution sich vorübergehend rückläufig entwickelt hat, und sogar ordnungsgemäß geführte Bordellbetriebe hatten zeitweise Umsatzeinbußen zu verzeichnen. Das ließe sich auch quantifizieren, und Änderungen moralwidriger Verhaltensweisen sind somit nachweisbar. Und wenn damit auch der Beweis rückläufiger Promiskuität nicht erbracht wäre, so hätte sie sich doch insoweit partiell aus Sozialmilieus zurückgezogen, innerhalb derer Promiskuität infektionsträchtiger als in anderen Sozialmilieus ist. So oder so besteht kein Anlaß, die faktorielle Bedeutung der Beachtung von Regeln gemeiner Moral, im Vergleich zur faktoriellen Bedeutung der Beachtung erläuterter hilfsmoralischer Regeln, von vornherein als gering einzuschätzen.

Sollte sich, derzeitigen Trends entsprechend, AIDS über heterosexuelle Infektion auch weiterhin ausbreiten, so wüchse entsprechend die Wahrscheinlichkeit, daß sich infiziert, wer sich an die erläuterten moralischen oder auch hilfsmoralischen Regeln nicht hält. In diesem Fall tritt in Anwendung des eingangs genannten Grundsatzes, daß Rechte selbstbestimmter Lebensführung stets auf die Bedingungen ihrer Universalisierbarkeit eingeschränkt bleiben, eine weitere moralische Verpflichtung ein, nämlich die, sich davon Kenntnis zu verschaffen, ob man für seinen Partner bereits selber eine Infektionsgefahr darstelle oder nicht. Der außerordentliche Belastungscharakter des Wissens, AIDS-infiziert zu sein, ist bekannt, und es ist auch bekannt, daß Individuen unter der Last dieses Wissens bis hin zum Suizid zusammengebrochen sind. Insofern gilt auch und gerade in diesem Fall, daß niemand einer Verpflichtung zur uneingeschränkten Selbstaufklärung unterworfen werden kann. Das Recht, sich vor sich selbst unter einem ungelüfteten Schleier des Unwissens über sich selbst zu verbergen, gilt freilich nur dann, wenn durch die Verhaltens- und Handlungskonsequenzen dieses Unwissens niemand gefährdet wird. Besteht eine solche Gefährdung, so kann die Person, von der die Gefährdung ausgeht, insoweit ein Recht, über sich selbst unaufgeklärt zu bleiben, nicht geltend machen. Kein Lehrer könnte sich doch, zum Beispiel, auf ein Recht zum Selbstaufklärungsverzicht berufen, wenn anders er durch die offene Tuberkulose, die auf diese Weise ihm in ihren Anfangsstadien verborgen bliebe, seine Schulkinder gefährdete. Für den AIDS-Fall gilt Analoges.

Nach der bislang bekannten Natur der einschlägigen Infektion dürfte wohl, wenn man Gründe hat, sich mit einer ungewissen Wahrscheinlichkeit als infiziert zu vermuten, gegen den Wunsch, über seinen eigenen tatsächlichen Zustand unaufgeklärt zu bleiben, auch in moralischer Hinsicht kein Einwand zu erheben sein. Die Voraussetzung dessen ist freilich der strikte Verzicht auf alle Handlungen, die man, wenn man von ihrer die Rechte anderer potentiell verletzenden Wirkung wüßte, aus zwingenden moralischen, ja rechtlichen Gründen ohnehin zu unterlassen hätte. Es bedarf doch keiner Erläuterung, daß sexuelle Betätigungen, durch die wissentlich Rechte anderer, in diesem Falle das Recht körperlicher Unversehrtheit, in folgenschwerer Weise beeinträchtigt sein würden, durch das Recht auf selbstbestimmte Lebensführung und auf freie Entfaltung der Persönlichkeit nicht gedeckt sind. Es besteht insoweit nicht einmal ein Konflikt zwischen dem Recht auf freie Entfaltung der Persönlichkeit und dem Rechtsanspruch Dritter, nicht Opfer von Handlungen anderer zu sein, die den auch strafrechtlich sanktionierten Tatbestand des Versuchs schwerer Körperverletzung erfüllen. Es besteht hier insofern auch gar nicht das Problem, konkurrierende Lebensansprüche irgendwie zum Ausgleich zu bringen. Das Problem besteht deswegen nicht, weil, von der rechtlichen Seite der Sache ganz abgesehen, ein moralischer Anspruch auf selbstbestimmte Lebensweisen, die wissentlich und vermeidbar andere in ihrer körperlichen Unversehrtheit beschädigen könnten, überhaupt inexistent ist.

Moralisch absurd wäre es schließlich, wenn man, als ein nach Lage der Dinge mit relevanter Wahrscheinlichkeit potentiell Infizierter, das grundsätzlich unbestrittene Recht zum Verzicht auf Selbstaufklärung in der Absicht in Anspruch nähme, sich auf diese Weise den moralischen und rechtlichen Verantwortlichkeiten zu entziehen, denen man unterläge, wenn man wüßte, was man tut. Die Inanspruchnahme eines Rechts auf freie Selbstentfaltung unter dem Schleier eines wissentlich konservierten Unwissens in der Spekulation auf die vermeintlichen Entschuldigungswirkungen solchen Unwissens für rechtswidrige Handlungen ist moralisch unzulässig.

Was unser Verhalten zu AIDS-Infizierten, gar Erkrankten anbetrifft, so hat es sich moralisch an dem eingangs genannten Solidaritätsgrundsatz zu orientieren: Jedermann ist im Rahmen seiner Möglichkeiten verpflichtet, Hilfsbedürftigen diejenige Hilfe zuzuwenden, auf die er im Falle analoger eigener Hilfsbedürftigkeit selbst angewiesen wäre. Die Sorge, daß im AIDS-Fall Infizierte, gar Erkrankte aus dem Geltungsbereich dieses Grundsatzes ausgegrenzt werden könnten, ist unbegründet. Wie erklärt sich, daß nichtsdestoweniger diese Sorge immer wieder laut wird? Es erklärt sich aus der Tatsache, daß an der Ausbreitung von AIDS moralische Faktoren beteiligt sind. Eben das ist es ja, was, gänzlich zu Recht, auch den eindrucksvollen Zwischenbericht der Enquete-Kommission „Gefahren von AIDS und wirksame Wege zu ihrer Eindämmung" in betonter Weise auf die Bedeutung aufgeklärter Selbstbestimmung setzen läßt. Das heißt aber anzuerkennen, daß auch im Falle heterosexuell bedingter Ausbreitung von AIDS – um nur bei dieser zu bleiben – diese Ausbreitung zu einem ungewissen Anteil über Verhaltensweisen und Handlungen läuft, die unter der Bedingung der bekannten AIDS-Tatsachen den Charakter von Verstößen gegen die erläuterten moralischen Regeln haben. Die Sorge scheint nun zu sein, daß AIDS-Infizierten, ja Erkrankten die moralisch zwingend gebotene Solidarität verweigert wird, sofern man glaubt, vorwerfbare Verhaltensweisen, Handlungen oder Unterlassungen, unterstellen zu dürfen. Dem gegenüber ist daran zu erinnern, daß sich die moralische Verpflichtung zur solidarischen Hilfe gegenüber Hilfsbedürftigen sich zur moralischen Qualität vermuteter oder auch tatsächlicher Handlungs- oder Unterlassensursachen ihrer Hilfsbedürftigkeit vollkommen indifferent verhält. Je freier sich das Leben der Individuen und Gruppen in einer modernen, emanzipierten Gesellschaft entfaltet, um so mehr hängt es von der Beachtung oder Nichtbeachtung der Regeln selbstbestimmter Lebensführung („Moral") ab, ob und wie diese selbstbestimmte Lebensführung gelingt oder auch mißlingt. Mißlingt sie und treten Hilfsbedürftigkeiten ein, so gilt, noch einmal, der Solidaritätsgrundsatz vollständig unabhängig von den selbstbestimmungsbedingten Faktoren solchen Mißlingens.

Der Grundsatz der Solidarität, der vor allem in der katholischen Soziallehre in seinen sozialordnungspolitischen Konsequenzen ausgearbeitet worden ist, hat sich inzwischen überall als ein Grundsatz von elementarer moralischer und sozialer Bedeutung Geltung verschafft – bis in die Grundsatzdeklarationen der Parteien hinein. Diese außerordentliche Bedeutung des Solidaritätsgrundsatzes verlangt es, ihn auch im Zusammenhang der Erörterungen der Fälligkeiten inzwischen bekannter AIDS-Tatsachen in seiner Geltung unbeschädigt zu halten, und die erläuterte Indifferenz solidarischer Hilfsverpflichtungen gegenüber der moralischen Qualität selbstbestimmt gesetzter Ursachen gegebener Hilfsbedürftigkeiten ist dabei von besonderer Wichtigkeit. Nicht minder wichtig ist freilich festzuhalten, daß dabei die Solidaritätsverpflichtung sich auf die Hilfsbedürftigkeit und nicht etwa auf ihre in Einzelfällen gegebenen Ursachen in selbstbestimmten, aber moralisch unverantwortlichen Lebensweisen bezieht. Nichts wäre geeigneter, die Solidaritätsbereitschaft der Menschen zu beeinträchtigen, als die Insinuation, mit der moralischen Verpflichtung zur Hilfeleistung sei zugleich eine Verpflichtung zur Anerkennung des Rechts zu denjenigen selbstbestimmten Verhaltensweisen zu verbinden, die in Einzelfällen die erkennbare Ursache der Hilfsbedürftigkeit sind.

Auch in diesem Zusammenhang stellt sich noch einmal die Frage des Rechts auf Unaufgeklärtheit. Wer zur Hilfe verpflichtet ist, ist in der Konsequenz dessen banalerweise auch zur Organisation und Kalkulation der benötigten Hilfsmittel verpflichtet. Entsprechend wirkt der inzwischen an die Öffentlichkeit gelangte Vorschlag eines Verbots einer Kostenkalkulation benötigter Hilfen befremdlich. Noch befremdlicher wird dieser Vorschlag, wenn er mit der historischen Tatsache begründet wird, daß die Diktatur der Nationalsozialistischen Deutschen Arbeiterpartei die Kosten der Hilfe, die Hilfsbedürftigen zuzuwenden war, propagandistisch zur Vorbereitung der Liquidation dieser Hilfsbedürftigen ausgeschlachtet hat. Wer aus diesem Grund heute Aufklärungsverbote über Hilfskosten verhängen möchte, unterstellt denjenigen, die sich um die solidarische Bereitstellung kostenträchtiger benötigter Hilfen bemühen, analoge Orientierungen. Diese instrumentelle Nutzung nationalsozialistischer Rassehygienepolitik zur Abwehr naheliegender Zweckmäßigkeiten im Zusammenhang fälliger solidarischer Hilfen gegenüber AIDS-Infizierten und AIDS-Erkrankten hat ersichtlich Diffamierungscharakter. Sie kann schon aus diesem moralischen Grund zurückgewiesen werden.

Vollends abwegig ist die Erwägung, die Regeln der Sexualmoral, also auch die Regeln, die die Moral heterosexueller Beziehungen betreffen, hätten überhaupt keine generalisierbaren Gehalte und unterlägen gänzlich individueller oder gruppenspezifischer Geltung im Rahmen einer pluralistischen Kultur. Dieser Einfall beruht auf einer grundlegenden Verkennung des kulturellen und politischen Pluralismus, der moderne Gesellschaften in der Tat kennzeichnet. Es ist wahr: Modernisierungsprozesse lassen sich, nicht zuletzt, als Prozesse fortschreitender Ausweitung derjenigen Lebensbereiche charakterisieren, die wir nicht zur Disposition politischer Zentralgewalten, des Staates also, gestellt wissen möchten, die daher auch nicht politischen Mehrheitsentscheidungen unterliegen können und die sich in genau diesem Sinne auch nicht demokratisieren lassen. Die Geschichte der Bürger- und Menschenrechte ist nichts anderes als die Geschichte der Ausweitung derjenigen Lebensbereiche, in denen wir entsprechend selbstbestimmt leben möchten. Ersichtlich hebt das aber unsere Angewiesenheit auf generelle Verbindlichkeiten nicht im mindesten auf. Die erwähnten Bürger- und Menschenrechte repräsentieren ja ihrerseits Geltungsansprüche von universeller, und zwar ganz besonders rigoroser Verbindlichkeit. Verallgemeinert heißt das: Je mehr wir im Kontext moderner Gesellschaften in der Tat unserer Selbstbestimmung überantwortet sind, um so mehr sind wir zugleich auf die strikte, und zwar universelle Geltung derjenigen Regeln angewiesen, die uns in unseren Selbstbestimmungsrechten sichern. Das gilt juridisch wie moralisch. Das bedeutet, exemplarisch gesprochen, daß eine Enquete-Kommission des Deutschen Bundestages in der Tat nicht die geringste Zuständigkeit hätte, sich um die mannigfachen Formen einer pluralistischen Sexualmoral zu kümmern, die frei ist, weil sie mit der analogen Freiheit anderer kompatibel ist. Soweit diese Kompatibilität nicht gegeben ist, ist sie durch Orientierung an denjenigen Regeln, die die Freiheit eines jeden mit der analogen Freiheit eines jeden anderen verbindbar machen, wiederherzustellen. Nur von solchen Regeln war hier die Rede.

13. AIDS-Moral
in der parlamentarischen Anhörung

Ist nicht die Angst ein sehr schlechter moralischer Ratgeber?

Angst kann sich zu Panik steigern, das ist wahr. Andererseits muß man sich darüber klar sein, daß die Menschen ja nicht aus schlechten, vielmehr aus guten Gründen angstfähig sind. Ohne Angstfähigkeit sind Menschen nicht überlebensfähig. Das gilt nicht nur für archaische Gesellschaften, vielmehr auch für moderne.

Aufklärung über AIDS ist gewiß die mit Abstand wichtigste Voraussetzung zur Bekämpfung von AIDS. Aber es wäre doch illusionär zu meinen, man könne über AIDS aufklären, ohne daß man über die AIDS-Tatsachen erschrickt und gegebenenfalls Angst bekommt. Solches Erschrecken und solche Angst sind ja nicht irrational. Sie sind vielmehr höchst rational, nämlich den Realitäten angemessen und eine emotionale Voraussetzung fälliger Verhaltensänderungen.

Wie kann man sich nur auf den Common sense berufen? Ist nicht der Common sense, statt eine Instanz, eher ein Kampffeld irrationaler Vorurteile?

Common sense ist ein traditionsreicher Begriff aufgeklärter Moralphilosophie. Als deutsches Wort für den gemeinten Bestand kennen wir den Gemeinsinn. Moral, gelebte Moral, ohne die eine Kultur nicht existenzfähig wäre, ist entweder gemeinsinnsfähig oder sie ist gar nicht. Eben deswegen bedarf es zur Erinnerung an geltende Regeln gemeiner Moral auch gar nicht der Experten. Öffentliche Moral – das ist das Ensemble von Regeln, die der übergroßen Mehrheit wohlbekannt sind und überdies unbestritten, was natürlich nicht bedeutet, daß sie jederzeit von jedermann auch beachtet werden.

Anders ausgedrückt: Moral hat Geltung als die Menge der in einer Gesellschaft gegebenen Möglichkeiten, sich unmöglich zu machen. Es gibt keine Gesellschaft – das gilt auch für die moderne Gesellschaft –, in der die Menge der Möglichkeiten, sich unmöglich zu machen, gegen Null sinken könnte. Daß es auch im Zusammenhang der AIDS-Tatsachen allgemein anerkannte moralische Regeln im erläuterten Sinne gibt, ließe sich mühelos testen. Man fingiere, einer behauptete, wir seien den AIDS-Erkrankten keine Solidarität schuldig. An der Empörung, die eine solche Behauptung sofort auslösen würde, erführe man alsbald, was es heißt, sich unmöglich zu machen.

Durch den Begriff des Common sense sich gar an das gesunde Volksempfinden der Nationalsozialisten erinnern zu lassen, halte ich für ganz und gar deplaciert. Die Diktatur der Nationalsozialistischen Deutschen Arbeiterpartei hat uns und andere ohnehin schon allzuviel gekostet. Warum sollen wir den Nationalsozialisten in ihren Untergang hinterherwerfen, was doch aus diesem Untergang gerade zu retten wäre? Der Common sense-Begriff, deutsch also der Begriff des Gemeinsinns, ist ein solcher rettungsbedürftiger kultureller Bestand. Common sense – das ist in der britischen, zumal schottischen frühdemokratischen Theorie doch nichts anderes als ein Begriff derjenigen gemeinen Urteilsfähigkeit, die man als allgemein vorhanden unterstellt, indem man Rechte zur Mitwirkung an der Regelung gemeinsamer Angelegenheiten gemeinverteilt macht. Common sense – das ist, sozusagen, das, worüber jeder Billy Smith genauso verfügt wie die Lords oder gar der Erzbischof von Canterbury.

Daß der Common sense nicht in jedem Volk zu jeder Zeit sich als lebenskräftig erweist, trifft freilich auch zu. Aber es hat ja auch niemals jemand behauptet, daß die Demokratie eo ipso ein ungefährdetes System sei. Deutsche zumal können das wissen. Aber folgt daraus ein Einwand gegen die Demokratie und für die Unentbehrlichkeit des Gemeinsinns, wenn anders die Demokratie lebenskräftig sein soll?

Muß man nicht über die in unserem Land vorhandenen moralischen Kräfte überaus skeptisch denken?

Die Chancen der Eindämmung von AIDS müßte man wohl als sehr gering einschätzen, wenn es in unserem Land kaum noch mobilisierbare moralische Kräfte und Solidaritätsbereitschaften gäbe. Ob solche Kräfte vorhanden sind oder eher nicht – das ist natürlich eine empirische Frage. Aber die Sache hat auch einen normativen Aspekt. Wir wissen doch alle aus elementaren Erziehungszusammenhängen, daß nichts geeigneter ist, schwache vorhandene moralische Kräfte zu stärken, als das bekundete Vertrauen in ihr Vorhandensein. Das gilt nicht nur im individuellen Lebenszusammenhang. Es gilt auch im Lebenszusammenhang einer Kultur und eines Volkes.

Das bedeutet: Wenn der wirksamste Faktor bei der AIDS-Eindämmung nicht staatliche Maßnahmen sind, vielmehr gesundheitsdienliche Verhaltensweisen, dann müßte man in das Vorhandensein der moralischen Fähigkeiten zu solchen Verhaltensweisen vertrauen. Man ist nicht wirklichkeitsfremd, indem man solches Vertrauen aufbietet und bekundet. Wer die Augen öffnet, kann es sehen: Entgegen deutschen Neigungen zum Zivilisationspessimismus breitet sich in unserer Gesellschaft keineswegs moralische Dekadenz aus. Es gibt ganz im Gegenteil die Fülle der Beweise lebenskräftiger Moral, auf die man auch im AIDS-Zusammenhang vertrauen darf.

Gelebte Moral – sie bekundet sich, zum Beispiel, in der Engagement-Bereitschaft der Jugendlichen. Die Chefs der Jugendabteilungen unserer Feuerwehren könnten davon berichten. – Analog kann auch die Lebendigkeit des Sports als Beweis lebendiger Moral, das heißt reichlich vorhandener Selbstbestimmungskräfte gewertet werden. Immerhin gibt es bei uns über 60 000 Sportvereine mit über 30 Millionen aktiven Mitgliedern. Es bedarf keiner Erläuterung,

was das in alltagsstabilisierender und gesundheitspraktischer Hinsicht bedeutet.
Auch die Fähigkeiten der Menschen zur moralischen Selbstbestimmung zur Hilfe
für andere ist ungebrochen. Nachbarschaftshilfe kommt den Kindern berufstäti-
ger Mütter zugute; freiwillige Fürsorge für Alte erlaubt diesen, länger als sonst
möglich in ihrer altvertrauten Umgebung zu verbleiben – und so in allem! Man
darf sagen: Unser so hoch entwickelter Sozialstaat bräche zusammen, wenn man
die Fülle der freiwilligen, selbstbestimmten moralischen Leistungen in Abzug
brächte, die in den Lebensgemeinschaften unserer Gesellschaft Menschen einander zuwenden.

Es sind also die so sich sichtbar betätigenden moralischen Kräfte, auf die man
auch im Zusammenhang der AIDS-Tatsachen setzen muß. Es gibt keine Gesundheitskultur ohne moralische Selbstbestimmung zu gesundheitsdienlichem Verhalten, und komplementär dazu würde die Last des Krankseins unerträglich,
wenn wir zu selbstbestimmter moralischer Hilfe den Kranken gegenüber nicht
fähig wären. Indessen: Die so benötigten Kräfte sind vorhanden und man muß sie
durch Vertrauen in sie stärken.

*Haben nicht auch schon die Nationalsozialisten die Erhaltung der Gesundheit zu
einer moralischen Pflicht erhoben?*

Diese Frage berührt Grundsätze unseres Umgangs mit dem nationalsozialistischen Teil unserer Vergangenheit. Es gibt eine Form der „Vergangenheits-
bewältigung", die ich folgendermaßen charakterisieren möchte: Alles, was die Na-
zis mißbraucht haben, wird aus dem Verkehr gezogen, damit es nie wieder mißbraucht werden kann. Im nicht-fiktiven Beispiel heißt das: Bei den Nationalsozialisten stand die Tugend der Tapferkeit hoch im Kurs. Das endete dann in Stalingrad. Aber folgt daraus, daß dadurch die Tugend der Tapferkeit desavouiert sei?
Den Nonsens-Charakter eines solchen Schlusses erkennt man sofort, wenn man
sich in die Lage der Russen versetzt, die doch in Stalingrad einzig durch Aufbietung der Tapferkeit standzuhalten und schließlich in der Verteidigung ihres Va-
terlandes erfolgreich zu sein vermochten. Kein Russe, kein Brite, kein Amerikaner
würde akzeptieren können, daß durch den nationalsozialistischen Mißbrauch der
Tugend der Tapferkeit diese Tugend als solche diskreditiert worden sei.

Wahr ist, daß die Nationalsozialisten auch von der Pflicht zur Gesundheit ge-
redet haben, und wahr ist überdies, daß sie gewissen Gruppen von Kranken und
Behinderten ihrer Krankheit und Behinderung wegen das Lebensrecht abgesprochen haben. Folgt daraus, daß in unserer Nation die moralische Verpflichtung zu
gesundheitsdienlichem Verhalten diskreditiert sei? Die Frage stellen heißt sie beantworten.

*Was tun, wenn Infizierte sich an die moralischen Regeln, bei deren Beachtung die
Infektion sich nicht weiter ausbreiten könnte, nicht halten?*

Wenn die Regeln der von mir im AIDS-Zusammenhang erläuterten Hauptmoral
oder ersatzweise auch die Regeln der Hilfsmoral, also das Promiskuitätsverbot

einerseits und die Kondomanlegepflicht andererseits, nicht eingehalten werden,
tritt ein, was regelmäßig eintritt, wenn ein Individuum sich als unfähig erweist,
selbstverantwortlich handelnd die Rechte Dritter zu respektieren. Es werden dann
die sanktionengeschützten Regeln des gemeinen Rechts wirksam. Exemplarisch
heißt: Wer wissentlich, als AIDS-Infizierter, seinen Geschlechtspartner infiziert,
handelt strafrechtswidrig. Gewiß bestehen hier erhebliche Schwierigkeiten, den
Tatbestand, um den es sich handelt, zu identifizieren und rechtlich zu qualifizieren. Aber Urteile, in denen das zu geschehen hatte, liegen ja inzwischen vor. Man
hat wegen des Versuchs schwerer Körperverletzung verurteilt. Fachkundige Auskunft ist insoweit Juristensache.

Ist nicht die Tapferkeit eine höchst zweifelhafte, nämlich regelmäßig auch von
Bankräubern zum Beispiel geübte „Tugend"? Und ist nicht die Treue eine romanti-
sche Vorstellung, die, zum Beispiel, auf vorbürgerliche Eheverhältnisse wie auf
moderne, homosexuell geprägte Partnerschaften gar nicht passen will?

Was die Tapferkeit anbelangt, so möchte ich zunächst daran erinnern, daß sie in
der europäischen Ethik-Tradition stets als eine der vier Kardinal-Tugenden gegolten hat. Wir würden einen sehr aparten deutschen Sonderweg einschlagen,
wenn wir diese Tradition in unserer deutschen Kultur außer Kraft setzen wollten.
Wahr ist natürlich, daß die Tapferkeit nicht die einzige Kardinal-Tugend ist. Die
Klugheit gehört auch dazu, ohne die wir nicht in der Lage wären, die Fälligkeit
der moralischen Aufbietung von Tapferkeit zu erkennen. Zu den Kardinal-
Tugenden gehört überdies auch die Gerechtigkeit, und eben in dieser Zusam-
mengehörigkeit von Gerechtigkeit und Tapferkeit sollten wir den Bankräuber
nicht deswegen, weil eben auch er sein Leben riskiert, „tapfer" nennen. Tapfer
hingegen ist der Polizeibeamte, der dem bewaffneten Bankräuber entgegentritt,
und selbst ein Feuerwehrmann wäre doch ohne Aufbietung von Tapferkeit gar
nicht dienstfähig. Es bliebe im Blick auf die verantwortungsvolle Tätigkeit solcher
Mitbürger verblüffend, wenn wir es uns einfallen ließen, uns zur Tugend der
Tapferkeit in mißverständnisträchtiger Aufarbeitung unserer Vergangenheit mä-
kelnd, ja herabsetzend zu verhalten.

Was die Treue anbelangt, so halte ich es gleichfalls für irreführend, sie für eine
Angelegenheit kulturgeschichtlich oder auch individualgeschichtlich ephemerer
Romantik zu halten. Das Treuegebot gehört zu den normativen Voraussetzungen
der Monogamie, und diese ist ihrerseits ein Grundelement unserer kulturellen
Überlieferung, das man zwar in seminaristischer Reflexion, aber doch nicht real
wegdenken kann. Wahr ist, daß mit der modernitätsspezifischen Individualisierung unserer Lebensverhältnisse auch die eheliche Partnerschaft sich individuali-
siert und personal sublimiert hat. Die wechselseitigen Treueansprüche sind damit
rigoroser geworden, und die psychischen Katastrophen, die in modernen Zweier-
beziehungen durch fortgesetzten Treuebruch bewirkt werden können, sind davon
das Komplement. Die soziale Entwicklung hat es freilich mit sich gebracht, daß
die sozialen Katastrophenfolgen eines untreuebedingten Scheiterns von Ehen
heute eher gemildert sind. Um so mehr setzen gelingende Ehen moralisch selbst-

bestimmt gelebte Treue voraus. Treue ist wie nie zuvor auf Moral gestellt, nachdem es ja längst auch nicht mehr die strafrechtlichen Sanktionen gibt, mit denen strafrechtsgeschichtlich früher einmal eheliche Untreue bedroht war, sofern sie Scheidungsfolgen hatte. Ein Emanzipationsvorgang hat insofern, aus guten Gründen, stattgefunden. Aber wie stets bei Emanzipationsvorgängen, so sind wir auch in diesem Zusammenhang fürs gelingende Leben nicht weniger, sondern mehr als früher auf die Einhaltung von Regeln selbstbestimmter Moral angewiesen. Je freier wir leben, um so nötiger wird die Moral. Das Lebensglück emanzipierter Individuen ist vor allem eine Folge gelingender moralischer Selbstbestimmung.

Was die Homosexuellen anbetrifft, so bin ich mangels empirischen Einblicks in die Realität des Homosexuellen-Daseins unsicher, ob man sagen kann, daß das Treuegebot auch für homosexuelle Partnerschaft gilt. Daher habe ich mit Bedacht das, was ich zur Treue gesagt habe, exklusiv auf die heterosexuelle Geschlechtsgemeinschaft bezogen. Ich vermute aber, daß für homosexuelle Partnerschaften grundsätzlich nichts anderes gilt.

Wer ist eigentlich der Verpflichtete, wenn man die Pflicht zur Erhaltung der Gesundheit zu einer moralischen Pflicht erhebt? Ist es nicht, statt des Individuums, eher die Gesellschaft?

Hierzu gibt es ein traditionelles Lehrstück der Moralphilosophie des Aufklärungszeitalters. Der Preuße Kant hatte die Pflicht zur Gesundheit unter die sogenannten Pflichten gegen sich selbst subsumiert. Das bedarf wohl kaum näherer Erläuterung. Das verpflichtende und das verpflichtete Subjekt ist hier ein und dasselbe Subjekt. Mittelbar ergibt sich diese Pflicht gegen sich selbst freilich auch aus Verpflichtungen anderer gegenüber. Schließlich ist man zur Erhaltung eigener Gesundheit im Rahmen eigener einschlägiger Dispositionsmöglichkeiten auch deswegen verpflichtet, weil jedermann verpflichtet ist, im Rahmen seiner Dispositionsmöglichkeiten zu tun, was geeignet ist, sich selbst nicht zur Last anderer werden zu lassen. Gerade in einer Kultur, in der Solidaritätsverpflichtungen gelten, gelten komplementär dazu auch Verpflichtungen zur Minimalisierung unserer Angewiesenheiten auf die Hilfen anderer.

Das gilt selbstverständlich auch gesundheitskulturell. Nicht, daß die Bedingungen, von denen Gesundheit oder Krankheit abhängig sind, gänzlich zu unserer Disposition stünden. Eine solche Unterstellung wäre absurd. Nichtsdestoweniger gilt: Mit der Modernität moderner Lebensverhältnisse nimmt die gesundheitspraktische Bedeutung der Moral, das heißt der Regeln selbstbestimmter Lebensführung zu.

Es läßt sich sagen: Je moderner die moderne Kultur ist, um so mehr wird der Unterschied, den es macht, gesund oder krank zu sein, ein Unterschied in Abhängigkeit auch von moralischen Faktoren. Wahr ist, daß moralische Selbstbestimmungsfähigkeit nicht einfach gegeben, vielmehr auch von indisponiblen sozialen und kulturellen Faktoren abhängig ist. Aber daraus folgt wiederum nicht, daß es, statt individueller moralischer Verantwortung, in Angelegenheiten gesundheitsdienlichen Lebens einzig gesellschaftliche Verantwortung gäbe.

Das 6. Gebot „Du sollst nicht ehebrechen" schützte in seinem archaischen Ursprung einen Besitzstand des Mannes. Wie will man da aus dem Dekalog die Verpflichtung zur Treue ableiten?

Die Treue läßt sich als moralische Pflicht natürlich nicht historisch mit Berufung auf Verhältnisse in archaischen Gesellschaften begründen. Sie ist gegenwartsbezogen aus den Bedingungen gelingender Partnerschaft zu begründen. Aber im Hinblick auf solche Bedingungen interpretieren wir doch heute das Gebot „Du sollst nicht ehebrechen", und indem wir den so aktuell interpretierten Sinn dieses Gebots vernehmen, beziehen wir uns doch nicht auf die speziellen Bedingungen, auf die es einmal in den Frühstadien der Ackerbaugesellschaft bezogen war. Es wäre eine sehr sonderbare Art des Umgangs mit der Bibel, wenn man anstelle rezeptionsgeschichtlich moderner Aneignung ihres Sinns den historisch-philologisch rekonstruierten Ursinn für verbindlich erklären wollte.

Darf man partnerschaftliche Treue auf sexuelle Treue reduzieren? Und ferner: Darf man jeden harmlosen Seitensprung gleich unter den Begriff der Promiskuität subsumieren?

Gewiß: Es gibt in der Tat beziehungstreue, sozusagen institutionentreue Lebensverhältnisse, die über gelegentliche Treuebrüche hinweg stabil bleiben. Nichtsdestoweniger besteht kein Anlaß, nicht auch solche gelegentlichen Treuebrüche nicht unter den Begriff der Promiskuität zu bringen. Ich habe den Begriff der Promiskuität in meinen Ausführungen vollständig wertneutral gebraucht. Der Begriff der Promiskuität ist ein rein epidemiologischer Begriff, und nur so sollte er gebraucht werden. Aber so gebraucht fällt eben jeder im übrigen folgenlose Seitensprung unter diesen Begriff. Die AIDS-Tatsachen lehren das und machen entsprechend den Promiskuitätsbegriff im erläuterten Sinne unentbehrlich.

Im übrigen wäre es natürlich absurd, das moralische Treuegebot exklusiv in seiner Bedeutung als AIDS-Prophylaktikum zu betrachten. Eine ungleich größere Bedeutung hat es fürs Gelingen von Ehen, und die Lasten, die in den Konsequenzen geschiedener Ehen Kinder zu tragen haben, sollten genügen, um zu erkennen, was das Gelingen von Ehen sozial weit über die unmittelbar betroffenen Ehepartner hinaus bedeutet.

Ist der Staat überhaupt legitimiert, Moral verbindlich zu machen?

Die Frage ist unscharf gestellt. Wir unterscheiden ja – zumal seit der Aufklärung – Moral von Recht und meinen damit, daß Moral das Ensemble derjenigen Normen sei, die im Unterschied zu den Normen des Rechts, die verbindlich zu machen einzig Sache des Staates, nämlich seiner gesetzgebenden Körperschaften ist, der Autonomie des Individuums anheimgegeben sind. Insofern ist dann, banalerweise, Moral nicht Staatssache. Andererseits ist kein Gemeinwesen ohne gelebte Moral lebensfähig, und die Repräsentanten des Gemeinwesens und damit auch die Repräsentanten des Staates kommen insofern nicht umhin, auch die moralische Kultur mitzurepräsentieren. So geschieht es ja auch – zum Beispiel in jeder Weihnachts- oder Neujahrsansprache unserer Staats- und Regierungschefs, und überdies wissen wir, daß, mit gutem Grund, Verstöße gegen die Regeln gemeiner Moral unseren Politikern in der öffentlichen Meinung ungleich härter angelastet werden als Privaten.

Wahr ist, daß in modernen Gesellschaften der relative Anteil dessen, was jedermann als verbindlich angesonnen werden kann, abnimmt. Aber die verbleibenden gemeinsamen Bedingungen einer pluralistischen Kultur gelten alsdann mit um so größerer Rigorosität. Im Beispiel heißt das: Im Kontext moderner Gesellschaften sind religiöse Pflichten aus unseren konfessionellen und sonstigen religiösen Zugehörigkeitsverhältnissen schlechterdings nicht mehr gemeinverbindlich zu machen. Es war bereits die Erfahrung des Zeitalters konfessioneller Bürgerkriege in Europa, daß jeder Versuch der Wiederherstellung solcher Gemeinverbindlichkeit friedenszerstörend wirken müßte. Insofern hat die Menge dessen, was uns allen als gemeinverbindlich angesonnen werden kann, in der Tat abgenommen. Aber um so rigoroser gilt jene Bürgerrechtsnorm, die den Bürgern Religionsfreiheit gewährt, und so in allem: Mit unseren Freiheiten nimmt zugleich die Verbindlichkeit der bürgerrechtlichen, auch moralischen Regeln zu, unter denen sich unsere Freiheiten einzig entfalten können. Das gilt auch für die Grundregeln der Moral, die ich in meinem kleinen Vortrag auf die AIDS-Tatsachen bezogen habe. Die eine Regel lautete ja: Ein jeder ist in seiner moralischen Selbstbestimmung gehalten, sich an die Bedingungen der analog gebundenen Selbstbestimmung aller anderen zu binden. Die andere Regel lautete: Jeder ist zu derjenigen Hilfeleistung verpflichtet, auf die er im Falle eigener Hilfsbedürftigkeit selber angewiesen wäre. Die eine Regel – das erkennt man leicht – entstammt der Tradition der Goldenen Regel in ihrer negativen alttestamentlichen Fassung. Die andere Regel entstammt der Tradition der Goldenen Regel in ihrer positiv-neutestamentlichen Fassung. Je freier wir leben, um so abhängiger werden wir von der Geltung just dieser Regeln. Auch auf der Ebene rechtlicher Normen gilt der analoge Zusammenhang. Das ganze Ensemble unserer Bürger- und Menschenrechte ist ja nichts anderes als das Ensemble derjenigen Lebensbereiche, die wir in der modernen Welt nicht zur Disposition des Staates gestellt wissen möchten, die man daher auch nicht zur Disposition von Mehrheitsentscheidungen stellen kann und die man daher auch in genau diesem Sinne nicht demokratisieren kann. Die Bürger- und Menschenrechte räumen den Berechtigten Freiheiten ein, und diese Freiheiten sind uns nur dann gesichert, wenn die freiheitsgewährleistenden Regeln ihrerseits mit besonderer Verbindlichkeit gelten. Die Moral, an die wir durch die AIDS-Tatsachen erinnert werden, hat denselben Charakter der wachsenden Verbindlichkeit dessen, was gelten muß, wenn wir die Freiheit eines jeden mit der Unverletzlichkeit der Freiheit eines jeden anderen vereinbar halten wollen.

Ist der Begriff der Gesundheit überhaupt ein scharf definierbarer Begriff?

Aus unserer individuellen Lebenserfahrung wissen wir doch: Niemals sind wir schlechthin gesund oder schlechthin krank, und sogar das Selbstverhältnis zu Gesundheit oder Krankheit ist ein Faktor unseres Gesundheits- oder Krankheitszustandes. Zugleich ändert sich unser Verhältnis zu Gesundheit und Krankheit in Abhängigkeit von kulturgeschichtlichen und sozialen Umständen. Allgemein gilt: Mit der Erhöhung des Gesundheitsniveaus, das wir im Durchschnitt in modernen Gesellschaften zu erreichen vermögen – ablesbar an der dramatisch gestiegenen durchschnittlichen Lebenserwartung – wächst zugleich unsere Empfindlichkeit gegenüber Gesundheitsbeeinträchtigungen. Im schlichten Beispiel heißt das: Wenn, sagen wir, im 19. Jahrhundert ein Bauer aus dem hinteren Lötschental seinen Buben unerträglicher Bauchschmerzen wegen winters mit dem Schlitten ins Rhonetal hinabschaffte, dann durfte man sicher sein, daß es sich um Schmerzen handelte, wie man sie hat, wenn der Blinddarm nahe am Durchbruch ist. Heute hingegen haben wir alle eine wohlassortierte Hausapotheke – gefüllt mit allerlei Mittelchen zur Beseitigung jeder leichten Unpäßlichkeit, wie sie sich einstellt als Folge eines nicht ganz so solide verbrachten Vorabends. Das bedeutet: Mit der Höhe des allgemeinen Gesundheitsniveaus wachsen die Ansprüche an Freiheit von Störungen unserer Gesundheit.

Indessen: Der Skalencharakter des Unterschieds von Gesundheit und Krankheit läßt sich auf dem Unterschied, den es macht, infiziert zu sein oder nicht infiziert zu sein, schwerlich anwenden. Dieser Unterschied ist, mit Adorno zu sprechen, ein Unterschied ums Ganze, und das hat für die Moral des Umgangs mit den AIDS-Tatsachen Konsequenzen. Es ist niemandem erlaubt zu finden, er sei doch bei guter psychischer und physischer Verfassung, ihm werde schon nichts passieren. Er hat sich ohne Rücksicht auf seine besondere Prädisposition für Infektionen dem Grundsatz zu unterwerfen, daß er, für sich selbst wie für andere, die Infektionsgefahr zu meiden habe.

Wie darf man hoffen, daß sich überhaupt eine menschliche Solidargemeinschaft, die auch den an AIDS Erkrankten zu helfen bereit ist, bilden wird, wenn immer nur von der moralischen Selbstverantwortlichkeit des Einzelnen die Rede ist?

In der Tat wäre es ein Irrtum zu meinen, in moralischen Angelegenheiten wären Individuen zunächst einmal sich selbst überlassen, und im Bedarfsfall, das heißt im Fall der Hilfsbedürftigkeit träte dann die Solidargemeinschaft ein und bildete sich in diesem Eintreten überhaupt erst. Insofern verhält sich die Sache umgekehrt: Solidargemeinschaft, zum Beispiel die familiäre, ist doch bereits die Voraussetzung dafür, daß im Erziehungsprozeß moralische Selbstverantwortlichkeit, nämlich als individuelle, sich überhaupt bilden kann. Überdies wissen wir doch: Auch in ihrer moralischen Selbstbestimmung sind die Individuen nicht entweder sich selbst überlassen oder auf die womöglich staatliche Solidargemeinschaft verwiesen. In moralischer Selbstbestimmung schließen wir uns doch immer schon freiwillig Solidargemeinschaften an und leben von ihrem Schutz und von

ihrer Hilfe. Nicht nur in den schon erwähnten Nachbarschaftsgemeinschaften gilt
das. Es gilt heute speziell auch für jene zahlreichen Solidarhilfsgemeinschaften
von der Art der anonymen Alkoholiker, der Selbsthilfegruppen der psychisch
Kranken und all derer, die in ihrer individuellen Schwäche auf wechselseitige
Stützung angewiesen sind. In letzter Instanz ist diese wechselseitige Angewiesenheit ja eine allgemeine. Es gilt also, noch einmal: Sogar unsere individuelle moralische Selbstbestimmungsfähigkeit, auf die wir wie nie zuvor in einer Kultur im
Lebenszusammenhang der modernen Kultur angewiesen sind, vermag sich einzig
in Solidargemeinschaften zu bilden.

*Was soll eigentlich am Bemühen, vor der Angst gegenüber Infektionsrisiken sich in
den Schutz des Unwissens zu begeben, so verwerflich sein?*

Gewiß: Auch nach der Aufklärung ist jedermann frei, sich im Zustand der Unaufgeklärtheit zu halten. Ein Anspruch auf Unaufgeklärtheit, sofern sie vermeidbar
ist und zugleich als nicht-vermiedene in ihren Verhaltenskonsequenzen Dritte
schädigen würde, wird man aber doch nicht einräumen wollen. Im AIDS-Fall bedeutet das: Es mag ja Individuen geben, die die Last des Wissens von ihrer Infektion nicht zu ertragen vermöchten und es daher vorziehen, sich dieses Wissen
nicht zu beschaffen. Alsdann sind sie aber verpflichtet, sich so zu verhalten, als
seien sie Infizierte. Noch einmal also: Ein Recht, sich im Schutze des Unwissens
unaufgeklärt zu halten in der Absicht, so den moralischen Folgepflichten des
Wissens zu entgehen, ist nicht akzeptabel.

*Wieso soll der Verkehr eines Infizierten mit einem Partner, der in diesen Verkehr
unbeschadet der ihm bekannten Infektionsgefahr einwilligt, unerlaubt sein? Die
Strafrechtler halten das überwiegend nicht für unerlaubt!*

Was strafrechtlich nicht verboten ist, muß darum nicht auch moralisch erlaubt
sein. Die Moral urteilt strenger als das Strafrecht. Auch die Einwilligung des Ge-
schlechtspartners in einen potentiell infektiösen Verkehr berechtigt moralisch
den Infizierten zu diesem Verkehr nicht. Das ist, wie mir scheinen will, nicht zuletzt deswegen so, weil die fragliche Einwilligung selber einen moralisch dubiosen
Charakter hat. Sie widerspräche doch der vorhin schon mit Rekurs auf Kant erläuterten Pflicht gegenüber sich selbst, sich gesund zu halten, die ihrerseits wiederum doch auch mittelbar durch die umfassendere Pflicht bedingt ist, anderen,
also der Solidargemeinschaft, nicht Lasten aufzubürden, die, wie die Last einer
Bedürftigkeit im Fall einer Krankheit, die man sich mutwillig zugezogen hat,
doch vermeidbar wäre. Welche strafrechtlichen Konsequenzen aus dieser moralischen Beurteilung des fraglichen Falles zu ziehen ist, scheint mir nicht eine Sache
des moralischen Prinzips, vielmehr eine Sache der strafrechtspolitischen Zweckmäßigkeit zu sein.

Wäre die Einwilligung in den potentiell infektiösen Verkehr mit einem Infizierten sittenwidrig? Die Strafrechtler würden das nicht für jeden einzelnen Fall unterstellen wollen!

Die hier formulierten und erläuterten moralischen Normen im Umgang mit den AIDS-Tatsachen haben nicht den Schutz des Individuums in jedem speziell gelagerten Einzelfall im Auge. Es handelt sich vielmehr um Regeln, deren öffentliche, auch durch die öffentliche Meinung sanktionierte Geltung es dem Individuum, das heißt allen Individuen, erleichtert, sich im Einzelfall für sich selbst wie für andere lebensdienlich moralisch zu orientieren. Der Rigorismus in der Formulierung der fraglichen moralischen Regeln beruht auf der pragmatischen Lebensdienlichkeit dieses Rigorismus. Es verhält sich hier, im Umgang mit den AIDS-Tatsachen, ähnlich wie im Umgang mit der für Menschen stets gegebenen Möglichkeit des Suizids: Der Rigorismus in der Geltung des moralischen Verbots dieses Suizids ist im Einzelfall möglicherweise gerade das, was sich im pragmatischen Sinne als lebensrettend erweist.

Steht nicht der Rigorismus in der Geltung moralischer Normen im Widerspruch zur Freiheit individueller Entscheidung?

Es gibt einen sehr gewichtigen Grund, der die Pflichten der Individuen sich selbst gegenüber gerade im Kontext der modernen Gesellschaft zu sehr rigorosen moralischen Pflichten macht. Der Grund ist, daß wir in dieser Gesellschaft wie in keiner Gesellschaft zuvor uns zur Solidarität verpflichtet wissen, also in unserem Fall auch gegenüber den AIDS-Infizierten und AIDS-Erkrankten. Diese haben einen Anspruch auf die Hilfe, die sie benötigen, und zwar unabhängig von der moralischen Qualifikation der Handlungen – akzeptabel oder nicht-akzeptabel –, die im Einzelfall zu einer Infektion und Erkrankung geführt haben. Gerade wenn man diese moralische Forderung der Solidarität sehr ernst nimmt, dann erkennt man zugleich, daß das Äquivalent der Solidaritätsverpflichtung die rigorose Selbstverpflichtung der Individuen zur Unterlassung aller Handlungen ist, die sie in die Lage brächte, die Solidarhilfen anderer für sich selbst in Anspruch nehmen zu müssen.

Das Allgemeine ist: Je höher wir das Solidaritätsgebot stellen, um so höher stellen wir zugleich die Pflichten, die das Individuum gegenüber sich selbst hat. Insofern trifft es auch nicht zu, daß moralischer Rigorismus im Widerspruch zur Freiheit des Individuums stünde. Das genaue Gegenteil ist der Fall. Nie hat es eine Gesellschaft gegeben, in der wir freier, emanzipierter gelebt hätten als in der heutigen. Aber gerade diese uns wie nie zuvor Freiheit verstattende Gesellschaft ist es doch, in der die Individuen wie in keiner Gesellschaft zuvor auf die Kraft moralischer Selbstbestimmung angewiesen sind. Die Solidaritätsverpflichtung verhält sich dazu komplementär, und zu dieser wiederum die Verpflichtung aller Einzelnen, sich nicht leichtfertig in Lagen zu bringen, in der man die Hilfen der Solidargemeinschaft in Anspruch nehmen müßte.

14. Familie im Emanzipationsprozeß

Was die Familie ist und sein kann, hängt nicht zuletzt von ihrer kulturellen und sozialen Geltung ab. Das bedeutet: Wer die Geltung der Familie zu stärken vermag, stärkt sie selber. Das Internationale Jahr der Familie, das die UNO für 1994 ausgerufen hat[1], ist eine willkommene Gelegenheit, das Bild der Familie im öffentlichen Bewußtsein mit den Fakten in Übereinstimmung zu bringen und nach erkennbaren Fälligkeiten normativ neu zu befestigen.

Wer das will, muß die Gründe kennen, die in modernen Gesellschaften die Familie zu einem Objekt der Kulturkritik haben werden lassen. Aus der Menge dieser Gründe soll hier ein einziger erörtert werden, nämlich die verbreitete Einschätzung der Familie als eines Haupthindernisses individueller Emanzipation. Die Familie als Selbstverwirklichungshemmnis – das ist der Inhalt eines breitenwirksam erfahrenen Lebenskonflikts, den wir bis in die Lebensberatungsspalten der Familienpresse hinein thematisiert finden.

Der sogenannte Wertewandel hat auch die Familie nicht unberührt gelassen. Die Ansprüche der Familie sind in Konflikt mit jenen Ansprüchen an das Leben geraten, die sich in diesem Wertewandel zur Geltung gebracht haben. Das hat manche um die Zukunft der Familie Besorgte zu Kritikern des Wertewandels werden lassen. Selbstbestimmung und Selbstverwirklichung erscheinen aus der Perspektive dieser Kritik als familiar destruktive Lebensorientierungen und man beklagt sie in moralischer Absicht.

Wer das tut, wird nach meiner Einschätzung erfolglos bleiben. Er verkennt die Pragmatik des Wertewandels, bei dem es sich keineswegs um ein Phänomen moralischer Dekadenz, vielmehr um eine orientierungspraktische Antwort auf objektive Herausforderungen moderner Lebensumstände handelt. Er verkennt außerdem, daß über die unleugbaren Konflikte zwischen den Ansprüchen der Familie einerseits und modernitätsspezifischen Selbstverwirklichungsansprüchen andererseits hinaus Familienleben und Selbstbestimmungsfähigkeit sich auch in einem positiven Bedingungsverhältnis zueinander befinden. Das ist es, was ich plausibel machen möchte. Ich möchte zu zeigen versuchen, daß von der Familie, dem vermeintlichen und in wohlbestimmten Hinsichten auch durchaus realen Selbstbestimmungshindernis wie von nichts anderem abhängt, ob es uns über-

---

[1] 1994. International Year of the Family. „Buildung the smallest democracy at the heart of society". United Nations. Vienna 1991.

haupt gelingen kann, uns zu jener Selbstbestimmungsfähigkeit heranzubilden, die uns in der modernen Zivilisation wie nie zuvor abverlangt ist.

Die Fähigkeit zur Selbstbestimmung, die sich heute in der Tat auch gegen die Ansprüche der Familie zur Geltung bringt, setzt also die Familie selber voraus und bezieht sich auf sie. Das erläutere ich in drei Schritten. Erstens soll vom Wertewandel die Rede sein, und näherhin von der Unabweisbarkeit der Herausforderung zur Selbstbestimmung, der wir uns in der modernen Zivilisation ausgesetzt finden. Zweitens seien einige wohlbekannte familiare Konsequenzen des Wertewandels in Erinnerung gebracht. Drittens haben wir uns zu vergegenwärtigen, daß gelingende Selbstverwirklichung nicht zuletzt von Bedingungen gelungener Familienverhältnisse abhängig bleibt und darüber hinaus auch diese zum Inhalt hat.

Der Wertewandel – das ist ein weites Feld[2]. In unserem Zusammenhang soll es darauf ankommen zu verstehen, wieso Selbstbestimmung und Selbstverwirklichung zu besonders hell strahlenden Sternen am modernen Wertehimmel geworden sind. Es ist gar nicht nötig, auf die Ergebnisse sozialwissenschaftlicher, insbesondere demoskopischer Vermessung dieses Vorgangs zu rekurrieren, um zu erkennen, daß das so ist. Auch in der Lebensberatungspraxis der Medien, der mannigfachen Einrichtungen der Erwachsenenbildung, ja der Kirchen wird das vorausgesetzt. Das Selbstverwirklichungsvokabular ist heute Bestandteil gemeinsprachlicher Verständigung über moderne Lebensprobleme.

Konservative Kulturkritik hat darin ein Anzeichen moralischen Niedergangs erblicken wollen. Das versteht man – hat es doch in unserer europäischen kulturellen Überlieferung immer dafür gegolten, das es dem Menschen zum Unglück gereicht, wenn er sich selbst zum Lebensthema macht. Glück ist ja nach alter, aber unbeschadet ihres Alters nicht veralteter, also klassischer Lehre jene Lebenserfüllung, die man lebenspraktisch nicht direkt intendieren kann. Glück stellt sich stets nur als Nebenfolge sinnvollen Tuns ein, insbesondere dann, wenn dieses Tun unsere Kräfte fordert, physisch, psychisch und moralisch. Ein Anhauch des Glücks berührt uns im Blick auf's getane sinnvolle Werk, wenn wir uns sozusagen oder auch buchstäblich den Schweiß von der Stirn wischen. Die Wahrheit dieser einfachen Lehre spiegelt sich nicht zuletzt in den Folgen ihrer Mißachtung. Wer nämlich Glück, als eine angenehme Binnenbefindlichkeit, direkt zu erreichen sucht, indem er unter Vermeidung des schweißtreibenden Umwegs über die Realität seine Psyche unmittelbar, zum Beispiel chemisch-medikamentös auf gewünschte Erregungspegel treibt, wird schließlich Opfer von Realitätsverlusten, und er zerstört sich im Endeffekt selbst. Damit habe ich, ultrakurz, die Struktur der Sucht charakterisiert, in der in extremer Weise, und zwar auf der Suche nach Glück, jenes Lebensglück verfehlt wird, das uns einzig zuteil wird, wenn wir die objektiven Anforderungen im Maße unserer Kräfte erfüllen, die Personen und Sachen, für die wir da und verantwortlich sind, an uns richten.

---

[2] Einen guten Überblick über die frühe deutsche Rezeption der sozialwissenschaftlichen Theorie des Wertewandels und ihre deutsche Fortführung vermittelt der Sammelband von H. KLAGES/ P. KMIECIAK: Wertewandel und gesellschaftlicher Wandel. Frankfurt a. M., New York ²1981.

Nichtsdestoweniger ist die im Wertewandel wachsende kulturelle Geltung der Lebensorientierungsgrößen „Selbstbestimmung" und „Selbstverwirklichung" kein Verfallssymptom. Es spiegeln sich darin vielmehr objektiv gewandelte Lebensumstände, die Selbstthematisierungen erzwingen und die Ausbildung von Selbstbestimmungsfähigkeiten wie nie zuvor, bei Strafe von Selbstverlusten, unausweichlich machen.

Um welche spezifisch modernen Lebensumstände handelt es sich? Es mag an dieser Stelle genügen, an die dramatische Rückläufigkeit des Anteils der Lebenszeit zu erinnern, den wir in der Berufs- und Arbeitswelt verbringen. Es erübrigt sich, ein statistisches Zahlenbild der veränderten Temporalverfassung unserer Lebensverbringung in modernen Industriegesellschaften hier vorzuführen. Gemeine Lebenserfahrung lehrt uns: Historisch beispiellos weit dehnen sich heute die Lebenszeitanteile, in denen nichts geschähe, wenn es nicht selbstbestimmt geschähe.

Zeit ist ein Freiheitsmaß, näherhin ein Maß für Dispositionsmöglichkeiten, und gemessen an diesem Maß lebten wir nie zuvor freier als heute. Freiheit hat aber Herausforderungscharakter. Wer frei ist, unterliegt der Herausforderung, seine Freiheit in Sinn, näherhin in Lebenssinn zu verwandeln. Man darf es als einen eindrucksvollen Beweis der im wesentlichen ungebrochenen kulturellen Vitalität unserer Gesellschaft nehmen, daß die Herausforderungen der Freiheit, überwiegend, in geradezu glückhafter Weise angenommen werden. Die Blüte moderner Alltagskultur demonstriert uns das. An anderer Stelle habe ich diese moderne, selbstbestimmungsabhängige und selbstverwirklichungsdienliche Alltagskultur detailliert geschildert[3] – von der Renaissance der Hausmusik über die historisch beispiellose kulturelle Verbreitung und Nutzung von Büchern bis hin zur expandierenden Schattenwirtschaft, deren Wertschöpfungsanteil am Bruttoinlandprodukt Experten auf etwa zehn Prozent schätzen.

Weit gefehlt, daß es sich bei diesen kulturellen Umsetzungsformen freier und selbstbestimmter Lebensführung um Aktivitäten aus moralisch bedenklichen Selbstbezogenheiten selbstverwirklichungsbeflissener, vermeintlich gemeinschaftsvergessener Individuen handelte! Die moderne, freiheitsabhängige Alltagskultur ist durchaus kommunikativ und sozial geprägt. Allein schon Expansion und Lebendigkeit des modernen Vereinswesens lassen das erkennen. Man mag das Zahlen als Ausdruck deutscher Vereinsmeierei ironisieren. Aber die Ironie gibt sich rasch, wenn einem Ärzte, Psychologen und Pädagogen über die gesundheitsfördernde und persönlichkeitsbildende Wirkung der Aktivitäten berichten, denen die Menschen in in unseren Sportvereinen[4] sich widmen. Alt-Bundeskanzler Helmut Schmidt forderte, wie man sich erinnert, gelegentlich den wöchentlichen fernsehfreien Abend. Für die aktiven Mitglieder jener Sportverei-

---

[3] Vgl. dazu mein Buch „Der Lebenssinn der Industriegesellschaft. Über die moralische Verfassung der wissenschaftlich-technischen Zivilisation", Berlin, Heidelberg 1990, bes. S. 155ff.

[4] Vgl. dazu den Kongreßbericht „Menschen im Sport 2000". Dokumentation des Kongresses „Menschen im Sport 2000". Berlin 5.–7.11.1987. Im Auftrage des Deutschen Sportbundes herausgegeben von Karlheinz GIESELER, Ommo GRUPE, Klaus HEINEMANN. Frankfurt a.M. 1988.

ne, von den Vorstandsfunktionären ganz abgesehen, handelt es sich dabei um eine gegenstandslose Forderung. Sie ist längst erfüllt und übererfüllt.

Auch im engeren Sinne soziale Aktivitäten prägen heute unsere selbstbestimmte Alltagskultur. Dazu gehören Nachbarschaftshilfen aller Art, Einkaufshilfen für Alte, die es diesen gestatten, noch für ein paar zusätzliche Jahre in ihrer vertrauten und liebgewordenen Umgebung zu verbleiben. Selbsthilfegruppen machen erfahrbar, daß Lebenslasten über den Austausch von Erfahrungen mit ihnen sich leichter tragen lassen.

Freiheit also wird hier in Sinn verwandelt. Es ist ja kaum ein Zufall, daß der Sinnbegriff in jener Bedeutung, die wir aus der Formel „Sinn des Lebens" kennen, ein höchst moderner, nämlich industriekulturspezifischer Begriff ist. Sinnfragen stellen sich nicht im Kontext von Lebenssituationen, in denen wir uns in unserem Tun und Lassen durch objektive Zwänge und Notwendigkeiten unabweisbar bestimmt finden. Erst die zur Selbstbestimmung freigesetzte moderne Subjektivität findet sich freiheitsabhängig mit Sinnfragen konfrontiert, und in der Selbstbestimmung zu sinnvollem Tun finden diese Sinnfragen ihre selbstverwirklichungsdienliche Antwort[5].

Es ist freilich wahr, daß unsere moderne Gesellschaft nicht nur durch geglückte selbstbestimmte Alltagskultur geprägt ist. Folgen einer verbreiteten, ja hier und da sich sogar ausbreitenden Unfähigkeit, selbstbestimmt die Herausforderungen der Freiheit anzunehmen, gibt es eben auch, und das hat vom Alkoholismus über die Folgen des Drogenabusus bis hin zu den destruktiven Wirkungen passivistischer Lebensverbringung sogar seine wachsende Auffälligkeit. Zusammenfassend gesagt bedeutet das: Freiheitsabhängig und damit selbstbestimmungsabhängig driften die Niveaus der Lebensführungskompetenzen, zu denen die Individuen gelangen oder, auf der anderen Seite, gerade auch nicht gelangen, immer weiter auseinander. Gerade die egalitäre Gesellschaft mit ihrer formellen Rechtsgleichheit einerseits und ihrer materiell gewährleisteten Chancengleichheit andererseits entwickelt sich nicht zu einer Gesellschaft homogener Kultur. Sie entwickelt sich ganz im Gegenteil zu einer Gesellschaft höchst differenzierter kultureller Lebensformen und Lebensstile, und die Scheiternsfolgen mißlingender Selbstbestimmung gehören leider auch dazu[6].

Zweitens ist jetzt von den familiaren Konsequenzen des skizzierten Wertewandels zu reden und näherhin von den Differenzierungsfolgen, die die Selbstbestimmungsabhängigkeit moderner Lebensverbringung für die Familie hat. Man erkennt rasch: Stärker als die Familie selbst ist ihr traditioneller und fortdauernd wichtigster rechtlich-institutioneller Rahmen, die Ehe, vom Wertewandel betroffen. Die soziale und kulturelle Verbindlichkeit der moralischen Normen, die die Familiengründung an die Voraussetzung der Ehe binden, hat sich abgeschwächt.

---

[5] Vgl. dazu den Abschnitt „Freiheit in Verantwortung: Arbeit, Freizeit, Lebensgestaltung" in dem Sammelband: Klaus WEIGELT (Hrsg.): Die Tagesordnung der Zukunft. Bonn 1986, S. 13ff.

[6] Zum Thema „Pluralisierung der Lebensstile" in modernen Gesellschaften vgl. W. ZAPF, S. BREUER, J. HAMPEL, P. KRAUSE, H.-M. MOHR, E. WIEGAND: Individualisierung und Sicherheit. Untersuchungen zur Lebensqualität in der Bundesrepublik Deutschland. München 1987.

Das Recht ist dem Wandel der Lebensorientierungen, die sich darin zum Ausdruck bringen, gefolgt. Auch in diesem Falle sollte man die Neigung zu kulturkritischen Reaktionen zügeln und die Validierung des Vorgangs von der Kenntnis seiner Gründe und vom Verständnis ihrer Wirksamkeit abhängig machen. Die Fakten, von denen man dabei auszugehen hat, sind wohlbekannt. Eine reiche familiensoziologische[7] und näherhin statistisch-demographische[8] Literatur vermitteln sie uns. Ohne Rückbezug auf die demographisch vermessenen und soziologisch verständlich gemachten Tatbestände ist familienpolitische Urteilsbildung nicht möglich. Das bedeutet banalerweise nicht, daß man Fakten und Trends moralisch und juridisch zur Norm zu erheben hätte. Es bedeutet aber, daß, wer die fraglichen Fakten und Trends einschließlich ihrer kulturellen und sozialen Voraussetzungen nicht zur Kenntnis nähme, sich auch über Nötigkeit und Wirksamkeit moralischer und juridischer Normierungen gar kein Urteil bilden könnte.

Die familiensoziologischen Fakten sind dabei überwiegend nicht esoterische Spezialitäten eines Expertenwissens. Was unsere Soziologen erheben, hat zumeist den Charakter quantifizierter Bestätigung dessen, was heute Teil gemeiner Lebenserfahrung ist. Aus der Fülle aktueller familiarer Gemeinerfahrung seien zwei Bestände in Erinnerung gebracht, die freilich ihre besondere Aufdringlichkeit und Wichtigkeit haben. Da gibt es zunächst die in der Lebensfrist einer einzigen Generation dramatisch angewachsene Scheidungsrate. Für jeden dritten Fall einer Eheschließung gilt bekanntlich, daß sie inzwischen nicht mehr einen „Bund fürs Leben" konstituierte. Daran hängen beträchtliche familiare Konsequenzen – der angestiegene Anteil der Scheidungshalbwaisen unter den Kindern und Jugendlichen zum Beispiel, und mit einem zusätzlichen Faktor für die abgesunkene Geburtenrate haben wir es hier auch zu tun.

Es wäre wirklichkeitsfremd, die abgesunkene Verläßlichkeit des Eheversprechens, auf die sich ja auch das Familienrecht seinerseits längst eingestellt hat, für einen Vorgang aus moralischer Dekadenz halten zu wollen, dem man kompensatorisch in erster Linie durch moralisierende Erinnerung an die normative Verfassung der Ehebindung entgegenzutreten hätte. Nicht Moralverfall hat den fraglichen Vorgang bewirkt, sondern die Expansion der Möglichkeiten, auch nach der Eheschließung außerhalb der Ehe und unabhängig von der Ehe Beruf, sozialen Stand und ökonomische Subsistenz zu finden. Kurz: Zum Ehestand gibt es heute

---

[7] Vgl. exemplarisch Steven L. NOCK: Sociology of the Family. Englewood Cliffs, New Jersey, 1987, oder David H. OLSON, Hamilton I. McCUBBIN, Howard L. BARNES, Marla J. MUXEN, Andrea S. *Larsen*, Marc A. *Wilson:* Families. What makes them work. Updated edition. Foreword by Reuben HILL. Newbury Park, London, New Delhi 1989, oder, mit näherer Beziehung auf Deutschland, Gert WAGNER, Notburga OTT, Hans-Joachim HOFFMANN-NOWOTNY (Hrsg.): Familienbildung und Erwerbstätigkeit im demographischen Wandel. Proceedings der 23. Arbeitstagung der Deutschen Gesellschaft für Bevölkerungswissenschaft am 28. Februar – 3. März 1989 in Bad Homburg v.d.H. Berlin, Heidelberg, New York etc. 1989.

[8] Vgl. dazu die „Materialien und Berichte" der Familienwissenschaftlichen Forschungsstelle (Projektgruppe im Statistischen Landesamt Baden-Württemberg). Leitung: Prof. Dr. Max Wingen.

für beide Ehepartner wie nie zuvor soziale Alternativen[9]. Das hat sehr erhebliche Konsequenzen für die moralische Verfassung der Ehe. Den Normen entsprechend zu leben, die die Institution der Ehe auf Dauer stellen – das ist eher eine Sache von geringerem moralischen Herausforderungscharakter unter vormodernen Lebensumständen, wo es zum Ehestand, nachdem man einmal in ihn eingetreten war, eine realistische soziale Alternative kaum gab. Erst mit fortschreitender Entkoppelung von Partnerschaft einerseits und sicherungsfähigen sozialen Lebensvorausetzugen andererseits gewinnt die Bindung dieser Partnerschaft an die Normen einer Ehe ihren spezifisch modernen moralischen Charakter. Moral – das ist ja nichts anderes als das Ensemble der Regeln selbstbestimmter Lebensführung, und genau in diesem Sinne ist heute die Ehegemeinschaft, soweit sie dauert, wie nie zuvor auf Moral gegründet. Eben deswegen wird es in wohlbestimmter Hinsicht schwieriger, eine Ehe zu leben. In der erhöhten Scheidungsrate drückt sich das aus, und genau komplementär zum selbstbestimmungsabhängigen Scheitern moderner Ehen verknüpft sich mit ihrem Gelingen wie nie zuvor die Verheißung selbstbestimmungsabhängigen Lebensglücks.

Sieht man die Sache so, so sieht man, daß die angewachsene Scheidungsrate mit ihren in der Tat gravierenden familiaren Folgen gerade nicht Verfall der Moral anzeigt, vielmehr die sozialgeschichtlich singuläre Moralabhängigkeit modernen Ehe- und Familienlebens.

Eben das erklärt auch, wieso unbeschadet moderner Scheidungshäufigkeit von einer zum Grundsatz erhobenen Eheabneigung bei unseren Jugendlichen im ehefähigen Alter gar nicht die Rede sein kann, und von einer Familienabneigung ohnehin nicht. Das muß man beim Versuch der Verständigung über eine zweite wichtige familiare Auswirkung des sogenannten Wertewandels gegenwärtig halten, nämlich die Zunahme der nicht-ehelichen Lebensgemeinschaften[10]. Noch in den fünfziger Jahren kannte man in Deutschland die nicht-eheliche Lebensgemeinschaft in erster Linie als posteheliche Lebensgemeinschaft Älterer. Die Pragmatik, die hier Witwen und Witwer, die neu sich zusammentaten, hinderte, aus ihrer Gemeinschaft eine Ehegemeinschaft zu machen, war bekanntlich in vielen Fällen eine rentenrechtserzwungene Pragmatik.

Seit Anfang der siebziger Jahre hingegen begegnet uns die nicht-eheliche Lebensgemeinschaft in erster Linie als Partnerschaftsbeziehung jüngerer Leute. Nach den quantitativen Dimensionen handelt es sich hier um alles andere als um eine soziale Marginalie. Die Zahl der nicht-ehelichen Lebensgemeinschaften ist im Verlauf der letzten zwanzig Jahre ständig angestiegen. Schätzungen und die Ergebnisse von Erhebungen besagen, daß in Deutschland inzwischen nahezu drei Millionen Erwachsene unverheiratet zusammenleben.

---

[9] Vgl. dazu Heinz LAMPERT: Lehrbuch der Sozialpolitik. Berlin, Heidelberg, New York, Tokyo 1985, S. 257.

[10] Vgl. dazu exemplarisch L.A. VASKOVICS, H.-P. BUBA, M. RUPP, unter Mitarbeit von P. FRANZ: Optionen der Elternschaft und der Lebensgestaltung in nichtehelichen Lebensgemeinschaften. Ergebnisse der ersten Datenerhebungswelle, gefördert durch das Bayerische Staatsministerium für Arbeit und Sozialordnung. München, Bamberg 1990.

Was ist die Räson dieses Bestandes? Noch einmal sei gesagt, daß es sich dabei nicht um Konsequenzen einer sich ausbreitenden prinzipiellen Ablehnung der Ehe handelt. Der Anteil der prinzipiellen Ehegegner unter den unverheiratet Zusammenlebenden ist tatsächlich marginal; er liegt nach den hier zugrunde gelegten Erhebungen bei etwa fünf Prozent[11]. Die Pragmatik, die hinter den nicht-ehelichen Lebensgemeinschaften junger Leute wirksam zu sein scheint, ist die Pragmatik eines Familiengründungsmoratoriums. Das hat viele Aspekte. Banalerweise wissen junge Leute, daß Ehen heute – aus den skizzierten Gründen unvermeidlicherweise – fragile soziale Gebilde sind. Darauf stellt man sich noch in der Absicht einer späteren Eheschließung ein. Man sichert sich zuvor seine berufliche und damit soziale Unabhängigkeit, und man trägt so selber zu den sozialen Bedingungen bei, die heute die Ehe wie nie zuvor zu einer von selbstbestimmter Moral abhängigen Einrichtung gemacht haben. Die Zahl der Lebensjahre, die wir heute vorberuflich in Ausbildungsgängen verbringen, ist ihrerseits ständig gewachsen. Selbstverwirklichungsdienlich ist eine qualifizierte Berufsausbildung sogar noch weit über ihre sozial-emanzipative Bedeutung hinaus. Kurz: Das Lebensalter, das man erreicht hat, zu dem man sich unter modernen Lebensbedingungen für uneingeschränkt ehefähig halten möchte, liegt heute höher als je zuvor. Es liegt sogar jenseits des aus anderen Gründen optimalen Zeitrahmens, innerhalb dessen man Kinder bekommen sollte. Eben deswegen wächst auch mit der Zahl der nicht-ehelichen Lebensgemeinschaften zugleich die Zahl ehelich nicht gebundener Familien. Daß die Vermutung, bei den nicht-ehelichen Familien handele es sich um ein soziales Verfallsphänomen, durchaus unzutreffend ist, ergibt sich übrigens schon daraus, daß der soziale Status der nicht-ehelichen Familien in Relation zum sozialen Status junger Familien insgesamt sogar überdurchschnittlich hoch ist. Das bedeutet: Arbeitslosigkeit ist unter den Partnern nicht-ehelicher Lebensgemeinschaften weniger als im Durchschnitt verbreitet; die Einkommenslage ist eher günstig, die Wohnsituation gleichfalls. Überdurchschnittlich hoch ist auch das Bildungsniveau – in plausibler Abhängigkeit von jenen qualifizierten Ausbildungsgängen, deren Dauer ein Ehe- und Familiengründungsmoratorium nahelegt.

Selbstverständlich sind die nicht-ehelichen Partnerschaften auch soziale Örter der Erprobung einer Neuverteilung der Rollen im Partnerschaftsverhältnis. Die Homogenität der sozialen Lebensformen nimmt ab. Mißlingen und Gelingen liegen nahe beieinander, und es bestätigt sich auch insoweit, daß ineins mit der wachsenden Abhängigkeit moderner Lebensverbringung von Regeln selbstbestimmter Lebensführung in modernen, egalitären Gesellschaften nicht Vermassung, vielmehr kulturelle und soziale Pluralisierung eintritt[12].

---

[11] a.a.O. S. VIII.
[12] Zu dieser familiensoziologischen Pluralisierungsthese vgl. exemplarisch Kurt LÜSCHER, Heribert ENGSTLER: Formen der Familiengründung in der Schweiz. Bern 1991, S. 26.

In den gelingenden Fällen – und das ist der weitaus größere Anteil der Fälle[13] – führt dann die nicht-eheliche Lebensgemeinschaft ihrer Moratoriumspragmatik entsprechend tatsächlich zur Ehe, und gelingen diese Ehen selbstbestimmungsabhängig ihrerseits, so demonstrieren sie uns Muster gelungener Abstimmung konfligierender Berufs- und Karriereansprüche der Partner. Ist auch das einigermaßen eingerichtet, so wächst sogar nachweislich der Wunsch, Kinder zu haben. Die Vereinbarkeit der Ansprüche, die Kinder stellen, mit den Lebenszwecken, die man überdies und vorher schon hatte, will ihrerseits erprobt und in ihren Bedingungen sichergestellt sein. Wo auch dieses gelingt, pflegen Zweifel am Lebenssinn des Familienlebens nicht mehr sehr ausgeprägt zu sein. Entsprechend revitalisiert sich alsdann sogar die großfamiliäre Bindung – freilich gerade nicht in den Formen des sozialhistorisch nicht selten fälschlich in die Vergangenheit zurückprojizierten Zusammenlebens der Generationen, aber eben doch des lebhaften kommunikativen und sozialen Austausches, ja der wechselseitigen Hilfen bis hin zu familienbezogenen Dispositionen über Vermögen, deren Größenordnung und Zahl nach statistischer Evidenz bekanntlich beträchtlich geworden ist. Noch einmal freilich: Das ist die schöne Seite familiarer Entwicklungen, die allein schon wegen des erläuterten Faktors der Selbstbestimmungsabhängigkeit dieser Entwicklungen auch ihre Kehrseite haben muß. Aus guten Gründen nehmen die Phänomene sozialer Deprivation, die auf dieser Kehrseite modernen Familienlebens zu verzeichnen sind, sogar primär unsere soziale und familienpolitische Aufmerksamkeit in Anspruch, aber das eben nicht deswegen, weil die selbstbestimmungsabhängig gelungenen Formen modernen Familienlebens eine nur marginale Bedeutung hätten, vielmehr deswegen, weil in diesen gelungenen Fällen die Nachfrage nach familienbezogenen Leistungen unserer Sozialhelfer sehr gering ist. –
Es ist also richtig: Im Kontext des so genannten Wertewandels verändert sich auch die soziale, kulturelle und konsequenterweise auch die juridische Verfassung des Familienlebens tiefgreifend. In Antwort auf die Herausforderung zu selbstbestimmter Lebensführung, die ihrerseits eine unabweisbare Konsequenz zivilisatorischer Modernisierungsprozesse darstellt, entfaltet sich eine nie zuvor gekannte Pluralität familiarer Lebensformen. Nicht zuletzt in Abhängigkeit von unseren ausgeprägten oder auch, auf der anderen Seite, weniger ausgeprägten Fähigkeiten zur Selbstbestimmung gelingen Ehen und scheitern sie, und die Familien erweisen sich als die wichtigsten Quellen des Lebensglücks. Örter psychosozialer Katastrophen sind sie aber desgleichen. Gewiß: Es herrscht hier nicht einfach Parität im Verhältnis der guten und weniger guten Seiten modernen Familienlebens. Selbstbestimmungsabhängiges Gelingen ist der familiare Regelfall. Aber die Ausnahmefälle des Mißlingens sind keineswegs seltene Ausnahmefälle, und diese haben ihre heute jedermann aus seiner sozialen Umgebung bekannten Auffälligkeiten. –

---

[13] L.A. VASKOVICS u.a., a.a.O. (vgl. Anm. 10) wollen festgestellt haben, daß achtzig Prozent aller jungen Ehepaare vor ihrer Eheschließung bereits in nicht-ehelicher Lebensgemeinschaft lebten (S. 1f.).

Die faktorielle Bedeutung unserer Fähigkeiten zu selbstbestimmter Lebensführung gerade auch im familiaren Lebenszusammenhang erzwingt die Frage, wovon es denn eigentlich abhängt, ob wir in unserer individuellen Lebenskarriere die wie nie zuvor lebensbedeutsame Fähigkeit zur selbstbestimmten Lebensführung auszubilden vermögen oder auch nicht. Die Antwort auf diese Frage müßte, vollständig gegeben, sehr komplex ausfallen. In unserem Zusammenhang bleibt mit einem abschließenden dritten Hinweis eine Jedermannserfahrung in Erinnerung zu bringen, die Erfahrung nämlich, daß die Familie, im gelungenen Fall, die mit Abstand wichtigste Bedingung unserer gelingenden Heranbildung zu der uns im modernen Lebenszusammenhang abverlangten Selbstbestimmungsfähigkeit darstellt. Es bleibt ja richtig und sei bekräftigt, daß in den Fällen des Mißlingens just das Familienleben uns in der Herausbildung jener Fähigkeiten zu behindern vermag, auf die wir als Fähigkeiten der Selbstbestimmung im modernen Lebenszusammenhang einschließlich des Familienlebens wie nie zuvor angewiesen sind. Aber das ändert nichts an der Unentbehrlichkeit dessen, was so auch mißlingen kann.

Indessen: Es hieße, die Familie mit der Konsequenz ihrer Überlastung in ihrer so genannten Sozialisationsfunktion überschätzen, wenn man sie für den einzigen Ort der Herausbildung „emanzipatorischer Kompetenz", nämlich Fähigkeit zur selbstbestimmten, das heißt moralischen Lebensführung hielte. Es bedarf hier nicht einer Aufzählung sonstiger Institutionen und Kommunitäten, ohne deren Prägung heute niemand heranzuwachsen und zum Erwachsenen zu werden vermöchte – von der Schule bis hin zu den mannigfachen sozialen, sogar institutionalisierten Erwartungen, ohne deren Erfüllung wir die Erfahrung lebenstragender sozialer Zugehörigkeiten auch außerhalb der Familie gar nicht machen könnten. Kurz: Schwächen des Familienlebens sind kompensierbar. Gleichwohl bleibt in diesem Fall, was die mannigfachen Kompensationen mißlungenen Familienlebens tatsächlich zu leisten vermögen, im Regelfall hinter dem Beitrag zurück, den die Familie im gelingenden Fall für die Herausbildung der besagten „emanzipatorischen Kompetenzen" erbringt.

Das hat erhebliche soziale und kulturelle Konsequenzen. Die wichtigste ist, daß sich die Fähigkeit zu selbstbestimmter Lebensführung familienspezifisch sozial „vererbt". Bis in die Familienfähigkeit der Individuen hinein wirkt sich aus, ob sie in gelungenen oder weniger gelungenen Familienverhältnissen aufgewachsen sind. Es ist also wahr: Die Familie ist gerade in egalitären Gesellschaften einer der wirksamsten Faktoren der Herausbildung unserer sozial höchst ungleich verteilten Selbstbestimmungsfähigkeiten und der von ihnen abhängigen unterschiedlichen Kompetenz- und Kulturniveaus. Bildungs- und sozialpolitische Kompensationen der Folgen scheiternden Familienlebens sind also tatsächlich unverzichtbar. Nichtsdestoweniger wäre es ein grundlegender Irrtum, die Familie in ihrer Funktion, uns selbstbestimmungsfähig zu machen, der unvermeidbaren Ungleichheitsfolgen familiarer Erfüllung dieser Funktion wegen für ersetzbar zu halten. Die Idee, die Familie durch einen ein Mehr an Gerechtigkeit garantierenden sozialen Mechanismus unserer „Sozialisation" zu ersetzen, ist ja alt. Sie repräsentiert platonisches Erbe. Das sollte bis in den politischen Lebenszusam menhang hineinreichen –: statt Brüderlichkeit und Schwesterlichkeit in der Familie sollten wir, so wollte es Platon, in der Ersetzung der Familie durch die Gemeinschaft der Bürger einander über diese ganze bürgerliche Gemeinschaft hin einander zu Brüdern und Schwestern werden. Auf diese überaus wirkungsreiche Idee hat bereits der Platon-Schüler Aristoteles trocken erwidert, daß mit der Elargierung der kleinen familiaren Gemeinschaft mit ihren einzigartigen Bindungen auf das Ganze der Gesellschaft Brüderlichkeit und Schwesterlichkeit keineswegs in der erhofften Weise zu allgemeinheitsprägenden Bindungen werden, vielmehr verschwinden. Die grausigen familienpolitischen Experimente des real existent gewesenen Sozialismus in seiner bolschewistischen Frühphase haben die zitierte aristotelische Einsicht als richtig erwiesen.

So bleibt es also dabei: Unbeschadet der fälligen und auch durchaus bewährten Kompensationen ihrer Schwächen sind die Leistungen der Familie im Falle gelungenen Familienlebens für die Heranbildung des Individuums zur Selbstbestimmungsfähigkeit durch nichts zu ersetzen[14].

Familienromantik ist überflüssig und es bleibt unbestreitbar, daß die Familie eine Reihe von sozialen Funktionen, die in vormodernen Gesellschaften an ihr hingen, verloren hat. Gleichzeitig hat sie an Unentbehrlichkeit kraft ihrer Unersetzbarkeit für unsere Heranbildung zu jener Selbstbestimmungsfähigkeit gewonnen, von der unsere Chancen, am Lebenszusammenhang moderner Gesellschaften teilnehmen zu können, einschließlich unserer Chancen eines gelingenden Familienlebens abhängen. Selbstbestimmungsfähigkeit ist ja nicht mit Reflexionskompetenz zu verwechseln. Selbstbestimmungsfähigkeit – das ist, zusammenfassend gesagt, die Fähigkeit, Freiheit in Sinn, in Lebenssinn zu verwandeln. Die Freiheitsspielräume, in die wir uns heute über soziale, kulturelle und rechtliche Modernisierungsprozesse hineinversetzt finden, haben sich historisch beispiellos weit aufgetan. Entsprechend groß sind die Kräfte selbstbestimmter Lebensführung, ohne die wir uns in jenen Freiheitsräumen gar nicht zu bewegen vermöchten und ohne die wir uns selbst zum Problem werden müßten. Familienrückhalt ist die mit Abstand wichtigste Voraussetzung unserer Freiheitsfähigkeit. Es ist hier nicht der Ort, als Fachwissen aus zweiter Hand oder auch als Inhalt aufbereiteter Gemeinerfahrung zu schildern, in welchen Lebensphasen gelungenes Familienleben für die Entwicklung des Individuums seine besondere Bedeutung hat. In jedem Fall ist das Resultat ein Zuwachs an Freiheitskompetenz, deren Sicherheit mit der Verläßlichkeit der Familienrückbindung wächst, und zwar über den Akt der Emanzipation aus der Herkunftsfamilie im Akt der Gründung einer eigenen Familie hinaus. Man versteht die Freiheit in ihren Voraussetzungen nicht, wenn man sie als Gewinn aus Bindungsverlusten verstünde. Es ist wahr: In jedem Betracht verlangt uns die Teilnahme am modernen Lebenszusammenhang Mobilität ab – intellektuell, professionell, kulturell, ja auch räumlich. Und es ist erwie-

---

[14] Zu den Grenzen einer die Leistungsschwächen der Familie ausgleichenden Sozial-und Bildungspolitik vgl. Ursula MÜNCH: Familienpolitik in der Bundesrepublik Deutschland. Maßnahmen, Defizite, Organisation familienpolitischer Staatstätigkeit. Freiburg i. Br. 1990, bes. S. 120ff.

sen: Unsere Fähigkeit zur Mobilität und damit unsere Fähigkeit, uns auf die moralischen, kulturellen und politischen Herausforderungen modernen Lebens ein-
zustellen, wächst ineins mit den Sicherheiten aus Prägungen durch unsere Her-
kunftswelten. Das gilt nicht nur für das Familienleben. Man weiß zum Beispiel
aus der europäisch-amerikanischen Migrationsgeschichte: Die Fähigkeit, sich als
Auswanderer in Neuen Welten einzurichten, korrelierte mit der Intensität frommer Rückbindung an traditionale Glaubenswelten. Analog sind auch heute erwiesene Fähigkeiten zu weltbürgerlichen Aktivitäten in Wirtschaft, Wissenschaft und
Kultur keineswegs indifferent gegenüber Herkunftsbindungen. Mit der modernitätsspezifisch anwachsenden Menge dessen, was uns heute global miteinander
verbindet, wächst zugleich überall unser Interesse, uns im Verhältnis zueinander
in demjenigen zu behaupten, was uns herkunftsabhängig in kleinen Gruppen und
Kommunitäten miteinander verbindet.

Die unbeschadet aller sonstigen Funktionsverluste der Familie anwachsende
Bedeutung der Familie als wichtigster sozialer Bildungsort freimachender Bindung folgt derselben Pragmatik. Mit der Ausweitung der Freiheitsspielräume
moderner Lebensverbringung nimmt der Selbstverständlichkeitscharakter unserer Lebensorientierungen ab. Die Lebensgewinne, die darin als Chance stecken,
fallen aber einzig demjenigen zu, der von den Verläßlichkeiten elementarer
Selbstverständlichkeiten getragen ist, und die Selbstverständlichkeiten der Familienrückbindung sind im Ensemble der sozialen Voraussetzungen unseres Lebens
die wichtigsten.

Die Erfahrung, daß die Familie ein Emanzipationshindernis sei, ist durchaus
eine reale Erfahrung. Mit den Herausforderungen, die in dieser Erfahrung stek-
ken, vermag aber nur fertigzuwerden, wer über jene Selbstbestimmungskompe-
tenzen verfügt, die sich im gelingenden Familienleben besser als in jedem anderen bekannten sozialen Zusammenhang herauszubilden pflegen. Was die Familie
an sozialen Funktionen emanzipationsabhängig verloren hat, gewinnt sie zugleich als wichtigster sozialer Bildungsort unserer Freiheitsfähigkeit.

15. Moralismus oder fingierte Handlungssubjektivität in komplexen historischen Prozessen

Mit der wachsenden Komplexität moderner Industriegesellschaften sind Vorgänge der Zurechnungsexpansion verbunden. Zurechnungsexpansion – der so gekennzeichnete Vorgang hat rechtliche, moralische und politische Aspekte. Exemplarisch hebe ich die Expansion der haftrechtlichen Verbindlichkeiten heraus, denen wir uns als Subjekte moderner Lebensvollzüge unterworfen finden. Ineins damit expandieren die ökonomischen Dimensionen der Sache. In der Expansion des Haftpflichtversicherungsgeschäfts spiegelt sich beides. Auch für Philosophen lohnt es sich, zur Festigung der Realitätsbindung sich Kenntnis der quantitativen Dimensionen des fraglichen Vorgangs zu verschaffen. Der Verlauf der Versicherungsstatistik ist eindrucksvoll. Die Expansion unserer Anstrengungen, Risiken versicherungspraktisch abzudecken, belehrt uns, so scheint es, über den guten Sinn der populär gewordenen Kennzeichnung unserer Gesellschaft als einer „Risikogesellschaft"[1].

Aus Platzgründen sei hier auf Präsentation von Schaubildern zur Versicherungsstatistik verzichtet. Die Fachliteratur, zu deren Detailstudium man freilich Spezialbibliotheken aufsuchen muß[2], verschafft nahezu jeden gewünschten Einblick. Makrohistorischen Überblick gewährt die versicherungshistoriographische Literatur[3]. Dem ökonomischen, rechtlichen und politischen Gewicht des fraglichen Lebensbereichs und überdies den Selbsthistorisierungstendenzen unserer Zeit entspricht es, daß inzwischen sogar Lehrkanzeln und Forschungsinstitute für die Geschichte des Versicherungswesens eingerichtet sind – an der Hochschule St. Gallen zum Beispiel[4].

Die haftungskulturelle Seite der hier so genannten Zurechnungsexpansion sei im folgenden mit einigen Hinweisen skizzenhaft zunächst anschaulich gemacht.

---

[1] Ulrich BECK: Risikogesellschaft. Auf dem Weg in eine andere Moderne. Frankfurt am Main 1986.

[2] Swiss Reinsurance Company: Publications. Zurich 1993.

[3] Martin SCHARLAU: Die Entstehung neuer Versicherungszweige. Veröffentlichungen des Deutschen Vereins für Versicherungs-Wissenschaft. Hrsg. von Alfred MANES. Heft XLIII (ausgegeben Januar 1929). Berlin 1929; Jean HALPÉRIN: Les assurances en Suisse et dans le monde. Leur rôle dans l'évolution économique et sociale. Neuchâtel 1946; Ludwig ARPS: Auf sicheren Pfeilern. Deutsche Versicherungswirtschaft vor 1914. Göttingen 1965.

[4] So am Institut für Versicherungswirtschaft der Hochschule St. Gallen. Direktor: W. Ackermann.

Erstens sind wir heute Begünstigte, nämlich als Kunden, oder Verpflichtete, nämlich als Hersteller, einer dramatisch verlaufenden Produkthaftungsexpansion[5]. Jeder Pkw-Halter kennt das aus gelegentlichen Rückrufaktionen der Hersteller, die zur Vorbeugung von Produkthaftungsansprüchen in ihren Vertragswerkstätten im nachhinein typenspezifische Mängel beheben möchten, die nach statistischer Evidenz sich als risikoträchtig erwiesen haben. In der Frühzeit des Kraftfahrzeugwesens hätten die Fahrer, mangelhaft informiert, Unfälle oder sonstige Risiken bereitwillig Höherer Gewalt oder eigenen Fehlern zugeschrieben. Das hat sich unter dem Druck der materiellen Dimensionen der Schäden aus heutiger Pkw-Nutzung geändert. Die Wirkungskette aus den Folgen von Mängeln benutzter Produkte, die heute von Haftpflichten des Herstellers umschlossen ist, hat sich durch Gesetzgebung und Rechtsprechung außerordentlich verlängert. Zu den Gründen dieses Vorgangs gehört, noch einmal, vor allem verbesserter Informationsstand durch die inzwischen verfügbare Unfallstatistik, die statistische Korrelationen zwischen Unfallhäufigkeit und Fahrzeugtypen sichtbar macht, die auf die Spur kausaler Beziehungen zwischen gewissen Unfalltypen einerseits und gewissen Konstruktionseigenschaften andererseits führen.

Zweitens beobachten wir gegenwärtig Zurechnungsexpansion als Expansion der Haftung für Versäumnisse in der Information der Benutzer von Produkten, die als solche fehlerfrei sind. Zur Demonstration des so beschriebenen Vorgangs wird in der Literatur gern die kleine amerikanische Tragödie erzählt, der ein Hündchen zum Opfer fiel, das seine Herrin nach einem Bad im Mikrowellenherd trocknen wollte. Daß dergleichen einem lebenden Haustier nicht guttut, war in der Bedienungsanleitung nicht mitgeteilt worden. Dafür hatte der Hersteller nun zu haften, und es leuchtet auch dem juristischen Laien ein, wieso. Der Umgang mit Feuer, gewiß, ist dem Menschen seit den allerältesten Tagen der Ur- und Frühgeschichte vertraut. Im Mikrowellenherd lodern aber keine Flammen, deren Gefährlichkeit jeder kennt, und es glüht auch nichts wie bei den Kochplatten des Elektroherds. Kurz: Die Technik des Mikrowellenherds ist eine lebenserfahrungsferne[6] Technik. Daraus resultieren spezielle Aufklärungspflichten für die kommerziellen Anbieter solcher Technik. Sie zu erfüllen hatte der Hersteller mit Haftungsfolgen versäumt. – Gemeiner Lebenserfahrung näher begegnen uns analoge Zusammenhänge in der Fernsehwerbung für Pharmazeutika oder auch für kosmetische Produkte. „Über mögliche unerwünschte Nebenwirkungen informieren Sie Packungsbeilage, Arzt oder Apotheker" – so werden wir im Anschluß an den Werbespot, der die Vorzüge des Produkts ins Bild gebracht hatte, von geübten Schnellsprechern belehrt. In der Mehrzahl der Länder geschieht das entsprechend gesetzlichen Vor-

---

[5] Taschner berichtet über europarechtliche Angleichungstendenzen: Produkthaftung. Richtlinie des Rates vom 25. Juli 1985 zur Angleichung der Rechts- und Verwaltungsvorschriften
der Mitgliedstaaten über die Haftung für fehlerhafte Produkte (85/374/EWG). Erläutert von
Hans-Claudius TASCHNER, M.C.J. Abteilungsleiter bei der Kommission der Europäischen
Gemeinschaften, Brüssel. München 1986.

[6] Hermann LÜBBE: Der Lebenssinn der Industriegesellschaft. Über die moralische Verfassung
der wissenschaftlich-technischen Zivilisation. Berlin, Heidelberg 1990, S. 56ff.

schriften, aber zugleich schließt es vorteilhaft auch für die Produkthersteller gewisse Haftungsrisiken aus.

Drittens umfaßt die haftungsrechtliche Zurechnungsexpansion über Produkte hinaus längst auch allerlei Dienstleistungen – zum Beispiel die spezielle Dienstleistung der Vermittlung von Dienstleistungen anderer – im Geschäft der Vermittlung von Urlaubsreisen etwa. Beeinträchtigungen, die die Vermutung entgangenen Urlaubsgenusses begründen, haben rechtssprechungsabhängig inzwischen sehr subtilen Charakter angenommen. Versierte Reisebürokunden wissen das auszunutzen und verlangen Entschädigungen in Fällen, die noch vor wenigen Jahren, statt einem Geschäftspartner, dem Lauf der Welt zugerechnet worden wären.

Viertens expandiert in Abhängigkeit von der zivilisatorischen Evolution die materielle und soziale Größenordnung der uns zuzurechnenden Wirkungen konventioneller Handlungen. Alltagspraktisch kennt das jedermann, zum Beispiel, aus dem permanenten Anstieg der Haftpflichtversicherungsprämien, die er als Pkw-Halter zu entrichten hat. Die Gründe dafür liegen auf der Hand: Nach Leistung, Ausstattung und Design steigt immer noch der Wert des am meisten von den Folgen unseres Handelns gefährdeten Objekts, nämlich des Fahrzeugs anderer Verkehrsteilnehmer. Moderne Infrastrukturen – von technisch aufwendigen Verkehrsleitsystemen bis hin zu modernen Treibstoffumfüllanlagen – repräsentieren nie zuvor gekannte potentielle Risiken, die haftpflichtmäßig abgedeckt sein wollen. Im sozialen Aspekt der Sache ist zu sagen, daß der Wert unfallabhängig potentiell beeinträchtigter Arbeitskraft nie höher war als heute. Diese sozial vermittelte Expansion der materiellen Dimensionen von Personenschäden machen heute versicherungspraktisch auch das ärztliche Handeln riskanter als je zuvor, und nie zuvor erfuhren sich entsprechend die Ärzte auf Versicherungsschutz mehr angewiesen als heute[7]. Es ist in diesem Zusammenhang, in welchem auch verständlich wird, daß seit einigen Jahren sogar das Faktum der eigenen Existenz, näherhin der geschädigten eigenen Existenz, zum Gegenstand von Schadensersatzklagen gemacht werden konnte, nämlich in der Konsequenz der Tatsache, daß neuerdings der Unterschied, den es macht, zu sein statt nicht zu sein oder so zu sein statt, wie gewünscht, anders zu sein, als ein durch zurechenbare Handlungen anderer bewirkter Unterschied sich darstellt[8]. – Jeder Medienkonsument ist schließlich mit jenen spektakulären Großkatastrophen vertraut, bei denen gestrandete Großtanker die Biotope von Meeresstränden ganzer Provinzen ruinie-

---

[7] Nanci LAYTON-COOK: Medial Malpractice Insurance, in: Professional Liability Today, 1990, S. 2–3.

[8] Wolfgang DEUCHER: Die Haftung des Arztes für die unerwünschte Geburt eines Kindes („wrongful birth"). Eine rechtsvergleichende Darstellung des amerikanischen und deutschen Rechts. Frankfurt a.M., Berlin, New York, Nancy 1984; Karl KNÖRR: Pränatale Diagnostik – Klinik und Folgerungen. In: Odo MARQUARD, Hansjürgen STAUDINGER (Hrsg.): Anfang und Ende des menschlichen Lebens. Medizinethische Probleme. München, Paderborn 1987, S. 24–36.

ren, abstürzende Jumbo-Jets Vorstadtquartiere in Flammenmeere verwandeln und giftige chemische Substanzen, die bei einem trivialen Rohrleitungsbruch freigesetzt werden, eine Dorfbewohnerschaft töten[9]. Auch der Laie wird plausibel finden, daß die infrastrukturabhängig wachsende Größenordnung handlungsvermittelter Risiken jenseits unbestimmter Grenzen versicherungspraktisch gar nicht mehr gehandhabt werden kann[10]. Das „Risikomanagement" wird dann in solchen Fällen zu einer öffentlichen Angelegenheit[11]. Kategorial bedeutet das: Jenseits ungewisser Grenzen wird in komplexen Systemen die Zurechenbarkeit von Handlungsfolgen an die Adresse speziell verantwortlicher individueller oder juristischer Personen fiktiv. Das, wofür ein individuelles, auch institutionelles Handlungssubjekt einzustehen vermag, gerät in ein derartiges Mißverhältnis zu den Folgen seiner Handlungen, daß sich Zurechenbarkeit dieser Handlungsfolgen schließlich pragmatisch sinnvoll nicht mehr fingieren läßt, und für allenfalls leistbaren Schadensausgleich hat man auf andere Weise zu sorgen.

Mit der Veranschaulichung dessen, was eingangs „Zurechnungsexpansion" genannt worden war, ließe sich weit über den haftungsrechtlichen Aspekt der Sache hinaus lange fortfahren. Das erübrigt sich hier. In der begrifflichen Quintessenz besagen die veranschaulichten Bestände: Die skizzierte Zurechnungsexpansion folgt der zivilisationsevolutionären Expansion unserer realen Abhängigkeiten und Betroffenheiten von Handlungen sozial entfernter Anderer. Komplementär ausgedrückt heißt das: Die Zurechnungsexpansion folgt zivilisationsabhängig zunehmenden Autarkieverlusten. Das hat für die Wahrnehmung der Handlungen und Handlungsfolgen anderer und für die Kultur unseres Umgangs mit ihnen weitreichende Konsequenzen. Zwei dieser Konsequenzen scheinen mir die wichtigsten zu sein. *Erstens* geht die Zurechnungsexpansion mit einer fortschreitenden Entpersonalisierung der Handlungssubjekte einher. Daß wir für irgendwelche Schäden unsern namentlich bekannten Nachbarn haftbar machen könnten, ist ein sozusagen archaischer Restbestand in unserer rechtlichen Alltagsverbringung. Schon bei der Inanspruchnahme von Ärzten für Folgen aus Kunstfehlern haben wir es häufiger als mit Individuen mit den körperschaftlichen Trägern der Spitäler zu tun, in denen wir die fehlerhaften ärztlichen Eingriffe erlitten. Für überraschend schädigende Nebenfolgen ärztlich verordneter Medikamente gilt das ohnehin und für unsere Betroffenheiten aus zurechenbar verbliebenen Großschäden aus Transportunfällen oder Industriekatastrophen sowieso. In allen die-

---

[9] Marie-Béatrix CRESCENZO-D'AURIAC: Les risques catastrophiques. Événement naturel, politique et technologique. Préface de Jacques LALLEMENT, président de la Fédération française des sociétés d'assurance. Paris 1988; Heinz KREJCI: Schäden durch internationale Katastrophen im Lichte des Schadenersatz- und Versicherungsrechtes. Österreichischer Landesbericht anläßlich des 8. Weltkongresses der Internationalen Vereinigung für Versicherungsrecht 1990 in Kopenhagen. In: Die Versicherungsrundschau. Zeitschrift der Österreichischen Gesellschaft für Versicherungsfachwissen. 45. Jahrgang, 1990, S. 97–115.

[10] Scott E. HARRINGTON: A Retrospective on the Liability Insurance Crisis, in: CPCU Journal, 1990, S. 17–28.

[11] Urs JAISLI: Katastrophenschutz nach „Schweizerhalle" unter besonderer Berücksichtigung des Risikomanagements im Kanton Basel-Landschaft. Liestal 1990.

sen Fällen erscheinen zwar in der medialen Berichterstattung Individuen, in bezug auf die von Interviewern insinuiert wird, sie seien „verantwortlich". Indessen handelt es sich bei dieser Verantwortlichkeit zumeist um Verantwortlichkeit von der Art, wie wir sie aus politischen Lebenszusammenhängen kennen. Das bedeutet: Handlungstheoretisch sinnvolle juridische oder moralische Zurechnungen finden hier gar nicht statt. Die Zurechnung erfolgt rein symbolisch, das heißt durch „Rücktritt" und Personenaustausch, und die handlungstheoretisch tatsächlich sinnvollen, juridisch einlösbaren Verantwortlichkeiten werden im zivilrechtlichen Teil der Sache in Prozessen effektuiert, in denen es sich bei den Subjekten, denen zugerechnet wird, zumeist nicht mehr um Individuen handelt. *Zweitens* geht mit der Zurechnungsexpansion Entmoralisierung zugerechneter Handlungen einher. Die wachsende ökonomische und kulturelle Bedeutung des Rechtsinstituts der Gefährdungshaftung macht das evident. Ihr Sinn ist die Sicherstellung verschuldensunabhängiger haftrechtlicher Zurechenbarkeit von Handlungsfolgen. Für weite Bereiche unserer rechtlich so normierten sozialen Interaktionen bleibt damit der moralische Faktor außer Betracht. Das wirkt inzwischen sogar verhaltensprägend, und wir erfahren es in unserer Interaktion als Verkehrsteilnehmer als rational, uns angesichts verursachter Schäden statt in Bekundungen von Empörung oder Betroffenheit auf die Subjektivität der beteiligten Subjekte auf die prophylaktische rechtliche Wohlgeordnetheit des Falls zu beziehen, Protokolle auszutauschen und die Adresse zuständiger Versicherungen bekanntzugeben. – Die spezifisch moderne Inkongruenz von technisch und sozial vermittelten weitreichenden Handlungsfolgen einerseits und konstatierbarer „Schuld" handelnd beteiligter, zurechnungsfähiger Subjekte andererseits wird auch in strafrechtlichen Zusammenhängen deutlich. Die unseren Gerechtigkeitsvorstellungen entsprechenden Korrelationen von schuldabhängig zugerechneter Straftat einerseits und zuerkannter Strafe andererseits sind bei den strafrechtlich relevanten Handlungen mit den Folgen zivilisatorischer Großkatastrophen schlechterdings nicht mehr gegeben. Eine Common-sense-nahe Verhältnismäßigkeit der Strafe für Trunkenheit auf der Schiffsbrücke und ihren Katastrophenfolgen fürs Biotop ganzer Meeresbuchten besteht nicht, und wer, juristisch belehrt, schließlich eingesehen hat, was hier eigentlich strafrechtlich relevant ist und was nicht, begreift zugleich, daß jenseits ungewisser Grenzen im Kontext der modernen Zivilisation Folgen aus Handlungen immer häufiger moralisch sinnvoll nicht mehr zugerechnet werden können. Das Prinzip der Verantwortung im moralischen Sinn reicht fortschreitend weniger weit als der Bereich kausalanalytisch identifizierbarer Handlungsfolgen[12].

Wo schließlich Handlungsfolgen in Abhängigkeit von der wachsenden Komplexität moderner technischer Lebensvoraussetzungen weder adäquat strafrechtlich noch auch haftrechtlich zugerechnet werden können, wo also die Zurechnungsexpansion die Grenzen des Bereichs überschreitet, der mit Hilfe von Handlungsbegriffen sich sinnvoll beschreiben läßt, verbleibt in letzter Instanz

---

[12] Günther JAKOBS: Das Schuldprinzip. Opladen: Rheinisch-Westfälische Akademie der Wissenschaften. 1993, Vorträge G 319.

nichts als die Überbürdung von Lasten aus Handlungsfolgen auf den kollektiven Nutznießer des erreichten Standes zivilisatorischer Evolution, das heißt auf die politisch organisierte Gemeinschaft. – Analoge Erfahrungen einer modernitäts-abhängig sich öffnenden Schere zwischen Handlungswirkungen einerseits und Sanktionierbarkeit von Handlungen andererseits sind uns aus dem modernen politischen Lebenszusammenhang ohnehin vertraut. Die Auswirkungen systemspezifischer politischer Handlungen, die nach dem Untergang der entsprechenden Systeme als „Regierungsverbrechen" qualifiziert werden, sind nach Zahl der Betroffenen ebenso wie nach Schadensausmaß gewaltig. Es gibt die Strafe nicht – und seien es die schwersten –, die hier einen von erfüllten Gerechtigkeits-ansprüchen bewirkten Rechtsfrieden stiften könnten. Das bedeutet: Rechtsförmig ist eine genugtuende Aufarbeitung politischer Großverbrechen prinzipiell nicht möglich, und indem nichtsdestoweniger auf ihre rechtliche Verfolgung nicht ver-zichtet werden kann, enthüllt sich als humaner Sinn dieser Verfolgung die Verge-genwärtigung der Einsicht, daß im modernen politischen Lebenszusammenhang die Wirkungen unserer Handlungen sich weit über den Umkreis dessen hinaus erstrecken, was moralisch oder juridisch adäquat sanktionierbar wäre[13].

Noch einmal also: Die Zurechnungsexpansion, die sich im Rechtsleben wie in der Politik beobachten läßt, folgt zunächst aus unserer real anwachsenden Ab-hängigkeit von den Handlungen sozial entfernter anderer, der wir im modernen Lebenszusammenhang unterliegen. Dabei wird tendenziell zugleich der Sinn überdehnt, den es pragmatisch haben kann, Wirkungen von Handlungen in sanktionierender Absicht auf ihre Verursacher zurückzubeziehen. Soweit das der Fall ist, werden zugleich die Grenzverläufe zwischen naturalen Prozessen einer-seits und kulturellen Prozessen andererseits unscharf. Begrifflich lassen sich al-lerdings Natur und Kultur leicht unterscheiden – als das Insgesamt der Prozesse, die handlungsfrei ohne Beteiligung sprachfähiger Subjekte ablaufen, einerseits und der handlungsverfügten, symbolisch repräsentierten Realität andererseits. Was so kategorial unterscheidbar ist, ließ sich freilich in der Realität niemals voll-ständig trennen, das aber inzwischen in Dimensionen nicht mehr, in denen wir ausgewachsene Naturkatastrophen ineins als Zivilisationskatastrophen wahrzu-nehmen haben. Für die in ihren Schadensdimensionen dramatisch angewachse-nen Sturmkatastrophen jüngstvergangener Jahre wird mit guten Gründen eine zivilisationsabhängige Kausalität vermutet. Die Versicherbarkeit von Risiken die-ses Typs droht an ihrer prognostischen Unkalkulierbarkeit, das heißt an Schwie-rigkeiten der Feststellung ihrer statistischen Eintrittswahrscheinlichkeit zu scheitern[14].

Daß man weder individuelle noch institutionelle Subjekte für zivilisationsab-hängige Naturkatastrophen nach dem Muster traditioneller juridischer Verant-

---

[13] Hermann LÜBBE: „Das Strafrecht ist ein nötiges, aber schwaches Mittel zur Aufarbeitung des Totalitarismus", in: Universitas. Zeitschrift für interdisziplinäre Wissenschaft. 46. Jahrgang, Nummer 545, 1991, S. 1029–1031.

[14] Schweizerische Rückversicherungs-Gesellschaft. Umwelthaftpflichtversicherung für Unter-nehmen. Eine moderne Versicherungskonzeption. Zürich 1990.

wortlichkeiten verantwortlich machen kann, ist bei „incremental summierter Gefahren"[15] ohnehin klar. Incrementalismus – das ist ein Begriff für Handlungswirkungen, die uns, wie die schon erwähnten Sturmkatastrophen, der Meeresanstieg oder die Schadstoffanreicherungen in Nahrung und Wasser kollektiv bedrohen, ohne daß es möglich wäre, singulär die Handlungen und ihre Subjekte zu identifizieren, um deren Folgen es sich dabei handelt, indem diese Folgen sich als Wirkungssumme zahlloser Handlungen faktisch unabzählbar zahlreicher Beteiligter einschließlich unserer selbst darstellen. Die Beiträge, die wir als Pkw-Halter zur globalen Klimaveränderung leisten, sind von der beschriebenen Art, oder auch unsere zu kollektiven epidemiologischen Katastrophen sich aufsummierenden Akte massenhafter individueller Selbstschädigung durch Alkohol- oder Tabakabusus.

Nicht, daß es hier Gegensteuerungen, auch rechtlich normierte Gegensteuerungen nicht gäbe. Sie sind zumeist ordnungspolitischer Natur – das heißt sie verlaufen über normative Stiftung von Rahmenbedingungen, die Individuen massenhaft interessiert machen, ihr Handeln in einer Weise zu ändern, daß sich die Folgen dieses Handelns, wiederum incrementalistisch, zu den gewünschten Gesamtwirkungen aufsummieren. Abgaben, Verzichtsprämien etc. – das sind ordnungspolitische Maßnahmen der skizzierten Art. Ihr Nachteil ist, daß sie kaum einen moralischen „Appeal" haben. In ihrer Wirkung sind sie sozial wie natural kausalanalytisch für Laien undurchsichtig. Sie wirken gemeinsinnsfern. Genau dazu verhält sich der sich zivilisationsspezifisch ausbreitende Moralismus komplementär[16]. „Moralismus" – so ließe sich hier der unsere politische und kulturelle Öffentlichkeit durchherrschende Vorgang des Versuchs der Lösung drängender Zivilisationsprobleme über Appelle ans Kollektiv nicht-organisierter beteiligter Individuen nennen. Der außerordentliche Erfolg der Verkündung des „Prinzips Verantwortung" gehört in diesen Zusammenhang. Zur guten Wirkung dessen gehört massenhaft evozierter guter Wille, der sich ordnungspolitisch durchaus handlungsfähig machen ließe. Soweit das nicht geschieht, wird, statt wahrgenommene Verantwortung, Demonstration von guter Verantwortungsgesinnung[17] zivilisationsspezifisch.

Die Folgen evozierter guter Gesinnung, die für pragmatisches Handeln keinen Ansatzpunkt findet, sind erheblich. *Erstens* neigt man zur deklamatorischen Verantwortungsüberlastung. Bis in die Sprache der Kirchentage, ja der Parlamentsdebatten zur Verfassungsrechtsrevision hinein begegnet uns inzwischen der Appell zur „Bewahrung der Schöpfung", während wir doch noch aus dem Konfirmandenunterricht oder aus der Sonntagsschule die Lehre in Erinnerung haben, daß Gott die Welt geschaffen habe und sie auch erhalte. Tatsächlich ist die Handlungssubjektivität, die zur Bewahrung der Schöpfung kompetent wäre, gänzlich

---

15 Gertrude LÜBBE-WOLFF: Die rechtliche Kontrolle incremental summierter Gefahren im Beispiel des Immissionsschutzrechts, in: Horst DREIER, Jochen HOFMANN (Hrsg.): Parlamentarische Souveränität und technische Entwicklung. Berlin 1987, S. 167ff.
16 Hermann LÜBBE: Politischer Moralismus. Der Triumph der Gesinnung über die Urteilskraft. Berlin ²1989.
17 Nach einer Formulierung Odo Marquards.

fingiert, das heißt sie ließe sich institutionell weder rechtlich noch politisch organisieren. Worum es sich in Wahrheit jeweils handelt, sind in der Tat organisierba-
re Veranstaltungen, die das fällige Recycling abgebrannter Kassettenrecorderbat-
terien auf Dauer stellen – und so mit incrementalistisch sich aufsummierenden
Wirkungen in allen anderen analogen gewichtigeren oder auch weniger gewichtigen Fällen.

Zweitens verführt der skizzierte Moralismus zur Suche nach individuell oder
institutionell identifizierbaren großen Schuldigen. Die Identifizierung solcher
Schuldigen erfolgt nach allerlei rezenten Traditionalismen eher kontingent. Profi-
tinteressen von Kapitalverwertern, zum Beispiel, werden namhaft gemacht. Aber
auch Formen kollektiver Selbstanklage breiten sich aus, zum Beispiel bei allen,
die in ihrer Wohnung oder in ihrem Gemeindesaal Möbel, auch bescheidenere
Werkstücke, die aus Tropenholz gefertigt sind, entdecken. Die gute Gesinnung, die
sich in solchen Selbstanklagen bekundet, wirkt rührend. Aber ihre Intensität verhält sich zum Mangel an Wissen über die im fraglichen Fall entscheidenden kausalen Wirkungszusammenhänge genau komplementär. Die Wahrheit ist, daß wir
gemeinhin ganz einfach nicht wissen, ob unsere verbreiteten Formen der Tropenholznutzung den Untergang des Regenwaldes beschleunigt, oder ob eher umgekehrt Expansion unserer Tropenholznutzung die ökonomischen Bedingungen für
den Übergang zur forstwirtschaftlich elaborierten Forterhaltung des Tropenwal-
des schüfe. Einige Experten wissen es durchaus, wie wir annehmen dürfen. Aber
die soziale und politisch wirksame Verbreitung ihres Wissens nimmt nach der
Natur solcher Verbreitungsvorgänge Zeiträume in Anspruch, die länger währen,
als die Fristen laufen, innerhalb derer wirksame Gegensteuerungen eingeleitet
werden sollten.

In der Zusammenfassung bedeutet das: Wir machen gegenwärtig Erfahrungen
unserer Abhängigkeit von evolutionären Verläufen unserer Zivilisation, die
handlungsmitbestimmt sind, aber ersichtlich gesamthaft weder im guten noch im
bösen handlungsrational interpretiert werden könnten. Man kann das auch so
ausdrücken: Der Zivilisationsprozeß ist ein Vorgang ohne Handlungssubjekt.

Man könnte verständlich machen, wieso die Erfahrung, daß das so ist, in tie-
freichender Weise verunsichernd wirkt. Versteht man die verunsichernden Wirkungen der Einsicht in die schwer zu leugnende Schwierigkeit, komplexe kulturevolutionäre Prozesse handlungsanalog zu denken, so versteht man auch die komplementäre ideologische Attraktivität jener Geschichtstheorien, die Karl Popper
„historizistisch" genannt hat[18]. „Historizismus" – das ist nach Popper der Irr-
glaube an die Existenz von Geschichtsgesetzen, die, wenn es sie gäbe, das Subjekt
der Einsicht in sie in der Tat in die Rolle eines Handlungssubjekts der Geschichte
versetzen könnte – so wie uns die Einsicht in Naturgesetze uns unter gegebenen
günstigen Randbedingungen zu Beherrschern der durch sie bestimmten Prozesse
macht. Geschichtsgesetzkenntnis als Voraussetzung der Selbsteinweisung in die
Rolle eines maître et possesseur de l'histoire – das ist, quintessentiell formuliert,
das Konzept totalitärer Geschichtsideologie. Die politischen Konsequenzen eines

---

[18] Karl R. POPPER: Das Elend des Historizismus. Tübingen (²1969).

solchen Konzepts sind uns aus der Geschichte unseres eigenen Jahrhunderts bekannt.

In Wahrheit sind Vorgänge zivilisatorischer Evolution, Kulturgeschichten also, strukturell naturgeschichtlichen Evolutionen analog. Sie sind Resultanten kontingenter Interferenz kausaler Prozesse, sie folgen daher gesamthaft keiner bekannten Gesetzmäßigkeit, sind vielmehr singulär, nicht prognostizierbar und faktisch, nämlich mit sehr hoher Wahrscheinlichkeit irreversibel und unbeschadet erkennbarer Gerichtetheit sowie unbeschadet etwaiger Handlungsmitbestimmtheit nicht zielgerichtet. Statt Handlungssubjekt lediglich das Referenzsubjekt eines Prozesses dieser Struktur zu sein – an diesen irritierenden Gedanken gewöhnen wir uns nur langsam. Die hier skizzierten Schwierigkeiten, über die Expansion fingierter Zurechenbarkeiten komplexe zivilisatorische Prozesse handlungsrational beherrschbar zu halten, werden die fällige Gewöhnung an den Gedanken fördern, daß wir in letzter Instanz eben lediglich Referenzsubjekt, aber nicht Handlungssubjekt unserer Geschichte sind.

16. Terror

Über die moralistische Rationalität des Völkermords

Die Anwendung des Prädikators „moralistische Rationalität" auf das Faktum des Völkermords wirkt spontan befremdlich. Am ehesten noch wird man sich über die technische Rationalität der Planung, der Organisation und des Vollzugs des Völkermords verständigen können. In der Absicht, Massentötungen in der kurzen Frist einiger weniger Jahre in der quantitativen Dimension von Millionen zu vollziehen, kann man sich ja nicht an bewährten Handlungsregeln orientieren. Experimente sind unvermeidlich, und experimentiert hat die nationalsozialistische Gesundheitspolitik bekanntlich schon vor dem Holocaust mit geeigneten Techniken massenhafter Gewährung des „Gnadentodes", wie Hitler das in seinem bekannten Befehl nannte, der die psychiatrische Reinigung des Volkskörpers einleiten sollte. Dabei erwies sich die Nutzung von Autoabgasen zur Vergasung der in luftdicht gemachte Autoaufbauten Eingeschlossenen als unzweckmäßig. Experimente mit dieser Tötungsart noch im Beginn des Holocaust bestätigten das: die räumlichen Dimensionen der Tötungskammern waren in Relation zum Bedarf allzugering, und dasselbe galt für die temporale Seite der Sache.

Es läßt sich vermuten, daß die Erfindung leistungsfähigerer Gaskammern in der Evolution der Tötungstechnik sich aus Erfahrungen mit den Unzulänglichkeiten der Tötung mittels Autoabgasen erklärt. Todesfabriken, denen man auch im Rückblick diesen Namen wirklich zusprechen muß, verlangten rascher wirkendes Giftgas und Einsatzräume größerer Kapazität. Die Räume wurden errichtet und die Identifizierung geeigneter Giftstoffe war, in unserem Jahrhundert, eine physiologische, chemieproduktions- und lieferungstechnische Unerheblichkeit. Die Gaskammern boten auch gegenüber der konkurrierenden Tötungspraxis der Massenerschießung, wie sie die Einsatzgruppen praktizierten, erhebliche psychotechnische Vorteile. Der Mensch ist – wohl weniger aus Gründen kulturgeschichtlicher Prägung als aus Gründen anthropologisch-naturgeschichtlicher Prädispositionen – tötungsgehemmt, so daß es im Regelfall einer geradezu revolutionären Änderung unserer Normallagen bedarf, um uns insoweit vollständig zu enthemmen. Entsprechend führte – das ist oft berichtet worden – Dauerteilnahme an Massenerschießungen bei Vielen zu psychischen Dekompositionserscheinungen. Demgegenüber machte die Gaskammer den Tod für die Vollstrecker des Völkermordes sekret, und die Bergung der Leichen wurde bekanntlich Häftlingen überlassen, denen dafür Todesaufschub gewährt war.

Unzweifelhaft also hat der Völkermord seine technische, sogar wissenschaftlich-technische, organisationstechnische und psychotechnische Rationalität. Ohne Perfektionierung dieser Sorte von Rationalität wäre er nicht vollziehbar gewesen.

Auch die technische Rationalität hat freilich ihre Hierarchien, und das erzwingt die Frage, ob der technische und organisatorische Aufwand, der für den Vollzug des Völkermords betrieben wurde, in Relation zum Kriegszweck nicht äußerst unzweckmäßig war. Der von Adolf Eichmann organisierte Abtransport der ungarischen Juden in die Vernichtungslager fand ja erst im vorletzten Kriegsjahr statt. Die Lage an den Fronten war für die Deutschen längst höchst prekär geworden, so daß, unter Kriegszweckgesichtspunkten, alle Anstrengungen sich doch darauf hätten konzentrieren müssen, die Fronten zu halten. Nichtsdestoweniger standen Eichmann die enormen Eisenbahntransportkapazitäten zur Verfügung, die man für das Unternehmen benötigte, nun auch noch Ungarn judenfrei zu machen.

Kriegsführungstechnisch war es also unzweifelhaft irrational, just angesichts der Verschlechterung der Lage an den Fronten die Anstrengungen zur Liquidation ganzer Völker noch zu vergrößern. Aber das ist es eben: Was kriegstechnisch-strategisch gesehen irrational war, hatte doch seine höhere ideologische Rationalität, und einzig aus der ideologiepolitischen Dominanz dieser Rationalität läßt sich erklären, daß ausgerechnet mit der Wende des Krieges zuungunsten des Deutschen Reiches die nationalsozialistische Führung ihre Anstrengungen mehrte, doch wenigstens noch das rassenhygienische Menschheitsreinigungswerk für den europäischen Teil der Menschheit zu vollenden.

Kurz: Der nationalsozialistische Völkermord war, in seinem Rationalitätsgehalt, nicht nur ein Vorgang aus technischer Rationalität. Er war, vor allem, ein Vorgang nach Maßgaben ideologischer Rationalität. Ohne die Wahrheitsüberzeugungen, wie sie sich bei den totalitären Parteien im Medium der Großideologien unseres Jahrhunderts gebildet haben, blieben die totalitären Massentötungen unverständlich, ja, sie hätten sich gar nicht ereignen können. Es ist banal zu sagen, daß der Rekurs auf die totalitären Ideologien zum Zweck der Erklärung der Massentötungen nicht ausreicht. Erklärungstechnisch formuliert heißt das: Die ideenpolitische Herrschaft der totalitären Großideologien ist selbstverständlich nicht ein hinreichender Grund für die Massentötungen, die sich zur Lebenszeit der Älteren unter uns zugetragen haben. Aber ein notwendiger Grund totalitärer Tötungspraxis sind die Großideologien unseres Jahrhunderts durchaus. Ohne ihre Herrschaft und Geltung in den Köpfen der ideologisierten Politgläubigen wären die Massenliquidationen mangels Legitimitätsüberzeugung weder planbar noch vollziehbar gewesen.

Entsprechend wäre es auch unangemessen, die totalitären Massenverbrechen und speziell den Holocaust mit Rekurs auf die Herrschaft einer von der Bindung an höheren Zwecke emanzipierten „instrumentellen Vernunft" erklären zu wollen. Der Begriff der instrumentellen Vernunft ist bekanntlich eine konzeptuelle Erfindung Max Horkheimers. Diese Erfindung ist überaus populär geworden. In erster Linie wird sie heute in Versuchen genutzt, die prekären Aspekte des zivilisatorischen Fortschritts auf den Begriff zu bringen. Aber man hat die Kategorie der instrumentellen Vernunft auch für geeignet gehalten, uns die totalitäre Gewaltherrschaft als eine Herrschaft defizitärer, positivistisch reduzierter, nämlich bloß technisch rationaler Vernunft verständlich zu machen.

Das klingt zunächst sehr plausibel. Unzweifelhaft waren ja die Vollstrecker des Völkermords Eigner einer „instrumentellen Vernunft", die zur Erprobung der Angemessenheit der von ihnen zum Einsatz gebrachten Mittel und Verfahrensweisen sogar in der Absicht experimentiert haben, die Zweckrationalität dieser Mittel- und Verfahrensweisen zu steigern. Wären sie dazu in der Lage gewesen, wenn sie auch einmal über die Zwecke selber nachgedacht hätten, für die sie ihre überaus leistungsfähigen Mittel und Verfahrensweisen zur Verfügung stellten?

Noch einmal: Das klingt plausibel. Aber der Anschein dieser Plausibilität ist nichts als ein Schein. Woher stammten denn die Zwecke, auf die die Exekutoren des Völkermords in der Tat höchst zweckrational sich bezogen? Diese Zwecke waren doch nicht irgendwelche unvordenklichen Vorgaben ihres Tuns. Sie hatten vielmehr ihre Explikation und Begründung in den ideologischen Hauptschriften der Großdenker und sonstigen Intellektuellen gefunden, über die sich die totalitären politischen Bewegungen legitimierten und ideologisch formierten. Hitler höchstselbst hatte doch, sogar in einer Reichstagsrede, noch vor Kriegsausbruch erklärt, es werde das Ende der jüdischen Rasse bedeuten, wenn es dem Judentum noch einmal gelänge, einen Krieg vom Zaune zu brechen.

Der Antisemitismus war also für die Ideologie der Nationalsozialistischen Deutschen Arbeiterpartei integral. Jeder Pimpf wurde doch in den Schulungslagern, ja in der Schule mit Elementen der rassentheoretischen Begründung dieses Antisemitismus bekanntgemacht. „Die Juden sind unser Unglück" war Dauerüberschrift auf den Aushangkästen des Blattes „Der Stürmer", und selbst auf Dorfplätzen waren diese Aushangkästen aufgestellt.

Wahr ist, daß man mit Ankündigungen der „Endlösung" sich zurückhielt und daß über die Vollzugsformen dieser Endlösung, als sie schließlich anlief, die Öffentlichkeit tunlichst uninformiert gelassen wurde.

Wieso das? Die Pragmatik dieses überwiegend sogar gelungenen Versuchs, die Praxis des Völkermords sekret zu halten, war die, den Volksgenossen die moralische Überforderung zu ersparen, die es mit ungewissen politischen Folgen für die übergroße Mehrheit dieser Volksgenossen hätte bedeuten müssen, wenn man sie in ihren Prägungen durch eine konventionelle, womöglich christliche Herkunftsmoral mit den Tatsachen konfrontiert hätte. Die ideologisch gewiesenen rassenhygienischen Menschheitszwecke waren Zwecke, deren höhere weltgeschichtliche Notwendigkeit einzig der höheren Führerschaft, dem weltanschaulich aufgeklärten Rasseadel uneingeschränkt deutlich war. Und eben dieser Deutlichkeit, dieser Bewußtheit in bezug auf die höheren Zwecke bedurfte es, um überhaupt imstande zu sein, auf jene extreme Weise gegen die Maßgaben einer konventionellen, auch christlichen Moral zu verstoßen, wie das im Vollzug des Völkermords, leider, unvermeidlich war.

Nicht Zielreflexionsabstinenz, vielmehr ganz im Gegenteil äußerste Anstrengung in der Selbstverschaffung eines guten Gewissens durch Orientierung an den ideologisch gewiesenen höheren Zwecken konstituiert die entscheidende legitimatorische Bedingung der Möglichkeit fürs Tun des beispiellos Schlimmen. Einzig so erklärt sich der moralisierende Respekt, den Heinrich Himmler vor seinen SS-Obergruppenführern am 4. Oktober 1943 in Posen denjenigen zollte, die nun pflichtmäßig tätig geworden seien, „dieses Volk ..., das uns umbringen wollte, umzubringen". „Von Euch werden die meisten wissen, was es heißt, wenn 100 Leichen zusammenliegen, wenn 500 daliegen oder wenn 1000 daliegen. Dies durchgehalten zu haben und dabei, abgesehen von Ausnahmen menschlicher Schwächen, anständig geblieben zu sein, das hat uns hart gemacht. Dies ist ein niemals geschriebenes und niemals zu schreibendes Ruhmesblatt unserer Geschichte ..." Sich die Hände schmutzig machen, aber für höhere Zwecke – so verständigt sich über sein Tun nicht ein Subjekt in der Begrenztheit der Reflexionskapazitäten der instrumentellen Vernunft. Hier handelt es sich nicht um die technische „Angemessenheit von Verfahrensweisen an Ziele", wie sie Horkheimer dominant im Totalitarismus wirksam sah. Hier handelt es sich vielmehr um die Ableitung außerordentlicher Mittel aus der bindenden ideologischen Verpflichtung der herausgestellten höchsten Zwecke selbst. Himmlers zitierte Worte sind Worte eines im äußersten Sinne Zielgewissen, dessen moralischer Common sense ideologisch zertrümmert und dessen praktische Urteilskraft infolgedessen durch hochgradigen Wirklichkeitsverlust korrumpiert ist. Nicht in halbierter Rationalität „positivistischer" Indifferenz im Verhältnis zu den praktischen Zwecken unseres Tuns, vielmehr in der von keinem Zweifel mehr erreichbaren Zielgewißheit des ideologischen Fanatikers konnten die nationalsozialistischen Rassenpolitiker sagen: „Wir hatten das moralische Recht" zur Vollstreckung des höheren Sinns der Rassenkampfgeschichte, den zu erfassen der moralische und kognitive Common sense in der Tat unfähig ist.

Der unüberbotene Fall höherer Zielgewißheit weit jenseits der Reichweite einer bloß „instrumentellen Vernunft" repräsentiert schließlich Hitler selbst. Der Führer der Nationalsozialistischen Deutschen Arbeiterpartei war, wie er längst vor der Machtergreifung in seinem Hauptbuch „Mein Kampf" bekundet hatte, strikter Antipositivist, ein höhnischer Verächter juristischer Verfahrensgerechtigkeit, ein Verspötter des „Objektivitätsfimmels" der Wissenschaftler mit ihrer Selbstbindung an Regeln wertfreier Tatsachenfeststellung. Die Legitimität, die Hitler für seinen „Kampf" in Anspruch nahm, war eine tatsächlich aus jenen höchsten Werten abgeleitete Legitimität, deren absolut verpflichtender Charakter einem aufgeht, sobald man den Lauf der Weltgeschichte als einen den Gesetzmäßigkeiten des Rassenkampfes folgenden Lauf verstanden hat. Absolute Dominanz ideologisch ausgelegter Wertrationalität, Perhorreszierung bloß individueller Interessen, Antipragmatismus – kurz: „Idealismus" in der schlimmen Bedeutung des Wortes prägt das Bewußtsein der großen Politgläubigen unter den Großtätern dieses Jahrhunderts.

Nur vor diesem Hintergrund läßt sich verstehen, was Hitler noch in den letzten Tagen des untergehenden Reichs über seinen Tod hinaus allen seinen Nachfolgern als bindende Verpflichtung testamentarisch auferlegte, nämlich die ‚peinliche Einhaltung der Rassengesetze' und die Fortsetzung des ‚unbarmherzigen Widerstands gegen den Weltvergifter aller Völker, das internationale Judentum'. „Gespenstisch" – so ist man im historischen Rückblick spontan geneigt, das zu kommentieren. Aber es handelt sich darum, die Rationalität dieses Testaments zu verstehen, und einzig dann, wenn man sie als ideologisch gebundene Wertratio-

nalität versteht, schließt sich der Sinn des Hitlerschen Testaments auf. Das Groß-
deutsche Reich war verloren, die sowjetischen Kanonen waren dumpf schon zu
hören, der Endsieg fiel den Feinden zu. Was ließ sich nun noch erhalten? Einzig
das Bewußtsein des höheren Rechts der eigenen Sache, und dieses Bewußtsein
mußte sich erhalten, weil es den Zusammenbruch der eigenen Subjektivität hätte
bedeuten müssen, im Untergang der eigenen Sache überdies anerkennen zu müssen, man habe Millionen und Abermillionen einer ideologischen Obsession wegen in den Tod getrieben.

Noch einmal sei wiederholt, daß die Ideologie des Rassenkampfes keine hinreichende Bedingung des nationalsozialistischen Völkermords ist. Aber eine notwendige Bedingung ist sie. Gläubige Nationalsozialisten existierten geschichtsgewiß. Die kognitive Basis dieser Geschichtsgewißheit war die vermeintliche Einsicht in die naturgeschichtsgesetzliche Bestimmtheit der Kulturgeschichte durch
Rassenkämpfe. Es ist eine Frage für sich, welchen Bedingungen man es zuzuschreiben hat, daß diese Absurdität in relevanten Gruppen einschließlich der intellektuellen Führerschaft dieser Gruppen das Bewußtsein zu besetzen vermochte. Nachdem dieses Bewußtsein zum herrschenden Bewußtsein einer Partei und
schließlich zum Bewußtsein einer herrschenden Partei geworden war, wurde die
fragliche Ideologie sogar zur etablierten Wissenschaft erhoben. Es gab Lehrstühle
für Rassenkunde, einschlägige Publikationsorgane und Fortbildungskurse für
Lehrer, Ärzte und Parteikader.

Eine strukturelle Spezialität der Rassenkampftheorie der Weltgeschichte ist
übrigens, daß sich aus ihr in konsequentem Antipositivismus vollkommene Einheit von Theorie und Praxis ergibt. Was gilt, ist unmittelbar dem erkannten Na-
turgesetz der Geschichte zu entnehmen. Wer hier widerspricht, irrt nicht einfach;
er gibt sich vielmehr als Feind zu erkennen. Jeder Widerspruch gegen die eigene
Geschichtsgewißheit intensiviert diese Gewißheit. Der vermeintlich wertfreie
Objektivismus wissenschaftlicher Tatsachenfeststellung enthüllt sich als Ideologie
dekadenter politischer Desengagiertheit.

Vergegenwärtigt man sich heute diese Zusammenhänge, so verblüfft es noch
im nachhinein, daß es jemals möglich war, den Instrumentalismus und Objektivismus methodisch restringierter Rationalität für ein Prädispositiv ideologischer
Engagements zu halten. Der Sachzusammenhang liegt genau umgekehrt: Das
ideologisch besetzte Bewußtsein ist ein Bewußtsein absolut dominierender Wertrationalität, die sich aus den Restriktionen des methodischen Objektivismus,
desgleichen auch aus den Bindungen sozial kontrollierter Gemeinerfahrung, aus
dem Traditionalismus des Common sense somit radikal emanzipiert hat. Um einen „Rückfall in die Barbarei" handelt es sich somit bei der nationalsozialistischen Gewaltherrschaft gerade nicht. Die Fakten mit dieser leider oft benutzten
Formel zu kommentieren hieße, den Völkern, die in der Frühgeschichte Europas
„Barbaren" tatsächlich genannt worden sind, noch im nachhinein Unrecht tun,
und schon aus diesem Grund sollte man den nationalsozialistischen Terror nicht
„barbarisch" nennen. Dieser Terror war vielmehr ein politisches Phänomen, das
einzig im Kontext der modernen Zivilisation verständlich gemacht werden kann,
nämlich als politische Konsequenz des Versuchs, den Desorientierungsfolgen des

eigenen Gescheitertseins an den Herausforderungen der ohnehin desorientie-
rungsträchtigen Moderne in die Gewißheiten einer Geschichtsideologie zu entkommen, die einen in die Rolle des Endsiegers einsetzt.

17. Das Strafrecht –

ein nötiges, aber schwaches Mittel zur Aufarbeitung des sozialistischen Totalitarismus.
Sieben Thesen

1. Das Strafrecht unterscheidet nicht zwischen „Regierungskriminalität" und „gewöhnlicher Kriminalität" – so wenig wie es zwischen „Mord" und „Terroristenmord" unterscheidet. Es bleibt für freiheitliche Lebensordnungen wichtig, auf der Ebene des Strafrechts solche Unterscheidungen nicht zu machen.

2. In der politischen Öffentlichkeit wird zwischen politischer und sonstiger Kriminalität sehr wohl unterschieden. Allein schon die Erfahrungen mit dem Terror lehren das: Mordfälle „gewöhnlicher" Kriminalität erscheinen medial zumeist unter „Vermischtes" auf hinteren Zeitungsseiten; Terroristenmorde hingegen sind im eigenen Land spitzenmeldungspflichtig, und in Extremfällen sind sie für Regierungschefs Anlaß genug, sich in Fernsehansprachen ans Staatsvolk zu wenden.

3. Die Schärfung und Konservierung des Sinns für den Unterschied zwischen „gewöhnlicher" und „politischer" Kriminalität ist für freiheitlich verfaßte Systeme überlebenswichtig. „Gewöhnliche" Kriminalität verfolgt ihre illegalen Zwecke im Kontext der Legitimität einer Ordnung, die im gewöhnlichen kriminellen Handeln als solche gar nicht in Frage gestellt wird. Die hier gemeinte „politische" Kriminalität – vom terroristischen Handeln bis zur „Regierungskriminalität" – verletzt das Strafrecht freiheitlicher Lebensordnung, indem es deren Legitimität bekämpft.

4. „Terror", der in einer freiheitlichen Ordnung deren Legitimität gewaltsam bestreitet, und „Regierungskriminalität", die in etablierten totalitären Systemen mit illegalen Mitteln deren Legitimitätsanspruch durchsetzen möchte – das ist nicht einfach dasselbe. Aber beide Formen kriminellen Handelns haben eine wesentliche gemeinsame Eigenschaft aufzuweisen: Die Subjekte beiderlei Handelns brauchen am Recht ihres Handelns nicht zu zweifeln, soweit sie sich mit den höheren Zwecken identifizieren, die im Wahnsystem der eigenen Ideologie Verstöße gegen wohlbekannte Regeln traditioneller strafrechtlicher Legalität jederzeit legitimieren. „Uns ist alles erlaubt", ließ Lenin schreiben, und die Begründung für diese Selbstermächtigung zur Gewalt lautete: „Denn unsere Humanität ist absolut!".

5. Ersichtlich ist nach dem Zusammenbruch eines totalitären Systems das Strafrecht nur eines der Mittel zur Wiederherstellung rechtsstaatlicher Normalität, und es ist nicht einmal das wichtigste Mittel. Ungleich bedeutsamer als die strafrecht-

liche Aufarbeitung der „Regierungskriminalität" ist in der Absicht, wiederhergestellte Rechtsstaatlichkeit politisch zukunftsfähig zu machen, zweierlei: Erstens
die Delegitimierung des ideologischen Wahnsystems, das für die untergegangenen totalitären Systeme wie für die unter ihnen mögliche „Regierungskriminalität" die Legitimitätsbasis bot, und zweitens die Integration der Menschen, die im
untergegangenen totalitären System Opfer, Täter, Mitläufer oder Angehörige
schweigender Mehrheit waren, als Bürger in die wiederhergestellte freiheitlich-
rechtsstaatliche Ordnung.

6. Das Strafrecht kann somit nur einen geringen Beitrag zur Aufarbeitung der
Folgelasten totalitärer Systeme leisten. Nichtsdestoweniger ist dieser Beitrag politisch und näherhin rechtspolitisch unentbehrlich, und zwar aus zwei Gründen.
Erstens bringt sich, indem das Strafrecht auch auf die sogenannte Regierungskriminalität angewandt wird, die Legitimität rechtsstaatlicher Legalität auch für
denjenigen Bereich neu zur Geltung, in welchem man bislang den Ansprüchen
dieser rechtsstaatlichen Legalität, und zwar unter Berufung auf die höheren
Zwecke der maßgebenden Ideologie, enthoben zu sein geglaubt hatte. Zweitens
verlangt der Rechtsfriede, daß den Opfern der sogenannten Regierungskriminalität nicht zugemutet bleibt, die Täter dieser Kriminalität strafrechtlich verant-
wortungsfrei zu sehen.

7. Die Leiden der Menschen in totalitären Systemen haben ihre Ursache in Verhältnissen, für die sich im nachhinein in einer rechtsstaatlichen Ordnung nur zu
sehr kleinen Anteilen Verantwortlichkeiten von strafrechtlicher Relevanz identifizieren lassen. Um so wichtiger bleibt die Feststellung der politischen Verantwortlichkeiten einschließlich ihrer ideologiepolitischen Seite. Es wäre nichts gewonnen, wenn der Mauerschütze als Totschläger zur Rechenschaft gezogen würde
oder der drangsalierende Zuchthausaufseher als Körperverletzer, wenn aber zugleich den intellektuellen Repräsentanten der Ideologie, die für die totalitäre Gewaltherrschaft die Legitimitätsbasis bot, unbenommen bliebe, die Zwecke dieser
Ideologie als Zwecke der unverändert höheren moralisch-politischen Geltung
herauszustreichen. Illegal ist es in einem freiheitlichen System keineswegs, das zu
tun. Aber die fällige Antwort wäre, das öffentlich mit Despekt zu quittieren. Wahr
bleibt, daß auch hinter schlimmer politischer Realität gutgemeinte Absichten
stecken können. Aber angesichts der schlimmen Folgen einer mehr als vierzigjäh-
rigen Parteidiktatur sollte im öffentlichen Diskurs niemand unwidersprochen
bleiben, der vermeint, jene guten Absichten wären von diesen schlimmen Folgen
ganz unberührt geblieben. Der fällige strafrechtliche Beitrag zur Aufarbeitung
totalitärer Diktaturen bliebe, so bescheiden er ohnehin ist, überdies wirkungslos,
wenn die ideologische Legitimitätsbasis des totalitären Unrechtsystems unange-
fochten für vermeintliche Fälligkeiten der Transformation liberaler Systeme in
Anspruch genommen werden könnte.

18. Festgeschriebene Wahrheiten

Über Aufklärungsmoral, ideologischen Dogmatismus und Kanonbildung

Aufklärung, als Erkenntniskultur, läßt sich durch eine simple Norm charakterisieren. Bleibe in Deinen Erkenntnisbemühungen uneingeschränkt belehrbar durch den Widerspruch der Realität – so ließe sich die Norm formulieren, in deren Beachtung man aufklärungsfähig würde. Als Tugend, nämlich als eingeübte Fähigkeit zur Beachtung der Verpflichtung, sich aufklärungsbereit zu machen, wäre Aufgeklärtheit dann dauerhaft gewordenes Desinteresse, die Wahrheit so und nicht anders anzutreffen.

Im modernen Wissenschaftsbetrieb ist von Aufklärung und ihrer Kognitionskulturnorm im Regelfall nicht die Rede. Ersichtlich ist das nicht deswegen so, weil in den modernen Wissenschaften Aufklärungsideale keine Rolle mehr spielten. Es ist vielmehr, genau umgekehrt, deswegen so, weil die Beachtung der fraglichen Norm im Regelfall gegen keinerlei Widerstände erst durchgesetzt werden müßte. Die Geltung der Verpflichtung zur uneingeschränkten Bereitschaft strikter Beachtung der logischen und methodologischen Regeln, über die wir uns zu Behauptungen über das, was der Fall ist, in unserer Fachkommunität legitimiert finden, hat vielmehr Selbstverständlichkeitscharakter gewonnen und bedarf deswegen alltagspraktisch keiner Erwähnung.

Die erwiesene Verführbarkeit von Wissenschaftlern zu forschungspraktischer Unsolidität widerspricht dem nicht. Hochstapler unter den Wissenschaftlern repräsentieren nämlich keineswegs intellektuelle Aufklärungsresistenz. Es wäre ganz unangemessen, sie als Opfer der Verblendung durch den Glanz des falschen Scheins vermeintlicher Wahrheit zu charakterisieren. Es ist gar nicht ihr Interesse, die Wahrheit so, aber nicht anders anzutreffen. Sie sind erfolgsorientiert. Die Aussicht auf Publizitätsprämien verführt sie, und was sie unsoliderweise behaupten, ist von zweckrationaler Kalkulation auf den Überraschungseffekt dieser Behauptung bestimmt. Die Bemühung, demgegenüber die herrschende Wissenschaftskultur intakt zu halten, ist keineswegs eine Aufklärungsbemühung. Sie hat vielmehr den Charakter der Erinnerung an moralische Normen, die, wie für jegliche Praxis, speziell auch für die Wissenschaftspraxis gelten. Die Erinnerung an diese Normen geschieht aus gegebenem Anlaß und darüber hinaus ritualisiert in Feierakten – beim Promotionsakt zum Beispiel.

Aufklärung also ist ein kulturelles Medium moderner Wissenschaftspraxis von Selbstverständlichkeitscharakter. Das kann nicht anders sein, wie man erkennt, wenn man sich die Dynamik des im Wissenschaftssystem organisierten Erkenntnisprozesses vergegenwärtigt. Über die Ergebnisse der Vermessung des Textnie-

derschlags wissenschaftlicher Arbeit andererseits und der dramatisch absinkenden Halbwertszeit forschungspraktischer Aktualität dieses Textniederschlags andererseits ließe sich das belegen und anschaulich machen. Die Konsequenzen dieses Vorgangs für unseren Umgang mit der Wahrheit sind evident: Die wachsende
Innovationsrate wissenschaftsförmigen Wissens erzieht uns zu schrankenloser
Bereitschaft, veraltetes Wissen aus dem Verkehr zu ziehen; Sensation macht das
Neue, solange es neu ist, und die pragmatischen Voraussetzungen für die Herausbildung eines Interesses, Wahrheiten festzuschreiben, entfallen.

Es empfiehlt sich, mit solchen Schilderungen, wie wir sie in unserer wissen-
schaftswissenschaftlichen Literatur ausgebreitet finden, kulturkritische Insinua-
tionen nicht zu verbinden. Das unsere Wissenschaftskultur prägende Desinteresse, Wahrheiten festzuschreiben, lebt ja nicht zuletzt von der Evidenz, daß nichts
nützlicher als die Wahrheit ist. Eine wissenschaftliche Zivilisation ist eine Zivilisation, in der die Ergebnisse unserer Forschungspraxis in unsere materiellen,
auch institutionellen Lebensvoraussetzungen eingewandert sind, und es ist die
Pragmatik dieses Zusammenhangs, die die Neubildung von Aufklärungsresistenzen fortlaufend zersetzt.

Ein weiteres Moment tritt hinzu. Je mehr sich die Wissenschaften forschungspraktisch in die Dimensionen des sehr Großen, sehr Kleinen und sehr Komplizierten hineinarbeiten, um so weiter entfernen sie sich von unseren Lebenswelten. Lebensweltlich konsolidierter Umgang mit dem, was der Fall ist, einerseits
und forschungspraktisch konsolidierte Wirklichkeitsannahmen lassen sich insoweit nicht mehr aufeinander beziehen. Die Wissenschaften werden weltanschau-
ungsirrelevant. Berühmte Titel, die noch vor gut oder knapp einhundert Jahren in
der Kulturgeschichte unserer Weltanschauungen Sensation gemacht haben –
Strauß' „Der alte und der neue Glaube" zum Beispiel oder auch Haeckels „Die
Welträtsel" – sind in unserer wissenschaftskulturgeschichtlichen Gegenwart undenkbar. Neuauflagen von Kulturkämpfen in weltanschaulicher Absicht, um die es
sich, zum Beispiel, beim sogenannten Creationismus-Streit in einigen Teilstaaten
der USA zu handeln scheint, sind in Wahrheit kulturevolutionäre Relikte, und
sofern sie mehr als Relikte sind, haben sie marginalen Charakter.

Kurz: Der Triumph der Aufklärung ist in wissenschaftskultureller Hinsicht
vollkommen. Jegliches Interesse, Wahrheiten festzuschreiben, hat sich zersetzt.

Um so rätselhafter muß es uns vorkommen, daß die Neigung, Wahrheiten festzuschreiben, gar zu dogmatisieren, in keinem Jahrhundert zuvor ausgeprägter als
in unserem eigenen gewesen ist. Das hat sich bis in den politischen Lebenszusammenhang hinein ausgewirkt. Auch die historisch singulären politischen To-
desraten, die unser Jahrhundert zu verzeichnen hat, gehören in diesen Zusammenhang. Gemeint sind damit nicht die Toten, die Kriegen und Revolutionswir-
ren zum Opfer gefallen sind, vielmehr die Toten in der Konsequenz der großen
Menschheitsreinigungswerke, für die die dogmatisierten Ideologien dieses Jahrhunderts die Rechtfertigungsbasis abgaben.

Wir sind weit entfernt davon, diesen Vorgang politisch überaus folgenreicher
Dogmatisierung kognitiver Orientierungssysteme, um die es sich ja bei den Groß-
Ideologien handelt, zu verstehen. Der im Kontext solcher Verstehensversuche

häufige Rückgriff auf die Kategorie der Regression hat ersichtlich nur einen schwachen Erklärungswert, sobald man sich klarmacht, daß zumindest im Fall der marxistisch-leninistischen Hochideologie ja das Erbe der wissenschaftlichen Aufklärung nicht beiseite gesetzt, vielmehr in seinem Anspruchscharakter zu vollendeter Geltung gebracht werden sollte. Im Kontext der Aufklärungsgeschichte selber hat sich die an ihren Leidenskonsequenzen gemessen folgenreichste aller Wahrheitsfestschreibungen vollzogen.

Wie erklärt sich das? Ein Versuch der Beantwortung dieser Frage, der in umfänglicheren Zusammenhängen nachzugehen sich lohnen dürfte, könnte lauten: Die Aufklärung, die im Rigorismus ihrer mit universellem Anspruch ausgestatteten Verpflichtung, die Erkenntnis der Wahrheit einschränkungslos den Wirkungen des Fortschritts in dieser Erkenntnis zu unterwerfen, erträgt die damit zwangsläufig verbundene kulturelle Vergleichgültigung unserer jeweils aktuellen Wissensstände nicht und zeichnet entsprechend kompensatorisch einen Wissensbestand aus, der den Alterungsprozessen dynamisierten wissenschaftlichen Wissens enthoben ist und somit als zeitüberdauernd festgeschrieben, kanonisiert und dogmatisiert werden kann. Nach der historischen Natur der Sache kann es sich bei den so als alterungslos ausgezeichneten Wissensbeständen nur um solche handeln, die die unveränderliche Natur des geschichtlichen Fortschritts, dem im übrigen das wissenschaftliche Wissen wie alle übrigen kulturellen und sozialen Bestände unterworfen ist, zum Inhalt haben. Veränderung ist desorientierungsträchtig. Eben diese Gefahr ist gebannt, wenn die Wahrheit über diese Veränderung selber, ihre Struktur, ihre Antriebskräfte sowie ihr Endziel feststeht. Weiß man überdies kraft der Verfügbarkeit dieses Geschichtswissens, wieso man selber kraft der eigenen Positioniertheit im verstandenen Geschichtslauf zuerst und als bislang einziger wissen kann, was es mit diesem Geschichtslauf auf sich hat, so weiß man eben damit zugleich, wieso andere noch gar nicht wissen können, was man selber bereits weiß. Der Widerspruch der anderen gegenüber dem eigenen Wahrheitsanspruch wird damit, im strikten Gegensatz zur Bedeutung, die widersprechende Meinungen üblicherweise auf unsere eigenen Meinungen ausüben, zur Bestätigung der Triftigkeit und Wohlbegründetheit unserer eigenen Gewißheiten. Das eigene Wissen wird zum höheren, sich selbst privilegierenden Wissen, und im darin implizierten Zusatzwissen, daß es künftig sich zum universell geltenden Gemeinwissen erheben werde, verlangt es inzwischen, festgeschrieben zu werden.

Die Aufklärung also, indem sie die Wahrheitsgeltung aus jeder dogmatischen Bindung emanzipiert und damit den Wahrheitsfindungsprozeß dynamisiert hat, provozierte zugleich ein Interesse von nie zuvor gekannter Intensität, sich im Fluß der dynamisierten Erkenntnispraxis eines Bestandes geschichtszeitindifferenten Wissens, nämlich als eines Wissens über die Gesetzmäßigkeit des Geschichtslaufs, zu versichern. Der Erfolg dieser Figur intellektueller Selbstvergewisserung legt es nahe, die Existenz eines Gemeininteresses an zeitenthobenen Wahrheiten zu vermuten. Das gilt um so mehr, als die Großideologien unseres Jahrhunderts ja nicht nur im etablierten Herrschaftsbereich machthabender Einheitsparteien Geltung gehabt haben. Auch in freien politischen Lebensverhältnissen hat die

Idee der festschreibungsfähigen Wahrheiten intellektuelle Faszination ausgeübt. Wir wissen das aus der im Rückblick deprimierenden Geschichte des westeuropäischen Neo-Marxismus mit seinem kanonisierten Klassikergut, mit seinen Sicherheiten in der Unterscheidung von Freund und Feind und mit seinen Verdächtigungen der „instrumentellen Vernunft", die nutzbare Forschung aller Art betreibe, ohne jedoch sich an das Ziel-Wissen gebunden zu haben, das erst die Nutzung beliebigen wissenschaftlichen Wissens moralisch und politisch unzweifelhaft legitimiert.

Inzwischen sind alle dogmatisch befestigt gewesenen, ideologisch integrierten Herrschaftssysteme, bis auf einige wenige Relikte, zusammengebrochen, und es gibt eine lange Reihe von Argumenten, die die Erwartung zu plausibilisieren geeignet wären, daß die Wiederkehr ideologiepolitisch befestigter Wahrheitsansprüche unwahrscheinlicher wird. Nichtsdestoweniger besteht Anlaß, nach den Bedingungen zu fragen, die geeignet sind, uns ideologieresistent und aufklärungsfähig zu halten. Gerade der Rückblick auf die erwiesene intellektuelle und politische Kraft ideologischer Wahrheitsversicherung macht es wahrscheinlich, daß die pure fortgesetzte Wiederholung des Appells, uns zur aufgeklärten Teilnahme an den Prozessen des kognitiven Fortschritts bereitzuhalten, nicht ausreicht. Das Interesse, im Kontrast zur Menge dessen, was wir ständig dazuzulernen und umzulernen haben, orientierungspraktisch über einen Erkenntnisbestand von größerer Alterungsresistenz zu verfügen, will, so scheint es, auch bedient sein. Es dürfte sich somit lohnen, auf kulturelle Verhaltensweisen aufmerksam zu werden, die uns von den permanenten Neuorientierungszumutungen, denen wir als Teilnehmer an Forschungsprozessen ausgesetzt sind, entlasten und uns in Orientierungen von größerer Beständigkeit einzurichten verstatten. Auch in freien Lebensverhältnissen gibt es solche Bestände, und es gilt sogar, daß auch Dogmatisierungen keineswegs eo ipso dazu drängen, nach totalitärem Muster Machthaber in Rechthaber zu verwandeln.

Um welche Bestände könnte es sich handeln? Exemplarisch seien hier einige wenige aufgezählt und benannt. Ihre detaillierte Analyse müßte Bücher füllen. Zunächst: Auch im Forschungsprozeß werden die höchsten Anerkennungsprämien für diejenigen kognitiven Innovationen zugeteilt, mit denen sich die Verheißung der größeren Alterungsresistenz verknüpft. Auch die Wissenschaft kennt ihre Klassiker, und wie in der Kunst gilt in der Wissenschaft als „klassisch", was durch die temporalen Eigenschaften ausgezeichnet ist, früher einmal erfunden oder gefunden und somit neu gewesen zu sein, seither aber unverändert zu gelten. Es läßt sich sogar sagen: Mit der wachsenden Dynamik des Forschungsprozesses und zugleich mit der wachsenden Menge der Personen, die an ihm teilnehmen, expandiert das wissenschaftshistoriographisch kontrollierte und kommentierte Pantheon der Fundamentalisten, das heißt der Erfinder und Entdecker von Prinzipien, auf die wir forschungspraktisch immer noch bauen.

Sodann: Es gibt Apriloritäten. Auch die Wissenschaften haben es mit Einsichten zu tun, mit denen die Zusatzeinsicht verbunden zu sein pflegt, daß sie nicht einfach faktisch und für hoffentlich geraume Dauer, sondern prinzipiell unveränderlich sind. Gelegentlich prägt die Genugtuung sogar die Forscherpersönlichkeiten, die es mit solchen Apriopritäten zu tun haben. Heinrich Scholz, bei dem ich als Student seinen Grundkurs in mathematischer Logik absolvierte, pflegte die Lehrsätze dieser Logik Sätze einer Sprache zu nennen, „die in allen denkmöglichen Welten verstanden" wird. Wenn es ihm gelungen schien, das damit Gemeinte verständlich zu machen, so verbreitete sich um ihn der Glanz der Erleuchtung. Materiell wurde zwar über die Welt, in der wir leben, in Scholz' Logikkurs gar nichts mitgeteilt. Aber die Sprache der Mystik ist ja in letzter Instanz auch eine Sprache des Schweigens, und diese Sprache ist, wenn sie weiß, wieso sie schweigt, wie die inhaltsleeren logischen Ableitungen in den Vorlesungen Heinrich Scholz', irrtumsfrei.

Für die Philosophie schließlich gilt, daß sie, einerseits, gewiß in mannigfachen ihrer Spezialitäten uneingeschränkt am innovationsträchtigen Forschungsprozeß teilnimmt. Andererseits vergegenwärtigt sie kanonisches Wissen und hütet es in der Praxis solcher Vergegenwärtigung. Gewiß: Die philosophiehistorische Forschung ist heute das wichtigste kulturelle Medium solcher Vergegenwärtigungspraxis, und die philosophiehistorische Forschung ist, wie die Forschung insgesamt, dem Innovationszwang unterworfen. Um so auffälliger ist, daß zu ihren am meisten geschätzten Resultaten die Einsicht in die Philosophiegeschichte als Geschichte früh gewonnener, also alter, aber nichtsdestoweniger nicht veralteter Einsichten ist. „Reflexion der Kontinuitäten" hat Karlfried Gründer das genannt. Der Naivität, daß wir, wenn wir, gar mottohaft, ein Klassikerdiktum mit Evidenzcharakter zitieren, damit zugleich voll des theoretischen und lebenspraktischen Kontextes gegenwärtig wären, in welchen das zitierte Diktum genetisch gehört, ist natürlich heute niemand mehr fähig. Nichtsdestoweniger verbleibt als gleichfalls unleugbares und aufklärungsbedürftiges Faktum das der Zitabilität und damit das Faktum einer Geltungskonstanz, die sich in Wirkungsgeschichten umsetzt und rezeptionshistorisch vergegenwärtigt werden kann. Wir kennen das auch außerhalb der Wissenschaften und der Philosophie aus der Kunst. Niemand behauptet, daß wir heute noch die Matthäus-Passion wie Passionsgottesdienstbesucher zu Bachs Lebzeiten zu hören vermöchten. Wir führen sie dennoch auf, und wir nutzen damit ein Potential, das unbeschadet der Unmöglichkeit, es zeitindexfrei reflexiv zu benennen, die Kontinuität eines Wirkungszusammenhangs stiftet.

Bestände, die durch solche Potentiale zusammengebunden sind, gewinnen den Charakter von Kanons. Es kann gar keine Rede davon sein, daß solche Kanons in einer dynamischen Zivilisation verfielen oder obsolet würden. Das genaue Gegenteil ist der Fall: Genau komplementär zur zivilisatorischen Änderungsdynamik gewinnen diejenigen Bestände an Auffälligkeit, die den Veränderungen weniger stark unterworfen sind. Wenn Traditionen fortschrittsabhängig veralten, gewinnen die Traditionen relativ größerer Alterungsresistenz an Geltung.

Die ausgeprägte Vergangenheitsbezogenheit unserer progressiven Zivilisation wäre ohne die skizzierten Zusammenhänge nicht verständlich zu machen. Der Historismus schärft unseren Blick für die Unterschiede der Zeiten, und wir sehen heute solche Unterschiede selbst dort, wo sie in früheren Zeiten, die ihrer eigenen Historizität noch gar nicht ansichtig geworden waren, nicht bemerkt werden konnten. Aber ineins damit gewinnt, was wirkungsgeschichtlich sich durchhält, an Aufdringlichkeit und wird reflexiv kanonisch tradiert. Karl Marx hatte gefunden, im Geschichtsprozeß wälzten sich Basis und Überbau stets ineins fort und um. Inzwischen sehen wir es genauer: Indem sich in der Tat einiges, und zwar rascher als je zuvor umwälzt, gewinnt die Menge der Bestände, deren Beharrungskraft relativ größer ist, an kultureller Signifikanz.

Es ist übrigens nicht schwer zu erkennen, wieso unter solchen Bedingungen auch die religiösen Bekenntnisse, die in ihrer dogmatisierten Gestalt doch ein Hauptobjekt aufgeklärter religionskritischer Emanzipationsliteratur waren, gar keine Anstalten machen, sich aufzulösen oder gar förmlich gekündigt zu werden. Ihr wirkungsgeschichtliches Potential macht sie kulturell untangierbar, rechtfertigt ihre fortdauernde kanonische Geltung auch in historistischer Perspektive, und da überdies die also unverändert festgeschriebenen alten Texte keinerlei wissenschaftlichen oder sonstigen Fortschritt, dessen Erträgnisse wir nutzen möchten, behindert, gibt es auch das Emanzipationsinteresse nicht mehr, das auf die Entkanonisierung überlieferter Glaubens- und Bekenntnisbestände Wert legte. Lediglich residualer, dogmatisierter Anti-Dogmatismus reibt sich noch an ihnen.

IV. Religion und Theologie in Modernisierungsprozessen

19. Religion – säkularisierungsresistent und durch nichts anderes zu ersetzen

In etlichen religionsphilosophischen Arbeiten habe ich Religion, nicht einmal beiläufig, gern als Praxis der „Kontingenzbewältigung" beschrieben. Kritik, ja Spott blieb nicht aus. Wie erbarmungswürdig wenig ist doch von der Religion gesagt, wenn man sie als Kontingenzbewältigungspraxis glaubt kennzeichnen zu sollen! Dem kann man schlechterdings nicht widersprechen. Man kommt vom Hochamt, hat zu Pfingsten an einem posaunenchorbegleiteten Waldgottesdienst teilgenommen, geht als Politiker vornweg bei einer Fronleichnamsprozession mit, und nun soll gelten, in all diesen uns wohlbekannten Fällen handele es sich um „Kontingenzbewältigung"?

Indessen: Der Effekt solcher Berufung auf den Reichtum religiösen Lebens gegen die Dürftigkeit seiner konzeptuellen Kennzeichnung ist erschlichen. Namen und Kennzeichnungen von Konzepten sind sprachliche Unterscheidungsrepräsentanten, und die vorgeschlagenen Konzepte selbst sind Vorschläge für Unterscheidungs- und Zuordnungshandlungen. Es verbindet sich mit dem Vorschlag solcher Konzepte nicht im mindesten die Insinuation, daß, wer ihre Zweckmäßigkeit eingesehen hat und die Konzepte entsprechend zu gebrauchen weiß, eben deswegen auch schon mit der Wirklichkeit des religiösen Lebens in der Fülle seiner Inhalte bekannt gemacht worden sei. Die Sache verhält sich umgekehrt: Man braucht historische und lebenspraktische Vertrautheit mit dieser Fülle, um sie unterscheidungspraktisch in nützlicher Weise konzeptualisieren zu können. Die Kennzeichnung der Religion als Kontingenzbewältigungspraxis oder auch als Kultur des Verhaltens zum Unverfügbaren ist zunächst durch eine sehr einfache Pragmatik bestimmt. Sie soll den Blick auf einige fundamentale Gegebenheiten des Lebens richten, auf die wir in religiöser Lebenspraxis tatsächlich bezogen sind und in bezug auf die es zugleich absurd wäre anzunehmen, daß diese Gegebenheiten, nämlich als Gegebenheiten manifester Kontingenzerfahrung, sich durch Transformation in Handlungssinn „bewältigen" ließen – also zum Beispiel haftrechtlich und versicherungspraktisch, in spezifisch modernen Fällen mit dem Institut der Gefährdungshaftung oder in sonstigen Formen der Handhabung unserer als Risiken erfahrenen kontingenten Betroffenheiten von den Nebenfolgen der Handlungen sozial entfernter Anderer. Um Zufall durch Transformation in Handlungssinn über Zurechnungsexpansion und institutionelle Konstituierung von Verantwortung bewältigen zu können, sind wir ja, statt auf Frömmigkeit, auf ökonomische, juridische, auch technische und moralische und schließlich politische Praxis angewiesen. Religion ist faule Religion, wenn sie, wo solche Praxis geboten wäre, sich statt dessen empfehlen möchte. Umgekehrt heißt das: Die Religion hat ihren lebenspraktischen Ort da, wo es ganz sinnlos wäre, im Bemühen, Kontingenz in Handlungssinn zu transformieren, auf unsere mannigfachen Vermögen, Wirklichkeiten handelnd zu verändern, zu rekurrieren. Kurz: In religiöser Lebenspraxis verhalten wir uns zu derjenigen Kontingenz, die sich der Transformation in Handlungssinn prinzipiell widersetzt.

Um welche Lebensbestände handelt es sich, die in Handlungssinn transformieren zu wollen sinnwidrig wäre? In der Beantwortung dieser Frage kann es sich nicht um die Mitteilung von Neuigkeiten, nicht um Berichte von der Forschungsfront und somit auch nicht um Gehalte handeln, die geeignet wären, unsere theoretische Neugier zu befriedigen. Es muß sich vielmehr um Lebenstatbestände handeln, die in ihrem kognitiven Gehalt vollständig trivial, zugleich aber lebenspraktisch fundamental sind. Das Faktum, das wir sind und nicht vielmehr nicht sind, ist ein Bestand von der charakterisierten Struktur: kognitiv trivial, lebenspraktisch fundamental und schlechterdings handlungssinntranszendent, das heißt auch durch Zurechnungsexpansion prinzipiell nicht einholbar, nicht auf die Verantwortlichkeit anderer zurückbeziehbar, weder als Schadensfall noch als Gewinn bilanzierbar.

Die These ist selbstverständlich nicht, daß eine allgemeine humane Notwendigkeit bestünde, explizit die in der Philosophie bekanntlich sehr traditionsmächtigen, in jeder praktischen Hinsicht aber vollständig überflüssigen Fragen zu stellen, wieso wir sind und nicht vielmehr nicht sind, wieso überhaupt etwas ist und nicht vielmehr nicht ist, wieso wir jetzt sind und nicht statt dessen längst gewesen, dieser sind und nicht ein ganz anderer etc. Der Sinn solcher Fragen ist zunächst lediglich religionsphilosophischer Art. Ihr kultureller Ort ist nicht die Kirche, vielmehr das Philosophische Seminar. Ihr Zweck ist der der kognitiven Vergegenwärtigung einer Kontingenz, die in Handlungssinn transformieren zu sollen ersichtlich sinnwidrig wäre. Jeder Versuch, unser Dasein unter Handlungssinnaspekten zu validieren, enthüllt uns diese Sinnwidrigkeit und damit genau jene Kontingenz, die gegenüber Versuchen, sie in Handlungssinn transformieren zu wollen, sich als prinzipiell resistent erweist. Wir mögen ja finden, es sei besser, es habe uns nie gegeben. Aber „wem passiert das schon?" zitiert dazu Odo Marquard einen Literaturkommentar, dessen Witz die mühelose Präzision ist, mit der hier die Widersinnigkeit jedes Versuchs sichtbar gemacht wird, unserem Dasein ein bewertendes praktisches Urteil vorauslaufen lassen zu wollen. Das Faktum, das wir sind und nicht vielmehr nicht sind, läßt sich nicht als das Resultat einer Zustimmung zu diesem Faktum auffassen, die wir am Ende eines herrschaftsfreien Diskurses erteilt hätten. Im nachhinein, gewiß, mag man alles zum besten eingerichtet finden. Aber im gegenteiligen Fall gibt es im vorhinein keine Daseinsenthaltung.

Das ist nicht Existenzphilosophie, an die man sich als an eine ephemere kulturgeschichtliche Phase unseres Jahrhunderts erinnert. Das ist vielmehr die Ausgangslage, ohne die es weder für alte noch für neue Katechismen oder Gesangbücher einen Anknüpfungspunkt gäbe.

Die zitierten traditionsreichen philosophischen Fragen von der Art, wieso wir sind und nicht vielmehr nicht sind, wieso überhaupt etwas ist nicht vielmehr nichts etc., lassen sich als Fragen zur Vergegenwärtigung absoluter, das heißt prinzipiell nicht in Handlungssinn transformierbarer Kontingenz auffassen. Was aber soll dann „Bewältigung" dieser Kontingenz heißen und in welchem Sinne wäre Religion Kultur der Bewältigung solcher Kontingenz? Die Antwort lautet: Bewältigte absolute Kontingenz ist anerkannte absolute Kontingenz.

Es kommt hier zunächst darauf an, das, was hier „Anerkennung" genannt wird, als einen rationalen Lebensakt zu erkennen, der unterscheidungspraktisch eigenständig neben die Lebensvollzüge tritt, in denen wir Handelnde sind. In Anerkennung der Unverfügbarkeit des Daseins handeln wir nicht, wenn anders handeln heißt, technisch oder politisch, ökonomisch oder moralisch naturale, soziale und kommunikative Wirklichkeiten zu ändern oder auch zu konservieren. In Anerkennung dessen, was indisponibel ohnehin ist, wie es ist, lassen wir alles sein, wie es ohnehin schon ist, und das Einzige, was sich im Akt dieser Anerkennung ändert, sind wir selbst, nämlich in unserem Verhältnis zu diesem Bestand.

Dabei wäre es falsch, die fragliche Anerkennung in ihrer Selbstveränderungswirkung für ein von der speziellen Absicht geleitetes Handeln zu halten, aus uns selbst einen anderen zu machen – so wie wir aus uns selbst einen anderen zu machen bemüht sind, indem wir ab morgen oder besser schon ab heute anders, insbesonders richtiger als bisher lebensführungspraktisch zu leben beginnen. In der fraglichen Anerkennung sind wir gar nicht, wie Selbstpädagogen, auf uns selbst als auf ein Handlungsobjekt bezogen, vielmehr auf das Insgesamt dessen, was allen absichtsvollen Selbstbezügen indisponibel vorausliegt, und die Selbstveränderungen, die dabei eintreten mögen, sind, wie Lebensglück, nicht Handlungszweckrealisationen, vielmehr Wirkungen richtigen Lebens.

Die „Bewältigung" absoluter, das heißt gegen Transformation in Handlungssinn absolut resistenter Kontingenz erfolgt weder technisch noch politisch, weder ökonomisch noch moralisch, und der Ausdruck „Kontingenzbewältigung" wäre mißverständnisträchtig, sofern er uns an dergleichen denken ließe. Gelöste Probleme sind bewältigte Probleme, und es erübrigt sich hier, die unterschiedlichen Problemtypen zu charakterisieren, auf die wir entweder technisch oder politisch oder moralisch zu antworten haben.

Aber Kontingenzvergegenwärtigung hat nicht die Struktur der Vergegenwärtigung eines Problems, das nach Lösung durch Mobilisierung problemlösungskompeter Handlungskräfte verlangt. Noch einmal: Handelnd ändern oder konservieren wir Wirklichkeiten – naturale, soziale und kommunikative. Im religiösen Akt der Anerkennung unserer schlechthinnigen Abhängigkeiten hingegen ändern sich nicht diese, vielmehr ändern wir uns, nämlich in unserem Verhältnis zu diesen Abhängigkeiten.

Der Charakteristik der Religion als Kultur der Bewältigung absoluter Kontingenz durch Anerkennung ist entgegengehalten worden, sie wäre viel zu weit gefaßt. Überhaupt sei es ein Versuch mit dekultivierenden Wirkungen, die Fülle des kulturell bei uns wie anderswo manifesten religiösen Lebens „auf den Begriff zu bringen". Dieser Einwand kommt mit der Attitüde des gebildeten Respekts vor

dem Reichtum kultureller Wirklichkeiten daher, ist aber nichtsdestoweniger ein
Einwand, hinter dem sich methodisch nichts als mangelhaft elaborierter Sinn für
die Pragmatik von Unterscheidungen verbirgt, die uns überdies sogar, zumal in
der wissenschaftlichen Welt, alltagspraktisch vollkommen vertraut sind. Es gibt
ja, seit dem 19. Jahrhundert, die allgemeine Religionswissenschaft, und niemand
verspürt auch nur die geringste Schwierigkeit, jene Lebensbereiche von anderen
Lebensbereichen zu unterscheiden und damit zu identifizieren, die in fachlichen
Zuständigkeitsverteilungen eben der Religionswissenschaft zugewiesen werden
sollen. Selbst für vormoderne Kulturen, in denen der religiöse Lebensbereich von
anderen Lebensbereichen nicht getrennt ist, läßt er sich doch von diesen anderen
Lebensbereichen nichtsdestoweniger unterscheiden, und die Experten für die Geschichte der Architektur und Technik des Kuppelbaus sind im Regelfall mit den
Experten für die religiöse Verfassung einer Kultur, die sich ein Pantheon hat einfallen lassen, nicht identisch.

Kurz: Die Unterscheidung religiöser von sonstiger Kultur macht uns unbeschadet ihrer Untrennbarkeit keinerlei Schwierigkeiten. In einem gegebenen historischen und näherhin religionsphilosophiehistorischen Kontext unternomme-
ne Charakteristik religiöser Kultur als einer Kultur der Anerkennung handlungs-
sinntranszendenter Kontingenz ist nichts anderes als der Versuch der Präsentation eines Schemas für jene Unterscheidungshandlungen, die wir in der Zuordnung
kultureller Tatbestände zum Lebensbereich der Religion statt zum Lebensbereich
der Technik, des Rechts oder der Politik ständig mühelos vollziehen.

Ein weiterer Einwand will wissen, Religion als Kultur der Anerkennung hand-
lungssinntranszendenter Kontingenz verrate Konservativismus, nämlich die Anempfehlung einer Kultur der Hinnahme dessen, was ist, anstelle der Bewältigung
dessen, was ist, durch die Praxis seiner fälligen Änderungen. Diese Argumentation reicht, wie man rasch erkennt, tief in die Tradition aufgeklärter Religionskritik
zurück. Sie ist nichtsdestoweniger ein Akt jener Selbstbornierung, die, im Unterschied zu früheren Formen der Selbstbornierung, für das Aufklärungszeitalter
spezifisch geworden ist. Man vergegenwärtige sich diese Zusammenhänge an Beständen, die gerade unter Bedingungen erfolgreicher Aufklärung an Aufdringlichkeit gewinnen. Man denke etwa an die Selbsterfahrungskonsequenzen reali-
sierter Chancengleichheit – zum Beispiel im Bildungswesen. Wie ergeht es denn
hier jenem Gesamtschüler, der, von denkbar günstigen äußeren Voraussetzungen
getragen, gleichwohl die Erfahrung machen muß, daß seinem Bankgenossen mit
ungleich geringerem Aufwand gelingt, woran er selber scheitert? Dieser junge
Mensch kann nicht leben lernen, wenn offiziell nicht mehr gelten soll und niemand mehr wahrhaben will, daß gerade die maximale Förderung seiner Fähigkeiten, die ihm zuteil geworden ist, ihn schließlich in einer Lage sich wiederfinden läßt, wo er vor allem lernen muß, sich in erfahrenen Grenzen seiner Möglichkeiten einzurichten. Es wäre natürlich eine absurde Charakteristik des Religionsunterrichts, der an der fraglichen Gesamtschule stattfindet, diesem Unterricht die
Funktion der Resignationsbeihilfe zuzuschreiben. Aber absurder noch wäre es,
wenn der Religionsunterricht, statt dessen, als ein Emanzipationsbeihilfeinstitut
verstanden würde und wenn somit in ihm von jenen Unverfügbarkeiten gar nicht

mehr die Rede wäre, die als Objekt emanzipatorischer Bemühungen prinzipiell nicht in Frage kommen. Das würde übrigens auch jenem begünstigten Schüler nicht bekommen, dem so überaus leichtfällt, was seinem Mitschüler mißlingt. Was würde aus ihm, wenn er nicht lernte, sich zu den Bedingungen seiner Mühelosigkeiten und Könnerschaften wie zu Unverfügbarkeiten zu verhalten und sie in genau dieser Meinung anzuerkennen? Das bedeutet: Die hier gemeinte Anerkennung ist, als Anerkennung unverfügbarer Daseinskontingenz, ein grundsätzlich lebenslagenindifferenter Akt. Sie ist darin auch gerade nicht ein selbstbezogener Akt. Sie bezieht vielmehr alles ein, wovon insgesamt abhängt, daß wir sind und daß wir so sind, und die Kontingenz der Welt ist damit in sie eingeschlossen.

Kontingenzanerkennung ist somit auch nicht ein sektoral begrenzter Akt. Religiöse Kultur ist von anderen Bereichen der Kultur unterscheidbar, aber nicht abtrennbar. In der Anerkennung unverfügbarer Daseinskontingenz wird die Welt nicht in einen beherrschbaren Sektor einerseits und in einen nicht-beherrschbaren Sektor andererseits, in welchem von unserer eigenen Macht verschiedene Mächte walten, aufgeteilt. Nicht, daß in Daseinskontingenz anerkennender religiöser Lebensorientierung der Nonsens kultiviert würde, die Unterscheidung von beherrschbaren und nicht-beherrschbaren Kontingenzen sei in Wahrheit fiktiv. Nicht auch, daß wir durch sie angehalten wären, doch Versuche zur Ausweitung des Bereichs beherrschbarer Lebenskontingenz zu unterlassen, damit die Lebenserfahrung schlechthinniger Abhängigkeiten möglichst an Nach- und Eindrücklichkeit nicht verliere. Wäre es so, so hätte die religiöse Lebenskultur Reservatcharakter. Sie wäre überdies in ein Reservat verwiesen, welches unaufhaltsam schrumpft.

In Wahrheit verhalten sich die Nötigkeitsbedingungen religiöser Kultur zu den kulturevolutionsbedingten Differenzen unserer Könnerschaften gänzlich indifferent. Die Unverfügbarkeiten des Lebens, in deren Anerkennung uns selbsttäuschungsfreie Übereinstimmung mit uns selbst zuteil wird, schließen unsere Könnerschaften in ihren ihrerseits nicht-disponiblen Bedingungen ein. Damit bleibt die Autonomie, die Eigengesetzlichkeit des technischen, juridischen, moralischen und politischen Handelns unberührt. Das bedeutet: Die Religion ist nichts, was uns lehrte, eine Technik gegen eine andere technologisch zu validieren oder einer wissenschaftlichen Hypothese einer anderen gegenüber den Vorzug einzuräumen. Nichtsdestoweniger ist die Zuständigkeit religiöser Lebenskultur sektoral nicht begrenzt. Das Verhalten zum Unverfügbaren hat nicht sektorale, vielmehr integrale Bedeutung. Das läßt sich, einfach, auch folgendermaßen ausdrücken: Die Religion ist nicht für alles im Leben zuständig, aber fürs Ganze.

Der aufgeklärte Religionskritiker Karl Marx fand, wer Gott als Schöpfer der Welt bekenne, kompensiere verbliebene Inkompetenzen in der Produktion seiner Lebensvoraussetzungen, so daß, im dermaleinst erreichten Zustand unbegrenzt kompetenter Vollemanzipation, auch die Nötigkeitsbedingungen religiöser Mängelkompensation und somit die Religion selbst entfallen. Das ist, wie man sich erinnert, keine harmlose Religionskritik. Sie bot für blutige Verfolgungen der Religion im real existent gewesenen Sozialismus, zumal in seiner leninistischen Frühphase, die Legitimationsbasis.

Hat man indessen, was ja auf der kognitiven Ebene seiner vollständigen Trivialität wegen gar nicht schwerfällt, den prinzipiellen Widersinn aller Formeln erkannt, die, individuell oder kollektiv, für die Zukunft einen Zustand des Daseins als Resultat seiner Selbstergreifung verheißen, so hat man ineins damit sich jene Daseinslage vergegenwärtigt, die wir in ihrer absolut kontingenten Verfassung einzig anerkennen, aber nicht handlungspraktisch „bewältigen" können. Und diese Anerkennung, noch einmal, ist ein integraler und nicht ein sektoraler Lebensakt.

Exemplarisch heißt das: Im Bücherregal behauptet das Gesangbuch, durchaus sektoral, seinen Standplatz neben der Fülle übriger nützlicher Hausbücher vom Do-it-Yourself-Ratgeber bis hin zur aktualisierten Anleitung für die Einkommensteuererklärung. Aber es wäre ersichtlich unsinnig zu sagen, daß, analog zu den übrigen nützlichen Lebensanleitungen, das Gesangbuch auch seinem Gegenstandsbereich nach sektoral begrenzt sei. Durchaus asymmetrisch zu den Beziehungsverhältnissen zwischen den übrigen Lebenskunden und Lebenshilfen bezieht es sich auf unser Leben integral. Von Gott und Welt ist buchstäblich die Rede, von Geburt und Tod, von Leben und Sterben und von den letzten Dingen am Ende aller Zeiten. Gewiß: Auch zum Thema „Auf Reisen" finden sich einige Strophen, aber doch nicht von der Art anderer Reiseführer, vielmehr in Erhebung der Reise, vor der man steht, zur Metapher des Lebens etc. Auch bei „Sturm- und Wassernot" gibt es etwas zu singen, „Bei reichlicher Ernte" sowie „Bei sparsamer Ernte". Aber in allen diesen und in vielen weiteren Fällen handelt es sich nicht um sektorale Spezifikationen, auf die wir kompetenzdifferenzierend zu antworten hätten. Weder dem Baedeker noch der Feuerwehr wird Konkurrenz gemacht, vielmehr vergegenwärtigt, daß wir in keiner Lebenslage der Bedingungen unseres Daseins mächtig sind und darauf antworten die fraglichen Lieder dann mit ihrem Dank, ihren Bitten und Klagen.

Der zitierte Lebenslagenkatalog klingt natürlich etwas altväterlich, und in der Tat bezieht er sich auf Texte vom 16. bis zum 19. Jahrhundert. Andererseits haben sich natürlich Sturm- und Wassernöte inzwischen nicht erledigt und, nämlich in anderen Weltgegenden, Hungerkatastrophen bewirkende Mißernten ohnehin nicht. Nur sind inzwischen viele andere zivilisationsspezifische Nöte, zumeist als kontingente Nebenwirkungen technisch instrumentierten Handelns, hinzugekommen. Nichts steht, im Prinzip, entgegen, das bei der jeweils nächsten Gesangbuchrevision zu berücksichtigen, wenn man, auf der anderen Seite, zugleich auch zu berücksichtigen hat, daß die Bemühung, konkret zu sein, bei zunehmender Geschwindigkeit in der Änderung unserer zivilisatorischen Lebenslagen schließlich in einem sinnwidrigen Aktualismus enden müßte, der es, sozusagen auf einem höheren Abstraktionsniveau, als Vorzug erkennen läßt, sich auf das zu beschränken, was sich glaubensgeschichtlich indifferent zu dem Unterschied verhält, den es macht, ob uns Nöte aus aufgehaltenem Fortschritt oder die kontingenten Nebenfolgenlasten stattfindenden Fortschritts drücken.

Der naive Fromme und der die Vorzüge frommer Naivität reflektierende Intellektuelle erst recht wird vielleicht finden, die vorstehende Art, die Funktion des Gesangbuchs zur Funktion anderer Hausbücher in Beziehung zu setzen, sei eine

Art der Beschreibung, die sich auf die Intentionen der Verfasser der Gesangbuchlieder gar nicht einläßt. Immerhin werde, zum Beispiel in jenem fraglichen Reiselied, Christus als „der rechte Weg zum Himmel" bekannt und nicht etwa Kontingenzbewältigungsbeihilfe geleistet.

Dieser Einwand ist aber buchstäblich konfus, das heißt, er konfundiert unterscheidungsbedürftige Ebenen der Betrachtung. Die These ist ja nicht, wir fänden im fraglichen Gesangbuch eine Anleitung zum Verständnis der Religion als einer Lebenspraxis, in der wir uns zur Unverfügbarkeit unserer Daseinskontingenz in ein Verhältnis setzen. Regeln für den Gebrauch des Prädikators „Religion" sind in keinem Gesangbuch zu finden, und nicht einmal das Wort „Religion" kommt, wie man erwarten durfte, in einem Gesangbuch vor. Aber was besagt das? Es besagt, daß das Gesangbuch Texte religiöser Literatur enthält und seinem institutionellen Status nach landeskirchenoffiziell ist und eben nicht ein Werk mit Beiträgen zur Religionstheorie.

Wer vom Gesangbuch in intentio recta Gebrauch macht, dankt Gott, bringt Bitten vor ihn, klagt oder singt zum Pfingstfest. Die Auskunft aber, eben darum handele es sich doch – jedenfalls in unserer hiesigen Religion oder Konfessionen – und nicht um „Kontingenzbewältigung durch Anerkennung unserer schlechthinnigen Abhängigkeiten", macht aus einem Reflexionsverhältnis eine windschiefe Alternative. Geschieht das, mit Blick auf den entsprechend erschlichenen Beifall der Frommen, absichtlich, so handelt es sich dabei um das, was Hegel „frommes Aufspreizen mit Christenthum" nannte.

20. Liberale Theologie
in der Evolution der modernen Kultur

„Liberale Theologie" – diese Kennzeichnung reicht bekanntlich ungleich weniger tief in die Geschichte der Theologie zurück als diejenige Theologie, die wir heute unbefangen „Liberale Theologie" zu nennen pflegen. Nicht zuletzt die polemisch-abwehrende Verwendung der fraglichen Kennzeichnung in der frühen dialektischen Theologie hat, wie Hans-Joachim Birkner gezeigt hat, den Umkreis der Schulen, Texte und ihrer Autoren ausgeweitet, die in der aktuellen Verwendung des Namens der Liberalen Theologie einigermaßen mißverständnisfrei dieser zugeordnet werden können[1]. Ihr Traditionszusammenhang erstreckt sich in heutiger Wahrnehmung von Schleiermacher bis zu Harnack und Troeltsch. Sogar die Schule Ritschls, für die in Selbstkennzeichnungsabsicht der Name der Liberalen Theologie gar nicht zur Verfügung gestanden hätte[2], wird inzwischen unter eben diesen Namen gebracht, die religionsgeschichtliche Schule ohnehin und heute auch die Neuzuwendung zum Werke Ernst Troeltsch'[3], die, auch soweit sie der Disziplin der methodischen Mittel theologiehistorischer Forschung unterworfen ist, ersichtlich mehr als interesselosen theologischen Historismus repräsentiert.

Welches wäre die zentrale Eigenschaft, die die liberalen Theologien miteinander verbände und es somit rechtfertigte, sie dem historischen Typus „Liberale Theologie" zuzuordnen? Nach der simplen Pragmatik historischer Typenbegriffe müßte ja eine solche Zentraleigenschaft oder auch ein Syndrom typischer Eigenschaften vorhanden sein, damit der inzwischen üblich gewordene Gebrauch des fraglichen historischen Typenbegriffs ein gerechtfertigter Gebrauch wäre. Mit der Unbefangenheit, die in Fachdebatten unter Spezialisten auch Philosophen gelegentlich nützlich sein läßt, möchte ich auch hier als verbindende Eigenschaft liberaler Theologien ihr affirmatives Verhältnis zur modernen Kultur geltend machen. „Affirmation" – sie galt bekanntlich in der Frankfurter Schule als das, was zu verweigern die „Kritische Theorie" uns vor allem abverlangt[4], nämlich im

---

[1] Hans-Joachim BIRKNER: „Liberale Theologie". In: Martin SCHMIDT, Georg SCHWAIGER: Kirchen und Liberalismus im 19. Jahrhundert. Göttingen 1976, S. 33–42.

[2] a.a.O. S. 38.

[3] Vor allem im Rahmen der Ernst-Troeltsch-Gesellschaft, deren erster Kongreß 1983 stattfand. Cf. dazu „Eröffnung des Ersten Kongresses der Ernst-Troeltsch-Gesellschaft am 14. März 1983 in Augsburg", in: Horst RENZ, Friedrich Wilhelm GRAF (Hrsg.): Troeltsch-Studien. Band 3: Protestantismus und Neuzeit. Gütersloh 1984, S. 11–17.

[4] Die Geschichte der „Selbstzerstörung der Aufklärung" erscheint als Geschichte der „Metamorphosen von Kritik in Affirmation" – so Max HORKHEIMER, Theodor W. ADORNO: Dialektik der Aufklärung. Philosophische Fragmente. Frankfurt am Main 1989, S. 4, 3.

Verhältnis zur „bürgerlichen Gesellschaft" und ihrer Kultur progressiver Selbst-entfremdung. Ganz analog verstand auch die frühe dialektische Theologie, bei Gogarten zum Beispiel, sich als radikale Negation aller Versuche, den „Untergang"[5] bürgerlich-liberaler Kultur aufzuhalten, und nicht zuletzt Troeltsch galt als der theologische Repräsentant bürgerlicher Kulturapologeten[6].

Gewiß: Die kritische Verwerfung jeder Affirmation im Verhältnis zur modernen bürgerlichen Kultur wäre, was die Theologie anbetrifft, längst definitiv wirksam geworden, wenn die fraglichen Theologen bei ihrer Verteidigung der modernen Kultur die Theologie auf die einzige Funktion dieser Verteidigung reduziert hätten. Die liberale Theologie handle, statt von Gott, nur noch vom Menschen, fand sogar Rudolf Bultmann[7]. Noch einmal also: Träfe das zu, so wäre die liberale Theologie, ganz unabhängig von Recht oder Unrecht im apologetischen Verhältnis zur modernen Kultur, als Theologie längst erledigt. Indessen: Es wäre nichts als eine Karikatur liberaler Theologie zu polemischen Zwecken, ihr den Willen zur Selbstentäußerung zu einem Kulturförderungsmedium zu unterstellen. Kritiker solcher Selbstentäußerungstendenzen waren gerade die Prominentesten unter den liberalen Theologen selber – Harnack zum Beispiel, der bekanntlich als Kritiker David Friedrich Strauß' ebenso schlicht wie nachdrücklich darauf beharrte, daß die Modernität der modernen Kultur als Maßstab für die Messung der Aktualität des Evangeliums gar nicht taugte[8], und zwar allein schon deswegen nicht, weil dieses Evangelium Menschen in Lebenslagen betrifft, deren Lebenssinn zum Unterschied der Zeiten nach Graden ihrer geringeren oder größeren Modernität sich gänzlich indifferent verhält[9].

Aber das Thema der Kultur ist damit als ein theologisches Thema nicht erledigt. Unter Bedingungen einer Kultur zu leben – das gehört ja banalerweise selbst zu den kulturindifferenten Lebensumständen in der Dynamik des kulturellen Wandels. Kulturelle Herkunftsprägung, die Wahrnehmung der herrschenden Kultur und ihre lebenspraktische Validierung von der Moral bis zur Politik bestimmen stets unseren Lebensvollzug einschließlich seiner von den dialektischen

---

5 Es „ist ein Jubel in uns über das Spenglersche Buch" – so bekundete seine Reaktion auf den „Untergang des Abendlandes" 1920 Friedrich GOGARTEN: Zwischen den Zeiten. In: Jürgen MOLTMANN (Hrsg.): Anfänge der dialektischen Theologie Teil II. München 1977, S. 95–101, S. 98.

6 Es sei „ja nur gut", daß mit der „Kultur" auch der „Religion" der „Untergang" in bevorstehenden „Eiszeiten" komme, „die Troeltsch bei seinen kulturellen Überlegungen immer zuguterletzt frieren" gemacht hätten – so Friedrich GOGARTEN: Die Krisis unserer Kultur. In: a.a.O. S. 101–121, S. 114.

7 „Der Gegenstand der Theologie ist Gott, und der Vorwurf gegen die liberale Theologie ist der, daß sie nicht von Gott, sondern vom Menschen gehandelt hat" – so Rudolf BULTMANN: Die liberale Theologie und die jüngste theologische Bewegung (1924). In: Glauben und Verstehen. Gesammelte Aufsätze 1. Band. Tübingen 1933, S. 1–25, S. 2.

8 Wir sollten uns, mahnt Harnack, der Botschaft des Evangeliums gegenüber „nicht hinter ‚unsere kümmerliche Kulturarbeit' verschanzen". Adolf v. HARNACK: Das Wesen des Christentums. Sechzehn Vorlesungen vor Studierenden aller Fakultäten im Wintersemester 1899/1900 an der Universität Berlin gehalten. Leipzig 1926, S. 78.

9 Die Religion beziehe sich „auf den Menschen, wie er mitten in allem Wandel und Fortschritt der Dinge sich gleichbleibt", Adolf v. HARNACK a.a.O. S. 5.

Theologen so genannten „kulturreligiösen" Seite. Es ist ja richtig: Kulturaffirmation ist auch für den Frommen niemals apriori verpflichtend. Es bleibt stets eine Frage praktischer Urteilskraft, wieweit die Zustimmungsfähigkeit, gar die Zustimmungspflichtigkeit einer Kultur reicht. Die heute so genannte liberale Theologie öffnete sich der Modernität der modernen Kultur, und am eindrucksvollsten tat sie es in der Frühzeit der Weimarer Republik[10], als die junge dialektische Theologie die Liberale Theologie just deswegen verwarf. Bis weit über das Ende des Zweiten Weltkriegs hinaus hat die Überzeugung von der Nötigkeit dieser Verwerfung fortgewirkt. Inzwischen drängt sich aber die Frage auf, ob denn die Weimarer Republik, damit sie dem Angriff der totalitären Kräfte allenfalls hätte standhalten können, nicht gerade einer Bekräftigung ihrer bürgerlich-liberalen kulturellen Voraussetzungen bedürftig gewesen wäre anstelle kritischer Verwerfung liberaler bürgerlicher Kultur nun auch noch mit den Mitteln der Theologie[11].

Inzwischen beantwortet sich diese Frage natürlich leichter als noch vor wenigen Jahren. Nach dem Nationalsozialismus ist nun auch der marxistisch-leninistische Internationalsozialismus untergegangen – statt durch äußere Gewalt an den inneren Folgen der Unlebbarkeit seiner Ideale. Im Rückblick erscheinen die großen totalitären Mächte als spezifisch moderne Formen der Weigerung, sich auf die Modernität der modernen Kultur einzulassen. Das liberale Ordnungssystem, so scheint es, hat sich als die produktivere Antwort auf die Herausforderungen der modernen Kultur erwiesen. Es wäre ein Rückfall in den modernitätsverweigernden ideologischen Totalitarismus, darin die Wirksamkeit eines Geschichtsgesetzes erblicken zu wollen. Je dynamischer die moderne Zivilisation sich entwickelt, um so mehr verkürzen sich die Zeiträume, über die hin ihre Zukunft vorausgesagt werden könnte[12]. Der liberale Ordnungsrahmen moderner Kultur erweist nicht geschichtszielgewiß, vielmehr pragmatisch seine politischen und sonstigen Lebensvorzüge hier und jetzt, und liberale Theologie ist eine Theologie, die das anerkennt. Noch ein drittes Mal sei gesagt, daß sich damit die liberale Theologie keineswegs zum Medium dieser Anerkennung entäußert. Al-

---

[10] „Die Demokratie", so ruft Troeltsch den Modernitätsflüchtigen unter den akademischen Bürgern 1918 zu, „kann breite große Volkskreise zu ungeheurer Produktivität zusammenfassen, kann Liebe und Hingebung an den gemeinsamen Staat begründen, die menschliche Würde und Persönlichkeit jedes Bürgers zu größerer Geltung bringen". Ernst TROELTSCH: Die deutsche Demokratie (1918). In: Ernst TROELTSCH: Spektator-Briefe. Aufsätze über die deutsche Revolution und die Weltpolitik 1918/22. Mit einem Geleitwort von Friedrich MEINECKE. Zusammengestellt und herausgegeben von H. H. BARON. Neudruck der Ausgabe Tübingen 1924. Aalen 1966, S. 301–321, S. 306.

[11] Cf. dazu Klaus SCHOLDER: Die Kirche und das Dritte Reich. Band 1. Vorgeschichte und Zeit der Illusionen 1918–1934. Berlin, Wien 1977, der vom „Aufbruch" der dialektischen Theologie sagte: „... zunächst beraubte diese Theologie doch einfach die Republik wichtiger Stützen" (S. 62).

[12] Das bedeutet: Die Gegenwart schrumpft, das heisst die Extension des Zeitraums, für den Konstanzannahmen sinnvoll wären, verringert sich. Cf. dazu meinen Aufsatz „Schrumpft die Zeit? Zivilisationsdynamik und Zeitumgangsmoral. Verkürzter Aufenthalt in der Gegenwart", in: Kurt WEIS (Hrsg.): Was ist Zeit? Zeit und Verantwortung in Wissenschaft, Technik und Religion. München 1995, S. 53–79.

lein schon im Nachweis, daß die Liberalität der modernen Kultur von Voraussetzungen abhängig bleibt, die als religiöse Voraussetzungen einer politischen Garantie gar nicht zugänglich sind[13], erfüllt die Theologie weit mehr als die Funktion umstandsloser Anerkennung liberal verfaßter moderner Kultur.

Moderne Kultur –: was ist das? In Beantwortung dieser Frage begibt man sich
natürlich auf ein sehr weites Feld, und wiederum bedarf es des unbefangenen, das
heißt uneingeschüchterten Zugriffs, ohne den nützliche Orientierungen in der
Philosophie nicht zu gewinnen sind, um einige Züge moderner Kultur, die mir im
Blick auf unser Thema besonders wichtig zu sein scheinen, hervortreten zu lassen. In wenigen Absätzen möchte ich drei dieser Züge eigens vergegenwärtigen.

Erstens ist die moderne Kultur durch die in ihr freigesetzte evolutionäre Dynamik
geprägt. Es kann hier offen bleiben, ob es sich bei dieser Dynamik um ein Säkula-
risat der von Ernst Benz glanzvoll beschriebenen Akzelerationseffekte eschatolo-
gischer Naherwartung[14] handelt. So oder so handelt es sich bei der hier gemeinten Kulturdynamik nicht um ein Phänomen im Spiegel subjektiver Eindrücke, der
ja auch ein Zerrspiegel sein kann. Gemeint sind hier objektive, auch meßbare
kulturelle Abläufe, deren Geschwindigkeit in Teilbereichen unserer Kultur immer
noch zunimmt[15]. Diese Dynamik ist unserer Zivilisationsgenossenschaft längst
aufdringlich geworden. Die Wissenschaften haben sie registriert – von der in
vielen wissenschaftlichen Disziplinen seit langem absinkenden Halbwertszeit der
fachspezifischen Publikationen[16] über die fortschreitende Verringerung der chronologischen Abstände zwischen kognitiver Innovation und ihrer technisch-
industriellen Umsetzung und Nutzung[17] bis hin zur temporalen Innovationsverdichtung in Kunst, Literatur, Architektur unter der Herrschaft des Avantgarde-
Prinzips[18]. Der quantifizierbaren Seite kultureller Evolutionsdynamik entsprechen Formen des kulturellen Wandels, die qualitativer Bechreibung bedürfen –
von den Folgen der fortschrittsabhängig erhöhten Veraltensrate von Traditionen
in Alltagsverbringung, beruflicher und sonstiger Bildung über Änderungen im
Generationenverhältnis bis hin zum institutionenverändernden Wandel kultureller und politischer Kommunikationsformen bei regionaler wie sozialer Expan-

---

13 „Der freiheitliche, säkularisierte Staat lebt von Voraussetzungen, die er nicht selbst garantie-
    ren kann" – so das vielzitierte Diktum von Ernst-Wolfgang BÖCKENFÖRDE: Die Entstehung
    des Staates als Vorgang der Säkularisation. In: Säkularisation und Utopie. Ebracher Studien.
    Ernst FORSTHOFF zum 65. Geburtstag. Stuttgart, Berlin, Köln, Mainz 1967, S. 75–94, S. 93.
14 Ernst BENZ: Akzeleration der Zeit als geschichtliches und heilsgeschichtliches Problem. Aka-
    demie der Wissenschaften und der Literatur zu Mainz. Abhandlungen der Geistes- und Sozi-
    alwissenschaftlichen Klasse. Jahrgang 1977. Nr. 2. Mainz 1977.
15 Cf. dazu mein Buch „Im Zug der Zeit. Verkürzter Aufenthalt in der Gegenwart", Berlin etc.
    ²1994.
16 Cf. dazu das Kapitel „Wissenschaftskulturelle Folgen dynamisierter Erkenntnispraxis", a.a.O.
    S. 229–250.
17 Cf. dazu das Kapitel „Innovationsverdichtung in der technischen Evolution", a.a.O. S. 251–
    267.
18 Cf. dazu Kapitel „Das Avantgarde-Paradox: Die Vergangenheit rückt der Gegenwart näher",
    a.a.O. S. 91–106.

sion wechselseitiger Abhängigkeiten. – Schon die großen Geschichtsphilosophien setzen die moderne Erfahrung des Auseinandertretens von „Erfahrungsraum" und „Erwartungshorizont", wie Reinhart Koselleck das genannt hat[19], voraus. Sie verarbeiten die großen revolutionären Ereignisse prozeßtheoretisch. Ideologie-politisch folgenreich war vor allem die marxistische Transformation beobachtba-rer Gerichtetheit des historischen Prozesses in eine Zielgerichtetheit, die zugleich zur politischen Maßgabe der Zukunftsmenschheit in Vorhutgestalt erhoben wur-de, als die sich geschichtstheoretisch das Proletariat erkennt und ernennt und so zur letzten Partei, zur Einheitspartei wird. Alle Elemente des totalitären Syn-droms[20] sind hier beisammen. Es liegt nahe, darin gemäß der wirkungsreichen These Karl Löwiths[21] die Säkularisationsgestalt jüdisch-christlicher Eschatologie zu erkennen. Im Scheitern der Hoffnung auf politische Geschichtssinnerfüllung wäre dann generell die säkulare Fortschrittserwartung gescheitert, und nach Ak-zeptanz oder Verweigerung dessen formieren sich heute Frontlinien in den Aus-einandersetzungen geschichtsgewiß gewesener Intellektueller einschließlich nicht-liberaler Theologen unter ihnen. Das hier gemeinte Faktum moderner Zivi-lisationsdynamik verhält sich zu den inzwischen erledigten oder auch rezenten Anstrengungen, aus Geschichtslaufrekonstruktionen moralische und politische Verbindlichkeiten zu gewinnen, gänzlich indifferent. Die evolutionäre Dynamik der modernen Kultur wird hier als ein Bestand von kognitiv trivialer Empirie vorausgesetzt, und als trivial dürfen hier auch die Antriebe und Kräfte gelten, die die Dynamik des Zivilisationsprozesses freigesetzt haben. Trivial sind die Lebens-vorzüge, die sich nach weit überwiegender Mehrheitserfahrung mit der moder-nen Zivilisation verbinden[22]. In ihrer Evidenz wirken diese Lebensvorzüge unver-ändert bezwingend. Mehr noch als für die Reichen gilt das für die Armen in aller Welt. Die Richtung, in der sich die großen Migrationsströme bewegen, ist eindeu-tig. Illusionen mögen im Spiel sein. Aber der Nachweis, die Fortschrittsgehalte der modernen Kultur seien in Wahrheit gar keine gewesen, wirkt nur unter Esoteri-kern in der Wohlfahrtswelt überzeugend. Die wachsenden Lasten, die uns in der modernen Zivilisation drücken, dementieren die zivilisatorischen Fortschritte nicht, sondern sind Kosten, die wir für ihn zu zahlen haben. Die Lebensbereiche expandieren, in denen inzwischen die Kosten des Fortschritts sogar rascher als die Lebensvorzüge wachsen, die uns dem Zivilisationsprozeß Fortschrittsnatur zusprechen ließen. Das heißt: Der Grenznutzen des Fortschritts nimmt ab. Wenn diese Beschreibung ihre Triftigkeit hätte, so würden uns die Erfahrungen moder-

---

[19] Reinhart KOSELLECK: ‚Erfahrungsraum' und ‚Erwartungshorizont' – zwei historische Katego-rien. In: Günther PATZIG, Eberhard SCHEIBE, Wolfgang WIELAND (Hrsg.): Logik, Ethik, Theo-rie der Geisteswissenschaften. Hamburg 1977, S. 191–208.

[20] Cf. dazu meinen Aufsatz „Totalitäre Rechtgläubigkeit. Das Heil und der Terror", in: Hermann LÜBBE (Hrsg.): Heilserwartung und Terror. Politische Religionen des 20. Jahrhunderts. Düs-seldorf 1995, S. 15–34.

[21] Karl LÖWITH: Weltgeschichte und Heilsgeschehen. Die theologischen Voraussetzungen der Geschichtsphilosophie. Stuttgart ²1953.

[22] In ihrer Trivialität sind diese Lebensvorzüge zugleich fundamental – cf. dazu mein Buch „Der Lebenssinn der Industriegesellschaft. Über die moralische Verfassung der wissenschaftlich-technischen Zivilisation". Berlin ²1994, bes. S. 151ff.

ner Zivilisationsdynamik weder intensivierte Geschichtssinnsuche noch geschichtsbezogen säkularisierte Umkehrversuche abverlangen, vielmehr Pragmatismus bei der Einrichtung in aufdringlich gewordenen Grenzen des Fortschritts unter den trivialen moralischen und politischen Orientierungsvorgaben des Common sense[23]. – Zu den orientierungspraktischen und näherhin ideologiepolitischen Langfristfolgen aufdringlich gewordener Erfahrungen mit dem abnehmenden Grenznutzen zivilisatorischer Evolution wird übrigens die Zersetzung der uns seit dem Aufklärungszeitalter beherrschenden Alternative von progressiven und konservativen Orientierungen und Optionen gehören. Diese Alternative wird gegenstandslos, soweit die Probleme, die uns bedrücken, nicht mehr Probleme des aufgehaltenen Fortschritts, vielmehr Probleme aus Folgelasten stattfindenden Fortschritts sind. Mit der schwindenden Aktualität des Gegensatzes zwischen „progressiven" und „konservativen" Orientierungen[24] schärft sich zugleich neu der Sinn für diejenigen Lebensprobleme, die dauernde Gegenwart haben und uns geschichtsepochenindifferent herausfordern. Es hieße, die Theologie progressiv in veralteter Weise mißverstehen, wenn man leugnete, daß im Zuständigkeitsbereich der Theologie alterungsresistente, weil geschichtsepochenindifferent uns bedrängende Lebensprobleme ihre besondere Wichtigkeit haben.

Zweitens ist die moderne Kultur eine Kultur derzeit immer noch progressiv verlaufender Selbsthistorisierung. Das historische Bewußtsein ist eine junge Gestalt des Bewußtseins, und die im deutschen Kontext zumeist so genannten Geisteswissenschaften, das heißt die historischen Kulturwissenschaften, sind einschließlich der geisteswissenschaftlichen Teile der Theologie späte, das heißt zumeist erst dem 19. Jahrhundert entstammende Bestände unserer Wissenschaftsgeschichte[25]. Diese Historisierung der modernen Kultur ist die Antwort auf die Erfahrung änderungstempobedingten kulturellen Vertrautheitsschwundes. Eigene Vergangenheit nimmt die Gestalt einer fremden Vergangenheit an. Das Andere, vormodern einzig als das Andere anderer, und überdies selten, im Raum begegnend, wird in einer dynamischen Kultur zum eigenen Anderen in der Zeitdimension. Entwicklungsbedingte Selbstentfremdung bewirkt Schwierigkeiten, sich

---

[23] Common sense – ein „europäisches Schlüsselwort" zur Kennzeichnung einer Orientierungsinstanz, die in der modernen Zivilisation ineins wichtiger und in ihrer Reichweite fortschreitend eingeschränkt wird. Zur neuzeitlichen Begriffsgeschichte cf. Helga PUSTET: Common sense bis zum Ende des 18. Jahrhunderts. In: Europäische Schlüsselwörter. Vol. 2. München 1964, S. 92–140.

[24] Diese schwindende Aktualität spiegelt sich im verblüffenden Gebrauch, den Erhard Eppler vom Prädikator „konservativ" machte, als er ihn denjenigen zusprach, die heute noch „den Fortschrittsmythos hochhalten", so Erhard EPPLER: Die Qualität des Lebens. In: Aufgabe Zukunft. Qualität des Lebens. Band 1. Frankfurt a. M. 1973, S. 86–101, S. 98.

[25] Nicht zuletzt auf dieser Erinnerung sowie auf der funktionalen Erklärung des Erfolgs der historischen Kulturwissenschaften beruht der außerordentliche Effekt, den Odo Marquard mit seiner wiederholt nachgedruckten „Bamberger Botschaft", das heißt mit seinem Festvortrag zur Jahresversammlung der Westdeutschen Rektorenkonferenz am 5. Mai 1985 in Bamberg bewirkte. Odo MARQUARD: Über die Unvermeidlichkeit der Geisteswissenschaften. In: Almanach. Ein Lesebuch. Band I. Bonn 1987, S. 107–118.

selbst in der Vergangenheit seiner selbst wiederzuerkennen. Erst die Leistungen des historischen Bewußtseins machen es möglich, das, was unsere Kultur war, als sie noch nicht war, was inzwischen aus ihr geworden ist, als Teil unserer eigenen Kultur wiederzuerkennen und anzueignen, und die Vergegenwärtigung der Identität anderer Kulturen über die Vergegenwärtigung ihrer Herkunft verlangt analoge Leistungen[26]. Kein Kanon, kein Dogma, kein Bekenntnis, kein Normenbestand und keine Wissenschaftsdisziplin, die der Erfahrbarkeit ihrer Historizität, ihrer genetischen Kontingenz entzogen wäre! Wohl aber nimmt mit wachsender Dynamik kultureller Evolution die historische Ungleichzeitigkeit simultan beobachtbarer Entwicklungsstände zu. Anders als Karl Marx ideologietheoretisch unterstellte[27], wälzen sich Basis und Überbau nicht mit jedem Entwicklungsschub in toto gleichzeitig um. In der traditionsreichen Metaphorik des Stroms ausgedrückt heißt das: Die Strömung dieses Stroms verläuft nicht laminar[28]. Jeder Kirchentag demonstriert uns die schon in der Romantik entdeckte historische Ungleichzeitigkeit des chronologisch Gleichzeitigen. Die Klänge der Posaunenchöre der Kuhlo-Tradition mischen sich in die Töne nicaraguanischer Folklore, Friedensbewegte verlesen eine Parodie des Vater-Unser, evangelikale Beobachter notieren das als Grund für die Einforderung eines anderen Kirchentags, und in den zahllosen Bibelkreisen vernimmt das empfindliche Ohr Nachklänge höchst heterogener Epochen unserer Frömmigkeitsgeschichte einschließlich ihrer theologischen Disziplinen. Erst für den historisch geschulten Blick wird aus diesem Chaos die kontingente Ordnung des Resultats rekonstruierbarer Genesen, und längst ist die historische Theologie dabei, sich in diesem Zusammenhang selbstreferentiell selber genetisch zu rekonstruieren.

Drittens ist die moderne Kultur eine Kultur schwindender Homogenität. Sie ist eine Kultur noch immer progressiv verlaufender Pluralisierung und Differenzierung. In striktem Gegensatz zu den Vermutungen der Massengesellschaftstheoretiker, die in der Zwischenkriegszeit ihren Auftritt hatten, resultieren gerade aus der strikten Geltung moderner Gleichheitsgrundsätze nicht egalisierte Kulturniveaus, sondern Prozesse der Freisetzung von Individualität in großen und kleinen Gruppen, ja von Eliten, Sonderleistungen innerhalb wie außerhalb von Konkurrenzverhältnissen, und die Verfallsformen moderner Lebenskultur verhalten sich dazu genau komplementär. Zusammenfassend gesagt folgt kulturelle Pluralisierung aus spezifisch modernen Zwängen der Selektion. Am Standardexempel mo-

---

[26] Zur Wissenschaftstheorie und Pragmatik historischer Kulturwissenschaften cf. mein Buch „Geschichtsbegriff und Geschichtsinteresse. Analytik und Pragmatik der Historie". Basel, Stuttgart 1977, bes. S. 304ff.: „Evolutionäre Beschleunigung und historisches Bewußtsein".

[27] Nämlich in seinem wirkungsreichen „Vorwort" „Zur Kritik der Politischen Ökonomie" von 1859. In: Karl MARX, Friedrich ENGELS: Werke Band 13, S. 7–11.

[28] Als metaphorisch der Strömungslehre entlehnter Begriff böte sich zur Beschreibung kultureller Evolutionen, die sich in Schichten mit unterschiedlicher Dynamik vollziehen, der Begriff „evolutionäre Illaminarität" an. Zur näheren Erläuterung cf. dazu die Abhandlung „Zeit-Erfahrungen. Sieben Begriffe zur Beschreibung moderner Zivilisationsdynamik", in diesem Buch S. 40ff., bes. S. 43.

derner Kulturkritik, den Wirkungen der Massenmedien, läßt sich anschaulich machen, was das heißt. Es trifft ja zu: Die sogenannten Massenmedien schaffen Publikumsmassen. Aber zugleich nimmt die Heterogenität der kulturell gleichzeitig verbreiteten Formen der Mediennutzung zu und damit die Differenziertheit der von den Individuen in Abhängigkeit von ihrem Medienumgang, der ja auch weitgehende Medienmeidung einschließen kann, erreichten Kulturniveaus[29]. Noch einmal: Mit der Menge der Kommunikationsmöglichkeiten nimmt in allen Bereichen moderner Kultur selektivitätsbedingt die Differenzierung kulturell gleichzeitig verbreiteter Kommunikationsformen zu. Entsprechend wird es immer schwieriger, in überzeugenden Formen der Kommunikation sich an die Adresse aller zu wenden. Entsprechend sind Showtalente wirklich Talente, bewegende, gar mitreißende Politikerreden sind seltene Ereignisse geworden, und das läßt zugleich die Bedingungen erkennen, die die Neuentstehung politischer Massenbewegungen des totalitären Typus heute eher unwahrscheinlich machen. Selbstverständlich ist die schwindende Homogenität der modernen Kultur längst auch zum Problem der Kanzelrede geworden. Wieviel leichter ist es doch, eine Predigt bei Gelegenheit jährlich stattfindender Hochschultage in einer kirchlichen Akademie zu halten als am 9. Sonntag nach Trinitatis in einer Großstadtgemeinde mit modernitätsabhängig unscharf gewordenem Sozialprofil. –

Die drei vorausgehenden Absätze haben einige Eigenschaften moderner Kultur herausgehoben, die in besonderer Weise geeignet sein mögen, plausibel zu machen, wieso sich ineins mit der modernen Kultur zugleich liberale Normen ihrer institutionellen Verfassung zur Geltung gebracht haben. Bis auf die UNO-Ebene hinauf ist das inzwischen der Fall, was natürlich nicht heißt, daß der Geltungsbereich einschlägiger Deklarationen sich bereits überall mit dem Bereich ihrer politischen und juridischen Effizienz deckte. Fünf Normen, die den hier so genannten liberalen Ordnungsrahmen moderner Kultur verfügen, seien im folgenden in äußerster Kürze skizziert. Vorangeschickt sei dem noch die wichtige Bemerkung, daß man dem Faktum global sich ausbreitender offizieller Anerkennung dieser Normen nicht entnehmen kann, hier wäre nun doch eine Gesetzmäßigkeit des Geschichtslaufs wirksam und eine Annäherung ans Ideal liberaler Geschichtszielvollendung fände statt. Die fraglichen Normen sind nichts als höchst pragmatische Selbsterhaltungsbedingungen moderner Kultur, und ihre lebenspraktische Geltung beruht auf schmerzhaften Erfahrungen mit den Folgen ihrer Mißachtung.

Erstens gilt im liberalen Ordnungsrahmen das Verbot, die großen maßgebenden Orientierungen – die geglaubten Wahrheiten des Heils, Bekenntnisse einschließlich ihrer Säkularisate, der parteikonstituierenden Intellektuellen-Bibeln – mit rechtlich-politischer Verbindlichkeit auszustatten. Es muß sich bei dieser recht-

---

[29] Cf. dazu meinen Aufsatz „Medienethik. Medienkonsum als moralische Herausforderung", in: Hilmar Hoffmann: Gestern begann die Zukunft. Entwicklung und gesellschaftliche Bedeutung der Medienvielfalt. Darmstadt 1994, S. 313–318.

lich-politischen Entkanonisierung maßgebender Megawahrheiten keineswegs um die Verdrängung dieser Wahrheiten aus dem Raum der Öffentlichkeit, also um ihre Privatisierung handeln. Solche Privatisierung gehört zur historischen Sonderform des Laizismus, wie er in exemplarischer Weise staatskirchenrechtlich Frankreich geprägt hat[30], keineswegs aber die USA[31], in denen ja die strikte Trennung von Staat und Glaubensgemeinschaften nicht im Antiklerikalismus oder in sonstigen Formen des orientierungspraktischen Indifferentismus wurzelt, vielmehr im Freiheitswillen religiöser, ehemals, nämlich in Europa verfolgt gewesener Minderheiten.

Zweitens wird im liberalen Ordnungssystem der Friedensbegriff pragmatisiert. Über die politische Depotenzierung konkurrierender Wahrheitsansprüche wird deren friedensgefährdendes Konfliktpotential entschärft. Im liberalen Ordnungssystem ist der Friede nicht mehr auf den Triumph der Wahrheit gegründet, vielmehr auf den Triumph des Willens zum Frieden über den Willen zu jenem Triumph. Die Homogenität wahrheitsüberzeugungsgeprägter Kultur nimmt ab. Die relative Menge einheitsstiftender Gewißheiten, die jedermann angesonnen sind, minimalisiert sich. Der Friede gründet nicht mehr auf maximaler kultureller Homogenität der Friedensgenossen, vielmehr auf verbindlicher rechtlicher Unverbindlichkeit dessen, was uns bis in unseren religiösen Lebenszusammenhang hinein gewiß zu sein scheint.

Drittens beruht, entsprechend, im liberalen Ordnungsrahmen die Geltung rechtlicher Normen, die anzuerkennen uns zugemutet ist, nicht auf der Wahrheit der in die Begründung dieser Normen eingegangenen kognitiven Gehalte. Vielmehr ist im liberalen System der Geltungsmodus aller öffentlichen Verbindlichkeiten dezisionistisch. Aus erläuterungsunbedürftigen historischen Gründen klingt das in deutschen Ohren nicht gut. Indessen: Daß Mehrheit vor Wahrheit gelte, ist die Grundregel der Demokratie als einer Verfahrensordnung[32]. Selbst bei Hundert-Prozent-Majoritäten gilt, was so beschlossen wurde, majoritätshalber und nicht aus konsensuell unwidersprechlich gemachten Wahrheitsgründen. Die freiheitsstiftende Wirkung des dezisionistischen Vorrangs von Mehrheit vor Wahrheit ist evident: Nur dann, wenn, was gilt, majoritätslegitimiert statt wahrheitslegitimiert gilt, bleibt es jedem Mehrheitsdissidenten unbenommen, die Wahrheit an ganz anderer Stelle zu vermuten und das auch öffentlich diskursiv zur Geltung zu bringen.

Viertens gewährleistet im Kontext der modernen Kultur deren liberaler Ordnungsrahmen Zustände dauerhaft inkompletter Emanzipation. Nur so bleiben

---

[30] Axel Freiherr v. CAMPENHAUSEN: Staat und Kirche in Frankreich. Göttingen 1962.

[31] Elwyn SMITH: Religious Liberty in the United States. Development of Church - State - Thought Since the Revolutionary Era. Philadelphia 1972.

[32] Cf. dazu meinen Aufsatz „Dezisionismus - eine kompromittierte politische Theorie", in: Hermann LÜBBE: Praxis der Philosophie, praktische Philosophie, Geschichtstheorie. Stuttgart 1978, S. 61–77.

wir, als Kunstproduzenten wie als Kunstkonsumenten zum Beispiel, frei, nicht up to date sein zu müssen. In die Freiheit bleibt, vorbehaltlich der Ansprüche betroffener Dritter, das Recht eingeschlossen, seines eigenen Unglücks Schmied sein zu dürfen. Und wenn es denn, nach einem berühmt gewordenen bildungssoziologischem Diktum, so wäre, daß das katholische Mädchen vom Lande im statistischen Durchschnitt die allergeringsten Aussichten hat, zum Abitur zu gelangen, so bliebe nichtsdestoweniger eine Politik öffentlicher Zwangsräumung der fraglichen Emanzipationshindernisse illegal. Karl Marx fand, es handele sich nicht um Religionsfreiheit, sondern um die Befreiung der Menschheit von der Religion, und nicht um Judenemanzipation, vielmehr um die Emanzipation der Menschheit vom Judentum[33]. In solchen Formeln wird eine Philosophie der Religion, die diese als Emanzipationshindernis betrachtet, tendenziell zur Ideologie eines legitimen Emanzipationszwangs, wie ihn dann der zur Parteiherrschaft gelangte totalitäre Internationalsozialismus partiell tatsächlich vollstreckt hat.

Fünftens gewährleistet der liberale Ordnungsrahmen Entlastung vom Zwang zur Permanenzidentität individueller und kollektiver Interessen. Jedermann bleibt aufgefordert, sich in seinem Tun und Lassen ein Gewissen zu machen, während zugleich jedermann die Rolle verwehrt bleibt, das Gewissen zu sein[34]. Die uns als Schulbuchspruch zugemutet gewesene Regel, daß wir stets so zu handeln hätten, als hinge von uns und unserem Tun allein das Schicksal ab der deutschen Dinge, führt uns nicht zum Respekt vorm Prinzip Verantwortung, sondern korrumpiert gelebte Verantwortung durch Überlastung. Was wird aus Schularbeiten, wenn in prätendierter Identität individueller und kollektiver Interessen bei Herannahen des Republikfeiertages die Schularbeiten zu Ehren der Republik erledigt werden sollen? Was wird aus der Selbstlosigkeit in der Steigerung beruflicher Leistung, wenn sie im Ritus des sozialistischen Wettbewerbs mit der Betriebswanderfahne ausgezeichnet wird? Auf den Begriff gebracht heißt das: Die universell geltenden Regeln des Gemeininteresses haben unsere sonstigen Interessen kompatibel, aber doch nicht gemein zu machen.

Man könnte, zusammenfassend, die Pragmatik des liberalen Ordnungsrahmens moderner Kultur auch mit Rekurs auf die Haupttendenz liberaler Verfassungsrechtsgeschichte und Verfassungsrechtssprechungsgeschichte plausibel machen: Die Geschichte der Bürger- und Menschenrechte stellt sich als Geschichte immer noch fortschreitender Ausweitung derjenigen Lebensbereiche dar, die wir nicht zur Disposition politischer Entscheidungen gestellt wissen möchten, die man somit, im Kontext der Demokratie, auch gerade nicht demokratisieren kann, die im Repräsentativsystem repräsentierbar, aber niemals majorisierbar sind.

In einem abschließenden Durchgang möchte ich jetzt einige Charakteristika liberaler Theologie formulieren, die das Verhältnis dieser Theologie zur moder-

---

[33] Karl MARX: Zur Judenfrage. In: Karl Marx, Friedrich Engels: Werke Band 1. Berlin 1977, S. 347–377, S. 373.

[34] Nach einer Formulierung Odo Marquards.

nen Kultur betreffen. Diese Charakteristika haben eine kriterielle Bedeutung. Eine Theologie, die gar keines dieser charakteristischen Elemente liberaler Theologie aufzuweisen hätte, dürfte es, von Marginalitäten abgesehen, gar nicht geben. Wo sie hingegen im Ensemble aufträten, befände man sich in einem theologischen Kontext, für den die Kennzeichnung „liberale Theologie" auch als Selbstkennzeichnung zur Verfügung stehen dürfte. Worum handelt es sich?

Erstens anerkennt liberale Theologie den liberalen Ordnungsrahmen moderner Kultur als Ordnungsrahmen auch für das gegenwärtige religiöse und näherhin kirchliche Leben. Die Irresistibilität des Zwangs zu dieser Anerkennung wird eindrucksvoll, wenn man sich vergegenwärtigt, daß längst auch die römische Kirche ihm nachgeben mußte. Anti-Liberalismus – das paßt als Stichwort für eine theologisch-kirchenpolitische Orientierung, die mutatis mutandis von Gregor XVI. über das I. Vatikanische Konzil bis hin zu Pius XII. reicht, der noch 1953 in einer Ansprache an die Adresse römischer Juristen das urliberale Rechtsinstitut der Religionsfreiheit für kirchlich inakzeptabel erklärte[35], statt dessen auf die Pragmatik der Vermeidung des jeweils größeren Übels verwies, die dem Toleranzprinzip zugrunde liegt und so in einer alles andere als marginalen Frage den liberalen Verfassungsrechtssystemen ausdrücklich die Anerkennung verweigerte. Alsdann hat sich freilich innerhalb eines einzigen Jahrzehnts auch in der römischen Kirche ein grundlegender Wandel vollzogen, und innerhalb des II. Vatikanischen Konzils wurde das ratifiziert[36]. Hatte sich denn nicht in den USA, also unter Bedingungen einer staatskirchenrechtlichen Ordnung, in der von Beginn an die Trennung von Staat und Kirche und ineins damit selbstverständlich Religionsfreiheit festgeschrieben worden war, die Gemeinschaft römisch-katholischen Bekenntnisses zur größten aller Religionsgemeinschaften zu entwickeln vermocht? Der beim Konzil in Rom präsente amerikanische Episkopat repräsentierte die begünstigende Wirkung liberaler Rechtsinstitutionen gerade auch für das kirchliche Leben, und wenn in den frühen neunziger Jahren noch einmal der Kölner Kardinal als Kritiker des „Liberalismus" hervortrat, so wollte er keineswegs die kirchliche Anerkennung eines aufs liberale Rechtsinstitut der Religionsfreiheit begründeten staatskirchenrechtlichen Systems revozieren, sondern Mängel im strafrechtlichen Schutz kirchlich sanktionierter moralischer Normen kritisieren. – Vor dem Hintergrund der Erinnerung an die Geschichte des Verhältnisses der katholischen Kirche zum Liberalismus läßt sich zusammenfassend sagen: Nachdem die historischen Erfahrungen mit den Existenzbedingungen der Kirche im Kontext moderner Kultur sogar der römischen Kirche die Anerkennung der auf liberale Prinzipien gegründeten Staatskirchenrechtsordnung abgezwungen haben, ist die-

---

[35] Mit dem Argument, daß, was in der Religion „nicht der Wahrheit" entspräche, „objektiv kein Recht auf Dasein, Propaganda und Aktion" habe. Arthur-Fridolin UTZ, Joseph-Fulko GRONER (Hrsg.): Aufbau und Entfaltung des gesellschaftlichen Lebens. Soziale Summe Pius' XII. Freiburg in der Schweiz ²1954. Nr. 3978 (B 2049).

[36] Zweites Vatikanisches Ökumenisches Konzil. Erklärung über die Religionsfreiheit. Authentischer Text der Acta apostolica sedis. Übersetzung im Auftrag der deutschen Bischöfe. Mit einer Einleitung von Prof. Dr. Ernst-Wolfgang BÖCKENFÖRDE. Münster/Westfalen 1968.

se Anerkennung gemein-christlich geworden. Selbst diejenigen Denominationen noch, die wir in ihrer inneren Verfassung statt „liberal" heute eher „fundamentalistisch" nennen würden, sind sich im Regelfall der Abhängigkeit ihrer eigenen sozialen und kulturellen Existenz von der Integrität liberaler Rechtsinstitutionen bewußt und hüten sie. Abermals sei unterstrichen, daß die gewisse Irresistibilität, mit der sich der liberale Rechtsrahmen moderner Kultur auch zögernden Kirchen gegenüber schließlich zur Geltung gebracht hat, keinerlei Geschichtszielgewißheit begründet. Historische Evolutionen laufen erkennbar gerichtet, aber nicht zielgerichtet, sie sind irreversibel, aber das nicht wegen der Unaufhaltsamkeit immanent teleologisch wirkender Kräfte, vielmehr wegen der Singularität jeweils interferierender kontingenter Faktoren. Das bedeutet: Die Geltung liberaler Prinzipien ist nicht geschichtsphilosophisch begründbar, vielmehr einzig pragmatisch als selbsterhaltungsbegünstigende Voraussetzungen moderner Kultur. Moderne Kultur – das ist eine Kultur fortschreitender sozialer und regionaler Expansion unserer realen Abhängigkeiten voneinander. Entsprechend nimmt modernitätsabhängig ständig die Menge der kooperativen und kommunikativen Beziehungen zu, die sich als Beziehungen kulturell heterogen geprägter Subjekte darstellen, und die Minimalisierung der wechselseitigen Homogenitätsanforderungen, ohne die jene regionale und soziale Expansion unserer wechselseitigen Abhängigkeiten gar nicht stattfinden könnte, wird im liberalen Ordnungsrahmen moderner Kultur garantiert.

Zweitens ist die liberale Theologie eine Theologie, die wissenschaftskulturell nachaufgeklärt existiert. Das bedeutet: Sie setzt die religiöse Indifferenz und näherhin die Glaubensindifferenz des wissenschaftlichen Fortschritts voraus. Sie begünstigt damit die Pragmatisierung dieses Fortschritts, das heißt sie befreit uns zur Validierung dieses Fortschritts nach seinen Lebensvorzügen und Folgekosten. Die in liberaler Theologie inzwischen vorausgesetzte nachaufgeklärte Glaubensindifferenz wissenschaftlichen Fortschritts bedeutet näherhin religiösen Bedeutsamkeitsverlust wissenschaftlicher Weltbilder. Das ganze 19. Jahrhundert ist bekanntlich von Weltanschauungskämpfen durchzogen, deren Inhalt vermeintliche Inkompatibilitäten von konfessioneller und wissenschaftlicher Wirklichkeitsorientierung war. „Der alte und der neue Glaube" – das ist für die Überzeugtheit von dieser Inkompatibilität ein sprechender, überdies bekanntlich sehr wirksam gewesener Titel[37]. Die Frommen einschließlich ihrer theologischen Schutz- und Ordnungstruppe erschienen als historisch überständige Weltanschauungstraditionalisten und komplementär dazu der wissenschaftliche Erkenntnisfortschritt als solcher aufklärungsbedeutsam. Erst das macht verständlich, wieso sich noch im Beginn unseres eigenen Jahrhunderts Wissenschaftlervereine als Ersatzkirche zu formieren vermochten, prototypisch im Monistenbund[38] mit seinen wissen-

---

[37] Cf. dazu Peter SCHREMBS: David Friedrich Strauß' „Der alte und der neue Glaube" in der zeitgenössischen Kritik. Diss. Zürich 1986.

[38] Zu den ersatzreligiösen Bewegungen, zumal in der Gelehrtenwelt, cf. Horst HILLERMANN: Der vereinsmäßige Zusammenschluß bürgerlich-weltanschaulicher Reformvernunft in der Monistenbewegung des 19. Jahrhunderts. Schriften zur Geschichte der Politischen Bildung. Band 16. Kastellaun 1970.

schaftlichen Sonntagspredigten und wallfahrtsanalogen Exkursionen zu den Reliquien unserer paläontologischen Frühgeschichte. Es ist nicht leicht, darüber heute ironiefrei zu sprechen. Aber das wäre unhistorisch, und retrospektiver Spott über den komplementären Antidarwinismus so vieler Theologen desgleichen. Entscheidend ist zu erkennen, wie die noch im Beginn unseres Jahrhunderts kulturell überall sichtbaren weltanschaulichen Frontstellungen zwischen „Altem", nämlich religiös-konfessionellem Glauben einerseits und „Neuen", nämlich aufgeklärt-wissenschaftlichem Glauben, nämlich Weltanschauungsglauben andererseits, sich vollständig aufgelöst haben – wenn man einmal von Relikten von der Art des Creationismus-Streits in einigen südlichen Teilstaaten der USA[39] absieht. Der wissenschaftliche Fortschritt selbst hat die religiöse Relevanz dieses Fortschritts inzwischen vollständig weggearbeitet. Je mehr sich die Forschung in die Dimensionen des sehr Großen, sehr Kleinen und sehr Komplizierten hineinarbeitet, um so weiter läßt sie den Bereich unserer Lebenswelten hinter sich, und da es ohnehin seine Plausibilität hat, daß das, worüber wir fortschrittsabhängig jeweils morgen und übermorgen schon ganz anders als heute denken, sich indifferent zu jenen durch ungleich größere Konstanz gekennzeichneten Lebenstatsachen verhält, auf die wir uns im Kontext religiöser Kultur zu beziehen pflegen, entkoppeln sich weltanschaulich Glauben und Wissenschaft. Kein populärwissenschaftlicher Bestseller taugt heute noch als Bibelersatz, und daß der real existierende Sozialismus bei Gelegenheit des Konfirmationsäquivalents der Jugendweihe statt der Bibel ein paläontologisches Bilderbuch auszugeben pflegte, machte schon zu seinen Lebzeiten diesen Sozialismus als ein hoch petrifikationsgefährdetes Kulturevolutionsrelikt auffällig[40]. Wahr ist, daß populärwissenschaftlich aufbereitete Auskünfte wissenschaftlicher Herkunft über die Welt, in der wir leben, auch heute noch immer wieder einmal zu faszinieren vermögen und potentiell bestsellerträchtig sind. Der Welterfolg von Stephen W. Hawkings Kurzer Geschichte der Zeit belegt das exemplarisch[41]. Nichtsdestoweniger beruht solche Faszination nicht auf Effekten einer Aufklärung, die gegenüber theologisch formierten religiösen Widerständen sich endlich Bahn gebrochen hätten. Faszinierend wirken vielmehr Inhalte, deren Evidenz die Evidenz ihrer vollständigen Sinnindifferenz ist. Anders ausgedrückt: Faszinierend wirkt hier die Evidenz, daß es in lebensweltlichen Sinnhorizonten gedacht schlechterdings keinen angebbaren Unterschied macht, ob der Fall ist, was wir als Wissenschaftsfeuilletonleser noch gestern dafür hielten, oder ob vielmehr zutrifft, wofür nach heutigem Kenntnisstand überwiegende Gründe sprechen. Wissenschaftskulturgeschichtlich bedeutet das: Jenseits ihrer forschungspraktischen, zum Beispiel methodologischen Sinngehalte einerseits und ihrer ökonomischen, medizinischen und sonstigen Nutz-

[39] Marcel C. LA FOLLETTE (ed.): Creationism Science and the Law. The Arkansas Case. Cambridge (Mass.), London 1983.

[40] Weltall, Erde, Mensch. Ein Sammelwerk zur Entwicklungsgeschichte von Natur und Gesellschaft. Redaktion: Horst WOLFGRAMM, Irmgard RADANT. Leipzig 1954.

[41] Stephen W. HAWKING: Eine kurze Geschichte der Zeit. Die Suche nach der Urkraft des Universums. Mit einer Einleitung von Carl SAGAN. Deutsch von Hainer KOBER unter fachlicher Beratung von Dr. Bernd SCHMIDT. Reinbek bei Hamburg 1988.

barkeiten andererseits verbleibt als Kulturbedeutsamkeit der Resultate wissenschaftlich sich betätigender theoretischer Neugier ihre Geeignetheit als Kontin-
genzerfahrungsmedium –: auf die Frage, wieso alles so und nicht vielmehr ganz
anders sei, gibt es so wenig wie auf die Frage, wieso überhaupt etwas ist und nicht
vielmehr nichts, keine aus dem, was tatsächlich ist, gewinnbare Antwort. „Die
Wahrheit wird Euch frei machen" ist in dieser Lage als Inschrift über Portalen
von Forschungsinstituten nicht mehr applikabel. Die liberale Theologie ist eine
Theologie der Schätzung der Ernüchterungswirkung der Einsicht in die religiöse
Indifferenz wissenschaftlichen Fortschritts. Sie stützt damit ineins die Modernitätsfähigkeit unserer Glaubensverfassung wie auch jene sehr anspruchsvolle Prädisposition wissenschaftlicher Erkenntnispraxis, in der wir gänzlich desinteres-
siert sind, die Wirklichkeit so, aber nicht anders anzutreffen, weil wir einzig interessiert sind zu wissen, was wir nach gegenwärtigem Kenntnisstand begründeter-
weise über sie sagen können. Beschreibt man das so, dann erkennt man zugleich,
daß die in der Wissenschaftspraxis vorauszusetzende uneingeschränkte Wirk-
lichkeitsfähigkeit selber im religiösen Lebenszusammenhang wurzelt. Es handelt
sich um Kontingenzakzeptanz.

Drittens ist die liberale Theologie eine Theologie uneingeschränkter Selbsthistorisierung. Daß man neuerdings die religionsgeschichtliche Schule dem Überliefe-
rungszusammenhang liberaler Theologie zuzurechnen pflegt, paßt dazu. Aber
was soll „uneingeschränkt" in der liberalen Bereitschaft zur Selbsthistorisierung
der Theologie wie ihres Glaubensgegenstandes heißen? Ich möchte diese Frage
nicht mit Rekurs auf überwindungsbedürftige Schranken in der Bereitschaft zur
Selbsthistorisierung beantworten, vielmehr durch Vergegenwärtigung des kulturellen Effekts modernitätsspezifischer Selbsthistorisierung, der auch die kirchlich
verfaßte religiöse Kultur einschließlich ihrer theologischen Disziplin sich ausgesetzt findet und sich ausgesetzt sein läßt. Der hier gemeinte kulturelle Effekt ist
der des Verschwindens des Relativismus-Problems. Der vollständig gewordene
Historismus löst, statt es zu verschärfen, das Relativismusproblem auf. Der Historismus macht einerseits in der Tat die kontingente Gestalt unserer jeweiligen
Konfession, ja Religion aufdringlich und unübersehbar. Was ist, ist einschließlich
der Kirchen und der ihnen zugeordneten theologischen Wissenschaften und ihrer
Schulen in seiner jeweiligen Identität uneingeschränkt einzig historisch erklärbar.
Andererseits löst sich gerade damit das Verhältnis unserer jeweils besonderen
konfessionellen, religiösen, auch akademisch-schulmäßigen theologischen Son-
derprägungen nicht in ein Verhältnis der Beliebigkeit auf, in dem uns der universell gewordene Historismus jegliche Chance, sich in begründeter Übereinstimmung mit sich selbst zu wissen, genommen hätte. Einen Maßstab übergeordneter
Notwendigkeit, aus dem sich ableiten ließe, wieso wir individuell wie kollektiv
jeweils sind, was wir sind, und wieso wir es im Unterschied zum Anderssein der
anderen sind, hat in der Tat posthistoristisch niemand mehr zur Verfügung. Um
so nachhaltiger wirkt im universal gewordenen Historismus die Erfahrung fakti-

scher Unumgänglichkeit unserer jeweiligen Herkunftsgeschichten[42]. A priori zufällig, a posteriori notwendig – so hat Hamann, als Kritiker Kants, unsere jeweiligen Sprachen genannt. Für Religionen und Konfessionen, für Kirchen, auch für
Theologien gilt Analoges. Das heißt banalerweise nicht, mit der historistischen
Einsicht in die faktische Unumgänglichkeit unserer kontingenten, nur historisch
erklärbaren Herkunftskulturen seien diese nun als unabänderlich fixiert. Auch im
universell gewordenen Historismus verhalten wir uns in unserer kulturellen, auch
religiösen und konfessionellen Identität zu uns selbst nicht als zu Objekten der
Denkmalpflege. Vergangenheiten sind in der Tat indisponibel und ineins damit
das, was uns vergangenheitsabhängig ausmacht. Aber unter Zukunftsaspekten
sind Herkunftsvergegenwärtigungen nichts anderes als Vergewisserungen von
Ensembles von Möglichkeiten, Herkunftswege in die Zukunft hinein fortzusetzen.
Jeweils andere haben, in einer gemeinsamen Welt der regional und sozial zunehmenden wechselseitigen Abhängigkeiten, jeweils ihre für uns selbst unübersehbar
andere Zukunft vor sich. Interaktionen erzwingen Angleichungsprozesse. Ihre
reale Basis haben diese Angleichungsprozesse in anthropologischen, ja ontologi-
schen Universalien, deren Aufdringlichkeit ihrerseits komplementär zur historistischen Erfahrung unseres jeweiligen Andersseins zunimmt, und es ist nicht erkennbar, wo in der so beschriebenen Interferenz kultureller Evolutionslinien das
noch in früheren Stadien der Entwicklung liberaler Theologie traktierte Relativismusproblem überhaupt noch seinen lebenspraktischen Ort hätte. Wahr ist
freilich, daß der Historismus uns nicht nur unverständlich gewordene eigene Vergangenheiten historisch erklärt und so verstehbar macht; er verfremdet auch, was
uns bislang noch reflektionsbruchlos vertraut schien. Das gilt für Bibeltexte wie
für Bekenntnisschriften, für Agenden und Riten. Und abermals ist es so, daß diese
explizite Historisierung bislang nicht mit ihrem historischen Index wahrgenom-
mener kultureller Bestände diese gerade nicht ihrer Geltung beraubt, vielmehr
gegenüber denjenigen, die den Historismus für ein Relativismusproblem hielten,
neu befestigt durch Einsicht in die kulturrevolutionär wirkende Sinnwidrigkeit
der Selbstbefreiung von allem, was in seiner tradierten historischen Gestalt einen
Überschuß über das hinaus aufweist, was uns nach Kriterien aktueller funktionaler Notwendigkeiten nützlich oder sonstwie plausibel zu sein scheint. Die übergroße Mehrheit der Menschen wohnt heute in alten Häusern, denn Häuser gelten
in Abhängigkeit von der modernen Architekturdynamik schon nach zehn Jahren
als alt; die übergroße Mehrheit von uns fährt in bereits veralteten PKWs, denn
neue sind längst auf dem Markt, und Theologen arbeiten heute in Bibliotheken, in
denen der Anteil der bereits veralteten Bestände fortschrittsabhängig größer ist
als jemals zuvor in der Theologie- und Bibliotheksgeschichte. Das bedeutet: Mit
der Dynamik von Modernisierungsprozessen wird objektiv und ganz und gar unausweichlich die Chance ohnehin immer geringer, die Totalität unseres kulturellen Lebensambientes modern zu halten, und um so näher liegt es, jene kanonischen Bestände, die noch im Beginn unseres Jahrhunderts als durch den Histo-

---

[42] Cf. dazu das Kapitel „Historismus oder die Erfahrung der Kontingenz religiöser Kultur" in
meinem Buch „Religion nach der Aufklärung", Graz, Wien, Köln [2]1990, S. 107–125.

rismus relativierte Bestände erschienen, als Bestände historisierter Kanons beizubehalten, ja in ihrer Geltung rituell und institutionell zu bekräftigen.

Viertens ist die liberale Theologie damit eine Theologie der Herkunftstreue. Herkunftstreue hat, generell, in der Evolution moderner Kultur nicht Reliktcharakter; sie ist vielmehr funktional erzwungen. In Modernisierungsprozessen wächst einerseits in der Tat die Menge dessen, was uns über große regionale und soziale Räume hinweg mit Angleichungsfolgen miteinander verbindet. Auf der anderen Seite macht uns gerade dieses kompensatorisch interessiert, uns in demjenigen zu behaupten, was uns herkunftsabhängig im wechselseitigen Verhältnis zueinander jeweils Andere sein läßt. Exemplarisch heißt das: Politisch entfaltet das relativ junge Völkerrechtsinstitut der Selbstbestimmung politische Kraft der Mobilisierung kleiner Ethnien und sonstiger herkunftsgeprägter Gruppen. Religionssoziologisch gewendet bedeutet das: Ökumenizität läßt die konfessionellen und rituellen Profile der ökumenisch kooperierenden Kirchen nicht verschwinden, vielmehr wechselseitig auffälliger werden. Sie profilieren sich in wohlbestimmten Hinsichten sogar neu, und zwar sowohl in den eine jede ökumenische Kirchenversammlung prägenden Formen wechselseitiger Toleranz- und Respektsbekundung wie in verbliebenen, ja neu entstehenden Konflikten und Antogonismen. Es wäre ein Mißverständnis, dergleichen für ein Phänomen abzuarbeitender momentaner Überforderung durch Einheitsgebote zu halten. Im Kontext moderner Kultur sind Universalisierungsprozesse strukturell Prozesse fortschreitender Minimalisierung der in ihrer Reichweite zugleich expandierenden Gehalte von universeller Verbindlichkeit. Was allen zur Gewährleistung ihrer Einheit gemeinsam zu sein hat, bleibt mit wachsendem Umkreis derer, die sich einigen, immer weiter hinter der Fülle dessen zurück, worauf wir über die Vorzüge der Einheit hinaus überdies noch angewiesen sind. Latitudinarismen, das heißt der Versuch der Einheitsstiftung durch Weglassung aller Bestände, die uns über die engen Grenzen eines feststellbaren Gemeinsamkeitsminimums hinaus trennen, werden um so aussichtsloser, je weiter sich die Kreise unserer Kooperationen interkulturell dehnen. Schon als Preußen das Rheinland gewann, erwies sich die latitudinarische Maßgabe als nicht mehr exekutierbar, daß der Pfarrer den Katholiken unter den Soldaten, die pflichtmäßig zum protestantischen Militärgottesdienst anzutreten hatten, zur Vorbeugung ihres Unmuts dann eben eine „unverfängliche" Predigt halten möge[43]. Inzwischen hat sich überall die Erfahrung zur Evidenz gebracht, daß der Erfolg von Einheitsbildungen statt Minimalisierung Maximalisierung wechselseitiger Anerkennung heterogener Herkunfsprägung voraussetzt. Herkunftstreue ist entsprechend im Kontext moderner Kultur nicht die Verweigerung fälliger Einheitsbildung, vielmehr eine Bedingung ihres Gelingens. Wahr ist, daß die hier so genannte Herkunftstreue, als purer guter Wille, auch allerlei Renaissancen von Herkunftsmythen begünstigen kann, und um so nötiger bleibt in einer

---

[43] Cf. die Darstellung dieser Geschichte bei Heinrich TREITSCHKE: Deutsche Geschichte im Neunzehnten Jahrhundert. Dritter Teil. Neue Ausgabe Leipzig 1927, S. 395ff.

Kultur progressiver Vergangenheitszugewandtheit die mythenbannende Disziplin
des methodisch restringierten historischen Bewußtseins.

Fünftens ist die liberale Theologie eine Theologie der Anerkennung des Christentums außerhalb der christlichen Kirche. Exemplarisch ließe sich das am keineswegs marginalen Exempel der Debatten zum Thema „Zivilreligion" deutlich
machen[44]. „Zivilreligion" – so ließe sich eine geschärfte und dadurch gebrauchs-
fähiger gemachte Regel für den derzeit allzu elargierten Gebrauch dieses Wortes
formulieren – nennen wir manifest religiöse Gehalte im Kontext öffentlicher
Kultur jenseits der Grenzen kirchlich-institutioneller Verfaßtheit, staatskirchen-
rechtlicher Ordnung und theologischer Disziplin. Die Anrufung des Namens
Gottes in zahlreichen europäischen Verfassungen, die gesetzliche Regelform der
Eidesleistung promissorisch oder assertorisch, Verpflichtung der Lehrer öffentlicher Schulen, die Kinder zur Ehrfurcht vor Gott zu erziehen – das sind zivilreli-
giöse Bestände, sogar Rechtsbestände der definierten Art. Weder um Religionsrecht handelt es sich noch um Staatskirchenrecht, um Kirchenrecht ohnehin
nicht, vielmehr um religiöses Recht im Kontext gemeingültigen Rechts vom Pro-
zeßrecht bis zum Verfassungsrecht. Man kennt die Empfindlichkeit nicht weniger
Theologen solchen zivilreligiösen Beständen unserer öffentlichen Kultur gegenüber. Liberal ist das nicht, auch wenn es mit residualem Laizismus in der Religi-
ons- und Kirchenpolitik liberaler Parteien konveniert. Liberale Theologie wäre
demgegenüber eine Theologie der Anerkennung der Präsenz und der Wirkungen
des Glaubens in unsere öffentliche Kultur hinein weit über die Grenzen der Kirchen hinaus, und diese Anerkennung bezieht sich selbstverständlich nicht allein
auf Kreuze in Gerichtssälen, auf Parteiansprüche, christlich zu sein, oder auf die
mannigfachen Formen der Inanspruchnahme von Kirchenpräsenz durch den
Staat bei herausragenden Gelegenheiten seiner Selbstdarstellung. Immerhin ist
unsere Kultur in umfassender Weise durch christliche Herkunft geprägt. Für den
Sozialstaat gilt das, dessen Gewährleistungen und Verbindlichkeiten ersichtlich
weit über den Umkreis dessen hinausreichen, was man pragmatisch für Zwecke
sozialpolitischer Friedenssicherung auch gänzlich unabhängig von christlich tradierten Geboten als zweckmäßig einschätzen wird. Auch die Menschenrechts-
subjektivität ist eine ihrer Herkunft nach nicht zuletzt christlich mitgeprägte
Subjektivität. Indem die liberale Theologie auch diese Bestände in ihre Disziplin
einbezieht, erfüllt sie die Funktion, Voraussetzungen moderner Kultur gegenwärtig zu halten, ohne die diese Kultur nicht zukunftsfähig wäre und die zugleich einer rechtlichen und politischen Garantie im liberalen Ordnungsrahmen dieser
Kultur gar nicht fähig sind[45].

---

[44] Heinz KLEGER, Alois MÜLLER (Hrsg.): Religion des Bürgers. Zivilreligion in Amerika und Eu-
    ropa. München 1986.
[45] Cf. dazu das Kapitel „Exkurs über ‚Zivilreligion'", a.a.O. (Anm. 42), S. 306–327, bes. S. 316ff.

21. Kulturreligion und die Zukunft des Protestantismus

Die Frage nach der Zukunft des Protestantismus hat heute ersichtlich eine resignative Anmutungsqualität. Besorgt in die Zukunft zu blicken – dafür gibt es tatsächlich vielerlei Anlaß. Anzeichen des Zerfalls der Volkskirche mehren sich. Die Verlaufsstatistiken unserer Religions- und Kirchensoziologen wirken auf Kirchenzugewandte besorgniserregend. Vergleichszahlen, die die katholische Kirche betreffen, demonstrieren die konfessionsindifferente Mächtigkeit der Säkularisierungsvorgänge. Sie deuten freilich zugleich auf eine etwas größere Resistenz der römischen Kirche gegenüber den Verfallstendenzen traditionaler religiöser Kultur in der modernen Gesellschaft[1].

Vermutungen über die Zukunft des Christentums, seiner Konfessionen und Institutionen in der modernen Welt sind nicht neutral; sie beeinflussen die Realität, der sie gelten. Nicht, daß die Meinung von Wissenschaftlern in theologischen Seminaren oder religionssoziologischen Instituten eo ipso praktisch bedeutsam wäre. Aber die herrschende öffentliche Meinung ist es, und für die kirchenöffentlich herrschende Meinung über die Zukunft der Kirche gilt das erst recht.

Das bedeutet: Wo das Kirchenvolk und seine Repräsentanten ihrerseits Religion für einen in Säkularisierungsprozessen[2] sich auflösenden Rest unserer Herkunftskulturen halten, vermögen auch die mit um so größerem Eifer angebotenen Dienste zur Weltverbesserung den Verfall des kirchlichen Lebens nicht aufzuhalten. Friedensdienste und Aktionen zur Schärfung des ökologischen Gewissens, Bekundung von Solidarität mit den Armen der Dritten Welt, Politikkritik und Emanzipationshilfsdienste – für das alles gibt es nach wechselnden Lagen Anlaß, ja Notwendigkeit. Alternativen zum Gottesdienst sind diese Dienste nicht. Wo die Kirche jene religiösen Dienste, für die es säkulare Äquivalente nicht gibt[3], nicht

---

[1] Zur demoskopischen Evidenz der Säkularisierung in Deutschland, vor allem im Vergleich der frühen Jahre der Bundesrepublik mit den Jahren nach den signifikant 1968 aufgebrochenen neuen Orientierungen cf. die S. 315 meines Buches „Religion nach der Aufklärung", Graz, Wien, Köln ²1990 zitierte Literatur.

[2] Zur Rolle der inzwischen revisionsbedürftigen Interpretationsschemata, die verbal durch den Begriffsnamen „Säkularisierung" gekennzeichnet zu werden pflegen, cf. Karl DIENST: Der Pluralismus der Säkularisierungskonzeptionen. In: Jahrbuch der Hessischen kirchengeschichtlichen Vereinigung. 21. Band, S. 149–176.

[3] Diesem Thema der Funktion der Religion, für die es nicht-religiöse Substitutionen nicht gibt und die in eben diesem Sinne als säkularisierungsresistent gelten dürfen, ist mein Buch „Religion nach der Aufklärung" gewidmet (Graz, Wien, Köln ²1990).

mehr erbrächte, verfiele sie schließlich auch als Dienstleistungsbetrieb für allerlei gute Werke, die sich erwiesenermaßen auch kirchenunabhängig erbringen lassen.

Kurz: Der Protestantismus wäre wie jede Konfession zukunftslos, wenn er als säkular nicht substituierbare Religion zukunftslos wäre. Das legt es nahe, vor allfälligen protestantischen Spezifikationen zunächst die Frage nach der Zukunft der Religion zu stellen. Diese Frage ist bekanntlich eines der Zentralthemen des Aufklärungszeitalters gewesen. Es handelt sich zugleich um ein Thema von außerordentlicher Größenordnung. Nichtsdestoweniger läßt sich auch mit knappen Argumenten plausibel machen, wieso die radikale Religionskritik, die ein modernisierungsbedingtes Ende religiöser Kultur glaubte voraussagen zu können, unrecht behalten hat.

Unter allen Prognosen einer religionslosen Zukunft war die von Karl Marx die wirkungsreichste, nämlich über ihre parteioffizielle Geltung im real existent gewesenen Sozialismus einschließlich der ihm zuzurechnenden terroristischen Religionspolitik in der sowjetischen Frühzeit dieser weltgeschichtlichen Formation[4]. Karl Marx fand, der religiöse Glaube, näherhin der Schöpfungsglaube des ersten christlichen Glaubensartikels, verdanke sich Ohnmachtserfahrungen des Menschen in vormodernen Phasen der Entwicklung seiner Produktivkräfte. Gott erscheint als die Fiktion eines Garanten von Existenzbedingungen, für die uneingeschränkt selbst zu sorgen uns noch versagt ist[5].

Diese Religionstheorie ist keineswegs banal. Sie schließt nämlich die folgenreiche Einsicht ein, daß Religionskritik, die auf der theoretisch-argumentativen Ebene den fiktiven Charakter unserer religiösen Lebensorientierungen aufdeckt, keineswegs ausreicht, die Religion zum Verschwinden zu bringen[6]. Voraussetzung dieses Verschwindens ist vielmehr der reale gesellschaftliche Prozeß, über den sich die Bedingungen unserer Existenz schließlich vollständig in die Produkte unserer eigenen Arbeit verwandelt haben werden. Alsdann - so formuliert es Karl Marx in seiner berühmten Frühschrift „Nationalökonomie und Philosophie" - werden wir „auf eigenen Füßen" stehen. Alsdann gibt es für Bitten oder Dank an

---

[4] Zu den historischen Mythen mit der Funktion, die marxistischen Traditionen zu schonen, gehört, bis heute wirksam, die These, erst der Stalinismus, im Unterschied zum Leninismus, repräsentiere uneingeschränkt totalitäre Repression auch gegenüber den Kirchen, bis dann die Erfordernisse des „Grossen Vaterländischen Krieges" eine Revision der repressiven Kirchenpolitik erzwangen. Zur Korrektur dieses Mythos vergegenwärtige man sich die realen Hintergründe des leninistischen Statements „Je mehr Vertreter der reaktionären Bourgeoisie und reaktionären Geistlichkeit wir bei dieser Gelegenheit erschiessen können, um so besser" - zitiert bei Peter SCHEIBERT: Lenin an der Macht. Das russische Volk in der Revolution 1918–1922. Weinheim 1984, S. 334–339: „Kirche und Partei", S. 338.

[5] Karl MARX: Nationalökonomie und Philosophie. Über den Zusammenhang der Nationalökonomie mit Staat, Recht, Moral und bürgerlichem Leben (1844). In: Karl MARX: Die Frühschriften. Herausgegeben von Siegfried LANDSHUT. Stuttgart 1953, S. 225–316, Abschnitt 5.: S. 246–248.

[6] Das ist die Quintessenz der Kritik, die Karl Marx und Friedrich Engels an Ludwig Feuerbachs religionskritischer Religionsphilosophie geübt haben, nämlich in ihrem Frühwerk Karl MARX, Friedrich ENGELS: Die deutsche Ideologie. In: Karl MARX, Friedrich ENGELS: Werke Band 3. Berlin 1969.

die Adresse einer Schöpfungsinstanz keinerlei Anlaß mehr. Die Religion stirbt ab, sobald der voll emanzipierte Mensch „sein Dasein sich selbst verdankt"[7].

Noch bei Sigmund Freud lesen wir es ähnlich. In seiner Spätschrift über „Die Zukunft einer Illusion"[8], in der er bekanntlich die Religion als eine kollektive Zwangsneurose diagnostisch identifizierte, charakterisierte Freud die Frommen als Leute, die sich dem Druck der Realität durch Realitätsflucht entziehen. Der Fromme hoffe auf einen Großgrundbesitz im Mond, während der rüstige Realist zur Verbesserung seiner Lebensbedingungen hier und heute Hand anlegt[9]. In frommer Verrichtung tun wir stets etwas statt dessen – beten statt arbeiten, hoffen statt planen, segnen statt helfen, fördern oder sichern.

So oder so ähnlich steht es also da, und es bleibt verblüffend, daß man diese Beschreibung der Religion jemals hat ernst nehmen können. Sind denn Christen Leute, die, zum Beispiel, Bittgebete für ein funktionales Äquivalent ärztlicher Hilfe hielten? Wäre der Erntedank ein Ritus in der Lebensverbringung von Bauern, die kümmerliche Feldfrüchte, die bei Kunstdüngereinsatz üppiger hätten geraten können, eingefahren haben? Benutzt der Christ seinen Personenkraftwagen mit Gottvertrauen, wo vernünftige Leute sich auf technische Sicherheitskontrollen verlassen? Nehmen Christen an, daß inständige Friedensgebete Verteidigungsanstrengungen gegenstandslos machen?[10]

Solche Fragen müßten sich stellen lassen, wenn die Religionskritik der zitierten prominenten Denker realitätshaltig wäre. Die gestellten Fragen zu beantworten erübrigt sich, und man erkennt, daß der Realitätsverlust insoweit nicht bei den Frommen, vielmehr bei denjenigen liegt, die Frömmigkeit für ein Pseudokompensat von gesellschaftsevolutionären Emanzipationsdefiziten halten oder für neurotisch fixierte Verweigerung der Akzeptanz dessen, was ist. Marx hat ja recht: Der Zivilisationsprozeß läßt sich in der Tat als ein Prozeß fortschreitender Verwandlung von Lebensvoraussetzungen in die Produkte unserer eigenen Arbeit auffassen. Die sozial und technisch vermittelte Reichweite unserer Handlungen nimmt zu, der Kreis unserer Verantwortlichkeiten wächst zugleich und im glücklichen Fall mehren sich Wohlfahrt und Freiheit tatsächlich[11]. Hieße das, daß wir uns damit der Selbstmacht annäherten und unser Dasein fortschreitend in ein Produkt unseres Willens zu seiner Hervorbringung verwandelten? Es bliebe ontologischer Nonsens, das so zu sehen. Unser Dasein läßt sich als Resultat einer

---

[7] Karl MARX, a.a.O. (cf. Anm. 5), S. 246.

[8] Sigmund FREUD: Die Zukunft einer Illusion. In: Gesammelte Werke. Chronologisch geordnet. Vierzehnter Band. Werke aus den Jahren 1925–1931. Frankfurt am Main [5]1972, S. 323–380.

[9] a.a.O. S. 373.

[10] Einige Christen, zumal deutsche und protestantische Christen, nehmen das tatsächlich an. Aber viele Nicht-Christen, soweit sie, alternativ, Politik als Anti-Politik betreiben, nehmen das auch an, so dass es sich bei der Meinung, zur Sicherung des Friedens genüge unter allen Umständen gewaltabstinenter guter Wille zum Frieden, insoweit nicht um eine spezifisch christliche Meinung handelt.

[11] Auch für die Geschichte des „Kapitalismus" gilt: Nicht Massenverelendung war seine Wirkung, vielmehr, gesamthaft, Hebung der Massenwohlfahrt. Cf. dazu Wolfram FISCHER: Armut in der Geschichte. Erscheinungsformen und Lösungsversuche der „sozialen Frage" in Europa seit dem Mittelalter. Göttingen 1982.

schöpfungskompetenten Zustimmung zu diesem Dasein, die wir am Ende eines herrschaftsfreien Diskurses erteilt hätten, nicht plausibel machen. Wie weit auch immer unsere Könnerschaften reichen: An der Indisponibilität des Ganzen ihrer Voraussetzungen und Folgen ändert das gar nichts, und die Aufdringlichkeit dieser Indisponibilität wächst sogar noch mit der Erfahrung, daß wir modernitätsabhängig in wachsendem Maße Betroffene der nicht kalkulierbar gewesenen Rückwirkungen unseres eigenen Handelns werden[12]. So oder so: Unverfügbarkeit ist unentrinnbar, und im religiösen Aspekt unseres Lebens, in welchem es sich letztinstanzlich weder um Moral noch um Recht, weder um Wissenschaft noch um Technik, weder um Politik noch um Kunst handelt, verhalten wir uns zu diesem Bestand.

Damit ist, in dürren Worten der Religionstheorie, Neues nicht gesagt, wohl aber das, was man gegenwärtig haben muß, um den Irrtum in der Prognose der Religionskritiker erkennen zu können, die Religion, als vermeintliches kulturelles Kompensat zivilisatorischer Entwicklungsrückstände, verschwinde zugleich mit diesen Rückständen.

Nun würde solche religionstheoretische Zuversicht die Zukunft der Religion betreffend wenig besagen, wenn die Fakten der aktuell beobachtbaren Religionsgeschichte exklusiv in die gegenläufige Richtung wiesen und somit die Prognosen der radikalen Religionskritik zu bestätigen schienen. Aber just davon kann, unbeschadet nahezu leerer Kirchenbänke im Gemeindegottesdienst am 7. Sonntag nach Trinitatis, das heißt in der Urlaubszeit, generell auch nicht die Rede sein[13]. Ein schwacher Trost, gewiß, wäre es, wenn man historisch herausstriche, wie sehr sich die Religionskritiker des 19. Jahrhunderts im Tempo geirrt haben, mit welchem die Religion aus unserer öffentlichen Kultur verschwinden werde. Daß das alles etwas länger dauert als damals in den Sonntagsmatineen zum Beispiel des Deutschen Monistenbundes vorausgesetzt wurde, macht ja im Grundsätzlichen keinen Unterschied. Argumentativ gewichtiger ist schon das Faktum der Renaissance des Islam in unmittelbarer Nachbarschaft der christlichen Welt, insbesondere die missionarische Kraft, die der Islam in Afrika sowie in Teilen Asiens entfaltet, und überdies die neuen religionspolitischen Bewegtheiten, in die sich, partiell, die Renaissance des Islam umgesetzt hat, die inzwischen sogar als politische Herausforderung Europas sich darstellt[14]. Man wird aber erwidern, hier handle es sich um einen Vorgang kultureller und politischer Revitalisierung der Religion

---

[12] Das und nicht der als illusionär endlich durchschaute Charakter des „Fortschritts" macht die akzeptanzmindernde, grenznutzenbestimmte Struktur des Fortschritts aus. Cf. dazu mein Buch „Der Lebenssinn der Industriegesellschaft. Über die moralische Verfassung der wissenschaftlich-technischen Zivilisation". Berlin etc. ²1994, bes. S. 192ff.

[13] Voll angenommen werden in dieser Urlaubszeit nämlich, unter bestimmten Randbedingungen sogar regelmäßig, die von speziell eingesetzten Urlaubspfarrern in abgelegenen Tourismus-Zentren angebotenen Sondergottesdienste für Urlaubsgäste.

[14] Cf. dazu, aus der Perspektive des für diese Herausforderung speziell empfindlichen Frankreich, Joseph ROVAN: Religionsartige politische Bewegungen am Ende des 20. Jahrhunderts. In: Hermann LÜBBE (Hrsg.): Heilserwartung und Terror. Politische Religionen des 20. Jahrhunderts. Mit Beiträgen von Wladyslaw BARTOSZEWSKI, Helmuth KIESEL, Hermann LÜBBE, Hans MAIER, Michael ROHRWASSER, Joseph ROVAN. Düsseldorf 1995, S. 113–128.

unter Bedingungen vorherrschender Vormodernität, die als Modernitätsreaktion und näherhin als Modernitätsverweigerung erklärbar und somit nichts sei, womit auch in den hochentwickelten Ländern des herkunftsmäßig christlich geprägten Westens gerechnet werden könnte.

Das mag so sein. Nichtsdestoweniger gilt auch für diesen „Westen", daß keineswegs überall mit dem Grad der zivilisatorischen Modernität sich die Anzeichen des Schwunds der Religion mehren. Auch differenzierte Analysen der Entwicklung religiöser Kultur in den europäischen Ländern könnten das sichtbar machen. Näher liegt es in diesem Zusammenhang, auf das Beispiel der USA zu verweisen[15]. Die Meinung ist nicht, daß sich dieses Beispiel Europa als Muster vorhalten ließe. Aber es lehrt doch, daß zivilisatorische Modernität mit einer aus europäischer Perspektive auffälligen Säkularisierungsresistenz kompatibel ist, und das nicht nur marginal. Wieso ist das so? Die Beantwortung dieser Frage setzte vor allem einen Rekurs auf die amerikanische Religionskulturgeschichte voraus, und näherhin ein Verständnis des Sinns der Trennung von Kirche und Staat daselbst[16]. Wie man weiß, entstammt diese Trennung gerade nicht einem laizistischen Impuls antiklerikaler Gegner der Religion[17]. Vielmehr verdankt sich diese Trennung nicht zuletzt dem Willen independentistischer Frommer, die nicht noch einmal sich den Maßgaben eines staatskirchenrechtlichen Absolutismus, dem sie ja gerade entkommen waren, sich unterwerfen wollten. Keine Obrigkeit über sich zu haben, die einem Bekenntnis, Gebetbuch und Agende – und sei es eine vermittlungstheologisch harmonisierte Agende – vorschreibt: darum ging es insoweit.

Der Liberalismus, der sich unter solchen Bedingungen als herrschendes Ordnungssystem herausbildet, ist gerade nicht ein laizistischer Weltanschauungsliberalismus[18], vielmehr ein Liberalismus des in Anspruch genommenen uneingeschränkten Rechts auf die Freiheit des eigenen Glaubens und Bekennens. Hat man das begriffen, dann begreift man zugleich die lebenspraktische Vereinbarkeit von verfassungsrechtspolitischer Modernität einerseits und Frömmigkeitsformen andererseits, die man aus gegenwärtiger europäischer Perspektive geradezu „fundamentalistisch" nennen möchte. Das Wissenschaftssystem ist hochentwikkelt, und Nobelpreise fallen reichlich an. Aber zugleich melden sich Creationi-

---

[15] Cf. dazu, für den Katholizismus, Michael ZÖLLER: Washington und Rom. Der Katholizismus in der amerikanischen Kultur. Berlin 1995.

[16] Cf. dazu Elwyn A. SMITH: Religion, Liberty in the United States. Development of Church-State-Thought Since the Revolutionary Era. Philadelphia 1972.

[17] Cf. dazu Axel Freiherr von CAMPENHAUSEN: Staat und Kirche in Frankreich. Göttingen 1962. – Ferner: Herré HASQUIN: Histoire de la laïcité, principalement en Belgique et en France. Bruxelles 1979.

[18] Wie, exemplarisch verspätet, der konsequentialistische Laizismus im sogenannten Kirchenpapier der FDP von 1974, das unter dem traditionalistischen Titel „Freie Kirche im freien Staat" auf dem 25. Bundestag der FDP in Hamburg zwar beschlossen, aber aus Opportunitätsgründen politisch nicht wirksam gemacht wurde. – Cf. dazu die epd-Dokumentation Nr. 50/74. Frankfurt am Main 28. Oktober 1974, S. 48–53.

sten[19] zu Wort und beschäftigen mit ihren Klagen wider die öffentlichen Unterrichtsprogramme die Staatsgerichtshöfe. Volkskirchen im europäischen Sinne gibt es nicht, wohl aber bevölkerte Kirchen[20].

Noch einmal: Modellcharakter hat das unmittelbar für Europa nicht; aber es lehrt doch, daß die europäisch-aufgeklärte Vermutung, Modernität bewirke eo ipso Religionsschwund, nicht zutrifft. Versucht man, vielleicht verallgemeinerungsfähige Voraussetzungen für die größere Säkularisierungsresistenz der modernen amerikanischen Kultur ausfindig zu machen, so drängen sich vor allem zwei Bedingungen auf – erstens die Begünstigung des religiösen Lebens durch die größere Pluralismusfähigkeit des amerikanischen kulturellen und rechtlichen Ordnungssystems, und zweitens die Begünstigung des religiösen Lebens durch die kulturelle Selbstorganisationskraft einer Gesellschaft ohne Traditionen der Staatszuständigkeit für Fragen des Glücks und des Heils[21].

Notabene: Auch den Katholiken sind die skizzierten Freiheiten der USA zugute gekommen. Längst sind sie zur größten der religiösen Denominationen in den USA herangewachsen, und es hat seine Evidenz, daß das unter anderen als den skizzierten Bedingungen einer nicht-laizistischen Trennung von Staat und Kirche, wie sie für die USA charakteristisch sind, nicht möglich gewesen wäre. Es ist nicht zuletzt diese Erfahrung, die plausibel macht, daß die römische Kirche, nachdem noch Pius XII. im Jahre 1953 das verfassungsrechtliche Institut der Freiheit der Religion als ein kirchlich nicht anerkennungsfähiges Recht gekennzeichnet hatte[22], eben diese Anerkennung nur wenige Jahre später im II. Vaticanum vollzog[23].

Nach dieser Vergegenwärtigung einiger Gründe, die uns inzwischen veranlassen können, über die Zukunft der Religion in der modernen Welt anders als die religionskritische Aufklärung zu denken, soll jetzt von einigen Schwierigkeiten die Rede sein, die in Europa speziell der Protestantismus hat, sich in der modernen Zivilisation zu behaupten.

---

[19] Zu den Auseinandersetzungen um den „Creationismus" in den USA cf. Marcel C. LA FOLLETTE (ed.): Creationism, Science, and the Law. The Arkansas Case: Cambridge, (Mass.), London 1983.

[20] „In Amerika gibt es bevölkerte Kirchen, auch wenn der Begriff der Volkskirche in unserem Sinne unbekannt ist", so Michael ZÖLLER: Entchristlichung oder Entkirchlichung? Das ganze Amerika: soziale Formen moderner Religion. In: Friedhelm HILTERHAUS, Michael ZÖLLER (Hrsg.): Kirche als Heilsgemeinschaft – Staat als Rechtsgemeinschaft: Welche Bindungen akzeptiert das moderne Bewusstsein? Köln 1993, S. 185-195, S. 193.

[21] Die Erwähnung des Glücks in der amerikanischen Unabhängigkeitserklärung begründet gerade nicht diese Staatszuständigkeit, sondern dementiert sie durch Anerkennung des Rechts eines jeden, sein Glück zu suchen.

[22] Aufbau und Entfaltung des gesellschaftlichen Lebens. Soziale Summe Pius' XII., herausgegeben von Arthur-Friedolin UTZ und Joseph Fulko GRONER. Freiburg i.d. Schweiz ²1994. Nr. 3978, S. 2049.

[23] Die Konzilserklärung über Religionsfreiheit. Lateinischer und deutscher Text. Herausgegeben von Jérôme HAMER OP und Yves CONGAR OP. Paderborn 1967, S. 25ff.

Symptomatisch für die hier gemeinten Schwierigkeiten sind, ganz aktuell, protestantische Unsicherheiten in der Stellung gegenüber den Prozessen der europäischen Einigung. Auffällig sind diese Unsicherheiten zumal im Vergleich mit der ungleich größeren Stabilität der katholischen Meinung diesem Prozeß gegenüber. Sogar noch in den unterschiedlichen Formen, in denen die Kirchenvertretungen in Brüssel präsent waren, prägte sich das einige Zeitlang aus. Woran liegt das? Daß die Europa-Skepsis zum Beispiel in den skandinavischen Ländern ungleich größer als in den Ländern des europäischen Südens ist, ist selbstverständlich vom Wohlfahrtsgefälle nicht unabhängig. Für Kirchenzugewandte, so ist vermutet worden, mag auch die europäische Konfessionsstatistik ein einstellungsmitbestimmender Faktor sein. Weit über sechzig Prozent der einer Kirche angehörigen Unions-Europäer sind Katholiken und knapp über zwanzig Prozent Protestanten[24]. Da fragt sich doch mancher, was denn gemeint sei, wenn bei Kongressen und Konferenzen, ja bei Kirchentagen und sonstigen Veranstaltungen in europäischer Perspektive die Christlichkeit Europas herausgestellt oder sogar zu seiner Rechristianisierung aufgefordert wird. Die Ökumene, gewiß, ist eine lebendige Realität. Aber von einem Verblassen der Konfessionsprofile kann gar keine Rede sein, und im geeinten Europa würden sich die Protestanten als Angehörige einer Minderheitenkonfession wiederfinden.

Andererseits: Die Minderheitenrolle stimuliert doch normalerweise den Eifer. Aber einen protestantisch geprägten Eifer im Geltendmachen der christlichen Prägungen europäischer Kultur gibt es nicht. Den Papst hingegen hat man bei seinen europäischen Visitationen das um ihn versammelte Volk auffordern hören, sich doch einmal alles hinwegzudenken, was an Bauten und Kunstschätzen, an Bibliotheksbeständen, Rechtsinstitutionen und Gehalten der Alltagskultur in ihren heimischen Lebenswelten christlicher Herkunft und Prägung zu verdanken sei. Tatsächlich: Der Versuch, das zu tun, ließe einen die Kulturlandschaft Europas nicht wiedererkennen.

Solche Inanspruchnahme der Kulturchristlichkeit durch die Kirche ist nun gerade nicht protestantisch, und meine Absicht ist, auf die historische Kontingenz dessen aufmerksam zu machen. Man erkennt diese historische Kontingenz vor dem Hintergrund einer zur Geschichte des Protestantismus gehörenden Formation, die in der Tat gleichfalls zum Kulturchristentum ein unbefangenes, ja reflexiv bekräftigtes affirmatives Verhältnis hatte. Ich meine die Formation des später so genannten Kulturprotestantismus[25] mit seinen ihm zugehörigen Traditionen

---

[24] Zur Interpretation dieser Zahlen cf. Trutz RENDTORFF: Wie christlich wird Europa sein? Ein religionstheoretischer Seitenblick auf den europäischen Einigungsprozeß. In: Politik und Kultur nach der Aufklärung. Festschrift Hermann LÜBBE zum 65. Geburtstag. Herausgegeben in Verbindung mit Weyma LÜBBE und Hans-Martin SASS von Kurt RÖTTGERS. Basel 1992, S. 132–151.

[25] Zur Begriffsgeschichte von „Kulturprotestantismus": Friedrich Wilhelm GRAF: Kulturprotestantismus. Zur Begriffsgeschichte einer theologiepolitischen Chiffre. In: Archiv für Begriffsgeschichte. 28 (1984), S. 214–268. – Zur religionskulturhistorischen und politischen Darstellung: Gangolf HÜBINGER: Kulturprotestantismus, Bürgerkirche und liberaler Revisionismus im wilhelminischen Deutschland. In: Wolfgang SCHIEDER (Hrsg.): Religion und Gesellschaft

liberaler Theologie[26]. Die kirchen- und theologiehistorische Forschung hat sich
dem neuerdings zugewandt, und die glanzvollen Arbeiten, die uns die Ergebnisse
dieser Forschung präsentieren, lassen uns zugleich die Tiefe des Abstands erkennen, der zumal den deutschen Protestantismus inzwischen von Kulturprotestantismus und liberaler Theologie trennt[27].

Es ist nicht leicht, das anschaulich zu machen, und man muß überzeichnen,
wenn man mit wenigen Strichen diese Anschauung evozieren möchte. Man mag
sich, für die Vorgeschichte des Kulturprotestantismus, an den Philosophen Hegel
erinnern, der nach einem nicht belegten Bericht an zwei Tagen im Jahr als Professor aus seiner Dozentenrolle heraustrat und feierlich wurde, nämlich am 31. Oktober einerseits und am 14. Juli andererseits[28]. Die weltgeschichtlichen Ereignisse
beider Tage wurden als Ereignisse in der Geschichte der Freiheit zusammengese-
hen, und das bedeutet: Die Freiheit des Bürgers, für deren Institutionalisierung
Hegel immerhin mit seiner berühmten Rechtsphilosophie während der verfas-
sungsrechtspolitischen Auseinandersetzung in Preußen einen Beitrag geleistet
hatte[29], ist von der Freiheit des Christenmenschen nicht unabhängig, und in den
reformatorischen Traditionen haben sich diese Abhängigkeiten zur Geltung gebracht. Befreite Frömmigkeit, die bis in die Politik hinein weltfähig macht – so
ließe sich Hegels frühkulturprotestantische Sicht des reformatorischen Erbes charakterisieren. Lassen wir die speziell lutherischen und preußischen Profile, die die
Reformationsphilosophie Hegels unverkennbar prägen, auf sich beruhen. Repräsentativ begegnet uns hier die über das ganze 19. Jahrhundert hin wirkungsreiche
Überzeugung, daß der Protestantismus nicht nur die Konfessionen der größeren
Modernitätskompatibilität umfasse, vielmehr überdies soziale und kulturelle Modernität freisetze und halte.

Schleiermacher befand sich zu Hegel nicht in einem guten kollegialen Verhältnis[30]. Auch ihre politischen Optionen, die bei Schleiermacher die liberaleren waren, divergierten[31]. Nichtsdestoweniger gilt für diesen mit Abstand wirkungsreichsten protestantischen Theologen des 19. Jahrhunderts erst recht, daß er die

---

im 19. Jahrhundert. Stuttgart 1993, S. 272–299. – Ferner: Gangolf HÜBINGER: Kulturprote-
    stantismus und Politik. Zum Verhältnis von Liberalismus und Protestantismus im wilhelmi-
    nischen Deutschland. Tübingen 1994.

[26] Cf. dazu Friedrich Wilhelm GRAF (Hrsg.): Liberale Theologie. Eine Ortsbestimmung.
    Troeltsch-Studien Band 7, Gütersloh 1993.

[27] Davon mag sich jeder überzeugen, der die seinerzeit wirkungsreichsten Texte liberaler
    Theologie heute kontextfrei neu liest – zum Beispiel Adolf v. HARNACK: Das Wesen des Chri-
    stentums. Sechzehn Vorlesungen vor Studierenden aller Fakultäten im Wintersemester
    1899/1900 an der Universität Berlin gehalten. Siebzigstes Tausend. Leipzig 1926.

[28] Joachim RITTER: Hegel und die Reformation. In: Joachim RITTER: Metaphysik und Politik.
    Studien zu Aristoteles und Hegel. Frankfurt am Main 1969, S. 310–317, S. 311.

[29] Gertrude LÜBBE-WOLFF: Hegels Staatsrecht als Stellungnahme im ersten preußischen Verfas-
    sungskampf. In: Zeitschrift für philosophische Forschung. Band 35, Heft 3/4 (1981), S. 476–501.

[30] Cf. dazu den Bericht bei Max LENZ: Geschichte der Königlichen Friedrich-Wilhelms-
    Universität zu Berlin. 2. Band. Halle a.d.S. 1910, S. 97ff.

[31] So zum Beispiel im Urteil über die angemessene politische Reaktion auf die Bewegtheiten, die
    in der Ermordung Kotzebues durch den Theologiestudenten Sand ihren extremistischen
    Ausdruck fanden.

Schätzung der Kulturproduktivität des christlichen Glaubens weit über die institutionellen Grenzen kirchlichen Lebens hinaus für den Glauben in Anspruch zu nehmen lehrte. Bei Schleiermacher schloß das sogar die Kultur unseres Naturverhältnisses ein. Naturästhetik ist die Kultur unserer Sinnlichkeit im Verhältnis zur Schöpfung. Waldgottesdienste, die im 19. Jahrhundert, posauenchorbegleitet, aufkamen, werden frömmigkeitshistorisch erst in diesem Kontext verständlich[32]. „Geh' aus mein Herz und suche Freud ..." wird seither in evangelischen Kirchen mit zusätzlichen romantischen Obertönen gesungen. Heute nutzen wir das ökologische Potential, das darin steckt, und der Aufruf zur „Bewahrung der Schöpfung"[33], gegen den es freilich einige theologische Bedenken gibt, ist unverkennbar ein Aufruf von naturkulturprotestantischer Prägung.

Der später so genannte Kulturprotestantismus gehört in den Kontext der Renaissance des religiösen Lebens, die für das 19. Jahrhundert charakteristisch ist. Aufklärungstraditionen sind im Kulturprotestantismus festgehalten, und die Borniertheiten des Aufklärungszeitalters der Religion gegenüber sind überwunden. Damit ist zugleich die Festschreibung der Kirche auf die Funktion einer Anstalt zur Förderung der Volksmoral[34], wie sie für die aufgeklärten Spätabsolutismus typisch war, überwunden[35]. Kulturell und politisch entfaltet der Kulturprotestantismus beträchtliche Wirkung. Nichtsdestoweniger prägt er in Deutschland den Protestantismus nicht dominant. Darin spiegelt sich die Schwäche der liberalen Traditionen in Deutschland insbesondere seit der Jahrhundertmitte[36]. Diese Schwäche hat sich in Deutschland, kulturell und politisch, bis tief in unser eigenes Jahrhundert hinein ausgewirkt, und so läßt sich verstehen, daß die Namen der Theologen und sonstigen Zugewandten, die im liberalen Vereinsprotestantismus im letzten Drittel des 19. Jahrhunderts bis hin zum Ersten Weltkrieg einflußreich oder repräsentativ waren – von Herrmann bis Baumgarten – nur noch den Experten bekannt sind[37]. Allenfalls sind Harnack und Troeltsch noch den Gebildeten unter den Protestanten gegenwärtig geblieben.

---

[32] Cf. dazu Paul GRAFF: Geschichte der Auflösung der alten gottesdienstlichen Formen in der evangelischen Kirche Deutschlands. II. Band: Die Zeit der Aufklärung und des Rationalismus. Göttingen 1939, S. 103f.

[33] Sogar die Forderung, die „Bewahrung der Schöpfung" als „Staatsziel" im Grundgesetz festzuschreiben, wird inzwischen immer wieder einmal verfassungsrechtspolitisch in Deutschland erhoben.

[34] Diese Forderung kann man sogar in Kants erstaunlichem Diktum, Religion sei „Erkenntnis aller unserer Pflichten als göttlicher Gebote" durchscheinen sehen. Cf. Immanuel KANT: Die Religion innerhalb der Grenzen der blossen Vernunft. Werke, herausgegeben von Ernst CASSIRER. Band VI, S. 302.

[35] Cf. dazu meinen Aufsatz „Deutscher Idealismus als kulturpolitische Philosophie", in: Hermann Lübbe: Die Aufdringlichkeit der Geschichte. Herausforderungen der Moderne vom Historismus bis zum Nationalsozialismus. Graz, Wien, Köln 1989, S. 163–186, S. 177ff.

[36] Exemplarisch lässt sich diese Schwäche auch im Spiegel des resignierenden Liberalismus der Schule Hegels erkennen. Cf. dazu mein Buch „Politische Philosophie in Deutschland. Studien zu ihrer Geschichte", Basel, Stuttgart 1963, S. 77ff.

[37] Zu den bürgerlichen Organisationsformen des Protestantismus bis zum 1. Weltkrieg cf. im Überblick Kurt NOWAK: Geschichte des Christentums in Deutschland. Religion, Politik und Gesellschaft vom Ende der Aufklärung bis zur Mitte des 20. Jahrhunderts. München 1995, S. 185ff.

Quintessentiell, so darf man riskieren zu sagen, prägt den Kulturprotestantismus ein affirmatives Verhältnis zur modernen bürgerlichen Kultur mit ihrer wissenschaftlichen Bildung, ihrem entwickelten Sinn für historische Kontingenzen und ihren liberalen Ansprüchen auf Gewissensfreiheit, Sicherheit konstituierter Rechte und freie Persönlichkeitsbildung. Man braucht einen differenzierten historischen Sinn, um die Texte, die dergleichen dokumentieren, in ihrer uns inzwischen sehr ferngerückten, idealistisch intonierten Sprache richtig einschätzen zu können, und daß das alles sehr weit zurückliegt, wird alsdann rasch evident. Entscheidend, noch einmal, ist die Bereitschaft, die Ausprägungen christlichen Glaubens, und zwar in den Ausprägungen protestantischer Konfessionen, in der modernen Kultur zu erkennen und anzuerkennen. Erkannt und anerkannt wird damit zugleich die Christlichkeit der Kultur jenseits der institutionellen Zuständigkeitsgrenzen der Kirchen. „Kulturfromm" hat man entsprechend den Kulturprotestantismus genannt, und diese Kennzeichnung kann man gelten lassen, wenn anders man die darin liegende Affirmation nicht als Unterscheidungsuntüchtigkeit mißversteht. Man erinnere sich an die wiederkehrende Ermunterung des polnischen Papstes, sich doch die christliche Herkunftsprägung unserer Kultur durch den Versuch eindrücklich zu machen, sich vorzustellen, was wohl von unserer Kultur übrigbliebe, wenn man sie auf diejenigen Elemente reduzierte, die christlich schlechterdings indifferent sind. Es ist banal, daß zwischen den katholisch tradierten Vorstellungen von der Christlichkeit europäischer Kultur einerseits und der Kultur in ihrem kulturprotestantischen Begriff andererseits Welten liegen. Allein schon die Unterschiede im Verhältnis zum Liberalismus repräsentieren Gegensätze, deren politische Potentiale sich im 19. Jahrhundert bekanntlich in Kulturkämpfen[38] entladen haben. Relikte davon wirken unbeschadet guten ökumenischen Einvernehmens bis heute fort. Gleichwohl läßt sich aus heutiger Perspektive, näherhin nämlich aus protestantischer Perspektive eine religions- und konfessionspolitisch überaus relevante strukturelle Übereinstimmung ausmachen, nämlich die Übereinstimmung in der Zustimmung zur Christlichkeit der Kultur – in welcher ihrer jeweils konfessionsspezifisch ausgeprägten Gehalte auch immer.

Es ist eine religionssoziologische Einsicht von kirchenpraktischer Relevanz, daß das Verhältnis zur Christlichkeit der Kultur, die Zustimmung näherhin zu den kulturellen Ausprägungen des Christentums auch jenseits der institutionellen Grenzen der Kirchen für die Bestandsfähigkeit dieser Kirchen nicht gleichgültig ist. Es stellt sich somit die Frage, wieso der europäische Protestantismus – für den deutschen Protestantismus gilt das freilich in erster Linie – sich zum Kulturchristentum so spröde stellt. Christliche Kirche und christliche Gemeinde in einem christlichen Land zu sein – die Erfahrung dieses Zusammenhangs prägt doch ersichtlich das religiöse Leben der Kirchen und Gemeinden in den USA, und die katholische Kirche zweifelt an der Bedeutsamkeit dieses Zusammenhanges auch

---

[38] Und das nicht nur in Deutschland. Für die Schweiz cf. dazu das umfassende Werk von Peter STADLER: Der Kulturkampf in der Schweiz. Eidgenossenschaft und katholische Kirche im europäischen Umkreis 1828–1888. Frauenfeld, Stuttgart 1984.

nicht, und zwar auch gerade dann nicht, wenn sie das Verblassen der christlichen Prägung der europäischen Kultur beklagt.

Wieso kultiviert demgegenüber in Europa der Protestantismus gegenüber der Kulturchristlichkeit Distanz? Was motiviert ihn, Elemente christlicher Religion als Teil unserer öffentlichen Kultur wie unserer Alltagskultur als Glaubensanhalt geringzuschätzen, ja im Extremfall für eine offenbarungsverdunkelnde Realität zu halten? Auch das ist eine Frage von erheblicher Größenordnung, und ein Versuch ihrer unverkürzten Beantwortung ist hier selbstverständlich nicht möglich. Aber man verfälscht doch die historischen Zusammenhänge nicht, wenn man, für unser eigenes Jahrhundert, der Dialektischen Theologie[39] einen besonders wirksamen Beitrag zur Selbstdistanzierung des Protestantismus vom Kulturchristentum zuschreibt, nämlich durch eine radikale theologische Delegitimierung des Christentums als Teil religiöser Kultur. „Entweder wir haben eine Religion, die die Seele dieser Kultur sein will ... oder wir haben eine Religion, die eine unausgesetzte Krisis dieser und jeder Kultur ist" – so äußerte sich Friedrich Gogarten nach dem Ende des Ersten Weltkriegs[40]. Die „feine kluge Kultur" sei verdientermaßen zusammengebrochen. Wir sehen „Eure Welt zugrunde gehen"[41], rief er den Kulturchristen zu und rückte damit in die theologische „Kampflinie gegen Religion" ein, in der prominent auch schon Karl Barth Stellung bezogen hatte.

Das war wirksam, und zumal in Deutschland hatte das „zwischen den Zeiten"[42] seine Plausibilität, die sich auch heute noch für jeden nacherfahren läßt, der sich auf die Dokumente der vergilbten Weltkriegstheologie einläßt[43]. Zahllose Pfarrer, ja berühmte Theologieprofessoren hatten sich doch damals in Deutschland veranlaßt gesehen, religiöse Erbauung zu Zwecken patriotisch-politischer Erbauung mit unverkennbar kulturimperialistischem Ausgriff einzusetzen. Diese theologisch abgesegnete deutsch-nationale Politkultur hatte doch tatsächlich mit dem katastrophischen Ende des jungen Kaiserreichs ihren Zusammenbruch zu verarbeiten. Mit dem kritischen Scheidewasser der Dialektischen Theologie, so kann man es sagen, wurde die Sache des Glaubens ihrem nationalprotestantischen politischen Mißbrauch entzogen. An der Nötigkeit dieser Entziehungskur war nicht zu zweifeln. Nichts bewies das späterhin eindrücklicher als der fällige Widerspruch gegen die Deutschen Christen, die nach der Aufrichtung der Herrschaft der Nationalsozialistischen Deutschen Arbeiterpartei der politischen Bot-

---

[39] Zu ihren Anfängen cf. die repräsentative Anthologie von Jürgen MOLTMANN (Hrsg.): Anfänge der dialektischen Theologie. Teil I, Teil II, München 1977.

[40] Nämlich in einer Rede auf der Wartburg 1920. – Friedrich GOGARTEN: Die Krisis unserer Kultur. In: Jürgen MOLTMANN (Hrsg.): a.a.O. (cf. Anm. 39) Teil II, S. 101–121, S. 113.

[41] Friedrich GOGARTEN: Zwischen den Zeiten. In: a.a.O. S. 95–101, S. 96.

[42] Ein geradezu prophetisch in Erfüllung gegangener Titel – freilich gerade nicht im Sinne des Propheten, der für seine eigene Zeit die Selbstkennzeichnung „Zwischen den Zeiten" gefunden hatte. – Zu den politischen Implikationen cf. Andreas LINDT: Das Zeitalter des Totalitarismus. Politische Heilslehren und ökumenischer Aufbruch. Stuttgart, Berlin, Köln, Mainz 1981, S. 87ff.: „Theologischer Aufbruch: Abkehr vom Liberalismus".

[43] Cf. dazu, exemplarisch, das Dokument Bruno DÖHRING (Hrsg.): Ein' feste Burg. Predigten und Reden aus eherner Zeit. Zum Besten der Nationalstiftung für die Hinterbliebenen der im Kriege Gefallenen. 1. Band 1914.

schaft dieser Partei als froher Botschaft akklamierten. Als bekennende Kirche widersetzte sich die Kirche Versuchen der Eindeutschung des Evangeliums durch die politisch mitlaufende Kirche, und die dafür maßgebend und wirkungsreich gewordene Barmer Theologische Erklärung[44] ist tatsächlich ohne die Barthsche Theologie nicht zu denken[45].

Andererseits wäre es eine grobe Verfälschung der historischen Tatsachen, wenn man das Kulturchristentum protestantischer Herkunft und Prägung für ein in Deutschland exklusiv nationalkonservativ und schließlich nationalistisch, ja im Extremfall der Deutschen Christen national-sozialistisch orientiertes Kulturchristentum hielte. Es hat eben auch in Deutschland einen Kulturprotestantismus gegeben, der nicht den deutsch-nationalen Zug dieses Protestantismus repräsentiert, vielmehr – zumal nach dem Zusammenbruch des Kaiserreichs – Vernunftrepublikanismus in patriotischer, sozialer und bürgerrechtlicher Absicht. Der schon genannte Name Ernst Troeltsch' steht dafür wie kein anderer[46], und seine wie anderer Theologen liberale Theologie läßt sich heute als jene Theologie lesen, die die christentumsgeschichtliche Mitbestimmtheit der Freiheiten und Leistungen des modernen Rechts- und Sozialstaats sichtbar gemacht hat und die Kirche ermuntert, das zu erkennen und anzuerkennen.

Wieso man auch diesen Traditionen gegenüber „tiefer im Nein als im Ja" zu stehen habe, wie Karl Barth fand[47], ist inzwischen weniger deutlich zu sehen. Wer eigentlich ist es genau, dem man glaubt vorwerfen zu sollen, daß er „ohne zu erröten" von „christlichen" Sitten, von „christlicher" Familie etc., ja von „Christentum" rede?[48]

Selbstverständlich bleibt es, noch einmal, auch im nachhinein zustimmungspflichtig, daß dem Kulturchristentum in der politisch transformierten Gestalt, die die Deutschen Christen erstrebten, die Absage der Barmer Theologischen Erklärung erteilt wurde. Daß damit zugleich auch die Unvermeidlichkeit theologischer Absage an das Kulturchristentum bürgerlich-liberaler Tradition erwiesen sei, läßt sich hingegen im nachhinein nicht finden. Wenn man einmal die theologische Seite der Sache beiseite läßt, so bleibt doch für die politische Seite der Sache zu

---

[44] Wiederabdruck bei Martin HONNECKER: Die Barmer Theologische Erklärung und ihre Wirkungsgeschichte. Opladen 1995, Anhang: Theologische Erklärung zur gegenwärtigen Lage der Deutschen Evangelischen Kirche. Bekenntnissynode der Deutschen Evangelischen Kirche zu Barmen am 31. Mai 1934, S. 35–38.

[45] Cf. dazu Klaus SCHOLDER: Die Kirchen und das Dritte Reich. Band 1: Vorgeschichte und Zeit der Illusionen 1918–1934. Berlin, Wien 1977, S. 740ff.

[46] So mit seinem Spektator-Briefen. Ernst TROELTSCH: Spektator-Briefe. Aufsätze über die deutsche Revolution und die Weltpolitik 1918/22. Mit einem Geleitwort von Friedrich MEINECKE zusammengestellt und herausgegeben von H. BARON. Neudruck der Ausgabe Tübingen 1924. Aalen 1966. – Cf. dazu meine Troeltsch-Darstellung im Kapitel „Die philosophischen Ideen von 1914" in meinem Buch „Politische Philosophie in Deutschland. Studien zu ihrer Geschichte", Basel, Stuttgart 1963, S. 173–238, S. 227–234.

[47] Karl BARTH: Der Christ in der Gesellschaft. In: Jürgen Moltmann (Hg.): Anfänge der dialektischen Theologie. Teil I. München 1977, S. 3–37, S. 28.

[48] Karl BARTH: Biblische Fragen, Einsichten und Ausblicke. In: Jürgen MOLTMANN (Hrsg.), a.a.O. S. 49–76, S. 59.

sagen, daß die Weimarer Republik und damit die erste in ihre vollen verfassungsrechtlichen Konsequenzen gebrachte deutsche Demokratie eine wirksame Stütze
im deutschen Protestantismus nicht gefunden hat[49]. Nur für repräsentative Teile
des von der liberalen Theologie geprägten Protestantismus gilt eben das nicht,
und just diese werden aber vom Verdikt der Dialektischen Theologie wieder das
Kulturchristentum voll mitgetroffen. Karl Barth konnte sich, sozusagen, seinen
theologischen Existentialismus leisten – mit seinen dadurch einigermassen
untangierbaren Schweizer und näherhin Berner politisch-kulturellen Selbstverständlichkeiten im Rücken. Die Deutschen hingegen konnten sich diese theologische Romantik existentieller Ausnahmelagen in ihrer prekären politischen Situation am Ende des Ersten Weltkriegs ungleich weniger gut leisten, so daß man, mit
Klaus Scholder, von der Dialektischen Theologie sagen darf, daß sie „zunächst ...
doch einfach die Republik wichtiger Stützen" „beraubte"[50].

Das alles ist tiefe Vergangenheit. Weniger weit liegt die Vergangenheit des
Kalten Krieges zurück, die Teilung Deutschlands und damit auch die Geschichte
der Errichtung einer zweiten Demokratie auf deutschem Boden im westlichen
Teil Deutschlands. Es hat Gründe, die offen zutage liegen und daher an dieser
Stelle der Erörterung gar nicht bedürfen, wieso sich – und das ist bis in die demoskopische Vermessung dieser Bestände hinein nachgewiesen – die Katholiken rascher und vorbehaltloser als die Protestanten im westlichen, demokratisch verfaßten Teil Deutschlands eingerichtet haben[51]. Unzureichend geklärt ist demgegenüber, wie mir scheinen will, der für Teile des deutschen Protestantismus charakteristische Vorbehalt gegenüber dem rekonstruierten (west)deutschen Bürger-
staat. „In Rom gezeugt, in Washington geboren" – es erübrigt sich, den ehren-
werten und als tapfer erwiesenen Autor dieses Diktums ausdrücklich zu nennen,
der in Teilen des westdeutschen Nachkriegs-Protestantismus einflußreich war.
Das dialektisch-theologische große „Nein" blieb hier zur politischen Unzeit ein
stehender Gestus. Nachgeholter oder auch fortgesetzter Widerstand, wo ein klei-
nes „ja" der Lage angemessener gewesen wäre, Neigungen zu anti-bürgerlicher
Kulturkritik, wie sie auch zum Traditionsgut westlicher neo-marxistischer Intellektueller gehörte[52], Anti-Amerikanismus entsprechend, eine gewisse Sozialis-
mus-Romantik, die dem „Bürgertum" gern das Gericht bereitet gesehen hätte, die

---

[49] Alexander Schwan: Zeitgenössische Philosophie und Theologie in ihrem Verhältnis zur
Weimarer Republik. In: Karl Dietrich Erdmann, Hagen Schulze (Hrsg.): Weimar. Selbst-
preisgabe einer Demokratie. Eine Bilanz heute. Düsseldorf 1980, S. 259–285, bes. S. 262ff. –
Ferner: Richard Ziegert (Hrsg): Die Kirchen und die Weimarer Republik. Neukirchen-Vluyn
1994.

[50] Klaus Scholder, a.a.O. (cf. Anm. 45) S. 62.

[51] „Die Katholiken sind die eigentlichen Entdecker der Bundesrepublik. Früher als die Protestanten haben sie im ersten Jahrzehnt der Existenz der Bundesrepublik ein politisches Hei-
matgefühl entwickelt" – so Gerhard Schmidtchen: Was den Deutschen heilig ist. Religiöse
und politische Strömungen in der Bundesrepublik Deutschland. München 1979, S. 115.

[52] Wie mit singulärer Wirkung die aus heutiger Perspektive extrem veraltet, nämlich falsifiziert
wirkenden kulturkritischen Analysen „Kulturindustrie, Aufklärung als Massenbetrug" aus
den vierziger Jahren bei Max Horkheimer, Theodor W. Adorno: Dialektik der Aufklärung.
Philosophische Fragmente. Frankfurt am Main 1969, S. 128–176.

verbreitete Neigung, Fragen praktischer Politik zu Bekenntnisfragen hinaufzusti-
lisieren, Gemeinsinnsschwäche, Anti-Antikommunismus, Moralismus statt Pragmatismus im Urteil über Für und Wider der Atomenergienutzung, der Abrü-
stungsförderlichkeit der Nachrüstung, des Religionsunterrichts als staatlicher
Veranstaltung, der Militärseelsorge unter Mitwirkung der geistlichen Inhaber von
Stellen, die in staatlichen Personalhaushalten ausgebracht sind – das und vieles
andere mehr gehört zum Erscheinungsbild des deutschen Protestantismus, und
es ist gerade dasjenige Bild, dem es an Medienverstärkung selten gefehlt hat.

Gewiß: In europäischer Perspektive könnte man die soeben skizzierten deutschen Querelles auch auf sich beruhen lassen. Der politische und kulturelle La-
stencharakter dieser Querelles scheint tendenziell ohnehin abzunehmen. Indessen: Die protestantische Kulturchristentumsscheu, die im theologiegeschichtli-
chen Extrem sich in der Dialektischen Theologie zum Ausdruck gebracht hat, ist
auch außerhalb Deutschlands bemerkbar. Exemplarisch ließe sich das an den Debatten zum Thema „Zivilreligion"[53] deutlich machen. In den USA werden diese
Debatten sozusagen unbefangen geführt[54]. In Europa sind es nicht zufällig gern
protestantische Theologen, die sich bei anstehenden Erörterungen etwa zur Generalrevision jeweiliger Staatsverfassungen mit besonderem Fleiß für die Tilgung
der zivilreligiösen Verfassungsrechtsbestände aussprechen[55]. Auch das ist Anti-
Kulturchristentum, das für Teile des Protestantismus typisch ist.

Was immer der gute theologische Sinn dessen sein mag – liberal ist das nicht,
auch wenn es mit residualem Laizismus in der Religions- und Kirchenpolitik liberaler Parteien konveniert. Demgegenüber meine ich, daß es zur Verweigerung der
Anerkennung der Präsenz und der Wirkungen des Glaubens in unserer öffentlichen Kultur weit über die Grenzen der Kirchen hinaus keinerlei kirchlichen Anlaß und keinerlei glaubenspraktische Notwendigkeit gibt. Diese Anerkennung
müßte sogar weit mehr umfassen als die erwähnten zivilreligiösen Verfassungsrechtsbestände, die in etlichen europäischen Ländern üblichen Kreuze in Gerichtssälen oder den Prädikator „christlich" in Parteiennamen. Immerhin ist unsere Kultur in umfassender Weise durch christliche Herkunft geprägt, und es ist
nicht erkennbar, wieso das Christen gleichgültig sein sollte. Auch für den Sozialstaat gilt das. Dessen Gewährleistungen und Verbindlichkeiten reichen ersichtlich
weit über den Umkreis dessen hinaus, was man pragmatisch für Zwecke sozialpolitischer Friedenssicherung auch ganz unabhängig von christlich tradierten
Geboten als zweckmäßig einschätzen wird. Sogar für die Menschenrechtssubjek-
tivität gilt, daß sie eine ihrer Herkunft nach nicht zuletzt christlich mitgeprägte
Subjektivität ist. Sie hängt an Eigenschaften, deren Vorhandensein oder Nichtvor-
handensein nicht zur Urteilsdisposition von Experten für die Feststellung von
Personalitätseigenschaften steht. In der Glaubensaussage, ein Geschöpf zu sein, ist

---

[53] Cf. dazu die repräsentative Sammlung von Aufsätzen bei Heinz KLEGER, Alois MÜLLER
(Hrsg.): Religion des Bürgers. Zivilreligion in Amerika und Europa. München 1986.
[54] Cf. dazu das Kapitel „Exkurs über ‚Zivilreligion'", in meinem Buch „Religion nach der Aufklärung", Graz, Wien, Köln ²1990, S. 306–327, S. 307ff.
[55] So nicht zuletzt in der Schweiz im Kontext der Debatten im offiziellen Verfahren zur Vorbereitung der Generalrevision der Bundesverfassung.

eine solche Eigenschaft festgehalten, und was in Verfassungstexten, Höchstge-
richtsurteilen, auch Staatsfeiertagsreden über die „Würde des Menschen" gesagt
wird, ist gewiß in der Säkularordnung unseres öffentlichen Lebens nach seinen
regelnden und steuernden Wirkungen religionsfrei beschreibbar, nicht aber nach
Herkunft und fortdauerndem religionskulturellem Kontext und Hintergrund. Indem auch die Kirchen das geltend machen, halten sie Voraussetzungen moderner
Kultur gegenwärtig, ohne die diese Kultur nicht zukunftsfähig wäre.

Selbstverständlich hängt weder die Zukunft unserer Kultur noch gar die der
Kirche an diesem oder jenem christlich geprägten oder gar zur kirchlichen Ordnung gehörigen Kulturelement – also zum Beispiel unseren christlichen Feierta-
gen. Einen Pfingstmontag, der sich zugleich als staatlicher Feiertag darstellt, muß
es gewiß nicht geben und einen arbeitsfreien speziellen Buß- oder Bettag, der ja
ohnehin eine Einrichtung historisch jüngeren Datums darstellt, erst recht nicht.
Aber die politische Zumutung, solche Feiertage zur Finanzierung des Sozialstaats
zur Verfügung stellen zu sollen, ist dreist. Nicht, daß die Aufforderung, doch wieder etwas mehr zu arbeiten, nicht ihren guten Sinn hätte. Nicht auch, daß der Sozialstaat, dessen Gefährdung durch Übertreibung man kennt, nicht zugleich auch
noch Lücken aufzuweisen hätte, die man im Interesse der Schwachen und Hilfsbedürftigen unter uns gern geschlossen sähe. Indessen: Niemals zuvor war sozialgeschichtlich der Anteil der Lebenszeit, den wir arbeitend im Beruf verbringen,
geringer als heute und niemals zuvor dehnte sich die Urlaubszeit weiter. In dieser
Lage, statt einen Urlaubstag zur Schließung von Finanzierungslücken einzusetzen, einen christlichen Feiertag aufzuopfern – das erfüllt den Tatbestand einer
kulturrevolutionären Destruktion, hinter der überdies auch kein potentiell produktiver kulturpolitischer Rigorismus, vielmehr nichts als die Angst vor dem
Unmut organisierter sozialer Besitzstandswahrer steckt. Um so erfreulicher ist,
daß repräsentative Wortführer der betroffenen protestantischen Kirchen hier
„nein" gesagt haben. Aber bekundet sich denn nicht auch darin, so wird mancher
fragen, die Mentalität der Besitzstandswahrung? Gewiß, aber auf den Unterschied
im Inhalt dessen, was jeweils verteidigt wird, kommt es doch an – ob es sich um
„Freizeit" handele oder um einen Feiertag, der ineins zum Kirchenjahr wie zur
öffentlichen Kultur in der Ordnung sich wiederholender Zeitabläufe gehört. Nur
wer für die Realität des Kulturchristentums offen ist und zugleich diese Realität
nicht für kirchlich irrelevant hält, kann das so sehen.

Es bleibt ja richtig –: auch das hier so genannte Kulturchristentum garantiert
die Zukunft der protestantischen Kirchen keineswegs. Diese Zukunft hängt von
vielen Faktoren ab, und darunter auch von solchen, die gar nicht zur Disposition
der Kirchen stehen. Nichtsdestoweniger wird es die Kirchen zusätzlich schwächen, wenn sie sich zum Christentum außerhalb ihrer selbst gleichgültig stellten.
Soweit das richtig ist, empfiehlt sich eine Revision des „Nein" zum „Kulturchristentum", das in einer überdies mit einem Faible für Ausnahmeverhältnisse
romantisch interpretierten historisch-politischen Extremlage die Dialektische
Theologie einst gesprochen hatte.

22. „Verantwortung vor Gott"
Ein Stück Zivilreligion

„Im Bewußtsein seiner Verantwortung vor Gott", so heißt es in der Präambel des Bonner Grundgesetzes vom 23. Mai 1949, habe „das Deutsche Volk" „kraft seiner verfassungsgebenden Gewalt dieses Grundgesetz ... beschlossen". Analog wird auch in etlichen Verfassungen der Länder der Bundesrepublik Deutschland „Verantwortung vor Gott" als letztinstanzliche praktische Orientierung erwähnt, in der der Verfassungsgeber seine Entscheidung zu treffen bemüht war. Im „Vorspruch" der Verfassung des Landes Baden-Württemberg zum Beispiel wird das bekundet, an analoger Stelle in der Verfassung für Rheinland-Pfalz desgleichen, oder auch in der Präambel der Verfassung für das Land Nordrhein-Westfalen.

Dann und wann ist über solche Vorsprüche hinaus auch noch in anderen Verfassungsartikeln von Gott die Rede. Die erwähnte Verfassung von Nordrhein-Westfalen erklärt, zum Beispiel, in ihrem Artikel 7 die „Ehrfurcht vor Gott" zum vornehmsten „Ziel der Erziehung".

Mit dem Satz „So wahr mir Gott helfe" endet die Eidesformel, die bei seinem Amtsantritt der Bundespräsident zu sprechen hat, wobei ihm freilich der Artikel 56 des Grundgesetzes freistellt, den Eid „auch ohne religiöse Beteuerung" zu leisten. In Gerichtsgesetzen und Prozeßrechten findet man ähnliche Vorschriften den Gebrauch des Namens Gottes von Gesetzes wegen betreffend.

Es steht nichts entgegen, die juridische Bedeutung solcher Rückbezüge auf Gott in Gesetzestexten als marginal einzuschätzen. In der Tat: Schulaufsichtsamtliche Mißbilligung der Erziehungspraxis von Lehrern mit dem Vorwurf, die „Ehrfurcht vor Gott" als „vornehmstes Ziel der Erziehung" aus dem Auge verloren zu haben, ist in der Schulverwaltungsgeschichte des Landes Nordrhein-Westfalen bislang nicht vorgekommen. Vor unseren Gerichten wird die Wahrheitsfähigkeit der Eidesleister, die darauf verzichten, die Hilfe Gottes anzurufen, keineswegs angezweifelt, und niemand hat bislang Anlaß gesehen, der Obrigkeit des Landes Hessen gegenüber deswegen besonders mißtrauisch zu sein, weil „sich Hessen als Gliedstaat der Deutschen Republik" ohne ausdrückliche Wahrnehmung von Verantwortung vor Gott seine Verfassung gegeben hat. In der Schweiz fanden es nicht zuletzt Theologen angemessen, im Zuge eines früheren Versuchs zur Generalrevision der Verfassung der Eidgenossenschaft auf die Eingangsanrufung Gottes („Im Namen Gottes des Allmächtigen!") doch künftig zu verzichten. Welchen Unterschied macht es denn überhaupt, ob Gott in Verfassungen oder auch in anderen Gesetzen erwähnt oder ungenannt bleibt? Justiziable Regelungswirkungen scheint der Rekurs auf Gott in Gesetzestexten jedenfalls nicht zu haben.

Andererseits sind die Örter, in denen gesetzlich Wahrnehmung von Verantwortung vor Gott bekundet ist, institutionell keineswegs marginal. Sowohl als promissorischer wie als assertorischer Akt ist ja eine Eidesleistung prozessual alles andere als eine Beiläufigkeit. Eben das wird durch die religiöse Schlußbeteuerung in unseren Eidesformeln ausdrücklich herausgehoben, und an dieser Heraushebung ändert auch derjenige nichts, der es vorzieht, und sei es aus religiösen Gründen, den Namen Gottes bei dieser Gelegenheit nicht im Munde zu führen. Und schließlich: In ihren Präambeln und Vorsprüchen benennen unsere Verfassungen immerhin die Quelle des Rechts, das sie setzen, und schon aus diesem Grund kann mit der Bekundung, man schöpfe hier aus dieser Quelle in „Verantwortung vor Gott", keine Beiläufigkeit gemeint sein.

Was ist gemeint? Die Beantwortung dieser Frage setzt Einsicht in die Bedingungen effektiver, näherhin verläßlicher Wahrnehmbarkeit von Verantwortung voraus. Zwei dieser Bedingungen sind hier von besonderer Wichtigkeit. Erstens kann die Verantwortung handelnder Subjekte, von Personen also und auch von Institutionen, nie weiter als ihre Handlungsmacht reichen. Zweitens setzt Verantwortung, auf deren Wahrnehmung wir uns im öffentlichen und privaten Zusammenhang sollen verlassen können, Instanzen voraus, die über diese Verantwortungswahrnehmung wachen und in der Lage sind, uns gegebenenfalls zur Verantwortung zu ziehen – und sei es auch nur kraft Wirkung jener sozialen Kontrollen, durch die wir unter den Druck eines öffentlichen Aburteils geraten, wo wir schuldhaft versäumen, was zu tun wir im Interesse der Personen und Sachen, für die wir verantwortlich sind, zu tun verpflichtet gewesen wären.

Das sind schlichte Sätze. Sie sind eigentlich trivial, aber sie sind, wie das Triviale so oft, zugleich fundamental. Um so ärger sind die Folgen der Verstöße wider die skizzierten Bedingungen der Verantwortungswahrnehmung. Die Strafrechtspolitik in totalitären Regimen zum Beispiel hat regelmäßig Individuen mit Schuld für Schadensfolgen ihres Tuns oder Unterlassens weit über die Grenzen ihres mobilisierbaren Wissens und Könnens hinaus belastet. Unglücksraben wurden zu Saboteuren ernannt, und der Sinn dieses Unsinns ist evident: Die totalitären Gesamtverantwortlichen, die Führer und Großideologen, vermochten so, und sei es auch nur vor sich selbst, ihre Fiktion aufrechtzuerhalten, das von ihnen geschaffene und repräsentierte System sei an sich fehlerfrei und perfekt und somit, was nichtsdestoweniger schief ging, Feindesmachenschaft.

In liberal verfaßten politischen Systemen, die auf totalitäre ideologische Perfektionsansprüche nicht verpflichtet sind, ist nichtsdestoweniger die Versuchung zur Nichtbeachtung der Grenzen, innerhalb derer Menschen Verantwortung einzig wahrnehmen können, gleichfalls wirksam – hier aber charakteristischerweise in leichtfertiger Selbstzuschreibung unbegrenzter Verantwortung. „Wissenschaftler haben", so wurde von Wissenschaftlern bei Gelegenheit wissenschaftlicher Fachkongresse erklärt, „für die Folgen der Wissenschaft Verantwortung zu übernehmen". Diese Forderung ist sehr populär geworden. Aber sie ist unbeschadet ihrer Popularität unerfüllbar. Die Folgen der Forschung reichen aus prinzipiellen Gründen stets ungleich weiter als Forscher im vorhinein wissen können, und sie reichen überdies in Bereiche hinein, die wir der Verantwortung von Forschern keinesfalls überlassen dürften und für die gerade in einem liberal verfaßten Gemeinwesen Verantwortlichkeitszuständigkeiten ganz anderer Personen und Institutionen konstituiert sind. Dabei ist die rhetorische Überschreitung realer Grenzen effektiv wahrnehmbarer Verantwortlichkeiten niemals harmlos. Sie überlagert unsere zumeist höchst bescheidenen Verantwortlichkeiten mit Dauerbekundungen guter Verantwortungsgesinnung. Die einen repräsentieren dann das Verantwortungsgewissen, das die jeweils anderen sich zu machen gehabt hätten. Es bedarf keines Kommentars, wer in dieser Verteilung der Rollen sich den komfortableren Part erwählt hat.

Aus dieser Perspektive gesehen wird schließlich auch der uns von so vielen Kirchentagen her inzwischen vertraute Aufruf zur Verantwortung für die Bewahrung der Schöpfung prekär. Daß der Schöpfer der Welt auch der Erhalter seiner Schöpfung sei, ist doch Lehrgehalt eines jeden soliden und theologisch disziplinierten Konfirmandenunterrichts. Was passiert, wenn wir uns nun, zumindest rhetorisch, selber in die Schöpfungsbewahrerrolle einschließlich der damit verbundenen Verantwortlichkeiten einweisen? Die Sache ist noch einmal gutgegangen, wenn wir uns durch die Kirchentagspredigt, unbeschadet ihrer falschen Theologie, haben bewegen lassen, am Tage darauf und von da an für immer unsere abgenutzten Recorderbatterien, statt in den Müll, in den dafür beim Fachhändler aufgestellten Sammelcontainer zu tun. Und so meinte es ja wohl auch der Kirchentagsprediger: Statt Bewahrung der Schöpfung Hausmüllreduktion, Einschränkung des Warmwasserverbrauchs durch Übergang vom Vollbad zur Dusche, Verzicht auf Medikamentenkonsum, wo der Kopfschmerz wirksam und anhaltend sich auch über Gartenarbeit verflüchtigen ließe, und so in allem.

Aber was soll dann überhaupt noch die rhetorische Selbsteinweisung in die Rolle des Schöpfungserhalters? Es handelt sich um einen Vorgang der Verantwortungsüberlastung, deren Konsequenz Selbstanklagen und, vor allem, Anklagen sind. Moralismus breitet sich aus, wo wir statt dessen, um Verantwortung in den engen Grenzen unserer Handlungsmöglichkeiten wirklich wahrnehmen zu können, alltagspraktisch nutzbare technische Ratschläge nötig hätten.

Das Gemeinwesen freilich, als Kommune, als Staat, hat Verantwortungen wahrzunehmen, die sich weit über die Grenzen individueller Handlungsmacht hinaus erstrecken. Das bedarf keiner Erläuterung. Nichtsdestoweniger erweist sich auch in unseren kollektiven Lebenszusammenhängen die Versuchung als wirksam, statt Verantwortung wahrzunehmen Verantwortungsgesinnung zu demonstrieren, und das vorzugsweise in der Form von Verantwortungsbekundungen weit über die Grenzen unserer kollektiven Handlungsmöglichkeiten hinaus. Arbeit, Wohnung, Gesundheit einschließlich ihrer naturalen und sozialen Bedingungen – das sind gewiß elementare Lebensgüter. Aber sie als Ansprüche vom Charakter subjektiver Rechte in eine Verfassung hineinzuschreiben würde bedeuten, den Staat weit über leicht erkennbare Grenzen seiner Handlungsmöglichkeiten hinaus mit Verantwortlichkeiten zu belasten. Die Konsequenzen sind längst bekannt: Indem der Staat faktisch nicht leisten kann, was er soll, gerät buchstäblich in Verfall, was in seine Verantwortung übernehmen zu können wir ihm fälschlicherweise zutrauen – die Arbeit, die Wohnung, die Umwelt. Der real existent gewesene Sozialismus ist auch dafür ein Lehrstück.

Es ist natürlich kein Zufall, daß in einer sozialistischen Verfassung von „Verantwortung vor Gott" niemals die Rede war, und man erkennt jetzt die Zusammenhänge: Wer bekundet, seine Verantwortung „vor Gott" wahrzunehmen, bekundet damit, das im Wissen der ungewissen Grenzen seiner Handlungsmöglichkeiten zu tun. Er bekundet zu wissen, daß jegliches Handeln, individuell wie kollektiv, in seinem Gelingen von Voraussetzungen abhängig ist, die nicht zur Disposition der handelnden Subjekte selber stehen, und er verhält sich zu diesem Faktum rational durch ausdrückliche Anerkennung dieses Faktums. Wer bekundet, in Verantwortung „vor Gott" zu handeln, hat in wohlbestimmter Hinsicht einen rigoroseren Verantwortungsbegriff als derjenige, der eine solche Verantwortungsinstanz für eine Leerstelle hält. Aber der größere Rigorismus jenes Verantwortungsbegriffs besteht gerade darin, daß er unsere Verantwortung bis in den politischen Lebenszusammenhang hinein strikt an die stets ungewiß verlaufende Grenze zwischen dem Verfügbaren und Unverfügbaren bindet, wobei – das gehört zum theologischen Einmaleins traditioneller Gnadenlehre – das Insgesamt unserer Verfügbarkeiten seinerseits noch einmal dem Unverfügbaren zugehört.

Die insoweit in einem ihrer Sinngehalte erläuterte verfassungsmäßige Bekundung der „Verantwortung" des Verfassungsgebers „vor Gott" wird nach einem inzwischen wieder üblich gewordenen Begriff heute dem Begriff der sogenannten Zivilreligion zugerechnet. Dabei handelt es sich um religiöse Elemente im Rechtssystem, die nicht Staatskirchenrecht sind und auch nicht Religionsrecht. Es handelt sich vielmehr um religiöse Elemente im Recht.

Ich wiederhole: Nichts steht entgegen, die rechtliche Bedeutung dieser Elemente religiösen Rechts in unserem Rechtssystem für überaus gering einzuschätzen. In rechtskultureller und näherhin auch in verfassungsrechtskultureller Hinsicht ist das aber keineswegs der Fall. Liberale Ordnungen sind, im Unterschied zu totalitären, politische Ordnungen, in denen anerkannt ist, daß sie nicht zuletzt von Voraussetzungen abhängig sind, die nicht zur Disposition dieser Ordnungen selber stehen. Indem, was in diesen Ordnungen gilt, als „in Verantwortung vor Gott" zur Geltung gebracht gilt, wird die Abhängigkeit politischer Ordnung von Voraussetzungen, über die in dieser Ordnung selbst nicht verfügt werden kann, ausdrücklich anerkannt.

V. Politische Optionen deutscher Intelligenz

23. Der deutsche Geist und die politische Realität

Herkunft und Wirkung eines Intellektuellen-Stereotyps

Der Realitätsgehalt kollektiver Selbstbilder und Fremdbilder ist zweifelhaft. Nichtsdestoweniger wäre es unrealistisch, sie deswegen für unbeachtlich zu halten. Sie sind Teil der politischen Realität und sie entfalten gelegentlich Wirkung. Auch für das Stereotyp, das von dem Mißverhältnis deutscher intellektueller Eliten der Politik gegenüber wissen will[1], gilt das.

Zu besonderer Prominenz ist dieses Stereotyp zuerst als Fremdbild gelangt, nämlich als Meinung einer französischen Intellektuellen über die deutschen Dichter und Denker. In napoleonischer Zeit schrieb Madame de Staël ihr Deutschland-Buch[2]. Es wurde rasch berühmt und blieb es für das ganze 19. Jahrhundert. Es war ein Buch über Deutschland in freundlicher Absicht. Das offizielle Frankreich nahm es übel. Noch sei es „nicht so weit gekommen, daß wir Vorbilder unter den Völkern suchen sollten, die Sie bewundern" – so schrieb der napoleonische Polizeiminister der Autorin[3], ließ ihr Buch verbieten und sie selbst unter behördliche Aufsicht stellen.

Dabei hätte doch, was Madame de Staël über „die aufgeklärten Köpfe in Deutschland" mitzuteilen wußte, die französische Politik eher unbesorgt machen sollen. Diese „Köpfe" nämlich, fand Madame, „streiten lebhaft miteinander um die Herrschaft des Geistes", überlassen aber „den Mächtigen der Erde alles Reale im Leben"[4].

Madame de Staël hatte für die deutsche Neigung, statt praktisch zu werden prinzipiell zu bleiben, auch eine naheliegende historisch-politische Erklärung anzubieten: „Die Kraft zu handeln" entwickle sich nur „in freien und mächtigen Ländern, wo patriotische Empfindungen" die Geister bewegen und nicht die Spekulation[5].

Das und dergleichen mehr war, wie gesagt, freundlich gemeint. Aber schmeichelhaft war es nicht, und entsprechend reagierten die Intellektuellen in

---

[1] Zuletzt, nämlich im Rückblick, erneuert von Joachim FEST: Der zerstörte Traum. Vom Ende des utopischen Zeitalters. Berlin 1991.

[2] Anne Germaine DE STAËL: Über Deutschland. Vollständige und neu durchgesehene Fassung der deutschen Erstausgabe von 1814 in der Gemeinschaftsübersetzung von Friedrich BUCHHOLZ, Samuel Heinrich CATEL und Julius Eduard HITZIG. Herausgegeben und mit einem Nachwort versehen von Monika BOSSE. Mit einem Register, Anmerkungen und einer Bilddokumentation. Frankfurt am Main 1985.

[3] In einem Brief vom 3. Oktober 1810, abgedruckt a.a.O. S. 11–12, S. 11.

[4] a.a.O. S. 37.

[5] ibid.

Deutschland. Hegel freilich war souverän genug, Madame de Staël zu bestätigen: In Frankreich wohne der Gedanke nahe bei der Tat, près du bonnet, wie man dort sage. „Wir Deutschen" hingegen hätten „allerlei Rumor im Kopfe". Dabei lasse aber „der deutsche Kopf seine Schlafmütze ganz ruhig sitzen, und operiert innerhalb seiner"[6].

Das klingt biedermeierlich, schließt jedoch bei Hegel die Feier der Revolution und die Bewunderung Napoleons ein[7]. „Alle denkenden Wesen haben diese Epoche mitgefeiert. Eine erhabene Rührung hat in jener Zeit geherrscht, ein Enthusiasmus des Geistes hat die Welt durchschauert, als sei es zur wirklichen Versöhnung des Göttlichen mit der Welt nun erst gekommen"[8].

Auch das gehörte zum intellektuellen Rumor in Deutschland, und wie kein anderer hat Heinrich Heine die politischen Potentiale des deutschen denkerischen Ideenradikalismus aufgedeckt. Heines Geschichte der Religion und Philosophie in Deutschland vom Jahre 1834[9] läßt sich als Gegen-Buch zum Deutschland-Buch Madame de Staëls lesen. Als Text politischer Publizistik war es eine Warnung an die Franzosen, die deutschen prinzipienorientierten philosophischen Konstruktionen doch bitte nicht für praxisunfähigen und somit politisch harmlosen, liebenswürdigen Tiefsinn zu halten. „Es werden bewaffnete Fichteaner", kündigte Heine an, „auf den Schauplatz treten, die in ihrem Willensfanatismus weder durch Furcht noch durch Eigennutz zu bändigen sind; denn sie leben im Geist, sie trotzen der Materie". Untangierbar sei der „Transzendental-Idealist" „in der Verschanzung des eigenen Gedankens". Daraus werde er mit revolutionärer Kraft eines Tages „hervorbrechen und die Welt mit Entsetzen und Bewunderung erfüllen"[10].

Diese berühmte Passage aus Heines Schrift zur Aufklärung der Franzosen über den vermeintlich politikfernen Charakter deutscher denkerischer Prinzipienkonsequentialismus darf man nicht in der Absicht zitieren zu insinuieren, in jenem von Heine prognostizierten „Hervorbrechen" deutscher Idealisten aus ihrer Gedankenschanze finde man spätere Großereignisse deutscher und europäischer Geschichte vorangedeutet. Das wäre anachronistisch. Es lohnt sich aber, die Formel „weder durch Furcht noch durch Eigennutz zu bändigen" festzuhalten. Sie ist eine unüberbietbar genaue Charakteristik dessen, was in der Sprache deutscher Jugendbewegungen bis über den ersten Weltkrieg hinaus „Idealismus" hieß. Die

---

[6] Georg Wilhelm Friedrich HEGEL: Vorlesungen über die Geschichte der Philosophie. Werke Band 15, pp. 552f. - Analog äusserten sich später auch Schüler Hegels, zum Beispiel K. Rosenkranz, der 1833 die Deutschen solche nannte, die die „Philosophie jetzt für die fehlende Politik betreiben". Karl ROSENKRANZ: Aus einem Tagebuch. Königsberg Herbst 1833 bis Frühjahr 1846. Leipzig 1854, S. 31 (1833).

[7] Cf. dazu Joachim RITTER: Hegel und die Französische Revolution (1956). In: Joachim RITTER: Metaphysik und Politik. Studien zu Aristoteles und Hegel. Frankfurt am Main 1969, S. 183–255.

[8] Georg Wilhelm Friedrich HEGEL: Vorlesungen über die Geschichte der Philosophie. Ed. Glockner. Elfter Band, S. 557f.

[9] Heinrich HEINE: Zur Geschichte der Religion und Philosophie in Deutschland (1834). In: Heinrich HEINE: Sämtliche Werke in zwölf Teilen. Mit Einleitungen und Anmerkungen herausgegeben von P. BEYER, K. QUENZEL, K. H. WEGENER. Achter Teil, Leipzig o.J.

[10] a.a.O. S. 253f.

Formel paßt auf die Binnenlage des Theologiestudenten Karl Ludwig Sand[11], der sich, durch höhere Zwecke motiviert, aus der Geltung konventioneller Moral und tradierten Rechts emanzipierte und in der Person des Literaten Kotzebue symbolisch die europäische Reaktion der Heiligen Allianz niederstieß.

Auf die von Heine diagnostierte Unlenkbarkeit eines an pragmatische Interessen nicht mehr zurückgebundenen Idealismus der Prinzipienvollstreckung ist noch zurückzukommen.

Das konsequenteste und politisch zugleich wirkungsreichste Dementi deutscher intellektueller Wirklichkeitsferne stammt von Karl Marx. Die Franzosen haben die Revolution gemacht, und die Deutschen haben sie leider nur nachgedacht – das sei wahr. Aber dafür werde die Revolution der Zukunft eine deutsch vorgedachte, die bisherige Weltgeschichte überbietende, die endgültige Revolution sein. „Das gründliche Deutschland" könne „nicht revolutionieren, ohne von Grund aus zu revolutionieren"[12]. Die französische Revolution habe den Bürger emanzipiert. Die politische „Emanzipation des Deutschen" werde die „Emanzipation des Menschen" sein. Wie sieht das aus? Marx bleibt hier keineswegs vage. An die Stelle der bürgerlichen „Freiheit des Eigentums" werde die Befreiung „vom Eigentum" treten, an die Stelle der „Gewerbefreiheit die Befreiung vom Egoismus des Gewerbes", die „Religionsfreiheit" werde durch die Befreiung „von der Religion" überboten sein und die bürgerliche „Judenemanzipation" durch die „Emanzipation der Menschheit vom Judentum"[13]. Das ist das intellektuelle Programm, und das organisierte Proletariat, dessen weltgeschichtliche Funktionszuschreibung der Historische Materialismus liefert, wird es, so die Ankündigung, dermaleinst vollstrecken.

„Die Letzten werden die Ersten sein" – das ist die biblische Regel, der die Marxsche Theorie des Verhältnisses von Theorie und politischer Praxis in ihrer Anwendung auf Deutschland gehorcht. Madame de Staël ist widerlegt, Hegel vom Kopf auf die Füße gestellt und die Philosophie in eine „Waffe" verwandelt, deren Objekt nicht mehr ein professoraler Kollege, vielmehr der „Feind" ist, „den sie nicht widerlegen, sondern vernichten will"[14].

Das ist die Extremform des Anspruchs, die politische Philosophie endlich aus der Utopie herausgeführt zu haben. Der Titel der wirkungsreichsten Schrift von Friedrich Engels verhieß entsprechend die Erhebung des intellektuellen Versuchs, die politisch-soziale Wirklichkeit neu zu denken, „von der Utopie zur Wissenschaft"[15]. Was die Franzosen einst als weltenferne deutsche Prinzipienlust freundlich belächelt hatten, präsentierte sich als konsequente Anti-Utopie. Jener englische Philosoph, der der Literaturgattung der Utopie einst ihren Namen gege-

---

[11] Zur Philosophie dieser Binnenlage cf. die Abhandlung des Hegelianers Friedrich Wilhelm CAROVÉ: Über die Ermordung Kotzebues. Eisenach 1819.

[12] Karl MARX: Zur Kritik der Hegelschen Rechtsphilosophie. Einleitung. In: Karl MARX, Friedrich ENGELS: Werke. Band 1. Berlin 1977, S. 378–391, S. 391.

[13] Karl MARX: Zur Judenfrage. In: a.a.O. S. 347–377, S. 369, 373.

[14] Karl MARX, a.a.O. (cf. Anm. 12) S. 380.

[15] Friedrich ENGELS: Die Entwicklung des Sozialismus von der Utopie zur Wissenschaft. In: Karl MARX, Friedrich ENGELS: Werke. Band 19. Berlin 1962, S. 189–228.

ben hatte[16], war, immerhin, Lordkanzler von England gewesen[17]. Die Erhebung der politischen Philosophie zur Anti-Utopie war hingegen eine Leistung deutscher Meisterdenker[18], denen bei geringerem politischen Anspruch eine Privatdozentenkarriere hätte gelingen können. Verblüffend bleibt, daß ihr Weltveränderungsanspruch in geradezu fantastischer Weise in Erfüllung ging, wenn auch in Deutschland zunächst eine ganz andere Revolution als die erwartete stattfinden sollte.

Es war unmöglich, nicht berührt zu sein, wenn man, als der Marxismus-Leninismus noch real existierte, bei Besuchen in der Sowjetunion an den Stirnwänden der großen Universitätssäle in der Gestalt von Riesen-Ikonen die deutschen Anti-Utopisten vergegenwärtigt fand –: auch das ein merkwürdiger Beitrag der Deutschen zur Weltgeschichte dieses Jahrhunderts.

Es wäre Nonsens zu behaupten, die zitierte entschlossene intellektuelle Wendung zur politischen Wirklichkeit sei spezifisch deutsch. Wahr ist lediglich, daß das Motiv, das Stereotyp deutscher intellektueller Wirklichkeitsferne zu dementieren, als Zentralmotiv der deutschen Intellektuellen-Geschichte nachweisbar ist, und das in bemerkenswerter Indifferenz gegenüber dem Links-Rechts-Unterschied. Dafür steht exemplarisch das Konzept der „Realpolitik" im Zeitalter Bismarcks[19]. Man dürfe, mahnt Treitschke die Angehörigen seiner Zunft, die Politik „nicht allein bei der Studierlampe betrachten". „Zu sprechen vom Staate, wie er sein soll" – das, gewiß, hätten unsere Philosophen gelernt. England hingegen sei erfolgreich geworden, weil es „sich grundsätzlich nicht durch edle Gedanken" belehren lasse. Entsprechend sei „bei der Verteilung" der Welt „unter die europäischen Mächte ... Deutschland bisher immer zu kurz gekommen". Machtverleugnung sei aber für die Politik „recht eigentlich die Sünde wider den heiligen Geist". Immanuel Kants „Grundlegung zur Metaphysik der Sitten", gewiß, gehöre mit ihrer Erhebung des Menschen zum moralischen Selbstzweck zu den ‚herrlichsten

---

[16] Zu Thomas Morus' wirkungsreich benanntem Werk Wilhelm VOSSKAMP: Thomas Morus' Utopia: zur Konstituierung eines gattungsgeschichtlichen Prototyps. In: Wilhelm VOSSKAMP (Hrsg.): Utopieforschung. Interdisziplinäre Studien zur neuzeitlichen Utopie. Zweiter Band Stuttgart 1985, S. 183–196.

[17] Und für den Verfasser der in der technokratischen Denktradition wirkungsreichen Utopie, nämlich für Francis Bacons Nova Atlantis gilt das noch einmal. Zur Tradition und Funktion des „technokratischen" Denkens cf. meinen Aufsatz „Zur politischen Theorie der Technokratie", in: Hermann LÜBBE: Theorie und Entscheidung. Studien zum Primat der praktischen Vernunft. Freiburg i. Br. 1971, S. 32–53.

[18] Daß Deutschland, vor der Aufklärung, gerade nicht ein Land literarisch wirkungsmächtiger Utopien gewesen ist, findet Joachim Fest „bezeichnenderweise" so (cf. Joachim FEST, Der zerstörte Traum, a.a.O. (cf. Anm. 1), S. 61). Bezeichnend ist dann aber, komplementär dazu, mehr noch der deutsche Anti-Utopismus der deutschen Groß-Intellektuellen nach der Aufklärung.

[19] Zum Kontext der nachstehenden Zitatenblütenlese zur antiutopischen Realpolitik eines deutschen Historikers, der „Politik" als „angewandte Geschichte" verstand, cf. Heinrich TREITSCHKE: Politik. Vorlesungen an der Universität zu Berlin. Herausgegeben von Max CORNICELIUS. Erster Band Leipzig 1897, S. 1ff.: „Einleitung", S. 13ff.: „Der Staatsbegriff", so wie S. 67ff.: „Der Zweck des Staates".

Büchern'. Nun bleibe noch hinzuzufügen, daß auch dem Staat Selbstzweckcharakter zukomme, und zwar in seiner Selbsterhebung zum Machtstaat.

Mit dieser Selbstzweckthese wird die Vorstellung zurückgewiesen, dem realpolitisch endlich handlungsfähig gewordenen deutschen Staat sei es in seinem Machtgebrauch lediglich um pragmatische Zwecke zu tun. Es handele sich nicht um Wohlfahrt „des äußeren Lebens". Das anzunehmen sei eine „niedrige, plumpe Verirrung". Auch Treitschke bleibt, als intellektueller Prophet der Realpolitik, zugleich Anti-Pragmatiker durch Rückbindung der Politik an eine höhere „Wahrheit", in der ein Volk „sich fest zu erhalten" habe. Ohne Schätzung, ja „Überschätzung" seines höheren Berufs komme „ein Volk gar nicht zum Bewußtsein seiner selbst". Politik, die davon sich tragen lasse, werde befähigt zu „historischen Thaten". Noch „während wir reden", so redete der Professor zu seinen Studenten, verwandeln solche „Thaten" die Welt, und nun endlich auch durch uns Deutsche.

Auch die „Realpolitik", als Konzept politischer Historiographie, ist ersichtlich durch Züge deutschen intellektuellen Anti-Utopismus mitgeprägt. Sogar noch in dem Versuch eines später widerstandserprobten Historikers, die Diskrepanzen zwischen Macht und Utopie prinzipiell zu durchdenken, spiegelt sich das, nämlich in Gerhard Ritters Buch „Machtstaat und Utopie" von 1940, das 1948 erneut unter dem Titel „Die Dämonie der Macht" herauskam[20]. Die Realismus-Attitüde deutscher Intellektueller des rechten Spektrums war damals längst Geschichte geworden – Oswald Spenglers Verhöhnung der Weltfremdheit deutscher Philosophen zum Beispiel, die, statt zum wiederholten Male eine praktisch höchst folgenlose Theorie des „psycho-physischen Parallelismus"[21] zu entwickeln, besser getan hätten, sich als „Pflanzer oder Ingenieure" oder „als Konstrukteure von Flugzeugmotoren" zu betätigen. Auch bei Spengler war der Gegenstand der Bewunderung England und das Objekt äußerster Verachtung die deutschen Intellektuellen unter den Parlamentariern, die unser Volk, einst „Volk der Dichter und Denker", in ein Volk „der Schwätzer" verwandelt hätten[22]. Nicht auf einen neuen Goethe, vielmehr auf einen „Caesar" habe man nun in Deutschland zu setzen[23],

[20] „Ritter ... vertritt die Auffassung, Morus sei das Wesen der Macht in der Politik fremd geblieben" – so Hans SÜSSMUTH: Studien zur Utopia des Thomas Morus. Münster 1967, S. 4. – Zu Gerhard Ritter cf. Hans-Günter ZMARZLICK: Lebendige Vergangenheit. Eine Würdigung Gerhard Ritters. In: Hans-Günter ZMARZLICK: Wieviel Zukunft hat unsere Vergangenheit? Aufsätze und Überlegungen eines Historikers vom Jahrgang 1922. München 1970, S. 144–163. – Ferner: Winfried SCHULZE: Deutsche Geschichtswissenschaft nach 1945. München 1989, bes. S. 58ff.

[21] Oswald SPENGLER: Der Untergang des Abendlandes. Umrisse einer Morphologie der Weltgeschichte. Erster Band: Gestalt und Wirklichkeit. 15.–22., unveränderte Auflage München 1920, S. 61. – Zum Anti-Utopisten Spengler cf. meinen Aufsatz „Historisch-politische Exaltationen. Spengler wiedergelesen", in: Hermann LÜBBE: Die Aufdringlichkeit der Geschichte. Herausforderungen der Moderne vom Historismus bis zum Nationalsozialismus. Graz, Wien, Köln 1989, S. 286–308.

[22] Oswald SPENGLER: Jahre der Entscheidung. Erster Teil: Deutschland und die weltgeschichtliche Entwicklung. München 1933, S. 5.

[23] Oswald SPENGLER: Pessimismus? (1921). In: Oswald SPENGLER: Reden und Aufsätze. München 1937, S. 63–79, S. 79.

als den freilich Spengler Adolf Hitler anzuerkennen nicht bereit war, den er vielmehr für einen „Schafskopf" hielt[24]. Anti-utopischer Realismus als Selbstdarstellungsmedium eines deutschen Groß-Intellektuellen – das ist der Fall Spengler. Die akademische Welt war ihm zuwider. Gern hingegen ergriff er die Gelegenheit, dem Düsseldorfer Industrieclub die Weltlage zu erläutern. Es handelt sich hier um eines deutschen Intellektuellen Aufbruch in die Realität, für den freilich der Anblick des realen Lüneburger Gymnasiums, in welchem er seinen Referendardienst antreten sollte, genügte, ihn mit einem Nervenzusammenbruch niederzuwerfen[25].

In analogem Willen zur Wirklichkeit wird aus Literatur Anti-Literatur. Das ist der Fall des frühen Ernst Jünger – wortreiche Rede gegen bloße Worte und Heroisierung der Kriegsschauplätze als Örter, an denen „das Volk tatsächlich und nicht durch Reden vertreten wird"[26].

Es gibt die Nationalanalytiker, die dergleichen für „typisch deutsch" halten. Aber das wäre dann eine „typisch deutsche" Bekundung deutscher Idiosynkrasie gegen Deutsches und nicht eine realistische Auskunft über die deutsche Intellektuellen-Geschichte. Wahr ist lediglich, daß die Überkompensation vermeintlicher deutscher Wirklichkeitsferne durch anti-utopische und schließlich heroische literarische Bekundungen des Aufbruchs in die Wirklichkeit tatsächlich vorkommt, und das nicht nur marginal[27].

Einsicht in soziale und politische Kausalitäten, über die sich dergleichen bis in den politischen Lebenszusammenhang ausgewirkt haben mag, ist freilich schwer zu gewinnen. Analogien mit der Wirklichkeitsrhetorik nationalsozialistischer Revolutions- und Aufbruchsreden drängen sich in der Tat auf. Aber das sind Assoziationen, die mit Materialien aus der Bildungsgeschichte wort- und federführender Personen belegt werden müßten. Immerhin scheint es zu passen, daß sogar Adolf Hitler, und zwar mit den allerletzten Worten seines Testaments vom Februar 1945, einige seiner Hauptfeinde, Kommunisten nämlich und Christen, dazu die von ihm sogenannten „humanitaristes", als „Utopisten" kennzeichnete, die „die ganze Menschheit intendierten" und „ein unerreichbares Paradies"[28].

---

[24] So nach Anton Mirko KOKTANEK: Oswald Spengler in seiner Zeit. München 1968, S. 437.

[25] Cf. dazu die Schilderungen der antiintellektuellen Intellektuellen-Existenz Oswald Spenglers bei Anton Mirko KOKTANEK, a.a.O. S. 85, 187, 221.

[26] Ernst JÜNGER: Das Wäldchen 125. Eine Chronik aus den Grabenkämpfen 1918. Siebente Auflage. 22.–26. Tausend. Berlin 1940, S. 206. – Zum Anti-Literatur-Prinzip bei Ernst Jünger cf. meinen Aufsatz „Oswald Spenglers ‚Preußentum und Sozialismus' und Ernst Jüngers ‚Arbeiter'" in: Alexander DEMANDT, John FARRENKOPF (Hrsg.): Der Fall Spengler. Eine kritische Bilanz. Köln, Weimar, Wien 1994, S. 129–151, S. 135ff.

[27] Cf. dazu Gilbert MERLIO: Der sogenannte ‚heroische Realismus' als Grundhaltung des Weimarer Neokonservativismus. In: Manfred GANGL; Gérard ROULET (Hrsg.): Intellektuellendiskurse in der Weimarer Republik. Zur politischen Kultur einer Gemengelage. Frankfurt, New York, Paris 1994, S. 271–285.

[28] Zitiert u.a. bei Thomas NIPPERDEY: Die Funktion der Utopie im politischen Denken der Neuzeit. In: Thomas NIPPERDEY: Gesellschaft, Kultur, Theorie. Gesammelte Aufsätze zur neueren Geschichte. Göttingen 1976, S. 74–83, mit Anmerkungen zu diesem Text a.a.O. S. 420–424, S. 424.

„Eine rechte Last" sei uns der Topos vom Volk der Dichter und Denker geworden, fand Helmuth Plessner[29], und die skizzierte Geschichte der intellektuellen
Reaktion auf diesen Topos demonstriert es. Diesen Topos ineins zu widerlegen
und zu bestätigen – das vollzog sich in dieser Geschichte. Die fällige Veränderung
der Welt prinzipiell zu denken und sie alsdann tatsächlich mit entsprechender
prinzipieller Konsequenz zu verändern – darum sollte es sich handeln. In der
Heterostereotypik europäischer Nationen ausgedrückt heißt das: So wirklich-
keitsfähig wie die Briten möchte man sein, aber das, jenseits des Pragmatismus, in
Orientierung an höheren Idealen, die „um ihrer selbst willen" realisiert sein wollen. Entsprechend ist Richard Wagners Diktum, Deutschsein heiße, eine Sache um
ihrer selbst willen zu tun[30], zu einem wirkungsreichen deutschen Auto-stereotyp
geworden. Heines Charakteristik des politisch gewordenen deutschen Philosophen[31], er sei „weder durch Furcht noch durch Eigennutz zu lenken", ist darin
wiederzuerkennen. Scharfsichtig hat, nur zwei Jahre nach Werner Sombarts literarischer Kontrastierung britischer „Händler" und deutscher „Helden" von
1915[32], Max Scheler im deutschen „idealistischen" Anspruch, alles, was man tut,
prinzipiengeleitet um höherer Zwecke willen zu tun, als sozialpsychologisch plausible Hauptursache eines sich ausbreitenden „Deutschenhasses"[33] analysiert. In
idealistischer Attitüde dürfe „man einfach nicht Semmeln, Würste und Nähna-
deln ... produzieren"[34]. „Grauen" sei die Wirkung, die Subjekte letztendlich auslösen müssen[35], die – um noch einmal Heine zu zitieren – „weder durch Furcht
noch durch Eigennutz" zu lenken sind. Es hängt alsdann nämlich allein von der
größeren oder geringeren pragmatischen Solidität der Wirklichkeitsbindung dieser Subjekte ab, ob ihre Wirklichkeitsveränderungskraft sich nützlich oder
furchtbar auswirkt.

---

29 Helmuth PLESSNER: Ein Volk der Dichter und Denker? Zu einem Wort der Madame de Staël
(1964). In: Helmuth PLESSNER: Gesammelte Schriften VI, S. 281–291, S. 283.

30 Mit Rückbezug auf die deutsche literarische Klassik heißt es bei Richard WAGNER: „Hier kam
es zum Bewusstsein und erhielt seinen bestimmten Ausdruck, was *Deutsch sei*, nämlich die
Sache die man treibt, um ihrer selbst und der Freude an ihr willen; wogegen das Nützlich-
keitswesen, d.h. das Prinzip, nach welchem eine Sache des ausserhalb liegenden persönlichen
Zwecks wegen betrieben wird, sich als undeutsch herausstellte". – Richard WAGNER: Deutsche Kunst und Politik. In: Richard WAGNER: Sämtliche Schriften und Dichtungen, Volks-
Ausgabe sechste Auflage. Achter Band. Leipzig o.J., S. 30–124, S. 96f. – Wagner über Madame
de Staël a.a.O. S. 44ff.

31 Cf. Anm. 10.

32 Werner SOMBART: Händler und Helden. Patriotische Besinnungen. München und Leipzig
1915. – Cf. dazu das Kapitel „Die philosophischen Ideen von 1914" in meinem Buch „Politische Philosophie in Deutschland. Studien zu ihrer Geschichte", Basel, Stuttgart 1963, S. 173–
238, S. 212–216. – „Glück" als Prinzip utilitaristischer Ethik – das sei, so Sombart, ein
„hundsgemeines Ideal". Der „infamste Spruch, den je eine Händlerseele" sich ausgedacht habe, laute: Handle gut, „damit es Dir wohlergehe und du lange lebest auf Erden" (SOMBART,
a.a.O. S. 6). – Eine verblüffende Kommentierung des Vierten Gebots durch einen Professor,
der, immerhin, fachlich zugleich auch für die Ökonomie zuständig war.

33 Max SCHELER: Die Ursachen des Deutschenhasses. Eine nationalpädagogische Erörterung.
Leipzig 1917.

34 a.a.O. S. 100f.

35 a.a.O. S. 106.

Es bleibt noch einmal zu erinnern, daß die von Scheler als grauenerregend analysierte Verwandlung kollektiver sozialer und politischer Lebensvollzüge in eine Praxis selbstzweckhafter Prinzipienexekution ihr Ideologiebildungspotential links-rechts-indifferent zu entfalten vermochte. Auch der Anspruch, eine Politik der Gesellschaftstransformation zu betreiben, an deren Ende die vollständige „Identität individueller und kollektiver Interessen" herbeigeführt sein wird, ist idealistisch-"transzendentalphilosophisch" in der von Heine präzis beschriebenen Weise. Die literarische Prägnanz, mit der zumal deutche Dichter und Denker die Selbstlegitimation terroristischer Politik beschrieben haben, paßt dazu – Bertolt Brechts „Kontrollchor"-Strophe „Versinke im Schmutz, umarme den Schlächter, aber ändere die Welt: sie braucht es!" zum Beispiel[36].

Ist von diesem Syndrom deutschen intellektuellen Wirklichkeitsfanatismus, der das alte Vorurteil der Wirklichkeitsferne deutscher Dichter und Denker als prinzipiell falsch widerlegen sollte, noch etwas geblieben? Fast nichts – so darf man im Rückblick auf die deutsche Geschichte in der zweiten Hälfte dieses Jahrhunderts sagen. Nur noch relikthaft sind die alten Stereotypen präsent. Die übergroße Mehrzahl der Angehörigen der intellektuellen Eliten Deutschlands ist in das juste milieu der Bundesrepublik produktiv integriert, und wenn auf den ersten Blick das Gegenteil der Fall zu sein scheint, so sieht man doch auf den zweiten Blick, daß das seinen Grund in den Publizitätsprämien hat, die nach den Gesetzen der Medienwelt gegenüber dem affirmativen Verhältnis zu einer überwiegend als zustimmungsfähig beurteilten Rechts-, Wirtschafts- und Sozialordnung den Ungemeinsprüchen „kritischer" Intellektueller stets zuteil werden. Man muß den Blick schon ins Detail und ins Feine lenken, wenn man heute Material zur Demonstration fortdauernder Aktualität der Deutschland-Diagnose der Madame de Staël finden wollte. Insofern könnte man auf die hier skizzierten Episoden der älteren deutschen Intellektuellen-Geschichte reagieren wie Goethe auf Madame de Staëls Buch: „Die Deutschen werden sich darin kaum wiedererkennen, aber sie werden darin das sicherste Maß für den riesigen Fortschritt finden, den sie gemacht haben."[37]

Das klingt vielleicht zu optimistisch, und die Menge der politischen Intellektuellen-Torheiten, die die Geschichte der Bundesrepublik Deutschland begleiten, ist in der Tat beträchtlich. Aber überwiegend sind diese Torheiten politisch marginal

---

[36] Bertolt BRECHT: Die Maßnahme. In: Bertolt Brecht: Gesammelte Werke. Band 2. Frankfurt a. M. 1968, S. 652. – Eine analoge Verdichtung prinzipiengeleiteten, ebenso uneigennützigen wie furchtlosen politischen Tötens findet sich bei Heiner MÜLLER: Mauser. In: Heiner MÜLLER: Texte 6. Berlin 1978, S. 55–69. – S. 64: „Ein Mensch ist etwas, in das man schießt / bis der Mensch aufsteht aus den Trümmern des Menschen".

[37] „Eine breite Lücke" habe, fand GOETHE, das Deutschland-Buch Madame de Staëls „in die chinesische Mauer antiquierter Vorurteile, die uns von Frankreich trennte", gebrochen, „so daß man über dem Rhein und im Gefolge dessen über dem Kanal endlich von uns näher Kenntnis nahm ... Segnen wollen wir also jenes Unbequeme und den Konflikt nationaler Eigentümlichkeiten, die uns damals ungelegen kamen ...". Tag- und Jahreshefte. In: Goethes Werke Band X. Hamburg 1959, S. 429–528, S. 466. – Das Zitat im Text findet sich auf der Rückseite des Einbands der von Monika BOSSE herausgegebenen Ausgabe des Deutschland-Buches von Madame DE STAËL (cf. Anm. 2).

geblieben, und überdies handelt es sich in sehr vielen Fällen um Torheiten von internationaler Verbreitung – vom intellektuellen Anti-Anti-Kommunismus bis hin zur ökumeneweit uns begegnenden ökonomischen Meinung, die Wohlfahrt des Westens beruhe auf der Armut der Dritten Welt.

Gleichwohl: Einige Traditionalismen der deutschen Intellektuellen-Geschichte sind tatsächlich rezent geblieben, und einige wenige von ihnen möchte ich abschließend exemplarisch vorführen[38].

Erstens neigt man in Deutschland zur Inflation höherer Prinzipien in der Absicht, vermutete Moraldefizite pragmatischer Fälligkeiten abzudecken. Das sei an einer Geschichte demonstriert, die mich 1994 bei Gelegenheit einer deutsch-polnischen Intellektuellen- und Politiker-Konferenz in Warschau verblüffte. Ein Mann von Rang, dessen Namen längst seiner Verdienste wegen in die politische Geschichte der Bundesrepublik Deutschland eingeschrieben ist, bekräftigte hier in gehöriger und erwarteter Weise die politische Unumgänglichkeit völkerrechtlich verbindlicher Anerkennung der deutsch-polnischen Grenzen, wie sie bestehen. Geringe politische Phantasie reicht ja aus, um zu erkennen, wie sich die Lage Deutschlands in Europa und damit die Lage Europas selbst verändern müßte, wenn die fragliche Grenzanerkennung erneut in Zweifel gestellt würde. Aber diese simple und zwingende politische Pragmatik schien dem fraglichen Denker und ehemaligen Politiker nicht zu genügen. Er hielt es für nötig, sie zusätzlich im Prinzipiellen zu befestigen, und entsprechend verkündete er als neuen völkerrechtlichen Grundsatz von universeller Geltung die Verpflichtung zur Anerkennung jeglicher Grenzen unabhängig von ihrem Zustandegekommensein. Das war gutgemeint und die Polen quittierten die gute Meinung freundlich, aber schweigsam. Auf dem Balkan wurden ja aktuell gerade Grenzen verschoben statt anerkannt, und es ist leicht zu erkennen, wie sehr es, nachdem der Konflikt nun einmal ausgebrochen ist, den Willen zur Grenzverschiebung intensivieren müßte, wenn prinzipiell gälte, daß Grenzen anerkennungspflichtig seien, wohin auch immer sie gewaltsam zu schieben man Kraft genug gehabt hatte. Wieso sah der gute Mann aus Deutschland in Warschau das nicht? Er sah es nicht kraft der Blendung seines politischen Blicks durch ein Prinzip, das die Pragmatik interessengeleiteter Anerkennung mit ihren Verbindlichkeitswirkungen zu kontingenzfrei-genereller Notwendigkeit emporheben sollte. Die Polen schwiegen dazu, indem sie ja – bis hin zu längst eingelösten völkerrechtlichen Konsequenzen – ihre Ostgrenzen anzuerkennen bereit waren, aber das doch gewiß nicht aus Gründen prinzipieller Anerkennungspflichtigkeit einer jeden gewaltsamen Grenzverschiebung. Wenn es sich denn schon um Prinzipien handeln soll, so hätte es doch der Zitation eines ganz anderen Grundsatzes bedurft, nämlich der Regel, daß ein Anspruch auf Anerkennung von Grenzen grundsätzlich nicht besteht, die einer zu seinem Vorteil unter Völkerrechtsbruch verändert hat. Aber diese Regel, die ja unbeschadet ihrer Gel-

---

[38] Auf Belege möchte ich für die nachfolgenden zeitgenössischen Berichte, bei denen es auf ihre Signifikanz und nicht auf ihre Personalien ankommt, verzichten.

tung Grenzankennungsverträge unter Betroffenen nicht ausschließt, kam wohl ihrer Trivialität wegen für die geschilderte Erhebung ins Prinzipielle nicht in Frage.

Die geschilderte Warschauer Szene hat Episodencharakter. Aber auch in den großen Zusammenhängen der Politik betätigt sich die Neigung zur Prinzipieninflation in der Absicht, Fälligkeiten höchst pragmatischer Natur mit höheren moralischen Weihen auszustatten. Dafür ist die in Deutschland geführte Debatte zur fälligen Reform unseres Staatsangehörigkeitsrechts ein markantes Beispiel. Der Migrationsdruck wächst in den hochentwickelten Ländern überall. In den meisten Ländern des Westens ist freilich der Anteil der Fremden ungleich geringer als bei uns, aber in der Schweiz wiederum liegt er um das Doppelte höher und im kleinen Luxemburg ist er sogar fast viermal so hoch. So oder so: Die Lebenswirklichkeiten, die aus der Migration resultieren, verlangen, mit Rechtsreformen sozial plausiblen Einbürgerungswünschen entgegenzukommen, zum Beispiel nach französischem Muster durch Einräumung einer Einbürgerungsoption für im Lande geborene Fremde schon der zweiten Einwanderergeneration. Vielen deutschen Intellektuellen genügt diese Pragmatik nicht, und etliche Politiker reden ihnen inzwischen mit der Spekulation auf moralische Geltungsgewinne nach dem Munde. Sie verlangen, das deutsche Staatsangehörigkeitsrecht sei in seinen Prinzipien zu revolutionieren und das „jus sanguinis" durch das „jus soli" zu ersetzen. Die gute anti-rassistische Meinung, die sich im Abscheu vor einem „Blutrecht" bekundet, ist vor dem Hintergrund deutscher Geschichte verständlich. Der Sache nach repräsentiert sie prinzipiengeleiteten Nonsens. Die Wurzeln des jus soli liegen in Europa – die USA repräsentieren einen ganz anderen Fall – in den feudalen Lebensordnungen, mit deren Resten in Frankreich revolutionär auch das jus soli liquidiert wurde, und als Napoleon es ephemer einmal wieder einführte, hatte er, statt Modernisierung, Armeeinteressen im Auge, nämlich den Rekrutierungszugriff auf eine jede im Lande geborene männliche Person. Man erkennt schon die Zusammenhänge: In der Konkurrenz der beiden Staatsangehörigkeitsrechtsprinzipien ist das jus sanguinis gerade das moderne. Es hält modernitätsspezifische Mobilität mit gewünschter rechtlicher Herkunftsbindung vereinbar, und es ist kein Zufall, daß sogar Großbritannien, das im Frankreich der großen Revolution nicht zuletzt seines jus soli wegen als „reaktionär" verschrieen war, sein Staatsangehörigkeitsrecht 1983 grundsätzlich auf das jus sanguinis, nach gemeineuropäischem Muster, umgestellt hat. Es verblüfft entsprechend, daß bei uns kürzlich die Stimme eines deutschen Professors aus Tel Aviv vernehmlich wurde, die Deutschen hätten endlich dem jus sanguinis abzuschwören. Hatte der gute Mann denn in Israel nicht zur Kenntnis genommen, nach welchen Regeln sich dort die Staatszugehörigkeit richtet und überdies und zuvor noch die Beantwortung der Frage, wer Jude sei? Es ist historisch falsch zu sagen, daß das deutsche Staatsangehörigkeitsrecht „ethnisch" orientiert sei. Die deutsche Staatsangehörigkeitsstatistik verzeichnete vor dem Ersten Weltkrieg eine sehr kleine Zahl im Lande lebender Ausländer – aber das doch deswegen, weil die Polen im deutschen Osten, die Dänen im deutschen Norden und die Franzosen im deutschen Westen, soweit sie Inhaber eines deutschen Passes waren, in Übereinstimmung mit dem Rechtsbegriff der Nation eben als Deutsche galten. In der Zusammenfassung bedeutet das: Der in Erinnerung gebrachte, unverändert aktuelle Streit um das Staatsangehörigkeitsrecht möchte eine pragmatisch fällige Rechtsreform zur Prinzipienrevolution erheben, wobei dann der prinzipienorientierte Eifer im Einholen vermeintlicher deutscher Verspätung, wenn er erfolgreich würde, den Zug gemeineuropäischer einschlägiger Rechtsentwicklung endgültig verpassen ließe.

Zweitens stößt man auf deutsche Unfähigkeit zu interessensbedingt unabweisbarer politischer Kooperation ohne Neigung zur Verklärung des Kooperationspartners. Niemand bezweifelt doch, zumindest im nachhinein, die interessenbedingte Unvermeidlichkeit politischer Normalisierung der Beziehungen zu den Ländern des Ostblocks von der Sowjetunion bis hin zum deutschlandpolitischen Sonderfall der DDR. Um so verblüffender bleibt noch im nachhinein der Versuch, darüber den Antikommunismus, der doch zum nachtotalitären Konsens westdeutscher Nachkriegspolitik gehörte, als politisch und moralisch inkorrekt aus dem intellektuellen Verkehr zu ziehen. Handelte es sich hierbei um ideologische Subversion? Betätigte sich eine 5. Kolonne intellektueller Sympathisanten des Kommunismus? Einige Rechte haben das so gesehen. Aber das ist in der überwiegenden Zahl der Fälle, die hier nicht beim Namen genannt sein sollen, Unfug. Es handelte sich in Wahrheit beim westdeutschen intellektuellen Anti-Anti-Kommunismus um einen theoretischen Reflex intellektueller Unfähigkeit zu pragmatisch fälligen Kooperationen in Gegnerschaftsverhältnissen. Elargiertes Konsensbedürfnis – das ist die emotionale Seite jener rigiden politischen Moral, die mit wirklichen politischen Gegnern lieber gar nicht erst reden möchte, so daß einem, komplementär dazu, schließlich sogar die absurde Ideologie dessen, mit dem zu reden man aus ganz anderen Gründen nicht umhinkommt, als diskutable und austauschfähige Orientierung erscheint. Die Empfindlichkeit kehrt sich dann gegen den, der mit den Fälligkeiten pragmatischer Koexistenzpolitik ebenso pragmatisch die verbliebenen Gegnerschaftsverhältnis in Rechnung stellt. Exemplarisch heißt das: Honecker wurde links des Rheins von akademisierter deutscher Politjugend mit herzlichem Beifall begrüßt, gegen Reagans Besuch des Hambacher Schlosses aber als eine Besudelung dieser Traditionsstätte deutscher Demokratie protestiert. – Ich bekräftige: Das und dergleichen mehr hat in der politischen Geschichte Westdeutschlands eine überwiegend marginale Bedeutung gehabt; der Verlauf der Nachrüstungsdebatte in Deutschland dürfte von dieser Regel die politisch gewichtigste Ausnahme sein. So oder so: Nicht kommunistische Infiltration westdeutscher Intelligenz ist insoweit das Thema, sondern ihre partiell erweisliche Unfähigkeit zu einer Politik pragmatischen Interessensausgleichs ohne Aussicht auf prinzipiellen Konsens und damit ohne jede Verbrüderungsperspektive. Der Realismus, der in solchen Kontexten bekundet wird, ist entsprechend ein Pseudorealismus. „Wir sind keine Utopisten, sondern Realisten", erklärte eine bekannte deutsche, inzwischen sehr hochgestiegene Politikerin 1984 im Bundestag und verlangte entsprechend „Anerkennung der Realitäten", „wie sie in Deutschland entstanden" seien: „der zwei Staaten und der zwei Staatsbürgerschaften". Der intellektuelle Anti-Utopismus, auf den wir hier erneut stoßen, ist in Wahrheit, wie man rasch erkennt, ein Wille zur Anerkennung schlechter Realität, die man ins Licht utopischer Verheißung getaucht sieht. Anders gesagt: Die Wirklichkeit, in der man hier, im Westen, lebte, galt zwar pragmatisch als vorteilhaft, aber in ihren Prinzipien als zweifelhaft. Die Wirklichkeit, deren Anerkennung man verlangte, war demgegenüber faktisch schwer erträglich, aber, wie man gewiß war, auf tiefere Prinzipien gegründet, so daß man es moralisch für zulässig, ja für verpflichtend hielt, Millionen, die diesen Schwererträglichkeiten ausgesetzt waren, zuzumuten, sich aus tieferen, prinzipiellen Gründen definitiv in ihnen einzurichten.

Drittens, so scheint mir, sind noch immer nicht wenige Teile der literarischen und philosophischen Intelligenz in Deutschland ökonomisch desorientiert. Sie neigen zur moralischen Delegitimierung liberaler Ordnungssysteme mit den in ihnen frei sich entfaltenden Wirtschaftsinteressen. Man erinnere sich, wie schwer es 1989 prominenten Intellektuellen sogar unter unseren Politikern fiel, das Rätsel zu lösen, weshalb die Menschen aus den Gebieten des damals noch real existierenden Sozialismus sich massenhaft auf- und davonmachten. Das schien ihnen derart erklärungsbedürftig, daß sie zu drastischen Erklärungsmitteln griffen – also zum Beispiel zu einer Banane, die vor die Fernsehkamera gehalten wurde. Andere Intellektuelle haben sich etwas subtiler geäußert; sie sprachen zum Beispiel von D-Mark-Nationalismus – auch das war natürlich als Diffamierungsformel gemeint.

Die marktwirtschaftliche Transformation der ehemals sozialistischen Länder wurde mit dem Epitheton „Kolonisierung" bedacht, und noch im Herbst 1994 erschien ein Buch, in welchem die These ausgebreitet wurde, die Bundesrepublik Deutschland – die ältere, kleinere –, habe eine rechtsstaatliche Ordnung gehabt, immerhin, die ehemalige DDR sei indessen als Gerechtigkeitsordnung konzipiert gewesen. In einer Wochenzeitung war sogar zu lesen, der Markt und seine Gesetze seien strukturell unvereinbar mit dem Kategorischen Imperativ Kants. Für deutsche Ohren kann man das nicht kräftiger, nämlich in moralischer Diffamierungsabsicht ausdrücken.

Das sind nun freilich Extreme, die man – wenn man von der Stabilität der liberalen Ordnung einigermaßen überzeugt ist – mit Schweigen auf sich beruhen lassen könnte. Doch die Tendenz zur Delegitimierung der marktwirtschaftlichen Ordnung zieht sich bis in sehr viel subtilere Zusammenhänge hinein – sogar hinein bis in die der wirtschaftsethischen Debatten. Es liegt mir nun vollkommen fern, die Notwendigkeit solcher Debatten zu bezweifeln. Wichtige wirtschaftsethische Grundsätze setzen sich heute in Rechtspolitik und schließlich in Gesetze um, und viele dieser Gesetze sind unentbehrlich, nützlich und förderlich – zum Beispiel die den Verbraucherschutz betreffenden Gesetze, so lästig sie den Produzenten und Unternehmen gelegentlich auch sein mögen. Also: Ich bestreite nicht die generelle Notwendigkeit solcher wirtschaftsethischen Debatten. Sie haben aber oft eine Schwäche: Sie wirken auch auf Unternehmer gelegentlich einschüchternd durch die Insinuation, die Ordnung des Marktes sei eine Ordnung, die überhaupt erst einmal an die moralische Kandare gelegt werden müsse. Dabei wird verschwiegen, daß die Orientierung unseres Handelns am Markt schon als solche eine moralische Qualität hat. Es lohnt sich, das sichtbar zu machen, und dazu eignet sich sogar die härteste moralische Herausforderung, der sich die moderne Industriegesellschaft ausgesetzt findet, nämlich die Herausforderung der ökologischen Krise.

Sogar der große Hans Jonas hat im Blick auf die theoretischen Grundlagen des real existent gewesenen Sozialismus gefunden, eigentlich müsse doch dieser Sozialismus von seinen Prinzipien her – zum Beispiel vom Prinzip der Identität der kollektiven und individuellen Interessen her – in viel besserer Weise als liberale Systeme in der Lage sein, den Prozeß der Zivilisation nützlich und zugleich ökologisch heilsam zu steuern. Wir alle wissen: das genaue Gegenteil ist der Fall gewesen. Und für diejenigen, die davon eine geringere Anschauung haben, möchte ich das mit einem einzigen exemplarischen Hinweis deutlich machen. Der Verbrauch des DDR-Bürgers an Elektroenergie war um mehr als das 1,3fache größer als in Westdeutschland, und das bei ungleich geringerer Produktivität und Produktion und auch bei ungleich geringerer elektrotechnischer Installation der Haushalte. Für die übrigen Länder des ehemaligen Ostblocks gilt Analoges. Mit Hinweisen dieser Sorte könnte man endlos fortfahren.

Weshalb aber war dieses System so leistungsunfähig zur Bewältigung der ökologischen Krise? Die Antwort muß lauten: Das sozialistische System war schon aus seinen ordnungspolitischen Prämissen heraus unfähig, unsere naturalen Lebensbedingungen der ökonomischen Rationalität zu unterwerfen. Wenn man das so formuliert – das System war unfähig, unsere naturalen Existenzvoraussetzungen der ökonomischen Rationalität zu unterwerfen –, dann halten das manche Intellektuelle in Deutschland für blanken Zynismus. Wie es sich in Wahrheit verhält – das zu erkennen würde gegebenenfalls Aristoteles-Lektüre genügen. „Ökonomisch" ist ja wörtlich mit „haushälterisch" zu übersetzen, und haushälterisch sollte der Umgang mit knappen Gütern sein. Die Ökonomisierung schonungsbedürftiger Lebensbestände ist nichts anderes als die institutionelle Art, sie in ihrer Knappheit erfahrbar zu machen. Einzig in einer marktwirtschaftlichen Ordnung ist das nach unseren bisherigen Erfahrungen effektiv möglich.

Es ist destruktiver Moralismus, statt dessen die Welt direkt aus dem Impuls guter Gesinnung verbessern zu wollen. Gewiß: Dieser Impuls entstammt gutem Willen. Prekär bleibt, daß dieser Impuls, sogar im politischen Lebenszusammenhang, sich ausbeuten läßt. Die Gewissen werden durch die neuen Correctness-Bewegungen geschärft, und das möchte man für gut halten. Aber es befördert auch jene Selbstprivilegierung, in der man, wie Odo Marquard gesagt hat, das Gewissen zu sein beansprucht, das die jeweils anderen sich zu machen haben. Es ist dieser überschüssige Moralismus, der sich bis in den politischen Lebenszusammenhang hinein schließlich destruktiv auswirkt. Anklagebereitschaften breiten sich aus. Die politischen Diskussionen verwandeln sich in Diskurse wechselseitig Empörter.

Moralisten neigen zu politisch destruktiver Selbstüberlastung. Auch diese Neigung zur Selbstüberlastung hat ihren speziell deutschen Traditionshintergrund. „Und handeln sollst Du so, als hinge von Dir und Deinem Tun allein das Schicksal ab der deutsche Dinge und die Verantwortung wär Dein". In diesem Vers, der

nicht von Fichte stammt, aber fichteanisch gedacht ist, war das über Jahrzehnte
hin deutsche Schulbuchweisung. Der zitierte Vers ist inzwischen vergessen, aber
seine Meinung gilt unverändert, und das sogar in globaler Perspektive, in der sich
das Gewissen zum Weltgewissen erhebt. Nicht zuletzt in kircheninternen Debatten meldet es sich heute zu Wort – zum Beispiel in der prominent gewordenen
Aufforderung zur Bewahrung der Schöpfung. Wiederum ist gegen den guten Impuls, den diese Aufforderung auslöst, nichts zu sagen. Ganz im Gegenteil sind wir
auf die Handlungspotentiale dieses Impulses angewiesen. Aber die Bewahrung
der Schöpfung selbst – das ist ein moralisch überschüssiges, nämlich unerreichbar groß dimensioniertes Handlungsziel. In die Schöpfungserhaltungsrolle ein-
rücken zu wollen – das hieße entsprechend, sich eine untragbare Last auf die
Schultern zu legen. Schlicht formuliert: Wir sind schlechterdings unfähig zu sagen, wie man das macht. Wer in den Startlöchern seines guten Willens hockt,
braucht Zielvorhaben pragmatischer Art, und erst in Verbindung mit wirkungsa-
nalytisch kontrollierten Handlungsregeln wird Moralität praktisch. Nicht Mangel
an gutem Willen macht unsere Lage prekär. Dieser gute Wille demonstriert und
remonstriert überall. Was fehlt, ist zumeist ausreichende Kenntnis der naturalen
und sozialen Wirkungszusammenhänge, die wir in steuernder oder auch gegen-
steuernder Absicht zu nutzen hätten.

Viertens halten prominente deutsche Intellektuelle den Verfassungspatriotismus
für die einzig legitime Form nationaler Solidarität. Das wirkt zunächst plausibel:
Sind nicht mit dem Ende des Kalten Krieges in Europa Nationalitätenkonflikte
neu entbrannt – im ehemaligen Jugoslawien sowie in der Kaukasusregion sogar
kriegerisch? Das Völkerrechtsverbot, Staatsgrenzen mit militärischen Mitteln gewaltsam zu verschieben, wird hier nicht mehr beachtet. Territoriale Expansion in
der Absicht, möglichst alle Volksangehörigen im eigenen Staat zu versammeln –
das ist, wie im Falle der großserbischen Politik, ein erneut ungeniert verkündetes
und entschlossen verfolgtes Ziel.

Es wäre verwunderlich, wenn das den neuen Nationalismus nicht diskredi-
tierte. Die Gewalt, die er entfesselt hat, delegitimiert ihn neuerlich, und die me-
diale Omnipräsenz dieser Gewalt erfüllt den Zuschauer mit antinationalistischem
Abscheu. Dabei ist es unmöglich, sich nicht zugleich an die verhängnisvolle Rolle
zu erinnern, die der Nationalismus in der europäischen Politik schon in der ersten Hälfte dieses Jahrhunderts gespielt hatte – bis hin zu seiner totalitären Wendung in der Diktatur der Nationalsozialistischen Deutschen Arbeiterpartei.

Das alles ist wahr. Aber über den neuen Nationalismus ist damit noch nicht
alles gesagt. Wahr ist auch, daß sich die in neu-nationalistischer Orientierung
vollzogenen Wandlungen in Europa nach dem Ende des Ostblocks in überraschender Weise überwiegend friedlich vollzogen haben. Nach aller historischen
Erfahrung hätte man noch vor wenigen Jahren einen politischen Umsturz von
weltgeschichtlichen Dimensionen, der die Landkarte Europas tiefgreifend verändert hat, als einen überwiegend gewaltlos sich vollziehenden Vorgang für undenkbar gehalten. Die Inanspruchnahme nationaler Selbstbestimmungsrechte
durch die baltischen Völker, durch Slowenen und Ukrainer, durch Slowaken und

Kroaten erwies sich als ein Vorgang von unwidersprechlicher Legitimität, und man verweigerte Kenntnisnahme dieser manifesten Realität, wenn man die Nation zu einer obsoleten Kategorie aktueller Politik erklärte. Schließlich hat sich auch die staatliche Wiedervereinigung Deutschlands einzig unter der Prämisse internationaler Anerkennung des Rechts nationaler Selbstbestimmung vollziehen können. Über eine andere als die sozialistische Legitimität verfügte doch die DDR nicht. Mit dem Sozialismus mußte daher auch die Lebenslüge der DDR zerfallen, es sei eine neue, sich über den Sozialismus identifizierende Staatsnation auf ihrem Boden entstanden. Übrig blieben Deutsche, und niemand kann sagen, was es denn hätte sein sollen, worauf sich nach dem Untergang des Sozialismus die Fortdauer ihres Separatstaates in Deutschland hätte gründen sollen. Noch im Sommer 1989 fand der SED-Ideologe Otto Reinhold, eine nicht-sozialistische, nämlich kapitalistische DDR wäre ein Unding. Er sollte Recht behalten.

Auch die deutsche Wiedervereinigung, die sich, immerhin, mit Zustimmung der beteiligten Mächte und in der europäischen Politik offiziell unwidersprochen vollzog, belegt somit, daß in den aktuellen Wandlungen Europas die nationalen Orientierungen ihre politische, sogar staatsbildende Kraft keineswegs eingebüßt haben und als Recht nationaler Selbstbestimmung unwidersprechlich geworden sind. Wer das, in post-nationaler Orientierung, nicht wahrhaben will, kann sich entsprechend auch zur deutschen Wiedervereinigung nicht zustimmend verhalten. Sie muß ihm als ein Vorgang aus vormodernen politischen Antrieben erscheinen, und man kennt die Intellektuellen-Mienen, die das bekunden.

Noch einmal: Die Gewalt, die der neue Nationalismus freigesetzt hat, fesselt unsere Aufmerksamkeit. In den wieder frei gewordenen Nationen selbst hingegen erinnert man sich zugleich der totalitären Gewalt, der man während der Herrschaft des internationalsozialistischen Kommunismus unterworfen war, und hier behält es seine Evidenz, daß die neue Freiheit der Bürger in eins mit der neuen Freiheit der Nation gewonnen wurde.

Es wäre also eine neue Form deutscher politischer Selbstbornierung, die nationalen Orientierungen zu historischen Relikten zu erklären, von denen man sich, nämlich in Deutschland, als von Schlacken nationalsozialistischer Vergangenheit, endlich freizumachen habe. In der Außenperspektive hingegen erscheint gerade der beflissen bekundete deutsche Postnationalismus als spezifisch deutsch.

Auch für die deutsche Spezialität des Verfassungs-Patriotismus gilt das. Gewiß ist die Verfassungsrechtsgeschichte der Bundesrepublik Deutschland ein nachdrücklich zustimmungsfähiger Teil deutscher Geschichte. Der einzig zustimmungsfähige Teil deutscher Geschichte ist das freilich auch nicht, so daß insoweit der sogenannte Verfassungspatriotismus nichts anderes als ein im übrigen beifallswürdiger deutscher Schwundstufenpatriotismus wäre. Die Bescheidenheit, die sich darin bekundet, ist historisch erklärbar. Aber aus der Perspektive des Patriotismus, der ungebrochen in anderen europäischen Ländern lebendig ist, enthält diese Bescheidenheit auch ein Moment der Befremdlichkeit, ja der Unglaubwürdigkeit. Sie wirkt sogar arrogant, nämlich dann, wenn sie sich mit der Meinung verbindet, der Verfassungspatriotismus sei als die sublimste, höchstentwik-

kelte und rationalste Form des Patriotismus anzusehen und dem weniger entwik-
kelten Rest der Welt als Muster anzuempfehlen. Die Nation, die sich einer freien
Verfassung erfreut, verdankt sich im Regelfall nicht ihrer Verfassung. Sie gibt sich
vielmehr diese Verfassung oder akzeptiert sie, und sie entwickelt sich in diesem
Rechtsrahmen. Das „Volk", in dessen Namen in republikanisch verfaßten Gemeinwesen Recht gesprochen wird, das überdies in Demokratien als Subjekt der
verfassungsgebenden Gewalt gilt, gewinnt seine Identität nicht immer erst aus der
Verfassung, die es sich gibt. Diese Identität ist vielmehr, und zwar speziell in den
modernen Nationalstaatsbildungen des 19. und 20. Jahrhunderts, ein vorkonsti-
tutionelles, historisches Faktum – durchaus kontingent, nichtsdestoweniger nicht
beliebig, vielmehr – von der in freien Gemeinwesen selbstverständlich möglichen
Aufgabe der Staatsbürgerschaft einmal abgesehen – indisponibel für diejenigen,
die sich einem Volke zugehörig vorfinden und von anderen ihm zugerechnet
werden.

In der Summe bedeutet das: Es ist wirklichkeitsfremd und aussichtslos, das
Aggressionspotential, das unleugbar zum Nationalismus gehört, durch politische
Vergleichgültigung, gar Auflösung nationaler Zugehörigkeitserfahrungen ent-
schärfen zu wollen. Nicht ideologiepolitische Versuche der Herabstufung der Nation zum politischen Nullum sind geeignet, den Frieden zu sichern, vielmehr einzig nationübergreifende politische Institutionen. Die europäische Einigung gehört zu jenen Vorgängen, in denen solche Institutionen gegenwärtig sich bilden.

Wer die Funktionsfähigkeit internationaler friedenssichernder Institutionen
fördern will, muß die revitalisierten nationalen Orientierungen zu begreifen suchen. Es handelt sich bei diesen Orientierungen keineswegs um ein vormodernes
Relikt. Der Nationalismus ist vielmehr spezifisch modern, und es ist ein historischer Gemeinplatz, das zu sagen. Modernität ist freilich nicht eo ipso eine Empfehlung. Geringere oder größere Grade der Modernität haben schlechterdings
keine normative Bedeutung. Es handelt sich dabei vielmehr um empirisch aus-
weisbare Eigenschaften politisch-sozialer Systeme, und über Grade der Integration solcher Systeme läßt sich ihre Modernität charakterisieren. Integration moderner Gesellschaften ist in letzter Instanz ein Vorgang kommunikativer Verdichtung. Das ist Soziologen-Jargon und bedeutet praktisch, was uns allen vertraut ist: wachsende Bedeutung sprachlicher Kompetenzen, Herausbildung von
Literaturkanons, symbolische Repräsentanz einheitsstiftender Kultur in Museen,
Theatern, ja in Denkmälern und Stätten guter wie schlimmer Erinnerung. Das
und anderes mehr macht den Inhalt unserer Nationalkulturen aus, und man erkennt auch als historischer Laie, daß die Herausbildung solcher Nationalkulturen
modernitätsspezifisch ist. Auch in Deutschland gehören deswegen, nämlich in der
ersten Hälfte des 19. Jahrhunderts, nationale und demokratische Bewegung zusammen. Beim Hambacher Fest sind nicht Verfassungspatrioten umhergezogen,
denen die Nation gleichgültig gewesen wäre, vielmehr national orientierte Deutsche, die in eins Deutschlands Freiheit und Einheit wollten. Dazu paßt es, daß im
Plenarsaal des Landtags von Rheinland-Pfalz eine der schwarz-rot-goldenen Fahnen aufgestellt ist, die im Hambacher Festumzug mitgeführt wurden. Ohne fort-

dauernde politische Geltung auch des nationalen Elements in den demokratischen Traditionen Deutschlands wäre das ganz sinnwidrig.

Die Deutschen würden einen sie unter ihren Nachbarvölkern isolierenden Sonderstatus kultivieren, wenn sie die nationalen Solidaritäten - und sei es in europäischer Perspektive - für Solidaritäten aus historisch erledigten Zugehörigkeitserfahrungen hielten. Wie wirklichkeitsfremd das wäre, erkennt man sogleich, wenn man sich historisch folgendes klarmacht: Auch die Résistance, die in vielen Ländern Europas sich vor einem halben Jahrhundert gegen das nationalsozialistische Deutschland formierte und seither Teil des historischen Selbstverständnisses dieser Länder geblieben ist, wäre doch ohne die mitwirkende Kraft nationaler Solidaritäten gar nicht denkbar gewesen.

In der Reihe solcher Exempel für deutsche Pragmatismusschwäche aus der Absicht, höhere Prinzipien zur Geltung zu bringen, ließe sich lange fortfahren. Den oben geäußerten Optimismus, die ältere Tradition deutsch-intellektueller Wirklichkeitsferne sei inzwischen marginalisiert, scheint sich damit nicht zu bestätigen. Aber das scheint nur so, weil hier ja nur von den fortdauernden Relikten deutsch-intellektueller Schwierigkeit mit der Wirklichkeit die Rede war und nicht von der dominanten Realität der überwiegend produktiv und normal gewordenen Integration der Intelligenz in das deutsche öffentliche Leben. Daß wir zugleich wachsende Schwierigkeiten haben, uns in der modernen Zivilisation zurechtzufinden und uns zukunftsfähig zu machen - das beruht auf Umständen, in die uns generell die zivilisatorische Evolution versetzt hat und die mit speziell deutschen Traditionen nicht das Geringste zu tun haben, und das gehört eben deswegen nicht mehr hierher.

24. Oswald Spenglers „Preußentum und Sozialismus" und Ernst Jüngers „Arbeiter"

Die beiden im Titel dieser Abhandlung zitierten Texte aus der deutschen Intellektuellen-Geschichte, die hier zueinander in Beziehung gesetzt werden sollen, sind keine klassischen Texte, das heißt Texte von alterungsresistenter fortdauernder Geltung[1]. Das bedeutet: Beide Texte haben in den sieben, acht Jahrzehnten, die seit ihrer Entstehung und Erstpublikation vergangen sind, die Anmutungsqualität einer extremen historischen Fremdheit angenommen. Bei ihrer Lektüre wird rasch evident, daß der Sinn dieser Lektüre nicht der einer Verständigung über unsere Gegenwartslage sein kann. Man wird mit schlechthin Vergangenem konfrontiert. Man braucht die Motivation eines historischen Interesses, um weiterlesen zu können. Die Faszination, die von den fraglichen Texten beim Einlesen ausgeht, ist die Faszination fremder, primär unverständlicher Welten. Die Neugier, die sie wecken, ist Vergangenheitsneugier, die wissen möchte, welche speziellen Lagen und Befindlichkeiten jene Diagnosen und Prognosen erklären können, die uns inzwischen gänzlich unplausibel geworden sind.

Zur Kennzeichnung der Aufgabe, die sich dem heutigen Leser der beiden Bücher stellt, läßt sich ein anschaulicher Vergleich nutzen, der in analoger hermeneutischer Verlegenheit Ernst Jünger eingefallen ist. Ernst Jünger gab 1930 einen Bildband mit Weltkriegsbildern heraus[2]. Der Titel des Bandes „Das Antlitz des Weltkriegs" wirkt heute verblüffend. Die präsentierten Photos sind nämlich grauenhaft, und eine Physiognomie, die Grauen auslöst, pflegen wir nicht „Antlitz" zu nennen. Veristischer Realismus, entheroisierend wirkende Abbildtreue – das sind die Qualitäten des Bildberichts. In seinem einleitenden kleinen Essay „Krieg und Lichtbild"[3] vergleicht Jünger die Photos mit „den Abdrücken, die uns das Dasein seltsamer Tiere im Gestein hinterlassen hat". Wohl sei hier „Stoff der Anschauung gegeben". „Wie aber das Leben des großen Tieres in seinen geheimnisvollen Bewegungen" sich abgespielt habe – „dies zu ahnen" erfordere „Phantasie"[4]. Fügt man hinzu, daß über Phantasie hinaus historisches Wissen erforderlich sei, insbesondere Wissen über die objektiven Lebensvoraussetzungen jener seltsamen Tie-

---

[1] Cf. dazu das Kapitel „Avantgarde-Komplemente: Eklektik und Klassik" in meinem Buch „Im Zug der Zeit. Verkürzter Aufenthalt in der Gegenwart" (Heidelberg 1992), S. 107–117.

[2] Ernst JÜNGER (Hrsg.): Das Antlitz des Weltkrieges. Fronterlebnisse deutscher Soldaten. Mit etwa zweihundert photographischen Aufnahmen auf Tafeln, Kartenanhang sowie einer chronologischen Kriegsgeschichte in Tabellen. Berlin 1930.

[3] a.a.O. S. 9–11.

[4] a.a.O. S. 11.

re, so wäre damit, im Anschluß an Jünger selbst, die Aufgabe gekennzeichnet, um die es sich handelt, wenn man sich heute den Zugang zur fremdgewordenen literarischen Hinterlassenschaft des Jüngerschen Arbeiters verschaffen möchte[5].

Es ist naheliegend, den Zugang zu Jüngers „Arbeiter" im Ausgang von Spenglers literarischer Evokation eines neuen, nämlich preußischen Sozialismus[6] zu suchen. Beide Texte sind durch eine identische ideenpolitische Absicht miteinander verbunden. Die Absicht war, die sozialistische Arbeiterbewegung marxistischer Prägung preußisch-deutsch umzuprägen, um sie in dieser Umprägung moderner zu machen, das heißt in bessere Übereinstimmung mit den Herausforderungen der technischen Zivilisation zu bringen und damit zugleich Deutschland, als das Ursprungs- und Hauptland sozialistischer Bewegung, in den Beruf einzuweisen, epochenkonforme politische Vormacht zu sein.

Unbeschadet der identischen ideenpolitischen Absicht, die Spenglers „Preußentum und Sozialismus" einerseits und Jüngers „Arbeiter" andererseits miteinander verbindet, werden einem im Vergleich der beiden Texte zunächst ihre Unterschiede auffällig werden. Zwar trennen sie zwischen 1919 und 1932 lediglich dreizehn Jahre. Aber ihre Erscheinungsdaten markieren evidenterweise höchst unterschiedliche historisch-politische Lagen, nämlich den Anfang und das bevorstehende Ende der Weimarer Republik. Dieser Unterschied zwischen ihren historischen Örtern hat selbstverständlich die Wirkungsgeschichte der beiden Texte beeinflußt. Als Spengler sein Werk schrieb, gab es ja den Nationalsozialismus noch gar nicht. Als Jüngers Buch erschien, stand seine Machtergreifung nahe bevor. Entsprechend bot es sich an, vor allem Jüngers Buch aus dem Blickpunkt des Nationalsozialismus zu lesen – zum Beispiel für Krockow in seiner dezisionismustheoretischen Analyse von Texten in der intellektuellen Vorläuferschaft der deutschen rechtstotalitären Diktatur[7]. Wie eine etablierte Selbstverständlichkeit hat kürzlich noch der Schweizer Niklaus Meienberg Jüngers Arbeiter-Philosophie als nationalsozialistische Philosophie abgetan. In einer Besprechung der Ernst-Jünger-Biographie von Martin Meyer[8] charakterisierte er Jüngers „Arbeiter"-Sozialismus umstandslos als „Vorwegnahme des Nazi-Staates"[9].

Daß Oswald Spengler, wie Ernst Jünger, zu den intellektuellen Verächtern der Weimarer Republik gehörte, ist natürlich offenkundig und oft dargestellt worden[10]. Nichtsdestoweniger wäre es ideologiehistorische Geschichtsklitterung, Spenglers „Sozialismus" schlicht eine Vorwegnahme des Sozialismus der Nationalsozialisten nennen zu wollen. Spengler selbst war bekanntlich nicht bereit, die

---

[5] Ernst JÜNGER: Der Arbeiter. Herrschaft und Gestalt. Hamburg 1932. – Hier wird nach der Ausgabe in Cotta's Bibliothek der Moderne, Band 1, Stuttgart 1982, zitiert.

[6] Oswald SPENGLER: Preußentum und Sozialismus. Zuerst erschienen im Herbst 1919. In: Oswald SPENGLER: Politische Schriften. Volksausgabe. München 1933, S. 1–105.

[7] Christian Graf von KROCKOW: Die Entscheidung. Eine Untersuchung über Ernst Jünger, Carl Schmitt, Martin Heidegger. Stuttgart 1958. Neuausgabe Frankfurt a.M./New York 1990.

[8] Martin MEYER: Ernst Jünger. München, Wien 1990.

[9] Niklaus MEIENBERG: „Zum Flammentod bereit". In: Der Spiegel. 24/1990. S. 182–195, S. 189.

[10] Wirkungsreich zum Beispiel von Kurt SONTHEIMER: Antidemokratisches Denken in der Weimarer Republik. Die politischen Ideen des deutschen Nationalismus zwischen 1918 und 1933.

von ihm entworfene politische Zukunftsformation eines Sozialismus preußisch-deutscher Tradition im existent und mächtig gewordenen Nationalsozialismus wiederzufinden. Im Verhältnis zum Nationalsozialismus blieb Spengler ein „kritischer Intellektueller", und umgekehrt hat auch der etablierte Nationalsozialismus bekanntlich die Philosophie Spenglers ideologiepolitisch nicht akzeptiert. Ganz im Gegenteil haben insbesondere Repräsentanten der nationalsozialistischen Linken Spengler mangelnden Sinn für die sozialistische Komponente im Parteinamen des Nationalsozialismus vorgeworfen[11]. In der Tat war Spengler in seiner intellektuellen Herren-Attitüde ein Verächter der sozialen und kulturellen Manifestationen der Volksgemeinschaft mit ihrem Winterhilfsküchendunst und ihrer Sammelbüchsensolidarität.

Die höchst unterschiedliche historisch-politische Positionalität der beiden Werke hat über ihre Wirkungsgeschichte hinaus auch die Selbstkommentierung dieser Werke durch ihre Autoren beeinflußt. Spengler nahm, unbeschadet seines Aburteils über Hitler und seine Partei, noch im Spätherbst 1932 für „Preußentum und Sozialismus" in Anspruch, daß „von diesem Buch ... die nationale Bewegung ihren Ausgang genommen" habe[12]. Spengler erhob damit sein Werk zu einem Selbstverständigungsmedium aller nationalen politischen Kräfte, die in ihrer entschiedenen Ablehnung des Systems der Weimarer Republik sich einig waren. Darin übertrieb er, aber in zutreffender Tendenz – bei verbleibender, ja sich verschärfender Diskordanz zwischen Spengler-Sozialismus einerseits und Nationalsozialismus andererseits.

Ernst Jünger hatte sich über das Verhältnis seines „Arbeiters" zum Nationalsozialismus nach seinem Untergang zu äußern und damit in einer Lage, die wesentlich durch die Katastrophenfolgen seiner Herrschaft bestimmt war. Da lag es im Rückblick auf einen Text, der in seiner Verachtung des Systems der Weimarer Republik der nationalsozialistischen Verachtung der parlamentarischen Demokratie nicht nachstand, nahe, sich über das Verhältnis der literarischen „Arbeiter"-Philosophie zur Diktatur der Nationalsozialistischen Deutschen Arbeiterpartei änigmatisch zu äußern. Andeutend-vieldeutig heißt es bei Jünger entsprechend 1963, „das Erscheinen des Buches kurz vor einer der großen Wenden" sei „nicht zufällig" gewesen[13]. Damit wird ausdrücklich hervorgehoben, daß die eigene „Arbeiter"-Philosophie und die erste Diktatur einer Arbeiter-Partei in Deutschland ein- und demselben historisch-politischen Kontext angehören. Aber von der ideologiepolitischen Position, die die „Arbeiter"-Philosophie in diesem Kontext einnimmt, ist nicht die Rede. Dazu paßt Jüngers ergänzende Feststellung im Rückblick, „im Herbst 1932" habe „an der Unhaltbarkeit des Alten und der Heraufkunft neuer Kräfte kein Zweifel mehr" bestanden. Akzeptiert man dieses historische Urteil, so wüßte man natürlich gern, wie Jünger selbst 1963 seine 1932er

---

11 Über Spenglers Verhältnis zum Nationalsozialismus einschließlich der nationalsozialistischen Kritik an ihm cf. meine Abhandlung „Historisch-politische Exaltationen. Spengler wiedergelesen". In: Hermann LÜBBE: Die Aufdringlichkeit der Geschichte. Herausforderungen der Moderne vom Historismus bis zum Nationalsozialismus. Graz, Wien, Köln 1989, S. 286–308.

12 Oswald SPENGLER: Politische Schriften. Volksausgabe. München 1932. Vorwort, S. VII.

13 „Vorwort" zur Ausgabe in Cotta's Bibliothek der Moderne, Band 1, (cf. Anm. 5) S. 7–9, S. 7.

Optionen im Rückblick beurteilt. Statt dessen nimmt er für seine 1932er Autor-
schaft die politisch distanzierte Rolle des Beobachters und Analytikers in Anspruch. Die Absicht sei gewesen, „einen Punkt zu gewinnen, von dem aus die Ereignisse in ihrer Vielfalt und Gegensätzlichkeit ... zu begreifen" gewesen seien.
Darüber hinaus, fährt Jünger fort, hätte allerdings auch ein Gesichtspunkt erarbeitet werden sollen, unter dem, was damals geschah, nicht nur zu begreifen,
„sondern, obwohl gefährlich, auch zu begrüßen" gewesen wäre. Da im Nachhinein niemand den Nationalsozialismus als im Vorhinein begrüßenswert kennzeichnen kann, wird damit der Nationalsozialismus aus der Thematik, mit der es
die „Arbeiter"-Philosophie zu tun hat, überhaupt ausgegrenzt. Der Anspruch
wird bekräftigt, mit dieser Philosophie eine zivilisationsgeschichtliche Formation
beschrieben zu haben, in die als katastrophales Ereignis auch die nationalsozialistische Herrschaft gehört, ohne daß der Untergang dieser Herrschaft an der fortdauernden Geltung und Selbstdurchsetzung der fraglichen zivilisatorischen Formation etwas ändere. Man sehe, daß „die historischen Mächte sich erschöpfen,
und zwar selbst dort, wo sie Imperien bildeten", wie im Falle Englands oder
Frankreichs, oder, wie im Falle Deutschlands, zu bilden versuchten. „Unerschüt-
terlich, stets wirksamer aus dem Chaos hervortretend" bleibe indessen „die Gestalt des Arbeiters"[14].

Nachdrücklicher kann man als Autor die fortdauernde Geltung einer Philosophie, die noch vor kurzem, wie zitiert, einschränkungslos als „Vorwegnahme des
Nazi-Staates" charakterisiert worden ist, unabhängig von Dasein und Untergang
dieses Staates nicht in Anspruch nehmen. Dazu paßt, daß Jünger schon während
des 2. Weltkriegs die Realität dieses Krieges vorzugsweise unter Gesichtspunkten
beschrieben hat, die uns nach Jüngers Meinung, statt Phänomene ephemerer nationalsozialistischer Herrschaft, Phänomene erkennen lassen, die makrohisto-
risch für unsere Zivilisationsepoche signifikant sind. So will, zum Beispiel, Ernst
Jünger, als er im Dezember 1942 sich an der Kaukasus-Front aufhielt und dort bei
den Generälen „herum" fuhr, „deren Verwandlung zum Arbeiter" beobachtet haben. Was immer das heißen soll –: die Konnotation des „Begrüßenswerten"
scheint jetzt, zehn Jahre nach der Erstpublikation der „Arbeiter"-Philosophie, mit
der Transformation der Generalität in eine Arbeiterschaft nicht mehr verbunden
zu sein. Im skeptischen Resümee seiner Hauptquartiers-Tournee stellt nämlich
Jünger fest, es sei nicht zu erwarten, daß aus den neuen Generalarbeitern
„sullanische oder auch nur napoleonische [sic!] Erscheinungen erwachsen könnten"[15].

So ließe sich mit Zitaten zur Selbstkommentierung der fraglichen Texte durch
ihre Autoren lange fortfahren. In der Zusammenfassung ergibt das: Spengler erhebt im Rückblick „Preußentum und Sozialismus" zur literarischen Inauguration
einer nationalen Erneuerungsbewegung, die er dann im Nationalsozialismus
nicht erfüllt fand. Jünger hingegen stilisiert sein „Arbeiter"-Buch zu einer von

---

[14] a.a.O. S. 7f.
[15] Ernst JÜNGER: Strahlungen. Tübingen 1949, S. 235. Notiz vom 19. Dezember 1942 aus Na-
waginskij.

den nationalsozialistischen Aktualitäten abgehobenen Phänomenologie einer zivilisatorischen Epochengestalt, in deren Züge auch die Folgen nationalsozialistischer Herrschaft eingegraben sind, deren Hauptzüge aber mit wachsender Eindringlichkeit generell unsere wissenschaftlich-technische Zivilisation prägen.

Höchst unterschiedlich ist, wie man rasch bemerkt, auch die Textgestalt der beiden Werke. „Preußentum und Sozialismus" - das ist eine pamphletistische Kommentierung der politischen Ursprungsbedingungen und Anfangsereignisse der Weimarer Republik. In der November-Revolution, so lesen wir, erhob sich „das Pack mit dem Literatengeschmeiß an der Spitze"[16]. Hätte doch Bebel die Szene beherrscht! Dieser hätte „eine Diktatur, von rechts oder links, gefordert und erreicht". Er hätte das „Parlament zum Teufel gejagt und die Pazifisten und Völkerbundsschwärmer erschießen lassen"[17]. So äußert sich also Spengler, der Stammtischverächter, im literarischen Stammtischstil. Jüngers Arbeiter hingegen präsentiert sich nicht als pamphletistisches Manifest, vielmehr mit dreifachem Umfang als Werk einer Epochenphilosophie. Es versteht sich nicht als Teil einer aktuell gewünschten politischen Aktion, vielmehr als literarischer Umriß der „Gestalt" unserer Zivilisation. Dazu paßt, was Martin Meyer[18] in seiner Jünger-Biographie festgestellt hat: In Jüngers Buch fällt nicht ein einziger Name - weder von politischen Akteuren noch von Stiftern religiöser oder ideologischer Legitimität. Nirgendwo fällt, anders als bei Spengler, der Name Bismarcks, Luthers oder Calvins; weder Hegel noch Marx wird zitiert, von Hitler ist nicht die Rede und von Bebel ohnehin nicht. Die Gestalt des „Arbeiters" sei eben, so erläutert uns Jünger im Rückblick den konsequenten tagespolitischen Aktualitätsverzicht seines Buches, sei „weder national noch sozial begrenzt. Sie habe vielmehr „planetarischen Charakter"[19].

Den höchst unterschiedlichen literarischen Attitüden entsprechen die höchst unterschiedlichen Persönlichkeitsprofile ihrer Autoren. Spengler - er erscheint uns gerade in „Preußentum und Sozialismus" als der Typus des literarisch politisierenden Anti-Literaten. „Wir wollen keine Sätze mehr, wir wollen uns selbst"[20]. Das ist politischer Existentialismus als literarische Kompensation eigener Angst vor der Wirklichkeit, die Spengler, wie sein Biograph Koktanek berichtet, schon beim Anblick der Lüneburger Schule, in der er ein bürgerliches Berufsleben als Gymnasiallehrer hätte beginnen sollen, zusammenbrechen ließ[21]. Dazu paßt, daß Spengler im Vorwort zum ersten Band des „Untergang des Abendlandes" den Wunsch äußerte, sein Buch möge „neben den militärischen Leistungen Deutschlands nicht ganz unwürdig dastehen"[22]. Das ist gewiß ein literarischer Topos, ur-

---

16 Preußentum und Sozialismus, a.a.O. (cf. Anm. 6) S. 9.
17 a.a.O. S. 8.
18 Martin MEYER: Ernst Jünger. München, Wien 1990, S. 165.
19 So in einem Brief vom 24. September 1978, abgedruckt „aus der Korrespondenz zum ‚Arbeiter'" in: Ernst JÜNGER: Der Arbeiter, a.a.O. S. 315.
20 Preußentum und Sozialismus, a.a.O. (cf. Anm. 6) S. 4.
21 Cf. dazu Anton Mirko KOKTANEK: Oswald Spengler in seiner Zeit. München 1968. S. 85.
22 Oswald SPENGLER: Der Untergang des Abendlandes. Umrisse einer Morphologie der Weltgeschichte. Erster Band: Gestalt und Wirklichkeit. 23.-36. Tausend. München 1920, S. XIII.

sprünglich ein Topos der Literaten-Bescheidenheit dazu. Aber um so aufdringlicher wirkt, im Kontrast dazu, die Anmutung der Unbescheidenheit des von
Spengler erhobenen politliterarischen Anspruchs. Auf Jünger hingegen will die
Charakteristik, hier schreibe einer, der sich aus der Realität entnervt in politliterarischen Existentialismus rettet, ersichtlich nicht passen. Die „militärischen Leistungen", denen Spengler als Autor sich würdig erweisen möchte, repräsentiert
im Falle des hochdekorierten Jünger der Autor selber. Im Kontrast zur attitüden-
haften Großbürgerlichkeit Spenglers, der vom populistischen Sozialismus der an
die Macht gelangten Hitler-Bewegung sich angeekelt und schließlich geängstigt
fand, wirkt Jünger in personaler Konsequenz seiner literarischen Verarbeitung
der Weltkriegserlebnisse von da an stets untangiert und hat inzwischen ein Lebensalter erreicht, das das Spenglersche fast ums Doppelte überbietet. Literarisch
entspricht dem die Attitüde des Desengagements im Beschreiben des Ungeheuer-
lichen. „Realismus" könne „allein" „unser Stil" sein - so wird das, in den
„Strahlungen", zur Norm erhoben[23]. Solche Unterschiede des Stils, der Absicht
und des Anspruchs sowie der historisch-politischen Selbstverortung, die die beiden fraglichen Texte trennen, muß, wer sie zusammenrückt, im Auge behalten.
Aber auch das, was die beiden Texte verbindet, hat seine Aufdringlichkeit. Um literarische Anti-Literatur handelt es sich in beiden Fällen. Auch Jünger ist zunächst ein Autor wortreicher Rede gegen bloße Worte gewesen[24]. Ganz analog
wird auch noch im Zweiten Weltkrieg, zum Beispiel, die Verwundung des Gene-
ralfeldmarschalls Rommel, „des einzigen, der Naivität genug" besessen habe, um
„zum Widerpart der fürchterlichen Simplizität des Anzugreifenden" zu taugen, in
ihrem politischen Kontext des Sommers 1944 als ein Ereignis in der Realität
kommentiert, das mehr zu lernen Gelegenheit biete als „die Lektüre historischer
Bibliotheken". Ja selbst Shakespeare, „zu dessen Coriolan" er im Kontext jener Ereignisse „häufig Zuflucht" genommen habe, sei hier in seiner dichterischen Aufschlußkraft durch die Realität überboten worden[25]. Daß die Realität die Literatur
überbiete - auch das ist ein traditionsreicher Topos. Aber als frische Einsicht zitiert, die aus der Gleichzeitigkeit von Shakespeare-Lektüre einerseits und Vergeb-
lichkeiten im Versuch des Tyrannenmords andererseits gewonnen sei, wirkt dieser Topos als literarisches Anti-Literaturprinzip, auf das man trocken erwidern
möchte, daß es doch Realität einerseits und Literatur andererseits verblüffend
wirklichkeitsfremd einander entgegensetze. Banalerweise ist, was wir lernen, in
letzter Instanz stets eine Lehre der Realität. Aber Bücher vermitteln uns üblicherweise doch diese Lehre, und wenn ein Literat in Ausnahmelagen Erfahrungen
macht, die noch in keinem Buch zu finden sind, so erwartet man, daß er sie auf-
schreibt. Just diese Erwartung erfüllt aber Jünger im zitierten Kontext nicht. Wie
lautet denn nun die Lehre, die wir aus dem Ereignis der Verwundung Rommels,
nachdem selbst Shakespeare-Lektüre sie uns nicht zu vermitteln vermochte, zu

---

[23] Ernst JÜNGER: Strahlungen, a.a.O. (cf. Anm. 15) S. 16.
[24] Cf. dazu als Beleg Ernst JÜNGER: Das Wäldchen 125. Eine Chronik aus den Grabenkämpfen
1918. Siebente Auflage. 22.–26. Tausend. Berlin 1940, S. 206.
[25] Ernst JÜNGER: Strahlungen, a.a.O. S. 13.

ziehen hätten? Indem uns eben das nicht mitgeteilt wird, verbleibt als Eindruck beim Leser der, es mit einem Autor tieferer oder auch höherer Wirklichkeitseinsicht zu tun zu haben, an die kein Text je heranreichen könnte.

Dieses literarische Anti-Literaturprinzip ist freilich nur die Kehrseite einer verblüffenden Überschätzung dessen, was Literatur vermag, und auch in dieser Überschätzung sind Spengler und Jünger verbunden. „Aber ich wiederhole immer und immer wieder", so heißt es in Spenglers „Vorwort" zu seinen politischen Schriften, „daß ich lediglich Tatsachen" beschrieben habe – „für Leute, die staatsmännisch denken und handeln können, und nicht für Romantiker. Will man endlich hören und nicht nur lesen? Ich warte darauf"[26]. Literatur als politische Handlungsanweisung – prätentiöser kann sich ein Autor zur praktischen Bedeutung seiner Texte schwerlich äußern. Analoges findet sich auch bei Ernst Jünger – noch im 1963er „Vorwort" zur Cotta-Ausgabe des „Arbeiters": Nach der obligaten antiliterarischen Bekundung, daß er „den Einfluß von Büchern auf die Aktion" keineswegs „überschätze", beeilt sich Jünger, im nächsten Satz schon hinzuzufügen, daß, wenn „die großen Akteure" seinerzeit sich nach den im „Arbeiter" „entwickelten Prinzipien gerichtet" hätten, „viel Unnötiges, ja Unsinniges unterlassen und Notwendiges getan" worden sei. Leider richtete man sich nicht nach den von Jünger entwickelten Prinzipien und leitete entsprechend „einen Mahlgang" ein[27]. Eine anspruchsvollere Selbsteinschätzung der potentiellen politischen Bedeutung des eigenen literarischen Beitrags zur deutschen „Wende" Anfang der dreißiger Jahre ist schwerlich denkbar.

Die inhaltlichen Übereinstimmungen zwischen den beiden fraglichen Texten sind ohnehin evident: In beiden Fällen handelt es sich um literarische Entwürfe eines post-marxistischen Sozialismus als deutscher politischer Zukunftsformation. Ohne sich auf ihn zu berufen knüpft dabei Jünger ersichtlich an Spengler an. „Der einzig mögliche Erbe des Preußentums" heißt es wie von Spengler abgeschrieben bei Jünger, sei „das Arbeitertum"[28]. „Das Vorbild ist Oswald Spengler", kontastiert entsprechend lapidar und zutreffend Martin Meyer[29]. So verstand es sich von selbst, daß Jünger Spengler seinen „Arbeiter" alsbald übersandte: „Für Oswald Spengler, der im Anschluß an die Deutsche Abrüstung die ersten neuen Waffen schmiedete" – so lautet die Widmung vom 5. September 1932[30]. Spengler antwortete alsbald mit der kühlen Anrede „Sehr geehrter Herr" und bemerkte zurückhaltend-tadelnd zu Jünger: „Sie haben wie viele andere den Begriff des Arbeiters nicht aus der Phraseologie der Marxisten lösen können" – eine Feststel-

---

[26] Oswald SPENGLER: Politische Schriften, a.a.O. (cf. Anm. 6) S. XIII.

[27] Ernst JÜNGER: Der Arbeiter, a.a.O. (cf. Anm. 5) S. 7.

[28] a.a.O. S. 69.

[29] Martin MEYER: Ernst Jünger a.a.O. (cf. Anm. 18) S. 163.

[30] Faksimile der Widmung abgebildet in rowohlts monographie „Oswald Spengler" S. 117. – Der Text der Widmung wird, wie in dramatisierender Absicht, gelegentlich auch in folgender Fassung wiedergegeben: „Für Oswald Spengler, der nach Deutschlands Entwaffung die ersten neuen Waffen schmiedete", so bei Anton Mirko KOKTANEK: Oswald Spengler in seiner Zeit. München 1968, S. 430, oder auch bei Detlef FELKEN: Oswald Spengler. Konservativer Denker zwischen Kaiserreich und Diktatur. München 1988, S. 114.

lung, die Jüngers Bemühungen, die „Gestalt" des Arbeiters als der politisch prägenden Figur der Zukunft prägnant zu machen, keineswegs gerecht wird. Das Mißverständnis Spenglers erklärt sich aus mangelhafter Kenntnis des Jüngerschen Werkes, räumte er doch gegenüber dem Autor selber ein, den „Arbeiter" „bis jetzt erst flüchtig angeblättert" zu haben[31]. „Der Arbeiter" – diesen Titel als Zitat auffällig in den Text setzend – schrieb Spengler wenig später mit offenkundiger Spitze gegen Ernst Jünger, werde uns heute als „der eigentliche Mensch, das eigentliche Volk", als „der Sinn und das Ziel der Geschichte, der Politik" offeriert[32]. Das ist ganz der Ton der bekannten Spenglerschen Kritik am Sozialismus der Nationalsozialisten mit ihrer organisierten „Solidarität" der „Arbeiter der Stirn und der Faust"[33]. An Jüngers Intentionen jedoch, die an diejenigen Spenglers anknüpften, zielte diese Kritik gänzlich vorbei. Wie so oft in analogen Fällen, hat auch hier der Prophet sich in seinen Wirkungen nicht wiederzuerkennen vermocht[34].

Im folgenden seien, in Konvergenzen und Divergenzen, einige Inhalte der beiden Texte vergegenwärtigt, die geeignet sein mögen, ihre historische Ferne und Schwerverständlichkeit anschaulich zu machen. Proportional zur Fremdheit, die die fraglichen Texte für heutige Leser nahezu unverständlich machen, verhält sich der historische Erklärungsaufwand, den man treiben müßte, um nachvollziehbar zu machen, wieso man damals die zivilisatorische und politische Wirklichkeit in der Weise Spenglers und Jüngers wahrzunehmen vermochte. Dieser Erklärungsaufwand kann hier auch nicht annähernd geleistet werden. Entsprechend soll es sich im folgenden vor allem darum handeln, die Texte in ihrer sozusagen paläontologischen Fremdheitsanmutung anschaulich zu machen. Dafür mögen vier kleine Durchgänge geeignet sein, und zwar unter den Titeln „Anti-Bürger", „Anti-Marxisten", „Politische Existentialisten" und „Preußisch-deutsche Sozialisten".

Anti-Bürger. – In der Verachtung bürgerlicher Mentalitäten stimmen damals Rechtsintellektuelle und Linksintellektuelle, soweit sie zu radikaler Zivilisationskritik neigen, überein. Beiderlei Intellektuelle werden freilich finden, daß es nicht auf diese Übereinstimmung, vielmehr auf die höchst unterschiedlichen Gründe ihrer Bürger-Verachtung ankomme. Aus der Perspektive des attackierten Bürgertums selber stellt sich das natürlich anders dar. Aus dieser Perspektive kommt es auf die Feindschaftserklärung an, das heißt auf die Entschlossenheit zur politischen Liquidation aller Verhältnisse, in denen sich das Bürgertum eingerichtet hat. „Von der Höhe der Stauferzeit", wo ‚prachtvolle Menschen sich über die Forderung des Tages erhaben fühlten', sei man in Deutschland „zur provinzialen Biedermännerei des 19. Jahrhunderts" hinabgesunken. „Micheltum" sei „die Summe

---

[31] Oswald SPENGLER: Briefe 1913–1936. In Zusammenarbeit mit Manfred SCHRÖTER herausgegeben von Anton M. KOKTANEK. München 1963, S. 667–668, S. 667.

[32] Oswald SPENGLER: Jahre der Entscheidung. Erster Teil. Deutschland und die weltgeschichtliche Entwicklung. Einundsechzigstes bis achtzigstes Tausend. München 1933, S. 87.

[33] Cf. dazu Anm. 11.

[34] Zu Spenglers Reaktion auf Jüngers „Arbeiter" cf. Anton Mirko KOKTANEK: Oswald Spengler in seiner Zeit, a.a.O. (cf. Anm. 21) S. 429f.

unserer Unfähigkeiten", manifest in unserer „Volksvertretung", die nichts anderes als ein „Biertisch höherer Ordnung" sei[35]. Die Dekadenz, die von den Höhen der Stauferzeit Deutschland ins bürgerliche 19. Jahrhundert hinabgeführt hat, beschleunigte sich noch in den seither vergangenen Jahrzehnten. „In der Paulskirche", immerhin, saßen noch „ehrliche Narren und Doktrinäre, weltfremd bis zum Komischen, Jean Paul-Naturen." Inzwischen sei aber das Parlament zum Tummelplatz kruder materieller Interessen heruntergekommen. „Schiebertum und Wucher mit Löhnen", sogar „mit Ämtern" entwickle sich zur parlamentarischen Hauptbeschäftigung[36]. „Vereine, Biertische und Parlamente"[37] – so schiebt sich das für Oswald Spengler, den Groß-Strategen am Intellektuellen-Stammtisch, zusammen. Als Inkarnation aller bürgerlichen Schwächen führt uns Spengler, der Anti-Professor, immer wieder einmal den deutschen ‚liberalen Professor' vor Augen. Dieser habe „die Verfassung von Weimar als Erfüllung seiner Träume begrüßt". Real existent hingegen sei, statt des Inhalts professoraler Träume, „der Geschäftsliberalismus" geworden – „als die bequemste und ... billigste Methode, die Politik dem Kontor, den Staat dem Schiebertum zu unterstellen"[38], und „der Professor merkt es nicht"[39].

In der moralisierenden Verachtung privater ökonomischer Interessen läßt sich Spengler, auf den Spuren Fichtes[40], von moralisierenden sozialistischen Intellektuellen nicht übertreffen, und wie diese macht er über den moralischen Aspekt der Sache hinaus den politischen Aspekt der Sache geltend, nämlich Repression und Ausbeutung. Es drohe „die furchtbare Gefahr einer Versklavung der Welt durch das Händlertum, heißt es Sombart-analog[41]. Das „Mittel" dieser Versklavung sei „heute der Völkerbund"[42]. „Dies werdende System" habe „Marx durchschaut", und im „Haß" auf dieses System weiß der Anti-Marxist Spengler sich mit Marx einig[43].

Auch Spengler gehört in die Reihe der intellektuellen Kritiker der emanzipierten Privatheit mit ihren individualisierten ökonomischen Interessen, die sich dem Gemeinwohl entfremdet haben. Fichte und Marx sind die Klassiker dieser Kritik, und beide werden, insoweit zustimmend, zitiert. Wie Fichte, wie Marx ist auch Spengler, als Kritiker der bürgerlichen Gesellschaft, vom Ekel speziell über die deutschen Zustände bewegt. Deutsche Idiosynkrasie gegen Deutsches – das ist die Affektlage der Radikalen unter den deutschen Groß-Intellektuellen, und Spenglers „Preußentum und Sozialismus" ist die prägnanteste literarische Expression deutschen anti-deutschen Affekts am Ende des Ersten Weltkriegs.

---

[35] Oswald SPENGLER: Preußentum und Sozialismus, a.a.O. (cf. Anm. 6) S. 7.
[36] a.a.O. S. 18.
[37] a.a.O. S. 31.
[38] a.a.O. S. 61.
[39] a.a.O. S. 52.
[40] a.a.O. S. 44.
[41] Werner SOMBART: Händler und Helden. Patriotische Besinnungen. München und Leipzig 1915.
[42] SPENGLER, a.a.O. S. 94.
[43] a.a.O. S. 94f.

Krasser noch und näher zur Sprache des Marxismus drückt sich der anti-
bourgeoise Affekt bei Ernst Jünger aus – freilich in einer beruhigteren Tonlage, zu
der man befähigt ist, wenn der Feind schon als überwunden erscheint. Jünger
kultiviert die literarische Anmutungsqualität der Analyse, der reinen Beschreibung, in der die fälligen Engagements sich aus der Sache selbst ergeben und keiner Emphase bedürfen. – „Jeder echte Deutsche ist Arbeiter"[44] – so hatte es, im
Kontrast zur kritisierten bourgeoisen Dekadenz hoffnungsvoll, schon bei Spengler geheißen. Dem entspricht Jüngers Statement genau, der Deutsche sei „kein
guter Bürger „.[45]. Nachdem die bürgerliche Versuchung schon als überwunden
gelten darf, wird die Anti-Bürgerlichkeit zum Inhalt deutschen Stolzes erhoben:
„Auf über ein Jahrhundert deutscher Geschichte zurückblickend dürfen wir mit
Stolz gestehen, daß wir schlechte Bürger gewesen sind"[46]. „Mit allen Künsten des
Schwertes und der Überredung" habe man den Deutschen ‚jene Freiheit' angeboten, „die in der Verkündung der allgemeinen Menschenrechte ihre Setzung er-
fuhr". Indessen: Der Deutsche habe davon „gar keinen Gebrauch zu machen" gewußt. In Deutschland sei „ein Begriff der Freiheit unvollziehbar, der sich wie ein
... in sich selbst inhaltsloses Maß auf jede beliebige Größe anwenden läßt, die man
ihm unterwirft". Hegelianisierend heißt es, daß, „wenn der Deutsche erkennt, was
Freiheit" sei, so erkenne er, „was das Notwendige ist". Hier lasse sich im deutschen Kontext „nichts abdingen, und möge die Welt untergehen", so müsse „doch
das Gebot vollstreckt" werden, wenn der Ruf vernommen ist[47]. Ordnungsvoll-
streckung – darum handelt es sich also in deutscher politischer Praxis, und das
Muster dieser Ordnung sei „die Heeresgliederung, nicht aber der Gesellschafts-
vertrag"[48].

Ein interessanter Einfall Ernst Jüngers ist die metaphorische Kennzeichnung
des ‚bürgerlichen Geistes' als weiblich. „Weibliche Gesinnung" – das ist zunächst
nichts anderes als das Soldaten-Klischee von der unkriegerischen Existenzform.
Das reale Dementi dieses Klischees, nämlich die Partisanenformationen in den
späteren Kriegen und Bürgerkriegen unseres Jahrhunderts, war ersichtlich damals noch nicht vernehmbar. Weiblich sei die bürgerliche Gesellschaft, indem
„sie jeden Gegensatz nicht von sich abzusetzen, sondern in sich aufzunehmen"
suche. Wo immer sie mit einem Anspruch konfrontiert werde, der sich „als entschieden bezeichnet", decke sie ihn mit ihrer Liberalität zu. Herbert Marcuses
Theorie der repressiven Toleranz ist bei Jünger vorweggenommen. Die „feinste
Bestechung" antibourgeoiser existentieller Radikalität sei deren Interpretation als
„Äußerung" der von der bürgerlichen Gesellschaft offerierten Freiheit. So werde
„unschädlich" gemacht, was die bürgerliche Gesellschaft bedrohe und so sei ‚dem
Worte *radikal* sein unausstehlicher bürgerlicher Beigeschmack' zugewachsen.

---

[44] a.a.O. S. 10.
[45] Ernst JÜNGER: Der Arbeiter, a.a.O. (cf. Anm. 5) S. 13.
[46] ibid.
[47] a.a.O. S. 14f.
[48] a.a.O. S. 14.

Weiblichkeit als Bereitschaft, alles Zudringliche „in sich aufzunehmen"[49] – das läßt Hurenart assoziieren, ‚Gemeines und Allzugemeines‘, und in die Verachtung dessen ist die Verachtung der bürgerlichen Gesellschaft eingeschlossen.

„Politischer Existentialismus" – so ließe sich die Daseinsform kennzeichnen, die den Bürger überwunden hat. Vom „Schicksal" ergriffen und nicht auf „ein Vertragsverhältnis" gegründet, bereit zu einem „Kampf auf Leben und Tod", „der Sphäre der Verhandlungen, des Mitleids, der Literatur" „entrückt", angewidert vom Anblick des ‚Bürgers in seiner letzten, unverhülltesten Erscheinung‘, wie sie in den Lebensformen des Liberalismus sich darstellt, erkennend, daß es unter liberalistischen Dekadenzbedingungen „unendlich erstrebenswerter sei, Verbrecher als Bürger zu sein"[50] – so vollzieht sich „der Aufgang des Arbeiters", der „mit einem neuen Aufgange Deutschlands gleichbedeutend" sei[51]. Geprägt durch die Entschlossenheit zum vereigentlichten Dasein läßt der politische Existentialist das ‚endlose bürgerliche Gespräch‘ hinter sich. Die intellektuellen Aufgüsse der „Enzyklopädisten unter den Dachstühlen von Paris" werden zurückgewiesen. Auf Auseinandersetzungen „zwischen den materialistischen und den idealistischen Schulen" lasse sich niemand mehr ein. Man durchschaue solche ideologischen Antithesen als „Gegenüberstellung unsauberer Geister". „Die Härte der Welt" werde „nur durch Härte gemeistert, nicht aber durch Taschenspielerei" mit Requisiten aus der Trickkiste bürgerlicher Philosophen[52].

Fichteanisch-marxistisch ist, wie Spengler, auch Jünger Kritiker der Entfremdung individueller und kollektiver Interessen, die die bürgerliche Welt prägt. „Innerhalb dieser Welt ist keine Bewegung vollziehbar, die nicht den trüben Schlamm der Interessen" stets von neuem aufwühle. Es herrscht die „Diktatur des wirtschaftlichen Denkens"[53]. Der Arbeiter wie der Soldat ist demgegenüber Träger der Verheißung, daß diese Diktatur endlich gebrochen wird. Es wird eine neue Herrschaft errichtet werden, die „über die Reichtümer von Provinzen und großen Städten gebietet" und „um so sicherer über sie gebietet, je mehr" man „sie zu verachten weiß"[54].

Deutlicher als bei Spengler drückt sich bei Jünger die romantische Komponente dieses politischen Existentialismus aus. Ein „Triumph der bürgerlichen Welt" sei es gewesen, „Naturschutzparks zu schaffen, in denen der letzte Rest des Gefährlichen oder des Außerordentlichen als Kuriosum" erhalten werde. Komplementär dazu erscheine „die romantische Haltung als Protest". Noch „im Rausche, im Wahnsinn" äußere sich dieser Protest. Gewiß handele es sich dabei um „Formen der Flucht" – so auch, erinnert Jünger sich, das Aussteigertum jener „jungen Leute, die bei Nacht und Nebel das elterliche Haus verlassen", um „nach Amerika, zur Fremdenlegion, in die Länder, in denen der Pfeffer wächst", sich zu entfernen. Gewiß ist, daß es so nicht geht, aber es bekunde sich darin doch auch,

---

[49] a.a.O. S. 21–24.
[50] a.a.O. S. 27f.
[51] a.a.O. S. 27.
[52] a.a.O. S. 30.
[53] a.a.O. S. 29.
[54] a.a.O. S. 31.

daß es „dem Bürger" nicht vollständig „gelungen" ist, „das abenteuerliche Herz davon zu überzeugen, daß das Gefährliche gar nicht vorhanden" sei und „daß ein ökonomisches Gesetz die Welt und ihre Geschichte" regiere. Vom ‚Krieger' ist die Rede, „der als Taugenichts erscheint, weil ihn das Leben der Krämer mit Ekel erfüllt"[55].

Die autobiographischen Züge dieser Passagen sind unverkennbar, und dazu paßt die existentialistische Interpretation der Weltkriegserfahrung. „Der Ausbruch des Weltkrieges" habe „den breiten, roten Schlußstrich" unter das bürgerliche Zeitalter gezogen. Das war ja die verbreitete Meinung zwischen dem Ende des Weltkriegs und der Machtergreifung der Nationalsozialistischen Deutschen Arbeiterpartei – bei dialektischen Theologen und Existenzphilosophen, bei den Romantikern des Ausnahmezustands unter den Rechtstheoretikern wie bei den marxistisch-leninistischen Romantikern der Revolution als einer politisch gelebten Ausnahmesituation von vorläufig unbegrenzter Dauer. Jüngers Kommentierung dieser Befindlichkeit ist selbstverständlich nicht marxistisch-leninistisch, vielmehr nietzscheanisch getönt. „Im Jubel der Freiwilligen", den der Ausbruch des Weltkriegs ausgelöst hatte, liege „mehr als die Erlösung von Herzen, denen sich über Nacht eines neues, gefährlicheres Leben offenbart". Es verberge „sich in ihm zugleich der revolutionäre Protest gegen die alten Wertungen, deren Gültigkeit unwiderruflich abgelaufen" sei. Dabei sei zugleich, was Nietzsche prophetisch verkündet hatte, die „Umwertung der Werte" nämlich, längst nicht mehr ein Thema der Philosophie. Es handle sich bereits um neue Wirklichkeit, und es genüge, „das Neue zu sehen und sich zu beteiligen"[56].

In der orientierungspraktischen Quintessenz bedeutet das: Kritik der bürgerlichen Gesellschaft als Kritik an der Entfremdungsgestalt des Daseins in der Trennung individueller und gemeinschaftlicher Interessen; Verachtung bürgerlicher Lebensformen in ihrer Prägung durch die Herrschaft ökonomischer Imperative; Aufruf zur Existentialisierung der Politik in der Absicht, in der politischen Praxis die äußersten Möglichkeiten des Daseins in Permanenz erfahrbar zu machen; Aufruf zum Anti-Konventionalismus und Anti-Traditionalismus, das heißt zur Bereitschaft zu einer auf Dauer gestellten normativen Revolution; Entlastung von den Frustrationen theoretischer Räsonnements, die nicht zur Praxis finden.

Anti-Marxisten. – Die Aufgabe sei „gestellt", heißt es bei Spengler, endlich „den deutschen Sozialismus von Marx zu befreien"[57]. Marx habe „rein englisch" gedacht[58]. Marx repräsentiert, in der Auto- und Heterostereotypik deutsch-englischer nationaler Gegensätze formuliert, den Anti-Deutschen. „Dem Engländer", so lesen wir bei Spengler, fehle „der Sinn der Würde der strengen Arbeit". Durch die Schule Max Webers ist Spengler ersichtlich nicht gegangen. Verachtung der Arbeit, in denen sich bei den Engländern Prägungen eines alten Kolonialher-

---

[55] a.a.O. S. 54f.
[56] a.a.O. S. 55f.
[57] Oswald SPENGLER: Preußentum und Sozialismus, a.a.O. (cf. Anm. 6) S. 4.
[58] a.a.O. S. 75.

renvolkes bekunde, sei bei Marx hingegen eine Verachtung aus ‚jüdischem Instinkt' „Der Fluch der körperlichen Arbeit" stehe immerhin „am Anfang der Ge-
nesis", und „das Verbot, den Sonntag durch Arbeit zu schänden", entspricht dem.
Marx war also unfähig, „den Sinn der preußischen Arbeit" zu verstehen, „der Tätigkeit um ihrer selbst willen", wie Spengler schreibt, als hätte er kurz zuvor Richard Wagner gelesen[59].

Wahr bleibt, daß auch Marx dem Bourgeois den Kampf, den Klassenkampf
nämlich, angesagt hatte. Indessen ist Marx' antibürgerlicher Klassenkampf nichts
anderes als ein Kampf in bürgerlicher Absicht, das heißt die bürgerliche Existenzform dominant gewordener ökonomischer Interessen soll revolutionär zur
universellen Existenzform erhoben werden. Marx' Ideal sei das „des proletari-
schen Phäaken, der alles mühelos besitzt". Das sei „der Endsinn jener Expropria-
tion der Glückseligen". Arbeit als Pflicht hingegen, die um ihrer selbst willen erfüllt sein will – das ist die Quintessenz des ‚Sozialismus' Fichtes'[60]. Signifikant für
den Gegensatz zwischen preußischem und marxistischem Sozialismus sei das
Verhältnis zum Streik. Gerade der Streik unterwerfe die Arbeit ihrem ökonomischen Mißverständnis. Der marxistische Sozialismus sei entsprechend streikbe-
reit kraft seiner „Händlerphilosophie, der Marx aus Instinkt und Gewöhnung an-
gehörte". Im preußischen Sozialismus hingegen werde die Arbeit befreit, indem
sie zur „Pflicht der Allgemeinheit gegenüber" erhoben wird. Im Charakter erfüllter Pflicht entfielen alle Unterschiede „in der sittlichen Würde der Arbeit: der
Richter und Gelehrte ‚arbeiten' so gut wie der Bergmann und Eisendreher". Das
sei „preußische Demokratisierung"[61].

Ordnungspolitisch ergibt sich daraus „die unparteiische staatliche Festsetzung
des Lohnes für jede Arbeit, nach Maßgabe der wirtschaftlichen Gesamtlage
planmäßig abgestuft, im Interesse des Gesamtvolks". Diese Art der Gemeinwohlorientierung, die den Arbeitskampf hinter sich läßt, gehöre zu „den angebornen
Formen des preußisch-sozialistischen Menschen". Wo sich dieser zur Herrschaft
erhebt, ist „der Marxismus ... sinnlos"[62]. – Diese Zitatenblütenlese ließe sich lange
fortsetzen. Die Botschaft ist unmißverständlich und überdeutlich: Die ökonomischen Interessen erscheinen als die entfremdenden, dehumanisierenden Interessen. Die marxistische Ideologie überwindet sie nicht, sondern konserviert sie. Der
Klassenkampf bedeutet nichts anderes als die Perpetuierung der bürgerlichen Lebensorientierung im Versuch ihrer politischen Überwindung. Der klassenkämp-
ferische Sozialismus erscheint als marxistisch-britisch inspirierte Devianz vom
deutschen Spezialweg. Jüdisch und plutokratisch – das sind die Kontrast-
Prädikatoren zum preußischen Sozialismus der zur Herrschaftsform gewordenen
Gemeinwohlorientierung in einem fichteanisch geprägten Verständnis der Arbeit
als humaner Selbstverwirklichungspraxis.

---

[59] a.a.O. S. 78.
[60] a.a.O. S. 79.
[61] a.a.O. S. 81.
[62] a.a.O. S. 82.

Bei Jünger liest es sich ähnlich: Es sei der ‚bürgerliche Gesichtswinkel' gewesen, „unter den das Arbeitertum als ein Stand gedeutet" worden sei. Listig habe das Bürgertum den Arbeitern ihr Selbstverständnis als Klasse aufgenötigt. Es habe auf diese Weise sichergestellt, daß noch sein ärgster Gegner seinem eigenen Prinzip unterworfen blieb[63].

Gewiß: Das Bürgertum habe ja, in seiner deutsch-typischen Schwäche, eine erfolgreiche Revolution nicht zustande gebracht. „So fiel dem Arbeiter die wunderliche Nebenaufgabe zu, diese Herrschaft nachzuholen"[64]. Das ist der Kern der Jüngerschen Deutung der deutschen November-Revolution. Es sei darin „dem bürgerlichen Denken gelungen", „das Bild der Gesellschaft unter der Vorspiegelung ihrer Selbstverneinung in die ersten Anstrengungen des Arbeiters hineinzufälschen"[65]. Der Teil der deutschen Geschichte, der „mit Arbeiter- und Soldatenräten begann, deren Mitglieder sich dadurch auszeichneten, daß sie weder jemals gearbeitet noch gefochten hatten", habe den Charakter einer „Tragikomödie"[66]. Der „Arbeiter" repräsentiere in der Tat die ‚werdende Macht', „auf der das Schicksal des Landes" beruhe. Aber zunächst sei es nötig, diese Arbeitermacht aus „den Gewändern" zu befreien, „in die der Bürger diese Macht" verkleidet habe. Erst der so seiner bürgerlichen und bürgerlich geprägten sozialistischen Abkunft entkleidete Arbeiter werde in seinem „Aufgang" „mit einem neuen Aufgange Deutschlands gleichbedeutend" sein[67].

Von Marx spricht freilich Jünger in diesem Kontext nicht. Er verzichtet ja, wie erwähnt, in seinem Großessay generell auf die ausdrückliche Nennung von Politikern, Theoretikern und Ideologen. Nichtsdestoweniger deckt sich die Jüngersche Arbeiterphilosophie in ihrem impliziten Anti-Marxismus mit dem preußischen Sozialismus Spenglers vollkommen.

Politische Existentialisten. – „Ein wortloses Bewußtsein, das den Einzelnen in ein Ganzes fügt" – das sei es, was „uns vor allen anderen Völkern auszeichnet". Deutschsein heiße, „in der Demut des Befehlens nicht Rechte von andern, sondern Pflichten von sich selbst fordernd, alle ohne Ausnahme, ohne Unterschied, ein Schicksal zu erfüllen, das sie in sich fühlen, das sie sind"[68]. – Es ist ersichtlich aus heutiger Perspektive schwer, die Sätze, die wir hier lesen, mit Sinn zu erfüllen. Was soll es heißen, ein Schicksal, statt es zu haben, zu sein? Heidegger-Lektüre, auch Sartre-Lektüre könnte nützlich sein, den Sinn solcher änigmatischen Sätze aufzuschließen. Alsdann scheint es sich bei Spengler darum zu handeln, daß sich die Individuen durch den Entschluß zum Engagement definitiv von dem Problem befreien, zu dem sie sich in unserer entfremdungsträchtigen Gesellschaft selbst geworden sind. Zurückgewinnung von Selbstgewißheit durch Selbstentschließung zur Gewißheit der Gemeinschaft – das ist es. Sogar noch im marxistisch gefir-

---

[63] Ernst JÜNGER: Der Arbeiter, a.a.O. (cf. Anm. 5) S. 18f.
[64] a.a.O. S. 17.
[65] a.a.O. S. 25.
[66] a.a.O. S. 26.
[67] a.a.O. S. 27.
[68] Oswald SPENGLER: Preußentum und Sozialismus, a.a.O. (cf. Anm. 6) S. 5.

nißten Sozialismus der deutschen Sozialdemokratie schlage das durch. „In der Bebelpartei war etwas Soldatisches gewesen, das sie vor dem Sozialismus aller anderen Länder auszeichnete, klirrender Schritt der Arbeiterbataillone, ruhige Entschlossenheit, Disziplin, der Mut für etwas Jenseitiges zu sterben"[69]. Dem entspricht die historisch-politische Diagnose, die „deutsche sozialistische Revolution" habe 1914 stattgefunden[70]. Politischer Existentialismus – das ist die Aufhebung der Entfremdung zwischen privater und öffentlich-kollektiver Existenz. Was andere insoweit ersehnen, sei in Preußen längst erfüllt: „Hier gab es streng genommen keinen Privatmann"[71].

Politischer Existentialismus – das ist der Wille, unter den Bedingungen der Moderne vormodern zu existieren. Die Differenz des Politischen und Ökonomischen wird aufgehoben. Wehrdienst und Nährdienst verschmelzen. Jeder weiß Schwert und Pflug gleich sicher zu handhaben. Als Realisationsform dessen mag man sich jenen Arbeitsdienst vorstellen, der je nach Lage oder fälligem Ritual das Gewehr so gut wie den Spaten zu präsentieren wußte. Schreibmaschine und Maschinenpistole als Waffen politexistentialistischer Selbstverwirklichung – so läßt sich eines der Ideale unseres Jahrhunderts beschreiben. Spengler gehört in die Reihe der Theoretiker dieses Ideals, und der Gewinn der Orientierung an diesem Ideal ist Selbstgewinn durch Selbstverlust.

„Das tiefste Glück des Menschen besteht darin, daß er geopfert wird, und die höchste Befehlskunst darin, Ziele zu zeigen, die des Opfers würdig sind" – so lautet das in der Sprache Ernst Jüngers[72]. Der „Freiheitsanspruch" verwandelt sich zum „Arbeitsanspruch". Pflichterfüllung erlöst uns aus unserer Partikularität. Das sei preußisch präfiguriert, und „das Arbeitertum sei der einzig mögliche Erbe des Preußentums"[73]. Die politische Formation dieses Arbeitertums geschieht in einem „Akt der Totalen Mobilmachung" als der Vorbereitung der Herrschaft neuer und andersartiger Größen, deren Auftreten nicht „auf sich warten lassen wird"[74]. Jünger liest die Heraufkunft dieser neuen politischen Welt nicht zuletzt am Wandel des Sprachgebrauchs ab. „,Aufmarsch' statt ,Versammlung', ,Gefolgschaft' statt ,Partei', ,Lager' statt ,Tagung' – darin drückt sich aus, daß nicht mehr der freiwillige Entschluß einer Reihe von Individuen als die unausgesprochene Voraussetzung" moderner kollektiver Aktivitäten „betrachtet wird"[75]. Überall vollziehe sich jetzt der „Schritt vom romantischen Protest zur Aktion", und deren Kennzeichen sei nicht mehr „die Flucht, sondern der Angriff". So vollziehe sich die „Verwandlung des Romantischen in den elementaren Raum"[76].

Politischer Existentialismus – das ist, noch einmal, die Praxis der Selbstgewinnung des entfremdeten Individuums durch Selbstentschließung zum Engage-

---

[69] a.a.O. S. 10.
[70] a.a.O. S. 12.
[71] a.a.O. S. 63.
[72] Ernst JÜNGER: Der Arbeiter, a.a.O. (cf. Anm. 5) S. 74.
[73] a.a.O. S. 69.
[74] a.a.O. S. 71.
[75] a.a.O. S. 119.
[76] a.a.O. S. 57.

ment. Inhalt des Engagements ist der postmarxistische Sozialismus. Die prägende Gestalt dieses Sozialismus ist der Arbeiter-Soldat, der die Herausforderungen der modernen Zivilisation annimmt, indem er sie überwindet. Diese Überwindung geschieht nicht „reaktionär", vielmehr trans-modern. Ihr temporaler Ort ist auf der Spitze des Zeitpfeils. Sie weiß sich als historisch-politische Avantgarde.

Preußisch-deutsche Sozialisten. – Preußisch – das wird bei Spengler zur Kennzeichnung einer neuen Polit-Ästhetik. Die Manifestation dessen sei die Uniform, die ständig zu tragen den Sinn der Bekundung habe, als Individuum nichts anderes als das Gemeininteresse zu repräsentieren. Die Engländer hingegen hätten die „Zivilkleidung" zur „Uniform des Privatmannes"[77] entwickelt und für die britische Gesellschaft phänotypisch gemacht. Diese Phänomenologie preußisch-deutscher Polit-Ästhetik nimmt Jünger mit der Bemerkung auf, daß „die bürgerliche Kleidung dem Deutschen" eine „unglückliche Figur" mache. „Der Grund dieser sehr auffälligen Erscheinung" liege „darin, daß dem Deutschen" „im Innersten jedes Verhältnis zur individuellen Freiheit und eben damit zur bürgerlichen Gesellschaft fehlt". Und indem gerade darin die Preußen und Deutschen ganz vorn sind, tritt bei ihnen die ästhetische Zivilität mehr und mehr in den Hintergrund – freilich nicht mehr, wie es Spengler noch gesehen haben mag, in neuer optischer Vorherrschaft bunter Röcke, vielmehr in der Omnipräsenz eines neuen Anzugstyps, der ununterscheidbar Arbeits- wie Kampfanzug ist[78].

Versucht man, was sich in dieser Politästhetik spiegelt, auf den Begriff zu bringen, so ergibt sich abermals der Begriff einer Existenzform, in der die Selbstaufopferung fürs Gemeininteresse zum Interesse des Individuums geworden ist. Das beschädigte Leben in der bürgerlichen Gesellschaft redintegriert sich politisch-moralisch in einer Ordnung, in der Staat und Gesellschaft verschmolzen sind und jedes Individuum das Allgemeine repräsentiert. Es ist unleugbar, daß daraus ein aggressiver Nationalismus resultiert. Aber dieser Nationalismus hat weder bei Spengler noch bei Jünger eine ethnische, gar rassistische Komponente. Es handelt sich vielmehr um einen Nationalismus, der für die eigene preußisch-deutsche Nation in Anspruch nimmt, besser und früher als andere Nationen verwirklicht zu haben, was als Ideal seine universelle Verbindlichkeit hat, nämlich die moralisch-politische Redintegration des Menschen nach seinen Beschädigungen in der bürgerlich-kapitalistischen Welt. Preußen hat das vorgelebt, die Pflichtlehre seiner Philosophen, Fichtes zumal, hat es theoretisch gemacht, und im preußisch-deutschen Sozialismus wird es zur weltpolitischen Avantgarde.

Die Übereinstimmung zwischen Spenglers Konzept eines preußisch-deutschen Sozialismus und Jüngers Arbeiter-„Gestalt" ist erheblich, aber sie ist selbstverständlich nicht vollkommen. Die fraglichen Texte unterscheiden sich nicht nur in den eingangs erläuterten Hinsichten nach ihrem historisch-politischen Ort, stilistisch und nach ihrer Expressivität für die Subjektivität ihrer Autoren. Auch inhaltlich gibt es Besonderheiten, die bei Spengler auffällig werden, aber bei Jünger

---

[77] Oswald SPENGLER: Preußentum und Sozialismus, a.a.O. (cf. Anm. 6) S. 38.
[78] Ernst JÜNGER: Der Arbeiter, a.a.O. (cf. Anm. 5) S. 124f.

fehlen, und umgekehrt. Eine Spenglersche Spezialität ist zum Beispiel seine un-
unterdrückbare Bewunderung Englands, die ihn in Kompensation seiner deutschen Idiosynkrasie gegen Deutsches über seinen geschichtsphilosophischen
Entwurf des preußisch-deutschen Weltberufs zum Gegen-Briten werden läßt. „In
England ersetzte die Insel den organisierten Staat", schreibt Spengler in raum-
philosophischer Herleitung britischer Einzigartigkeiten[79]. Die prägende politische Gestalt sei in England der ‚freie Privatmann‘, „der staatsfremd und ord-
nungsfeindlich, den rücksichtslosen Kampf ums Dasein verlangt, weil er nur in
ihm seine besten, seine alten Wikingerinstinkte zur Geltung bringen kann". „Eine
Politik von Privatleuten und Gruppen von solchen" – „das und nichts anderes
bedeutet parlamentarische Regierung" englischen Stils. „Jeder für sich: das ist
englisch; alle für alle: das ist preußisch", ist Spengler unempfindlich genug zu
schreiben. Indessen ist Spenglers stilisiertes England-Fremdbild alles andere als
verächtlich gemeint. Spenglers Schilderungen englischer Liberalität bilden die
Folie, vor der er die spezielle Verächtlichkeit des deutschen Liberalismus sichtbar
machen möchte. Der deutsche Liberale – das sei „der gebildete Spießbürger, der
Bildungsphilister, der unpraktische Gelehrte, dem abstraktes Wissen die Welt
verbaut hat". In Deutschland sei Liberalität politische Existenz „ohne innere
Zucht, ohne Tiefe des lebendigen Seins, ohne ein Ahnung von der straffen Aktivität und Zielsicherheit des englischen Liberalismus". Der englische Liberalismus
erscheint als reale politische Möglichkeit, kompatibel mit Macht, ja mit Weltmacht. In Deutschland hingegen ist er „verächtlich"[80], weil er die deutsche politische „Unfruchtbarkeit" zur Konsequenz hat. „Der Engländer, abgeschlossen auf
seiner Insel", habe „eine Einheit der äußern und innern Haltung erlangt wie kein
anderes modernes Volk Westeuropas: Es entstand die vornehme Gesellschaft, la-
dies and gentlemen, verbunden durch ein starkes Gemeingefühl, ein durchaus
gleichartiges Denken, Fühlen, Sichverhalten". Spenglers polit-ästhetische Lieb-
lingseigenschaft lautet bekanntlich „prachtvoll", und den Engländern erkennt er
sie zu[81]. Aber es handelt sich darum, sich mit dieser Anglophilie politisch nun
nicht mehr herzulassen. Es gilt zu erkennen, daß der politische Liberalismus eine
deutsche Möglichkeit nicht ist, daß er vielmehr ganz im Gegenteil die Deutschen
um ihre Eigentlichkeit bringt. „Der große Stil des englischen Liberalismus steht"
dem Deutschen „schlecht". Also steht, wenn anders der Deutsche endlich zu sich
selbst finden soll, die Überwindung des ‚geistigen Engländertums‘ auf der Tagesordnung[82]. Allzulange sei in Deutschland „die Bewunderung englischer Einrichtungen herrschend" gewesen. „Hardenberg, Humboldt und die anderen waren
‚Engländer‘. Statt Kant kamen Shaftesbury und Hume zu Worte"[83]. Entsprechend
haben die Deutschen, wollen sie endlich sich wie die Engländer machtfähig machen, sich von ihrer Orientierung am britischen Vorbild zu befreien, um die ihnen

---

[79] Oswald SPENGLER: Preußentum und Sozialismus, a.a.O. (Anm. 6) S. 33.
[80] a.a.O. S. 34f.
[81] a.a.O. S. 36f.
[82] a.a.O. S. 68.
[83] a.a.O. S. 65.

eigene politische Form zu finden. Der preußische Sozialismus ist diese Form, und auf dem Boden ihrer Verbindlichkeiten haben sich die deutschen sozialistischen Kräfte zu vereinigen. „Die beiden sozialistischen Parteien Deutschlands müssen sich zusammenfinden gegen den Feind der gemeinsamen Idee, gegen das innere England, den kapitalistisch-parlamentarischen Liberalismus"[84]. Zusammenfassend heißt das: Spengler ist Anti-Brite in politisch-weltanschaulicher Kompensation seiner deutschen Anglophilie.

Zu den Jüngerschen Spezialitäten gehört exemplarisch seine Herleitung der soldatisch-politischen Arbeiter-Disziplin aus der deutschen Prädisposition zur „Anarchie". Ein deutsches Autostereotyp will, der Deutsche sei Ordnungsfanatiker und schon aus diesem Grund revolutionsunfähig. Das sieht Jünger anders und erkennt im „Arbeitertum", dem ‚einzig möglichen Erben des Preußentums', eine Bewegtheit, die „durch die Schule der Anarchie, durch die Zerstörung" alter Bindungen „hindurchgegangen" sei[85]. Die „Gestalt" des Arbeiters erhebe sich jenseits aller Konservativismen und Traditionalismen. „Ein neues Verhältnis zum Menschen" bilde sich heraus, eine heißere Liebe und eine schrecklichere Unbarmherzigkeit". Es ergebe sich „die Möglichkeit einer heiteren Anarchie, die zugleich mit einer strengsten Ordnung zusammenfällt – ein Schauspiel, wie es bereits in den großen Schlachten und den riesigen Städten angedeutet ist, deren Bild am Beginn unseres Jahrhunderts" stehe. Jüngers literarische Kunst der Bilderfindung läßt ihn für diese Scheinparadoxie anarchiegeborener Disziplin das „Symbol" des Motors wählen – „Sinnbild einer Macht, der Explosion und Präzision keine Gegensätze sind". „Er ist das kühne Spielzeug eines Menschenschlages, der sich mit Lust in die Luft zu sprengen vermag und der in diesem Akte noch eine Bestätigung der Ordnung erblickt"[86]. –

Der Durchgang durch die beiden Texte hat wohl bestätigt, daß ihre deskriptiven wie präskriptiven Gehalte sich auf unsere Gegenwartslage kaum noch beziehen lassen. Sie wirken auf Zeitgenossen aktueller zivilisatorischer und politischer Krisen historisch entrückt, vergangen, kaum noch verständlich und daher erklärungsbedürftig. Diese Erklärung würde es erforderlich machen, sich über die Texte hinaus auf ihre historisch-politischen Kontexte des Näheren einzulassen. Das ist hier nicht mehr möglich. Ich formuliere abschließend ein Interpretament, das einen bei dem Versuch leiten könnte, die fraglichen Texte als Teil ihres historisch-politischen Kontextes plausibel zu machen. Es handelt sich bei diesen Texten um literarische Reflexe der Verbindung von spezifisch moderner, zivilisationskritisch-antikapitalistisch verarbeiteter Entfremdungserfahrung einerseits und verweigerter Akzeptanz des vorerst fehlgeschlagenen imperialen Griffs nach deutscher Weltmacht andererseits.

---

[84] a.a.O. S. 69.
[85] Ernst JÜNGER: Der Arbeiter, a.a.O. (cf. Anm. 5) S. 69f.
[86] a.a.O. S. 36f.

25. Deutschland nach dem Nationalsozialismus 1945–1990

Aus Anlaß der Enttarnung eines ehemaligen Hochschulrektors mit falscher Identität

Wir haben ein Maß unseres Selbstgefühls am Ausmaß der jeweiligen eigenen Vergangenheit, zu der wir uns zustimmend verhalten können. Das gilt für Individuen, und das gilt auch für Kollektive und ihre Institutionen. Zustimmungsfähige Vergangenheiten – das sind dabei insbesondere jene, an die sich gegenwärtig anknüpfen läßt, in deren Prägungen und Fortwirkungen wir uns also als zukunftsfähig erfahren.

Die damit angedeuteten Zusammenhänge erklären die auffällige Schwäche des nationalen Selbstgefühls der Deutschen im Vergleich mit ihren Nachbarnationen. Die totalitäre Diktatur der Nationalsozialistischen Deutschen Arbeiterpartei, die im Versuch, das Deutsche Reich zu imperialer Weltmachtstellung zu führen, einen Kontinent verwüstete und überdies einen Völkermord exekutierte, verbleibt uns als Last einer Vergangenheit, „die nicht vergehen will"[1]. Das gilt jedenfalls dann, wenn sich die Deutschen auch weiterhin als Nation verstehen. Die letzten individuellen Täter oder Tätershelfer, die noch unter uns leben mögen, werden in absehbarer Zeit begraben sein und wenige Jahre später auch die letzten Pimpfe, die noch im letzten Kriegsjahr ihr Braunhemd bekommen hatten. Nur kraft der fortdauernden historisch-politischen Einheit einer Nation sind dann noch die Schrecken des nationalsozialistischen Totalitarismus den Deutschen zurechenbar, während mit der Auflösung ihrer historisch-politischen Nationalität zugleich das Subjekt verschwände, das sich die nationalsozialistische Vergangenheit als Teil seiner eigenen Vergangenheit zurechnen lassen muß.

Für den Umgang mit schlimmer Vergangenheit gibt es Regeln. Die Akzeptanz dieser Regeln setzt freilich voraus, daß man bereit ist, die fragliche Vergangenheit als eigene Vergangenheit anzuerkennen und somit der eigenen Identität zuzurechnen. Wer, wie die Angehörigen verwirrter Randgruppen, „Nie wieder Deutschland!" plakatiert, bekundet damit, einen historisch-politischen Identitätswechsel vollziehen zu wollen. Aber wer ist man alsdann und werden auch die anderen, die Angehörigen der Nachbarnationen nämlich, akzeptieren, daß die fragliche schlimme Vergangenheit, die man über den nationalen Identitätsverzicht gern loswerden möchte, irgendeine Vergangenheit, aber eben nicht mehr die eigene sei? Immerhin: Der Deutschen Demokratischen Republik wäre es kraft einer konsequent praktizierten ideologischen Identitätsmanipulation fast ge-

---

[1] Ernst NOLTE: Vergangenheit, die nicht vergehen will. Eine Rede, die geschrieben, aber nicht gehalten werden konnte. In: Frankfurter Allgemeine Zeitung, 6. Juni 1986.

glückt, die Last schlimmer deutscher Geschichte abzuwerfen und diese Last exklusiv der Bundesrepublik Deutschland aufzubürden. Das geschah mittels einer Faschismustheorie, die wissen wollte, der Faschismus – in Wahrheit also der Nationalsozialismus – sei gar nicht speziell deutsch, vielmehr generell eine Phase in der Geschichte des Spätkapitalismus, der sich noch einmal mit terroristischen Mitteln zu behaupten sucht, bevor er zusammenbricht. Es gehörte zur nationalpsychologischen Vorzugsstellung ideologisch korrekter DDR-Bürgerschaft, sich die nationalsozialistische Vergangenheit nicht zurechnen lassen zu müssen. Die Prätention, daß man auf diese Weise der privilegierte Erbe des besseren Teils deutscher Geschichte sei, hat nachweislich sogar im Ausland Eindruck gemacht[2]. Innerhalb Westdeutschlands folgen die mannigfachen residualen Versuche der Selbstbefreiung von schlimmer Vergangenheit durch großzügige Zuordnung mißliebiger Anderer zu dieser Vergangenheit analogen Mustern der Selbstentlastung.

Aber zurück zu den Regeln rationalen Umgangs mit zustimmungsunfähiger und damit auch zukunftsunfähiger eigener Vergangenheit –: drei dieser Regeln seien hier ausdrücklich genannt. Erstens hat man der Versuchung zu widerstehen, in der eigenen Schwäche eine höhere Tugend erkennen zu wollen. Eben dieser Versuchung wird in der angedeuteten Flucht aus der nationalen Identität nachgegeben. Solche Flucht wirkt stets als Medium zusätzlicher Selbstbeschädigung. Das folgt aus der Unglaubwürdigkeit deutscher postnationaler Prätentionen im Ausland. Wer exklusiv universal und so niemand Bestimmtes sein möchte, wirkt, statt beruhigend, seiner Unberechenbarkeit wegen unheimlich. Wird die Postnationalität dann sogar als vermeintlich generell geltende Norm nach außen gekehrt, so wirkt sie sogar aggressiv. Das glaubwürdigere Verhältnis zur eigenen Vergangenheit ist die Selbstannahme als derjenige, dem diese Vergangenheit zuzurechnen ist. Das gilt, noch einmal, für Individuen, und es gilt für Nationen nicht anders.

Die zweite Regel nationalen Umgangs mit der Last einer zustimmungs- und zukunftsunfähigen Vergangenheit ist trivial, aber fundamental. Sie besagt, daß man sich gegenwärtig so zu verhalten habe, daß, wenn auch diese Gegenwart Vergangenheit geworden sein wird, sie dem zustimmungsfähigen Teil der eigenen Herkunftsgeschichte wird zugerechnet werden können.

Die dritte Regel des Umgangs mit Vergangenheitslasten besagt, daß man den zustimmungsfähigen Teil der eigenen Herkunftsgeschichte zu schonen habe. Wer nichts hätte, was ihn im Rückblick stärkt und mit Vertrauen in seine Zukunftsfähigkeit erfüllt, wäre auch gar nicht imstande, Vergangenheitslasten zu tragen.

Am Maßstab dieser drei Regeln gemessen darf man die bisherige Geschichte der jungen Bundesrepublik Deutschland im Rückblick als Erfolgsgeschichte beurteilen. Das gilt nicht nur in wirtschaftlicher und politischer Hinsicht. Auch für die moralische Verfassung der zweiten deutschen Demokratie gilt es.

Das Gelingen der deutschen Staatsrekonstruktion nach dem Ende der nationalsozialistischen Diktatur und damit nach dem Reichsuntergang ist freilich von

---

[2] Zu diesem Komplex cf. Michael WOLFFSOHN: Die DeutschlandAkte. Juden und Deutsche in Ost und West. Tatsachen und Legenden. München 1995.

einer ganzen Reihe begünstigender Voraussetzungen abhängig gewesen. Drei dieser Voraussetzungen seien ausdrücklich genannt. Die erste Voraussetzung ist, insbesondere im Kontrast zur Lage Deutschlands am Ende des Ersten Weltkriegs, die Vollständigkeit der Niederlage und die Evidenz, daß man sie der eigenen nationalen Politik zuzuschreiben hatte. Das bedeutete: Für eine neue Dolchstoßlegende gab es keinerlei Anknüpfungspunkt. Endsiegsphantasien im nachhinein hätten nach 1945 die Anmutungsqualität der Verrücktheit gehabt. Die Desillusionierung war vollständig. Die Deutschen fanden sich nach dem Ende nationalsozialistischer Machtphantasien auf dem Boden der nationalen und internationalen Tatsachen wieder. Zugleich war unwidersprechlich, daß die Widerständler, politisch und moralisch, das bessere Urteil gehabt hatten. Weder Rachegefühle noch Ressentiments, über die die nationale Selbsttäuschung konserviert worden wäre, konnten sich bilden. Der Zusammenstoß mit der Wirklichkeit war von einer Härte, die definitiv auf den Boden der Tatsachen zurückzwang. Das sollte sich als Gewinn erweisen.

Zweitens wurde die Rekonsolidierung Deutschlands, wirtschaftlich und politisch, durch die Herausforderungen des Kalten Krieges begünstigt, der freilich die Teilung Deutschlands für vorerst unabsehbare Jahre festschrieb. Westdeutschland, das als Elendsregion auf Dauer für kommunistische Verheißungen vielleicht hätte empfänglich werden können, erhielt die ökonomischen Starthilfen des Marshallplans. Sogar verteidigungspolitisch gewann Deutschland, nun auf der richtigen Seite, alsbald die Position eines Bündnispartners. Nachdem die 1952 vertraglich gegründete Europäische Verteidigungsgemeinschaft 1954 am Veto der französischen Nationalversammlung gescheitert war, fand sich ein Jahr darauf Westdeutschland als gleichberechtigtes Mitglied in die nordatlantische Allianz, in die NATO, aufgenommen. Der Kalte Krieg bewirkte also eine weltpolitische Lage, in der man sich, nämlich im Westen, auf ein rekonsolidiertes und handlungsfähiges Deutschland angewiesen fand. In der Alternative von Neutralismus oder West-Integration hat, in der Zeit der Regierung Adenauers, die junge Bundesrepublik Deutschland diese Lage als Chance in zukunftsfähiger Weise genutzt.

Drittens ist die Europäische Einigung Deutschland zugute gekommen. Churchill hatte bereits 1946, in einer Zürcher Rede[3], dauerhaft gutes Einvernehmen zwischen Frankreich und Deutschland als wichtigste Fälligkeit für die politische Rekonstruktion Europas herausgestellt. Das hat damals manche Politiker, Georges Bidault zum Beispiel[4], befremdet. Aber Churchill sollte recht behalten: Siebzehn Jahre später unterzeichneten De Gaulle einerseits und Adenauer andererseits den Elysée-Vertrag.

Noch einmal sei zu der ersten der genannten Voraussetzungen der gelungenen Rekonsolidierung Deutschlands zurückgelenkt, nämlich zur Totalität der deutschen Niederlage, die die Konservierung von Illusionen über die politische und

---

[3] Der Text der Ansprache Churchills an die akademische Jugend der Welt vom 19. September 1946 in Zürich ist abgedruckt in: Max SAUTER: Churchills Schweizer Besuch 1946 und die Zürcher Rede. Ein dokumentarischer Bericht. Herisau 1976, S. 77–79.

[4] Cf. dazu den Bericht „Erste Reaktionen", a.a.O. S. 56–59, S. 56.

moralische Natur dieser Niederlage ausschloß. Zu den Befindlichkeitsfolgen dieser Niederlage gehörte zunächst eine radikale Vereinfachung deutscher Lebenssituation – kollektiv und individuell. Not macht das Leben existentiell unproblematisch. Wie lebt man in Städten, deren Wohnbausubstanz zu mehr als zwei
Dritteln zerstört ist? Wie versorgt man sich nach dem Zusammenbruch industrieller Güterproduktion? Wie lassen sich die vielen Millionen Opfer der radikalen
ethnischen Säuberung Ostmitteleuropas, der östlichen Provinzen Preußens sowie
Böhmens von allen Deutschen integrieren? Und mehr noch: Wie verarbeitet man
den Verlust von Recht und Ehre, die in Vertreibung und sonstiger Gewalt, die nun
auf einen zurückschlug, sich manifestierte? Die Antwort scheint mir zu lauten:
Man erduldete es wie etwas, das noch in seinen Gewalt- und Unrechtsgehalten
einen nicht überrascht, nämlich in Präsenz der Herren- und Gewaltbringerrolle,
in der die Deutschen doch kurz zuvor noch sich befunden hatten.

Sowohl materiell wie moralisch resultierte aus den skizzierten Umständen eine
sehr einfache Lage. Die objektiven Folgen der selbstverschuldeten Katastrophen
konsolidierten die deutsche Befindlichkeit subjektiv. Wer kein Dach über dem
Kopf hat und zu Winterbeginn weder Kohle noch Kartoffeln im Keller, existiert
notwendigkeitsstabilisiert. In moralischer Hinsicht gilt Analoges. Ich vergegenwärtige es mit der Schilderung von Selbsterlebtem. In der Zeit, als man als junger
Pimpf über die Erfolge der deutschen Sportler bei der Berliner Olympiade, 1936,
begeistert war, wurden die Kinder jüdischer Nachbarn aus den öffentlichen
Schulen verwiesen. Einer von ihnen war nun, 1946, als britischer Besatzungsoffizier ins eigene Heimatstädtchen zurückgekehrt und lud uns Ex-Pimpfe – jetzt
junge Studenten – zu Gesprächen ins Casino ein. Relevante moralische Fragen,
die noch offen, gar umstritten gewesen wären, gab es in dieser Situation nicht,
und das überdies nicht in Präsenz deutscher Kommilitonen, deren Väter als politische Repräsentanten der Weimarer Republik im Konzentrationslager gesessen
hatten und nun durch die Militärregierung zu Chefs neuerrichteter deutscher Behörden ernannt worden waren. Wie hier Recht und Unrecht verteilt waren – das
also verstand sich bei diesen Gesprächen von selbst, so daß sie inhaltlich sich alsbald Fragen von der Art zuwandten, wie das denn alles Möglichkeit und schließlich Wirklichkeit hatte werden können, was einen, als Pimpf, hatte begeistert sein
lassen, was einen zweifeln ließ und wie man sich nun die eigene Zukunft und die
Zukunft des eigenen Landes denke.

Die Gunst und näherhin die Zukunftsträchtigkeit dieser objektiv sehr bedrängten, subjektiv aber sehr einfachen Lage sei noch mit ein paar Strichen am
Beispiel studentischen Lebens nach Wiederaufnahme des Studienbetriebs ab 1946
erläutert. Unvergeßlich blieb, daß man sich, nur wenige Monate nach Kriegsende,
über CARE-Pakete und Sterzbrei aus Mensaküchen vom Kriegsgegner ernährt
fand. Fürs jungakademische Studium demokratischer Lebensverhältnisse wurden
einem durch die militärregierungsamtliche Universitätsleitung Sommerschulaufenthalte in Schweden vermittelt. Die berufliche Zukunft, gewiß, lag gänzlich im
dunkeln. Um so bezwingender war die Evidenz, daß es unter allen Umständen
und für alle Fälle gut sei, die naturgemäß recht eingeschränkten Studiengelegenheiten zu nutzen, und die Zukunftsungewißheit setzte sich in eine Gegenwärtig

keit um, die einen für Neues einschließlich desjenigen neu anzueignenden Alten, das im Nationalsozialismus als „entartet" galt, in besonderer Weise aufgeschlossen sein ließ. An einem einzigen Beispiel sei das erläutert. Nach nationalsozialistischer Maßgabe begann der gymnasiale Literaturkurs im Fache „Deutsch", wie ich mich erinnere, mit den Zaubersprüchen von Merseburg. Gegen diese Zaubersprüche ist selbstverständlich gar nichts zu sagen. Sie gehören zu den wenigen althochdeutschen Texten, die uns überliefert sind, und inhaltlich wären sie, zumal nach der deutschen Wiedervereinigung, sogar aktualisierbar; denn sie sagen ja, unter anderem, daß zusammenwachsen solle, was zusammengehört. Nichtsdestoweniger bliebe es nationalistisch bornierter Unfug, die Quellen deutscher Weltliteratur in diesen althochdeutschen Texten finden zu wollen. Diese Quellen liegen vielmehr bei Homer, in der griechischen Tragödie und der römischen Komödie sowie in der Bibel und ihrer Wirkungsgeschichte. Das, unter anderem, war es, was uns damals jungen Studenten durch Ernst Robert Curtius' „Europäische Literatur und lateinisches Mittelalter" mit Wirkungen enthusiasmierender Entbornierung sichtbar gemacht wurde.

Wahr ist freilich, daß viele von uns, die Philosophie studierten, darunter auch ich, sogar den Studienort wechselten, um einen berühmten Philosophen zu hören, der zeitweise der nationalsozialistischen Revolution zugewandt gewesen war, Heidegger nämlich, der im Anfangsjahr der nationalsozialistischen Diktatur Rektor in Freiburg im Breisgau gewesen war und deswegen nach einer generell geltenden Entnazifizierungsmaßgabe der französischen Militärregierung als Universitätsdozent nicht amtieren durfte. Beweist solche Zuwendung zu Ex-Nationalsozialisten unter den eigenen Lehrern Mängel nötiger Kritik und Selbstkritik im Verhältnis zur braunen Vergangenheit? Das wäre ein Mißverständnis aus der Perspektive der durch die Gnade der späten Geburt begünstigten Jüngeren. Es liegt doch in der Natur totalitärer Regime, daß sie alle wichtigen Ämter, auch Professorenämter, tunlichst mit Linientreuen, zumindest Anpassungs- oder doch Schweigebereiten besetzen, und entsprechend war auch der Anteil der Ex-Nationalsozialisten unter den Professoren der wiedereröffneten Universitäten, sofern sie nicht gerade Rektoren gewesen oder sonstwie als prominente Parteigenossen auffällig geworden waren, beträchtlich. Das war also damals deutsche Normalität, und im Falle Heideggers kam hinzu, was uns auch aus anderen prominenten Fällen vertraut war: dem nationalsozialistischen Regime, zumal in seinen Anfangsjahren, verbunden gewesen zu sein – das schloß ja nicht aus, daß man Leistungen aufzuweisen hatte, die auch ganz unabhängig vom Nationalsozialismus Geltung hatten und behielten. Und wenn sogar bekannte französische Intellektuelle und Gäste aus anderen Teilen der Welt Heidegger ihren Besuch machten – was hätte uns junge deutsche Studenten hindern sollen, über die Lektüre seiner Bücher hinaus ihn auch persönlich zu hören? Ich möchte den argumentativen Sinn dieser Frage sogar noch verstärken mit der Vergegenwärtigung der Gründe, die uns damals gänzlich bedenkenlos auch solche Prominente unter den Ex-Nationalsozialisten aufsuchen ließ, die sich ausdrücklich sogar mit nationalsozialistischen Verbrechen identifiziert hatten – Carl Schmitt zum Beispiel, der, immerhin, die von Hitler befohlene Ermordung der höheren SA-Führerschaft und vieler sonstiger mißliebiger Persönlichkeiten Ende Juni 1934 mit dem Satz kommentiert hatte „Der Führer schützt das Recht"[5].

War man also damals, in den späten vierziger und in den fünfziger Jahren, im Umgang mit der nationalsozialistischen Vergangenheit allzu unsensibel? Das zu unterstellen wäre, noch einmal, ein Urteil Spätgeborener, die in empörter Nicht-Akzeptanz ihres nationalen Schicksals, als individuell gänzlich Unbeteiligte doch die Nazi-Erbschaft übernehmen zu sollen, für die Umgangsformen, die nach dem Ende des Nationalsozialismus zwischen Alt-Nazis und jungen Ex-Pimpfen, ja zwischen Alt-Nazis und ehemals verfolgten Remigranten sich herausbildeten, ohne Verständnis sind, und das mit Folgen eines historischen Wirklichkeitsverlustes. „Prüfet alles und behaltet das Gute", rät der Apostel, und es entspräche, genau komplementär zu diesem guten Rat, dem üblen totalitären Syndrom, wenn man vermeinte, daß, wer, wie der erwähnte berühmte Carl Schmitt, erwiesenermaßen ideologie- und regimekonform sich geäußert hat, auch darüber hinaus zu keiner dauerhafteren Einsicht hätte fähig sein können. Man solle keine Wahrheiten bloß deswegen verschenken, weil man sie rechtsliegend angetroffen hat, fand Ernst Bloch, und die Angehörigen meiner Generation, die ihr Studium unmittelbar nach dem Ende des Zweiten Weltkriegs begannen, hätten, wenn das denn partout nicht hätte gelten sollen, kaum studieren können – bei so vielen Alt-Nazis unter den akademischen Lehrern, ohne die die Wiedereröffnung des akademischen Unterrichts 1946 gar nicht möglich gewesen wäre.

Es gibt die These, komplementär zur Weiter- und Wiederbeschäftigung ehemaliger Parteigenossen an deutschen Universitäten nach ihrer Wiedereröffnung, späterhin zusätzlich motiviert durch die ideologiepolitischen Erfordernisse des Kalten Krieges, sei an den westdeutschen Hochschulen die Gelegenheit zum Studium marxistischer Theorien den Studenten tunlichst vorenthalten worden. Schon für die frühen Jahre der jungen Bundesrepublik Deutschland trifft das nicht zu. Ganz selbstverständlich gehörte die Tradition des marxistischen Denkens zu den Gehalten, auf die sich das Interesse zumal der politisch interessierten Philosophiestudenten allein schon deswegen richten mußte, weil man doch wissen wollte, was denn das eigentlich gewesen war, worauf sich der ideologische Säuberungswille der Nationalsozialisten von Anfang an, in Frankfurt und anderswo, mit besonderer Konsequenz erstreckt hatte. Überdies legitimierte sich doch die Sowjetunion, die durch ihren Triumph über das nationalsozialistische Deutschland zur Weltmacht aufgestiegen war, ideologiepolitisch durch die Doktrin des Marxismus-Leninismus, und für die nicht-totalitären Gegner des Kommunismus war es eine Sache des Selbsterhaltungsinteresses zu wissen, wie diejenigen denken, die, wie die Sowjets und ihre intellektuellen Sympathisanten, nach dem Ende des Nationalsozialismus auch das zukünftige Ende des Kapitalismus für eine in den Gesetzmäßigkeiten des Geschichtslaufs begründete Notwendigkeit hielten. Überdies waren doch auch in der westlichen Welt marxistische Denominationen überall präsent – in organisatorischer Nähe zu sozialistischen oder so-

---

5 Cf. hierzu Bernd RÜTHERS: Carl Schmitt im Dritten Reich. Wissenschaft als Zeitgeist-Verstärkung? 2., erweiterte Auflage München 1990, S. 76ff.: „Carl Schmitt zum 30. Juni 1934".

zialdemokratischen Parteien, vor allem aber in der Intellektuellenszene und in den akademischen Milieus zumal. Überall stieß man auf Anti-Antikommunisten. Das alles schlug, über Remigrationen, intellektuelle Konversionen und desgleichen kraft erhalten gebliebener Kennerschaft sogleich voll auch in der vom nationalsozialistischen Bann befreiten deutschen Hochschulwelt wieder durch. Es war doch, zum Beispiel, unvermeidlich, daß man, im Studium der außerordentlichen Wirkungsgeschichte der Philosophie Heideggers, auch auf die in den Marxismus hineinreichenden Transformationen dieser Philosophie stieß – auf die frühen Arbeiten Herbert Marcuses zum Beispiel und später dann auf das philosophische Amalgam von Marxismus und heideggersch geprägter Phänomenologie, mit dessen Hilfe sich Teile der akademischen Intelligenz Tito-Jugoslawiens aus der marxistisch-leninistischen Dogmatik zu emanzipieren suchten. Ich selber wurde, 1951, auf Antrag eines remigrierten ungarischen Juden promoviert, der in Freiburg den Lehrstuhl Martin Heideggers zu vertreten hatte, und dieser Ungar war, immerhin, Mitarbeiter Georg Lukács' in der Zeit der kommunistischen ungarischen Diktatur gewesen. Wir studierten somit schon Ende der vierziger Jahre Lukács, Korsch, die Klassiker selbstverständlich. Alsbald remigrierte auch in ihren prominentesten Repräsentanten die Frankfurter Schule, und damals, Anfang der fünfziger Jahre, war ich in Frankfurt Assistent. Die fünfte Vorlesung, die ich dann später, Ende der fünfziger Jahre, in Münster, als Privatdozent angekündigt habe, war dem Werk Lenins gewidmet. Akademische Correctness-Wächter, die einem das übelgenommen hätten, gab es damals nicht. Einladungen an die Adresse Wolfgang Abendroths, die ich als Vorstandsmitglied eines historischen Vereins mitzuverantworten hatte, fanden ein interessiertes Publikum, und so könnte man endlos mit der Schilderung von Gelegenheiten fortfahren, in der vermeintlichen Restaurationsepoche der Adenauer-Zeit sich mit den Traditionen des Marxismus bekanntzumachen. Zumindest für die akademische Welt gilt somit: Allein schon die mannigfachen Anlässe und Gelegenheiten, sich mit dem nationalsozialistisch perhorreszierten Marxismus zu beschäftigen, schließen aus, daß darüber der Nationalsozialismus selber hätte verdrängt werden können.

Aber auch über die Sonderwelt der Hochschulen hinaus scheint mir für die frühen Jahre der Bundesrepublik Deutschland die These historisch unangemessen zu sein, das Verhältnis der deutschen Öffentlichkeit zum Nationalsozialismus sei damals vor allem ein Verhältnis progressiver Verdrängung dieser Vergangenheit gewesen. Natürlich ist unklar, was „Verdrängung" eigentlich genau heißen soll. Der Verdrängungsbegriff entstammt bekanntlich einer Wissenschaft, der Psychoanalyse nämlich, deren theoretische Validität umstritten ist, und auch für den Verdrängungsbegriff gilt, daß die Assoziationen, die der Begriffsname „Verdrängung" auslöst, einer methodisch-analytischen Disziplin nicht unterworfen sind, und das bedeutet: Insoweit ist der Dauerstreit zum Thema „Verdrängung" überhaupt unentscheidbar.

Nennt man indessen „Verdrängung", gemeingebrauchsnah, ein Nicht-wahrhaben-Wollen des eben dadurch Verdrängten, so wäre es überwiegend unangemessen, die deutsche Nachkriegsöffentlichkeit durch Verdrängung der nationalsozialistischen Vergangenheit geprägt zu sehen. Es ist ja richtig, daß die Mehrheit der Deutschen vom systematisch betriebenen Völkermord an den Juden nichts gewußt hat. Die nationalsozialistische Partei- und Reichsführung hatte ihre Gründe, die sich selbst rasseideologisch legitimierenden Massenliquidationen[6] tunlichst geheimzuhalten, und das gelang überwiegend. Das ist nicht entlastungshalber gesagt; denn im Unterschied zu den Massenliquidationen waren die vorauslaufenden Massendeportationen und sonstigen Bürgerrechtsverletzungen aller Art der übergroßen Mehrheit der Deutschen wohlbekannt. So oder so: Sogleich nach 1945 wurde alles allen Deutschen bekannt – in der britischen Besatzungszone zum Beispiel durch Vorführung von Filmen, die die Briten gleich nach der Befreiung Bergen-Belsens zur Dokumentation der Lagerwirklichkeit hergestellt hatten. Es erging an die Deutschen ein Militärbefehl, daß man sich das anzuschauen habe, und so geschah es[7]. Wie hätte es möglich sein sollen, das und die Inhalte analoger Medienberichterstattung nicht wahrhaben zu wollen? Man darf dabei dahingestellt sein lassen, ob nicht in individuellen Fällen, sogar zahlreich, trotziges oder auch verzweifeltes Augenverschließen stattfand, nämlich durch mentale Emanzipation aus der Wirklichkeit und Flucht in allerlei Theorien, die die Überbringer und Verbreiter der schlimmen Nachricht als notorische Deutschenfeinde, Judenfreunde und überhaupt als Subjekte diffamierender Propaganda einordneten. Die herrschende deutsche Nachkriegsöffentlichkeit blieb von solchen Meinungsextremismen unberührt.

Was das Verhältnis zum Nationalsozialismus anbelangt, so gaben früh schon Publikationen gänzlich anderer Intention den Ton an. Über die Wirklichkeit der Konzentrationslager berichtete in seinem in erster Auflage schon 1946 erschienenen Buch Eugen Kogon[8]. Walther Hofers Dokumentensammlung nationalsozialistischer Ideologie und Politik, die auch Manifestationen des rassenideologischen Menschheitssäuberungswillens der Nationalsozialisten jedermann zugänglich machten, erschien zuerst 1957. Und es kann keine Rede davon sein, daß solche Veröffentlichungen weggeschoben und auf den Ladenhüterregalen der Buchhandlungen verstaubt wären. Die erwähnte Dokumentation Walther Hofers er-

---

6 Cf. dazu meinen Aufsatz „Totalitäre Rechtgläubigkeit. Das Heil und der Terror", in: Hermann LÜBBE (Hrsg.): Heilserwartung und Terror. Politische Religionen des 20. Jahrhunderts. Mit Beiträgen von Wladyslaw BARTOSZEWSKI, Helmuth KIESEL, Hermann LÜBBE, Hans MAIER, Michael ROHRWASSER, Joseph ROVAN. Düsseldorf 1995, S. 15–34, S. 29ff.

7 Zum Thema „Verdrängung" in diesem Zusammenhang cf. die in ihrer Heftigkeit signifikante polemische Auseinandersetzung zwischen Michael Naumann und mir in DER MONAT, 31. Jahrgang, Heft 2 (1979), S. 55–65. – Signifikant ist überdies, daß die damalige Verdrängungsdebatte für den Deutschen Taschenbuch Verlag zum Anlaß wurde, auf Seite 54 des zitierten Heftes von DER MONAT eine Anzeige einzurücken mit dem Text „Holocaust? Wir brauchten keine Anstöße! Seitdem es dtv gibt, nimmt dieser Verlag die deutsche Zeitgeschickte ernst. Sechzig Titel in zwei Jahrzehnten mit größtenteils hohen Auflagen liefern den Beweis. Hier die zur Zeit lieferbaren Titel. – Erhältlich bei Ihrem Buchhändler". Nach diesem Text folgen dann in Titelbildern insgesamt zwölf Titel von „Das Urteil von Nürnberg 1946" bis zu „Martin BROSZAT: Der Staat Hitlers". – In der Titel-Präsentation war diese Anzeige korrekt. Verblüffend bleibt im Rückblick, daß damals selbst eine Verlagswerbung im skizzierten Kontext Töne politisch-moralischer Selbstverteidigung annahm.

8 Eugen KOGON: Der SS-Staat. Das System der deutschen Konzentrationslager. München 1974 (Erstauflage 1946).

reichte bereits wenige Monate nach ihrer Erstpublikation einen Absatz von weit über einhunderttausend Exemplaren[9]. Das Tagebuch der Anne Frank fand sich in jeder Schülerbibliothek, und Margarete Buber-Neumanns Bericht über ihre Gefangenenschicksale bei Hitler wie bei Stalin rückte in sachangemessener Weise rechts-links-indifferente Züge totalitärer Gewaltherrschaft ins öffentliche Bewußtsein[10]. Den Anfang der nationalsozialistischen Katastrophe im Ende der Weimarer Republik hatte Karl Dietrich Bracher schon in der ersten Hälfte der fünfziger Jahre zum Gegenstand seiner wirkungsreichen einschlägigen Forschungen gemacht[11], und Anfang der sechziger Jahre erschien, als erste deutsche Gesamtdarstellung des Faschismus in seinen europäischen Dimensionen, Ernst Noltes frühes Buch[12]. Phänomenologisch abgesättigte Schilderungen zum Beispiel der Reichsparteitage in Nürnberg in ihrer Inszenierung als Gesamtkunstwerke machte in diesem Buch historisch aufklärend die Begeisterung nachvollziehbar, mit der große Teile des Volkes hier mitgefeiert hatten. Daß am Ende die Katastrophe stand – das ist ein politisch und moralisch einfaches Urteil. Um so weniger leicht ist es zu verstehen, wie es dazu kommen konnte, und eben das will historisch in zukunftsbezogener politischer Absicht geleistet sein. Gewiß läßt sich im nachhinein sagen, daß man doch die zitierten Bücher der Historiker von Bracher bis Nolte gern schon fünf Jahre früher verfügbar gehabt hätte. Aber es wäre allein schon forschungspraktisch naiv anzunehmen, daß das hätte möglich sein können.

Mit Vergegenwärtigungen solcher Exempel repräsentativer und wirkungsreicher Auseinandersetzungen mit dem Nationalsozialismus in der Vor- und Frühgeschichte der Bundesrepublik Deutschland ließe sich endlos fortfahren. Die These, Verdrängung, nämlich im erläuterten Sinne des Nicht-wahrhaben-Wollens nationalsozialistischer Gewaltherrschaft und ihrer Verbrechen habe die Öffentlichkeit der Adenauer-Jahre geprägt, ist derart realitätsfern, daß die Frage nach der Funktion dieser These sich aufdrängt. Diese Frage sei aber zunächst noch zurückgestellt, und es seien zuvor die Bedingungen der außerordentlichen Wirkung erörtert, die die vieldiskutierte amerikanische Holocaust-Fernsehserie beim deutschen Medienpublikum auslöste. Kritische Nationaltherapeuten[13] fanden damals, die Erschütterung des Publikums habe den Charakter einer endlich, partiell jedenfalls, bewirkten abrupten Verdrängungsauflösung, und somit sei diese Erschütterung als definitiver Beweis der zuvor praktizierten Verdrängung zu werten. In Wahrheit vollzog sich über die Wirkungen der Holocaust-Serie eine Bekräftigung des politisch-moralischen Gemeinsinns im Urteil über die national-

---

[9] Der Nationalsozialismus. Dokumente 1933–1945, herausgegeben, eingeleitet und dargestellt von Walther HOFER. Frankfurt a. M. 1957.

[10] Margarete BUBER-NEUMANN: Als Gefangene bei Stalin und Hitler. Stuttgart 1958.

[11] Karl Dietrich BRACHER: Die Auflösung der Weimarer Republik. Eine Studie zum Problem des Machtverfalls in der Demokratie. Stuttgart, Düsseldorf 1955.

[12] Ernst NOLTE: Faschismus in seiner Epoche. Die Action française. Der italienische Faschismus. Der Nationalsozialismus. München 1963.

[13] Cf. dazu meinen Aufsatz „Verdrängung – oder die Heilsmethoden kritischer Nationaltherapeuten", in: Hermann LÜBBE: Zwischen Trend und Tradition. Überfordert uns die Gegenwart? Zürich 1981, S. 22–37.

sozialistische Judenverfolgung. In deutscher intellektueller Pseudosouveränität hat man seinerzeit den Holocaust-Film aus Gründen seines vermeintlich sowohl in ästhetischer wie in politpädagogischer Hinsicht bedenklich geringen Niveaus für unzumutbar gehalten und entsprechend seine deutsche Erstaufführung ins 3. Programm verlegt. Das deutsche Publikum hingegen fand sich in seinen Erinnerungen an den Nationalsozialismus bestätigt und durch die filmästhetisch sehr einfache und eben dadurch eindrückliche Illustration der schlimmsten Konsequenzen dessen, wofür man doch in seinen Anfängen sich engagiert hatte, erschüttert. Kurz: Die amerikanischen Filmemacher hatten den nationalsozialistischen Totalitarismus in einigen wichtigen Hinsichten tatsächlich besser verstanden als ihre aus verständlichen Grüssen weniger urteilssicheren deutschen intellektuellen Kollegen. Auf das Medienpublikum wirkte gerade die Reduktion aufs Triviale, das heißt auf das historisch-politisch und moralisch Fundamentale, wie befreiend –: gerade das nicht banale Böse wird dem einfachen moralischen Urteil, dessen gemeinhin jedermann fähig ist, unterworfen, und der Rest sind Versuche zur Beantwortung der Frage, wie es möglich gewesen war, das Urteil des moralischen Gemeinsinns außer Kraft zu setzen. Beides hat der Holocaust-Film tatsächlich geleistet, und ich habe das 1983 in einer Berliner Rede bei Gelegenheit der Internationalen Konferenz zur nationalsozialistischen Machtübernahme mit folgenden wichtigen Gehalten der Serie exemplifiziert. Zunächst wurde hier die Mitläuferkarriere, bis in ihre extremsten Konsequenzen hinein, als potentielle Jedermanns-Karriere verständlich und damit nachvollziehbar gemacht: Mit naheliegendem Opportunismus macht man den Anfang, und alsbald ist man, zur Erhaltung seiner moralischen Selbstachtung, zu glauben gezwungen, wobei man zunächst lediglich mitlief. Sodann wurde der Massenterror als ein politisches Phänomen transparent, das möglich wird, wenn wir in ideologisch bedingtem Realitätsverlust auf Common-sense-transzendente Ziele verpflichtet werden, die in ihrer historisch singulären Größenordnung für die letzte Schlacht, die noch zu schlagen ist, die Außerkraftsetzung gemeinsinnsfähiger moralischer und politischer Normalität verlangen. Genau komplementär dazu vergegenwärtigte der Holocaust-Film den unaufgebbaren Sinn traditioneller Tugenden wie der Tapferkeit zum Beispiel, die durch ihren Mißbrauch im Nationalsozialismus diskreditiert zu sein schien, aber just durch die Evidenz der Angewiesenheit der Opfer des Nationalsozialismus auf sie im Widerstand gegen ihn in ihrer Geltung neu bekräftigt wurde. Schließlich erwies der Holocaust-Film den Deutschen die Wohltat, daß in der Kultur der Opfer des nationalsozialistischen Terrors traditionelle, unaufgebbare Gehalte ihrer eigenen, deutschen Kultur vorgeführt wurden, und eben das entlastete vom pathologisch wirkenden idiosynkratischen Zwang zur Selbstverdächtigung des Ganzen der eigenen Kultur mit der Wirkung, daß eben diese Kultur als ein gegen den Nationalsozialismus und gegen jeden Totalitarismus verteidigungsbedürftiger Bestand erschien[14].

---

[14] Cf. dazu meine Deutung der außerordentlichen Wirkung des Holocaust-Films in meinem Aufsatz „Der Nationalsozialismus im Bewußtsein der deutschen Gegenwart", in: Hermann LÜBBE: Die Aufdringlichkeit der Geschichte. Herausforderungen der Moderne vom Historismus bis zum Nationalsozialismus. Graz, Wien, Köln 1989, S. 334–350, S. 349f.

Nun läßt sich aber, wie schon gesagt, im konsensuell nicht geregelten Gebrauch des Wortes „Verdrängung" auch ein ganz anderer Bestand als der des Nicht-wahr-haben-Wollens schlimmer eigener Vergangenheit meinen. Als ich einmal Anfang der achtziger Jahre in einem Vortrag darauf bestand, das Nicht-wahrhaben-Wollen nationalsozialistischer Verbrechen habe die deutsche Öffentlichkeit auch in der Frühzeit der Bundesrepublik Deutschland nicht geprägt, wurde mir mit höhnischer Polemik empfohlen, ich solle doch einmal in einem Lexikon unter dem Stichwort „Verdrängung" nachlesen, um endlich zur Kenntnis zu nehmen, was denn damit fachlich eigentlich gemeint sei. Gemeint sei nämlich nicht banales Nicht-wahrhaben-Wollen, vielmehr die beharrliche Weigerung, aus der möglicherweise durchaus in der Erinnerung präsenten schlimmen Vergangenheit angemessene praktische Konsequenzen zu ziehen. Ich habe damals erwidert: Wenn man in diesem Sinne die angemessenen praktische Konsequenzen, und zwar näherhin die angemessenen politischen Konsequenzen aus den Erfahrungen der nationalsozialistischen Diktatur in Deutschland vermisse, dann sei man offensichtlich nicht bereit, der zweiten deutschen Demokratie den Status einer nach Moral, Recht und Politik adäquaten Antwort auf die Herausforderungen der nationalsozialistischen Vergangenheit Deutschlands zuzubilligen. Man erkennt: In der Auseinandersetzung um Angemessenheit oder Unangemessenheit des Verhaltens der Deutschen zu ihrer nationalsozialistischen Vergangenheit verbirgt sich nicht zuletzt eine Auseinandersetzung um die Anerkennungsfähigkeit der moralischen und politischen Geltungsansprüche der liberal verfaßten zweiten deutschen Demokratie, und darauf ist noch zurückzukommen.

Zunächst kann es sich selbstverständlich nicht darum handeln, die Bundesrepublik Deutschland und ihre Geschichte sozusagen schönzureden, und als einer der stärksten Einwände der Angemessenheit jenes Verhältnisses zum Nationalsozialismus, das in der Frühgeschichte der Bundesrepublik Deutschland vorherrschend war, hat stets die Massenintegration ehemaliger Nationalsozialisten in das gesellschaftliche, administrative und politische System der Bundesrepublik Deutschland gegolten. Diese Massenintegration hat es tatsächlich gegeben, und es ist wahr, daß hier viele Fehler gemacht worden sind. Die Empfindlichkeit überlebender Opfer nationalsozialistischer Rassenverfolgung gegenüber der Ernennung eines Mannes zum Staatssekretär, der, in welcher näheren Absicht auch immer, die Nürnberger Rassengesetze kommentiert hatte, hätte sich doch voraussehen lassen und in dieser Voraussicht zugleich die Respektbedürftigkeit dieser Empfindlichkeit anerkennen. Andererseits darf man die Massenintegration ehemaliger Nationalsozialisten in das öffentliche Leben der jungen Bundesrepublik Deutschland nicht als einen Vorgang der politischen Rehabilitierung nationalsozialistischer Engagements mißverstehen. Überdies hat die fragliche Massenintegration auch ihre ganz andere Vorgeschichte. Der „Führer" und seine Alten Kämpfer der allerersten Reihe von Himmler bis zu Goebbels und Göring entzogen sich doch den Konsequenzen ihrer gescheiterten deutsch-völkischen Vorherrschaftserrichtung bekanntlich durch Selbstmord, und zahllose Mitgescheiterte folgten ihnen. Andere Hauptbeschuldigte wurden gemäß den Urteilen einer neuen Art von internationalen Gerichtshöfen aufgehängt. Im Rahmen der Entnazifizierungsprogramme der Militärregierungen verschwanden die Parteigenossen sogleich aus ihren höheren Ämtern, und bis auf die Ebene der Ortsgruppenleiter hinab konzentrierte man sie, über Wochen, ja über Monate hinweg, in allerlei Lagern, die ja in Deutschland reichlich vorhanden waren. In der sowjetischen Besatzungszone war das sogar mit Massentodesfällen verbunden, und Willkür und Säuberungswahn bezog hier auch sonstige politisch unliebsame Deutsche ein, deren Unliebsamkeit ihren Grund nicht in erster Linie in ihrer Mitgliedschaft in der Nationalsozialistischen Deutschen Arbeiterpartei hatte. In Fragebögen hatte jeder Deutsche, der altersmäßig dafür in Frage kam, seine Nazi-Karriere einschließlich etwaiger Zugehörigkeiten zu Neben- und Unterorganisationen offenzulegen, und die Wiederaufnahme von qualifizierten öffentlichen Tätigkeiten war an die Voraussetzung geeigneter Spruchkammerbescheide gebunden.

Selbstverständlich gehörte es in dieser Lage zum Gemeinverhalten, seine jeweilige Nazi-Karriere nicht an die große Glocke zu hängen. Man beschwieg sie tunlichst. Abermals hat das mit einem Verhalten, das sich sinnvoll als „Verdrängung" kennzeichnen ließe, nicht das Geringste zu tun. Es wäre sogar falsch, hier nichts als Feigheit und Opportunismus am Werk zu sehen. Auch beschämt schweigt man bekanntlich, und wer gar eine Familie zu versorgen hatte, bemühte sich banalerweise zur Vorbereitung auf die Spruchkammerverfahren um Entlastungszeugnisse, die sprechend „Persilscheine" genannt wurden und einem, möglichst mit der Zeugenschaft von Gegnern des Nationalsozialismus, mäßigende Einflußnahmen oder sonstige Anständigkeiten bescheinigten. Es ist in diesem Zusammenhang, daß man auch den Fall Schneider alias Schwerte, des früheren Rektors der Technischen Hochschule Aachen, der nach Kriegsende sich seiner SS-Vergangenheit durch Identitätswechsel entzogen hatte, sich historisch vergegenwärtigen muß. Die skizzierten Umstände der Entnazifizierung mußten SS-Offiziere mit gutem Grund Sanktionen befürchten lassen, und wenn man bedenkt, daß es doch auch in der Geschichte des gewöhnlichen Verbrechens nicht die vorherrschende Praxis der Täter ist, sich freiwillig zu stellen, so hat es seine triviale Plausibilität, daß so mancher den Konsequenzen seines totalitären politischen Engagements über einen Identitätswechsel zu entkommen trachtete. Man darf annehmen, daß solcher Identitätswechsel sich im Zusammenbruch der nationalsozialistischen Diktatur vieltausendfach vollzogen hat. In der Mehrzahl der Fälle dürfte sich das inzwischen durch den Tod erledigt haben. Die Schätzung, wie viele Personen mit falscher Identität noch unter uns leben, bleibe den Experten überlassen.

Selbstverständlich begründet jeder Identitätswechsel den Verdacht, daß damit sehr schwerwiegende Fakten der öffentlichen Beurteilung entzogen werden sollen. Das bleibt aufzuarbeiten. Im übrigen ist dann der Identitätswechsel auch als solcher ein aufarbeitungsbedürftiges, zum Beispiel oft mit Urkundenfälschungen verbundenes Faktum und bei Beamten ein Disziplinarfall. Es ist naheliegend, einen solchen Fall, wenn er zugleich der Fall eines ehemaligen Hochschulrektors ist, zum Anlaß einer interdisziplinären Vorlesungsreihe mit dem Zweck neuerli-

cher Vergangenheitsaufarbeitung zu machen. Ein zwingender Anlaß ist es allerdings keineswegs. Man hat vielmehr zunächst einmal zu erkennen, daß die Auf-
deckung solcher Fälle, sogar nach Jahrzehnten, zu den unvermeidlichen Folgelasten einer totalitären Diktatur gehört, die man hinter sich hat.

Als ehemaligem Erlanger Privatdozenten war mir Schwerte als geschätzter Pri-
vatdozenten-Kollege gut bekannt. Jedermann traute ihm damals eine akademische Karriere von der Art zu, die er dann tatsächlich auch gemacht hat. Sollten,
übrigens, die Verwicklungen Schneiders alias Schwertes in die SS-Geschichte, die
mir insoweit unbekannt sind, die Grenze des Bereichs strafrechtlich relevanter
Tatbestände nicht überschreiten, so hätte der Fall Schwerte zugleich die Merkwürdigkeit, daß die Flucht aus der Identität der Person Schneider im Sinne der
Intentionen des Identitätswechslers eigentlich überflüssig gewesen wäre. Denn in
den späteren Jahren der Frühgeschichte der Bundesrepublik erfolgte ja, wie schon
erwähnt, die Redintegration der Alt-Nazis in das politische System der Bundesrepublik Deutschland massenhaft – für den öffentlichen Dienst vor allem mit dem
sogenannten 131er-Gesetz vom 11. Mai 1951. Das bedeutet: Unter der skizzierten
Hypothese, der Nationalsozialist Schneider sei nicht im Sinne heute geltenden
Strafrechts ein Straftäter gewesen, gegen die oder für die mir keinerlei Gründe
bekannt sind, hätte Schwerte alsdann auch als Schneider seine Karriere machen
können.

Wäre aber nicht eben das der Skandal, als der uns noch im nachhinein der
früh-bundesrepublikanische Umgang mit den Alt-Nazis zu erscheinen hätte? In
Beantwortung dieser Frage darf man sich nicht von einem allzu harmlosen Bild
totalitärer Herrschaft leiten lassen. Totalitäre Herrschaft legitimiert sich durch
Massenzustimmung. „Veredelte Demokratie" nannte entsprechend Joseph Goebbels die nationalsozialistische Herrschaft, und dem Massenbewegungscharakter
dieser Herrschaft entsprechend war denn auch tatsächlich die überwiegende
Mehrheit des Volkes dem Herrschaftssystem mit größerem oder geringerem Engagement verbunden. Wie aber kann aus Millionen und Abermillionen totalitär
organisierter „Volksgenossen" das Staatsvolk einer freiheitlichen Demokratie
werden? Die die Masse des Volkes betreffende Antwort scheint mir zu lauten: einzig durch Integration und nicht durch Ausgrenzung. Das gilt für die Wirtschaft
und für die Industrie, für die öffentliche Verwaltung und für das Militär, und es
gilt selbstverständlich auch für die Wissenschaft. Bei der Aufarbeitung erledigter
totalitärer Herrschaft ist im Umgang mit den Menschen, die dieser Herrschaft
entstammen, im Regelfall die Frage nicht, wieso sie denn in diese Herrschaft in-
volviert waren, vielmehr die ganz andere Frage, wohin sie von nun an zu gehen
bereit sind. Das ist die Formel, die uns Richard Löwenthal für die personelle Aufarbeitung totalitärer Erbschaft angeboten hat. Ich kann nicht erkennen, wie das
anders hätte eingerichtet werden können.

Unter den Alternativ-Projekten, die man statt dessen gelegentlich, als leider
versäumte Projekte, favorisiert findet, halte ich eines für ganz absurd: die sponta-
ne, radikale und dann unvermeidlicherweise blutige Selbstbefreiung des Volkes
von seinen totalitären Schindern. Diese Idee ist deswegen absurd, weil derglei-

chen ja überhaupt nur in einem gelingenden politischen Akt gewaltsamer Erledigung totalitärer Herrschaft denkbar gewesen wäre, die man selber zustande gebracht hat – nicht aber in einem von außen besiegten System. Die Sieger, gewiß, hätten ihrerseits natürlich eine Abrechnung im revolutionären Stile veranstalten können. Stalin bot die Erschießung von 50 000 deutschen Wehrmachtsoffizieren an, und mit der Liquidation von Offizierskorps hatte er ja sowohl im Falle der Roten Armee wie im Falle der polnischen Armee seine Erfahrungen. Die freie Welt mußte darauf wie Churchill, nämlich mit Abscheu reagieren, und den Deutschen selbst, die ja nun zur Rechtsstaatlichkeit zurückgebracht werden sollten, hatten insofern allein schon aus moralischen Gründen keine andere Wahl als die der verfahrensförmigen Aufarbeitung nationalsozialistischer Staatsverbrechen. Überdies hat man sich klarzumachen, daß Akte der Herrschaftsliquidation vom Typus blutiger Revolution für den einer solchen Revolution entkommenen Volksteils die Wirkung vollständiger Entlastung hat. Für die Aufarbeitung des Nationalsozialismus, wie sie in der Geschichte der Bundesrepublik Deutschland tatsächlich stattgefunden hat, hätte alsdann jede motivationale und legitimatorische Voraussetzung gefehlt.

So vollzog sich also die Liquidation des nationalsozialistischen Erbes in personeller Hinsicht durch Integration der Alt-Nationalsozialisten in das System der freiheitlich-demokratischen Grundordnung der Bundesrepublik Deutschland. Durch die erwähnten Spruchkammerverfahren war man, im glücklichen Falle, entlastet, und eine öffentliche Verteidigung seines Nazi-Engagements, gar ein Anspruch auf Dauergeltung der damaligen Gründe dieses Engagements, war niemandem öffentlich zugebilligt. Und so kooperierte man denn – der aus Verfolgung und Emigration, gar aus dem Untergrund wiederaufgetauchte frühere Kollege amtierte als Rektor, der örtliche ehemalige NS-Dozentenbundführer fand sich nach dem erwähnten 131er-Gesetz in sein Professorenamt wiedereingesetzt, und der Pedell, einst ein rüstiger SA-Mann, hatte sich ohnehin halten können. Im Hörsaal saßen in großer Zahl Ex-Offiziere und sonstige Wehrmachtsangehörige – sogar noch in ihren Uniformjacken mit abgetrennten Rang- und Ordenszeichen. Wie ging man nun miteinander um – diejenigen, die recht behalten hatten und diejenigen, die ihre Irrtümer und sonstigen Verstrickungen nun hinter sich hatten? Nicht eine einzige Universität, keine Kommunalverwaltung, kein privater Betrieb, kein Unternehmen hätte sich wiederaufbauen lassen, wenn im Umgangston der auf Kooperation Angewiesenen der Ton des Vorwurfs („Wie konnten Sie nur ...?") zum herrschenden Dauerton geworden wäre. Es hatte doch seine bezwingende Evidenz, wie im Rückblick auf die Vergangenheit Recht und Unrecht verteilt waren. Niemandem wurde entsprechend gestattet, rezente nazistische Überzeugungen öffentlich zu äußern. Die wiederhergestellte Rechtsstaatlichkeit hatte ihre unwidersprechliche Verbindlichkeit, und wer in praktischer Anerkennung dieser Verbindlichkeit seine Arbeit tat, wurde dann in der Tat nicht täglich oder jährlich neu mit Aufforderungen konfrontiert, sich für sein früheres Nazi-Engagement zu rechtfertigen. Genau in diesem Sinne, so habe ich das in einem größeren Aufsatz plausibel zu machen versucht, verhielt man sich als Remi-

grant in der Wiederaufbaukooperation zu den ex-nazistischen Kollegen im Mo-
dus asymmetrisch-diskreten Beschweigens[15], und auch das hat mit „Verdrängung" ersichtlich nicht das Geringste zu tun.

Das so vorzutragen wurde mir nun in Aachen mit Lärmgewalt von Studenten
verwehrt, die meiner hier noch einmal knapp wiederholten Analyse der integrati-
ven Funktion der Diskretion im Verhältnis von Anti-Nazis und Alt-Nazis in ihrer
Wiederaufbau-Kooperation die moralische und politische Verpflichtung entge-
genhielten, die damit vermeintlich erklärte „Schweigepflicht" im Verhältnis zum
Nationalsozialismus endlich zu brechen. „Wir werden NICHT schweigen"[16], und
entsprechend setzte man Trillerpfeifen in Tätigkeit.

Mein Kommentar dazu lautet: So verhält man sich in den Konsequenzen erfolgreicher Weigerung, die Realität totalitärer Gewaltsysteme einschließlich ihrer
Folgelasten historisch zur Kenntnis zu nehmen. Im übrigen bewies man, nach alter, nicht zuletzt auch deutscher politischer Tradition noch immer nicht begriffen
zu haben, daß in der Normalität zivilen, auch akademischen Lebens Rechte und
Freiheiten nicht durch Gesinnungsgewalt, vielmehr einzig durch Respekt vor geltenden Verfahren und den in ihnen geschützten Rechten anderer sich sichern lassen. Es hat seinen Grund in der immer noch nicht überwundenen Bürgerferne
deutscher akademischer Milieus, daß in diesen Milieus unverändert Randgruppen gedeihen, deren Gesinnungsintensität das Komplement ihrer historisch-
politischen Weltfremdheit ist.

Für die jüngere Geschichte der Bundesrepublik Deutschland handelt es sich
dabei zugleich um einen Nachhalleffekt der 68er-Bewegung, die natürlich in der
Geschichte des deutschen Nachkriegsverhältnisses zum Nationalsozialismus ihre
Bedeutung hat. Diese 68er-Bewegung, Teil eines in fast allen hochentwickelten
Ländern auffällig gewordenen Schubs im Verhaltens- und Wertewandel, kam für
viele Alt-Bundesrepublikaner überraschend, und zwar unangenehm überraschend in ihren sie kennzeichnenden ideologischen Protuberanzen und Exzessen
– bis hin zu manifesten Rechtsbrüchen. Politiker, vor allem aber maßgebende
Medien-Intellektuelle bewältigten diese Überraschung damals bevorzugt durch
Erhebung der fraglichen Jugendbewegung in den Rang von Manifestationen einer
endlich kritisch gewordenen jungen Generation. Sogar moralisch fand sich diese
Generation nobilitiert durch den Mythos, sie sei die erste Generation gewesen, die
das Schweigen der Väter über den Faschismus nicht länger mehr hinnehmen
wollte. Richtig ist: „Faschismus" – nicht „Nationalsozialismus" – wurde in der
68er-Bewegung tatsächlich zum Thema. Aber damit verband sich doch damals
keineswegs die Meinung, vom Nationalsozialismus müsse, nachdem er so lange

---

[15] Die in Anm. 14 zitierte Rede bei Gelegenheit der Internationalen Konferenz zur nationalsozialistischen Machtübernahme im Reichstagsgebäude zu Berlin 1983 hat mannigfache Auseinandersetzungen hervorgerufen, in die schon die Diskussionen bei Gelegenheit dieser
Konferenz selbst einen Einblick bieten. Sie sind, partiell, abgedruckt in dem Band „Deutschlands Weg in die Diktatur", Berlin 1983, Podiumsdiskussion zum Thema des Abschlußvor-
trages, a.a.O. S. 350ff.

[16] Zitiert aus dem Flugblatt „Schweigepflicht? Warum wir auf einen Vortrag von Hermann Lübbe verzichten können", S. 4.

beschwiegen worden sei, endlich die Rede sei. Die Meinung war vielmehr, man habe die Bedingungen zu liquidieren, denen das faschistische System entstamme, nämlich den Monopolkapitalismus, der eben, von fortschrittlichen Kräften bedrängt, im Faschismus zur terroristischen Form seiner Selbstverteidigung übergegangen sei und wieder überzugehen drohe. Das bedeutet: Die verblüffende Renaissance von allerlei marxistischen, ja sogar leninistischen Theorien einschließlich der kanonisch gewordenen bolschewistischen Faschismus-Formel Dimitroffs – das war der Kontext der Faschismus-Thematisierung durch die 68er-Bewegung, und ihre politische Funktion war die der ideologischen Delegitimierung des liberalen, marktwirtschaftlich organisierten Systems der Bundesrepublik Deutschland.

Meine eigene Generation hat sich dem damals, überwiegend, widersetzt. Meine Generation war in den Konsequenzen der von ihr geleisteten Aufarbeitung der nationalsozialistischen Vergangenheit antitotalitär orientiert, und in aktueller politischer Orientierung bedeutete Antitotalitarismus damals primär Antikommunismus. Eben dieser Antikommunismus, in dessen Konsequenzen doch auch die deutsche Sozialdemokratie nur wenige Jahre zuvor, nämlich 1959, ihre Programmatik konsequent von allen Relikten altmarxistischer Doktrin befreit hatte, galt nun plötzlich als sicheres Indiz für rezenten Faschismus, und das bis in feinste Intellektuellen-Zirkel hinein, denen nicht wenige unserer Politiker ungern widersprachen und insofern sich anpaßten. Scharf formuliert: Der antitotalitäre Konsens, der doch zu den politisch-orientierungspraktischen Selbstverständlichkeiten der Bundesrepublik Deutschland vor dem Hintergrund nationalsozialistischer Vergangenheit gehört hatte, löste sich partiell auf. Antikommunismus galt nun sogar als Störfaktor in der Politik friedenssichernder Koexistenz, und jugendbewegte totalitäre Verhaltenssyndrome – Führerikonen von Lenin über Mao bis Che Guevara, Maschinenpistolen-Lyrik, Fahnen-Wallen – wurden, weil sie, im Unterschied zu den dominanten studentischen Engagements vor 1933[17], für dieses Mal von links kommend in Erscheinung traten, als Beleg erfreulich gelungener Emanzipation aus üblen deutschen politischen Traditionen gefeiert.

Das hatte Folgen für das politisch-moralische Urteil über die totalitären Massenverbrechen unseres Jahrhunderts. Im Schatten der jetzt erst Gewicht erlangenden These von der Unvergleichlichkeit von Nationalsozialismus einerseits und Internationalsozialismus andererseits wurden aus den Millionenopfern des bolschewistischen Weltverbesserungsexperiments „Exzesse des russischen Bürgerkriegs"[18]. Über eine Kandidatin fürs Bundespräsidentenamt war in der Bundes-

---

[17] Zum Tatbestand nationalsozialistischen Engagements von erheblichen Teilen der deutschen Studentenschaft längst vor dem Jahr 1933 cf. Michael GRÜTTNER: Studenten im Dritten Reich. Paderborn, München, Wien, Zürich 1995, S. 19ff.: „Studenten als nationalsozialistische Avantgarde 1928–1933".

[18] Wenn nicht für die Überlebenden, so doch für die Opfer, so hatte ich meinem Buch „Politischer Moralismus. Der Triumph der Gesinnung über die Urteilskraft" (Berlin ²1989) gefunden, bleibe es ein akademischer Unterschied, ob sie von rechten oder von linken Stiefeln zertreten worden sind. In seiner Kritik dieser Meinung macht hingegen Hans-Ulrich WEHLER geltend: „Der industrielle Massenmord des nationalsozialistischen Systems, das sich

versammlung abzustimmen, die den nordkoreanischen Diktator für einen Weg-
weiser zur Menschheit der Zukunft hielt etc.

Für die Auseinandersetzung mit dem Nationalsozialismus hatten diese pos-
senhaften Konsequenzen des sich auflösenden antitotalitären Konsenses die mißliche Wirkung, daß die Faschismus-Kritik ihrerseits zur ideologiepolitisch eingesetzten Waffe im Kampf gegen rezente, aus der Frühzeit der Bundesrepublik
Deutschland überkommene Alt-Liberale wurde. Elementare Standards intellektueller Kultur gerieten in Verfall – zum Beispiel in den Konsequenzen des Ver-
gleichsverbots[19], mit dem doch zugleich die kognitiven Voraussetzungen für die
Einsicht in die singulären Besonderheiten nationalsozialistischer Massenverbrechen außer Verkehr gezogen wurden und ineins damit die Identifizierbarkeit dessen, was generell unser Jahrhundert zu einem Jahrhundert historisch beispielloser Massenverbrechen hat werden lassen[20].

Noch das adäquate Verhältnis zum erfolgreich gewesenen Kampf zur Ab-
schaffung der zweiten totalitären Diktatur auf deutschem Boden, nämlich der der
Sozialistischen Einheitspartei Deutschlands, blieb von den skizzierten Folgen der
Auflösung des antitotalitären Konsenses belastet. Statt Freiheitswillen sah man
Konsumismus am Werk. Eine Banane, auf dem Bildschirm vorgezeigt, schien als
Symbolisierung der Motivlagen derer geeignet, die die Mauern gestürmt hatten,
und nur wenig subtiler nannte sich das dann „DM-Nationalismus". Die Unaufhaltsamkeit des Zusammenbruchs des real existent gewesenen Sozialismus wirkte
wie ein Schock, und wer sich mit der Verarbeitung dieses Schocks schwertat, hielt
sich an den Antifaschismus als kostbares, unaufgebbares Erbe dieses Sozialismus
in der Phase seiner Liquidation.

Für das Verhältnis zum Nationalsozialismus hat das üble Folgen gehabt. Die
intellektuelle und politische Ernsthaftigkeit der Auseinandersetzung mit ihm litt
bis in die akademischen Räume hinein unter den Folgen zwanghafter Geneigtheit, überall rezente Altfaschismen oder Neofaschismen am Werk zu sehen – so
auch in Aachen beim angekündigten Vortrag eines Professors, den man für den

---

in einem hochentwickelten Mitgliedsstaat des okzidentalen Kulturkreises durchsetzte", verlange „andere Beurteilungskriterien – auch moralischer Natur – als die Exzesse des russischen Bürgerkriegs" (so Hans-Ulrich WEHLER: Entsorgung der deutschen Vergangenheit? Ein
polemischer Essay zum „Historiker-Streit". München 1988, S. 249). Das leuchtet auf den ersten Blick ein, wenn man auch auf den zweiten Blick nicht recht erkennt, mit welchen politischen und moralischen Beurteilungskriterien Wehler arbeitet, wenn er die bolschewistischen
Massenvernichtungen mit der vielfachen Millionenzahl ihrer Opfer unter „Exzesse des russischen Bürgerkriegs" subsumiert.

19 Die intellektuell wie politisch dekultivierenden Wirkungen des Verbots des Vergleichs der
Diktaturen hat ihren Grund im doppelten Assoziationsgehalt des Wortes „vergleichen".
„Vergleichen" kann in weniger subtilem Deutsch auch gleichbedeutend mit „identifizieren"
gebraucht werden, und das ist es dann, was es erlaubt, demjenigen, der in der Absicht vergleicht, Unterschiede wie Gemeinsamkeiten herauszuheben, Identifizierungsabsichten zu
unterstellen.

20 Die Totalitarismus-Debatte ist, zum Glück, noch nicht beendet, vielmehr angemessenerweise
erneut aufgelebt. Cf. dazu als repräsentativen Beleg Hans MAIER (Hrsg.): Totalitarismus und
Politische Religionen. Konzepte des Diktaturvergleichs. Paderborn, München, Wien, Zürich
1996.

Verkünder einer „Schweigepflicht" im Verhältnis zum Nationalsozialismus hielt, während er in Wahrheit nur plausibel zu machen versucht hatte, wie in den wiedereröffneten Hochschulen nach 1945 remigrierte Nazi-Opfer einerseits und ihre ex-nazistischen professoralen Kollegen alltagspraktisch miteinander umgingen.

26. 1968 und 1989 –
Rückblick auf zwei deutsche Revolutionen

Ein Gespräch mit Horst Wollenweber,
Realschullehrerverband

Fünfundzwanzig Jahre nach der Protestbewegung von 1968 sind in diesem Jahr Bilanzierungsversuche unternommen worden, die aus der Feder von Vertretern der 68er-Generation anders ausgefallen sind als von Autoren, die sich zum Beispiel schon früher kritisch mit den Zielsetzungen und Verhaltensweisen der 68er auseinandergesetzt haben, zu denen Sie, Herr Professor Lübbe, gehören. Sie haben zuletzt 1988 unter dem Titel „Der Mythos der ‚kritischen Generation‘" einen Rückblick auf die Protestbewegung gegeben und die Erklärung in den Bereich der Mythen verwiesen, erst die Studentenbewegung habe auf die unabweisbare Notwendigkeit der Hochschulreform aufmerksam gemacht und die entsprechenden gesetzgeberischen Maßnahmen erzwungen.

In diesem Jahr ist – fünfundzwanzig Jahre nach 1968 – der 68er-Bewegung gedacht worden. Aber vor fünf Jahren war das auch schon einmal der Fall, und wir haben damit zu rechnen, daß sich solche Rückbezüge wiederholen, sogar in sich verkürzenden Abständen. Das zeigt natürlich an, daß die Ereignisse im Kontext der 68er-Bewegung bis heute irritierend wirken. Es besteht ein Erklärungsbedarf: Worum handelte es sich damals eigentlich? Solange nur die Hochschulen betroffen waren, überließ man damals die fälligen Reaktionen gern diesen. Aber die Bewegung schwappte ja über die Hochschulforen hinaus auf die Straßen. Es gab Demonstrationen vor Regierungsgebäuden, die über Stunden hin blockiert waren, und sogar zur Besetzung von Landtagsfoyers kam es. Dergleichen hatte es in der Frühgeschichte der Bundesrepublik Deutschland nicht gegeben, vorausgesehen worden war es auch nicht. Gewisse Verunsicherungen waren die Folge.

Wenngleich der Schulterschluß, den die 68er wollten, nämlich Schüler, Studenten, Lehrlinge und Arbeiterschaft in ein politisch aktionsfähiges Bündnis zusammenzuführen, nicht gelungen ist ...

Deshalb hielt sich ja damals die politische Irritation auch in Grenzen. Gewiß: Man wollte die Studenten von der Straße haben. Aber daß ihre politromantische Bewegtheit dem „System" gefährlich werden könnte, nahm eigentlich niemand an. In Frankreich war das freilich anders. In Paris hielt man es nicht für ausgeschlossen, daß die Funken der akademisch-intellektuellen Kulturrevolution einen sozialrevolutionären Brand auslösen könnten. Prophylaktisch wurde Militär zusammengezogen und de Gaulle, also der Präsident der Republik, begab sich zu seinen

Truppen in Deutschland. Hier freilich schien sich eher das Vorurteil von der Revolutionsuntüchtigkeit der Deutschen zu bestätigen – zum Bedauern nicht weniger Intellektueller, die sich von der Studentenbewegung enthusiasmiert fanden. Die Politiker blieben überwiegend unbesorgt und überließen um so bereitwilliger die Hochschulen den akademischen Möchtegern-Revolutionären als Spielwiese.

In der Öffentlichkeit ist schon der Eindruck entstanden, als habe diese Bewegung erst bewirkt, daß fällige Hochschulreformen eingeleitet wurden.

Ja. Die Studentenbewegung hatte ja auch ihren Glanz. Man ließ sich verblüffende Parolen einfallen, die überaus populär wurden. „Unter den Talaren der Muff von 1000 Jahren" – das ist ein Spruch, der in die einschlägigen Sprichwörterbücher Eingang gefunden hat. Aber nichtsdestoweniger wäre es Nonsens zu meinen, es hätten damals in der akademischen Welt tatsächlich „verkrustete" Strukturen vorgeherrscht, und erst die Studenten hätten das aufgebrochen. In der historischen Wirklichkeit ging die in der Tat fällige Universitätsreform der Studentenbewegung voran. Nicht in der Stagnation, vielmehr im Fluß der längst sich ändernden Verhältnisse hat sich die Studentenbewegung entfaltet. Bedarf es der Belege? Immerhin wurde der Wissenschaftsrat schon 1957 gegründet, 1960 legte er seine ersten, überaus wirksam gewordenen Empfehlungen vor, Anfang der sechziger Jahre traten Gründungsausschüsse für neue Universitäten zusammen, Milliardenaufwendungen wurden von den Landtagen beschlossen – kurz: es hat des Anstosses der Studentenbewegung nicht bedurft, um die Bildungsreform im tertiären Bereich einzuleiten.

Der Ausbau des Hochschulwesens ist ja damals auch für die Öffentlichkeit sichtbar geworden. Wenn ich mich recht erinnere, fallen doch gerade in die frühen sechziger Jahre eine Reihe von Hochschulneugründungen. Ich denke zum Beispiel an die Universitäten in Bochum und Dortmund.

So ist es. Der Gründungsausschuß der künftigen Ruhr-Universität trat im Herbst 1961 zusammen, im Januar 1963 legte er seine Gründungsdenkschrift vor, und 1965 öffnete die Universität ihre neuen Räume für die ersten Studenten. Nur die Ahnungslosigkeit kann ein größeres Reformtempo erwarten. Andernorts vollzog sich das ähnlich – in Regensburg, in Konstanz, in Bielefeld. Es bewährt sich die klassische Einsicht der Revolutionssoziologie, daß Revolutionen nicht stattfinden in Verhältnissen der äußersten Rückständigkeit, vielmehr in Phasen längst eingeleiteter Reformen. Dabei wäre es nicht einmal angemessen zu sagen, daß die Studentenbewegung dann die Reformen beschleunigt hätte. Sie hat sie ganz im Gegenteil behindert, überlagert, dabei deformiert und in typisch deutscher Manier mit unpragmatisch-illusionären Erwartungen befrachtet.

Als Mythos haben Sie auch die These bezeichnet, nach der die 68er-Bewegung eine Antwort auf die mangelnde Bereitschaft der Vätergeneration gewesen sei, sich ihrer nationalsozialistischen Vergangenheit zu stellen.

Ich halte es in der Tat für wichtig klarzustellen, daß auch ein solcher Zusammenhang niemals bestanden hat. Bis in den Historikerstreit hinein hat sich der Mythos erhalten, die Frühgeschichte der Bundesrepublik Deutschland sei eine Epoche der Verdrängung nationalsozialistischer Vergangenheit gewesen. In Wahrheit verdrängt diese These, was an historischer Aufarbeitung des Nationalsozialismus bereits in den ersten Nachkriegsjahren und in der Frühgeschichte der Bundesrepublik Deutschland geleistet worden ist. Daß die Studentenbewegung sich aus dem Leiden der Söhne am Faschismus ihrer Väter erkläre – davon kann schon aus Gründen der Generationenabfolge gar nicht die Rede sein. Die Großen in der nationalsozialistischen Hierarchie verhielten sich doch zu den 68ern als Großväter, nicht als Väter. Diese, die Väter, hatten es doch allenfalls bis zum Oberleutnant oder bis zum Blockwart gebracht. Wahr ist freilich, daß Faschismustheorie im Kontext der 68er-Bewegung eine zentrale Rolle spielte. Aber die politische Funktion dieser Faschismustheorie war nicht Väteranklage, vielmehr ideologische Delegitimierung der Bundesrepublik durch den Versuch nachzuweisen, daß der „Faschismus" – „Nationalsozialismus" sagte man nicht – doch seine Wurzeln im Kapitalismus gehabt habe, und eben diese Wurzeln seien im restaurativen Regime der Bundesrepublik Deutschland, statt endlich ausgerottet zu werden, revitalisiert worden. Noch einmal also: Es ging um die ideologiepolitische Delegitimierung des politischen Systems der Bundesrepublik – nicht um Väteranklage seitens verletzter, Offenheit einfordernder Söhne.

Damit ist schon ein dritter Mythos angesprochen worden, die Behauptung nämlich, daß Auseinandersetzungen mit dem Marxismus-Leninismus in der Zeit nach 1945 weder in den Schulen noch in den Hochschulen stattgefunden hätten.

Auch dieser Mythos lebt bis heute fort, und abermals beruht er schlicht auf mangelnder Faktenkenntnis.

Darf ich Sie bitten, Herr Professor Lübbe, weitere Erklärungsansätze zu dem Ausbruch der 68er-Revolte knapp zu umreißen und zu kommentieren?

Hier hätte man sich zunächst zu erinnern, daß die 68er-Bewegung ja kein spezifisch deutsches Phänomen war. Sie hatte, mit längerer Vorgeschichte insbesondere in den USA, vielmehr internationalen Charakter, ergriff Frankreich, auch Italien tiefgreifend, selbst Japan blieb nicht unberührt, und in unserer Nachbarschaft auch die in ihrer inneren Verfassung sehr stabile Schweiz nicht. Das bedeutet: Die Intellektuellen-Bewegtheiten und Jugend-Unruhen in der zweiten Hälfte der sechziger Jahre waren nicht ein deutsches, vielmehr ein industriegesellschaftliches Phänomen. Aber was erklärt dieses Phänomen? Der Verweis auf äußere Ereignisse und Vorgänge – und seien sie politisch gravierender Art – reicht nicht aus. Weder der Vietnam-Krieg noch die Herausforderungen des damals noch in ungebrochener Kraft real existenten Sozialismus sind als Kern-Ursache plausibel zu machen. Ich neige zu der Deutung, daß es sich bei den internationalen Jugendbewegungen um Phänomene spontaner, massenhafter Ergreifung von Emanzipationsgewinnen handelte, wie sie generell mit zivilisatorischer Modernisierung verbunden sind. Anders ausgedrückt: Die Phänomene der Jugendbewegung sind Protuberanzen dessen, was kurz darauf als sogenannter Wertewandel diagnostiziert wurde. Modern zu leben heißt, wie nie zuvor selbstbestimmungsabhängig zu leben. Das setzt sich in Erfahrungen des Veraltetseins von Traditionen um, entsprechend breiten sich kulturrevolutionäre Attitüden aus. Das alles ist desorientierungsträchtig, und wer sich nicht mehr zurechtfindet, flüchtet alsdann in die bergende Pseudosicherheit von Ideologien, denen die Verheißung eignet, die Welt aus dem Punkte erklären und kurieren zu können. Zusammenfassend gesagt handelt es sich um ein Phänomen des Versuchs der Bewältigung von Emanzipationsfolgen. Dazu gehört dann auch das mannigfache Scheitern dieses Versuchs – bis hin zum Rückfall in den Kleingruppentotalitarismus der Terroristen und sonstigen Politsekten. Zur positiven Seite gehören die mannigfachen Formen gelingender Selbstbestimmung, die den Reichtum unserer plural gewordenen Alltagskultur ausmachen. – Die so charakterisierten Phänomene haben also internationalen Charakter. Es gab freilich auch eine Überlagerung mit spezifisch deutschen Traditionen – in der Neigung zu Übertreibungen, in der Intensität ideologischer Heilsgläubigkeit, und das alles hat damals nachweislich die Kluft in den Orientierungen zwischen jungen und älteren Generationen in Deutschland größer als in seinen Nachbarländern werden lassen.

Lassen Sie uns über die Folgen sprechen und zunächst den Blick auf die Hochschulen und Universitäten lenken, die seinerzeit einen zentralen Punkt der Auseinandersetzungen ausgemacht haben.

Die Auswirkungen der Studentenbewegung auf die innere Verfassung unserer Hochschulen war in der Tat größer als in den Nachbarländern Deutschlands. Das läßt sich historisch erklären. Eine katastrophal verlaufene und überdies in ihren Katastrophen selbstverschuldete Geschichte pflegt das Selbstgefühl des Subjekts einer solchen Geschichte zu schwächen. Das gilt individuell, und es gilt auch in nationaler Hinsicht. Entsprechend erklärt sich eine unübersehbare Schwäche in der Fähigkeit deutscher Politiker, Amtsautorität in Anspruch zu nehmen und zur Geltung zu bringen. Der Vorwurf, „autoritär" zu sein, konnte daher in Deutschland eine ungleich tiefer einschüchternde Wirkung als etwa in Frankreich oder auch in der Schweiz entfalten.

Die Gruppenuniversität, die wir bekommen haben, ist doch beflügelt, ja eingefordert worden von der Revolte. Der Ausbau, der im Gange war, ist durch die Revolte beschleunigt worden.

Ja, das ist richtig. Vorgänge wie die Gründung von fünf Gesamthochschulen in der zweiten Regierung Kühn in Nordrhein-Westfalen ist ohne den Drive, den die Studentenbewegung der einschlägigen Bildungspolitik der maßgebenden Parteien verschaffte, gar nicht denkbar. Die Philosophie der Gesamthochschule will ich einmal unberücksichtigt lassen. Das Tempo der Einrichtung dieser Gesamthochschulen war allerdings unter dem Druck der Studentenbewegung überzogen. Es ist mir nicht zweifelhaft, daß die Reformbeflissenheit, in die sich die Parteien nicht zuletzt durch die Studentenbewegung versetzen ließen, den bildungspolitisch nötigen Pragmatismus sehr geschwächt hat. Um es in einem Exempel zu sagen: Massenhaft schuf man und besetzte man damals im Bildungsbereich neue Stellen für Dozenten, Professoren und Assistenten, obwohl doch jeder Verwaltungsbeamte weiß, daß die Sorge für einen kontinuierlichen Altersaufbau des Beschäftigtenkorpus zu den wichtigsten personalpolitischen Notwendigkeiten gehört. Die Assistenten verlangten Beförderung, und eingeschüchtert erfüllte man ihre Forderungen – und bis heute wirkt sich das in schubhafter Abfolge von Karrierebeeinträchtigungen einerseits und Nachwuchsmangel andererseits aus.

Die Attacken der 68er gegen die Schule, die Hochschule, die Justiz und andere staaliche Institutionen waren Ausdruck eines Konzepts, das durch Diffamierung verunsichern und Zweifel an der Legalität und Legitimität eben dieser Einrichtungen wecken und fördern sollte. Vor diesem Hintergrund frage ich nach den Langzeitwirkungen der Angriffe auf die repräsentative und parlamentarische Demokratie der Bundesrepublik Deutschland, die unter den Stichworten des Antiparlamentarismus und Außerparlamentarismus und mit dem Ersatzangebot einer Basis- oder Rätedemokratie geführt worden sind.

In den Jubiläumsrückblicken auf die 68er-Bewegung heute und schon vor fünf Jahren ist die überwiegende Mehrzahl der feuilletonistischen Betrachter geneigt, der 68er-Bewegung zu bescheinigen, sie habe einen Demokratisierungsschub ausgelöst, sie habe also die demokratische Kultur der Bundesrepublik gefestigt und bereichert. In gewisser Weise ist das wahr, aber erfreulich ist es dennoch nicht. Man hat sich nämlich zu erinnern, daß das Konzept der Demokratie historisch in zweierlei Fassung erdacht und auch realisiert worden ist, nämlich als identitäre Demokratie einerseits und als liberale Demokratie andererseits. Die Tradition der identitären Demokratie reicht von den Jakobinern bis hin zu den Leninisten, und sogar in der nationalsozialistischen Diktatur sind Züge dieser Tradition erkennbar. Identitäre Demokratie – das ist politische Herrschaft, die sich selbst durch immediaten Rekurs auf den von einer politischen Elite monopolisierten Volkswillen ohne Begrenzungen durch Recht und Verfahren legitimiert. Liberale Demokratie – das ist Regierung in den Schranken des durch den verfahrensförmig festgestellten Volkswillen legitimierten Rechts, und näherhin unter strikter Beachtung der sich tendenziell ausweitenden Lebensbereiche, die man gerade nicht Mehrheitsentscheidungen unterwerfen und in genau diesem Sinne auch nicht „demokratisieren" kann. Die Grundrechte sind ja nichts anderes als die entsprechend definierten Grenzen, über die hinaus in der liberalen Demokratie Herrschaft – und sei sie die Herrschaft des Volkswillens – sich prinzipiell nicht erstrecken darf. – Und nun erinnere man sich: Hätte denn die 68er-Bewegung die Verfahrenslegitimität liberaler Demokratie favorisiert? Sie hat in ihren ideologisch reflektierten Kadern ganz im Gegenteil die Demokratie, die wir tatsächlich haben, als „bloß formale" Demokratie abqualifiziert – ganz nach dem

Muster der totalitären Großideologen unseres Jahrhunderts, die stets in den Kategorien der identitären Demokratie gedacht haben. Daß in der liberalen Demokratie Mehrheit vor Wahrheit gilt – das schien manchem Jungideologen damals unerträglich. Dazu paßt, daß immer wieder einmal buchstäblich Lenin-Bilder als Polit-Ikonen herumgetragen wurden, und bewundernd saß man Ernst Bloch zu Füßen, der ja in seiner Rolle als akademischer Polit-Prophet die Parole ausgegeben hatte, „Ubi Lenin, ibi Jerusalem". – Man tut gut daran, das alles nicht zu vergessen.

Somit kann ich auch die These nicht bejahen, daß durch diese 68er-Bewegung Demokratie in der Bundesrepublik praktisch erst verwirklicht worden sei.

Damit stimme ich überein. Man sollte immerhin auch nicht vergessen, daß ein freilich sehr schmales Rinnsal von der Studentenbewegung in den Terrorismus hineinreicht. Auch bei unseren Terroristen handelte es sich ja um eine Fraktion – „Rote Armeefraktion" – von ideologisch enthusiasmierten Rechthabern und damit von Verächtern der Verfahrenslegitimität. Das kennen wir auch aus den elitär-kaderhaft gewordenen Vollversammlungsmentalitäten, aus denen heraus es stets unbegreiflich bleiben muß, daß selbst die 100%-Majorität in Plebisziten nie etwas anderes als Verfahrenslegitimität durch Mehrheit und nicht etwa durch konsensuell offenbar gewordene Wahrheit schafft. Mehrheit statt Konsens – das ist die liberal-demokratische Legitimität. Man erkennt das, wenn man sich klarmacht, daß nur unter dieser Voraussetzung es unter der Bedingung überwältigender Mehrheiten jedem Abweichler unbenommen bleibt, die Wahrheit ganz anderswo als bei der Mehrheit zu vermuten. Anders gesagt: Nur wenn als Legitimationsquelle Mehrheit vor Wahrheit rangiert, bleibt die Wahrheit selber frei, das heißt uneingeschränkt erörterungsfähig. Das hatte jener 68er-Student, an den ich mich erinnere, nicht begriffen, der, von mir befragt, wieso er sich denn den Landtagsfoyer-Besatzern zugesellt habe, erklärte, in diesem Hause entschieden doch sogenannte Volksvertreter mit irgendwelchen Majoritäten, auch über ihn, und er leide in diesem Verhältnis an der Erfahrung seiner vollständigen Ohnmacht. Es blieb mir nichts als ihm zu erwidern, daß auch und gerade in der Demokratie es doch darum zu tun sei zu verhindern, daß politische Geltungs-, ja Machtansprüche auf nichts als auf verfahrensunabhängig herrschende subjektive Gewißheiten individueller oder auch kollektiver Weltverbesserer sich stützen.

Trifft meine Beobachtung zu, daß die umfassend betriebene Delegitimierung staatlicher Autorität weithin eine Entwicklung gefördert hat, Mißtrauen gegenüber jeglicher Form von Autorität zu verinnerlichen, so daß gerade in Zeiten tiefgreifender Veränderungen einstellungs- und handlungsleitende Orientierungsmuster erheblich an Verbindlichkeiten eingebüßt haben?

Orientierungs- und damit auch Autoritätsprobleme treten in der Tat in allen modernen Gesellschaften auf. Es handelt sich hier um eine Konsequenz modernitätsspezifisch hoher Zivilisationsdynamik. Diese Zivilisationsdynamik ist meßbar –

zum Beispiel durch die Rate wissenschaftlicher und technischer, auch künstlerischer Innovationen pro Zeiteinheit. Man erkennt leicht, daß jenseits ungewisser Grenzen hohe Innovationsdynamik orientierungskrisenträchtig ist. Berufliche Anforderungsprofile, zum Beispiel, ändern sich in dynamischen Zivilisationen rasch. Die jeweils ältere Generation verliert über diesen Prozeß ihre lebensorientierungspraktische Maßgeblichkeit. Die Vorgänge der Berufswahl und der Entscheidung für Ausbildungsgänge ist erschwert. In wohlbestimmter Hinsicht wird es schwieriger, den Weg ins Erwachsenenleben zu finden. Der Abstand zwischen den Generationen vergrößert sich.

Das sind aber natürliche Vorgänge, von denen Sie jetzt sprechen.

Ja gewiß. Es handelt sich um Vorgänge, die, sozusagen, zur Natur komplexer und dynamischer Gesellschaften gehören.

Die Autoritätsverluste gehen freilich weiter. Die Autorität der Familie, der Kirchen, der Verbände, der Gewerkschaften hat sich abgeschwächt. Hat nicht auch dazu die 68er-Bewegung beigetragen?

Ja. In den von Ihnen angesprochenen Vorgängen mischen sich freilich generelle, das heißt für alle modernen Industriegesellschaften charakteristische Probleme mit Problemen, die schärfer als anderswo in Deutschland auftreten. Es hängt das mit der relativen Schwäche des deutschen nationalen Selbstgefühls zusammen, von der ich schon sprach und die einer expliziten historischen Erklärung hier gar nicht bedarf.

Hat der antiautoritäre Impetus der Studentenbewegung zur Schwächung des Wertkonsenses in der Bundesrepublik Deutschland beigetragen, hat er die Ausbreitung einer pluralistischen Beliebigkeit gefördert und die Ausbildung von Verantwortungsbereitschaft und Verpflichtung gegenüber der Gemeinschaft und dem Gemeinwesen geschwächt?

Soweit möchte ich nicht gehen. Man muß sich auch vor einer gegenläufigen Mythisierung der 68er-Bewegung hüten. Es hieße, diese Bewegung zu dämonisieren, das heißt in ihrer faktoriellen Bedeutung zu überschätzen, wenn wir alle prekären Entwicklungen in der modernen Kultur faktoriell durch die 68er-Bewegung beeinflußt sähen. Die Sache verhält sich insofern eher umgekehrt: Die zuerst in den USA vermessenen Phänomene des Wertewandels bilden den Hintergrund sowohl der Studentenbewegung wie auch der inzwischen noch ungleich aufdringlicher gewordenen Phänomene eines partiellen Verfalls der Gemeinschaftsfähigkeit.

Ich wollte auch nicht einen kausalen Zusammenhang behaupten, vielmehr eine Verstärkungstendenz vermuten. Der Wertewandel war vor der 68er-Revolte in Gang gekommen, hat aber dann durch diese zusätzlichen Schwung gewonnen.

Dieser Beschreibung stimme ich zu. Es bleibt allerdings noch hinzuzufügen, daß es ja nicht nur die hier angesprochenen Phänomene jugendlicher und darüber hinaus generell bürgerlicher Gemeinschaftsunfähigkeit – früher hätte man gesagt: Asozialität – gibt, sondern, komplementär dazu, ebenso auch die gegenläufigen Phänomene der Bereitschaft zu anspruchsvollen Engagements – von unseren Jugendfeuerwehren bis hin zu mannigfachen Formen der Nachbarschaftshilfe, der Selbsthilfegruppen oder auch der neuen Formen der Selbstbestimmung zu ökologisch kontrollierterem Verhalten im Alltag.

Zur Erblast der Revolte von 1968 zähle ich auch die Renaissance politisch motivierter Gewalt. Der Infragestellung des Gewaltmonopols des demokratischen Verfassungsstaates korrespondierte die Bereitschaft, Konflikte mit dem sogenannten „Establishment" durch Mittel der Gewalt eskalieren zu lassen. Mich interessiert neben dem Einfluß von Ernst Bloch, den Sie vorhin schon angesprochen haben, der Einfluß von Herbert Marcuse, auch von Jürgen Habermas auf das Gewaltverständnis der außerparlamentarischen Opposition, vor allem auch der Zusammenhang zwischen dem durch diese Namen repräsentierten geistigen Umfeld und dem Terrorismus, der in den siebziger Jahren seinen Höhepunkt erreicht hatte und bis heute fortwirkt.

Es hieße, Intellektuelle zu überschätzen, wenn man sie für die entscheidenden Faktoren bei der Entstehung des politischen Radikalismus hielte. Zumeist lag doch der Zusammenhang so, daß jene Intellektuellen, die zunächst durchaus Sympathisanten der neuen politischen Bewegtheit waren, über die Ausbrüche manifester Gewalt dann erschraken. Von Jürgen Habermas stammt immerhin das Wort vom „linken Faschismus", und die radikale Linke hat ihm das sehr übel genommen. Gleichwohl: Von prominenten Intellektuellen stammt, zum Beispiel, der Begriff der „strukturellen Gewalt", und diejenigen, die dann nicht nur strukturelle, vielmehr direkte Gewalt ausübten, beriefen sich zu Legitimationszwecken gern auf Galtungs „Strukturelle Gewalt".

Mich interessiert zunächst einmal das Gewaltverständnis der führenden „Köpfe" der 68er-Bewegung.

Direkte Gewalt als Mittel politischer Auseinandersetzung war ja in der Frühzeit der Bundesrepublik Deutschland – vor dem Hintergrund des Nationalsozialismus einschließlich seiner Vorgeschichte – tief delegitimiert. Eben deswegen übten die neuen Formen der Gewalt zunächst gegen Sachen und dann auch gegen Personen eine tief irritierende Wirkung aus. Man hatte es tatsächlich erst zu verarbeiten, daß man, als Professor, seine Dienstpflichten in öffentlichen Räumen zu erfüllen hatte, die mit Plakaten vollgehängt waren, auf denen Fäuste Maschinenpistolen in die Höhe reckten. Tötungsinstrumente als politische Symbole – das war immerhin ein Signal, das man nicht übersehen konnte. Ich bin heute geneigt, das für den Ausdruck einer bis zur gewaltbereiten Empörung reichenden Verachtung des Systems der zweiten deutschen Demokratie zu halten. Die durch diese Demokratie nahegelegten und herausgeforderten Lebensformen wurden als Zumutung erfahren. Der Zumutungscharakter der realen Demokratie, in der man lebte, ergab sich natürlich aus Orientierungen an wirklichkeitsfremden Idealen, aus deren Höhenperspektive man dann die Verhältnisse, wie sie wirklich waren, theoretisch und praktisch verachtungsvoll traktierte. Ich will, was damit gemeint ist, einmal mit einem Diktum des von Ihnen erwähnten Jürgen Habermas deutlich machen. Das Diktum stammt aus den späten sechziger Jahren und lautet ungefähr so: „Die Einrichtungen einer verwirklichten Demokratie" werden sein „wie verschwebende Netze, aus zerbrechlichster Intersubjektivität gewoben". Man fasse aus der Perspektive dieses Anspruchs einmal die Wirklichkeit des britischen Parlaments ins Auge oder auch die Verfahrenspraxis kantonaler Landsgemeinden in der Schweiz. Der Kitschcharakter des fraglichen Ideals wird deutlich; aber seine Wirkung war eben doch die der Mißachtung der neuen politischen Lebensverhältnisse, in die sich die Jungbürger der jungen Bundesrepublik Deutschland einzurichten gehabt hätten.

Die Ereignisse des Jahres 1989 und der folgenden Jahre haben die Theoriefragmente, die aus der 68er-Bewegung überkommen waren, erschüttert. Diese Erschütterung traf viele 68er, die nun zum Teil in führenden Positionen in Verlagen, in Rundfunk- und Fernsehanstalten, in Wissenschaft und Politik Fuß gefaßt und über Jahre hin die Zeichen der Zeit verkannt hatten. Nicht darauf vorbereitet, daß das eigene Weltbild Risse erhalten könnte, tut sich die intellektuelle Linke weithin mit den angesprochenen weltgeschichtlichen Ereignissen schwer. Ich bitte Sie, Herr Professor Lübbe, um Ihre Analyse dieses Sachverhalts.

In ihren hauptsächlichen, einflußreichsten ideologischen Orientierungen war ja die 68er-Bewegung eine spätmarxistisch orientierte Bewegung. Das schließt ein, daß man, von orthodox-marxistisch-leninistischen Randgruppen abgesehen, sich im Regelfall mit den Systemen des real existierenden Sozialismus keineswegs identifizierte. Man verhielt sich vielmehr „kritisch" dazu, und man mag sich erinnern, daß einer der Prominenten unter den 68er-Studenten, Dutschke nämlich, ja selber ein DDR-Flüchtling war. Indessen: Die insoweit also durchaus verbreitete Kritik am real existenten Sozialismus verband sich mit dem ideologisch formierten Willen, die sozialistische Bewegung aus ihren reinen Quellen zu erneuern, und zu diesen reinen Quellen zählten nicht nur die Gedanken der Deutschen Marx und Engels, vielmehr auch die Lenins und anderer Großtäter der Weltgeschichte. Auch Lenin-Bilder wurden bei den Umzügen bekanntlich umhergetragen. In aktueller weltpolitischer Orientierung bedeutete das: Man lebte in kritischer Distanz gegenüber dem DDR-System oder auch der Sowjetunion, war komplementär dazu ständig auf der Suche nach Paradiesesformen des Sozialismus. Mal hielt man Cuba dafür, ein andermal Vietnam oder Kambodscha, bis einem dann der Massenmörder Pol Pot wieder das Konzept verdarb. Kurz: Die Wirklichkeit bot nie, was die Ideale verhießen. Gleichwohl: Solange irgendwo noch im Namen des Marxismus geherrscht wurde, blieb Hoffnung auf reformatorische Verwandlung des real existierenden Sozialismus, Hoffnung also auf alsbaldige Enthüllung seines humanen Antlitzes lebendig, und aus der Perspektive dieser Hoffnung blieb eben der Westen einschließlich der „reaktionären" Bundesrepublik in der Deutung der spätmarxistischen Intelligenz eine zum Absterben verurteilte weltgeschichtliche Formation. Eben dieses Weltbild ist nun zusammengebrochen, und die Wirkungen, die dieses weltgeschichtliche Ereignis auf die spätmarxistische Intelligenz ausgeübt hat, kennen wir alle –: Man ist bemüht, der 89er-Revolution eine möglichst unangenehme moralische Anmutungsqualität zuzusprechen. Man geniert sich nicht, von DM-Nationalismus zu sprechen oder zur Symbolisierung der Motivlagen derer, die die DDR nicht mehr wollten, eine Banane vorzuzeigen. Der Beitrittswunsch der DDR-Deutschen zur Bundesrepublik wird als ein Wunsch aus retrospektivem Nationalismus diffamiert, und man entfesselt Kampagnen mit dem Zweck, die bewährte Verfassung der Bundesrepublik Deutschland gesamthaft neu zur Disposition zu stellen, natürlich in der Absicht, ein Maximum sozialistischer Gehalte über das erhoffte Verfassungsplebiszit doch noch retten zu können. Ein Verständnis für den Rang des Selbstbestimmungsrechts der Völker, in dessen Wahrnehmung die baltischen Völker ihre staatliche Unabhängigkeit neu gewonnen haben, fehlt. Die nationalen Identifikationen werden in ihrer Rolle, die sie sowohl in der Résistance wie im Widerstand der Polen, Tschechen und Ungarn gegen den Stalinismus gespielt haben, verkannt. In der Gemeinschaft der europäischen Völker würde das, wenn es zur intelektuellen deutschen Gemeinorientierung werden würde, die Deutschen abermals isolieren. Es hat Züge elitärer Arroganz, wenn deutsche rechtshistorische Halbbildung staatsbürgerrechtspolitisch überall das jus soli als das vermeintlich gegenüber dem jus sanguinis modernere beschwört, während in Wahrheit das Abstammungsprinzip als im Staatsbürgerschaftsrecht vorherrschendes Prinzip gerade das modernere ist, und selbst Großbritannien hat sein Staatsbürgerschaftsrecht Anfang der achtziger Jahre eben auf dieses Prinzip umgestellt. Kurz: Die sogenannte „Wende" hat die spätmarxistische Linke in einer sehr tiefreichenden Orientierungskrise zurückgelassen.

Ein beträchtlicher Teil der politisch ambitionierten 68er hat vor allem bei den „Grünen" und in der SPD eine politische Heimat gefunden. In welcher Weise beeinflussen diese mit ihrem zum Teil nachdrücklich zum Ausdruck gebrachten politischen Rigorismus und einem zugleich feststellbaren stark ausgeprägten Wirklichkeitsverlust die aktuellen politischen Auseinandersetzungen?

Zunächst einmal meine ich, daß man die mannigfachen Transformationen unseres Parteienwesens einschließlich des durch die Intellektuellen repräsentierten Orientierungswandels in unseren Parteien nicht mehr auf die 68er-Bewegung zurückführen sollte. Die Entstehung grüner Parteien hat, wenn ich recht sehe, mit der 68er-Bewegung gar nichts zu tun. Die ökologischen Orientierungen spielten in der 68er-Bewegung gar keine Rolle. Ich selber erinnere mich, daß ich einmal, Anfang der siebziger Jahre, vor neomarxistisch inspirierten Intellektuellen einen Vortrag über zivilisatorische Entwicklungen zu halten hatte und dabei die Prognose riskierte, die ökologischen Herausforderungen würden uns sehr bald im

politischen Lebenszusammenhang ungleich stärker prägen als die Relikte von
Auseinandersetzungen nach dem allmählich verblassenden Klassenkampfsche-
ma. Die Reaktion auf diese Prognose war teils Belustigung, teils Empörung, und
die ideologiekritische Diagnose lautete, das sei nichts als ein Ablenkungsmanö-
ver. Gewiß: Zeitweise gab es grüne Fraktionen, die, paradox genug, just das sozialistische System für geeignet hielten, die uns drohenden ökologischen Krisen ab-
zuwenden. Seitdem jedermann weiß, daß die ökologischen Verheerungen, die der
Sozialismus angerichtet hat, um das Vielfache schlimmer sind als die Öko-
Schäden, die wir in der westlichen Industriegesellschaft zu verzeichnen haben, ist
„rot" für „Grüne" überwiegend nicht mehr eine Farbe der Verheißung. Eher geht
es innerhalb der grünen Bewegung darum, ob man, als „Realo", für die Abwen-
dung der unleugbaren ökologischen Krise, in die die moderne Industriegesellschaft geraten ist, die Mittel eben dieser Industriegesellschaft für erforderlich
hält, oder aber, als „Fundi", den Ausstieg aus dieser Gesellschaft in eine freilich
niemandem bekannte Alternative zu ihr. Im übrigen, noch einmal, macht den
deutschen Parteien die Neubestimmung der Rolle nationaler Orientierungen zu
schaffen. Ich wiederhole noch einmal, daß Deutschland sich in Europa isolieren
würde, wenn es dafür hielte, die nationalen Orientierungen seien schlechterdings
obsolet geworden. Demgegenüber hat man sich daran zu erinnern, daß doch die
nationalen Orientierungen spezifisch modern sind. Auch in unserem eigenen
Lande gehörten sie doch bis zur 48er-Revolution zur Bewegung der deutschen
Frühdemokratie, und Analoges gilt auch für andere europäische Länder. Es ist ja
wahr, daß der Neonationalismus, in der Kaukasusregion und auf dem Balkan, neu
aggressive Gewaltsamkeiten freigesetzt hat – bis hin zu exekutierten Programmen
sogenannter ethnischer Säuberung. Aber der Hinweis darauf ist nicht geeignet,
die nationalen Orientierungen der baltischen Völker, der Ukrainer, der Kasachen
und sonstigen Turkvölker in Mittelasien zu delegitimieren. Das Selbstbestimmungsrecht der Völker, noch in den Pariser Vorortverträgen ineins beschworen
und mißachtet, bringt sich nun irresistibel zur Geltung. Es ist übrigens auch in
geltenden Dokumenten des Völkerrechts festgeschrieben und will auch von den
Deutschen anerkannt sein. Es ist ja auch nicht einmal wahr, daß die revitalisierten
nationalen Orientierungen eo ipso Gewalt freisetzten. Man vergegenwärtige sich
doch: Niemals haben in der jüngeren europäischen Geschichte Grenzverände-
rungen, Staatsneugründungen dieses Ausmaßes mit geringerer Gefährdung des
Weltfriedens stattgefunden.

*In Anlehnung an George Orwell wird heute von Teilen unserer Intelligenz prinzipi-
eller Vorbehalt gegenüber der modernen Industriegesellschaft und speziell gegenüber der modernen Informationstechnologie angemeldet. Die Technik steht im
Verdacht, als Medium der Freiheitsunterdrückung zu wirken. Sie, Herr Lübbe, vertreten nach Ausweis etlicher Ihrer Schriften eine ganz andere Position.*

Ich verkenne keineswegs die prekären Tendenzen in der Evolution der modernen
Industriegesellschaft. Das wäre ein Kapitel für sich. Die These Orwells jedoch, daß
die moderne Technik und insbesondere die moderne Informationstechnologie

die Entwicklung totalitärer Zustände begünstige und diese Zustände schließlich definitiv machen werde, ist inzwischen vollständig falsifiziert. Der Nationalsozialismus, gewiß, hat als Propagandainstrument den Volksempfänger zu nutzen gewußt. Aber als Fernsehredner ist Hitler undenkbar.

Aber treiben wir die Sache ins Grundsätzliche. Moderne Gesellschaften lassen sich als Informationsgesellschaften charakterisieren. Das bedeutet: Modernität ist ohne partielle Freigabe von Informationsflüssen nicht zu haben. Exemplarisch heißt das: Auch die sowjetische Wissenschaft bedurfte zu ihrer Entfaltung zunehmender Kontakte mit Wissenschaftlern und wissenschaftlichen Einrichtungen in aller Welt. Anders als Orwell unterstellte, ist aus prinzipiellen Gründen kein totalitäres System als informationell geschlossenes System überlebensfähig. Aber als allmählich sich öffnendes System ist es eben auch nicht überlebensfähig. In der Spätgeschichte der Sowjetunion wuchs die Menge der Menschen ständig, die ein Wissen darüber mit nach Hause brachten, wie es in den übrigen Teilen der Welt aussieht. Man kann das auch so ausdrücken: Die informationelle Verschmutzung nahm aus prinzipiell nicht vermeidbaren Gründen zu. Das System verlor zwangsläufig seine ideologische Reinheit und damit in letzter Instanz seine Legitimität. Für das vom westlichen Fernsehen überstrahlte Gebilde der DDR gilt das natürlich erst recht, und in den letzten Tagen der sozialistischen Regime hat das Fernsehen nicht nur berichtet, vielmehr über seine Berichte die Realität verändert, und zwar zersetzend, also freiheitsfördernd. Daß ausgerechnet der Stasi-Chef, Mielke also, vor der Volkskammer in die entstandene Unruhe hinein die unvergeßlichen Worte sprach: „Aber ich liebe Euch doch alle" und daß eben dieses sich vor der Fernsehkamera und damit vor dem Staatsvolk abspielte, hat gleichsam dem System den Rest gegeben, nämlich bitterer Lächerlichkeit preisgegeben. Analoges gilt für die berühmte Szene in Bukarest, in der Ceaușescu noch einmal die Menge, die ihm huldigen sollte, auf dem großen Platz vor seinem Parteibalkon versammelte. Als dann Spottlieder erklangen, schaute er beklommen nach links und nach rechts. Das hätte wohl an und für sich nichts bedeutet. Aber daß sich das vor der Fernsehkamera abspielte, daß Ceaușescu sah, daß man es sah – das war es. Der Legitimationsverlust vollzog sich mit der Gewalt eines platzenden Getreidesackes. Ceaușescu verschwand in den Untergrund, bis er, herausgeholt, vor das Erschießungspeloton zu treten hatte. – In der Zusammenfassung heißt das: Sich entwickelnde Technik hat in der Tat totalitäre Herrschaft begünstigt. Die Hochtechnologie einschließlich des modernen Medienwesens macht die Errichtung totalitärer Herrschaft und ihren Erfolg fortschreitend unwahrscheinlicher.

Trotz der vielfältigen Probleme, vor die wir uns heute gestellt sehen – Sie haben einige schon angesprochen –, gibt es Grund zur Hoffnung, wie Sie sagen, ja, eine Verpflichtung zur Zuversicht. Was meinen Sie damit?

Die Formel von der Verpflichtung zur Zuversicht klingt vielleicht allzu dramatisch. Aber in der Tat habe ich sie gelegentlich gebraucht – insbesondere im letzten kleinen Kapitel meines Buches „Der Lebenssinn der Industriegesellschaft".

Über die moralische Verfassung der wissenschaftlich-technischen Zivilisation". Was meint die Formel von der Verpflichtung zur Zuversicht? Indem ich diese Formel verwende, konzediere ich zunächst einmal pauschal den unleugbaren Ernst unserer Lage, und in dem zitierten Buch wird dieser Ernst auch inhaltlich anschaulich gemacht. Aber das ist es eben: Je ernster die Lage ist, um so mehr wird die Antwort auf die Frage, ob wir aus der Krise herausfinden werden oder nicht, abhängig sein von jenem Faktor potentieller Krisenbewältigung, den wir selber repräsentieren. Von unserer Besonnenheit, von unserem Wissen, von unserer Klugheit, von unserer Entscheidungsfähigkeit und Handlungsfähigkeit hängt es alsdann vor allem ab, ob sich ein rettender Ausweg auftut. Unsere Handlungskraft aber hängt ihrerseits nicht zuletzt von unserer Zuversicht ab, und genau aus diesem Grund sind wir in ernsten Lagen zur Zuversicht moralisch verpflichtet. Es wäre ein weiterer, längerer Durchgang nötig, um plausibel zu machen, daß diese durchaus rationale Verpflichtung zur Zuversicht natürlich einzig im Rekurs auf Kräfte religiöser Prägung einlösbar ist.

Ich danke Ihnen, Herr Professor Lübbe, für das Gespräch.

27. Freiheitsromantik und Wohlfahrtskritik
Hannah Arendts ökonomieferne Revolutionstheorie

Etliche Kritiker des Revolutionsbuches von Hannah Arendt haben sich von seiner Lektüre enttäuscht gezeigt. Diese Enttäuschung ist unvermeidlich, wenn man das Buch in historischer Absicht liest. Wer sich über den tatsächlichen Verlauf der großen Revolutionen, die Weltgeschichte gemacht haben, informieren möchte, muß nach anderen Werken greifen. Es herrscht kein Mangel an solchen Werken. „... wir haben es hier ... nicht mit einer Geschichte der Revolutionen zu tun, mit ihrer Entstehung und ihrer historischen Entwicklung" – so wehrt die Autorin selber das Mißverständnis ab, hier betätige sich eine Philosophin historiographisch. Auch um historische Studien zur Geistesgeschichte der Revolutionen handelt es sich nicht. Hier wird nicht die Geschichte der Ideen aufgearbeitet, von denen die Revolutionäre sich leiten ließen. In die Ideologiegeschichtsschreibung ist Hannah Arendts Revolutionsbuch gleichfalls nicht einzuordnen.

Was hat man also, statt dessen, unter dem anspruchsvollen Titel „Über die Revolution" zu erwarten? Man liest auch in diesem Falle Hannah Arendt richtig, wenn man das Buch als ein herausragendes Werk politischer Existenzphilosophie liest. „Uns geht es darum", schreibt sie, „uns darüber klarzuwerden", „was das Phänomen der Revolution ... für den Menschen und für den Bereich des Politischen besagt" und „was es ... heißt, in einer Welt zu leben, die aus Revolutionen geboren ist und von Revolutionen dauernd erschüttert wird".

Seiner literarischen Form nach ist Hannah Arendts Revolutionsbuch ein Groß-Essay. Hier teilt nicht ein Geschichtsforscher Resultate von Archivstudien mit. Ergebnisse empirischer Vermessung sozialer, militärischer oder organisationstechnischer Fakten werden nicht ausgebreitet. Man findet sich vielmehr angeleitet, über Revolutionen moralisch und politisch zu urteilen. Was an historischen Fakten mitgeteilt und an Äußerungen der Klassiker moderner Revolutionen zitiert wird, ist somit vor allem exemplarisch gemeint. Der Leser findet sich bei seinem Bildungswissen, auch bei seinem Gemeinwissen in Anspruch genommen. Die normativen Orientierungen werden in Erinnerung gebracht, ohne die sich unsere politischen Erfahrungen als Zeitgenossen des Zeitalters der Revolutionen gar nicht verarbeiten ließen, und man findet sich, wenn nicht aufgefordert, so doch durchs mitreißend bekundete Engagement der Autorin bewogen, sich ihren Urteilen anzuschließen.

Was sind Revolutionen? Man sollte sich nicht verführen lassen, die Antwort, die Hannah Arendt gibt, durch Hinweis auf historische Fakten zu kritisieren, auf die diese Antwort nicht uneingeschränkt paßt. Bedeutende Politologen haben ja inzwischen sogar die Frage, ob auch die Machtergreifung der Nationalsozialistischen Deutschen Arbeiterpartei im Jahre 1933 eine Revolution gewesen sei, mit einem uneingeschränkten Ja beantwortet, und diese Antwort hat eine diskutable orientierungspraktische Zweckmäßigkeit. Hannah Arendt hingegen möchte allein jene legitimitätsändernden Machtergreifungen Revolutionen nennen, die ihrer Absicht nach Akte politischer Freiheitsgründung waren. Der universelle Geltungsanspruch des Freiheitszwecks ist nach Hannah Arendt die Legitimationsbasis revolutionären Handelns. Gemäß diesem normativen Gehalt des Arendtschen Revolutionsbegriffs wäre die Revolution der Nationalsozialisten selbstverständlich keine gewesen. Der Analyse nationalsozialistischer Gewaltherrschaft dient bei Hannah Arendt bekanntlich der Begriff des Totalitarismus, den sie in ihrem berühmten Buch aus dem Beginn der fünfziger Jahre entwickelt hat. In ihrem Revolutionsbuch hingegen sind Faschismus und Nationalsozialismus kein Thema, und auch der Begriff einer „konservativen Revolution" wird nicht erörtert.

Die Erfahrung der Revolution, so Hannah Arendt, sei die Erfahrung der Freiheit, politisch „etwas Neues anfangen zu können". „Nur wo dieses Pathos des Neubeginns vorherrscht und mit Freiheitsvorstellungen verknüpft ist, haben wir das Recht, von Revolution zu sprechen." Nur zwei weltgeschichtliche Vorgänge erfüllen diesen Revolutionsbegriff uneingeschränkt: die Französische Revolution einerseits und die amerikanische Revolution andererseits. Abermals sollte man mit Hannah Arendt nicht rechten, ob der Begriff einer Revolution denn auf die historischen Ereignisse überhaupt einschränkungslos passe, in denen die späteren Vereinigten Staaten von Amerika ihre Unabhängigkeit erstritten und sich ihre Verfassung gegeben haben. Um einen Machtwechsel einschließenden politischen Neubeginn in freiheitsgründender Absicht handelte es sich jedenfalls, und das ist die Charakteristik des Vorgangs, für den sich Hannah Arendt in ihrem Revolutionsbuch interessiert.

Die akademische Kulturrevolution der späten sechziger Jahre hat auch in Deutschland den Typus des intellektuellen Revolutionsromantikers hervorgebracht, für den die Freiheitsgeschichte mit der Revolutionsgeschichte identisch ist.

Von solcher Romantik wird man in Hannah Arendts Revolutionsbuch schlechterdings nichts entdecken können. Dieses Buch ist, wie gesagt, keine Revolutionshistoriographie, und eine Anleitung für politische Feiern, die die Geschichte als revolutionäre Freiheitsgeschichte beschwören möchten, ist es auch nicht. Das Thema des Buches sind nicht die Erfolge der großen Revolutionen, und der intellektuelle Enthusiasmus, der, wie alle Schriften Hannah Arendts, auch dieses Buch durchzieht, ist nicht ein Enthusiasmus, der sich an diesen Erfolgen entzündet hätte. Die Frage des Buches ist, was die großen Revolutionen, deren Absicht die Gründung der Freiheit war, scheitern oder doch folgenlos bleiben ließ.

Wer sich erinnert, mit welchem Pathos fast überall in der Welt sowohl die amerikanische Unabhängigkeitserklärung wie auch die Französische Revolution aus Anlaß der zweihundertsten Wiederkehr ihrer historischen Ursprungsdaten gefeiert worden sind, wird sich fragen, wieso denn Hannah Arendt ihr Revolutionsbuch als ein Buch der Geschichtsskepsis geschrieben hat. Für die europäische Revolutionsgeschichte liegt die Antwort auf der Hand. Die Revolution, über die sich die Freiheit politisch ins Werk setzen sollte, brachte statt dessen zunächst den Terror hervor. Hannah Arendt hat sich vom politischen Moralismus im Fanatismus der radikalen Revolutionäre nie blenden lassen. Der Terror läßt sich ja historisch-politisch nicht als Spezialität der Konterrevolutionen und späterhin des Faschismus und Nationalsozialismus verrechnen. Dem konterrevolutionären Terror ist der revolutionäre Terror vorausgegangen, und gerade das ist erklärungsbedürftig, wenn anders doch die revolutionäre Praxis sich in ihrem Ursprung als Freiheitspraxis verstand.

Die Geburt des Terrors aus dem Geist der Revolution gehört zu den Schlüsselthemen der Arendtschen Revolutionstheorie. Terror entsteht nicht, weil die politische Gesittung umständehalber korrumpierte und die Geltung der einfachen und klaren Regeln herkömmlicher politischer Moral verfiele. Daß in der Terrorpraxis gegen diese Regeln verstoßen wird, ist offenkundig und insofern banal. Eben deswegen braucht der Terrorist für seine eklatanten Moralverstöße einen Rechtfertigungsgrund, und er findet ihn in der Gewißheit, von der höheren Moral definitiver Vollstreckung von Menschheitszwecken geleitet zu sein. Zum Terroristen wird man nicht, indem man eine Verpflichtung zur moralischen Selbstrechtfertigung des eigenen Tuns nicht mehr anerkennte. Man wird es ganz im Gegenteil, indem man den ganz außerordentlichen Rechtfertigungsaufwand für sich selbst erfolgreich leistet, den nötig hat, wer sich in seinem politischen Handeln, das an Menschheitszwecken sich orientiert weiß, durch Regeln traditionaler Moral nicht mehr gehemmt finden möchte. Zur Demonstration dieses Zusammenhangs zitiert Hannah Arendt Saint-Just: „Alles" müsse „denen erlaubt sein", „die im Sinne der Revolution handeln". Zu wissen, daß man als Revolutionär bei letzten, höchsten Menschheitszwecken engagiert ist und zugleich zu wissen, daß der politische Gegner kraft seiner Vergangenheitsbindung eines solchen Engagements gar nicht fähig wäre – genau das stiftet die moralisch-politische Asymmetrie im Verhältnis des Terroristen zu seinen Opfern.

„Uns ist alles erlaubt" – das war bekanntlich auch die Parole der Leninschen Revolutionäre, und bereits sie, nicht erst Stalin, verfuhren demgemäß. Die Oktoberrevolution steht nicht im Zentrum der Revolutionsphilosophie Hannah Arendts. Aber mit wenigen sicheren Strichen zeichnet sie den revolutionären Totalitarismus und sie macht auch plausibel, daß dieser Totalitarismus sich nicht einfach im Widerspruch zur marxistischen Doktrin der Leninisten etabliert hat, sondern in wichtigen Hinsichten gerade in der Konsequenz dieser Doktrin.

Zu den Spuren, die die europäischen großen Revolutionen hinterlassen haben, gehört ihre Blutspur. Im Gegensatz zur Tradition intellektueller Revolutionsromantik, die residual auch heute noch vorkommt, bagatellisiert Hannah Arendt den revolutionären Terror an keiner Stelle als „Exzeß" am Rande eines politisch im übrigen zustimmungspflichtigen Fortschritts. Sie erklärt vielmehr den Terror als unvermeidliche Konsequenz des Versuchs, die Revolution, statt als Akt politischer Freiheitsgründung, als politische Exekution vermeintlicher historischer Notwendigkeiten zu legitimieren. Der Hegelianer Karl Marx erscheint bei Hannah Arendt als Scholastiker einer Theorie vermeintlicher Gesetzmäßigkeit des Geschichtslaufs, die es erlaubt, letzte Feinde zu identifizieren und sich selbst als die Partei der Zukunftsmenschheit zu privilegieren. In der politischen Praxis bedeutet diese Scholastik Geschichtsgehorsam. „Es liegt eine Art grandiose Lächerlichkeit über diesem Schauspiel, in dem die Männer, die allen bestehenden Mächten zu trotzen gewagt hatten und deren Mut über jeden Zweifel erhaben war, von einem Tag zum anderen mit der größten Unterwürfigkeit und ohne die leiseste Empörung sich dem fügten, was sie für den Ruf der historischen Notwendigkeit hielten, ganz gleich wie töricht und inadäquat die Wirklichkeit dieser sogenannten Notwendigkeit sie angemutet haben mußte."

Im Kontrast zur europäischen revolutionären Tradition „Von Robespierre bis Lenin und Stalin" ist die amerikanische Revolution – wenn man sie denn als solche gelten läßt – vom Umschlag in Terror niemals bedroht gewesen. Ihr Pathos war Unabhängigkeit und Freiheit, und die Zuversicht war, durch eine Verfassung die Freiheit dauerhaft machen zu können. Heißt das, daß Hannah Arendt in ihrem Revolutionsbuch gegen die „böse" europäische Revolutionstradition die „gute" amerikanische kontrastiert hätte? Kritiker haben ihr das vorgehalten. Nun steht freilich der Lobpreis der Freiheit Amerikas selbst in einer großen Tradition. Es gibt die lange Reihe der Verfolgten und Emigranten, die, den Bedrückungen europäischer Politik entkommen, im freien Amerika Zuflucht fanden und Hannah Arendts eigenes Lebensschicksal fügt sich in diese Reihe. Das würde auch Idealisierungen verständlich machen. Aber Hannah Arendts Amerikabild ist von solchen Idealisierungsabsichten schlechterdings nicht geprägt. An die spezielle Geschichte der amerikanischen Sklaverei hätte man sie nicht zu erinnern brauchen und an die amerikanischen Indianerschicksale auch nicht. Aber auch die Geschichte der amerikanischen Revolution wird von ihr, obwohl doch diese Revolution den Terror nicht kannte und obwohl ihr die wirksame und dauerhafte Einrichtung einer freien Verfassung gelang, überraschenderweise gerade nicht als Erfolgsgeschichte dargestellt. Auch die amerikanische Revolution erscheint bei Hannah Arendt wenn nicht als gescheiterte, so doch als letztlich folgenlos gebliebene Revolution.

Es ist nicht leicht zu verstehen, was eigentlich Hannah Arendt mit ihrer These von der ‚eigentümlichen Folgenlosigkeit der Amerikanischen Revolution' meint. Indem man es zu verstehen sucht, nähert man sich dem Zentrum ihrer politischen Philosophie. Hannah Arendt gehört, wie gesagt, nicht in die Tradition intellektueller Revolutionsromantik. Romantisch ist aber ihr Freiheitsbegriff. Freiheit – das ist nach Hannah Arendt gerade nicht, was in revolutionären Akten der Befreiung von illegitimer Herrschaft gewonnen wird. Freiheit ist für Hannah Arendt nicht in erster Linie ein Rechtsbegriff, der sich erfüllt, wo wir als Bürger von der Freiheit unseres Bekenntnisses bis hin zur Freiheit des Eigentums Beschränkungen, die im Aspekt der Rechtsgleichheit aller Bürger ungerechtfertigte Beschränkungen wären, nicht mehr unterliegen. Freiheit – sie erfüllt sich nach Hannah Arendt in der vita activa selbstbestimmter Teilnahme am politischen Handeln der Erörterung, der Festlegung und der Verwirklichung gemeinschaftlicher Zwecke. Gewiß steht nichts entgegen, Freiheit in diesem Sinne in unseren Räten und Parlamenten, in den Gremien sonstiger öffentlicher Körperschaften, ja in den frei sich bildenden politischen Bürgerinitiativen, die freilich zu Hannah Arendts Lebzeiten kaum schon ein Thema waren, am Werk und im glücklichen Falle erfüllt zu sehen. Emphatisch wird dieser politische Freiheitsbegriff, indem er von Hannah Arendt mit der Verheißung des Glücks verknüpft wird. Auch dagegen ist nichts einzuwenden. Hannah Arendt folgt hier antiker Lehre ist. Es sind klassische Ideale republikanischen Lebens, an denen unsere Autorin orientiert bleibt, und die Zeugnisse, die sie heranzieht, um zu zeigen, daß auch die amerikanischen Gründerväter von diesen Idealen erfüllt waren, sind in der Tat eindrucksvoll.

Verblüffend bleibt Hannah Arendts rigorose Festlegung der Freiheit und ihres humanen Lebenssinns aufs öffentliche politische Handeln zu gemeinschaftlichen Zwecken. „Pursuit of Happiness" möchte sie durch die Hinzufügung des Adjektivs „public" interpretiert sehen, und als „Gefahr", von der die politische Freiheit stets bedroht sei, erscheint entsprechend „die Gefahr einer Verwechslung von privatem Wohlergehen und öffentlichem Glück". Verblüffend ist das deswegen, weil doch, was es in frei konstituierten politischen Räten öffentlich zu beraten und zu beschließen gilt, stets nur zu einem Teil die Freiheit des politischen Handelns selbst zum Inhalt hat, nämlich die Sicherung seiner institutionellen, insbesondere rechtlichen und verfassungsmäßigen Bedingungen oder auch die Verbesserung von Mitwirkungsrechten Betroffener.

Man kann das auch so ausdrücken: Das politische Handeln, das sich in den Einrichtungen einer freiheitlichen Demokratie entfaltet, hat in der Tat nicht zuletzt die Erhaltung und Weiterentwicklung dieser Einrichtungen zum Zweck. Die öffentliche Freiheit erhält und mehrt sich, indem sie im Interesse ihrer Erhaltung und Mehrung betätigt wird. Aber es wäre lebensfremd, zwischen dem politischen Handeln aus dem öffentlichen Interesse der Freiheit, die sich selbst Zweck ist, und den sonstigen Lebenszwecken, die sich in der politischen Öffentlichkeit zur Geltung bringen, ohne selber öffentliche Zwecke zu sein, einen Gegensatz konstruieren zu wollen. Gewiß hat man öffentliche und private Interessen zu unterscheiden, handle es sich nun um individuelle oder um kollektive private Interessen. Aber trennen lassen sie sich nicht, und die öffentlichen Interessen einschließlich des Freiheitsinteresses ließen sich auf Dauer nicht zustimmungsfähig halten, wenn sie, im ganzen und auf lange Sicht, nicht zugleich als das Medium optimaler Erfüllung gerade auch derjenigen Lebenszwecke erfahren werden könnten, die Menschen außer der Freiheit auch noch haben. Für Hannah Arendt, so scheint es, ist es eine Alternative, „ob nun das Wesen des Öffentlichen von dem Anliegen der Freiheit oder von der Sorge um den Wohlstand bestimmt ist". Sie registriert, daß die amerikanischen Gründerväter keineswegs eindeutig an dieser Alternative, und zwar mit Option für die Freiheit, orientiert gewesen seien. Aber insoweit war dann, Hannah Arendt zufolge, auch in Amerika im Akt revolutionärer Gründung der Freiheit deren Dekadenz in wichtigen Hinsichten vorprogrammiert. Einerseits seien „die revolutionären Vorstellungen von *öffentlichem* Glück und *politischer* Freiheit" „ein unabdingbarer Teil der Struktur des republikanischen Gemeinwesens" der Vereinigten Staaten geworden. Aber es sei keineswegs ausgemacht, „ob ... diese politische Struktur wirklich so fest gegründet und untermau-

ert ist, daß sie dem sinnlosen Treiben einer Konsumentengesellschaft standzuhalten vermag".

Kulturkritik ist, seit Rousseau, ein integraler Bestandteil der Kultur der modernen Gesellschaft, und die von Hannah Arendt so genannte „Konsumentengesellschaft" bietet für kulturkritische Analysen unserer zeitgenössischen Moralisten in der Tat reichlich Gelegenheiten. Eine überzeugende Phänomenologie des
Dekadenzcharakters der „Konsumentengesellschaft" bietet allerdings Hannah
Arendt nicht. Es scheint sich für sie von selbst zu verstehen, daß das öffentliche
Leben in der Alternative von „Freiheit oder Wohlstand" eine Entscheidung zu
treffen habe, und in den USA sei eben diese Entscheidung „nie endgültig" ge-
troffen worden.

In Wahrheit ist die fragliche Alternative ein lebensfremdes Philosophenkon-
strukt. Man erkennt das, wenn man sich anschaulich zu machen versuchte, wie
sich denn eine politische Öffentlichkeit darstellen müßte, die, statt an Freiheit
und Wohlfahrt orientiert zu sein, die Wohlfahrtszwecke total privatisierte und die
Freiheit zum einzigen Zweck des Politischen erhöbe. Es ergäbe das die Vorstellung eines Gemeinwesens, das unter den Bedingungen einer hochentwickelten
Industriegesellschaft gar nicht lebensfähig wäre. Lebensunfähig wäre ein moderner Staat, der sich den Zwecken des Sozialstaats verweigerte, nicht deswegen, weil
wir inzwischen alle von der moralischen Korruption des süßen Lebens „in Kon-
sumentengesellschaften" ergriffen wären, vielmehr deswegen, weil doch selbst
noch jene Freiheit, die in der Teilnahme am politischen Leben praktisch wird, an
Bedingungen öffentlich gewährleisteter privater Wohlfahrt gebunden bleibt.

Kurz: Hannah Arendts Revolutionsbuch ist ein Lobpreis republikanischer Tugend. Sie beschreibt diese Tugend als Freiheitskompetenz, die sich bildet und festigt, indem sich die Freiheit politisch betätigt. Aber der Begriff des Sozialstaats
ist dem politischen Denken Hannah Arendts fremd geblieben. Das erklärt auch
gewisse Mißverständnisse der europäischen Revolutionstradition. Hannah
Arendt meint, in der Geschichte der europäischen Revolutionen sei der Aufbruch
zur politischen Freiheit nicht zuletzt unter dem Druck der „sozialen Frage" er-
stickt. Man sollte, wie ich meine, die Sache umgekehrt sehen. Wäre die soziale
Frage in den europäischen Revolutionen wirklich dominant geblieben, so hätten
sie eine Chance gehabt, statt an hypertrophen und terrorträchtigen Zwecken der
Geschichtsvollendung zu scheitern, sich zu moderieren und pragmatisch zu werden. Was das heißt, ließe sich an der jüngsten europäischen Revolution ablesen,
die man gern noch durch Hannah Arendt kommentiert gesehen hätte. Die revolutionäre Liquidation des Systems des real existierenden Sozialismus ist gewiß
auch ein Akt der Freiheitsgründung im Arendtschen Sinn. Aber es ist zugleich ein
Vorgang, in welchem sich politisch zur Geltung bringt, daß der Sozialismus selbst
noch zur Erfüllung seines Wohlfahrtsversprechens sich als unfähig erwiesen hat.
Wem das nichts gilt, pflegt heute zur Diskreditierung der Motive der Revolutionäre auf die DM oder auf sonstige Symbole der westlichen Konsumwelt hinzuweisen.

Es ist sicher, daß das, bei ihrer Empfindlichkeit gegenüber Verlogenheiten,
Hannah Arendts Beifall nicht gefunden hätte. Was hat sie dennoch veranlaßt,

Freiheitszwecke und Wohlfahrtszwecke in eine politische Alternative zu bringen? Meine Vermutung ist, daß Hannah Arendt für die Pragmatik des Alltags und damit auch für die Pragmatik des politischen Alltags in ihrer politischen Philosophie keinen Ort gefunden hat. Ihr Begriff politischer Freiheit ist ein von republikanischem Pathos erfüllter Begriff. Aber es ist ein in letzter Instanz unpolitischer, nämlich romantischer Freiheitsbegriff, und die Romantik, um die es sich dabei handelt, ist die Romantik des Abscheus vor der Banalität. Nicht zufällig ist das berühmteste ihrer Worte das Wort von der „Banalität des Bösen". Man sollte dieses Wort respektieren, aber nicht nachsprechen. Wie, frage man sich, hätte einem denn das Böse, in der Gestalt eines Schreibtischtäters, sonst erscheinen sollen, wenn nicht in der Banalität eines Individuums nach dem Zusammenbruch des totalitären Systems, dessen durchaus nicht banale Zwecke es einst zu vollstrecken hatte? Die singulären Schrecken der totalitären Systeme unseres Jahrhunderts setzen als ihre Vollstrecker nicht Individuen von dämonischem Rang voraus. Insoweit genügen Jedermanns-Mitläuferschaften, und was sie gefährlich macht, ist nicht eine ungewöhnliche Eigenschaft ihrer Individualität, die alles Gewöhnliche und Banale hinter sich ließe, vielmehr die Herrschaft einer Common-sense-fernen Ideologie, die den Punkt definiert, aus dem sich, jetzt und ein für alle Mal, die Welt kurieren läßt. Hannah Arendt selbst hat diesen Mechanismus ideologischer Selbstermächtigung zur Gewalt prägnant beschrieben.

Aber die Banalität des Lebens, die vom politisch Bösen sich nicht abtrennen läßt, bleibt eben auch dem politisch Guten unabtrennbar verbunden. Die Stunden der Freiheit sind große Stunden. Aber die revolutionären Ausnahmelagen, in denen die Freiheit gegründet wird und im glücklichen Falle ihre dauerhafte Verfassung findet, lassen sich ihrerseits nicht auf Dauer stellen. Das revolutionäre Ausnahmehandeln kontrastiert gegen den politischen Alltag, und im politischen Alltag ist die Freiheit normalerweise kein Thema – nicht, weil man sie inzwischen aufgegeben, vergessen oder verraten hätte, vielmehr deswegen, weil man sie höchst pragmatisch von einer fälligen Novellierung des Rentenrechts bis zur Beschlußfassung über die Subventionierung eines Revolutionsmuseums tätig in Anspruch nimmt.

28. Die politische Verantwortung des Gelehrten
Thomas Nipperdey und die akademische Kulturrevolution

Die Universitäten, überhaupt die Einrichtungen für Forschung und Lehre, sind für die Herausbildung und Festigung von Bürgersinn keine besonders begünstigenden Örter. Mit dieser Feststellung ist gar nicht die Absicht einer Kritik an den akademischen Institutionen verbunden. Die Meinung ist lediglich die, daß es lebensfremd wäre, etwas anderes zu erwarten.

Die Universität – das ist ein relativ politikferner Ort, und die Prägungen, die man durch Teilnahme an ihrem Leben erfährt, prädisponieren nicht eo ipso für politisches Handeln.

Es ist leicht zu erkennen, wieso das so ist. Erstens endet der Handlungskreis des Forschens, Lehrens und Lernens gerade nicht, wie der politische Handlungskreis, bei einer mehrheitsgestützten Entscheidung in Beantwortung der Frage, was zu tun sei. Er endet vielmehr bei der Präsentation hoffentlich methodisch solider Gründe für Behauptungen über das, was der Fall ist.

Nicht, daß der Übergang vom einen in den anderen Praxiszusammenhang Individuen gar nicht möglich wäre. Politikerkarrieren, die vom Schülerratsvorsitz über das Präsidium in Studentenausschuß und Assistentenschaft direkt ins Parlament, ja bis in die Regierung verlaufen, gibt es ja, und ironische Kommentare dazu sind nicht einmal in jedem dieser Fälle angemessen. Es bleibt aber festzuhalten, daß dergleichen selten ist. Nur in sehr schmalen Sektoren und überdies stets nur über begrenzte Zeit hinweg lassen sich erfolgreiche wissenschaftliche Professionalität einerseits und ebenso erfolgreiche politische Professionalität andererseits in ein und derselben Person miteinander verknüpft halten.

Es gibt noch einen zweiten Grund, der uns erkennen läßt, wieso das so ist. Er liegt im Unterschied von Persönlichkeitsprägungen durch krasse Unterschiede in der Verantwortungsreichweite von politischer Praxis einerseits und Wissenschaftspraxis andererseits.

Generell gilt ja der Satz: Die Verantwortung von Personen und Institutionen kann nie weiterreichen als bis an die Grenzen ihrer Handlungsmacht. Diese Handlungsmacht ist bei Inhabern von politischen Wahl- und Regierungsämtern potentiell weit gespannt, eng begrenzt aber im Regelfall bei Dozenten und Forschern.

Es hat stets üble Folgen, im harmlosesten Fall lächerliche Folgen, die damit gegebenen Unterschiede politischen und wissenschaftlichen Handelns zu verwischen. Ein Versuch, das zu tun, unternahmen zum Beispiel jene Landeshochschulgesetze, die vor fünfundzwanzig Jahren Wissenschaftler verpflichten wollten, in volle Verantwortung für die Folgen der praktischen Nutzung ihrer jeweiligen Wissenschaften einzutreten. Wo in dieser Weise Verantwortung deklamatorisch entgrenzt wird, nehmen wir nicht Verantwortung wahr, sondern ruinieren ihren Begriff und machen aus der Praxis der Verantwortungswahrnehmung rhetorische Demonstration guter Verantwortungsgesinnung.

Man muß also das politische Handeln einerseits und das wissenschaftliche Handeln andererseits auseinanderhalten; aber man kann beides selbstverständlich nicht trennen. Die Einrichtungen der Wissenschaft sind von politischen und kulturellen Voraussetzungen abhängig, die nicht zu ihrer eigenen Disposition stehen. Es gibt sie in freien, politischen Lebensverhältnissen nur, sofern sie vom herrschenden Bürgersinn anerkannt und getragen sind, und akademisch-politische Normallagen sind dadurch definiert, daß dieser Bürgersinn die akademische Bürgerschaft selber durchherrscht.

„Durch den Willen des Volkes" – so liest als Portalsinschrift jeder, der die Universität zu Zürich betritt. Darin bringt sich der Anspruch einer Legitimität zur Geltung, in bezug auf die die Wissenschaft keineswegs autonom ist, und noch in der Autorität von Hausmeistergehilfen, die sich auch von „kritischen" Studenten gar nicht einschüchtern ließen, wird das erfahrbar. In politische Verantwortung des Gelehrten umgesetzt heißt das: Man hat sich Professoren zu wünschen, die durch politische Betätigung ihres Bürgersinns außerhalb der akademischen Welt dann auch innerhalb dieser den hier stets gefährdeten politischen Common sense repräsentieren und so stabilisieren.

Genau in diesem Sinne verstehe ich Thomas Nipperdeys Eintritt in eine politische Partei im hochschulpolitisch prekären Jahr 1968. Damals wurde er Mitglied des Zehlendorfer SPD-Ortsvereins. Das geschah keineswegs in der Absicht, damit den ersten Schritt einer politischen Karriere zu setzen. Um einen Beitrag zur Erneuerung einer alten Partei aus dem Geiste irgendeiner kritischen Theorie sollte es sich auch nicht handeln, und um die Verschaffung einer parteipolitischen Basis zur Politisierung der Hochschulen erst recht nicht. Der Gelehrte, der sich an der Parteibasis betätigt – das ist ein Fall von Vermittlung akademischer und politisch-bürgerlicher Welt in der Einheit einer Person, und der nötige Sinn dessen erfüllt sich unabhängig von der Reichweite innegehabter Ämter.

Jeder Professor ein Parteigenosse – das ist freilich auch keine sinnvolle Forderung. Auch die politische Betätigung setzt gewisse Qualifikationen voraus und über eine dieser Qualifikationen verfügte Thomas Nipperdey in auffälliger Weise. Er verfügte über die Gabe, und sei es mit einem Mikrophon in der Hand, frei vor die Menge, ja jede beliebige Vollversammlung zu treten und Quintessentielles zur jeweiligen Lage zu sagen, was einem von da an unvergeßlich blieb – sei es in Zustimmung, sei es in Widerspruch. Der Ton, der ihm dabei eigen war, ist allen, die Thomas Nipperdey kannten, im Ohr geblieben. Es war ein Ton mit überaus differenziert eingesetzten ironischen Obertönen.

Ironie – sie begegnet uns in der Politik zumeist als grobes Mittel der rhetorischen Vorteilsverschaffung auf Kosten anderer –: man bringt die Lacher auf seine Seite. Thomas Nipperdey hingegen handhabe die Ironie freundlich-einvernehmend – als rhetorisches Mittel nämlich, unangenehmen Wahrheiten ihre momentane Zudringlichkeit zu nehmen. Sie entfalteten dann Langfristwirkung.

Zur unabweisbaren Verantwortung eines jeden Gelehrten gehört selbstverständlich das Eintreten für die politischen, rechtlichen und moralischen Erhaltungsbedingungen der akademischen Institution selbst. In Wahrnehmung dieser Verantwortung hat Thomas Nipperdey es für richtig gehalten, der 68er Bewegung zu widersprechen und zu widerstehen und zwar von Anfang an. Praktisch heißt das: Er unterstützte die Berliner Notgemeinschaft für eine Freie Universität, und im 1970 gegründeten Bund Freiheit der Wissenschaft, der dann für die Zwecke der Sicherung akademischer Freiheit bundesweit eintrat, hatte er über etliche Jahre hin Vorstandsposition inne.

Das bedarf heute, wo ja Alt-68er, medial unterstützt, sich selbst als Repräsentanten eines damals endlich gelungenen Durchbruchs zu einer demokratischen Erneuerung der angeblich traditional und autoritär verkrusteten alten Bundesrepublik zu feiern pflegen, der Erläuterung. Thomas Nipperdey wußte natürlich, daß die neue akademische Jugendbewegung ein internationales Phänomen war – von den USA ausgegangen und nahezu alle modernen Industriegesellschaften ergreifend, und das ist ein Thema für sich. Aber in Deutschland nahm diese Bewegung Züge an, die nicht nur im Interesse akademischer Freiheit, vielmehr darüber hinaus im Interesse der zweiten deutschen Demokratie eine Gegenbewegung herausfordern mußten. Worum handelte es sich denn? Ich will es, abkürzend und zusammenfassend, auf einen einzigen Punkt bringen. In neomarxistischer Inspiration galt plötzlich die antikommunistische Orientierung des Westens als „objektiv reaktionär" – so hieß das im Jargon jener Jahre. Den real existenten Sozialismus, gewiß, mochte man nicht, aber die USA noch viel weniger, und das Ordnungssystem der Bundesrepublik Deutschland galt als Ausdruck defizitären deutschen Antifaschismus. „Wer vom Kapitalismus nicht reden will, möge auch vom Faschismus schweigen" – so zitierte man anhaltend Max Horkheimer.

Das alles klingt inzwischen sehr fern und sehr sonderbar. Aber es repräsentierte damals doch eine neuerliche deutsche intellektuelle Tragödie. Man kann diese Tragödie, ultrakurz, auch als Tragik-Komödie formulieren: Als Angehörige der von Helmuth Plessner wirkungsreich so genannten verspäteten Nation wollten damals die akademischen Jung-Intellektuellen sich nicht noch einmal verspäten. Also sprangen sie auf den Zug auf, der sie nach neomarxistisch gedeutetem Weltgeschichtsfahrplan in die Zukunft geleiten sollte – nur zwei Jahrzehnte bevor dieser Zug unter argem Rumpeln auf einem definitiven Abstellgleis der Weltgeschichte zum Stehen kam. Da war man wieder verspätet, nachdem man nur wenige Jahre zuvor noch Erich Honecker bei seinem Besuch in seiner saarländischen Heimat beflissen begrüßt, gegen den Besuch Ronald Reagans beim Hambacher Schloß aber protestiert hatte, als handle es sich um eine Entweihung dieser Traditionsstätte deutscher Frühdemokratie.

In Reaktion auf dieses Phänomen hat Thomas Nipperdey sein ironisches Talent noch bedeutend zu steigern vermocht. Aber Nipperdey geriet auch in ein gespanntes Verhältnis zu seiner Partei, und diese Spannung erwies sich schließlich als unlösbar. Als Konsequenz ergab sich, Anfang der 80er Jahre, der Austritt.

Mit ihren Parteien waren freilich in den späten sechziger und frühen siebziger Jahren viele Professoren nicht glücklich, und in der Rückschau läßt sich leicht sagen, wieso nicht. Die Parteien wollten damals, entgegen vielfach anderslautender offizieller Bekundung, vor allem Ruhe haben, das heißt sie wollten die Studenten von der Straße wegbringen. Als geeignetes Mittel dazu erschien ihnen das, was ich hochschulpolitischen Konzessionismus nennen möchte – von der rechtswidrigen Zuerkennung politischer Mandate an studentische Pflichtkörperschaften bis hin zu den bis heute schädigend nachwirkenden Massenbeförderungsschüben. Dergleichen also gab es in allen Parteien. Die SPD hatte freilich noch ihre besonderen Schwierigkeiten, nämlich mit dem intellektuellen Neo-Marxismus, der intellektuell in der 68er Bewegung vorherrschend war. Dieser verblüffte die SPD, und sie versuchte sich unbeschadet ihres Godesberger Programms aus der Affäre zu ziehen, indem sie den Neo-Marxismus zum Indikator für progressive intellektuelle Orientierung erhob. Um so allergischer mußte sie komplementär dazu auf verblüffungsfest gebliebene Intellektuelle in ihren eigenen Reihen reagieren, und Thomas Nipperdey repräsentierte diese Verblüffungsresistenz in herausragender Weise.

Über die Hochschulpolitik hinaus hat sich dann Thomas Nipperdey in den siebziger Jahren einer sehr speziellen Politik zugewandt, die ich als Geschichtskulturpolitik kennzeichnen möchte. Es gab damals, am spektakulärsten Anfang der siebziger Jahre in Hessen, den Versuch, eine kleine Kulturrevolution mit administrativen Mitteln zu exekutieren. Die Absicht war, über verordnete neue Lehrpläne das selbständige Schulfach „Geschichte" überhaupt aufzuheben und die verbleibenden Elemente historischer Unterrichtung strikt den Zwecken aktueller, emanzipatorisch verpflichteter Gesellschaftspolitik zu unterwerfen.

Dagegen erhob Thomas Nipperdey öffentlich Widerspruch. Sein für den Hessischen Elternverein erstattetes berühmtes Gutachten in dieser Sache hat Schulgeschichte gemacht. In zahllosen öffentlichen Versammlungen hat er damals von Hessen-Darmstadt bis nach Kurhessen das Recht einer Landesverwaltung bestritten, theoretische Obsessionen akademischer Randgruppenintellektueller curricular verbindlich zu machen. Von den spätmarxistischen Gehalten dieser Obsessionen ist nicht noch einmal zu reden, wohl aber von der darin enthaltenen elementaren Verkennung des kulturellen und politischen Sinns unseres spezifisch modernen Geschichtsinteresses. Die Publikumsmassen strömen in die Museen, fahren mit dem Fahrstuhl in die Römerzeit zu den Sarkophagen hinab, fordern Millionen für eine Zopfstilfassadenfreilegung ein oder für eine Windmühlenrestauration – und das alles soll von einem politisch-praktischen Erkenntnisinteresse in konfliktorientierter emanzipatorischer Absicht geleitet sein? Selten haben sich in einem liberal verfaßten Gemeinwesen kulturelles Bürgerinteresse, in diesem Falle Geschichtsinteresse, einerseits und staatlich verfügte Bildungspolitik andererseits in einem derart grotesken Mißverhältnis befunden, und Thomas Nipperdey hat in Wahrnehmung politischer Verantwortung des Gelehrten dieses Mißverhältnis beifallsträchtig öffentlich sichtbar gemacht und zur Beendigung dieser kulturpolitischen Merkwürdigkeit beigetragen.

Der Sachgehalt des hessischen Schulkampfes hatte übrigens damals auch eine wissenschaftspolitische Seite. Das hat Thomas Nipperdey über seine Mitgliedschaft und Vorstandsmitgliedschaft in seiner Fachkommunität zur Geltung gebracht. Theoretisch war das wohlvorbereitet durch seine langjährige Mitwirkung im geschichtstheoretischen Arbeitskreis der Werner-Reimers-Stiftung zu Homburg v.d.H. In der Quintessenz ging es dabei um eine Apologie des unaufgebbaren methodischen, kulturellen und politischen Sinns des geschichtswissenschaftlichen Historismus. Nipperdeys Forderung lautete, es sei überfällig, den Historismus in Deutschland endlich zu enthistorisieren.

Das klingt als Forderung aus Historikermund überraschend, und es hatte doch einen präzisen fachpolitischen Sinn. Die Forderung der Enthistorisierung des Historismus richtete sich gegen fachintern verbreitete Verdächtigungen der uns aus historistischer Tradition vertrauten narrativen Vergegenwärtigung kontingenter Herkunftsgeschichten. Diese Verdächtigungen arbeiteten regelmäßig mit dem Mittel des Rekurses auf obsolet gewordene politische Optionen, die in einigen deutschen Traditionen prominente Historiker einst kultiviert hatten. Und wenn es denn wahr gewesen wäre - es ist nicht wahr -, daß im Unterschied zu diesen Historikern die Soziologen wissenschaftsgeschichtlich generell die emanzipatorisch fortgeschrittenere Intelligenz repräsentiert hätten -: Die Fälligkeit der Verwandlung der Geschichtswissenschaft in eine sogenannte historische Sozialwissenschaft ergibt sich daraus, so Nipperdey, nicht im mindesten. Geschichtswissenschaftlich disziplinierte Herkunftsvergegenwärtigung ist eine Funktion zivilisationsdynamisch bedingt zunehmender Herkunftsfremdheit. Der Aufklärungssinn solcher Tilgung von Herkunftsfremdheit durch Herkunftsvergegenwärtigung erfüllt sich in Kenntnisnahme dessen, wie es wirklich gewesen ist und nicht in geschichtsanwaltlicher Abfassung von Anklageschriften. Wer so verfährt, nimmt banalerweise auch zur Kenntnis, wie schlimm es immer wieder einmal gewesen ist und in unserer eigenen Geschichte zumal. Aber das festzustellen ist, solide Geschichtskenntnis vorausgesetzt, trivial und keine geschichtswissenschaftliche Sonderleistung, zu der wir erst durch eine kritische oder sonstige Theorie angeleitet moralisch instand gesetzt würden.

Das Resümee, auf das wir die Geschichtswissenschaftspolitik Thomas Nipperdeys bringen können, lautet: Es gibt keine moralisch oder politisch privilegierende Geschichtswissenschaft. Das Moralische versteht sich in den Normallagen des politischen Lebens von selbst, so daß wir auf moralisierende Wissenschaft verzichten können, und wenn sich in den Ausnahmelagen des politischen Lebens das Moralische nicht mehr von selbst versteht, dann ist es abermals nicht die Wissenschaft, an die wir uns zu wenden hätten. Worauf wir alsdann angewiesen sind - das ist unbeschädigt gebliebener moralischer Common sense. Den gibt es potentiell überall, und dann und wann wird er uns in der Tat auch in der akademischen Welt auffällig. In der Person Thomas Nipperdeys war das der Fall.

Parteiengagement, Schulpolitik, Geschichtswissenschaftspolitik - das in Wahrnehmung politischer Verantwortung des Gelehrten verlangt diesem Öffentlichkeitsfähigkeit ab. Thomas Nipperdey besaß sie - über seine rhetorischen Kompetenzen hinaus auch als Publizist. Weit mehr als zehn Prozent seiner Veröffentlichungen sind, wie wir dem Verzeichnis seiner Schriften entnehmen können, nicht an die Adresse der Fachkollegenschaft gerichtet, vielmehr unmittelbar an die exoterische Öffentlichkeit – in Zeitungsartikeln, in Beiträgen zur Verbandspresse oder in Publikumszeitschriften. Es bleibt erstaunlich, wie es Thomas Nipperdey gelungen ist, sein Interesse an öffentlicher Wirksamkeit bis in politische Zusammenhänge hinein mit außerordentlichen Ansprüchen esoterischer Gelehrsamkeit biographisch in Einklang zu bringen. Bewundernd und dankbar blicken wir auf sein Leben zurück.

29. Struktureller Konservativismus

Gespräch mit Christophe De Landtsheer, Brüssel

Man nennt Sie in Deutschland gern einen „Konservativen". Was ist für Sie Konservativismus?

In Deutschland gibt es, insbesondere im Unterschied zu Großbritannien, keinen fest geprägten, in seinem Gebrauch gewohnheitsstabilisierten Begriff des Konservativismus. Das beruht nicht zuletzt darauf, daß es in Deutschland gegenwärtig keine Partei gibt, die in ihrem Parteinamen als Namensbestandteil den Prädikator „konservativ" führte.

Das hat weitreichende Konsequenzen. Im politischen Gebrauch kann in Deutschland jedermann, sofern er nicht gerade über eine fachlich disziplinierte historische Bildung verfügt, mit dem Wort „konservativ" nach Belieben umgehen. Vor allem wird es in der deutschen politischen Gegenwartssprache als verbale ideologische Waffe benutzt. Als politische Selbstkennzeichnung ist der Prädikator „konservativ" gänzlich unüblich. In erster Linie verwendet man den Begriff des Konservativismus zur Charakteristik jeweiliger politischer Gegner. Das Wort „konservativ" hat, wie auch demoskopische Umfragen beweisen, eine primär negative emotionale Ladung. Eben das macht es zu Zwecken der Selbstkennzeichnung ungeeignet.

Wie erklärt sich diese negative Ladung des Wortes „konservativ" im gegenwärtigen Deutschland? Sie erklärt sich nicht zuletzt aus Wirkungen der nationalsozialistischen Diktatur. Zur Vorgeschichte dieser Diktatur gehören ja mannigfache ideologische Bewegungen, die, auch wenn sie selber nicht nationalsozialistisch waren, doch das demokratische System der Weimarer Republik bekämpften. Für die Intellektuellen-Bewegung der sogenannten Konservativen Revolution, vor allem, gilt das. Noch einmal: Diese Konservative Revolution war nicht nationalsozialistisch, aber sie hat doch zur intellektuellen Schwächung der demokratischen Weimarer Republik beigetragen, und so ist denn durch die nationalsozialistische Diktatur indirekt auch der Konservativismus dieser sogenannten Konservativen Revolution diskreditiert worden.

Hinzu kommt noch, daß in der Bundesrepublik Deutschland hier und da auch die marxistisch-leninistische Faschismustheorie einen gewissen Einfluß gewann, derzufolge bekanntlich der Faschismus – das heißt im Sprachgebrauch der Marxisten-Leninisten auch der Nationalsozialismus – die terroristische Form der Selbstverteidigung einer von der Geschichte zum Aussterben verurteilten Klasse, nämlich der Bourgeoisie, ist. Der Nationalsozialismus wird hier also als eine fortschrittsfeindliche und in eben diesem Sinne konservative politische Bewegung gedeutet.

Man erkennt: Schon aus diesen Gründen steht das Wort „konservativ" in der zweiten deutschen Demokratie, also in der Bundesrepublik Deutschland, für einen unbefangenen Gebrauch nicht zur Verfügung. Eben deswegen hat auch keine Partei in der Bundesrepublik Deutschland es sich einfallen lassen, sich selber als konservativ zu kennzeichnen.

Aber wie soll man nun reagieren, wenn man von politischen und intellektuellen Gegnern, aus welchen Gründen auch immer, in polemischer Absicht als „konservativ" verschrien wird? Grundsätzlich gibt es zwei Möglichkeiten, darauf zu reagieren. Entweder dementiert man, beharrlich und nachdrücklich, ein Konservativer zu sein. Alsdann hat man andauernd die Last solcher Dementis zu tragen. Eine andere Möglichkeit ist, dem Wort „konservativ" einen zustimmungsfähigen, legitimen Sinn zu geben. Ich selber habe schließlich diese zweite Strategie für die vorteilhaftere Strategie gehalten. Worin bestehen die Vorteile? Zunächst gibt man der deutschen politischen Sprache damit das Wort „konservativ" als ein doch auch im übrigen freien Europa durchaus unpolemisch verwendbares Wort zurück. Sodann gewinnt man den Vorteil, die Diktatur der Nationalsozialistischen Deutschen Arbeiterpartei als das zu kennzeichnen, was sie entgegen der marxistisch-leninistischen Faschismus-Theorie doch tatsächlich war, nämlich eine durchaus revolutionäre, die politischen und gesellschaftlichen Verhältnisse umpflügende, umstürzende Diktatur, die eine „konservative" Diktatur nennen zu sollen im grotesken Widerspruch zu derjenigen Bedeutung des Wortes „konservativ" stünde, die diesem Wort aus der großen Tradition des europäischen, zumal auch westeuropäischen Konservativismus zugewachsen sind. Überdies trägt man damit der historischen Tatsache Rechnung, daß der Widerstand gegen die nationalsozialistische Diktatur, insbesondere jener Widerstand, der sich mit dem Datum des 20. Juli 1944 verbindet, nicht zuletzt ein Widerstand aus alt-konservativen politischen Traditionen gewesen ist.

Gewiß: Der Konservativismus, wie er sich in Europa nicht zuletzt in Reaktion auf die Erfahrungen der Französischen Revolution herausgebildet hat, ist kaum noch von unmittelbarer politischer Aktualität. Entsprechend muß man gerade auch in Deutschland, wenn man dem Wort „konservativ" eine aktuelle verteidigungsfähige Bedeutung zurückgeben will, Fälligkeiten gegenwärtiger kultureller und gesellschaftlicher Lagen ins Auge fassen. Um welche Fälligkeiten handelt es sich? Man erkennt sie, wenn man eine entscheidende Eigenschaft moderner, hochentwickelter Zivilisationen ins Auge faßt, nämlich ihre historisch beispiellose evolutionäre Dynamik. Nicht alle, aber doch sehr viele und sehr gewichtige Probleme, mit denen wir in modernen Gesellschaften konfrontiert sind, sind nicht Probleme aus aufgehaltenem Fortschritt, vielmehr Nebenfolgen eines Fortschritts, der in vielen Bereichen des gesellschaftlichen Lebens mit ungebrochener Dynamik abläuft.

Ich will das an einem Beispiel erläutern. Es handelt sich nicht um ein Beispiel von großem politischen Gewicht, aber doch hoffentlich um ein in seiner Struktur deutliches und zugleich signifikantes Beispiel. Niemals zuvor hat sich die Bausubstanz unserer Wohn- und Arbeitsquartiere rascher verändert als heute – sei es durch Abriß und Neubau oder sei es auch durch Erweiterungsbau an den Rändern unserer Dörfer und Städte. Die Spezialisten des Städtebaus und der Architektur haben für Jahre besonderer wirtschaftlicher Aktivität eine Bausubstanzänderung zwischen zwei und drei Prozent jährlich berechnet. Fürs Lebensgefühl der Bewohner dieser Städte und Dörfer hat das eine überaus wichtige Konsequenz: Ihr architektonisches Lebensambiente wird ihnen änderungstempobedingt fortschreitend unvertraut.

Ersichtlich ist es genau diese spezifisch moderne, und zwar fortschrittsabhängige Erfahrung, auf die sich die Anstrengungen unserer Denkmal- und Stadtbildschützer beziehen. Sie konservieren jene Stadtarchitekturelemente, die Erfahrung der Kontinuität möglich machen und damit unseren Städten und Dörfern Identität verschaffen. Noch niemals zuvor haben die Europäer für die Erhaltung und Rekonstruktion ihrer Architekturdenkmäler soviel Geld ausgegeben wie heute. In den vom Krieg zerstörten Städten zumal, in Polen zum Beispiel, findet man sich nicht ohne Rührung mit den Anstrengungen der Menschen konfrontiert, ihre alten Städte, sozusagen, neu „alt" zu machen.

Der von mir für nötig gehaltene Konservativismus ist von der Struktur genau dieser Konservierung oder konservierenden Rekonstruktion dessen, was uns in Lagen beispielloser gesellschaftlicher Dynamik Kontinuitätserfahrungen zu machen verstattet. Je rascher sich unsere Lebensverhältnisse über Wirkungen des wissenschaftlichen, technischen und wirtschaftlichen Fortschritts ändern, um so interessierter sind wir an der Konservierung von Beständen, die vom Fortschritt nicht überholt werden.

Alt und trotzdem nicht veraltet – das ist die Definition des Klassischen, und das Klassische in dieser Charakteristik ist ein spezifisch moderner kultureller Bestand. Ihn zur Geltung zu bringen – das darf man dann „konservativ" nennen, und der so charakterisierte Konservativismus gewinnt ersichtlich an funktionaler Nötigkeit mit dem Grad der Modernität moderner Gesellschaften.

Auch für unser Naturverhältnis, wie es sich in modernen Industriegesellschaften herausbildet, gilt das. Nie zuvor war der Verbrauch an naturalen Ressourcen größer als in der modernen Zivilisation. Dem verdanken wir unsere historisch beispiellose Wohlfahrt. Aber deren Kosten schlagen sich nicht zuletzt in ökologischen Krisen nieder. Genau darauf antworten wir mit naturkonservativen Akten. Der ästhetische Lobpreis der unberührten Natur, die Naturschutzbewegungen und die Anlage von Naturparks – all das sind ja nicht kulturelle Erscheinungen der vormodernen Zivilisation. Es handelt sich vielmehr um kulturelle Elemente der modernen Industriegesellschaft – bis hin zum Naturkonservativismus „grüner" Parteien oder der „grünen" Flügel der älteren, etablierten Parteien.

An der Nötigkeit dieses Naturkonservativismus ist schlechterdings nicht zu zweifeln. Insofern kann ich mit den Impulsen, die in den grünen Bewegungen stecken, auch durchaus übereinstimmen. Ich befinde mich gegenüber den grünen Bewegungen nur in einer Opposition insoweit, als diese grünen Bewegungen eben nicht nur Natur konservieren, sondern zugleich auch unsere liberale gesellschaftliche Ordnung in irgendeine andere Ordnung hinein transformieren möchten. Der Konservativismus der Grünen ist sozusagen nicht konsequent genug. Er müßte sich auch auf die Erhaltung der Strukturen liberal verfaßter politischer Ordnung erstrecken – eben jener Ordnung, die eine ungleich größere Verheißung hat, auf die Herausforderung ökologischer Krisen produktiv antworten zu können als insbesondere die Ordnung des real existent gewesenen Sozialismus.

Denkmalschutz, Naturschutz – das also sind Fälligkeiten der hier von mir gemeinten konservativen Art. Aber diese Fälligkeiten erstrecken sich auch auf Lebensbereiche, deren Bedeutung man noch höher einschätzen wird. Sie erstrecken sich auch auf Moral und Religion.

Zusätzliche Erläuterungen spezifischer moderner kultureller Funktionen des Konservativismus wären willkommen.

Der auch außerhalb Deutschlands weltweit bekannte ehemalige Bundeskanzler Schmidt hatte vor einiger Zeit aus gegebenem Anlaß einmal auf die Nötigkeit der von den Philosophen gern so genannten sekundären Tugenden verwiesen. Bei diesen sekundären Tugenden handelt es sich keineswegs um Lebensorientierungen der allerersten Größenordnung, vielmehr um Fähigkeiten und Fertigkeiten, die erst im Horizont dessen, was wichtiger ist, funktionale Bedeutung gewinnen. Fleiß und Ordnung gehören dazu, Disziplin und Pünktlichkeit, und vielleicht hatte der Alt-Bundeskanzler an diese sekundären Tugenden erinnert, nachdem ihm beim Besuch einer Schule deren mißlicher Zustand aufgefallen war. In der Tat wird man ja sagen müssen, daß man sich in einer sauberen Schule, in der man sich überdies pünktlich einfindet, wohler befinden wird, und zwar sowohl als Schüler wie als Lehrer, als unter Bedingungen von Sauberkeits-, Hygiene- und Disziplinstandards, die in Verfall geraten sind. Also erinnerte Schmidt an die Geltung der fraglichen Tugenden, worauf ihm von einem hochrangigen Politiker, einem Parteigenossen dazu, entgegengehalten wurde, die fraglichen sekundären Tugenden seien die Tugenden von Aufsehern in Konzentrationslagern.

Man erkennt wohl, daß diese Erwiderung nur in Deutschland überhaupt denkmöglich ist. Aber was ist in der Sache dazu zu sagen? Es ist ja richtig, daß Adolf Eichmann, der die Massendeportation insbesondere der ungarischen Juden zu organisieren hatte, ohne Fleiß, Disziplin, auch Pünktlichkeit seine schlimmen Werke nicht hätte tun können. Aber bedeutet denn das, daß in Reaktion auf diese Erfahrungen die fraglichen Tugenden nun aus dem Verkehr zu ziehen seien und aus unserer Kultur zu tilgen? Das wäre ersichtlich eine unsinnige Konsequenz, wie man sogleich erkennt, wenn man sich klar macht, daß die Angehörigen jener alliierten Armeen, die die Konzentrationslager schließlich befreit haben, dazu niemals imstande gewesen wären, wenn sie nicht ihrerseits eben dieselben Tugenden und dazu noch die keineswegs sekundäre, vielmehr nach alter europäischer Tradition primäre Tugend der Tapferkeit aufgeboten hätten. In den Formationen der Nationalsozialisten herrschte gewiß Parteidisziplin. Aber diejenigen, die gegen den Nationalsozialismus im Innern Widerstand zu leisten versucht haben, und die die Diktatur des Nationalsozialismus schließlich von außen zertrümmert haben, waren doch ihrerseits auf Disziplin angewiesen. Wie stellt man sich also die Zukunft vor, wenn man es für nötig hält, sie über einen Bruch mit wesentlichen Gehalten unserer moralischen Tradition gewinnen zu sollen?

Es gibt übrigens auch noch einen anderen Grund, der plausibel macht, wieso im Kontext gerade moderner Lebensverbringung traditionelle Tugenden nicht an Bedeutung verlieren, sondern ganz im Gegenteil noch an Bedeutung gewinnen. Wir stehen unter der Herausforderung modernitätsspezifischer Freiheitsgewinne. Freiheit will in Sinn, in Lebenssinn transformiert sein. Das verlangt uns die Fähigkeit der Selbstbestimmung ab.

Im allgemeinen wird man der Kulturgenossenschaft moderner Gesellschaften bescheinigen können, daß sie der Herausforderung dieses Zwangs zur Selbstbestimmung gewachsen sind. Aber was ist es denn, was uns selbstbestimmungsfähig macht? Selbstbestimmungsfähigkeit ist nicht zuletzt eine Sache der Prägung durch jene vermeintlich obsolet gewordenen sekundären Tugenden. Ihre Geltung ist ein alter, nichtsdestoweniger nicht veralteter, also klassischer Bestand, und die Konservierung dieses klassischen Bestandes schwächt nicht, sondern erhöht ganz im Gegenteil unsere Modernitätsfähigkeit.

Das Allgemeine ist: Struktureller Konservativismus in der skizzierten Bedeutung ist nicht ein kultur-evolutionäres Relikt, vielmehr eine modernitätsspezifische Fälligkeit.

Ließe sich der von Ihnen gemeinte Konservativismus auch über seine exemplarischen Verdeutlichungen hinaus zusammenfassend auf Grundsätze bringen?

Ja. Der von mir charakterisierte Konservativismus ist, wie ich sagte, industriegesellschaftsspezifisch; er ist spezifisch modern.

Es handelt sich um einen Konservativismus, den man auf den Grundsatz bringen könnte, daß mit naturalen und kulturellen Substanzen, die sich fortschrittsabhängig verknappen, schonend umzugehen sei.

Man kann diesen strukturellen Konservativismus auch über eine Beweislastverteilungsregel definieren. Die hier gemeinte Beweislastverteilungsregel lautet: „Es besteht eine widerlegliche Vermutung für die Vernünftigkeit des Bestehenden". Der Kölner Staatsrechtler Martin Kriele ist der Autor dieser Formulierung. Fällt die Widerlegung der Vernünftigkeit des Bestehenden leicht, so geht ja von der fraglichen Beweislastverteilungsregel eine Behinderung fälliger Änderungen gar nicht aus. Fällt aber die Widerlegung der Vernünftigkeit des Bestehenden schwer, dann ist die davon ausgehende Änderungshinderungswirkung gerade das, worauf man in sehr dynamischen Gesellschaften in besonderer Weise angewiesen ist. Wenn man will, kann man diese Beweislastverteilungsregel, die den strukturellen Konservativismus charakterisiert, bis auf die provisorische Moral des René Descartes zurückführen.

Progressive Kritiker werfen den Konservativen gern vor, sie seien Apologeten des jeweiligen status quo. Was sagen Sie zu diesem Vorwurf?

Mit Status-quo-Denken hat der fragliche strukturelle Konservativismus überhaupt nichts zu tun. Dieser Konservativismus kann sich ja überhaupt erst in einer Gesellschaft entfalten, die durch hohe Dynamik charakterisiert ist und schon aus diesem Grund mit Status-quo-Denken sich gar nicht vereinbaren ließe.

Daß, wer bewahren wolle, verändern müsse, hatte bereits Burke zum Grundsatz erhoben. Man könnte schon in diesem Grundsatz die Einsicht entdecken, daß in der modernen, sich rasch entwickelnden Welt die alten ideologischen Fronten zwischen beharrenden Kräften, die sich jeder Veränderung widersetzen, und progressiven Kräften, die den Widerstand der Beharrenden zu brechen versuchen müssen, schließlich hinfällig wird. Hätten wir es denn noch im gegenwärtigen kulturellen und politischen Leben mit Kräften zu tun, die auf der einen Seite als Traditionshüter verstanden werden müßten und auf der anderen Seite als Kräfte der Traditionsemanzipation? In Wahrheit ist doch unser Problem dieses, daß wir, anstatt unter lastenden Decken petrifizierter Traditionen begraben zu sein, unter den Bedingungen zivilisatorischer Dynamik Schwierigkeiten haben, Tradition zu bilden. Was sind denn Traditionen? Traditionen sind handlungs- und einstellungsleitende kulturelle Selbstverständlichkeiten von lebenserfahrungsstabilisierter Geltung. Traditionen in eben dieser Bedeutung altern in modernen Kulturen sehr rasch. Das hat bedeutende Konsequenzen. Zu diesen Konsequenzen gehören insbesondere Destabilisierungen im Verhältnis der Generationen. Die Jüngeren müssen heute ihren Weg in die Zukunft finden, ohne sich des Leitseils traditionaler kultureller Selbstverständlichkeiten bedienen zu können. Entsprechend wächst die Wahrscheinlichkeit von Entwicklungskrisen. Umgekehrt muß das Alter erfahren, daß seine Lebenserfahrungen, zum Beispiel seine beruflichen Lebenserfahrungen, rascher als jemals zuvor veralten, so daß ineins damit auch die schönen Ratgeberkompetenzen verfallen und eben insoweit das Alter heute gewisse soziale Funktionsverluste erleidet.

Welches wären die politischen Konsequenzen des von Ihnen skizzierten Traditionsgeltungsschwunds?

Einige politische Aspekte des Lebens in sehr modernen, dynamischen Gesellschaften lassen sich durch Kompetenzverluste des common sense charakterisieren. Common sense ist zunächst einmal ein Wort im leicht englisch angereicherten Neudeutsch. Es ist aber ja, in einem seiner Ursprünge, zugleich ein zentraler Begriff zumal der schottischen praktischen Philosophie des 18. Jahrhunderts – ein Begriff jener bürgerlichen Urteilskraft, die man als einigermaßen gemeinverteilt unterstellen muß, wenn so etwas wie Mitwirkung der Bürger an den sie betreffenden Entscheidungen, an welcher Stelle des politischen Systems auch immer, soll für sinnvoll und möglich gehalten werden können. Eben der so charakterisierte common sense erleidet in sehr modernen Gesellschaften Funktionsverluste. Wieso? Man sieht das, wenn man unsere gegenwärtige Lage mit der sozialen Befindlichkeit der übergroßen Mehrheit der Menschen in vorindustriellen Gesellschaften vergleicht. Vor zweihundert Jahren, das heißt vor dem Beginn des Industriezeitalters, waren, wie unsere Sozialhistoriker berichten, gegen Dreiviertel aller Menschen der Landwirtschaft verbunden. Es liegt mir vollständig fern, die Lebensverhältnisse in diesen alten, agrarisch strukturierten Gesellschaften zu romantisieren. Die durchschnittliche Lebenserwartung war um die Hälfte geringer als heute. Nur in einer Hinsicht war mit dem Leben in einfacheren Gesellschaften auch ein Lebensvorzug verbunden: Der Anteil der realen Lebensvoraussetzungen, den man kraft eigener Erfahrung zu beurteilen vermochte, war ungleich größer als heute.

Wenn wir uns demgegenüber heute fragen, was wir denn nun noch, unbeschadet unserer Eigenschaft als hochrangige Fachleute, von den realen Bedingungen unserer physischen und sozialen Existenz lebenserfahrungsmäßig kennen, so wird plötzlich evident, daß noch nie eine Zivilisationsgenossenschaft ihre Lebensbedingungen, nämlich in unserer individuellen Lebenserfahrung, weniger verstanden hat als unsere eigene. In einer solchen Welt kann man nur leben, indem man Vertrauen aufbringt. Gemeint ist das Vertrauen in der schlichten Bedeutung des Vertrauens in die Solidität der Kenntnisse und Leistungen des uns jeweils benachbarten Fachmanns.

Im allgemeinen wird dieses Vertrauen nicht enttäuscht. Aber die Zahl der Fälle nimmt zu, in denen wir die Erfahrung machen müssen, daß sich über Nutzen und Nachteil einer modernen technischen Errungenschaft schließlich sogar die Fachleute uneins zeigen, und das ist genau der Moment, in welchem der Bürger, der doch ins einhellige Urteil der Fachleute müßte vertrauen können, verunsichert wird und auf Distanz geht. In Ländern, in denen die Bürger nicht nur wählen, sondern zugleich auch zu Sachvorlagen auf allen Ebenen des Aufbaus des politischen Gemeinwesens abstimmen, kann man diese Urteilsdistanz beobachten – nämlich im Anstieg der Nein-Ausgänge von Abstimmungsgängen. Für die Schweiz zum Beispiel gilt das. Das fragliche Nein ist nicht das Nein der begründeten Ablehnung. Es ist vielmehr das Nein der Urteilsenthaltung – das Moratoriums-Nein, wie wir es nennen könnten. Die Erklärung für diesen Bestand, noch einmal, liegt darin, daß die Zahl der Fälle zunimmt, in welchen die anstehenden Sachprobleme einen Komplexitätsgrad aufweisen, der selbst unter Fachleuten eine einhellige Beurteilung immer häufiger ausschließt, und in solchen Fällen ist es nicht eine irrationale, vielmehr eine höchst rationale Reaktion der Laien, daß sie sich, in Erfahrungen mit der Überforderung ihres common sense, des Urteils enthalten. Die vielberedete Akzeptanzkrise hat hier ihren letztinstanzlichen Grund.

Eines Ihrer Bücher trägt den Titel „Religion nach der Aufklärung". Spielt die Religion in der modernen Kultur überhaupt noch eine Rolle?

Ich hatte schon an einer früheren Stelle unseres Gesprächs gesagt, daß ich zu den konservierungsbedürftigen Beständen ja nicht nur Denkmäler und analoge klassische Kulturbestände zähle, vielmehr auch moralische und religiöse Traditionen. Wenn das angemessen ist, so müßte das zugleich bedeuten, daß die prominenten Religionskritiken insbesondere des 19. Jahrhunderts, die das Absterben der Religion vorausgesagt haben, einem Irrtum aufgesessen sind. Ich will das exemplarisch deutlich zu machen versuchen. Auf den Spuren Feuerbachs hat Karl Marx in den berühmten Pariser Manuskripten den Schöpfungsglauben für ein kulturelles Kompensat gesellschaftsformationsbedingter Abhängigkeit des Menschen von der Natur erklärt. Der Glaube an Gott, den Allmächtigen, sei ein historisch bedingtes Pseudokompensat der Erfahrung menschlicher Ohnmacht. Die Nötigkeit dieses Pseudokompensats werde entfallen sein, wenn dermaleinst, nämlich jenseits aller noch ausstehenden technischen und sozialen Revolutionen, der Mensch in der Geschichte seiner Emanzipation zum vollen Selbstbesitz gelangt sein werde, nämlich in der progressiven Verwandlung der Bedingungen seiner physischen und sozialen Existenz in Arbeitsprodukte.

Indessen: Als Garant der Unabwendbarkeit der im Kommunismus erreichten humanen Vollemanzipation stand doch im Zentrum des sowjetischen Großreichs, eine Leiche, nämlich der wächserne Lenin in seinem Schneewittchensarg, aufgebahrt – intentionswidrig als ein unüberbietbar eindrucksvolles memento mori, das uns eine menschliche Realität gegenwärtig hält, die ersichtlich gänzlich sozialformationsindifferent ist und überdies gänzlich emanzipationsresistent.

Gewiß: Das Faktum der hundertprozentigen Sterblichkeitsrate der Angehörigen unserer Spezies hat weder Marx noch Lenin geleugnet. Aber die Frage ist, was sie veranlaßt hat, die Religion für ein kulturelles Medium zu halten, in welchem Menschen sich einen Pseudotrost angesichts der Misere ihrer Lage verschaffen. Wieviel näher wäre man doch der kulturellen Realität des Lebens in archaischen wie in fortgeschrittenen Gesellschaften geblieben, wenn man die Religion als das Medium kultureller Beziehung auf genau diejenigen schlechthinigen Abhängigkeiten hätte gelten lassen, aus denen weder in archaischen noch in modernen Gesellschaften Menschen je Emanzipation möglich sein wird. Etwas genauere Lektüre maßgebender Schriften seines Berliner Universitätskollegen Schleiermacher, von Bibellektüre ganz abgesehen, hätten doch genügen sollen, Marx zu einem etwas realitätsnäheren Religionsbegriff gelangen zu lassen, als er ihn tatsächlich konzipiert hat. Der Marxsche Religionsbegriff ist in einer Weise wirklichkeitsvergessen, daß man nach einer Erklärung verlangt, wie es zu dieser Realitätsverkennung hat kommen können. Ich muß mir diese Erklärung hier sparen. So oder so: Wenn man an Stelle dessen, was wir bei Marx und in der marxistischen Tradition über die Funktion der Religion lesen können, an der kognitiven Banalität festhält, daß die Entwicklung unserer kollektiven Könnerschaften an der prinzipiellen Indisponibilität der Totalität unserer Lebensbedingungen nicht das Geringste ändert, so erkennt man zugleich, daß sich auch an der Nötigkeit einer vernünftigen Kultur unseres Verhältnisses zur elementaren Unverfügbarkeit unserer Lebensvoraussetzungen durch gesellschaftliche Fortschritte gar nichts ändert. Man hätte dann auch verstanden, wieso selbst in der Sowjetunion, obwohl die große Oktoberrevolution nun dreiviertel Jahrhundert zurückliegt, die Religion prognosewidrig gar keine Anstalten machte, definitiv abzusterben, daß ganz im Gegenteil auch dort die Zahl der aktiv Kirchenzugewandten anteilmäßig ungefähr dem Anteil aktiver Christen in den protestantisch geprägten Kulturmilieus Westeuropas gleichkam. –

Zusammenfassend heißt das: Nicht die Religion ist eine Illusion, vielmehr die Religionstheorie, die sie als solche behandelt hat. Daß die unleugbaren Fort-

schritte unserer Zivilisation an der Unverfügbarkeit unseres Lebens nicht das Geringste ändern und damit auch nicht an der fortdauernden Nötigkeit jenes vernünftigen Verhältnisses zu diesem Bestand, den wir eben Religion nennen – das
möchte ich abschließend durch die Analyse eines einschlägig signifikanten Vorgangs zu zeigen versuchen.

Man kann die Fortschritte wissenschaftlicher Einsicht in das, was der Fall ist,
in praktischer Hinsicht als Ausweitung der Menge der uns zu Gebote stehenden
Handlungsmöglichkeiten charakterisieren. In genau diesem Sinne sind uns durch
Fortschritte biomedizinischer Techniken Möglichkeiten zugewachsen, den
Wunsch, ein Kind zu haben, zu bedienen, die kulturgeschichtlich zuvor niemals
bestanden haben. Das in der zivilisationskritisch gestimmten einschlägigen Literatur herumgeisternde sogenannte Retortenbaby ist dafür der leibhaftige Beweis.
Die Zahl der in-vitro-Fertilisationen und näherhin die Zahl der Schwangerschaf-
ten, die auf diese Weise eingeleitet werden, nimmt bekanntlich in allen hochentwickelten Ländern stark zu, und damit auch aus diesem neuen und zusätzlichen
Grund die Zahl der Kinder, die als Wunschkinder zur Welt kommen. Dieser Bestand erfüllt natürlich recht genau die Marxsche Charakteristik des Zivilisationsprozesses als eines Prozesses permanenter Expansion derjenigen Lebensvoraussetzungen, die zugleich unsere eigenen Hervorbringungen sind. Indessen: Wir
mögen ja ein Wunschkind sein, ein Sonntagskind überdies –: nie war aber doch
der einschlägige Wunsch unser eigener. Diskurstheoretisch ausgedrückt heißt
das: Niemand kann sich in seiner Existenz als das Resultat einer Zustimmung zu
ihr verständlich machen, die er am Ende eines herrschaftsfreien Diskurses erteilt
hätte. Das Faktum unserer Existenz ist evidenterweise ein absolut emanzipations-
resistenter Bestand, eine Gegebenheit von absoluter Kontingenz in Relation zu
unseren Handlungszwecken und Plänen, und was immer die Religion darüber
hinaus sein mag – sie ist, zumindest unter anderem, Kultur vernünftigen Verhaltens zu Beständen genau dieser Charakteristik, und die Vernunft im Verhalten zu
den Lebensvoraussetzungen der skizzierten prinzipiellen Unhintergehbarkeit ist
die Annahme dieser Voraussetzungen.

*Ließe sich die von Ihnen erläuterte Funktion der Religion nicht auch durch die Me-
taphysik erfüllen?*

Das sind ganz unvergleichliche Mächte. Eine rationale Metaphysik ist eine Sache,
die heute zunächst einmal ins Philosophische Seminar gehört. Eine rationale
Metaphysik – was immer das des Näheren sein mag – ist keine Lebensmacht; sie
hat vielmehr ihren Ort zwischen zwei Buchdeckeln. Wird, was dazwischen sich
befindet, studiert, so ist dann die rationale Metaphysik eine Kultur der Vernunft.
Sie ist ein Element unserer akademischen höheren Bildung und Ausbildung. Die
Religion hingegen ist eine unmittelbar sich kulturell, sozial und politisch auswir-
kende, überdies zumeist institutionell gebundene Lebensmacht.

Ist der von Ihnen vertretene Konservativismus eine Ideologie?

Ich zögere, Ihre Frage zu beantworten, und zwar wegen gewisser Unklarheiten im Gebrauch des Wortes „Ideologie". Wenn man das Wort „Ideologie" marxistisch gebraucht, dann kann man natürlich sagen, daß der Konservativismus eine Ideologie sei. Man kann das insbesondere deswegen sagen, weil ja, in ihrem Sprachgebrauch, die Marxisten-Leninisten ihre eigene Theorie eine Ideologie nennen. Ideologien sind danach nichts anderes als allgemeine politische Orientierungsmedien. Das paßt dann auch auf diejenigen Orientierungen, die man unter dem in seiner rationalen Bedeutung erläuterten Terminus „Konservativismus" zusammenfassen mag. Im gegenwärtigen deutschen Sprachgebrauch ist allerdings „Ideologie" vorzugsweise das, was der jeweilige politische Gegner hat, nicht aber man selber. Orientiert man sich an diesem Sprachgebrauch, so müßte ich es selbstverständlich ablehnen, den von mir erläuterten strukturellen Konservativismus eine Ideologie zu nennen.

Im deutschen Konservativismus hat ja in diesem Jahrhundert die „Volks"-Ideologie eine besondere Rolle gespielt. Wie stehen Sie dazu?

Historisch haben Sie mit Ihrer These zweifellos recht. Bezogen auf die gegenwärtigen deutschen Verhältnisse könnte ich Ihnen allerdings kaum zustimmen. Gewiß: Jeder Europareisende bemerkt die tiefgreifenden Unterschiede sagen wir zwischen britischer politischer Kultur einerseits und deutscher andererseits. Aber zur deutschen politischen Gegenwartskultur - um es wiederum mit diesem etwas modisch gewordenen Ausdruck zu sagen - gehört ein emphatischer Volksbegriff kaum noch. Das Wort „Volk" wird überwiegend im neutralisierten verfassungsrechtlichen Sinne in der Bedeutung von „Staatsvolk" gebraucht. Die in der Vorgeschichte des Nationalsozialismus identifizierbaren sogenannten „völkischen" Bewegungen sind, wenn sie denn überhaupt noch in Relikten vorhanden wären, zu marginaler Bedeutungslosigkeit herabgesunken.

Analoges gilt für den Kulturbegriff, der in der Tat in deutscher Tradition schon bei Kant, das heißt im Ausgang des 18. Jahrhunderts, in kritischer Absicht dem Begriff der Zivilisation entgegengesetzt worden ist. Zivilisation - das ist dann die Welt, der wir unsere Wohlfahrt verdanken und Kultur ist demgegenüber das, was sich konstituiert, indem wir in Orientierung an moralischen Grundsätzen handeln. Diese gewisse emphatische Entgegensetzung von Kultur und Zivilisation spielt in gegenwärtigen deutschen Selbstverständigungen, auch bei den sogenannten Konservativen, kaum noch eine Rolle. Andererseits ist selbstverständlich auch gar nichts dagegen einzuwenden, wenn man Zivilisation und Kultur unterscheidet - wobei dann „Kultur" nichts anderes als das Ensemble der freien, notwendigkeitsentlasteten kreativen Hervorbringungen wäre, von der Kunst bis zum Sport und von der Gartenkultur bis zur produktiven und subjektive Kompetenzen steigernden freiwilligen Weiterbildung. Kultur in diesem Sinne wäre dann das, wozu wir insbesondere durch die Leistungen der modernen Zivilisation sozusagen freigesetzt werden. Einwendungen gegen diese Unterscheidung habe ich nicht. Diese Unterscheidung kann sogar, in gewissen Grenzen, nützlich sein. Aber sie ist ersichtlich eine Unterscheidung, die keine hohe ideologische Ladung hat.

Wer die Intellektuellen-Geschichte Deutschlands kennt, erinnert sich beim Stichwort „Konservativismus" auch an die „Konservative Revolution". Bei Ihnen kam sie nicht vor.

Die Bewegung, die man zwischen den beiden Weltkriegen „Konservative Revolution" genannt hat, ist in der Tat zuende. Es mag noch ein paar ältere Intellektuelle geben, die reden und schreiben und ersichtlich durch die Tradition der Konservativen Revolution geprägt sind. Aber Repräsentanz und Signifikanz für deutsche Zustände hat das nicht.

Was sagen Sie zu dem Vorwurf, die deutschen Konservativen wären, als politisch eher rechts Orientierte, dem rechtsextremen Nationalsozialismus allzu nahe geblieben?

Darf ich abschließend noch einmal sagen, was ich unter dem von mir gern gebrauchten Stichwort „struktureller Konservativismus" verstehe. Es handelt sich um einen Konservativismus der Bewahrung dessen, was fortschrittsabhängig knapp wird. Es stünde auch nichts entgegen, das Wort „konservativ" im politischen Lebenszusammenhang künftig so zu gebrauchen, wie es die Ärzte zu gebrauchen pflegen, die ja „konservativ" bekanntlich eine Behandlungsform nennen, in der man geschädigte Gliedmaßen oder sonstige Körperteile nur im äußersten Notfall operativ entfernt, im übrigen aber, so lange es irgendwie geht, zu erhalten, eben zu konservieren trachtet. Daß man diejenigen, die einen Konservativismus in dieser Bedeutung kultivieren, von anderer Seite gelegentlich „konservativ" in der Absicht nennt, sie damit in möglichst große Nähe zum Nazismus zu rücken – das ist nichts anderes als ein Bestandteil gegenwärtiger deutscher Unart, den Nationalsozialismus strategisch in der Absicht zu benutzen, den jeweiligen mißliebigen politischen Gegner möglichst dadurch zu disqualifizieren, daß man insinuiert, er habe über den Nationalsozialismus wohl noch nicht zu einem angemessenen Urteil gefunden. Ich pflege auf derartige Vorhaltungen regelmäßig zu erwidern, daß es eine arge, ja unerträgliche Verharmlosung des Nationalsozialismus wäre, ihn eine konservative politische Formation zu nennen.

Professor Lübbe, ich danke Ihnen.

VI. Freie und nützliche Wissenschaft. Universitätsreformen in Deutschland

30. Fortschritt durch Wissenschaft
Humboldts Universität

„Am Anfang war Napoleon"[1]. So beginnt Thomas Nipperdey seine Geschichte des deutschen 19. Jahrhunderts. Der Sinn dieses starken rhetorischen Auftakts ist evident: Napoleon repräsentiert im Beginn des 19. Jahrhunderts wie kein anderer die umwälzenden politischen Neuerungen, die er entweder selbst vollzog oder die teils in Anpassung an ihn, teils im Widerstand gegen ihn sogar noch über seinen Untergang hinaus als unaufschiebbar erfahren wurden. Das ist es, was die Sympathie begreiflich macht, mit der bedeutende Intellektuelle auch außerhalb Frankreichs und nicht zuletzt in Deutschland zeigenössisch Napoleon zugewandt waren. Als Beleg für diese modernitätsorientierte Intellektuellen-Wertschätzung Napoleons zitiere ich eine einzige Stimme, nämlich die des Wahlpreußen Hegel: „Mit der ungeheuren Macht seines Charakters hat er sich … nach außen gewendet", hat „ganz Europa unterworfen und seine liberalen Einrichtungen überall verbreitet"[2].

„Liberale Einrichtungen" – darunter verstanden die Reformer zum Beispiel modernes kodifiziertes Zivilrecht in Angemessenheit an die Bedürfnisse einer von Zunftschranken befreiten Wirtschaft. Die Liberalisierung des Publikationswesens durch Aufhebung der Zensur war gemeint, überhaupt konstituierte Bürgerrechte emanzipatorischen Gehalts und schließlich die konstitutionelle Einbindung der monarchischen Souveränität in eine Staatsverfassung mit budgetkompetenter Vertretungskörperschaft und rechtsgebundener öffentlicher Verwaltung[3].

Die überkommenen Universitäten standen um die Wende des 18. zum 19. Jahrhundert überwiegend nicht im Ansehen, zukunftsfähige, zu den Fälligkeiten staatlicher Reformpolitik passende „liberale Einrichtungen" zu sein. In napoleonischer Ära stand daher, soweit es sich um die Universitäten handelte, reformpolitisch zunächst einmal deren Abschaffung auf der Tagesordnung. Exemplarisch und in Zahlen gespiegelt heißt das: „Im Jahre 1792 bestanden im deutschen

---

[1] Thomas NIPPERDEY: Deutsche Geschichte 1800–1866. Bürgerwelt und starker Staat. München 1983. S. 11.

[2] G. W. F. HEGEL: Vorlesungen über die Philosophie der Geschichte. Werke Band IX. S. 540.

[3] Hegels berühmte Rechtsphilosophie („Grundlinien der Philosophie des Rechts") ist nach ihrer politisch-pragmatischen Funktion nichts anderes als ein philosophischer Beitrag zu verfassungspolitischen Auseinandersetzungen in Preußen. Cf. Gertrude LÜBBE-WOLFF: Hegels Staatsrecht als Stellungnahme im ersten preußischen Verfassungskampf. In: Zeitschrift für Philosophische Forschung. Band 35. Heft 3/4 (1981), S. 476–501.

Sprachgebiet 42 Universitäten; davon erloschen bis 1818 mehr als die Hälfte"[4]. Darunter befanden sich viele, an die sich, weil sie auch in späteren Epochen universitärer Wiedergründungen nicht mehr erneuert wurden, heute nur noch Experten der Universitätsgeschichte erinnern können – die Universitäten zu Dillingen oder zu Helmstedt zum Beispiel, oder auch die zu Fulda und Rinteln.

Was sind die Gründe dieser Massenschließung von Universitäten in der Konsequenz reformpolitischer Modernisierungsabsichten? Zwei Gründe dürften dafür die mit Abstand wichtigsten sein. Erstens war die Mehrzahl der fraglichen Universitäten allein schon ihrer Größe nach zu einer Bedeutungslosigkeit heruntergekommen, die die Hoffnung, hier ließe sich noch etwas reformieren, zu einer unrealistischen Hoffnung gemacht hätte. Allein vierzig Prozent der etwa 8000 Studenten, die gegen Ende des 18. Jahrhunderts an den Universitäten im Bereich des späteren deutschen Kaiserreichs immatrikuliert waren, „besuchten die vier größten Universitäten", nämlich „Halle, Göttingen, Jena und Leipzig". „Die übrigen Universitäten" kamen „im Durchschnitt" nur auf „jeweils 150 Studenten" und waren hoffnungslos „zu Armut und Provinzialismus" verurteilt[5]. Die vormodernen Universitäten finanzierten sich zu einem nicht unerheblichen Anteil aus Hörerbeiträgen oder auch aus Erträgnissen zugewandter selbstverwalteter Vermögen. Mit der Hörerzahl sank daher zugleich die Leistungsfähigkeit der Universitäten, und mit der wachsenden Diskrepanz zwischen stagnierenden Vermögenserträgnissen einerseits und objektiv wachsenden Anforderungen andererseits sank sie abermals. Zweitens schien, vor allem in einer an Frankreich orientierten Perspektive, ein Staatsnutzen der Universitäten in ihrer traditionellen Verfassung und ihren herkömmlichen Lehrprogrammen immer weniger erkennbar. Michel Deveze hat die langen Geschichten, die man zur Verdeutlichung der rückläufigen wissenschaftsgeschichtlichen Bedeutung vieler Universitäten im neuzeitlichen Europa erzählen müßte, folgendermaßen anschaulich zusammengefaßt: „Weder Descartes noch Pascal, weder Fermat noch Mersenne gehörten" in Frankreich je einer „Universität an"[6]. Was der absolutistische Staat an nutzbarer Wissenschaft brauchte, suchte er sich entsprechend an neuen, außeruniversitären Facheinrichtungen zu verschaffen – von der Akademie für Artillerie in Brienne, wo immerhin Napoleon ausgebildet worden ist, über eine schon 1747 gegründete Hochschule für Straßenbau bis hin zur Spezialeinrichtung einer Bergakademie im Jahre 1783[7]. Das ist die Tradition, an die später, im 19. Jahrhundert, die berühmten französischen Fachhochschulen von der Art der École Polytechnique, der „École

[4] Helmut SCHELSKY: Einsamkeit und Freiheit. Idee und Gestalt der deutschen Universität und ihrer Reformen. Reinbek b. Hamburg 1963, S. 22.

[5] R. Steven TURNER: Universitäten. In: Handbuch der deutschen Bildungsgeschichte. Band III 1800–1870. Von der Neuordnung Deutschlands bis zur Gründung des Deutschen Reiches. Hrsg. von Karl-Ernst JEISMANN und Peter LUNDGREEN. München 1987, S. 221–249, S. 221.

[6] Michel DEVEZE: Die französischen Universitäten in Vergangenheit und Gegenwart. In: Lord ANNAN, Michel DEVEZE, Hermann LÜBBE: Universität gestern und heute. Salzburg, München 1973, S. 23–43, S. 31.

[7] a.a.O. S. 32.

des Chartes" oder auch der „École Centrale des Arts et Manufactures" anzuschließen vermochten[8].

Die Abneigung speziell der deutschen Reformer wider die traditionellen Universitäten hatte noch einen weiteren Inhalt. Es war die Abneigung gegen vormo-
dern-ständische Privilegien, über die hin bis zu Formen eigener Gerichtsbarkeit
die Universitäten verfügten und die im universitären Milieu Entwicklungen dessen begünstigte, was wir heute „Subkultur" zu nennen pflegen. Nicht wenige Universitäten standen daher bei soliden Bürgern in schlechtem Ruf. Man schätzte sie
akademischer Sittenlosigkeiten wegen so wenig wie Kasernen oder auch Zucht-
häuser. Man fürchtete die Rohheit des Burschenlebens, die Rauflustigkeit der
händelsuchenden bursarii, den Pennalismus, und man fand sich wohlberaten, die
eigenen Töchter vor den Studentenmilieus zu verwahren.

Das alles macht plausibel, wieso man zunächst auch in Deutschland, in Preußen zumal, daran dachte, die Universitäten aufzuheben, um Einrichtungen moderner Fachausbildung nach französischem Muster an ihre Stelle zu setzen. Das
ist natürlich vorhumboldtianisch gedacht, und als herausragenden Repräsentanten dieses Denkens mag man von Massow zitieren, den ersten Chef des preußischen Unterrichtswesens nach dem Thronwechsel von Friedrich Wilhelm II. zu
Friedrich Wilhelm III.. „Aus der Fülle seines Herzens" wollte von Massow unter-
schreiben, „daß statt der Universitäten nur Gymnasien und Akademien für Ärzte,
Juristen usw. usw. sein sollten"[9]. Die „Universitäten in ihrer aus dem Alterthum
herrührenden Einrichtung", fand von Massow, wollen „zum jetzigen Bedürfnis
der moralischen, scientifischen und praktischen Bildung nicht bloß künftiger
spekulativer Gelehrten, sondern für die dem bürgerlichen Leben in privaten und
öffentlichen Verhältnissen ebenfalls brauchbaren Staatsbürger nicht passen"[10].
Die an Zwecken der Hebung des Gemeinwohls orientierte reformabsolutistische
Staatsverwaltung schätzte also den Nutzen der herkömmlichen Universitäten
überwiegend als sehr gering ein. Das macht verständlich, wieso man in den Vor-
stadien der berühmtesten, weil folgenreichsten Universitätsgründung des
19. Jahrhunderts, nämlich der Berliner Universitätsgründung von 1810, auf den
heruntergekommenen Namen „Universität" zunächst überhaupt zu verzichten
geneigt war. Der Philosoph Fichte zum Beispiel, der eine sehr philosophische –
und das soll in diesem Falle heißen: sehr lebensfremde – Denkschrift die geplante
Berliner akademische Einrichtung betreffend verfaßt hat, gab ihr den Titel
„Deduzierter Plan einer in Berlin zu errichtenden höheren Lehranstalt"[11]. Auch

---

[8] a.a.O. S. 35.
[9] Zitiert bei Ernst Müsebeck: Das preußische Kultusministerium vor hundert Jahren. Stuttgart,
Berlin 1918, S. 26.
[10] Zitiert bei C. Farrentrap: Johannes Schulze und das höhere preußische Unterrichtswesen in
seiner Zeit. Leipzig 1899, S. 235.
[11] Johann Gottlieb Fichte: Deduzierter Plan einer zu Berlin zu errichtenden höhern Lehranstalt,
die in gehöriger Verbindung mit einer Akademie der Wissenschaften stehe. In: Die Idee der
deutschen Universität. Die fünf Grundschriften aus der Zeit ihrer Neubegründung durch
klassischen Idealismus und romantischen Realismus. Darmstadt 1956, S. 125–217. – Diese
Denkschrift wurde 1807 geschrieben und 1817 erstmals veröffentlicht.

Wilhelm von Humboldt, mit dessen Namen sich die Berliner Gründung vor allem verbindet, sprach im Titel seiner eigenen, maßgebend gewordenen Denkschrift wie Fichte statt von „Universität" von „Anstalt"[12], nahm aber im Text seiner Denkschrift den Namen der Universität wieder auf[13] und entwarf seinen Plan als Plan einer erneuerten Universität.

Humboldts Konservierung des Prädikators „Universität" in der Absicht, ihn zur Benennung zukünftiger wissenschaftlicher Einrichtungen verwendbar zu halten, ist signifikant. Sie zeigt an, daß Humboldt, im Gegensatz zu den durch von Massow repräsentierten älteren Tendenzen der Aufklärung, die universitären Traditionen, statt sie durch eine Revolution von oben administrativ zu beenden, durch Reform zukunftsfähig machen und so konservieren wollte. Dieses Humboldtsche Reformkonzept in kulturkonservativer Absicht bedarf der Interpretation. Humboldts Universitätsreformkonzept wäre mißverstanden, wenn man es für ein einfaches Dementi der durch die Entwicklung der wissenschaftlichen Einrichtungen in Frankreich eindrucksvoll demonstrierten aufgeklärten Idee hielte, die Wissenschaften endlich nützlich zu machen. Auch in Preußen waren doch, analog zur Entwicklung der Dinge in Frankreich, im Aufklärungszeitalter mannigfache Einrichtungen fachlicher Ausbildung gegründet worden, die sich unmittelbar durch die Evidenz ihres gemeinen Nutzens empfahlen – Bergbauakademien zum Beispiel, Tierarzneischulen und Ackerbauinstitute. Einrichtungen dieser Art, die, aus dem pragmatischen Geiste der Aufklärung gegründet, unmittelbar dem Staatsnutzen zu dienen hatten, wurden keineswegs aufgehoben. Sie wurden vielmehr ihrerseits vielfach fortgeführt und fortentwickelt – von der Bauakademie[14] bis zum „Gewerbeinstitut"[15]. Humboldts Universitätsreform wollte keineswegs den guten Sinn dieser nützlichen Einrichtungen dementieren. Humboldt beharrte lediglich darauf, daß es Zwecke der Wissenschaft und Zwecke der Bildung durch Teilnahme am Leben der Wissenschaft gibt, die sich in unmittelbar nutzenbezogener Forschung und Ausbildung nicht erfüllen lassen, und diesen anderen, noch zu erläuternden „höheren" Zwecken sollte die neue reformierte Universität dienen.

Überdies gab es einen zusätzlichen Grund, den Namen der Universität zu erhalten und ihn als Namen neuer Einrichtungen reformierter wissenschaftlicher Forschung und Lehre vorzusehen. Gewiß waren, wie schon gesagt, viele Universitäten heruntergekommen und kaum einer trauerte ihnen nach, nachdem sie liquidiert worden waren. Es hatten sich aber auch Universitäten erhalten, die gera-

---

12 Wilhelm von HUMBOLDT: Über die innere und äußere Organisation der höheren wissenschaftlichen Anstalten in Berlin. In: a.a.O. S. 375–386. – Diese Denkschrift Humboldts wurde 1809/1810 geschrieben und erst 1896 zum ersten Mal publiziert.

13 Zum Beispiel a.a.O. S. 381.

14 Cf. dazu Anna TREUT-NEDELJKOV: Zwischen Revolution und Reform. In Preußen entsteht das erste deutschsprachige Polytechnikum / Präliminarien zur Entstehungsgeschichte. In: Katalog zur Ausstellung 100 Jahre Technische Universität Berlin. Herausgegeben im Auftrage des Präsidenten der Technischen Universität Berlin von Karl SCHWARZ. Berlin 1979, S. 58–80.

15 Cf. dazu Helmut REILEN: Christian Peter Wilhelm Beuth: Eine geschichtliche Betrachtung. In: a.a.O. S. 82–95.

de im Aufklärungszeitalter zu Ruhm und Ansehen gelangt waren – bei Studenten und Professoren und auch bei den Staatsverwaltungen, soweit diese nicht gerade mit Zensur und Maßregelung studentischer oder professoraler Unbotmäßigkeit sich zu beschäftigen hatten. Die Universität Göttingen zum Beispiel war eine Universität unbeschädigter hoher Geltung, oder in Preußen die Universität zu Halle. Nicht zuletzt die Kameralistik blühte hier und damit ein Zweig akademischer Qualifikation künftiger Staatsdiener, der für die absolutistische Administration längst unentbehrlich geworden war.

Es hatten sich also Universitäten erhalten, deren Ansehen auch die Geltung des Namens „Universität" unbeschädigt sein ließ, und daran konnte Humboldt anknüpfen. Das schließt ein: Humboldts Plan einer reformierten Universität, die, anders als die Einrichtungen der Fachausbildung, nicht unmittelbar auf praktische Zwecke bezogen sein sollte, ist nichtsdestoweniger ein auf die Mehrung des Staatsnutzens, das heißt auf die Förderung des Gemeinwohls bezogener Plan. Schließlich war Humboldt nicht ein Professor und vertrat nicht deren persönliche oder berufsständische Interessen. Er befand sich herkunftsmäßig in distanzierter Position außerhalb des akademischen Milieus, und auch in seiner Rolle als Administrator und Staatsmann wäre es ihm nicht in den Sinn gekommen, reformpolitisch Gelder für eine Einrichtung zu mobilisieren, deren Verwendung nicht durch öffentliche Zwecke, die der Staat zu vertreten hat, gerechtfertigt gewesen wäre. Wörtlich heißt es bei Humboldt, die Universität stehe „immer in enger Beziehung auf das praktische Leben und die Bedürfnisse des Staates" und unterziehe sich „praktischen Geschäften für ihn"[16]. Welche „Geschäfte" sind hier gemeint? Das ist die fürs Verständnis der Reformuniversität des 19. Jahrhunderts entscheidende Frage. Sie läßt sich beantworten, wenn man drei wichtige Funktionen der neuen Universität des 19. Jahrhunderts ins Auge faßt. Erstens erhebt sich jetzt die Philosophische Fakultät zu einer aus propädeutischen Diensten bei den „oberen" Fakultäten emanzipierten Stätte eigenständigen Unterrichts und Studiums. Zweitens entwickelt sich die neue Universität zur wichtigsten Forschungsstätte. Drittens fördert die neue Universität soziale Mobilität und trägt so dazu bei, die Ständegesellschaft zu einer Aufstiegsgesellschaft zu transformieren.

Das bedarf der Erläuterung. In etlichen Vorlesungsverzeichnissen erscheint ja noch heute die Philosophische Fakultät – nach ihrer Teilung in eine Fakultät kulturwissenschaftlicher Disziplinen einerseits und eine Fakultät naturwissenschaftlicher Disziplinen andererseits sogar zweifach als Philosophische Fakultät I und Philosophische Fakultät II – an letzter Stelle hinter den „oberen" Fakultäten der Theologie, der Jurisprudenz und der Medizin. Auch bei rituellen Aufzügen der Professoren schreiten die Angehörigen der „oberen" Fakultäten voran, und die Vertreter der Disziplinen der „unteren", nämlich philosophischen Fakultäten bilden die Nachhut. Was heißt hier „oben" und was heißt hier „unten"? Aus den Funktionen des uns vertrauten gegenwärtigen akademischen Unterrichtsbetriebs läßt sich das nicht verständlich machen. Es läßt sich vielmehr nur historisch er-

---

[16] Wilhelm von HUMBOLDT: Über die innere und äußere Organisation der höheren wissenschaftlichen Anstalten in Berlin, a.a.O. (cf. Anm. 12), S. 384.

klären, nämlich als ein Relikt aus früheren Epochen der Universitätsgeschichte, als die Philosophische Fakultät eben noch nicht lehrmäßig verselbständigt war, vielmehr überwiegend propädeutische Aufgaben für das Studium in den oberen Fakultäten erfüllte. Es handelt sich um ein Relikt aus der Tradition der Artisten-Fakultät, in der man, anders als in der Theologischen, Juristischen oder Medizinischen Fakultät, nicht Berufskompetenzen erwarb, sondern sich durch Übungen zum Beispiel in der Logik oder Grammatik sich für das eigentliche Studium in den oberen Fakultäten studierfähig machte, wie wir heute sagen würden. – Demgegenüber wird also in der neuen, reformierten Universität des 19. Jahrhunderts die Philosophische Fakultät zum institutionellen Ort einer selbständigen und grundständigen akademischen, Berufskompetenz vermittelnden Bildung erhoben. Wodurch? Nun, die Philosophische Fakultät wird in der neuen Universität überwiegend zur gymnasiallehrerausbildenden Fakultät. Für den Fall der preußischen Universitätsreform Wilhelm von Humboldts bedeutet das: Diese Reform ist von der parallel sich vollziehenden Reform des Gymnasiums und damit von der Schaffung eines homogenen Ausbildungsansprüchen unterworfenen Gymnasiallehrerstandes unabtrennbar. In Zahlen aus der Statistik des Bildungswesens im 19. Jahrhundert gespiegelt heißt das: „Etwa 70% der Studenten der Philosophischen Fakultäten" in Preußen zwischen 1840 und 1860 strebten das Lehramt an Gymnasien an, das sie freilich nicht immer erreichten[17]. Inzwischen hat sich natürlich die Palette der Berufe, für die man sich über ein Studium in den Fächerbereichen der alten, ungeteilt Kulturwissenschaften wie Naturwissenschaften umfassenden Fakultät vorbereitet, erheblich ausgeweitet – von den industrie- und wirtschaftsintern tätigen Chemikern und Mathematikern über die in unseren zahllosen Museen tätigen Experten bis hin zu den Medienfachleuten. Im frühen 19. Jahrhundert war es aber das reformierte Gymnasium, das die Absolventen des Studiums in der Philosophischen Fakultät als eines grundständig-berufsvorbereitend gewordenen und in genau diesem Sinne verselbständigten Studiums aufnahm. Gymnasialreform und Universitätsreform gehören zusammen, und das Gymnasium übernahm in der Neuzuordnung dieser Bildungseinrichtungen uneingeschränkt die propädeutische Funktion, die künftigen Studenten studierfähig zu machen, und die Universität, näherhin die Philosophische Fakultät sah sich von dieser propädeutischen Aufgabe entlastet. – Die fakultätsmäßige Verselbständigung der naturwissenschaftlichen Disziplinen gegenüber den kulturwissenschaftlichen erfolgte in naheliegender Konsequenz des raschen Wachstums der verselbständigten Philosophischen Fakultät schon im 19. Jahrhundert alsbald und nach und nach immer häufiger – sehr früh schon in Zürich, nämlich 1858[18] oder 1863 in Tübingen[19]. In anderen Fällen blieb es freilich bei der großen Philo-

---

[17] R. Steven TURNER, a.a.O. (cf. Anm. 5), S. 231.

[18] Die Universität Zürich 1833–1933 und ihre Vorläufer. Festschrift zur Jahrhundertfeier. Herausgegeben vom Erziehungsrat des Kantons Zürich. Bearbeitet von Ernst GAGLIARDI, Hans NABHOLZ und Jean STROHL. Zürich 1938, S. 569: „Trennung der Philosophischen Fakultät in ihre beiden Sektionen".

[19] Quellen zur Gründungsgeschichte der Naturwissenschaftlichen Fakultät in Tübingen 1859–1863. Bearbeitet und herausgegeben von Wolf Freiherr von ENGELHARDT und Hansmartin DECKER-HAUFF. Tübingen 1963, S. 8.

sophischen Fakultät, die ungeteilt kulturwissenschaftliche und naturwissenschaftliche Disziplinen umfaßte, so in Münster i. W. bis 1948 und bei den Universitäten in Österreich sogar bis zur gesetzlichen Reorganisation der Hochschulen Mitte der siebziger Jahre.

Zweitens wird in der reformierten Universität des 19. Jahrhunderts die Philosophische Fakultät ineins mit ihrer lehrmäßigen Verselbständigung zum institutionellen Zentralort freier, politisch ungebundener, das heißt von residualen Zensurvorschriften unabhängig gewordener und somit tendenziell aufklärend wirkender Forschung. Schon Kants berühmte Universitätsphilosophie[20] ist nichts Geringeres als eine Darstellung dessen, wie in der eingeforderten Freiheit der Philosophischen Fakultät gegenüber den oberen Fakultäten einerseits und in der Freiheit der Universität insgesamt gegenüber der Regierung andererseits der Aufklärungsprozeß sozusagen als Staatsveranstaltung institutionalisiert werden könnte. Die Philosophische Fakultät, aus ihren propädeutischen Diensten für das Studium in den oberen Fakultäten entlassen, wird zum Ort, wo, was gelehrt wird, sich durch nichts als durch Gründe für erhobene Wahrheitsansprüche legitimiert, das heißt die Philosophische Fakultät wird zum Ort freier, fortschreitender Forschung. Die oberen Fakultäten, konstatiert Kant, bleiben ja gehalten zu lehren, was als „beständige, für jedermann zugängliche Norm" in der Gestalt einer „Schrift", als Text von institutionell befestigter Geltung dem Volk wie seinen hohen Schulen vorgegeben ist – als Heilige Schrift und Katechismus, als Gesetzestext oder als „Medizinalordnung" für die „Medizinische Polizei"[21]. Aber universitätsintern sollten doch in der aufgeklärten Universität die akademischen Lehrer dieser Vorgegebenheiten, die Professoren der Theologie, der Jurisprudenz und der Medizin, frei sein, sie der Prüfung auf die durch nichts als auf die Wahrheit verpflichtete Vernunft zu unterwerfen, wie sie sich in den Forschungen der Philosophischen Fakultät betätigt. Indem die Regierungen wissen oder doch wissen könnten, daß der „Vorteil jeder Wissenschaft" einschließlich der Wissenschaften in den oberen, auf Staatszwecke verpflichteten Fakultäten in letzter Instanz auf „Wahrheit"[22] beruht, können sie, wie Kant findet, auch gewiß sein, daß die universitäre Freisetzung freier Forschung in besonderer Weise geeignet ist, den Nutzen des Gemeinwesens, für den sie einzustehen haben, zu mehren. Die Regierungen seien also, meint Kant, wohlberaten, die Philosophischen Fakultäten zur Stätte zu erheben, „wo Vernunft öffentlich zu sprechen berechtigt" ist. Ohne eine solche Stätte könne, „zum Schaden der Regierung selbst", „die Wahrheit" im Gemeinwesen „nicht an den Tag kommen"[23].

Man kann im Rückblick dieses Kantische Konzept, Universitäten und innerhalb ihrer zumal die Philosophischen Fakultäten zu Stätten der Aufklärung durch freie Forschung zu machen, durchaus realistisch nennen. Die berühmte „Freiheit

---

[20] Das Hauptwerk der Kantischen Universitätsphilosophie ist das Spätwerk „Der Streit der Fakultäten" von 1798. Immanuel Kants Werke. Herausgegeben von Ernst CASSIRER. Band VII. Berlin 1922, S. 311–431.

[21] a.a.O. S. 332, 336.

[22] a.a.O. S. 338.

[23] a.a.O. S. 330.

von Forschung und Lehre", die wie nichts anderes das Selbstverständnis der Reformuniversität des 19. Jahrhunderts ausdrückt, ist darin vorabgebildet[24]. „Freiheit von Forschung und Lehre" – das schloß natürlich deren Unabhängigkeit von staatlich-administrativen Maßgaben ein, durch die sie direkt, gar projektbezogen, sich an konkrete Zwecke staatlichen Handelns hätte binden müssen. Aber worin bestand dann in solcher Freiheit von Forschung und Lehre deren „Nutzen", den der Universitätsreformer Wilhelm von Humboldt mit dem schon zitierten Satz ins Auge faßte, die Universität stehe „immer in enger Beziehung auf das praktische Leben und die Bedürfnisse des Staates" und unterziehe sich „praktischen Geschäften für ihn"[25]. Wie stellte Humboldt sich diesen praktsichen Nutzen universitärer Wissenschaft vor? Die Antwort auf diese Frage läßt sich einer Äußerung Humboldts bei Gelegenheit seiner Antrittsrede in der Berliner Akademie der Wissenschaften entnehmen. Die Wissenschaft, so Humboldt, gieße eben „dann ihren wohltätigsten Segen" aus, wenn sie ihren Nutzen „gewissermaßen zu vergessen scheint"[26]. Selbstzweck als Staatszweck – das ist, auf eine Formel gebracht, die Quintessenz der Humboldtschen Universitätsreform als Wissenschaftsreform. Nichts ist in der Wissenschaft nützlicher als Freiheit der Wissenschaft. Diese einfache und überaus erfolgreiche Idee hat Wilhelm von Humboldt in Universitätsreformpolitik umzusetzen versucht. Die Vielfalt der Länder hat in Deutschland politisch den Erfolg dieser Idee begünstigt. Wo die politische Reaktion die freie Forschung und Lehre beschnitt, verblieben gewisse Möglichkeiten, jenseits naher Landesgrenzen sich freier einzurichten[27] – gegebenenfalls in der Schweiz, wo man freilich gelegentlich auch, wie David Friedrich Strauß in Zürich[28], die Widerstände erfahren konnte, gegen die die Idee freier Forschung und Lehre sich im 19. Jahrhundert durchsetzen mußte.

Realität bekommt die Freiheit von Forschung und Lehre, wenn die institutionellen, organisatorischen, auch personellen Voraussetzungen dafür gegeben sind. Das Recht der Fakultäten, sich personell selbst zu ergänzen oder doch das Recht, den auch für die Oberbehörden im Regelfall maßgebenden Vorschlag zu dieser Selbstergänzung zu beschließen, ist stets eine der wichtigsten dieser Voraussetzungen gewesen. Die Effizienz dieses Selbstergänzungsrechts setzte ihrerseits die Existenz eines qualifizierten akademischen Nachwuchses voraus. Tatsächlich nahm die Zahl der Privatdozenten, zu deren Idealisierung zumal in sozialgeschichtlicher Perspektive freilich kein Anlaß besteht[29], im 19. Jahrhundert ständig

---

24 Zu Kants Universitätsphilosophie cf. die Abhandlung von Günther BIEN: Kants Theorie der Universität und ihr geschichtlicher Ort. In: Historische Zeitschrift. Heft 219/3 (1974), S. 551–577.

25 Cf. Anm. 16.

26 Antrittsrede in der Berliner Akademie der Wissenschaften (vom 19. Januar 1809). In: Wilhelm von HUMBOLDT: Gesammelte Schriften. Herausgegeben von der Königlich Preußischen Akademie der Wissenschaften. Band III, S. 219–221, S. 220.

27 Cf. dazu die Schilderungen bei Thomas NIPPERDEY, a.a.O. (cf. Anm. 1), S. 473.

28 Cf. dazu Hans GEISSER: David Friedrich Strauß als verhinderter (Zürcher) Dogmatiker. In: Zeitschrift für Theologie und Kirche 69 (1972), S. 214–258.

29 Cf. dazu Helmuth PLESSNER (Hrsg): Untersuchungen zur Lage der deutschen Hochschullehrer. Drei Bände. Göttingen 1956. Band 1: Nachwuchsfragen.

zu. Exemplarisch heißt das: 1796 noch kamen in Preußen auf einhundert Professuren ganze siebenunddreißig Privatdozenten, 1864 aber bereits neunzig[30]. Vor allem aber hat die Universität des 19. Jahrhunderts die Evolution der Forschung durch Eröffnung personeller und institutioneller Möglichkeiten der Spezialisierung begünstigt. Noch Kant hatte als Professor in Königsberg Vorlesungen in nahezu einem halben Dutzend Fächer angeboten – von der physischen Geographie bis zum Naturrecht. Die in der Reformuniversität des 19. Jahrhunderts selbständig und größer gewordene Philosophische Fakultät wurde demgegenüber zum Ort der institutionellen und personellen Verselbständigung methodisch und inhaltlich sich ausdifferenzierender wissenschaftlicher Disziplinen.

Drittens schließlich erwies sich die Reformuniversität des 19. Jahrhunderts als ein recht wirksames Medium der Mobilisierung der alten Ständegesellschaft. Das war so gewollt. Fichte zum Beispiel kennzeichnete in seiner universitären Gründungsdenkschrift die in Berlin zu errichtende höhere Lehranstalt als wünschenswerte Gelegenheit zur standesunabhängigen Bildungskonkurrenz der Talente, die, wie er ironisierend schrieb, „besonders unser Adel ... mit Freuden ergreifen werde, um zu zeigen, daß es nicht bloß die versagte Konkurrenz war, die ihm bei seinem bisherigen Range erhielt"[31]. Um den praktischen Ort dieser politischen Bildungsphilosophie richtig einzuschätzen, muß man sich vergegenwärtigen, daß Fichtes Universitätsreformplan ja nicht ein Dokument subversiver politischer Untergrundliteratur war, vielmehr eine offizielle Denkschrift, mit welcher Fichte der Bitte des Königlichen Kabinettschefs Karl Friedrich von Beyme entsprochen hatte, ihm seine „Ansichten, über die Gründung einer neuen Universität zu Berlin" mitzuteilen[32]. Die Modernisierung der Ständegesellschaft mit den Tendenzen der Freisetzung einer allgemeinen bürgerlichen Gesellschaft hatte damals als fällige Antwort auf die Herausforderungen der Revolution in Frankreich staatsreformpolitische Evidenz[33]. Dem entsprach die radikale Ständephilosophie radikaler politischer Philosophen, und verantwortliche Staatsdiener höheren Ranges sagten dasselbe moderat, indem sie zum Beispiel verlangten, in der Ordnung des reformierten Staates habe „der Unterschied der Stände weniger scharf begrenzt" zu sein und jeder solle „mehr Freiheit" erhalten, „freien Gebrauch von seinen Kräften zu machen", zumal in der „Konkurrenz für Kunst und Wissenschaft"[34]. Die Erwartung, daß von den neuen und größeren Universitäten mit ihrer Freiheit eines im Prinzip standesindifferenten, nämlich formal exklusiv an die Bedingung der Maturität gebundenen Zugangs zu ihnen eine sozial mobilisierende Wirkung ausgehen werde, hat sich in vielen Hinsichten erfüllt. „In Halle etwa stieg der

---

[30] Nach Thomas NIPPERDEY, a.a.O. (Anm. 1), S. 473.

[31] Johann Gottlieb FICHTE, a.a.O. (cf. Anm. 11), S. 246.

[32] Max LENZ: Geschichte der Königlichen Friedrich-Wilhelms-Universität zu Berlin. Zweiter Band. Erste Hälfte. Ministerium Altenstein. Halle a.d.S. 1910, S. 81.

[33] Cf. dazu Reinhart KOSELLECK: Preußen zwischen Reform und Revolution. Allgemeines Landrecht, Verwaltung und soziale Bewegung von 1791–1848. Stuttgart ²1975, S. 52ff.

[34] So ALTENSTEIN in seiner Rigaer Denkschrift: „Aus der Denkschrift Altensteins für Hardenberg. Riga, den 11. September 1807", in: Ernst MÜSEBECK: Das Preußische Kultusministerium vor hundert Jahren. Stuttgart, Berlin 1918, S. 241–270, S. 243.

Anteil der Studenten aus den nicht-besitzenden und nicht-akademischen Schichten in der Philosophischen Fakultät" von etwa 38% zu Beginn der zwanziger Jahre des 19. Jahrhunderts auf 50% zu Beginn der fünfziger Jahre[35].

Die Grundidee Humboldts, die reformierte Universität gerade durch Freiheit von Forschung und Lehre und damit durch Unabhängigkeit von direkter Bindung an Staatszwecke nützlich zu machen – diese Idee indirekter Förderung des Gemeinwohls durch institutionell garantierte Wissenschaftsfreiheit erwies sich also als sehr erfolgreich. Das beschädigte Ansehen der Universitäten festigte sich. Sie gewannen an kultureller Geltung und Anerkennung. Zur näheren Charakterisierung speziell der Humboldtschen Universitätsreform bleibt freilich zu sagen, daß deren eigentümlicher Geist den Naturwissenschaften, mindestens im ersten Drittel des 19. Jahrhunderts, nicht das ihnen angemessene innerakademische Prestige zu verschaffen vermochte. Es erübrigt sich hier, aus den Briefen und Denkschriften Wilhelm von Humboldts die mannigfachen Äußerungen zu zitieren, die sein Mißverhältnis den neuen Naturwissenschaften gegenüber demonstrieren. Chemie und Botanik nannte Humboldt „schreckliche Wissenschaften". Komplementär dazu erklärte er es zum Ideal, wenn auch künftige Tischler Gelegenheit hätten, Griechisch zu lernen. Auf solchem Hintergrund wird verständlich, daß in Berlin die mit zahlreichen Lehrstühlen ausgestattete Gruppe der klassischen Altertumswissenschaften in den Studienordnungen einen obligaten Besuch ihrer Lehrveranstaltungen für alle Studenten der Universität durchzusetzen vermochte – sozusagen studium generale als Studium des klassischen Altertums. Das erwies sich rasch als undurchführbar. Mahnung um Mahnung erschien an den Schwarzen Brettern, vorzugsweise an die Adresse der Mediziner gerichtet. Friedrich August Wolf, der, wie Treitschke schrieb, die klassische Literatur den Händen der Ästhetiker entrissen und sie der historischen Kritik überwiesen habe – Wolf also äußerte sich empört, daß die Mediziner sich ungeachtet einschlägiger Vorschriften bei ihm nicht blicken ließen. Aber auch er vermochte schließlich nicht, die akademischen und staatlichen Behörden zur Durchsetzung der längst unhaltbar gewordenen Studienreglements-Privilegien der klassischen Altertumswissenschaften zu veranlassen.

An einem Beispiel sei gezeigt, wie stark das klassisch-humanistische Bildungsideal zumal in Deutschland das Universitätsstudium im 19. Jahrhundert noch bis in seine zweite Hälfte hinein bestimmt hat. Paul Graf York von Wartenburg legte im Jahre 1866 eine Prüfungsarbeit vor, die den Titel trug: „Die Katharsis des Aristoteles und der Ödipus des Sophokles". Man denkt: Das ist die Staatsarbeit eines künftigen Gymnasiallehrers im Fache „Griechisch". York selbst aber belehrt uns über seine Arbeit: Sie verdanke „ihre Entstehung der dem Verfasser von der Ober-Examinationskommission für die Prüfung zu den höheren Verwaltungsämtern gestellten Aufgabe, an einer Sophokleischen Tragödie zu entwickeln, wie sie geeignet ist, nach Aristoteles kathartisch" zu wirken[36].

---

[35] R. Steven TURNER, a.a.O. (cf. Anm. 5), S. 240.
[36] Cf. hierzu Karlfried GRÜNDER: Zur Philosophie des Grafen Paul York von Wartenburg. Aspekte und neue Quellen. Göttingen 1970, S. 92ff.: Die Katharsis-Schrift.

Die Naturwissenschaften standen also, unbeschadet ihrer objektiv anwachsenden Bedeutung, in Deutschland zunächst eher im Schatten der klassizistischen Bildungsideale Wilhelm von Humboldts, und es gab Rückstände gegenüber der institutionellen Entwicklung der Naturwissenschaften in Westeuropa. Exemplarisch heißt das: Der erste Lehrstuhl für Geologie wurde in Deutschland erst 1843, nämlich in München, errichtet, während in Paris die Geologie bereits 1793 institutionalisiert worden war, und die Paläontologie fand sich in Wien endlich 1873 eingerichtet – mit zwanzigjähriger Verspätung wiederum gegenüber Paris[37]. Solche Defizite in der Entwicklung der Naturwissenschaften in Preußen und Deutschland im Vergleich mit den Verhältnissen in Westeuropa machen plausibel, wieso der Bruder Wilhelm von Humboldts, Alexander, 1827 nur ungern, dem Wunsch seines Königs entsprechend, nach Berlin zurückkehrte, aus Paris nämlich, wo er im Kreise der Arago, Gay-Lussac, Bonpland, Valenciennes in den reichsten kommunikativen Verhältnissen unter Naturwissenschaftlern lebte. Alexander von Humboldt war nun aber ein Mann, der in seiner Person unwidersprechlich bezeugte, was naturwissenschaftliche Bildung nicht nur unter Nutzenaspekten, sondern auch kulturell bedeutet[38]. Alexander wirkte im deutschen akademischen Milieu klimaverändernd. Bedeutende Naturwissenschaftler, Justus Liebig zum Beispiel, haben ihm das zeitlebens gedankt. Man lese die eindrucksvollen Schilderungen Harnacks in seiner Geschichte der Preußischen Akademie der Wissenschaften nach. Der Erfolg der Vorlesungen, die Alexander von Humboldt in der Berliner Sing-Akademie hielt, ist legendär. Für die Entfaltung der Naturwissenschaftskultur im deutschen akademischen Milieu hatte das große Bedeutung. Es ist daher den historischen Tatsachen angemessen, daß man später vor der Berliner Friedrich-Wilhelms-Universität den beiden Brüdern Humboldt das ihnen gebührende Denkmal gesetzt hat.

Gleichwohl wurden die Universitäten des deutschen Reformtyps „centers and sometimes virtually the seats of world-wide scientific communities" für die Dauer einiger Jahrzehnte erst im letzten Drittel des 19. Jahrhunderts[39]. Wie kein anderer sollte später Abraham Flexner das Lob der reformierten deutschen Universität und ihrer Forschungsleistungen in der englischsprechenden Welt verkünden[40]. Gewiß neigte Flexner in diesem Lob zu Übertreibungen, und im Rückblick auf die in vielen Hinsichten so betrübliche Geschichte der deutschen Universitäten im zweiten Drittel dieses Jahrhunderts, zumal im Kontext der Geschichte der Diktatur der Nationalsozialistischen Deutschen Arbeiterpartei hat man das kritisch angemerkt[41]. Gleichwohl gewann die deutsche Reformuniversität einen gewissen, international nachweisbaren Vorbildcharakter. Lord Annan zum Beispiel meint, daß das Ansehen der humboldtianisch reformierten deutschen Universität bereits

---

[37] Cf. hierzu Otto H. SCHINDEWOLF: Wesen und Geschichte der Paläontologie. Berlin 1948, S. 89.
[38] Zu Alexander von Humboldt cf. Adolf MEIER-ABICH: Alexander von Humboldt in Selbstzeugnissen und Bilddokumenten. Reinbek b. Hamburg 1967.
[39] Joseph BEN-DAVID: The scientists' role in society. Englewood Cliffs, New Jersey 1972, S. 124.
[40] Abraham FLEXNER: Universitites. American, English, German. London, Oxford, New York 1968 (Copyright New York 1930), S. 305ff.: „German Universities".
[41] So Clark KERR: Remembering Flexner. In: a.a.O. S. VII–XX.

bei der Gründung des University College in London 1824 wirksam gewesen sei[42]. Wie auch immer: Gegen Ende des 19. Jahrhunderts hatte sich die Reformuniversität des humboldtianischen Typus nicht zuletzt als eine die naturwissenschaftliche Forschung begünstigende Einrichtung erwiesen, und bei Erörterungen der Frage nach den näheren organisatorischen Voraussetzungen dessen wird heute vorzugsweise auf die Einrichtung universitätsinterner Forschungsinstitute verwiesen. In den neuen Universitätsinstituten hat sich die Forschungspraxis inneruniversitär institutionell verselbständigt, aber daß sie es eben inneruniversitär tat, hat zugleich in außerordentlicher Weise die Heranziehung des benötigten Forschernachwuchses gefördert. Die rasch wachsende Bedeutung der universitären Forschungsinstitute läßt sich nicht zuletzt an der dramatischen Steigerung der ihnen zugewandten Anteile der Universitätshaushalte ablesen. „An der Universität Berlin zum Beispiel wuchs der Anteil der Institutsausgaben am Gesamthaushalt von 12,2% im Jahr 1811 auf 48,5% im Jahre 1870 und 61,2% im Jahre 1910."[43]

Der Höhepunkt der wissenschaftskulturellen Geltung der Universitäten lag zweifellos im letzten Drittel des 19. Jahrhunderts. Palästen gleich wurden damals die neuen großen Universitätsinstitute erbaut – das Physikalische Institut Hermann von Helmholtz' zum Beispiel oder auch der Parallelbau des Physiologischen Instituts des gleichfalls weltberühmten Emil Du Bois-Reymond aus Neuenburger Hugenotten-Familie[44]. Noch zu Beginn dieses Jahrhunderts fand man sich nicht gehemmt, die Bibel, näherhin das Johannes-Evangelium in wissenschaftskultureller Absicht in Anspruch zu nehmen, und man schrieb „Die Wahrheit wird Euch frei machen" ungeniert über Universitätsportale[45].

Inzwischen haben die Universitäten ihr damaliges wissenschaftskulturelles Geltungsmonopol und insbesondere ihre damals nahezu konkurrenzlose forschungspolitische Position weitgehend eingebüßt. Gewiß hat das Wachstum der Universitäten sich in der zweiten Hälfte unseres eigenen Jahrhunderts noch einmal erheblich beschleunigt. Aber der Anteil, den die universitätsinterne Forschung an der in hochentwickelten Gesellschaften insgesamt betriebenen Forschung darstellt, hat sich relativ rückläufig entwickelt. Die technischen Wissenschaften, deren akademischen Rang anzuerkennen humboldtianisch geprägte

---

[42] Lord ANNAN: Die englische Universität in Vergangenheit und Gegenwart. In: Lord ANNAN, Michel DEVEZE, Hermann LÜBBE: Universität gestern und heute. Salzburg-München 1973, S. 7–22, S. 14.

[43] R. Steven TURNER, a.a.O. (cf. Anm. 5), S. 233.

[44] Einige Episoden aus der wissenschaftlichen Biographie von Emil Du Bois-Reymond habe ich zur Veranschaulichung des damaligen Hochgefühls akademisch-naturwissenschaftlicher Intelligenz in meiner Abhandlung „Wissenschaft und Weltanschauung. Ideenpolitische Fronten im Streit um Emil Du Bois-Reymond" erzählt. In: Hermann LÜBBE: Die Aufdringlichkeit der Geschichte. Herausforderungen der Moderne vom Historismus bis zum Nationalsozialismus. Graz, Wien, Köln 1989, S. 257–274.

[45] Cf. hierzu meine wissenschaftskulturgeschichtliche Interpretation dieses Vorgangs in meinem Aufsatz „Die Wahrheit wird Euch frei machen", in: Réflexion sur la liberté humaine. Mélanges offerts à André MERCIER à l'occasion de son 75e anniversaire. Édité par Maja SVILAR. Frankfurt a. M., New York, Paris 1988, S. 65–81.

Professoren und Administratoren sich lange gesträubt haben, fanden in den Technischen Hochschulen ihre eigene gewichtige akademische Form[46]. Außeruniversitäre Forschungsförderungseinrichtungen haben sich, wenn auch zunächst oft als Einrichtungen der Nothilfe konzipiert[47], zu bedeutenden Einrichtungen der Forschungssteuerung mit wachsenden Haushalten entwickelt, und der Anteil der für Forschung und Entwicklung in modernen Gesellschaften insgesamt aufgewendeten Mittel, der in der Industrie verbraucht wird, macht in vielen Ländern inzwischen das Drei- bis Vierfache des Anteils aus, der durch die Kassen der Hochschulen läuft. In der Schweiz liegt dieser Anteil sogar singulär hoch, nämlich bei 75%[48].

Aber es ist nicht der in solchen Entwicklungen und Zahlen sich spiegelnde Verlust der forschungspraktischen Monopolstellung allein, über den sich die Stellung der Universitäten in unserer öffentlichen Kultur seit dem 19. Jahrhundert verändert hat. Hinzu kommen Veränderungen in der Einstellung der Bevölkerung hochentwickelter Gesellschaften zu ihren wissenschaftlich-technischen Lebensgrundlagen. In Extremfällen schließen diese Veränderungen Affekte einer neuen Wissenschafts- und Technikfeindschaft ein[49]. Aber die Analyse der Ursachen der aktuellen dramatischen Änderungen in der kulturellen Geltung der Wissenschaften und damit auch der Universitäten gehört nicht mehr in diesen Zusammenhang[50].

---

[46] Cf. exemplarisch Eidgenössische Technische Hochschule Zürich. 1855–1980. Festschrift zum 125jährigen Bestehen. Herausgegeben vom Rektor der ETH Zürich und redigiert von Jean-François BERGIER und Hans Werner TOBLER. Zürich 1980.

[47] Thomas NIPPERDEY, Ludwig SCHMUGGE: 50 Jahre Forschungsförderung in Deutschland. Ein Abriß der Geschichte der Deutschen Forschungsgemeinschaft 1920–1970. Berlin 1970.

[48] So 1980. Cf. dazu Schweizerischer Handels- und Industrie-Verein. Forschung und Entwicklung in der schweizerischen Privatwirtschaft. Bericht zur 4. Erhebung des Vororts über das Jahr 1980, S. 15.

[49] Als frühes Dokument der Beschäftigung mit dieser neuen modernitätsspezifischen Befindlichkeit cf. Edward SHILS: Anti-Science: Observations on the recent „crisis" of science. In: Civilization and Science – in Conflict or Collaboration? Ciba Foundation Symposium I (new series). Amsterdam, London, New York 1973, S. 33–59. Ferner: Stephen TOULMIN: The historical background to the anti-science movement. In: a.a.O. S. 23–32.

[50] Dieser Analyse habe ich mein Buch „Der Lebenssinn der Industriegesellschaft. Über die moralische Verfassung der wissenschaftlich-technischen Zivilisation. Berlin, Heidelberg, New York, London, Paris, Tokyo, Hong Kong 1990" gewidmet.

31. Gründungseuphorie einhundertfünfzig Jahre nach Humboldt

Das Beispiel der Ruhr-Universität Bochum

Vereine, Körperschaften, ja Staaten pflegen heute ihrer Gründung in immer kürzeren Abständen zu gedenken. Für Universitäten gilt nichts anderes. Viele Hochschulen der jüngsten akademischen Gründungswelle[1] haben nicht einmal ein Vierteljahrhundert verstreichen lassen, bevor sie ihre erste selbstbezogene Erinnerungsveranstaltung ausrichteten[2]. Es handelt sich hier um Vorgänge der Selbsthistorisierung, die sich inzwischen sogar in unserer privaten Lebensverbringung beobachten lassen. Der Grund, der uns veranlaßt, fortschreitend immer häufiger Rückschau zu halten, liegt auf der Hand: Die immer noch wachsende Dynamik in der Änderung unserer Arbeits- und Lebensverhältnisse läßt uns, individuell wie kollektiv, eigene Vergangenheiten immer rascher als partiell bereits fremd gewordene Vergangenheiten erscheinen. Entsprechend muß, wer sich diese Vergangenheiten verständlich machen und damit aneignungsfähig halten will, Anstrengungen ihrer Rekonstruktion und damit ihrer historisierenden Vergegenwärtigung auf sich nehmen.

Auch für die Universitätsgeschichte gilt das. Die Festschrift zur Eröffnung der Universität Bochum[3] steht noch durchaus unvergilbt in unseren Bücherregalen. Aber der „Zeitgeist", der sich in dieser Festschrift wie in zahllosen analogen Dokumenten, nicht zuletzt auch in der „Denkschrift des Gründungsausschusses"[4] niedergeschlagen hat, wirkt auf uns Heutige sehr gegenwartsfern. Chronologisch nah, historisch weit weggerückt – das ist die Quintessenz des Eindrucks, den

---

[1] Cf. hierzu Hans MAIER: Gründerzeiten. Aus der Sozialgeschichte der deutschen Universität. In: Staat, Kirche, Wissenschaft in einer pluralistischen Gesellschaft. Festschrift zum 65. Geburtstag von Paul MIKAT. Herausgegeben von Dieter SCHWAB, Dieter GIESSEN, Joseph LISTL, Hans-Wolfgang STRÄTZ. Berlin 1989, S. 381–391.

[2] So hat das Zentrum für interdisziplinäre Forschung (ZiF) der Universität Bielefeld sich bereits im 20. Jahr seiner Existenz zu einer erinnerungsträchtigen öffentlichen Selbstdarstellung veranlaßt gesehen. Cf. hierzu Jürgen KOCKA (Hrsg.): Interdisziplinarität. Praxis - Herausforderung - Ideologie. Frankfurt a. M. 1987. – Die Gründungsidee dieses Zentrums habe ich in meinem Beitrag „Helmut Schelsky und die Interdisziplinarität" dargestellt, a.a.O. S. 17–33.

[3] Festschrift zur Eröffnung der Universität Bochum. Herausgegeben von Hans WENKE, Vorsitzender des Gründungsausschusses für die Universität Bochum, und Joachim H. KNOLL. Bochum 1965.

[4] Empfehlungen zum Aufbau der Universität Bochum. Denkschrift des Gründungsausschusses. Dezember 1962. Veröffentlicht vom Kultusministerium des Landes Nordrhein-Westfalen. Bochum 1962.

man, als damals Beteiligter, aus der jubiläumsveranlaßten Wiederbefassung mit den Gründungsakten und sonstigen einschlägigen Dokumenten gewinnt.

Fremd, sehr vergangen wird der jüngeren Generation heute vor allem die von der Selbstgewißheit, das Nötige und Richtige zu tun, erfüllte Handlungskraft der damals Verantwortlichen und Tätigen vorkommen. In der Tat: In kürzerer Frist dürfte in der deutschen Parlaments- und Verwaltungsgeschichte eine öffentliche Einrichtung von den Dimensionen der Ruhr-Universität kaum jemals realisiert worden sein. Am 18. Juli des Jahres 1961 fiel die Entscheidung des Landtags von Nordrhein-Westfalen für Bochum als den Standort der neuen Universität. Am 15. September trat der Gründungsausschuß zusammen. Im Jahr darauf verabschiedet er seinen Aufbauplan, der Anfang Januar 1963 vom zuständigen Kultusminister der Öffentlichkeit vorgelegt wurde. Der Grundstein für ein erstes Verfügungsgebäude war schon sechs Monate zuvor gelegt worden. Alsbald begann auch der Bau der ersten beiden Forums-Gebäude[5] und 1965 der Lehrbetrieb. Mehr in kürzerer Zeit kann nur die Ahnungslosigkeit erwarten. Dergleichen gelingt nur, wo die Handelnden sich von der Evidenz des Fälligen bewegt fühlen, und von dem Glanz dieser Evidenz schien der Plan der Ersterrichtung einer Universität im Ruhrgebiet umstrahlt. Umstrittene Fragen gab es natürlich auch, die Standortfrage zumal. Im übrigen aber herrschte Einvernehmen in der Gewißheit, zwingenden Erfordernissen einer besseren Zukunft, dem Fortschritt also, zu entsprechen, und in solchem Einvernehmen wurden die benötigten Mehrheiten und materiellen Mittel mobilisierbar.

Man drückt sich nicht zu stark aus, wenn man die Stimmung, von der man sich in der Teilnahme an den Universitätsgründungen der frühen sechziger Jahre, in Bochum und anderswo, getragen fand, eine Stimmung der Euphorie nennt. Solche Euphorie hätte sich allein aus der Gewißheit, auf Zwecke von pragmatischer Nötigkeit bezogen zu sein, nicht erzeugen können – vom unabweisbaren Bedarf an zusätzlichen Studienplätzen bis hin zu der unbestrittenen Notwendigkeit, endlich auch im Revier, als der Region mit der größten Bevölkerungskonzentration in Deutschland, eine Hochschule zu errichten und so den Zugang zum Studium für die dort Ansässigen zu erleichtern. Mehr als von solchen pragmatischen Fälligkeiten nährte sich jene Euphorie vielmehr aus dem außerordentlichen und heute kaum noch nachvollziehbaren Beifall, den Universitätsgründungen damals in der kulturellen und politischen Öffentlichkeit fanden. Die Kommunen traten in harter Konkurrenz als Standortbewerber auf und überboten sich in attraktiven Offerten Grundstücke und sonstige universitäre Infrastrukturbedingungen betreffend. Die Bildungsexperten unter den Regionalplanern waren als Gutachter überbeschäftigt, und sogar Kleinstädte wußten sich als Universitätsstandorte ins Gespräch zu bringen – von Detmold bis Emden. Fand man sich schließlich durch Regierungsbeschluß und Landtagsentscheidung zur Universitätsstadt erhoben, so beeilte man sich, das auf allen Einfallstraßen auf den Ortsschildern kundzutun. Die fälli-

---

[5] Aus den „Materialien zur Geschichte der Ruhr-Universität Bochum", herausgegeben im Auftrage des Vorstandes der „Gesellschaft der Freunde der Ruhr-Universität Bochum e.V.". Bochum o.J.

gen Kooperationen zwischen städtischer und universitärer Verwaltung wurden durch rituelle Akte vom Charakter ‚offizieller Antrittsbesuche'[6] eröffnet. Förderervereine konstituierten sich, und auch in Bochum „gelang es" „in kürzester Zeit", für die neue „Universität Freunde in allen Städten und aus allen Kreisen der Bevölkerung zu gewinnen"[7]. Die lokale und regionale Presse setzte Spezialberichterstatter ein und begleitete die Gründungsvorgänge durchweg mit unterstützenden Darstellungen und Kommentaren. Jeder neu berufene Professor wurde mit Bild und ausführlicher Vita dem Leserpublikum vorgestellt, ja man gab ihm Gelegenheit, seine Absichten und Pläne Lehre und Forschung betreffend zu erläutern und seine Reformideen auszubreiten. Die WAZ zum Beispiel legte 1964 eine solche Serie von Artikeln aus der Feder neuer Bochumer Professoren auf. Es wäre von historischem Interesse, das neu zusammenzustellen und zugänglich zu machen. Man bekäme so einen nachhaltigen Eindruck professoralen universitätspolitischen Engagements, das in dieser Form die 68er Bewegung natürlich nicht überlebt hat. Grundsteinlegungen, Richtfeste, Semestereröffnungen, Erstimmatrikulationen, Erstpromotionen etc. hatten den Charakter froher Feiern, und von den Unternehmern bis zu den Gewerkschaften und von den Kirchen bis zu den Parteien bekundeten alle, daß ihnen die neuen Einrichtungen zum Vorteil gereichten. Das schloß banalerweise Gegensätzlichkeit von Interessen nicht aus. Aber in welcher Richtung auch immer diese Interessen wirkten – den Universitäten selbst kamen sie als fördernde Interessen zugute.

Mit solchen Schilderungen ließe sich lange fortfahren – von der Gunst des Stifterwillens, über den in nicht vorhersehbar gewesener Weise bald auch die Ruhr-Universität zum Träger bedeutender Kunst- und Antiken-Sammlungen werden sollte[8], bis hin zu den außerordentlichen haushaltspolitischen Anstrengungen, mit denen sich Regierungen und Parlamente bei ihren Universitätsgründungen engagierten. Man muß es salopp sagen: Nicht kleckern, sondern klotzen – so schien in den Anfangsjahren der Bochumer Gründung das Finanzierungsprinzip zu lauten. Das hat sich freilich in den Dimensionen, in denen man in den Bochumer Anfangsjahren zu denken gewöhnt wurde, nirgendwo ein zweites Mal darstellen lassen. Es gab, um es kritisch zu sagen, anfänglich sogar eine Neigung zu übertreiben. Aber das war es eben: Die Universität gewann damals, kurzfristig, die Stellung einer Einrichtung von öffentlicher Sondergeltung, für die den Verantwortlichen kaum etwas zu teuer zu sein schien.

Das läßt sich, wie mir scheinen will, aus heutiger Perspektive einzig als synergetischer Effekt dreier sich kontingent überlagernder Faktoren verständlich machen. Wachstum, so fand bereits Jacob Burckhardt, wirkt stets leicht euphorisierend. Man befand sich noch – das ist der erste Faktor – in den Jahren einer anhaltenden wirtschaftlichen Konjunktur, die erst im Jahre 1967, zunächst noch

---

[6] a.a.O. S. 43.
[7] Heinrich KOST: Es sammeln sich die Freunde. In: a.a.O. S. 48–53, S. 53.
[8] Cf. dazu Norbert KUNISCH: Antike Kunst (Zur Wiedereröffnung der Kunstsammlungen der Ruhr-Universität Bochum). In: Ruhr-Universität Bochum. Jahrbuch 1982. S. 67–92. Ferner: Norbert KUNISCH: Kunstsammlungen der Ruhr-Universität Bochum 1989. In: Ruhr-Universität Bochum. Jahrbuch 1989. S. 93–99.

vorübergehend, unterbrochen werden sollte. Durch Expansion der öffentlichen Haushalte wuchsen den Regierungen und Parlamenten bedeutende Dispositionsmöglichkeiten zu, und daß diese Möglichkeiten nicht zuletzt für Zwecke der Forschung und Lehre zu nutzen seien, hatte bereits in der zweiten Hälfte der fünfziger Jahre – und das ist der zweite Faktor – den Charakter eines öffentlich unwidersprechlichen Gemeinplatzes gewonnen. Seit der berühmten Artikelserie Georg Pichts war die „Bildungskatastrophe" in aller Munde. Das begünstigte meinungsklimatisch auch die Hochschul- und Wissenschaftspolitik, und zwar ganz unabhängig von der empirischen Validität der Pichtschen Prognosen.

Was die Hochschulen anbetrifft, so waren zu Beginn der sechziger Jahre in der Tat die Dozentenzahlen hinter den Studentenzahlen in einem Ausmaß zurückgeblieben, wie man sie auch im gegenwärtigen Zeitalter der „Überlastquoten", von einigen wenigen Fächern abgesehen, längst nicht mehr kennt. Das ließe sich mit Vergleichszahlen aus der historischen Hochschulstatistik leicht belegen. In den lehrerausbildenden Fächern fanden damals Proseminare im Auditorium maximum statt, und im Rückblick wird einem die Mentalität rätselhaft, in der Dozenten und Studenten das hinnahmen, ohne zu den uns später geläufig gewordenen, publizitätsfördernden Mitteln von Protestresolutionen, Streiks oder Demonstrationen zu greifen. Die Erklärung solcher Bereitschaft zur Hinnahme offenkundiger Unzulänglichkeiten ist schwierig. Es dürfte sich um Unterschiede generationsspezifischer Erfahrungen handeln –: Damals noch Prägungen durch residual spürbare Nothintergründe, später die spezifische Empfindlichkeit Bessergestellter gegenüber Zumutungen der Beeinträchtigung anspruchslegitimierten Wohl-Stands. Hinzu kommen vermutlich Differenzen in der Verfügbarkeit motivationaler Kräfte. In Aufbaujahren, die auf eine politische, moralische und wirtschaftliche Katastrophe folgen, sind Zielungewißheiten, auch Studienzielungewißheiten nicht sehr verbreitet, und entsprechend leicht fiel selbst in Massenproseminaren die Konzentration auf die Zwecke des Studiums. Die Dozenten ihrerseits fanden sich in der Sicherheit ihres Unterrichts durch Querfragen zum Sinn ihres Unterrichts nicht irritiert. Man kann das auch so ausdrücken: In den ersten fünfzehn Nachkriegsjahren fanden sich Dozenten und Studenten, im Vergleich mit dem britischen, amerikanischen, auch skandinavischen Ausland zumal, in der Situation von Aufholern und Nachsitzern, und in solcher Lage lehrt und lernt es sich auch unter mißlichen Studienbedingungen leicht. Eben das mußte sich in demselben Maße ändern, in welchem sich die materiellen, sozialen und kulturellen Randbedingungen universitären Lebens sich auch im internationalen Vergleich normalisierten und somit die Sondermotivation des Aufholers nicht mehr verfügbar war.

So oder so: Studienbedingungen, die man bis tief in die fünfziger Jahre hinein allgemein hingenommen hatte, wurden bald darauf in Parlamenten als nationale „Schande" apostrophiert. Der bereits 1957 gegründete deutsche Wissenschaftsrat[9] publizierte ab 1960 fortlaufend seine Empfehlungen[10] und gab damit Pläne vor,

---

[9] Errichtet gemäß Abkommen zwischen Bund und Ländern vom 5. September 1957.
[10] Zuerst Empfehlungen zum Ausbau der wissenschaftlichen Einrichtungen, Teil I: Wissenschaftliche Hochschulen (verabschiedet am 14. Oktober 1960).

die zu realisieren die Länder alsbald wetteiferten. Daß wissenschaftliche Forschung ganz unabhängig von ihrem Nutzen den Charakter eines humanen und kulturellen Selbstzwecks habe, war damals als ein traditionsreicher Topos akademischer Selbstverständigung noch in jeder Rede zur Gelegenheit einer Rektoratsübergabe zu hören. Das mußte niemanden hindern zu finden, daß die so im Selbstgefühl der Forscher als Selbstzweck betriebene Forschung zugleich eine überaus nützliche Sache sei und daß somit die Aufwendungen für die Forschung den Charakter einer Investition in die Zukunftsfähigkeit unserer industriegesellschaftlichen Lebensgrundlagen hätten. Gewiß galt auch damals schon, daß der Anteil der in der Universität verbrauchten Mittel für Forschung und Entwicklung in Relation zu den außeruniversitär und zumal in der Industrie ausgegebenen Mittel relativ fortschreitend absank[11]. Anstrengungen, die Hochschulforschung nicht in Rückstand geraten zu lassen, galten unter dem Druck solcher Veränderungen zu Recht als um so nötiger, und unbeschadet auch damals bereits beobachtbar gewesener Differenzierungen in den Forschungspotentialen der Hochschulen, die über die Einrichtung von Sonderforschungsbereichen und sonstigen forschungspolitischen Programmen der Schwerpunktbildung sogar noch gefördert wurden, ist aus gutem Grund in der Universitätsgründungsepoche der sechziger Jahre am Prinzip der Einheit von Forschung und Lehre festgehalten worden. Die Selbstverständlichkeit in der wissenschaftspolitischen Geltung dieser Orientierung ist zumal der Ruhr-Universität Bochum, als der ersten und mit Abstand größten Gründung dieser universitären Gründerjahre, zugute gekommen.

Der dritte Faktor, der zumal die Bochumer Gründung uneingeschränkt begünstigt hat, war das Prestige, das die Universitäten damals noch im wesentlichen ungebrochen genossen. Besonders hohe Schätzung der akademischen Welt ist ja überhaupt für die deutsche (und österreichische) Kulturgeschichte charakteristisch. Sie reicht tief ins 19. Jahrhundert zurück. Zu den historischen Hintergründen dieses Phänomens, das in seiner deutschen Ausgeprägtheit anderen Ländern fremd ist, gehört sicherlich die gewisse Schwäche im politischen Selbstgefühl von Teilen des deutschen Bürgertums, und es ist daher kein Zufall, daß die Neigung, Schwächen politischer Geltung mit akademischen Werten zu kompensieren, sich mit den mannigfachen Niederlagen liberaler Bewegungen in Deutschland verstärkte. „Umgeben von der Verehrung dankbarer Zuhörer ... blickte der Gelehrte mit naivem Selbstgefühl um sich, währenddessen er doch" „in den Augen der Höfe und der Bürokratie" nichts anderes war als eben „ein Professor ohne Hofrang" – so hat das für die Restaurationsjahre des Biedermeier später Heinrich von Treitschke, als er selber bereits in die Rangklasse eines Groß-Ordinarius aufgestiegen war, ironisch karikiert[12]. Um so mehr bedeuteten bürgerlich-standes-

---

[11] Belege zu diesem Vorgang im internationalen statistischen Vergleich sowie Erörterungen der Konsequenzen finden sich in meinem Aufsatz „Universitäten im kulturellen Wandel – forschungspolitische Aspekte", in: Erhard BUSEK, Wolfang MANTL und Meinrad PETERLIK (Hrsg.): Wissenschaft und Freiheit. Ideen zu Universität und Universalität. Eine Veröffentlichung der Österreichischen Forschungsgemeinschaft. Wien, München 1989. S. 164–173.

[12] Heinrich von TREITSCHKE: Deutsche Geschichte im Neunzehnten Jahrhundert. Zweiter Teil. Neue Ausgabe Leipzig 1927. S. 11f.

intern Professorenwürden oder gar höhere Ränge im akademischen Geistesadel, dessen Sozialprestige im kaiserlichen Deutschland nicht zuletzt in den neuen, städtebaulich hochrepräsentativen Wissenschaftsbauten des architektonischen Historismus zum Ausdruck kam[13].

Und nun muß man sagen: Das Prestige der Universitäten hat dann sogar die deutsche Katastrophe des Dritten Reiches überstanden. In den frühen Wiederaufbaujahren nach dem Ende des 2. Weltkriegs wuchs der relative Stellenwert der Universitäten und Akademien in der Wertschätzung der Öffentlichkeit sogar noch einmal. Das wird den Jüngeren heute paradox vorkommen. Hatte sich denn die akademische Welt nicht als durchaus anfällig für die revolutionären Tendenzen der rechts-totalitären Bewegung erwiesen? Das ist wahr, und das gilt für Dozenten und es gilt für die akademische Jugend der fraglichen Revolutionszeit erst recht. Das sind Zusammenhänge, die inzwischen gut erforscht sind[14]. Gleichwohl: Die Belastungen durch Verwicklungen in die Diktatur der Nationalsozialistischen Deutschen Arbeiterpartei teilten ja die Universitäten mit der Mehrzahl der öffentlichen Einrichtungen im Nachkriegsdeutschland. Vom Geist dieser Diktatur aber war nach deren Untergang so gut wie nichts mehr übriggeblieben. Er galt als moralisch und politisch vollständig diskreditiert[15], und als evidente Fälligkeit ergab sich die Erneuerung des kulturellen und politischen Lebens in Orientierung an jenen Normen und Werten, deren traditionale und fortdauernde Geltung wie durch nichts anderes durch die schlimmen Folgen des nationalsozialistischen Aufstands wider sie bekräftigt war.

Es lag, so schien es damals, in der Natur der Sache, daß dabei die Normen, von denen das wissenschaftliche Leben geleitet sein sollte, ganz besondere Bedeutung gewannen: Schärfung des Sinns für die Vertretbarkeit von Behauptungen statt ideologische Glaubenstüchtigkeit, Weltoffenheit statt nationalistische Selbstbornierung, freie theoretische Neugier statt Beflissenheit in der Errichtung von Frageverboten, Aufarbeitung des von der Diktatur als „volksfremd" perhorreszierten Anderen, Neuaneignung unterdrückter Traditionen, Neueinübung in die intellektuelle Zentraltugend der Fähigkeit, sich durch den Widerspruch der Realität belehren zu lassen („Aufklärung"), Einübung auch in die wissenschaftspraktisch unentbehrliche und zugleich schwierige Kunst, Argumente nach ihren Gründen statt nach der Gesinnung, die sich in ihnen bekundet, zu validieren, schließlich

---

[13] Exemplarisch gilt das etwa für den gewaltigen Bau der Technischen Hochschule in Charlottenburg. Cf. hierzu Gerd PESCHKEN: Zur Baugeschichte der Technischen Universität Berlin: Repräsentation und Funktion. In: Wissenschaft und Gesellschaft. Beiträge zur Geschichte der Technischen Universität Berlin 1879–1979. Im Auftrage des Präsidenten der Technischen Universität Berlin herausgegeben von Reinhard RÜRUP. Erster Band. Berlin, Heidelberg, New York 1979. S. 171–186.

[14] Als Dokument relativ früher forschungspraktischer Zuwendung der Universitäten zum nationalsozialistischen Teil ihrer Vergangenheit sei hier der folgende Titel zitiert: Deutsches Geistesleben und Nationalsozialismus. Eine Vortragsreihe der Universität Tübingen, mit einem Nachwort von Hermann DIEM. Herausgegeben von Andreas FLITNER. Tübingen 1965.

[15] Cf. dazu meinen Aufsatz „Der Nationalsozialismus im Bewußtsein der deutschen Gegenwart", in: Hermann LÜBBE: Die Aufdringlichkeit der Geschichte. Herausforderungen der Moderne vom Historismus bis zum Nationalsozialismus. Graz, Wien, Köln 1989. S. 334–350.

Respekt vor den Lehrern, die solche Tugenden und Traditionen repräsentierten. Gewiß: Das war damals ein sehr konservatives, ja restauratives Programm; aber es war ein Programm mit Gehalten, die nach der nationalsozialistischen Revolution, die in der Katastrophe geendet hatte, einer Restauration tatsächlich bedurften. Es hatte seine Evidenz, daß die Universitäten besonders wichtige Einrichtungen für die fällige Restabilisierung der skizzierten intellektuellen Normen und Tugenden sein mußten. Die Unentbehrlichkeit der einzig über akademische Studien erwerbbaren Fachkompetenzen für den Wiederaufbau der zerstörten technisch-industriellen, sozialen und kulturellen Infrastrukturen war ohnehin unbestreitbar. Je knapper die materiellen Ressourcen noch waren und je ungewisser die politische und berufliche Zukunft, um so unzweifelhafter, so erschien es der damals jungen Nachkriegsgeneration, war die Sinnevidenz studienpraktischer Zuwendung zu den Wissenschaften.

Kurz: Die deutschen Universitäten sind aus der deutschen Katastrophe zunächst als Geltungsgewinner hervorgegangen. Man darf es symbolisch nehmen: In Münster wurde das rekonstruierte Schloß, in welchem früher der preußische Oberpräsident einerseits und der kommandierende General andererseits residiert hatte, nunmehr der Universität als Rektoratssitz und Hauptvorlesungsgebäude zugewiesen. Dieser symbolischen Rangerhebung entsprach, wie die Älteren sich erinnern werden, daß bei Rektoratsübergaben ebenso wie bei den Jahresfeiern der Akademien in den Anfangsjahren der Bundesrepublik Deutschland hohe Staatsrepräsentanz obligat war. Dabei konnte es natürlich nicht bleiben, als es später, im Kontext der akademischen Kulturrevolution, üblich wurde, neuen Rektoren statt Festreden Programmreden abzuverlangen. Als Bochum gegründet wurde, gab es dergleichen noch nicht, und entsprechend stand auch die Ruhr-Universität in ihren Anfangsjahren im ungetrübten Glanz außerordentlicher Geltung akademischen Lebens, die aus den skizzierten Gründen für die ersten zwanzig deutschen Nachkriegsjahre charakteristisch war. So erklärt sich die frohgemute Art, ja Euphorie, mit der die neue Einrichtung ins Werk gesetzt und von Stadt und Region, von Bürgerschaft und Presse willkommen und gutgeheißen wurde.

Die großen Erwartungen, mit denen die Öffentlichkeit damals den neuen Universitäten zugewandt war, waren im Bochumer Fall noch speziell und mehr als in anderen Regionen von der Orientierung an Fälligkeiten sozialer Emanzipation mitbestimmt. Im Grundsatz war das nichts Neues. Schon die Gründerväter der Friedrich-Wilhelms-Universität zu Berlin hatten akademische Bildung nicht zuletzt als Medium der Mobilisierung der Ständegesellschaft gekannt und verstanden. Fichte zum Beispiel hatte in seiner Denkschrift die in Berlin zu errichtende höhere Lehranstalt als Gelegenheit eines von ständischen Beschränkungen freigewordenen Bildungsstrebens gekennzeichnet, und die ironisch formulierte Erwartung, daß „besonders unser Adel" diese Gelegenheit mit „Freuden ergreifen werde, um zu zeigen, daß es nicht bloß die versagte Konkurrenz war, die ihm bei seinem bisherigen Range erhielt," bereitete dem Aufsteiger-Philosophen aus erzgebirgischem Heimwerker-Milieu sichtlich Genugtuung[16]. Tatsächlich sind die Universitäten bereits im 19. Jahrhundert Schleusen des sozialen Aufstiegs gewesen[17]. Entsprechend gab es, seither, Sozialpolitik mit bildungspolitischen Mitteln, und Fortschrittseffekte solcher Politik erwartete man gerade auch durch die Bochumer Gründung. Konkret hieß das: Der Anteil der Studenten aus sozialen Schichten, aus denen heraus der Zugang zum gymnasialen und akademischen Milieu erwiesenermaßen schwerfällt, sollte durch Absenkung der Zugangsschwellen erhöht werden. Die Errichtung einer ersten, großen Universität im Revier sollte dem dienen. Die entsprechenden Erwartungen erwiesen sich als realistisch, und das läßt die Zusammenhänge erkennen, die es von vornherein ausgeschlossen sein ließen, daß sich an der Bochumer Gründung noch einmal residuale Gegensätze klassengesellschaftlicher Orientierung hätten entzünden können. Im politischen Effekt heißt das: Die Gründung war auch im Verhältnis der Parteien, der Unternehmer und Gewerkschaften, im wesentlichen unumstritten, und auch aus unterschiedlichen Mehrheitsverhältnissen politischer Körperschaften auf Landesebene einerseits und in den Kommunen der Region andererseits ergaben sich keinerlei Friktionen, die die Gründung hätten beeinträchtigen können.

Kurz: Zustimmungsheischende Sinnevidenz umstrahlte das große Vorhaben. Noch im Rückblick dürfte daher die Erinnerung der allermeisten, die damals Gelegenheit hatten, an der Realisierung dieses Vorhabens teilzunehmen, die Erinnerung an einen uneingeschränkt zustimmungsfähigen Lebensabschnitt sein.

In der Vorgeschichte der Ruhr-Universität war die bereits erwähnte Standortfrage die Frage mit dem größten Spannungspotential gewesen[18]. Die Bestrebungen, im Industrierevier eine Hochschule zu errichten, reichten ja bis in den Beginn des Jahrhunderts zurück[19]. Man dachte vorzugsweise an eine neue Technische Hochschule, und zwar, nachdem es ja in der Rheinprovinz, nämlich in Aachen, bereits eine gab, im westfälischen Teil des Reviers, natürlich in Dortmund, der Stadt mit der reichsstädtischen Vergangenheit, überdies verkehrsgeographisch günstig gelegen, weil sowohl mit der nördlichen wie mit der südlichen Städtekette des Reviers eisenbahntechnisch direkt verbunden. Daß dann dennoch, als die Gründung akut wurde, die Entscheidung für Bochum fiel, wurde bekanntlich vorzugsweise mit der Gunst des Querenburger Geländes begründet[20].

---

[16] Johann Gottlieb FICHTE: Deduzierter Plan einer zu Berlin zu errichtenden höheren Lehranstalt, die in gehöriger Verbindung mit einer Akademie der Wissenschaften stehe. In: Die Idee der Universität. Die fünf Grundschriften aus der Zeit ihrer Neubegründung durch klassischen Idealismus und romantischen Realimus. Darmstadt 1956. S. 125–217, S. 192.

[17] Cf. dazu Thomas NIPPERDEY: Deutsche Geschichte 1800–1866. Bürgerwelt und starker Staat. München 1983. S. 476ff.

[18] Josef HOFMANN: Bochum oder Dortmund? Auseinandersetzung um den Universitätsstandort. In: Materialien zur Geschichte der Ruhr-Universität Bochum. Die Entscheidung für Bochum. Bochum o.J. S. 29–35.

[19] R. BEISENKÖTTER: Westfalens langer Kampf. Zur Vorgeschichte der Gründung einer Universität in Bochum. In: a.a.O. S. 36–38. – Ferner: Josef BERGENTHAL: Alte und neue Universitäten in Westfalen. Münster i. W. 1971.

[20] Ludwig ADENAUER: Wie es dazu kam. Bochum – neue Leitbilder für die Gründung einer Universität. a.a.O. S. 13–28, S. 22ff.: „Der Standort der neuen Universität".

Es hat sich die Vermutung allerdings niemals zum Schweigen bringen lassen, für die Standortentscheidung zugunsten Bochums sei die Zugehörigkeit dieser Stadt zum Ruhr-Bistum maßgebend gewesen und damit der Wille, auch den Bereich dieser neuen Diözese nicht ohne eine Hochschule zu lassen[21].

Was zur Dauerbelastung zwischen zwei Nachbarstädten hätte werden können, erledigte sich sehr rasch durch die der Bochumer Gründung nachfolgenden Hochschulgründungen in einer Anzahl, die in der Frühzeit der Planungen für eine Hochschule im Revier noch niemand für möglich oder auch nur für sinnvoll gehalten hätte. Bereits am 12. Juni 1962[22] beschloß die Landesregierung, zusätzlich auch in der Stadt Dortmund, die sich durch die Entscheidung für eine Ruhr-Universität in Bochum übergangen zu fühlen gute Gründe hatte, eine Hochschule zu entrichten. Entsprechend konnte der Händedruck zwischen dem Oberbürgermeister Heinemann (Bochum) und dem Oberbürgermeister Keuning (Dortmund) bei Gelegenheit der Bochumer Grundsteinlegung am 2. Juli 1962 von den Chronisten als „wiederhergestellte Städte-Eintracht" kommentiert werden[23]. Die Konkurrenz der Städte um die prestigeträchtige Erhebung zur Universitätsstadt hatte sich somit erledigt: Beide Städte waren ans Ziel gelangt, und andere sollten alsbald folgen - zunächst Düsseldorf, für dessen hochangesehene Medizinische Akademie Paul Mikat als Kultusminister eine einsame, aber politisch irresistibel wirkende Entscheidung traf, sie zur Volluniversität auszubauen[24], bis zur Bielefelder Gründung gemäß den prätentiösen, aber nichtsdestoweniger partiell realisierten Ideen Helmut Schelskys[25], die unzweifelhaft den Höhepunkt dieser hochgemuten Phase deutscher Universitätspolitik markieren[26].

Im Rückblick muß man sagen: Diese Expansion des Hochschulsystems war in ihren Zielsetzungen auch in quantitativer Hinsicht, wie sich erweisen sollte, keineswegs überzogen; aber sie erfolgte in deutscher Geneigtheit, selbst noch im Tun des Richtigen zu übertreiben, zu rasch. Das sollte sich auch später noch wiederholen - vor allem in den akademischen Massenbeförderungsschüben zu Beginn der siebziger Jahre, die die damalige Dozentennachwuchsgeneration begünstigte, das aber auf Kosten der Karrierechancen späterer Generationen, die sich auch

---

[21] Cf. dazu exemplarisch die einschlägig zitierten Stimmen bei Erich BRÜHMANN: „Konfessionshader" oder „Der Westfälische Jammer". Warum die evangelische Kirche in Bochum sich zu Wort meldete. a.a.O. S. 67–73.

[22] Cf. dazu die Empfehlungen zum Aufbau einer Universität in Dortmund. Teil I: Empfehlungen zur Struktur. Veröffentlicht vom Kultusministerium des Landes Nordrhein-Westfalen. Oktober 1965. S. 7.

[23] Cf. dazu Erich BRÜHMANN, a.a.O. (cf. Anm. 21), S. 71.

[24] Paul MIKAT: Gedanken zur Universitätsplanung in Nordrhein-Westfalen. In: Paul MIKAT, Helmut SCHELSKY: Grundzüge einer neuen Universität. Zur Planung einer Hochschulplanung in Ostwestfalen. Gütersloh 1966. S. 11–19.

[25] Cf. dazu meine Abhandlung „Helmut Schelsky als Universitätsgründer", in: Horst BAIER (Hrsg.): Helmut Schelsky - ein Soziologe in der Bundesrepublik. Eine Gedächtnisschrift von Freunden, Kollegen und Schülern. Stuttgart 1986. S. 157–166.

[26] Zur hier so genannten Phase deutscher „hochgemuter Universitätspolitik" im internationalen Kontext cf. Lord ANNAN, Michel DEVÈZE, Hermann LÜBBE: Universität gestern und heute. Salzburg/München 1973.

durch Kompensationsprogramme von der Art der Heisenberg-Stipendien oder der Fiebinger-Professuren nur mangelhaft ausgleichen ließen. Damals, das heißt 1966/67, führte das wachsende universitätspolitische Gründungstempo zu einer alle früheren, besonneren Planungen überrollenden Überforderung des Landeshaushalts. Entsprechend hatte es die Hochschuladministration der ab Ende 1966 amtierenden Regierung Kühn unter dem Kultusminister Holthoff zunächst vor allem mit Planreduktionen zu tun. Das war jedenfalls dann unumgänglich, wenn man keines der neuen Projekte zurückstellen, geschweige denn aufgeben wollte – auch nicht das übers Planungspapierstadium noch kaum hinausgelangte Bielefelder Projekt, wofür ich mich, inzwischen als Düsseldorfer Staatssekretär amtierend, mit Erfolg stark gemacht hatte. Die Konsequenz waren überaus zeitraubende Verhandlungen zur Abstimmung der Aufbaupläne der neuen Universitäten, für deren unverkürzte Summe Haushaltsdeckung schlechterdings nicht mehr zu beschaffen war. Die Ergebnisse dieser Verhandlungen lassen sich in den Protokollen nachlesen, die sich in den Altakten der beteiligten neuen Universitäten auffinden ließen. Das Protokoll der Düsseldorfer Sitzung vom 13. März 1967 wäre dabei von besonderem Interesse. Statt Pläne zu machen und tätig zu realisieren wurden nunmehr Altpläne gekürzt. Planungseuphorie wurde durch die Aufdringlichkeit der Realitäten gedämpft, und auch das hätte von großem Nutzen sein können.

Leider wurden aber, statt dessen, die Ansätze eines mangelbewirkten hochschulpolitischen Realismus alsbald von der akademischen Kulturrevolution der späten sechziger Jahre überspült. Es handelte sich hierbei, wie rasch deutlich werden sollte, um einen Vorgang von internationalen Dimensionen, und seine Anfänge hatten ja auch gar nicht in Deutschland, vielmehr in den USA gelegen. Die Ursachen dieser Bewegung sind ein Thema für sich, und man benötigte, um diese Ursachen zu erkennen, die Mittel einer Theorie der Desorientierungsfolgen industriegesellschaftlicher Modernisierungsprozesse. Das läßt sich hier nicht erörtern und auch nicht die ganz anderen politischen und kulturellen Äußerungsformen solcher Desorientierung, die sich inzwischen beobachten lassen. Damals war die Irritation, die die neue Bewegtheit bei den Parteien, in den Parlamenten und bei ihren Fraktionen auslöste, erheblich, und in solcher Lage sucht man nach Erklärungen dessen, was einen irritiert. Sehr populär war damals die Erklärung, der Studentenprotest sei eine berechtigte Reaktion auf Unzulänglichkeiten des Hochschulsystems und daher im Kern rational. Später verbreitete sich sogar die Legende, erst der Studentenprotest habe die öffentliche Aufmerksamkeit auf die Unzulänglichkeiten des deutschen Hochschulsystems gelenkt und habe entsprechend der Hochschulpolitik Beine gemacht. Der hier geschilderte Ablauf der Dinge läßt demgegenüber erkennen: In ihrer historischen Reihenfolge verhalten sich die fraglichen Vorgänge genau umgekehrt zueinander. Die Hochschulreformpolitik war längst in Bewegung geraten, und mitten im Fluß der Dinge hat sich dann später aus Ursachen, die sich zu den Sacherfordernissen, die auf der Tagesordnung der Hochschulpolitik standen, im wesentlichen kontingent verhalten, die neue akademische Jugendbewegung entfaltet.

Natürlich hat mich diese Bewegung intellektuell fasziniert, fand mich aber im übrigen herausgefordert, mich ihr zu widersetzen, und zwar im wesentlichen aus zwei Gründen. Der eine Grund war, daß die Studentenbewegung sich auf die Fälligkeiten der Hochschulpolitik der universitären Gründungsphase der sechziger Jahre schädigend auswirkte. Schädigend haben vor allem die Auseinandersetzungen um das, wie ich meine, pseudodemokratische Konzept der Gruppenuniversität gewirkt[27]. Jürgen Habermas fand damals, „die Einrichtungen einer verwirklichten Demokratie" wären „wie verschwebende Netze, aus zerbrechlister Intersubjektivität gewoben". Die institutionell befestigten gesellschaftlichen Lebensverhältnisse stünden hingegen „wie Ringwälle" da, vor denen „die überlebenden Individuen nur noch bellen" können[28]. Man kann sich in der Tat Lebensverhältnisse vorstellen, ja wünschen, in denen die Beziehungen zwischen den Individuen „wie verschwebende Netze, aus zerbrechlister Intersubjektivität gewoben" sind. Aber der Versuch, über die Gruppenuniversität nun auch die akademische Selbstverwaltung in ein Medium zerbrechlister Intersubjektivität zu versetzen, darf als gescheitert gelten. Daß ein solcher Versuch immerhin unternommen werden konnte, kann man, wie ich meine, nur aus Schwächen des politischen Selbstgefühls der zweiten deutschen Demokratie erklären, in der nicht wenige Ältere unter der Wucht der Vorwürfe einer jungen, politisch schlechterdings unbelasteten, also mit der Gnade der späten Geburt ausgestatteten Generation, man dulde und fördere vordemokratische Zustände, sich wie Ertappte vorkamen.

Zweitens befand ich mich im Gegensatz zur Studentenbewegung aus Gründen ihrer restaurativen intellektuellen Orientierung. Restaurationen, das ist wahr, sind gewiß nicht eo ipso falsch, und ich habe ja eingangs gesagt, daß nach den zerstörerischen Wirkungen der nationalsozialistischen Revolution[29] auch auf die Hochschulen nach dem Zusammenbruch der nationalsozialistischen Diktatur eine Hochschulrestauration tatsächlich nötig war. Aber die neumarxistische Restauration, die sich in maßgebenden Teilen der Studentenbewegung vollzog, hatte doch schlechterdings nicht den Charakter einer fälligen Restauration verschütteter zukunftsfähiger Herkunftsbestände. Es war doch damals gerade erst zehn Jahre her, daß in etlichen Ländern Europas Parteien aus der Tradition der Arbeiterbewegung, deren Politik praktisch längst sozialdemokratisch und damit parlamentarisch-pluralistisch orientiert und geprägt war, über Programmreformen ihre ideologischen Schlacken marxistischer Prägung abgeworfen hatten. So geschah es 1959 in Bad Godesberg, und in der Schweiz wie in Österreich vollzog sich in dem-

---

27 Cf. dazu meinen Aufsatz „Gruppenuniversität. Revision eines Demokratisierungsprogramms", in: Hermann LÜBBE: Die Aufdringlichkeit der Geschichte. Herausforderungen der Moderne vom Historismus bis zum Nationalsozialismus. Graz, Wien, Köln 1989, S. 132–144.

28 Jürgen HABERMAS: Universität in der Demokratie - Demokratisierung der Universität. In: Jürgen HABERMAS: Protestbewegung und Hochschulreform. Frankfurt a. M. 1969. pp. 108–133, S. 129.

29 Es ist gelegentlich bezweifelt worden, daß die sogenannte Machtergreifung der Nationalsozialistischen Deutschen Arbeiterpartei tatsächlich den Charakter einer Revolution gehabt habe. Überzeugende Gründe, sie nichtsdestoweniger dafür zu halten, bietet Richard LÖWENTHAL: Die nationalsozialistische „Machtergreifung" - eine Revolution? Ihr Platz unter den totalitären Revolutionen unseres Jahrhunderts. In: Deutschlands Weg in die Diktatur. Internationale Konferenz zur nationalsozialistischen Machtübernahme im Reichstagsgebäude zu Berlin. Referate und Diskussion. Ein Protokoll. Berlin 1983. S. 42–74.

selben Jahr Analoges. Statt dessen konstituierten sich aber – um nur auf die harmlosesten Phänomene zu verweisen – ab 1968 wieder studentische Arbeitskreise, die gewiß waren, im Studium der Klassiker des Marxismus-Leninismus den Punkt zu finden, aus dem sich die Welt kurieren läßt. Auf Umzügen wurden Führerbilder von Lenin bis Ho Chi Minh wie Objekte eines neuen politischen Ikonenkultes herumgetragen, und das politische System der Bundesrepublik galt aus dieser Perspektive als „faschistoid". Es erübrigt sich, das zu schildern. Verblüffend bleibt noch im Rückblick, daß dergleichen damals in Teilen der Presse, ja in Parlamenten als Ausdruck einer endlich „progressiv" gewordenen Orientierung deutscher Studenten kommentiert wurde. Inzwischen würden die Autoren dieser Kommentare es wohl genierlich finden, wenn man durch Zitate in Erinnerung brächte, was damals in Deutschland als „progressiv" galt. Interpretiert man es wohlwollend, so handelte es sich um den Eifer junger Angehöriger einer „verspäteten Nation" im schönen Bemühen, sich nicht noch einmal zu verspäten. Just dabei geriet man jedoch abermals an Bestände einer längst veralteten ideologischen Tradition, deren Rekonstruktionsunfähigkeit sich inzwischen erwiesen hat.

Aber das sind Vorgänge in der jüngeren Geschichte deutscher Ideologie, die hier nicht das Thema ist. Immerhin können sie uns daran erinnern, daß die Hochschulen, die als Stätten der Forschung und Lehre mit der Entwicklung unserer wissenschaftlich-technischen Zivilisation fortschreitend an Gewicht und Bedeutung gewonnen haben, nicht eo ipso auch common-sense-festigend wirken. Als „Vierte Gewalt" im Staat, nämlich als die Gewalt der Kritik wirken zu können – dergleichen wurde vor zwanzig Jahren tatsächlich proklamiert und programmiert – haben die Hochschulen nur eine schwache Verheißung. Wofür uns, was die Einrichtungen der Forschung und der Lehre zu leisten vermögen, gut zu sein hat, unterliegt der moralischen und politischen Urteilszuständigkeit des Gemeinsinns und somit gerade nicht der Zuständigkeit irgendwelcher akademischer Experten. So ließe sich die Normalität im Zuordnungsverhältnis von Hochschule und Gemeinwesen charakterisieren, die in der Gründungsphase der Ruhr-Universität, die ich als Phase „hochgemuter Hochschulpolitik" charakterisiert hatte, durchaus bestand, die dann um die Wende der sechziger zu den siebziger Jahren zeitweise gestört war und inzwischen überwiegend, wenn auch nicht generell wiederhergestellt ist. Das heißt selbstverständlich nicht, es hätten sich in den Universitäten die Befindlichkeiten wiederhergestellt, die ich für die frühen sechziger Jahre beschrieben und verständlich zu machen versucht habe. Seit den siebziger Jahren haben sich in der wissenschaftlich-technischen Zivilisation Selbstzweifel ausgebreitet, und es steht nichts entgegen, die Studentenbewegung im Nachhinein als Moment in der Vorgeschichte dieser Selbstzweifel anzusehen, wobei es freilich Geschichtsklitterung wäre, schon damals wären ökologische Krisen oder sonstige Erfahrungen mit Grenzen zivilisatorischer Evolution ein akademisches Thema gewesen. Es ist noch nicht erkennbar, wie unsere neuen Wahrnehmungen und Befindlichkeiten den kulturellen Ort der Wissenschaften und ihrer Einrichtungen verändern werden. Wenn die Ruhr-Universität Bochum ihren 50. Geburtstag feiert, wird man es wissen.

32. Die Idee einer Elite-Hochschule im Zeitalter der Massenakademisierung

Helmut Schelsky als Universitätsgründer

In der Reihe der Wissenschaftler, die in den sechziger Jahren als Universitätsgründer in Deutschland einflußreich wurden, hat niemand seine persönlichen Ideen und Konzepte stärker zur Geltung zu bringen vermocht als Helmut Schelsky. Weder Hans Wenke[1] noch Gerhard Hess[2], weder Martin Schmeisser[3] noch Joachim Ritter[4] – um ein paar Gründernamen zu nennen, die mit den Jahren hochgemuter deutscher Universitätsreform[5] sich verbinden – haben so sehr wie Helmut Schelsky durch ihren individuellen Entwurf eine Hochschulplanung geprägt und bestimmt. Das besonders scharfe Profil der ursprünglichen Bielefelder Universitätsidee erklärt sich so und einige der Kollisionen auch, die zwischen dieser Idee und den Verhältnissen sich ergaben.

Daß auch nach „Ostwestfalen", in den Bereich des Regierungsbezirks Detmold also, eine Universität gehöre – das war angesichts der regionalen Gegebenheiten nach Bevölkerungsdichte, Studentenaufkommen und Hochschulferne[6] ein naheliegender Gedanke. Ihn unbeschadet der Lasten, die sich das Land Nordrhein-Westfalen mit der Gründung der Universitäten in Bochum und Dortmund sowie mit der Erweiterung und Erhebung der Medizinischen Akademie Düsseldorf zur

---

[1] Als Vorsitzender des Gründungsausschusses der Ruhr-Universität Bochum cf. dazu: Empfehlungen zum Aufbau der Universität Bochum. Denkschrift des Gründungsausschusses. Bochum 1962.

[2] Als Gründungsrektor der Universität Konstanz. Cf. dazu: Die Universität Konstanz. Bericht des Gründungsausschusses, vorgelegt im Juni 1965.

[3] Als Vorsitzender des Gründungsausschusses für die Universität Dortmund. Cf. dazu: Empfehlungen zum Aufbau einer Universität in Dortmund. Teil I. Empfehlungen zur Struktur. Oktober 1965.

[4] Ritter war als Mitglied in den genannten drei Gründungsausschüssen für die neuen Universitäten in Bochum, Konstanz und Dortmund sehr einflußreich und überdies als Mitglied des Wissenschaftsrates in dessen besonders wirksamer frühen Tätigkeitsphase. – Zu Joachim Ritter cf. meine Darstellung seines Lebenswerks in: Gedenkschrift Joachim Ritter. Münster/Westfalen 1978, S. 14–20. – Zum Wissenschaftsrat cf. Gerhard HESS: Zur Vorgeschichte des Wissenschaftsrats. In: Wissenschaftsrat 1957–1967. März 1965, S. 5–10.

[5] Über die Impulse und Zwecke, die in den hier so genannten zehn Jahren „hochgemuter Universitätsreform" zwischen 1958 und 1968 herrschend waren, cf. meine Abhandlung „Hochschulpolitik in der BRD und in der Schweiz. Ein Vergleich", in: Lord ANNAN, Michel DEVÈZE, Hermann LÜBBE: Universität gestern und heute. Salzburg und München 1973, S. 45–66.

[6] Cf. dazu Clemens GEISSLER: Hochschulbesuch in Ostwestfalen-Lippe – Studentenaufkommen, Wanderung und Herkunft der Studierenden; Analyse 1961 und Vorausschätzung 1980 –. In: Clemens GEISSLER, Dietrich STORBECK: Standortbestimmung einer Universität. Materialen zur Raumplanung. Münster 1967, S. 15–60.

Universität bereits aufgeladen hatte, aufzugreifen und seine Realisierung politisch einzuleiten – das war das Verdienst des Kultusministers Paul Mikat[7]. Mikat erzählte gelegentlich, er habe sich auf der Suche nach dem benötigten Gründungsplaner für die ostwestfälische Universität gefragt, wer sich denn unter den Professoren des Landes von Rang in jüngster Zeit wissenschaftlich zu Fragen der Universitätsreform kompetent und öffentlichkeitswirksam geäußert habe, ohne bereits reformpraktisch engagiert und tätig zu sein. Eben das traf damals wie auf keinen anderen auf Helmut Schelsky zu. Schon Schelskys Antrittsvorlesung in Münster am 24. Juni 1960 „Zur sozialen Idee der deutschen Universität"[8] hatte in der deutschen Öffentlichkeit einen ungewöhnlichen Eindruck hinterlassen. Darüber hinaus erreichte er das große Publikum mit seinem Buch „Einsamkeit und Freiheit" von 1963[9], das die Thesen der Antrittsvorlesung unversitätshistorisch ausführte und auf reformpolitische Konsequenzen brachte. Einzig sekundäre politische Rücksichten parteilicher oder ideologischer Art hätten veranlassen können, eine derart erwiesene Zuständigkeit für Fragen der Hochschulreform, die ja damals im Zentrum landespolitischer Aufmerksamkeit standen, nicht zu nutzen. Mikat hatte die Souveränität, solche Rücksichten nicht zu nehmen, und entsprechend bat er, am 20. Januar 1965, Schelsky, für die Planung der neuen Universität sich zur Verfügung zu stellen[10]. Die Bedingungen, an die Schelsky seine Bereitschaft zur Übernahme dieser Aufgabe knüpfte, waren ungewöhnlich, und sie fielen ganz aus dem Rahmen der Gründungsverfahren, wie sie sich in Bochum und Dortmund und analog auch bei den Universitätsgründungen in anderen Bundesländern bereits eingespielt hatten. Mikat akzeptierte diese Bedingungen[11]. Worum handelte es sich? Erstens lehnte Schelsky es von vornherein ab, den Vorsitz in einem Gründungsausschuß übernehmen zu wollen, dessen personelle Zusammensetzung nach allerlei akademischen und sonstigen Proporzgesichtspunkten ministeriell im wesentlichen bereits vorgegeben sein würde. Statt dessen nahm er selber das Vorschlagsrecht für die Zusammensetzung des Gründerkreises in Anspruch. Unter den ursprünglichen zehn Mitgliedern dieses Kreises, dessen konstituierende Sitzung am 11. November 1965 stattfand[12], waren es lediglich zwei, an die Schelsky wohl ursprünglich nicht gedacht haben mochte, die er aber als Ministerwünsche dann doch akzeptierte. Nicht zufällig waren es diese beiden, die sich, als Schelskys Gründertätigkeit in einer später noch zu erläuternden Weise zum

---

[7] Paul Mikat: Gedanken zur Universitätsplanung in Nordrhein-Westfalen. In: Paul Mikat, Helmut Schelsky: Grundzüge einer neuen Universität. Zur Planung einer Hochschulgründung in Ostwestfalen. Gütersloh 1966, S. 11–19.

[8] Helmut Schelsky: Einsamkeit und Freiheit. Zur sozialen Idee der deutschen Universität. Münster Westf. 1960.

[9] Helmut Schelsky: Einsamkeit und Freiheit. Idee und Gestalt der deutschen Universität und ihrer Reformen. Reinbek bei Hamburg 1963.

[10] Helmut Schelsky: Zur Vorgeschichte dieser Schrift und zu den Zielen dieser Schriftenreihe. In: Paul Mikat, Helmut Schelsky, a.a.O. (cf. Anm. 7) S. 7–10, S. 7.

[11] Nach einem längerem Gespräch am 26. Februar 1965. A.a.O. S.

[12] Ergebnisniederschrift über die 1. (konstituierende) Sitzung des beratenden Gründungsausschusses für die Universität im ostwestfälischen Raum am 11. November 1965 ... in Düsseldorf, S. 2.

„Fall Schelsky" wurde, aus dem Ausschuß zurückzogen, nachdem sie mit ihren
Vorstellungen zur Erledigung dieses Falles sich nicht hatten durchsetzen können.
- Zweitens war Schelsky nicht bereit, als Gründungsrektor ineins Planer und
Verwalter zu sein. „Mehr als 90% seiner Tätigkeit", so habe ihm Hans Wenke berichtet, sei „Verkehr mit den Landesbehörden" gewesen[13]. Dieser Teil der Grün-
dungsarbeit sollte rigoros schon in der Planungsphase einem erfahrenen Ver-
waltungsmann obliegen[14]. Schelsky selbst wollte im Kreis der Gründungskollegen
allein für die ideelle Seite der Sache zuständig sein und insofern auch als Planer
den Horizont der Wissenschaftspraxis nicht in den der Administration oder Politik hinein überschreiten. - Drittens nahm Schelsky in Anspruch, eine persönlich
verfaßte Denkschrift zur Grundlage der Planungsarbeit machen zu können[15].
Diese Denkschrift lag vor, bevor noch der Gründungsausschuß zusammentrat.
Die späteren Ausschußmitglieder hatten vorweg Gelegenheit, sie zu studieren,
und ohne eine gewisse Sympathie für Schelskys Ideen hätte wohl keiner der Mitglieder seine Mitwirkung im Ausschuß für sinnvoll gehalten.

Man erkennt, wie wirksam Schelsky durch diese drei Bedingungen verfah-
rensmäßig seinen in der Hochschulpolitik jener Jahre singulären persönlichen
Einfluß auf die anstehende Gründung zu sichern verstand. Die Frage, ob denn soviel persönlicher Einfluß auch „demokratisch legitimiert" sei, hätte man damals,
das heißt vor Ausbruch der studentischen Jugendbewegung in den späten sechziger Jahren, gar nicht verstanden. Der parlamentarisch verantwortliche Minister
war es ja, der im Rahmen unzweifelhafter Kompetenzen einen Planungsauftrag
vergeben hatte; der Gründungsausschuß war ein von diesem Minister berufener,
ihm verantwortliches Gremium; was dieses Gremium an Plänen schließlich ver-
abschiedete, hatte den administrativen Status purer Empfehlungen, die Minister
und Regierung annehmen, verwerfen oder ändern konnten, und die Zuständigkeiten des Parlaments galten ja gemäß der Landesverfassung in letzter demokratischer Instanz ohnehin. In diesem vorgegebenen Rahmen hatten die skizzierten,
von Schelsky gesetzten und von Mikat konzedierten Verfahrensmodalitäten den
Sinn der Effizienzsteigerung - nach Tempo im Ablauf des Gründungsgeschäfts
wie nach innovatorischem Profil der neuen Einrichtung, das zusätzlich durch die
Selbstverpflichtung der Mitglieder des Gründerkreises gesichert werden sollte, an
der von ihnen entworfenen neuen Einrichtung künftig auch selber tätig werden
zu wollen. Schelsky hat dieses Gründungsverfahren später, im „Nachtrag 1970" zu
seinem Buch „Einsamkeit und Freiheit", „reformautonome Gründung" genannt[16].
Schon in seiner Münsterschen Antrittsvorlesung hatte Schelsky mit Nachdruck

---

[13] Helmut SCHELSKY: Soziologie – wie ich sie verstand und verstehe. In: Helmut SCHELSKY:
Rückblicke eines „Anti-Soziologen". Opladen 1981, S. 70–108, S. 95.

[14] Die Aufgabe übernahm der damalige Kanzler der Universität Bonn, Eberhard Frhr. von
MEDEM.

[15] Helmut SCHELSKY: Grundzüge einer neuen Universität. Eine Denkschrift. Dokument Nr. X
vom 17.8.1965. In: Paul MIKAT, Helmut SCHELSKY, a.a.O. (cf. Anm. 7), S. 35–69.

[16] Helmut SCHELSKY: Einsamkeit und Freiheit. Idee und Gestalt der deutschen Universität und
ihrer Reformen. Düsseldorf ²1971, S. 241ff.: „Nachtrag 1970. Das Ende der Humboldtschen
Universität: Weder Einsamkeit noch Freiheit", S. 249.

die Eignung akademischer Kollegialorgane zur Selbstreform bezweifelt. Gelingende Hochschulreform setzte ein von hochschulinterner Selbstverwaltung unabhängiges Subjekt voraus – unter den in Deutschland gegebenen Trägerschaftstraditionen den Staat also, der sich von institutionell unabhängigen Sachkennern in seinen zuständigen Organen beraten läßt. Es war der Sinn der einläßlichen Beschäftigung Schelskys mit der Gründungsgeschichte der Friedrich-Wilhelms-Universität zu Berlin, an diesem wirkungsmächtigsten Exempel eben das sichtbar zu machen. Wilhelm von Humboldt habe „sich wie auch seine geistigen Mitstreiter niemals von der Selbstverwaltung des Bildungswesens oder der Universitäten das Geringste versprochen"[17] – reformpolitisch wohlgemerkt. Daß im übrigen Wissenschaftsfreiheit für die Universität körperschaftliche Selbstverwaltungsrechte einschließt, war hierbei geschenkt und vorausgesetzt. Mit unverkennbarer Erinnerungslust hat Schelsky bei Gelegenheit seiner Festrede anläßlich der Zweihundertjahrfeier der Universität Münster[18], auf die wohltuende Kürze traditoneller Fakultätssitzungen verwiesen, deren mit Abstand wichtigste Aufgabe die Gewährleistung qualifizierter personeller Selbstergänzung der Wissenschaft war, auf die ideologisch-politische und weltanschauliche Gesinnungsgenossenschaft keinen Einfluß nehmen durften. Liberalität und Kollegialität rühmte Schelsky, zumal im Blick auf das von ihm geschätzte Münster, gern der alten, vorreformierten Universität nach, und er hielt es für eine Torheit, daß sich etliche Universitäten in neudemokratischer Autonomiebeflissenheit verleiten ließen, die zumal in Preußen bewährte Institution des Kurators abzuschaffen – des Mannes also, der in den Räumen der Universität selbst und mit ihr sich identifizierend seinem Amt nach die staatliche Verwaltung repräsentierte und so in schwerlich überbietbarer Weise die akademischen Kollegialorgane administrativ entlastet hielt und zugleich staatsverwaltungsnah begünstigte.

Universitätsreform, statt als Selbstverwaltungsaufgabe, als Aufgabe staatlicher Gründung nach idealer Maßgabe institutionell unabhängiger Sachkenner – das also war Schelskys Verfahrenskonzept, und der Erfolg gab ihm zunächst recht. Die Schnelligkeit, mit der die neue Gründung, unter mannigfachen politischen und materiellen Hemmnissen, ins Leben trat, war in der Tat eindrucksvoll. Schelsky verstand es, alle Beteiligten zu einem leicht euphorischen Aktivismus anzustiften, durch den sich der Zwang, alsbald zu Entscheidungen zu gelangen, bei allen verantwortlichen Stellen wirksam erhöhte. Immerhin nahm das Zentrum für interdisziplinäre Forschung, von dem noch die Rede sein muß, im Schloß Rheda seine Arbeit schon 1967 auf[19], die Universitätsbibliothek gleichfalls, und am 17. Novem-

---

17 Helmut SCHELSKY: Einsamkeit und Freiheit, a.a.O. (cf. Anm. 8) S. 13.

18 Helmut SCHELSKY: Erfahrungen mit vier Generationen der deutschen Universität. Vortrag zum 200jährigen Jubiläum der Universität Münster. In: Helmut SCHELSKY: Rückblicke eines „Anti-Soziologen", a.a.O. (cf. Anm. 13) S. 160–177, S. 168f.

19 Die wichtigsten frühen Daten der Gründungsgeschichte Bielefelds sind chronologisch aufgelistet bei Walter VITT: Daten auf dem Weg zur Gründung. In: Mitteilungen der Westfälisch-Lippischen Universitätsgesellschaft. Heft 2 (Oktober 1968), S. 20–23.

ber 1969 eröffnete die Universität bereits ihren Lehrbetrieb[20]. Rascher ist dergleichen nicht möglich, und die Dynamik, mit der der Gründungsprozeß über Widerstände hinweg ablief, ist um so erstaunlicher, als doch nicht wenige Gehalte des Schelskyschen Reformkonzepts eine provozierende Wirkung ausüben mußten. Welches waren die wichtigsten dieser Gehalte? Erstens sollte an der neuen Universität ein „struktureller numerus clausus" gelten, demzufolge „die Zahl der Studenten ... das Dreißigfache der Zahl der Lehrstühle nicht überschreiten" dürfe[21]. Zweitens sei den ordentlichen Professoren die Möglichkeit zu eröffnen, „ihre doppelte Verpflichtung zu Forschung und Lehre durch zeitweilige Konzentration auf die Erfüllung" jeweils einer dieser Verpflichtungen nachzukommen („jährlicher Wechsel von Forschung und Lehre"[22]). Drittens sollten an der Universität Forschungsschwerpunkte gebildet werden – teils als disziplinäre Schwerpunkte wie „Wirtschafts- und Verwaltungssoziologie" oder „Historische und internationale Rechtsvergleichung", teils als „mehrdisziplinäre Schwerpunkte" wie „Lateinamerikaforschung" oder „Mathematisierung" insbesondere auch in den nicht-naturwissenschaftlichen Fächern[23]. Viertens schließlich sollte ein „Zentrum für interdisziplinäre Forschung" errichtet werden, um innerhalb der Universität selbst Gelegenheit zu haben, „30–40 Wissenschaftler aus dem Inland und Ausland" „in der Regel für ein Jahr zu fachübergreifender Arbeit" zu versammeln[24]. –

Die Reihe dieser Vorschläge, von denen einige durchaus reformkonventionell, andere aber Vorschläge von starker Herausforderung waren, ließe sich lange fortsetzen – von der Abschaffung der Lehrstühle als grundlegender Einheit der Forschungsorganisation durch ihre Einbeziehung in Groß-Institute mit Departement-Charakter bis hin zur Einrichtung eines ‚bi-konfessionellen theologischen Seminars' für „post-graduate studies"[25]. Es kommt hier auf diese detaillierte Nachzeichnung der von Schelsky geprägten Bielefelder Gründungspläne nicht an. Wichtiger ist, die Pragmatik zu erkennen, die die zitierten Vorschläge zusammenbindet. Man darf sagen: Es handelt sich um Vorschläge mit dem Zweck, unter Bedingungen der sich abzeichnenden und bildungspolitisch gewollten Akademisierung der Ausbildung eines guten Bevölkerungsfünftels die Universität als Stätte erstrangiger Forschung zu konservieren. Auch die Absicht, die Idee der

---

[20] Zur umfassenderen Information über die Geschichte der Universität Bielefeld cf. Dietrich STORBECK: Zehn Jahre Universität Bielefeld. In: Zwischenstation. Universität Bielefeld 1979, S. 18–43.

[21] Cf. „Empfehlungen des Gründungsausschusses für die Universität Bielefeld (beschlossen am 24.7.1967)", abgedruckt in: Mitteilungen ..., a.a.O. (cf. Anm. 19) S. 14–19, S. 16.

[22] a.a.O. S. 15.

[23] a.a.O. S. 14.

[24] ibid. – Zur näheren Begründung dieser Idee cf. „Das Zentrum für interdisziplinäre Forschung. Eine Denkschrift von Helmut Schelsky", in: Paul MIKAT, Helmut SCHELSKY: Grundzüge einer neuen Universität, a.a.O. (cf. Anm. 7) S. 71–87. – Die in Anm. 21–24 zitierten „Empfehlungen des Gründungsausschusses für die Universität Bielefeld" folgen ersichtlich den älteren „Strukturmerkmalen der neuen Universität in Ostwestfalen", die der Gründungsausschuß bereits am 1. März 1966 verabschiedet hatte (in: Paul MIKAT, Helmut SCHELSKY, a.a.O. S. 89–92).

[25] a.a.O. Anm. 22.

Einheit von Forschung und Lehre zu revitalisieren, war in diesen Schelskyschen Humboldtianismus eingeschlossen.

Was wäre damals weniger originell als diese Absicht gewesen! – so wird man erwidern. Gewiß, und Schelskys Gründungsplan bestätigt insofern lediglich Burkes Einsicht, daß, wer bewahren will, unter gewissen Umständen selber zu tiefeingreifenden Änderungen bereit sein muß. Schelsky war unter den Hochschulreformern der sechziger Jahre der radikalere Neuerer, weil er der radikalere Konservative war. Ersichtlich lief Schelskys Plan auf die Gründung einer Universität mit Sonderstatus hinaus, wie er damals auch, mutatis mutandis, sich in Konstanz herauszubilden schien. Die Bielefelder Reformen als „Modell" anzupreisen, wäre ihm nicht in den Sinn gekommen. Gemeint war nicht, daß die anderen Universitäten dem Bielefelder Beispiel folgen sollten. Gemeint war, einen wirksamen Beitrag zur überfälligen Differenzierung des deutschen Hochschulsystems zu leisten. Der Trend zur Massenakademisierung, der ja in Deutschland im Vergleich mit anderen Ländern ein Nachholtrend war, hatte damals, mit einer Zunahme der Studienanfängerzahlen um nahezu das Zweieinhalbfache in den zehn Jahren zwischen der Mitte der fünfziger und der Mitte der sechziger Jahre, längst eingesetzt[26]. Schelsky hat nirgendwo diesen Trend kulturkritisch beklagt. Seine Absicht war es, aus den neuen, grundsätzlich zustimmungsbedürftigen Gegebenheiten forschungsorganisatorische Konsequenzen zu ziehen. Das ist der pragmatische Ort des Bielefelder Gründungsplans. Als rhetorisch besonders wirksame Anempfehlung dieses Plans erwies sich dabei die kleine Untersuchung über „Berufsbild und Berufswirklichkeit des Professors", die Schelsky am 11. November 1965 im Haus der Wissenschaften in Düsseldorf, dem Sitz der späteren Rheinisch-Westfälischen Akademie, vortrug –: Nur gute zwölf Prozent der wöchentlichen Arbeitszeit der Professoren in den „Massenfächern" der Philosophischen und der Rechts- und Wirtschaftswissenschaftlichen Fakultäten von über sechzig Stunden sei noch der Forschung gewidmet[27]. Eben darauf sollten der „jährliche Wechsel von Forschung und Lehre" sowie der „strukturelle numerus clausus" die Bielefelder Antwort sein. Forschung und Lehre sollten so gleicherweise an Qualität gewinnen – mit Wirkungen freilich einer institutionellen Privilegierung gleichermaßen von Professoren und Studenten in Bielefeld. Der Einwand, daß diese institutionelle Privilegierung auch eine finanzielle Privilegierung durch Verdoppelung des Personalaufwands zur Konsequenz habe, ließ Schelsky nicht gelten: Je qualifizierter und wohlberatener das Studium, um so kürzer sei es auch.

Die Bildung von Forschungsschwerpunkten, wie Schelsky sie plante, ist in ihrer Übereinstimmung mit generellen, inzwischen längst bewährten Tendenzen deutscher und internationaler Forschungs- und Forschungsförderungspolitik durchaus konventionell zu nennen. Das Zentrum für interdisziplinäre Forschung hin-

---

[26] Cf. Statistik des Bildungswesens 1955–1975. Wuppertal, Ratingen, Düsseldorf 1968, S. 91.

[27] Laut „Ergebnisniederschrift über die 1. (konstituierende) Sitzung des beratenden Gründungsausschusses für die Universität im ostwestfälischen Raum am 11. November 1965, zu 2. der Tagungsordnung; verschiedentlich nachgedruckter Vortrag, auch enthalten in: Paul MIKAT, Helmut SCHELSKY: Grundzüge einer neuen Universität, a.a.O. (cf. Anm. 7) S. 21–34, bes. S. 29f.

gegen war als Universitätseinrichtung in Deutschland neu. Es sollte der Tatsache
Rechnung tragen, daß heute selbst große Universitäten in ihrer personellen Zusammensetzung nicht mehr groß genug sind, als daß sie allen Fälligkeiten forschungspraktischer Kooperation über Fachgrenzen hinaus zu entsprechen vermöchten. Deswegen gibt es ja heute in immer noch wachsender Zahl Forschergruppen mit Wissenschaftlern regional und institutionell höchst unterschiedlicher Herkunft, die zumeist auf der Basis von Drittmitteln arbeiten und die damit
zugleich höchst selektiv Unterschiede zwischen drittmittelbegünstigten Forschern einerseits und grundausstattungsbeschränkten Forschern andererseits
bewirken und sichtbar machen. Auch die Wissenschaftskollegs, die sich in gewissen Ansätzen in Deutschland in Anlehnung an bewährte ausländische Muster inzwischen gebildet haben, wirken analog differenzierend. Im Kontext späterer for-
schungs- und bildungspolitischer Elite-Debatten[28] hat sich die Einsicht, daß mit
der Größenordnung des Hochschulsystems auch sein Differenzierungsgrad zunehmen muß, generell durchgesetzt, und Schelskys Universitätsreformplan liest
man heute am besten, indem man ihn als einen frühen Vorschlag für entsprechende institutionelle Differenzierungsmaßnahmen liest. Dem elementaren „Vorgang der Verwissenschaftlichung aller Praxis in unserer Zivilisation"[29] hatte Helmut Schelsky zuvor schon seine wirkungsreiche große Abhandlung „Der Mensch
in der wissenschaftlichen Zivilisation" gewidmet[30]. Über die Mächtigkeit der
Zwänge, die in dieser Zivilisation „die Entwicklung der großbetrieblichen Forschung"[31] treiben, täuschte er sich selbstverständlich nicht, und auch nicht über
die Nötigkeit, Forschung, auch als Universitätsforschung, über Bindungen an
Aufträge anwendungsnah zu halten. Daß Universitätsausbildung für Zwecke der
Funktionserfüllung in Wirtschaft, Industrie und Verwaltung tauglich zu machen
habe – das hat Schelsky als eine ihrer selbstverständlichen Zweckbestimmungen
anerkannt, und der Studentenprotest, der in dieser Zweckbestimmung die Universität zur „technokratischen Kaderschmiede" verkommen sah, erschien ihm als
Protest aus bildungsbürgerlicher Romantik. Nichtsdestoweniger hat Schelsky seinerseits, sozusagen als Humboldtianer zweiter Stufe, daran festgehalten, daß
komplementär zu den Dienstleistungen, die die Universität in der wissenschaftlich-technischen Zivilisation unabweisbar und in wachsendem Maße zweckori-
entiert zu erfüllen hat, zugleich auch, in reflexiver Rückwendung auf die Voraussetzungen unserer Zivilisation, deren „Philosophie" und damit Distanz ihr gegenüber gewonnen sein will. Soweit man in freundlicher Interpretation unterstellen darf, daß auch im Studentenprotest sich der Anspruch zur Geltung brachte, im Studium nicht allein Könnerschaften, vielmehr zugleich Orientierungswis-
sen zu gewinnen, läßt sich Helmut Schelskys Universitätsidee ihrerseits als eine
Anerkennung der prinzipiellen Berechtigung dieses Anspruchs verstehen. Aber

---

[28] Cf. dazu meine Rede „Wissenschaftskultur und Elitebildung", in: 30 Jahre AIF. Festveranstal-
      tung der Arbeitsgemeinschaft Industrieller Forschungsvereinigungen. Köln 1984, S. 33–48.
[29] Helmut SCHELSKY: Einsamkeit und Freiheit, a.a.O. (cf. Anm. 8) S. 29.
[30] Köln-Opladen 1961.
[31] a.a.O. (cf. Anm. 8) S. 27.

für illusionär und sachwidrig hätte er es gehalten, der Hochschule ihren spezifisch modernen Beruf, für die Industriegesellschaft ausbildungs- und forschungstechnische Dienstleistungen erbringen zu sollen, zu verweigern, um statt dessen ihre Studenten zu Dauerteilnehmern an Dauerreflexionsprozessen zu machen. Die „Philosophie" der modernen Zivilisation ist heute ihrerseits nur hochspezialisiert und im Hindurchgang durch fachdisziplinäre Arbeit zu gewinnen. Die Freiheit anforderungsentlasteter, aufs Ganze unseres kulturellen und sozialen Lebens bezogener Theoriebildungspraxis bleibt immer nötig; aber nur ausspezialisierte universitäre Institutionen bieten im modernen, dienstleistungsbetrieblich organisierten Hochschulsystem eine realistische Chance, diese Freiheit wissenschaftlich produktiv halten zu können. Helmut Schelskys Universitätsreformplan war ein Plan zur Gründung solcher ausspezialisierten akademischen Institutionen.

Der provozierenden Wirkung, die von diesem Plan ausging, hat Wilhelm Hennis bekanntlich den unüberboten stärksten Ausdruck gegeben. „Eine ungeheure Privilegierung der Bielefelder Professoren", konstatierte Hennis, eine „eklatante Verletzung des Gleichheitsgrundsatzes" und „schändliche Bevorzugung einiger Weniger". „Eine so flagrante Verletzung ... der Kollegialität zwischen deutschen Gelehrten" finde hier statt, daß „schwer verständlich" sei, „wie sich die Rektorenkonferenz" habe „bereit finden können, den Gründungsrektor dieser Universität mit bei sich aufzunehmen"[32]. Noch mehr hätte Hennis sich wundern sollen, daß zuvor schon das inzwischen[33] sozialdemokratisch geführte Düsseldorfer Kabinett eingewilligt hatte, „beim Aufbau der Universität Bielefeld" „die Empfehlungen, die der Gründungsausschuß ... am 24.7.1967 beschlossen hat", zur „Grundlage der weiteren Planung" zu machen[34]. Immerhin waren die Sozialdemokraten unverdächtig, professorale Privilegien verteidigen oder gar neue Privilegien schaffen zu wollen. Abbau von sozialen und sonstigen Hindernissen effektiver Chancengleichheit – das war doch das dominante Prinzip sozialdemokratischer Bildungspolitik. Wieso also erteilte sie gleichwohl dem Schelsky-Plan ihren Segen? Eine „Bevorzugung" Bielefelder Professoren war ja wirklich geplant. Aber wieso sollte diese Bevorzugung „schändlich" sein, wenn doch ohnehin differenzierend wirkende Bevorzugungspraktiken in der Hochschulwelt nötigkeitsbedingt immer üblicher wurden – von der Sonderurlaubsgewährung über die Zusicherung von Sonderforschungsmitteln im Rahmen von Bleibeverhandlungen bis zur Zuerkennung von „Akademiestipendien" aus Stiftungsmitteln für Forschungsfreijahre von Spitzenleuten? Der Schelsky-Plan war doch, insoweit, nichts anderes als eine Umsetzung des Sinns solcher sich ja nicht zufällig ausbreitenden Praktiken in die Organisationsform einer speziellen Hochschule, und dies schien, damals, der SPD nicht weniger einleuchtend zu sein als der Westdeutschen Rektorenkonferenz.

---

[32] Wilhelm HENNIS: Die deutsche Unruhe. Studien zur Hochschulpolitik. Hamburg 1969, S. 56–58.
[33] Seit dem 8. Dezember 1966. – Cf. dazu Heinz NEHRLING: Machtwechsel in Nortrhein-Westfalen. Essen 1970.
[34] 954. Kabinettssitzung vom 24.10.1967.

Hierzu paßt, daß führende Repräsentanten der nordrhein-westfälischen SPD, als sie noch Oppositionspartei war, so insbesondere auch der spätere Ministerpräsident Heinz Kühn, nicht anders als der amtierende CDU-Kultusminister Mikat sich vor Schelsky stellten, als diesem im Frühjahr 1966 öffentlich seine 1934 erschienene, vom Geist des Volksgemeinschafts-Sozialismus geprägte studentische Schrift „Sozialistische Lebenshaltung"[35] öffentlich vorgehalten wurde. Hinter dieser Vorhaltung steckte keineswegs Sorge um die freiheitlich-demokratische Integrität des bundesdeutschen Hochschulsystems, die man durch den exnazistischen Universitätsgründer Schelsky gefährdet gesehen hätte, was ja angesichts der Lebensleistung, die Helmut Schelsky in den Jahren deutscher Nachkriegsgeschichte inzwischen erbracht hatte, auch ganz unsinnig gewesen wäre. Dahinter steckten vielmehr Lokalpatrioten Paderborner politischer und weltanschaulicher Prägung, die die Universität in ihrem Geist gern an ihrem Ort errichtet und zur Beförderung dieser Absicht zunächst einmal Schelsky durch eine dafür geeignetere Gründerpersönlichkeit ersetzt gesehen hätten. Das war natürlich ein grundsätzlich legitimes Ziel – aber nicht unter kalkulierter Verwendung jenes Mittels. Insbesondere diejenigen Politiker, die selber Erfahrungen als Verfolgte des Nazi-Regimes hinter sich hatten, dachten so – bei allen Parteien. Entsprechend hat unbeschadet der politischen Auseinandersetzungen um seine Person, die ihn im übrigen tief trafen, Schelsky auch über den nordrheinwestfälischen Regierungswechsel hinweg für sein Gründungskonzept bei allen Parteien Zustimmung erhalten. Der gewisse Gründungsenthusiasmus, der insbesondere die Klausurtagung des Wissenschaftlichen Beirats der ostwestfälischen Universität vom 9.–16.3.1967 im „Schwaghof" bei Bad Salzuflen durchherrschte, beeindruckte nicht zuletzt den SPD-Kultusminister Fritz Holthoff und veranlaßte ihn, Schelsky über seine Bielefelder Gründerrolle hinaus in die Funktion eines nordrhein-westfälischen Hochschulplanungschefs zu berufen. Bereits am 10. Juli 1967 wurde der „Planungsbeirat des Kultusministers ... für die Entwicklung des Hochschulwesens" unter dem Vorsitz Helmut Schelskys konstituiert. Zwei umfangreiche „Empfehlungen" wurden als Resultat der Arbeit dieses Planungsbeirats erteilt[36]; sie haben den hochschulpolitischen Teil des regierungsamtlichen Nordrhein-Westfalen-Programms 1975[37] nachweislich beeinflußt. Das Ende der Gründertätigkeit Helmut Schelskys ist bekannt: Er nahm „Abschied von der Hochschulpolitik"[38], und zwar mit Gefühlen der „Trauer um die ... verlorenen wissenschaftlichen Existenzmöglichkeiten" im Niedergang „der Humboldtschen Universität", der sich ihm über Bielefelder und sonstige Aufhalteversuche hinweg

---

[35] Leipzig 1934.
[36] Empfehlungen I: Die Entwicklung der akademischen Ausbildung an den wissenschaftlichen Hochschulen Nordrhein-Westfalen bis 1974/75. Düsseldorf Oktober 1968. – Beiträge zur Hochschulplanung (Materialien zu den Empfehlungen I des Hochschulplanungsbeirats). Wuppertal, Ratingen, Düsseldorf 1969. – Empfehlungen II. Düsseldorf November 1970.
[37] Düsseldorf 1970
[38] Helmut SCHELSKY: Abschied von der Hochschulpolitik oder die Universität im Fadenkreuz des Versagens. Bielefeld 1969.

als unaufhaltsam erwiesen zu haben schien[39]. Er kehrte der Bielefelder Universität schließlich sogar den Rücken und ließ sich – ein universitätsgeschichtlich in Deutschland singulärer Fall – mitsamt seinem Lehrstuhl in die Juristische Fakultät nach Münster, die ihn gern aufnahm, versetzen. Er bekundete dem damaligen Wissenschaftsminister Johannes Rau, der das administrativ und politisch möglich gemacht hatte, dafür nachdrücklich seine Dankbarkeit[40]. Schließlich verließ er dann auch diese Fakultät „zu dem frühest möglichen Zeitpunkt"[41] und zog sich zur Niederschrift seiner späten Bücher in einen Winkel des Burgenlandes zurück.

Unzweifelhaft verhielt sich im Persönlichkeitsbild Helmut Schelskys zu seinem Aktivismus eine gewisse resignative Neigung komplementär, und diese Neigung verstärkte sich mit den Jahren. Aber welche objektiven Umstände nährten diese Resignation? Es gibt das Klischee vom Professor, den die Studentenrevolution zunächst in Panik versetzt und dann resigniert und schließlich zum Konservativen gemacht hat. Auf Schelsky paßt dieses Klischee schlechterdings nicht. „Den Studenten- und Jugendprotest der 70er Jahre habe ich nicht nur verstanden, sondern schon 1957 ziemlich exakt vorausgesagt"[42], konnte Schelsky in Übereinstimmung mit den Tatsachen seiner intellektuellen und schriftstellerischen Biographie sagen. In der Bewegtheit der Protestgeneration erkannte er sympathisch eigene Bewegtheiten wieder. Was ihn erbitterte und schließlich weit über die akademischen Zustände, wie sie seit 1968 sich entwickelten, hinaus desengagiert gemacht hat – das war die erwiesene Schwäche der verantwortlichen administrativen und politischen Instanzen, auf die Studenten- und Intelektuellenrevolution normal, das heißt gemeinwohlorientiert und gelassen und somit entschieden zu reagieren. Wir hatten ja gesehen: Schelsky erwartete als Universitätsreformer von der Verwaltung ungleich mehr als von der akademischen Selbstverwaltung. Eben dieses Vertrauen in die Handlungsfähigkeit gemeinwohlorientierter Politik und Verwaltung wurde enttäuscht. Was nötigte denn Regierungen, ja Parlamente, von den Parteien ganz abgesehen, sich hochschulpolitisch plötzlich Ansprüchen zu fügen, deren auffälligste Qualität ideologische Gesinnungstüchtigkeit war? Wieso ließ man die Hochschulen zeitweise zu Spielwiesen von Demokratisierungsexperimenten verkommen, die ein Hohn auf die Idee eines liberal-demokratisch geordneten Gemeinwesens waren? Was war es überhaupt, was plötzlich die Respektsbekundung der Politik vor der Intelligenz um so devoter ausfallen ließ, je verächtlicher diese Intelligenz sich über die Politik äußerte? Die deutsche Geschichte erklärt es, gewiß. Um so nötiger wäre es gewesen – das war Schelskys Meinung –, die politischen und moralischen Geltungsansprüche, die aus den ersten fünfundzwanzig Jahren der Geschichte der Bundesrepublik Deutschland sich herleiten ließen, gegen offenkundige Versuche, diese Geschichte und damit diese Republik zu delegitimieren, nachdrücklicher zu behaupten. So wurde Helmut

---

[39] „Nachtrag 1970. Das Ende der Humboldtschen Universität: Weder Einsamkeit noch Freiheit", a.a.O. (cf. Anm. 16) S. 242.

[40] Cf. Helmut SCHELSKY: Erfahrungen mit vier Generationen der deutschen Universität, a.a.O. (cf. Anm. 18) S. 175.

[41] ibid.

[42] a.a.O. S. 173.

Schelsky zum BRD-Konservativen, das heißt zum Verteidiger der Geschichte der Bundesrepublik Deutschland und ihrer Freiheiten gegen die Gebildeten unter ihren Verächtern. Aus dem Geiste des akdemischen Studiums sei die Geburt des Gemeinsinns nicht zu erhoffen. Erfahrung, nicht Wissenschaft sei die Quelle bürgerlicher Urteilsfähigkeit[43]. Das ist der Kontext, dem eine letzte forschungspraktische Anregung entstammt, die Helmut Schelsky in seiner Eigenschaft als Mitglied des Wissenschaftlichen Beirats der Fritz Thyssen Stiftung gelegentlich gab, nämlich die Lebensgeschichten der Gründergestalten der Bundesrepublik von der Wirtschaft über die Gewerkschaften bis zur Wissenschaft systematischer als bisher erforschen zu lassen. Käme eine solche Reihe von Gründerbiographien zustande, so würde eine auch Helmut Schelsky zum Gegenstand haben.

---

[43] Cf. dazu Helmut SCHELSKY: Das Prinzip Erfahrung. Lebensgrundlage einer Generation. Mainz 1977.

33. Fälligkeiten der Wissenschaftspolitik in den neuen Bundesländern

Universitäre Aspekte

Nach der preußischen Universitätsreform Wilhelm von Humboldts besaßen die Universitäten in Deutschland über etliche Jahrzehnte hin ein nahezu uneingeschränktes Forschungsmonopol. Das ist längst Vergangenheit. Davon kann man sich durch Rekurs auf ein paar Zahlen der aktuellen deutschen Wissenschaftsstatistik einen nachhaltigen Eindruck verschaffen. Insbesondere ist bekanntlich der Anteil der in der Wirtschaft verbrauchten Mittel für Forschung und Entwicklung dramatisch angewachsen. 1981 lag er in der alten, kleineren Bundesrepublik Deutschland bei 66,7% und schon 1989 bei 71%[1]. In der Schweiz liegt dieser Anteil sogar noch einmal höher, nämlich bei 75%[2]. Darin spiegelt sich nicht zuletzt der Außenhandelserfolg der schweizerischen Wirtschaft, der anteilmäßig und bevölkerungsbezogen den deutschen Erfolg noch einmal um fast 50% überbietet. Exemplarisch bedeuten diese Zahlen, daß, bei einem Anteil der für die Zwecke der Forschung und Entwicklung ausgegebenen Mittel am Umsatz von etwa 10%, bereits mittelgroße Unternehmen der chemischen Industrie gegen eine Milliarde DM jährlich für die Zwecke der Forschung und Entwicklung ausgeben. Diese Summe repräsentierte, immerhin, den Umfang der Haushalte zweier mittelgroßer Universitäten mit allen ihren Fächern und Einrichtungen. Bei der pharmazeutischen Industrie liegt der genannte Anteil von Forschungs- und Entwicklungsmitteln am Umsatz bekanntlich noch einmal um 3 bis 5 Prozentpunkte höher. Komplementär zu dieser Entwicklung ist der Prozentsatz der hochschulintern verausgabten Forschungsmittel zwischen 1981 und 1989 von 16,1% auf 13,6% abgesunken[3].

Der in den zitierten Zahlen sich spiegelnde Verlust ihres alten Forschungsmonopols, den unsere Universitäten erlitten haben, spiegelt seinerseits die dramatisch fortschreitende Verwissenschaftlichung unserer Zivilisation, und das ist ein Vorgang, der sich in modernen Industriegesellschaften zu dem Unterschied zwischen marktwirtschaftlich organisierten Systemen einerseits und den Systemen des real existent gewesenen Sozialismus andererseits grundsätzlich indifferent verhält. Dem entsprechen dann auch in ihrer Größenordnung die analogen Zah-

---

[1] Faktenbericht 1990 zum Bundesbericht Forschung 1988. Herausgeber: Der Bundesminister für Forschung und Technologie. Bonn, April 1990, S. 11.

[2] So 1980. Cf. dazu Schweizerischer Handels- und Industrie-Verein. Forschung und Entwicklung in der schweizerischen Privatwirtschaft. Bericht zur 4. Erhebung des Vororts über das Jahr 1980, S. 15.

[3] a.a.O. (cf. Anm. 1), S. 22.

len aus der Wissenschaftsstatistik der ehemaligen DDR. Auch hier repräsentierte, wie man annimmt, die industrieinterne Forschung ungefähr 62% des Gesamtpotentials, während der Forschungsanteil der Universitäten dann freilich noch einmal beträchtlich unter dem der westdeutschen Universitäten lag, nämlich bei etwa 12%[4].

Die Wissenschaftsentwicklung in den „kapitalistischen" Ländern ist selbstverständlich auch in der ehemaligen DDR sorgfältig beobachtet worden[5], und gelegentlich gewinnt man den Eindruck, daß man in der Absicht, den „Kapitalismus" zu überholen, die skizzierte Entwicklung in der Verteilung der Forschungsaufwendungen auf die Wirtschaft einerseits und auf die Universitäten andererseits, die sich in den westlichen Ländern beobachten ließ, wie ein Erfolgsrezept angesehen hat, das man mit überbietender Konsequenz zu befolgen beflissen war. Dem entsprach jedenfalls im Resultat die große DDR-Hochschulreform von 1968[6], deren Hauptresultate bekanntlich die folgenden waren: erstens die Verlagerung bedeutender Forschungspotentiale aus den Universitäten in die Akademie der Wissenschaften, in der schließlich 26% der in der Forschung und Entwicklung insgesamt Beschäftigten tätig waren[7]; zweitens die Schwächung der Grundlagenforschung zumal innerhalb der Universitäten, und das im krassen Gegensatz zur Entwicklung in Westdeutschland, für das bekanntlich der „Anteil der Grundlagenforschung am Gesamtbudget Forschung" sogar noch „weit vor Japan ... und den USA" liegt[8]. Die Forschungspolitik in der ehemaligen DDR hat, um es zurückhaltend auszudrücken, in der Absicht der Überbietung von Tendenzen, die auch für die marktwirtschaftlich organisierten modernen Gesellschaften charakteristisch sind, sozusagen übertrieben. Das hat sich gesamthaft eher nachteilig ausgewirkt – über die erwähnte DDR-Wissenschaftsreform des Jahres 1968 hinaus zusätzlich auch durch die Folgen der Forschungsverordnung von 1985, die der Akademie und den Hochschulen vorschrieb, sich 50% ihrer Forschungs- und Entwicklungsmittel über Kooperationsverträge mit den Einrichtungen der Wirtschaft zu beschaffen[9]. Diese Vorschrift, die die Grundlagenforschung außerhalb der Wirtschaft, nämlich in Akademien und Universitäten, zu schwächen geeignet war, hat sich freilich in den wenigen Jahren bis zum Zusammenbruch der DDR nicht vollständig in die Realität umsetzen lassen. 1989 war die Wirtschaft an der Finanzierung der Einrichtungen der Akademie der Wissenschaften mit 33% be-

---

[4] Horst KLINKMANN: Das Wissenschaftssystem in der DDR – eine Bestandsaufnahme aus der Sicht der außeruniversitären Forschung. In: Wege zu einer deutschen Wissenschaftslandschaft – Konzepte und Perspektiven. Herausgeber: Stifterverband für die Deutsche Wissenschaft. Essen 1991, S. 15–25, S. 15.

[5] Cf. exemplarisch Heinz SEICKERT: Produktivkraft Wissenschaft im Sozialismus. Berlin 1974.

[6] Cf. dazu Reinhart BOBACH/Klaus MEIER: Zur Situation der Industrieforschung in den neuen deutschen Bundesländern. In: IGW-report über Wissenschaft und Technologie. Institut für Gesellschaft und Wissenschaft (IGW) an der Universität Erlangen-Nürnberg. Heft 4 (Nov. 1990), S. 27–49, S. 44.

[7] Horst KLINKMANN, a.a.O. S.

[8] Nämlich bei 19% gegenüber 13% in Japan und 12% in den USA in den Jahren 1986 und 1987.

[9] So Reinhart BOBACH/Klaus MEIER, a.a.O. S. 47.

teiligt[10]. Zu Lasten der Grundlagenforschung – diesen Eindruck gewinnt man beim Rückblick auf die Forschungspolitik der DDR und bei einer Einschätzung ihrer Resultate – ist im real existent gewesenen Sozialismus in genauer Analogie zur Übeschätzung der Planbarkeit ökonomischer Prozesse auch die Planbarkeit von Forschungsprozessen überschätzt worden. Der forschungspolitische Zentralismus, der dieser Überschätzung genau entspricht, hat dann mit seinen organisationssoziologisch unvermeidlichen Folgeschäden die reale Forschungspraxis zusätzlich belastet. Das gilt selbstverständlich auch für die personalpolitischen Konsequenzen des forschungspolitischen Zentralismus in einem sich durch eine kanonisierte Ideologie legitimierenden System.

Als ebenso triviale wie zwingende Konsequenz ergab sich nach der deutschen Wiedervereinigung: Auch in den neuen Bundesländern hat man die Hochschulen forschungspolitisch in der Erfüllung derjenigen Funktionen neu zu stärken, die im nationalen und internationalen Forschungsverbund andere Institutionen gar nicht oder ungleich weniger gut zu bedienen vermögen. Drei solcher Funktionen möchte ich ausdrücklich erwähnen. Zunächst also: Die Hochschulen stehen heute wie nie zuvor in der Erwartung, durch ihre Studienangebote über die Ausbildung von Kandidaten für traditionelle oder auch neue akademische Berufe hinaus speziell für die Ausbildung professioneller Forscher zu sorgen. Niemals zuvor in der Kulturgeschichte war der Anteil der Erwerbspersonen, die sich professionell der Forschung widmen, so hoch wie heute[11], und er wächst, unbeschadet einer gewissen Stagnation der universitären Expansion in etlichen Ländern, immer noch. So hoch wie niemals zuvor ist entsprechend auch der Anteil derjenigen Hochschulabsolventen, die, statt in der sogenannten Praxis, in der Forschungspraxis ihren Beruf finden, und die Ansprüche an die Qualität der Ausbildung für Forschungsberufe nimmt ständig zu. Für die akademische Lehre bedeutet das: Schärfer als je zuvor muß sich ein im engeren Sinne forschungsbezogener Teil dieser Lehre im ganzen des akademischen Unterrichts herausspezialisieren. Anders formuliert: Je rascher auch außerakademisch die Forschungspotentiale wachsen, um so wichtiger wird innerakademisch das Post-Graduiertenstudium[12]. Es bedarf keiner Erläuterung, daß in dieser Hinsicht diejenigen Ländern begünstigt sind, in denen, wie insbesondere in Großbritannien oder in den USA, die Hochschulen die Freiheit haben, über den Zugang zu ihnen nach gewissen Leistungskriterien selbst zu entscheiden. Es wäre gewiß wirklichkeitsfremd, dieses Ideal unbeschadet seiner Vorzüge generell zum Muster erheben zu wollen. Gleichwohl ist nicht zweifelhaft,

---

[10] Horst KLINKMANN, a.a.O. S. 16.

[11] Von 1000 Erwerbspersonen waren 1977 in den USA 5,6 Personen in Forschungsberufen tätig, 1981 bereits 6,1. Für Japan stieg der Anteil in demselben Zeitraum sogar von 6,1 auf 6,9. – Cf. Bundesbericht Forschung 1984. Herausgeber: Der Bundesminister für Forschung und Technologie. Bonn 1984, S. 85.

[12] Cf. dazu Reimar LÜST: Derzeitige Bedingungen und Möglichkeiten für Forschung in der Bundesrepublik Deutschland. In: Rheinisch-Westfälische Akademie der Wissenschaften. Natur-, Ingenieur- und Wirtschaftswissenschaften. Vorträge N 318. Opladen 1983, S. 19–32, bes. S. 22ff.: Forschung an den Hochschulen.

daß überall die Verbesserung der Post-Graduiertenausbildung eine forschungspolitische Aufgabe ersten Ranges ist. –

Sodann verbleibt den Hochschulen, unbeschadet der skizzierten Verschiebung
der Forschungspotentiale, ein gewisser Vorrang in der Grundlagenforschung.
Selbstverständlich haben, zumal in der sogenannten Großforschung, längst auch
die außeruniversitären erwerbszweckfreien Forschungseinrichtungen zentrale
Aufgaben der Grundlagenforschung übernommen. Überdies hat auch die wirtschaftsintern betriebene Forschung durchaus ihre grundlagenorientierten
Aspekte. Gleichwohl bleiben die Hochschulen der Ort, in der der Forschung freier
als in jeder anderen Institution, unbelastet vom Druck öffentlicher Relevanzkon-
trollen, im Schutz anerkannten Rechts der Curiositas, der reinen theoretischen
Neugier, betrieben werden kann. Es erübrigt sich, Forschungsprojekte exemplarisch zu nennen, deren praktische Relevanz in den außerakademischen Räumen
kaum plausibel und daher schwerlich finanzierungsfähig gemacht werden könnte.
Eine wissenschaftliche Kultur ist aber, in letzter Instanz sogar aus praktischen
Gründen, auf Gelegenheiten zu freier Betätigung theoretischer Neugier angewiesen, und aus traditionalen wie institutionellen Gründen sind solche Gelegenheiten nirgendwo besser als in den Freiräumen unserer Hohen Schulen gegeben.

Der Prozeß der Aufklärung läßt sich als ein Prozeß der kulturellen Durchsetzung des Rechts der Curiositas und damit der kulturellen Anerkennung freier,
ungebundener Forschung kennzeichnen[13]. Der Selbstverständlichkeitscharakter
dieses Rechts, so scheint es, schwächt sich gegenwärtig ab. Die Gründe dieses
elementaren Vorgangs sind hier nicht zu erörtern – vom wachsenden Druck der
Schädlichkeitsnebenfolgen des wissenschaftlich-technischen Fortschritts bis hin
zu den kulturellen Desorientierungsfolgen einer historisch beispiellosen zivilisatorischen Dynamik, die in letzter Instanz durch die kulturelle Akkumulation
nutzbarer wissenschaftlicher Information bedingt ist[14]. Wie immer man diese
Vorgänge im Detail zu beurteilen haben mag –: Sie berühren die Stellung der wissenschaftlichen Forschung in unserer öffentlichen Kultur[15]. Die Forschung verliert an kultureller Selbstverständlichkeit. Über ihren Nutzen und Nachteil wird
mit wachsender Intensität öffentlich nachgedacht. Die Legitimitätsgrundlagen der
wissenschaftlichen Forschung verschieben sich, und die Vernunft dieses Vorgangs will erkannt, öffentlich vertreten und schließlich anerkannt sein. Genau
hier liegt eine letzte forschungspolitische und forschungskulturelle Funktion, für
deren Erfüllung unsere Universitäten weitaus besser als andere Forschungseinrichtungen gerüstet sind. Von den Universitäten in erster Linie haben wir die öffentliche Repräsentanz der bleibenden und sich wandelnden Kulturbedeutung
der Wissenschaft zu erwarten. Es liegt in der Natur der Sache, daß dabei die sogenannten Geisteswissenschaften und nicht zuletzt die historischen Kulturwissen-

---

13 Zu diesem grundlegenden Vorgang cf. Hans BLUMENBERG: Der Prozeß der theoretischen
    Neugierde. In: Hans BLUMENBERG: Die Legitimität der Neuzeit. Frankfurt a. M. 1966, S. 201–432.
14 Cf. dazu meinen Aufsatz „Relevanz contra Curiositas. Über die anwachsende Wissenschafts-
    feindschaft". In: Hermann LÜBBE: Wissenschaftspolitik. Zürich 1977, S. 7–29.
15 Cf. dazu den Kongreßberichtsband „Die Stellung der Wissenschaft in der modernen Kultur",
    mit einem Vorwort von Hans MAIER-LEIBNITZ. Stuttgart 1984.

schaften sich in besonderer Weise herausgefordert finden. Unter dem Eindruck der gewaltigen Expansion der Aufwendungen für die Natur- und Technikwissenschaften sowie für die Medizin haben in jüngstvergangenen Jahren unsere Kulturwissenschaftler immer wieder einmal eine gewisse Verzagtheit vor der Frage bekundet, ob es auch möglich bleiben werde, den speziellen Zwecken der historischen Kulturwissenschaften in der Öffentlichkeit die nötige Anerkennung zu verschaffen. In Wahrheit war solche Verzagtheit gänzlich unbegründet. Mit der Verwissenschaftlichung unserer Zivilisation, die sich in erster Linie über die Nutzung naturwissenschaftspraktisch erzeugten Wissens vollzieht, wird die Kulturbedeutung der geisteswissenschaftlichen Forschung nicht geringer. Sie nimmt ganz im Gegenteil ständig zu[16]. Das hängt vor allem mit zwei charakteristischen Eigenschaften wissenschaftlicher Zivilisationen zusammen. Die eine Eigenschaft ist, daß mit der Menge des verfügbaren, wissenschaftspraktisch erzeugten Wissens zugleich die Menge neuer Handlungsmöglichkeiten zunimmt, die moralisch, juridisch und verhaltenskulturell nicht normiert, aber in hohem Maße normierungsbedürftig sind. Das ist ein Bestand, der inzwischen längst auch dem Laien unter den Kulturgenossen, zumal aus der Publizistik vertraut ist – vom Regelungsbedarf, der für sich für die neuen Handlungsmöglichkeiten aus Fortschritten pränataler Diagnostik ergibt, bis hin zum richtigen Umgang mit den psychischen und politischen Beunruhigungsfolgen, die es mit sich bringt, heute von Gefahren zu wissen, die die Menschheit zwar immer, früher jedoch unter dem Schleier ihres Unwissens bedrohten. Die Kultur des richtigen Umgangs mit den kulturellen Forschungsfolgen – das ist hier das Thema, und ohne methodisch-wissenschaftlich disziplinierten Rekurs auf die normativen Gehalte unserer kulturellen Überlieferung ist die fällige Fortschreibung der normativen Verfassung unserer Kultur einschließlich unserer Wissenschafts- und Forschungskultur nicht möglich. Juristen, Moralisten, Kanonisten – was sie im Kontext der Wissenschaft kulturell repräsentieren, wird also um so mehr benötigt, je rascher der Umfang der traditional nicht geregelten Dispositionsmöglichkeiten fortschrittsabhängig zunimmt.

Eine zweite Eigenschaft wissenschaftlicher Zivilisationen ist die progressive Verkürzung des temporalen Abstands, der uns von derjenigen Vergangenheit trennt, in die zurückzublicken bedeutet, eine bereits partiell fremd gewordene Welt zu erblicken. Die Veraltensgeschwindigkeit unserer zivilisatorischen Lebenswelt wächst genau komplementär mit der wissenschaftsabhängigen Rate zivilisatorischer Innovationen. Das bedeutet: In einer dynamischen Zivilisation wird uns immer rascher unsere eigenen Herkunftswelt unverständlich. Dieser Vorgang ist deswegen ein Vorgang von potentieller kultureller Bedrohlichkeit, weil ja das, was wir, individuell und kulturell, unsere „Identität" nennen, nichts anderes als die Einheit angeeigneter und damit zukunftsfähig gemachter Herkunftsgeschichte ist. Eben aus diesem Grund, nämlich in der Absicht, Herkunftsgeschichte aneignungsfähig zu halten, nimmt mit ihrer Dynamik zugleich der

---

[16] Der Analyse dieses Zusammenhangs ist exemplarisch der folgende Titel gewidmet: Hellmut FLASHAR, Nikolaus LOBKOWICZ, Otto PÖGGELER: Geisteswissenschaft als Aufgabe. Kulturpolitische Perspektiven und Aspekte. Berlin, New York 1978.

Grad der Musealisierung unserer kulturellen Umwelt ständig zu. Wie nie zuvor finden die Anstrengungen unserer Denkmalschützer den Beifall des Publikums, und Popularhistoriographie ist bestsellerträchtig. Kurz: Mit der Dynamik des Fortschritts wächst komplementär die Intensität kultureller Vergangenheitszuwendung, und damit zugleich unsere Angewiesenheit auf Erträgnisse und methodische Disziplinierungen historischer Forschung. An den Universitäten hat diese Forschung ihre wichtigste Stätte. Es kann gar keine Rede davon sein, daß die geisteswissenschaftliche Forschung immer tiefer in den Schatten der unmittelbar nutzbaren Forschung geriete. Der Zusammenhang von technisch-pragmatisch nutzbarer Forschung einerseits und geisteswissenschaftlicher Forschung andererseits liegt grundsätzlich anders, nämlich so: Mit der Menge nutzbarer und tatsächlich genutzten wissenschaftlichen Wissens wächst eo ipso der kulturelle Orientierungsbedarf, der uns auf die Leistungen der Geisteswissenschaften angewiesen sein läßt[17].

Abschließend bleibt noch zu sagen, daß die Hochschulpolitik in den neuen Bundesländern die westdeutsche Hochschulpolitik vergangener Jahre keineswegs kritiklos imitieren sollte. Einer der schwerwiegendsten Schäden, den das westdeutsche Hochschulsystem erlitten hat, wird sich dabei, mangelerzwungen, noch am ehesten vermeiden lassen, nämlich der Schaden eines inhomogenen Altersaufbaus des Lehrkörpers als Folge von Massenbeförderungsschüben. Solche Schübe hat es in Westdeutschland bekanntlich Anfang der siebziger Jahre gegeben. Es handelte sich hierbei um einen Akt der Selbstbedienung karrierebeflissener Nachwuchswissenschaftler auf Kosten zukünftiger Generationen von Nachwuchswissenschaftlern, deren Karrierechancen heute immer noch durch anhaltende Stellenblockaden geschädigt sind. Jeder personalpolitisch erfahrene Verwaltungsfachmann weiß doch, daß kontinuierlich qualitätsorientierte Personalpolitik eine gute Durchmischung der Altersjahrgänge der Stelleninhaber zur Voraussetzung hat. Gegen diesen Grundsatz wurde um die Wende der sechziger zu den siebziger Jahren grob verstoßen – aus Feigheit der damals administrativ und politisch Verantwortlichen demonstrierenden Jungakademikern gegenüber, die vermeinten, aus der unbestreitbaren Fälligkeit einer Expansion der universitären Kapazitäten in Forschung, Lehre und Studium ließe sich folgern, der Beförderungssegen dieser Expansion habe einer einzigen Generation, nämlich der eigenen, zugute zu kommen. Dem steht die schlichte betriebswirtschaftliche Einsicht entgegen, daß die maximale Geschwindigkeit in der Expansion von Systemen mit der optimalen nicht identisch ist.

Überdies hat die Hochschulpolitik in Westdeutschland in zahlreichen Fällen gegen den Grundsatz verstoßen, daß man die Größenordnung der Universitäten optimieren, aber nicht maximieren soll. Auch organisationssoziologisch gilt in wohlbestimmbarer Hinsicht „small is beautiful". Generell sollten doch Selbstverwaltungseinrichtungen so groß wie nötig, aber so klein wie möglich sein. Statt dessen hat man an etlichen alten wie neuen Universitätsorten Supereinheiten von

---

[17] Diese Zusammenhänge habe ich meinem Buch „Geschichtsbegriff und Geschichtsinteresse" analysiert. Basel/Stuttgart 1977.

Gesetzes wegen geschaffen, in die hinein traditionelle Universitäten einerseits, pädagogische Hochschulen andererseits und überdies Fachhochschulen zusammengefaßt worden sind. Fragt man sich nach der Pragmatik, die hinter dieser universitären Elephantiasis steckt, so ergibt sich als Antwort: Es handelte sich bei diesem organisatorischen Nonsens um Akte prestigepolitischer Nivellierung von Hochschuleinrichtungen auf dem höchsten, nämlich universitären Niveau.

Schließlich ist im westdeutschen Universitätssystem in zahlreichen Fächern die temporale Ordnung des Studiums in Verfall geraten. Generell wird zu lange studiert. Die Gründe dieser mißlichen Entwicklung sind vielfältig, und etliche dieser Gründe haben auch Gewicht. Größeres Gewicht muß jedoch der Grundsatz behalten, daß man die Länge des Studiums nicht an der Expansion des wissenschaftlichen Wissens, vielmehr in letzter Instanz einzig an der Länge des Lebens ausrichten kann. Es muß sogar der Grundsatz gelten: Je rascher sich unser wissenschaftliches Wissen entwickelt, um so kürzer müssen die Zeiten der primären studienpraktischen Einübung in dieses Wissen sein, damit in der Phase berufspraktischer Nutzung dieses Wissens und Könnens Zeit für jene Fortbildung bleibe, deren Fälligkeit mit der Dynamik forschungsabhängiger Wissensproduktion zunimmt. Es ist ein Unding, daß nach Studium und sonstigen Berufsvorbereitungen der Eintritt in den Beruf erst bei Eintritt in das vierte Lebensjahrzehnt erfolgt. Die einschlägigen Statistiken belehren uns darüber, wie häufig das im westdeutschen Ausbildungssystem der Fall ist, und dieses schlechte Exempel zu vermeiden haben die neuen Bundesländer hochschulpolitisch eine besonders gute Chance.

34. Erfurt oder die letzte deutsche Universitätsgründung in diesem Jahrhundert

– zugleich eine kleine Summe aus hochschulpolitischen Erfahrungen von vier Jahrzehnten

Mit der Gründung der Universität Erfurt wird eine der ältesten Universitäten Deutschlands wiedererrichtet. Die Entwicklung der Nachfrage nach Studienplätzen in Thüringen macht diese Gründung unabweisbar. Die Befürchtung, die Aufwendungen für die neue Universität könnten den bereits bestehenden Hochschulen des Landes entzogen werden, beruht auf einer Fehlargumentation. Nachgewiesenermaßen benötigte neue Studienplätze erfordern so oder so zusätzliche Mittel. Zwei Gründe sprechen dafür, diese Mittel, statt für die Erweiterung bestehender Hochschulen, für die Gründung einer neuen zu nutzen. Erstens begünstigen kleinere Hochschuleinrichtungen die Lehre durch größere kommunikative Dichte, ohne die Forschung zu benachteiligen, die heute ohnehin auf interuniversitäre Kooperation angewiesen ist. Zweitens wird Gründungen die Gunst des Anfangs zuteil, die fällige Innovationen erleichtert. Beide Gründe rechtfertigen dann den zusätzlichen schönen Zweck, eine traditionsreiche Stadt, die inzwischen zur Landeshauptstadt geworden ist, erneut zur Universitätsstadt zu machen.

In ihren Anfängen wird die Universität auf 6000 Studienplätze ausgelegt sein. Es wird sich in dieser Phase um eine geisteswissenschaftlich zentrierte Universität handeln. Naturwissenschaftskritische Intentionen verbinden sich damit nicht. Das Gegenteil ist der Fall. Die Geisteswissenschaften und näherhin die historischen Kulturwissenschaften sind ihrerseits spezifisch modern. Sie verhalten sich zur industriegesellschaftlichen Entwicklung komplementär. Zivilisatorische Evolutionsdynamik erschwert Herkunftsverstehen, das seinerseits zu den Voraussetzungen unserer Zukunftsfähigkeit gehört, und zwar bis in den politischen Lebenszusammenhang hinein. Die historischen Kulturwissenschaften sind Medien methodisch disziplinierter Herkunftsvergegenwärtigung, und unsere Angewiesenheit auf diese Medien wächst mit dem Modernitätsgrad unserer Kultur. – Im übrigen werden es die Naturwissenschaften sein, um die es die Universität Erfurt zu erweitern gilt, sobald Bedarfsentwicklung und verfügbare Ressourcen das erlauben.

Inzwischen sollte die Universität gemäß den hier vorgelegten Empfehlungen in Forschung und Lehre sechs Fakultäten umfassen, und zwar

- die Katholisch-Theologische Fakultät, zugleich in Übernahme und Fortentwicklung des Philosophisch-Theologischen Studiums Erfurt
- die Juristische Fakultät
- die Wirtschaftswissenschaftliche Fakultät
- die Sprach- und Literaturwissenschaftliche Fakultät

- die Kultur- und Sozialwissenschaftliche Fakultät mit dem Martin-Luther-Institut für Evangelische Theologie und Kulturgeschichte des Christentums in Übernahme und Fortentwicklung der ehemaligen Kirchlichen Hochschule zu Naumburg
- die Erziehungswissenschaftliche Fakultät, die sich nach Maßgabe landespolitischer Entscheidungen über die Zukunft der Pädagogischen Hochschule Erfurt/ Mühlhausen in ihrem Verhältnis zur Universität Erfurt zu entwickeln hat.

Die deutschen Hochschulen sind überlastet. Zu den übelsten Folgen dieser Überlast gehören überdehnte Länge durchschnittlicher Studienzeiten einerseits und die hohe Studienabbrecherquote andererseits. Den Ursachen dieser Übelstände läßt sich im Rahmen der innovatorischen Möglichkeiten einer Universitätsgründung nur sehr begrenzt entgegenwirken. In der hohen Studienabbrecherquote zum Beispiel stellt sich die Selektivität des Ausbildungssystems wildwüchsig wieder her, die in kontrollierter Weise im Abitur wirksam zu halten man sich scheut, und die Anforderungen, die Schulabschlüsse qualifizieren, stehen bekanntlich nicht zur Disposition der Hochschulen. Reduktion von Leistungsanforderungen verbessert die Chancengleichheit stets nur scheinbar. Sie begünstigt, nämlich relativ, die ohnehin Stärkeren und belastet die Schwächeren mit verspäteten Erfahrungen ihrer Könnerschaften. Leistungsdifferenzierung ist weder ständisch noch klassengesellschaftsspezifisch, vielmehr die Konsequenz förmlich und faktisch gewährleisteter Chancenegalität.

In der Konsequenz dieser Einsicht sollte die Universität Erfurt ihre Lehrangebote strikt leistungsorientiert anbieten. Ein optimiertes Verhältnis in der Zahl der Studierenden einerseits und der Zahl der Dozenten andererseits ist dafür die wichtigste aller Voraussetzungen. Überlastquoten, die faktisch auf Dauer gestellt sind, ruinieren jedes Bildungssystem. Dem Strukturausschuß verbleibt insoweit nur die Möglichkeit des Appells an alle politisch Verantwortlichen, der neuen Universität Erfurt die in diesen Empfehlungen vorgeschlagenen personellen Voraussetzungen eines effizienten und leistungsorientierten Studiums einzuräumen und zu erhalten. Geschieht das, so ist die Universität instand gesetzt, die nachfolgend aufgezählten generellen, von Fach zu Fach abzuwandelnden Vorschläge zur Emendation des akademischen Studiums zum Vorteil der Studierenden in die Wirklichkeit umzusetzen.

Erstens ist generell und damit auch in denjenigen Studiengängen, in denen das bislang nicht üblich war, jedem Studenten in jedem Semester einmal die verpflichtende Gelegenheit zu bieten, für die Dauer einer Stunde mit einem seiner Dozenten Studienplan und Studienverlauf zu erörtern. Quantifiziert man den daraus resultierenden Beratungsaufwand, so ist er leistbar, wenn die Relation der Zahl der Studenten und der Zahl der Dozenten optimiert bleibt und wenn überdies der enorme Zeitaufwand zu kleinen, aber nötigen Anteilen auf das Lehrdeputat der Dozenten angerechnet wird. Nicht expandierende Vorlesungszeiten verkürzen das Studium, sondern wohlberatene Nutzung der Studienangebote für selbstbestimmtes Lernen.

Zweitens wird empfohlen, auch in denjenigen geisteswissenschaftlichen Disziplinen, in denen das bislang nicht üblich war, den Studiengängen, statt sie wildwüchsig den sehr oft scheiternden Versuchen ihrer individuellen Selbstorganisation zu überlassen, curriculare Festigkeit zu geben und durch entsprechende
Prüfungsorganisation zusätzlich Verbindlichkeit. Es ist wahr, daß sehr gute Studenten darauf nicht angewiesen sind. Aber es schadet ihnen nicht und den
Schwächeren hilft es.

Drittens wird empfohlen, auch in denjenigen Fächern, in denen das bislang nicht
üblich war, den Übergang vom ersten in das zweite Studienjahr generell an die
Bedingung einer bestandenen Zwischenprüfung zu binden und den Übergang
vom 2. Studienjahr in das sich anschließende Hauptstudium noch einmal. Ohne
die Rückmeldungsfunktion, die durch Prüfungen erfüllt wird, läßt sich ein Urteil
über den Stand der eigenen Könnerschaften und Kenntnisse nicht gewinnen.
Prüfungen versichern und setzen frei, und der Druck, der von ihnen zunächst
auszugehen scheint, verringert sich mit ihrer Frühzeitigkeit und mit der Gewöhnung an sie.

Viertens wird empfohlen, in geeigneten Disziplinen unbeschadet der Zwischen-
prüfungsanforderung ohne förmlichen Abschluß des Hauptstudiums qualifizierte
Studenten zum Graduiertenstudium und damit zur Promotion zuzulassen. Die
Examensbedingung, an die die öffentliche Förderung des Graduiertenstudiums
gebunden zu sein pflegt, sollte durch ein vorgezogenes Rigorosum als erfüllt anerkannt werden. Diese Empfehlung läßt sich aus Gründen, die hier keiner Erläuterung bedürfen, im juristischen Studium nicht erfüllen und in den Studiengängen
der Wirtschaftswissenschaftlichen Fakultät ebensowenig. Aber sie fügt sich zu
den Berufsorientierungen der Studierenden in den sprachwissenschaftlichen, li-
teraturwissenschaftlichen und kulturwissenschaftlichen Disziplinen erwiesenermaßen gut. Das gilt insbesondere für diejenigen Studenten, die nicht das Lehramt
an weiterführenden Schulen anstreben, und das ist inzwischen der weitaus größere Teil der Studierenden geisteswissenschaftlicher Disziplinen. Überdies versteht
sich der Vorschlag des immediaten Zugangs zum Graduiertenstudium als Beitrag
zur überfälligen Verkürzung des Karrierewegs für Forschungsberufe.

Fünftens wird empfohlen, das erfreulicherweise sehr hohe Leistungsniveau, das
der sogenannte wissenschaftliche Nachwuchs bei Promotion und Habilitation
heute überwiegend unter Beweis stellt, keinesfalls abzusenken, aber den Lei-
stungsumfang von Dissertationen und Habilitationsarbeiten tunlichst in bessere
Übereinstimmung mit den temporalen Bedingungen des Lebensablaufs zu bringen. Der deutsche Dozentennachwuchs ist überaltert, und dem sollte entgegenge-
arbeitet werden.

Sechstens wird empfohlen, in der Ausbringung immer neuer verselbständigter
Studiengänge zurückhaltend zu bleiben. Der Differenzierungsgrad beruflicher
Anforderungen wächst heute ständig. Aber je größer die Zahl der Berufe ist, de-

ren Ausübung ein akademisches Studium zur Voraussetzung hat, und je rascher die Anforderungsprofile dieser Berufe in der Praxis sich ändern, um so entschiedener müssen die Studiengänge elementar angelegt und grundlagenorientiert eingerichtet sein. Man spielte mit den Karrierechancen junger Leute, wenn man statt des allgemeinen Studiums der Rechtswissenschaft zum Beispiel einen auf berufliche Sonderanforderungen abgestellten, spezialisierten kriminologischen Studiengang anböte und statt eines betriebswirtschaftlichen Studiums einen spezialisierten Studiengang für Kultureinrichtungsmanagement. Die Zurückhaltung dieser Empfehlungen gegenüber der Ausbringung aparter Studiengänge zum Zweck der symbolischen Demonstration von Innovationsfreudigkeit erklärt sich so.

Siebtens wird unter der Voraussetzung der erläuterten Studienreformgesichtspunkte exemplarisch empfohlen, innerhalb des gemeinen juristischen Studiums das freie Angebot einer Zusatzqualifikation einzurichten, und zwar der Zusatzqualifikation „Europäisches Recht". Es handelt sich hier um eine Zusatzqualifikation von erläuterungsunbedürftiger Zukunftsträchtigkeit – aber das eben unter der Voraussetzung der üblichen Qualifikation eines Juristen und damit unter der Anforderung spezieller zusätzlicher Leistungsbereitschaft.

Achtens wird empfohlen, sinnvolle Studienfachkombinationen beim Magisterexamen sowie bei der Promotion tunlichst von Begrenzungen durch insoweit kontingente Fakultätsgrenzen zu befreien. Exemplarisch heißt das: Wirtschaftsethik, als philosophische Teildisziplin, sollte mit wirtschaftswissenschaftlichen Teilfächern frei kombinierbar sein, Staatsrecht mit der Politikwissenschaft und die Bevölkerungswissenschaft mit der Moraltheologie oder mit der Sozialethik. Diese an Fakultätsgrenzen nicht gebundene Freiheit in der Wahl sinnvoller Studienfachkombinationen setzt gewährleistete Rechte der Dozenten voraus, bei Prüfungen in benachbarten Fakultäten mitzuwirken. Diese Freiheit, die Fakultätsgrenzen durchlässiger macht, ist in den fakultätseigenen Studienordnungen festzuschreiben.

Neuntens wird empfohlen, die Gelegenheiten, Sprachen zu lernen, an der Universität Erfurt über vertraute Maße hinaus zu verbessern. Die in Erfurt auszubringenden Studiengänge verlangen regelmäßig sprachliche Kompetenzen weit jenseits des Sekundarschulabsolventenniveaus. Für Teile des wirtschaftswissenschaftlichen Studiums gilt das zum Beispiel und für die sozialwissenschaftlichen, auch theologischen Studiengänge ohnehin. Es liegt in der historischen und aktuellen Natur der Sache, daß dabei in erster Linie die Kenntnis der großen westeuropäischen Sprachen zu fördern ist. Aber die regionalwissenschaftliche Schwerpunktbildung, die für Erfurt vorgesehen ist, verlangt auch für die slawischen Sprachen einschließlich der kleinen slawischen Sprachen spezielle Möglichkeiten des lernenden Zugangs zu ihnen.

Zehntens wird empfohlen, die speziellen Forschungseinrichtungen der Universität Erfurt in organisierter Weise für die Steigerung der Qualität der Graduiertenstudiengänge zu nutzen. Das ist bei der Charakteristik der Erfurter universitären

Forschungseinrichtungen, die im folgenden aufgezählt werden sollen, des näheren ausgeführt.

Die Universitäten haben ihr Forschungsmonopol, das in Deutschland in den ersten Jahren jener Universitätsreform, die sich vor allem mit dem Namen Wilhelm von Humboldts verbindet, nahezu vollständig behaupteten, längst verloren. Der weitaus größere Teil der für Forschung und Entwicklung insgesamt ausgebrachten Mittel wird heute außeruniversitär verbraucht, nämlich vor allem in der Wirtschaft. Auch die nicht wirtschaftlich orientierten Einrichtungen der grossen Forschungsträgergesellschaften und die nicht wirtschaftlich orientierten Forschungseinrichtungen des Bundes und der Länder wenden inzwischen ebensoviele Mittel für Zwecke der Forschung wie die Hochschulen insgesamt auf. Das stellt die Geltung des alten universitätsorganisatorischen Grundsatzes der Einheit von Forschung und Lehre keineswegs in Frage. Das Gegenteil ist der Fall –: Je stärker die außeruniversitäre Forschungspraxis institutionell und personell expandiert, je größer der Anteil der Berufstätigen wird, die in wissenschaftsnahen Bereichen tätig sind, um so forschungsnäher muß sich auch das akademische Studium halten. Als Konsequenz ergibt sich, daß die Forschungspotentiale unserer Universitäten durch geeignete Maßnahmen zu stärken seien, und auch hierzu werden in diesen Empfehlungen Vorschläge unterbreitet.

Erstens ist vorgesehen, in Erfurt Universitätszentren als Organisationseinheiten für Forschungsschwerpunkte zu bilden. Die Universitätszentren sind zu etatisieren. Sie dienen der Förderung langfristiger Forschungsvorhaben. Bei diesen langen Fristen ist an Zeiträume von acht bis zwölf Jahren gedacht. Die beteiligten Wissenschaftler behalten ihre Stellung als Fakultätsmitglieder und bilden in den Universitätszentren Kollegien, die die Forschungsarbeit beraten, beschließen, koordinieren, in ihren Ergebnissen validieren und über sie der Universität Bericht erstatten. Die Vorsitzenden der Kollegien erhalten in der universitären Selbstverwaltung eine Stellung parallel zur Stellung der Dekane. – Die Empfehlungen sehen vor, es seien sechs Universitätszentren zur Organisation von Forschungsschwerpunkten einzurichten, und zwar

– ein Universitätszentrum für Humanismusforschung
– ein Universitätszentrum für Europäisches Recht, Regionalismus- und Förderalismusforschung
– ein Universitätszentrum für Regionalforschung Süd-Ost-Europa
– ein Universitätszentrum für Sprachforschung und interkulturelle Kommunikation
– ein Universitätszentrum für Politische Philosophie
– ein Universitätszentrum für Institutionenökonomie.

Die Begründungen für die Einrichtung der genannten Universitätszentren sind, weil nicht weiter komprimierbar, im Haupttext der hier vorgelegten Empfehlungen nachzulesen. Die in den Universitätszentren schwerpunktmäßig geförderte Forschungsarbeit korreliert nicht mit Studienfächern. Sie verleiht nichtsdestoweniger in den Konsequenzen der Einheit von Forschung und Lehre den akademischen Studienangeboten in Erfurt thematische Akzente und regt damit insbesondere zu Projekten im Rahmen von Graduiertenstudien an.

Zweitens ist vorgesehen, an der Universität Erfurt Disziplinen auszubringen, deren universitäre Präsenz in Deutschland der Stärkung bedarf. Für die Bevölkerungswissenschaft, die in der Kultur- und Sozialwissenschaftlichen Fakultät ihren Platz finden wird, gilt das. Der Herausforderungscharakter der Probleme, die ohne die Leistungen der bevölkerungswissenschaftlichen Forschung in ihren Details weder erkannt noch verstanden werden könnten, bedarf hier keiner Erläuterung, und es hat historische, aber nichtsdestoweniger nicht akzeptable Gründe, daß im Vergleich mit dem benachbarten Ausland die Potentiale bevölkerungswissenschaftlicher Forschungseinrichtungen in Deutschland bislang unzureichend geblieben sind. Hier sollte die Universität Erfurt einen Beitrag zum überfälligen Ausgleich dieses Defizits leisten. – Neu ist auch, daß im Bereich der Kulturwissenschaften die Einrichtung des Faches „Kulturgeschichte des Christentums" vorgesehen ist, und zwar als Teil des Martin-Luther-Instituts für Evangelische Theologie und Kulturgeschichte des Christentums. Es handelt sich dabei nicht um ein im engeren Sinne theologisches Fach, wohl aber um eine Disziplin, für die man nach Vorgeschichte und gegenwärtig verfügbaren Forscherpersönlichkeiten in erster Linie auf Theologen angewiesen sein wird. Kulturgeschichte des Christentums – sie schließt in Gegenwart und Vergangenheit die christlich-religiösen Prägungen unserer Kultur weit über die Grenzen kirchlich verfaßten Lebens hinaus ein. Die religiös präformierten Weisen unseres kulturellen Verhältnisses zur Natur, die sich heute bis in die ökologischen Bewegungen hinein auswirken, gehören hierher, die bis ins geltende Recht hinein nachweisbaren Elemente der sogenannten Zivilreligion desgleichen und ebenso die fortdauernden Interaktionen zwischen religiösen und politischen Orientierungen. Die Erforschung solcher Zusammenhänge spielt im Kontext traditioneller kulturwissenschaftlicher Fakultäten eher eine marginale Rolle. Der wichtigste Grund dafür ist die universitäre Existenz theologischer Fakultäten, denen insoweit die begründete Vermutung einschlägiger Zuständigkeiten gilt. Für die Universität Erfurt legt sich die Gründung einer Evangelisch-Theologischen Fakultät nicht nahe, und die Gründe dafür werden in diesen Empfehlungen erläutert. Die Empfehlungen erläutern überdies, wie sehr es das Fächerensemble einer kulturwissenschaftlichen Fakultät bereichern würde, wenn sie eine theologisch kompetente Kulturhistoriographie des Christentums als ihre eigene Angelegenheit aufnähme und fortführte. – Die Zugehörigkeit der Bevölkerungswissenschaft einerseits und der Kulturgeschichte des Christentums andererseits zu einer Kultur- und Sozialwissenschaftlichen Fakultät demonstriert zugleich beispielhaft die interdisziplinäre Spannweite einer Fakultät dieses Typs. Dabei ergibt sich diese Spannweite weder zufällig noch ist sie überzogen. Für weite Bereiche sozialwissenschaftlicher Theoriebildung gilt, daß sie ohne geschichtswissenschaftliche Rückbindung keine ausreichende empirische Basis fände, und umgekehrt setzen historische Erklärungen, als integraler Teil geschichtswissenschaftlicher Forschungsarbeit, heute die Nutzung der theoretischen Erklärungspotentiale voraus, die von den Sozialwissenschaften zur

Verfügung gestellt werden. Diese wechselseitige Abhängigkeit geschichtswissenschaftlicher und sozialwissenschaftlicher Forschung findet in der Kultur- und Sozialwissenschaftlichen Fakultät ihren angemessenen institutionellen Rahmen.

Drittens ist die Errichtung eines Max Weber-Kollegs für kultur- und sozialwissenschaftliche Studien vorgesehen. Der Zweck dieser Einrichtung ist, für bewährte
und überaus wichtig gewordene Formen zumeist auf der Basis von Drittmitteln
stattfindender außeruniversitärer Forschungskooperation, die regelmäßig zeitlich
befristeten Projekten gewidmet ist, nun auch inneruniversitär eine Infrastruktur
anzubieten und so die Forscherkooperativen in die Universität zu deren Vorteil
hineinzuholen. – Das Max Weber-Kolleg für kultur- und sozialwissenschaftliche
Studien wird etatisiert. Der befristet amtierende geschäftsführende Direktor hält,
wie die Vorsitzenden der Kollegien der Universitätszentren, dekansanaloge Stellung im kollektiven universitären Leitungsgremium „Senat". An der Projektarbeit
der im Max Weber-Kolleg für kultur- und sozialwissenschaftliche Studien konfe-
rierenden Forschergruppen, die regelmäßig interuniversitär, zumeist auch international besetzt sind und häufig, wenn auch nicht immer, interdisziplinären Charakter haben, sind je nach der Thematik ihrer Abschlußarbeiten auch Studenten
des Graduiertenstudiums zu beteiligen. – Dem Max Weber-Kolleg für kultur- und
sozialwissenschaftliche Studien sind sechs Gastprofessuren zugewiesen, die befristet jeweils für die Dauer eines oder zweier Semester zu besetzen sind, und zwar
mit Forscherpersönlichkeiten, die nach ihren speziellen Kompetenzen für die
Forschungsprojekte des Kollegs von besonderer Wichtigkeit sind. Über die
Lehrangebote, die von diesen Gastprofessoren zu erwarten sind, werden die Erfurter Studienangebote für alle Universitätsangehörigen bereichert.

Wie das Lebenswerk keines anderen Klassikers der jüngeren deutschen Wissenschaftsgeschichte deckt das Lebenswerk Max Webers just den Gesamtzusammen-
hang der Disziplinen ab, die an der künftigen Universität Erfurt in Forschung und
Lehre eingerichtet sein sollen – von der Jurisprudenz über die Wirtschaftswissenschaften und Sozialwissenschaften bis hin zu den historischen Kulturwissenschaften einschließlich der Theologie und den Religionswissenschaften. Wie kein
anderer Klassiker unserer Wissenschaftsgeschichte bietet sich daher Max Weber,
der in Erfurt geboren wurde, als Namensgeber für das geplante Kolleg für kultur-
und sozialwissenschaftliche Studien an.

   Das Max Weber-Kolleg für kultur- und sozialwissenschaftliche Studien eignet
sich nach bewährten Erfahrungen aus der Gründungsgeschichte anderer Universitäten dazu, als erste Einrichtung der neuen Universität, nämlich mit Teilfunk-
tionen der Projektforschung, die Arbeit aufzunehmen.

   Ein Entwurf für die künftige Satzung der Universität Erfurt und damit für ihre
Selbstverwaltungsorganisation ist diesen Empfehlungen nicht beigefügt. Soweit
diese Organisation nicht ohnehin in den Rahmenvorschriften geltender Gesetze
ihre Maßgaben findet, sollte die Selbstverwaltungsstruktur der neuen Universität
ihrer Selbstorganisation überlassen werden, sobald ihre Gremien die dafür benötigte Mindestgröße erreicht haben.

35. Max Weber-Kolleg für kultur- und sozialwissenschaftliche Studien der Universität Erfurt

Ein Gründungsplan

1. Der Vorschlag zur Errichtung eines Max Weber-Kollegs für kultur- und sozialwissenschaftliche Studien verfolgt die Absicht, eine Einrichtung für Formen der Forschung zu schaffen, die sich außeruniversitär seit längerem durchgesetzt haben und zu erheblicher Bedeutung gelangt sind, nun auch inneruniversitär zu schaffen und nutzbar zu machen. Der Zweck der hier vorgeschlagenen Einrichtung ist sicherzustellen, daß die universitäre Ausbildung auch künftig, institutionell wie personell, neu sich entwickelnden Forschungsrichtungen und Forschungstypen verbunden bleibt.

Die Nötigkeit partieller Neuordnung inneruniversitärer Forschung und forschungsnahe Lehre ist wissenschaftspolitisch unumstritten. Die fälligen und an etlichen Orten auch schon exemplarisch realisierten Reformen universitärer Forschungsorganisation lassen sich als Antworten auf die Herausforderung gravierender Veränderungen im Verhältnis von außeruniversitärer Forschung einerseits und inneruniversitärer Forschung andererseits auffassen. Diese Veränderungen sind wohlbekannt. Sie bedürfen daher an dieser Stelle keiner näheren Erläuterung, und es mag daher genügen, die wichtigsten von Ihnen zu benennen und aufzulisten:

1.1 Trotz der Expansion der Universitätshaushalte, die sich in den sechziger und in den siebziger Jahren in Westdeutschland vollzogen hat, ist der Anteil der inneruniversitär verausgabten Mittel für Forschung und Entwicklung in Relation zum Anteil der Mittel für Forschung und Entwicklung, die außeruniversitär, nämlich in Unternehmen einerseits und in nicht-erwerbsbezogenen Forschungseinrichtungen andererseits ausgegeben wurden, kontinuierlich zurückgegangen - etwa auf ein Drittel der nationalen Gesamtaufwendungen für Forschung und Entwicklung.

1.2 Die angedeutete Tendenz, die gewiß in erster Linie für die Natur- und Technikwissenschaften gilt, läßt sich inzwischen auch im Bereich der Sozialwissenschaften beobachten. Ein wesentlicher Teil der sogenannten Meinungsforschung, deren praktische Bedeutung wächst, findet außeruniversitär statt, und aus Gründen, die keiner Erläuterung bedürfen, erfreuen sich die Ergebnisse dieser Forschung einer außerordentlichen Publizität. Analoges gilt auch für die politikwissenschaftliche Forschung in renommierten außeruniversitären Einrichtungen sowie für die dienstleistungsbezogene sozialwissenschaftliche Forschung in den wissenschaftlichen Einrichtungen großer Behörden und Ämter desgleichen - von der Arbeitsverwaltung bis hin zur amtlichen Statistik. Auch die außeruniversitären Umweltinstitute leisten, in der Trägerschaft von Vereinen, eine in wachsendem Maße anerkannte und beachtete Forschungsarbeit.

1.3 Auch in wichtigen Bereichen kulturwissenschaftlicher Forschung haben die Universitäten ihr altes de-facto-Monopol längst verloren. Einige wenige Hinweise genügen, um das anschaulich zu machen:

– In Deutschland ist das Forschungsprofil der Max-Planck-Gesellschaft längst von den bedeutenden Leistungen der kultur- und sozialwissenschaftlichen Forschungsinstitute dieser Gesellschaft mitbestimmt.

– Im Kontext der dramatisch verlaufenden Selbsthistorisierung der modernen Zivilisation haben zahlreiche kulturelle, auch administrative Einrichtungen kulturhistorische Forschung zu einem Teil ihrer Aufgaben erhoben, und die Ergebnisse dieser Forschung gewinnen in der Gesamtbilanz kulturwissenschaftlicher Forschung an Gewicht. Das gilt für die kunstwissenschaftliche Forschung im institutionellen Rahmen unserer Museen, für die orts- und regionsbezogene historische Forschung im Rahmen städtischer und sonstiger Archive, für die landeskundliche Forschung in den Forschungseinrichtungen von Landschaftsverbänden und sonstigen höheren Kommunalverbänden, für die projektbezogenen kulturhistorischen Forschungen im neugeschaffenen institutionellen Umkreis bedeutender außeruniversitärer Bibliotheken wie in Wolfenbüttel, und diese exemplarische kleine Reihe wäre lange fortsetzungsfähig.

– Kulturwissenschaftliche Forschung in der Trägerschaft unserer Wissenschaftsakademien hat in der Konsequenz der Akademieprogramme gleichfalls an Bedeutung ständig gewonnen.

– Auch die neuen, in den neuen Bundesländern eingerichteten, trägerschaftlich außeruniversitären geisteswissenschaftlichen Zentren gehören in diesen Zusammenhang.

– Vor allem aber haben sich außeruniversitär im Gesamtbereich der Kulturwissenschaften in kaum noch überschaubarer Zahl Forschergruppen von Wissenschaftlern konstituiert, die überwiegend hauptberuflich als Professoren an Hochschulen tätig sind, sich aber auf der Basis von Drittmitteln, die von Wissenschaftsstiftungen oder sonstigen Forschungsförderungsorganisationen zur Verfügung gestellt werden, über kürzere oder auch längere Zeiträume hinweg regelmäßig zu Kolloquien zusammenfinden, bei denen Forschungspläne abgesprochen und koordiniert, Forschungsergebnisse erörtert und schließlich publikationsreif gemacht werden. Keine Universität – und sei sie noch so groß – ist heute groß genug, um die für ein interdisziplinäres Forschungsprojekt benötigten personellen Ressourcen verfügbar machen zu können. Die auf der Basis von Drittmitteln tätigen Forschergruppen sind daher regelmäßig interuniversitär, überdies international besetzt. Die Ergebnisse der kulturwissenschaftlichen Forschungen, die in Arbeitsgruppen der skizzierten Art abgesprochen, koordiniert und validiert werden, sind in exemplarischen Fällen zu großer innovatorischer Bedeutung gelangt – auch für die inneruniversitäre kulturwissenschaftliche Forschung, aber eben das in Nutzung der Erträgnisse neuer Forschungsformen, die sich nach ihren institutionellen und finanziellen Trägerschaften nicht mehr mit dem Namen einer Universität verbinden.

2. Die unter 1. skizzierten, wohlbekannten Entwicklungen folgen überwiegend zwingenden Erfordernissen. Entsprechend ist es weder möglich noch sinnvoll, sie zurückzudrängen. Wohl aber ist es fällig, ja überfällig, daß die Universitäten auf diese Entwicklungen reagieren und im Interesse der Erhaltung uneingeschränkter Forschungskompetenz ihrerseits Institutionen entwickeln, die nun auch inneruniversitär zu leisten vermögen, was außeruniversitär partiell längst geschieht. Diesem Zweck soll das hier vorgeschlagene Max Weber-Kolleg für kultur- und sozialwissenschaftliche Studien dienen.

Das Mißtrauen, das institutionellen Innovationen gegenüber aus guten pragmatischen Gründen stets angebracht ist, pflegt sich abzuschwächen, wenn man zur Kenntnis nimmt, daß die vorgeschlagene Neuerung nicht eine Singularität, vielmehr eine weithin anerkannte Überfälligkeit ist. Zu den analogen Vorschlägen für neue institutionelle Rahmenbedingungen inneruniversitärer Forschung, die sich inzwischen in der öffentlichen Diskussion befinden und mit dem Vorschlag zur Errichtung eines Max Weber-Kollegs für kultur- und sozialwissenschaftliche Studien aufgenommen und fortgeführt werden sollen, gehören unter anderem:

- Die Stellungnahme der Hochschulrektorenkonferenz „Zur Forschung in den Hochschulen", die am 12. Juli 1993 im 170. Plenum der Hochschulrektorenkonferenz verabschiedet wurde.

- Das für die Stellungnahme der Hochschulrektorenkonferenz leitend gewesene Förderungsprogramm „Innovationskollegs" der Deutschen Forschungsgemeinschaft „zur Verbesserung der Strukturen für die Forschung in den Hochschulen des neuen Bundesgebiets, finanziert aus Mitteln des Bundesministeriums für Forschung und Technologie".

- Der Vorschlag zur Errichtung von ‚Forschungskollegs als universitärer Einrichtungen', enthalten in der vom Bundesministerium für Forschung und Technologie geförderten Denkschrift „Geisteswissenschaften heute" vom Mai 1990.

- Einige der Funktionen, die gemäß den zitierten Vorschlägen von den projektierten neuen inneruniversitären Forschungseinrichtungen zu erfüllen wären, werden bereits jetzt in Forschungsinstituten wahrgenommen, die ineins mit der Gründung neuer Universitäten geschaffen worden sind. Für das Zentrum für interdisziplinäre Forschung an der Universität Bielefeld, zum Beispiel, gilt das. Es wurde bereits vor siebenundzwanzig Jahren errichtet, und zwar als erste Institution der neuen Universität, die ihre Tätigkeit bereits aufnahm, bevor noch mit der Ausbildung von Studierenden begonnen werden konnte.

3. Die Aufgaben des Max Weber-Kollegs für kultur- und sozialwissenschaftliche Studien:

3.1 Das Max Weber-Kolleg für kultur- und sozialwissenschaftliche Studien bietet Gelegenheit, Wissenschaftlern in der Absicht zusammenzuführen, Forschungsprojekte zu initiieren und zu planen, zu koordinieren und in ihren Ergebnissen zu validieren, die nach den benötigten personellen Kompetenzen und Spezialitäten interuniversitäre und darüber hinaus gegebenenfalls internationale Kooperation verlangen.

Die in dieser Absicht im Max Weber-Kolleg für kultur- und sozialwissenschaftliche Studien zusammengeführten Forschergruppen können, je nach den sachlichen Erfordernissen des Projekts, disziplinären wie interdisziplinären Charakter haben.

Die Forschergruppen arbeiten befristet. Die Dauer der Fristen bleibt projektabhängig variabel.

Das Max Weber-Kolleg für kultur- und sozialwissenschaftliche Studien stellt die Infrastruktur zur Verfügung, die für Zusammentritt der Projektgruppen und für die Koordination ihrer Forschungsarbeit benötigt wird. Das bedeutet: Über eigene sächliche und personelle Forschungsressourcen verfügt das Max Weber-Kolleg für kultur- und sozialwissenschaftliche Studien nicht. Die Mitglieder der Projektgruppe des Kollegs erarbeiten ihre individuellen Beiträge zum Projekt, an welchem sie beteiligt sind, in ihren heimischen universitären oder außeruniversitären Instituten, an denen sie hauptberuflich tätig sind.

Die im Rahmen des Max Weber-Kollegs für kultur- und sozialwissenschaftliche Studien zusammengetretenen Projektgruppen sind somit innerhalb des Kollegs vorzugsweise zu Kolloquien präsent, die der Planung, Koordination und Validierung der Arbeitsergebnisse dienen.

Es sei wiederholt: Die skizzierte forschungspraktische Arbeitsweise von Projektgruppen ist keineswegs neu. Sie ist bewährt. Wichtige Forschungsergebnisse sind dieser Arbeitsweise zu verdanken. Seinen Ort hat das alles indessen überwiegend außeruniversitär – auf der Basis von Drittmitteln, die Forschungsförderungsorganisationen, Stiftungen etc. zur Verfügung stellen.

Das Max Weber-Kolleg für kultur- und sozialwissenschaftliche Studien verfolgt also, noch einmal, als Hauptzweck, diese Art wohletablierter und durchweg bewährter Projektforschung im Rahmen einer zentralen Universitätseinrichtung in die Universität selber zurückzuholen.

3.2 Im Rahmen seiner Hauptaufgabe, die Forschungsarbeit von Projektgruppen inneruniversitär zu initiieren und zu organisieren, lädt das Max Weber-Kolleg für kultur- und sozialwissenschaftliche Studien auswärtige und ausländische Wissenschaftler für die Dauer von ein oder zwei Semestern als Gäste ein. Bei den Einzuladenden soll es sich um Persönlichkeiten handeln, die auf den Forschungsfeldern, die für laufende Projekte des Kollegs von zentraler Bedeutung sind, bereits herausragende Arbeit geleistet haben. Dabei ist erwünscht, daß die Gastwissenschaftler an den laufenden Projekten teilnehmen. Aber das sollte nicht eo ipso verpflichtend sein – insbesondere dann nicht, wenn sie ihren Gastaufenthalt nach dem bewährten Muster vieler bereits erfolgreich arbeitender Kollegs dazu nutzen möchten, ein größeres Werk abzuschließen.

Indessen wäre von jedem Gastwissenschaftler zu erwarten, daß er sowohl den im Kolleg tätigen Projektgruppen wie auch der Gesamtuniversität für eine Reihe von Vorträgen zur Verfügung steht, in denen er über seine Arbeit berichtet.

3.3 Das Max Weber-Kolleg für kultur- und sozialwissenschaftliche Studien hat die Aufgabe, universitäre Forschung und forschungsabhängige Praxis mit produktiven Wirkungen für die Forschung wie für die Praxis näher zusammenzuführen. In den Kulturwissenschaften wie in den Sozialwissenschaften, speziell auch in der Jurisprudenz mehren sich die Forschungsfelder, auf denen sich ohne Einbeziehung der Erfahrungen von Praktikern, die für ihre Tätigkeit Forschungsergebnisse zu nutzen haben, nicht mehr aussichtsreich arbeiten läßt. Dabei wäre es durchaus unangemessen, die Mitwirkung von Praktikern an den skizzierten Projektgruppen primär als Fortbildungsgelegenheiten aufzufassen. Gemäß den Aufgaben des Max Weber-Kollegs für kultur- und sozialwissenschaftliche Studien liegt der primäre Zweck der Einbeziehung von Praktikern in die Projektgruppenarbeit in der Forschungsförderung selbst. Exemplarisch heißt das: Die rechtswissenschaftliche Aufarbeitung der tatsächlichen Regelungswirkung vorgeschlagener oder bereits geltender gesetzlicher oder sonstiger Normen läßt sich in expandierenden Bereichen der öffentlichen Verwaltung ohne Einbeziehung der Erfahrungen, die in der Praxis der Administration wie der Rechtsprechung gewonnen wurden, gar nicht mehr leisten. Oder: Die ökonomische Analyse der Marktabhängigkeit künstlerischer Entwicklungen setzt Kenntnis von Sachzusammenhängen voraus, die nach Lage der Dinge sich einzig in Kooperation mit Experten des Kunstmarkts mobilisieren lassen. Die europapolitisch höchst bedeutsamen, international beobachtbaren regionalistischen Bewegungen lassen sich in ihren Motiven und Optionen ungleich besser und rascher als durch die Analyse dokumentarischer Texte durch Einbeziehung von Repräsentanten organisierter regionalistischer Bewegungen in Projektgruppen, die der Erforschung des Regionalismus sich widmen, erkennen, und so in allem: In der modernen Zivilisation dehnen sich generell die Lebensbereiche aus, in denen Theorie und Praxis sich gewiß unterscheiden, aber nicht mehr trennen lassen, und eben das verpflichtet nicht nur die Praktiker, ihre Arbeit wissenschaftsnah zu halten. Die Wissenschaft ihrerseits ist heute in Teilen ihrer Forschungsarbeit wie nie zuvor auf die immediate Berücksichtigung der Erfahrungen angewiesen, über die einzig Praktiker verfügen.

3.4 Das Max Weber-Kolleg für kultur- und sozialwissenschaftliche Studien leistet einen Beitrag zur Emendation universitärer Ausbildung.

Es bietet zunächst Graduierten die Möglichkeit der Teilnahme an der Tätigkeit von Projektgruppen, soweit die Dissertationspläne dieser Graduierten inhaltlich der Arbeit der Projektgruppen nahestehen.

Auch die universitären Regelstudienangebote können von Leistungen des Kollegs profitieren – insbesondere über Gastvorlesungsprogramme, an denen teilzunehmen für die Mitglieder der im Max Weber-Kolleg für kultur- und sozialwissenschaftliche Studien tätigen Projektgruppen den Charakter einer nach aller Erfahrung gern abgestatteten Dankesschuld haben würde.

4. Zum Namen des Max Weber-Kollegs für kultur- und sozialwissenschaftliche
Studien:

4.1 Wie das Lebenswerk keines anderen Klassikers der jüngeren deutschen Wissenschaftsgeschichte deckt das Lebenswerk Max Webers just den Gesamtzusam-
menhang der Disziplinen ab, die an der künftigen Universität Erfurt von Anfang
an in Forschung und Lehre eingerichtet sein sollen – von der Jurisprudenz über
die Wirtschaftswissenschaften und Sozialwissenschaften bis hin zu den historischen Kulturwissenschaften einschließlich der Theologie und den Religionswissenschaften.

4.2 Nachdem in die deutsche Nachkriegsgeschichte weit zurückreichende Versuche, komplementär zur Max-Planck-Gesellschaft eine Max-Weber-Gesellschaft
zur Förderung der Sozialwissenschaften zu gründen, längst als definitiv gescheitert angesehen werden können, ist der Name Max Webers, als Bestandteil des
Namens einer neuen inneruniversitären Einrichtung sozusagen frei, wobei es mit
dem Namen „Max Weber-Kolleg für kultur- und sozialwissenschaftliche Studien"
durchaus verträglich bliebe, wenn anderswo auch andere Institutionen analoger
Randstellung in der deutschen Wissenschaftsorganisation den Namen Max Webers zusätzlich für sich in Anspruch nähme.

4.3 Die Tatsache, daß Max Weber in Erfurt geboren wurde, verliehe dem Namen
„Max Weber-Kolleg für kultur- und sozialwissenschaftliche Studien" zusätzlich
den Charakter einer lokalen Hommage an einen Großen der deutschen Wissenschaftsgeschichte.

4.4 Wissenschaftskulturell repräsentiert der Name Max Webers auch in normati-
ver Hinsicht unverändert Maßgebliches:

– Die sozialwissenschaftliche Theoriebildung hält sich kulturhistoriographisch
kontrolliert und macht sich so in Einschätzung der regionalen und temporalen
Reichweite sozialwissenschaftlicher Theorien urteilsfähig.

– In methodologischer Hinsicht repräsentiert das Werk Max Webers ein Dementi
des Zerfalls der Wissenschaftspraxis in zwei Kulturen. Die forschungspraktischen
Operationen des Erklärens einerseits und des Verstehens andererseits geraten
nicht in Opposition zueinander.

– Die in der marxistischen Theorie kanonisch gewordene Konfrontation „idealistischer" und „materialistischer" Erklärung kultur- und sozialgeschichtlicher
Vorgänge und Ereignisse ist bei Max Weber nicht etwa zugunsten „idealistischer"
Erklärungsbemühungen aufgelöst. Vielmehr ist der fragliche Gegensatz im Kontext des durch Max Weber repräsentierten Typus kultur- und sozialwissenschaftlicher Forschung gegenstandslos. „Materialistische" und „idealistische", das heißt
mit Rekurs auf die Wirkung symbolisch-repräsentativer Faktoren arbeitende Erklärungen sind prinzipiell gleichberechtigt, ja sie werden, unbeschadet ihrer Un-
terscheidbarkeit, als untrennbar angesehen.

– Auch das zeitweise als berüchtigt angesehene Postulat der „Wertfreiheit" wissenschaftlicher und näherhin sozialwissenschaftlicher Aussagenbildung erscheint heute, das heißt aus der Perspektive unserer Erfahrungen mit politisch machthabenden Ideologien, als methodologisch gewiß triviale, aber wissenschaftsmoralisch fundamentale Aufforderung, die wissenschaftliche Aussagebildung über das, was der Fall ist, von politisch-ideologischen Interessen, daß die Tatsachen diese und keine anderen sein möchten, freizuhalten. Durch das so verstandene Postulat der Wertfreiheit wissenschaftlicher Aussagebildung wird die kultur- und sozialwissenschaftliche Forschung keineswegs politisch irrelevant gemacht, vielmehr wird eine Rationalitätsbedingung formuliert, der gerade auch potentiell politisch folgenreiche sozialwissenschaftliche Tatsachenbehauptungen zu genügen haben.

Nachweise

1. NETZVERDICHTUNG. ZUR PHILOSOPHIE INDUSTRIEGESELLSCHAFTLICHER ENTWICKLUNGEN. – Erstveröffentlichung in: Zeitschrift für philosophische Forschung. Doppelheft anlässlich des 50. Jahrgangs. Band 50 (1996), S. 133–150
2. ZEIT-ERFAHRUNGEN. SIEBEN BEGRIFFE ZUR BESCHREIBUNG MODERNER ZIVILISATIONSDYNAMIK. – Erstveröffentlichung als Abhandlung der Geistes- und Sozialwissenschaftlichen Klasse der Akademie der Wissenschaften und der Literatur zu Mainz. Jahrgang 1996, Nr. 5, Stuttgart 1996
3. DIE METROPOLEN UND DAS ENDE DER PROVINZ. – Erstveröffentlichung unter dem Titel „Die Metropolen und das Ende der Provinz. Über Stadtmusealisierung" in: Hans-Michael Körner, Katharina Weigand (Hrsg.): Hauptstadt. Historische Perspektiven eines deutschen Themas. München 1995, S. 15–27
4. MOBILITÄT – VORERST UNAUFHALTSAM. – Erstveröffentlichung in: Internationales Verkehrswesen. Fachzeitschrift für Wissenschaft und Praxis. 45. Jahrgang (November 1993), S. 653–658. – Ferner in: UNIVERSITAS. Zeitschrift für interdisziplinäre Wissenschaft. 11. 48. Jahrgang. Nr. 569 (November 1993), S. 1043–1053
5. GROSSE UND KLEINE RÄUME. DIE EUROPÄISCHE EINIGUNG IN DER ZIVILISATORISCHEN EVOLUTION. – unveröffentlicht
6. ERMUNTERUNG ZU EUROPAPOLITISCHEM PRAGMATISMUS. EIN GESPRÄCH MIT ADELBERT REIF, DIE WELT. – Erstveröffentlichung unter dem Titel „Gott bewahre Europa vor neuen Heilsutopien" in: DIE WELT. Welt im Gespräch. Mit Prof. Hermann Lübbe sprach Adelbert Reif. Nr. 147-26 (Montag, 27. Juni 1994), S. 7. – Ferner unter dem Titel „Vereinigte Staaten von Europa wird es nicht geben" in: Aargauer Tagblatt. Aarau, 1. Juni 1994. – Ferner unter dem Titel „Die europäische Einigung ist irreversibel" in: UNIVERSITAS. Zeitschrift für interdisziplinäre Wissenschaft. 8. 49. Jahrgang, Nummer 578 (August 1994), S. 798–806. – Ferner unter demselben Titel in: Contouren. Das Magazin zur Zeit. III/94. Wien 1994, pp. 5–14
7. SELBSTBESTIMMUNG UND STAATLICHE SOUVERÄNITÄT IM POLITISCHEN WANDEL. – Erstveröffentlichung unter dem Titel „Staatliche Souveränität, internationale Organisation und Regionalisierung" in: Karl Kaiser, Hans-Peter Schwarz (Hrsg.), unter Mitwirkung von Martin Brüning und Georg Schild: Die neue Weltpolitik. Bundeszentrale für politische Bildung. Schriftenreihe Band 334, Bonn 1995, S. 187–195. – Unter demselben Titel und unter derselben Herausgeberschaft auch in: Schriften des Forschungsinstituts der Deutschen Gesellschaft für auswärtige Politik e.V. Baden-Baden 1995, S. 187–195
8. NACH 1989. WIDER DIE FALSCHEN SORGEN. EIN GESPRÄCH MIT GEORG KOHLER, NEUE ZÜRCHER ZEITUNG. – Erstveröffentlichung unter dem Titel „Wider die falschen Sorgen. Ein Gespräch mit Hermann Lübbe" in: Neue Zürcher Zeitung. Literatur und Kunst. Fernausgabe Nr. 143 (Freitag, 25. Juni 1993), S. 35–36. – Ferner unter demselben Titel in: Georg Kohler, Martin Meyer (Hrsg.): Die Folgen von 1989. München, Wien 1994, S. 26–36
9. BESCHÄFTIGUNGSPOLITIK IN GESCHLOSSENEN UND OFFENEN GESELLSCHAFTEN. DER REAL EXISTENT GEWESENE SOZIALISMUS IM VERGLEICH. – unveröffentlicht

10. STANDORT DEUTSCHLAND – TRÄGHEITSFOLGEN VERGANGENER WOHLFAHRT. 25 THESEN. – Erstveröffentlichung unter dem Titel „Standort Deutschland oder die industriegesellschaftliche Zukunft unseres Landes – 25 Thesen" in: Volker J. Kreyher, Carl Böhret (Hrsg.): Gesellschaft im Übergang. Baden-Baden 1995, S. 269–275

11. MORAL UND MODERNE. ÜBER DIE MORALISIERUNG DES LEBENS IN DER WISSENSCHAFTLICH-TECHNISCHEN ZIVILISATION. – unveröffentlicht

12. AIDS UND SELBSTBESTIMMUNG. ÜBER EINIGE MORALISCHE REGELN DES UMGANGS MIT AIDS-TATSACHEN. – Erstveröffentlichung in: AIDS: Fakten und Konsequenzen. Endbericht der Enquete-Kommission des 11. Deutschen Bundestages „Gefahren von AIDS und wirksame Wege zu ihrer Eindämmung". Bonn 1990, S. 89–98. – Ferner unter demselben Titel in: Forum Ethik und Berufsethik. Düsseldorf 1989, S. 13–18. – Ferner unter demselben Titel in: Ethik und Unterricht. Die Zeitschrift für das Unterrichtsfach Ethik/Werte und Normen. 4/1992, S. 2–7. – Ferner unter dem Titel „Krankheit und Selbstbestimmung. Über einige moralische Regeln des Umgangs mit AIDS-Tatsachen" in: Meinhard Classen (Hrsg.): Internisten – Innere Medizin im 20. Jahrhundert. München, Wien, Baltimore 1994, S. 29–40. – Ferner veröffentlicht unter dem Titel „AIDS und Selbstbestimmung. Über einige moralische Regeln" in: Die politische Meinung. 34. Jahrgang, Nr. 247 (November/Dezember 1989), S. 52–60

13. AIDS-MORAL IN DER PARLAMENTARISCHEN ANHÖRUNG. – Diskussion zu „AIDS und Selbstbestimmung. Über einige moralische Regeln des Umgangs mit AIDS-Tatsachen", in: AIDS: Fakten und Konsequenzen. Endbericht der Enquete-Kommission des 11. Deutschen Bundestages „Gefahren von AIDS und wirksame Wege zu ihrer Eindämmung". Bonn 1990, S. 104–115

14. FAMILIE IM EMANZIPATIONSPROZESS. – Erstveröffentlichung unter dem Titel „Familie contra Selbstverwirklichung?" in: Die politische Meinung. 37. Jahrgang, Nr. 276 (November 1992), S. 83–91

15. MORALISMUS ODER FINGIERTE HANDLUNGSSUBJEKTIVITÄT IN KOMPLEXEN HISTORISCHEN PROZESSEN. – Erstveröffentlichung in: Weyma Lübbe (Hrsg.): Kausalität und Zurechnung. Über Verantwortung in komplexen kulturellen Prozessen. Berlin, New York 1994, S. 289–301

16. TERROR. ÜBER DIE MORALISTISCHE RATIONALITÄT DES VÖLKERMORDS. – Erstveröffentlichung unter dem Titel „Rationalität und Irrationalität des Völkermords" in: Hanno Loewy (Hrsg.): Die Grenzen des Verstehens. Eine Debatte über die Besetzung der Geschichte. Reinbek b. Hamburg 1992, S. 83–92. – Ferner veröffentlicht unter dem Titel „Terror. Über die ideologische Rationalität des Völkermords" in: Thomas Nipperdey, Anselm Doering-Manteuffel, Hans-Ulrich Thamer (Hrsg.): Weltbürgerkrieg der Ideologien. Antworten an Ernst Nolte. Festschrift zum 70. Geburtstag. Frankfurt am Main 1993, S. 304–311

17. DAS STRAFRECHT – EIN NÖTIGES, ABER SCHWACHES MITTEL ZUR AUFARBEITUNG DES SOZIALISTISCHEN TOTALITARISMUS. SIEBEN THESEN. – Erstveröffentlichung unter dem Titel „Das Strafrecht ist ein nötiges, aber schwaches Mittel zur Aufarbeitung des Totalitarismus" in: UNIVERSITAS 11, Nr. 545 (November 1991), S. 1029–1031. – Ferner veröffentlicht in: 40 Jahre SED-Unrecht. Eine Herausforderung für den Rechtsstaat. Erstes Forum des Bundesministers der Justiz am 9. Juli 1991. Sonderheft der Zeitschrift für Gesetzgebung. München und Frankfurt/M. 1992, S. 15–17

18. FESTGESCHRIEBENE WAHRHEITEN. ÜBER AUFKLÄRUNGSMORAL, IDEOLOGISCHEN DOGMATISMUS UND KANONBILDUNG. – Erstveröffentlichung unter dem Titel „Festgeschriebene Wahrheiten" in: Rolf W. Puster (Hrsg.): Veritas filia temporis? Philosophiehistorie zwischen Wahrheit und Geschichte. Festschrift für Rainer Specht zum 65. Geburtstag. Berlin, New York 1995, S. 273–280

19. RELIGION – SÄKULARISIERUNGSRESISTENT UND DURCH NICHTS ANDERES ZU ERSETZEN. – Erstveröffentlichung unter dem Titel „Religion nach der Aufklärung" in: Hans-Joachim Höhn (Hrsg.): Krise der Immanenz. Religion an den Grenzen der Moderne. Frankfurt am Main 1996, S. 93–111

20. LIBERALE THEOLOGIE IN DER EVOLUTION DER MODERNEN KULTUR. – Erstveröffentlichung in: Friedrich Wilhelm Graf (Hrsg.): Liberale Theologie. Eine Ortsbestimmung. Troeltsch-Studien Band 7. Gütersloh 1993, S. 16–31

21. KULTURRELIGION UND DIE ZUKUNFT DES PROTESTANTISMUS. – Erstveröffentlichung unter dem Titel „Zukunft des Protestantismus in Laienperspektive" in: Kirche unter den Soldaten. Beiträge aus der Evangelischen Militärseelsorge. II/95. Bonn 1995, S. 38–49. – Ferner veröffentlicht unter dem Titel „Protestantismus in der Evolution der modernen Kultur" in: Forum Ethik und Berufsethik. 2/95. Düsseldorf 1995, S. 30–38. – Ferner veröffentlicht unter dem Titel „Zerbricht die Kirche? Wie der Protestantismus sich in der Evolution der modernen Kultur darstellt" in: Die politische Meinung. 41. Jahrgang, Nr. 314 (1996), S. 5–15

22. „VERANTWORTUNG VOR GOTT". EIN STÜCK ZIVILRELIGION. – Erstveröffentlichung unter dem Titel „Verantwortung vor Gott" in: Verantwortung Friedrich Jahresheft X (1992). Herausgegeben von Peter Fauser, Henning Luther (†), Käthe Meyer-Drawe, S.64–65

23. DER DEUTSCHE GEIST UND DIE POLITISCHE REALITÄT. HERKUNFT UND WIRKUNG EINES INTELLEKTUELLEN-STEREOTYPS. – Erstveröffentlichung in: Deutschland im Umbruch. Die politische Klasse und die Wirklichkeit. Köln 1996, S. 44–63. – Ferner auszugsweise veröffentlicht unter dem Titel „Wirklichkeitsferne Dichter und Denker? Herkunft eines Intellektuellen-Stereotyps" in: MUT. Forum für Kultur, Politik und Geschichte. Nr. 343 (März 1996), S. 20–27

24. OSWALD SPENGLERS „PREUSSENTUM UND SOZIALISMUS" UND ERNST JÜNGERS „ARBEITER". – Erstveröffentlichung in: Alexander Demandt, John Farrenkopf (Hrsg.): Der Fall Spengler. Eine kritische Bilanz. Köln, Weimar, Wien 1994, S. 129–151. – Ferner veröffentlicht unter dem Titel „Oswald Spenglers ,Preussentum und Sozialismus' und Ernst Jüngers ,Arbeiter'. Auch ein Sozialismus-Rückblick" in: Zeitschrift für Politik. Jahrgang 40 (Neue Folge) Heft 2, 1993, S. 138–157

25. DEUTSCHLAND NACH DEM NATIONALSOZIALISMUS 1945–1990. AUS ANLASS DER ENTTARNUNG EINES EHEMALIGEN HOCHSCHULREKTORS MIT FALSCHER IDENTITÄT. – unveröffentlicht

26. 1968 UND 1989 – RÜCKBLICK AUF ZWEI DEUTSCHE REVOLUTIONEN. EIN GESPRÄCH MIT HORST WOLLENWEBER, REALSCHULLEHRERVERBAND. – Erstveröffentlichung in: Die Realschule. Zeitschrift für Schulpädagogik und Bildungspolitik. 101. Jahrgang. 8–1993, S. 310–317

27. FREIHEITSROMANTIK UND WOHLFAHRTSKRITIK. HANNAH ARENDTS ÖKONOMIEFERNE REVOLUTIONSTHEORIE. – Erstveröffentlichung in: Hannah Arendt: Über die Revolution. Nachwort von Hermann Lübbe. München, Gütersloh, Kornwestheim, Wien, Zug 1991, S. 407–418

28. DIE POLITISCHE VERANTWORTUNG DES GELEHRTEN. THOMAS NIPPERDEY UND DIE AKADEMISCHE KULTURREVOLUTION. – Erstveröffentlichung unter dem Titel „Die politische Verantwortung des Gelehrten" in: In Memoriam Thomas Nipperdey. München 1994, S. 37–43

29. STRUKTURELLER KONSERVATIVISMUS. EIN GESPRÄCH MIT CHRISTOPHE DE LANDTSHEER, BRÜSSEL. – Erstveröffentlichung unter dem Titel „Conservativisme structurel et modernité. Une interview de Christoph de Landtsheer" in: Documents No. 1–93 (1993), S. 138–157

30. FORTSCHRITT DURCH WISSENSCHAFT. HUMBOLDTS UNIVERSITÄT. – Erstveröffentlichung unter dem Titel „Fortschritt durch Wissenschaft. Die Universitäten im 19. Jahrhundert" in: Wolfgang Hardtwig, Harm-Hinrich Brandt (Hrsg.): Deutschlands Weg in die Moderne. Politik, Gesellschaft und Kultur im 19. Jahrhundert. München 1993, S. 171–184

31. GRÜNDUNGSEUPHORIE EINHUNDERTFÜNFZIG JAHRE NACH HUMBOLDT – DAS BEISPIEL DER RUHR-UNIVERSITÄT BOCHUM. – Erstveröffentlichung unter dem Titel „Aufbau nach dem Wiederaufbau. Ein Rückblick auf die Gründung der Ruhr-Universität Bochum" in: Burkhard Dietz, Winfried Schulze und Wolfhard Weber: Universität und Politik. Festschrift zum 25jährigen Bestehen der Ruhr-Universität Bochum. Bochum 1990, S. 315–328

32. DIE IDEE EINER ELITE-HOCHSCHULE IM ZEITALTER DER MASSENAKADEMISIERUNG. HELMUT SCHELSKY ALS UNIVERSITÄTSGRÜNDER. – Erstveröffentlichung unter dem Titel „Helmut Schelsky als Universitätsgründer" in: Horst Baier (Hrsg.): Helmut Schelsky – ein Soziologe in der Bundesrepublik. Eine Gedächtnisschrift von Freunden, Kollegen und Schülern. Stuttgart 1986, S. 157–166

33. FÄLLIGKEITEN DER WISSENSCHAFTSPOLITIK IN DEN NEUEN BUNDESLÄNDERN. UNIVERSITÄRE
ASPEKTE. – Erstveröffentlichung unter dem Titel „Wissenschaftspolitische Fälligkeiten in
den neuen und den alten Bundesländern" in: Andreas Dress, Eberhard Firnhaber, Hartmut
v. Hentig, Dietrich Storbeck (Hrsg.): Die humane Universität. Bielefeld 1969–1992. Festschrift für Karl Peter Grotemeyer. Bielefeld 1992, S. 20–27

34. ERFURT ODER DIE LETZTE DEUTSCHE UNIVERSITÄTSGRÜNDUNG IN DIESEM JAHRHUNDERT –
ZUGLEICH EINE KLEINE SUMME AUS HOCHSCHULPOLITISCHEN ERFAHRUNGEN VON VIER
JAHRZEHNTEN. – Erstveröffentlichung unter dem Titel „Eine Zusammenfassung als Vorwort"
aus: Empfehlungen des Strukturausschusses der Gründungskommission der Universität Erfurt. Vorsitzender: Prof. Dr. Hermann Lübbe. Stellvertretender Vorsitzender: Prof. Dr. Peter
Graf Kielmannsegg. Herausgeber: Thüringer Ministerium für Wissenschaft und Kunst. Erfurt 1994

35. MAX WEBER-KOLLEG FÜR KULTUR- UND SOZIALWISSENSCHAFTLICHE STUDIEN DER UNI-
VERSITÄT ERFURT. EIN GRÜNDUNGSPLAN. – Entwurf des in die Empfehlungen des Strukturausschusses der Gründungskommission der Universität Erfurt, Erfurt 1994, mit einigen Veränderungen aufgenommenen Gründungsplanes

Personenverzeichnis

Begriffsverzeichnis

GPSR Compliance

The European Union's (EU) General Product Safety Regulation (GPSR) is a set of rules that requires consumer products to be safe and our obligations to ensure this.

If you have any concerns about our products, you can contact us on ProductSafety@springernature.com

In case Publisher is established outside the EU, the EU authorized representative is:

Springer Nature Customer Service Center GmbH
Europaplatz 3
69115 Heidelberg, Germany

The manufacturer's authorised representative in the EU is Springer
Nature Customer Service Centre GmbH, Europaplatz 3, 69115 Heidelberg,
Germany. If you have any concerns regarding our products, please
contact ProductSafety@springernature.com

Printed and bound by CPI Group (UK) Ltd, Croydon, CR0 4YY
27/04/2026
02097632-0006